A noite do meu bem

Ruy Castro

A noite do meu bem

A HISTÓRIA E AS HISTÓRIAS DO SAMBA-CANÇÃO

Projeto gráfico
Hélio de Almeida

COMPANHIA DAS LETRAS

Grafia atualizada segundo o Acordo Ortográfico da Língua Portuguesa de 1990, que entrou em vigor no Brasil em 2009.

Capa e projeto gráfico
Hélio de Almeida

Foto de capa
Kurt Klagsbrunn, Rio de Janeiro, 1947,
Boate Vogue. Acervo Victor Klagsbrunn

Mapa
Sônia Vaz

Preparação
Isabel Jorge Cury

Índice remissivo
Luciano Marchiori

Revisão
Carmen T. S. Costa
Márcia Moura

Dados Internacionais de Catalogação na Publicação (CIP)
(Câmara Brasileira do Livro, SP, Brasil)

Castro, Ruy
A noite do meu bem : a história e as histórias do samba-canção / Ruy Castro. — 1ª ed. — São Paulo : Companhia das Letras, 2015.

ISBN 978-85-359-2652-1

1. Experiências de vida 2. Histórias de vida 3. Literatura brasileira 4. Memórias 5. Música I. Título.

15-08627 CDD-869.3

Índice para catálogo sistemático:
1. Histórias de vida : Literatura brasileira 869.3

[2015]

EDITORA SCHWARCZ S.A.
Rua Bandeira Paulista, 702, cj. 32
04532-002 — São Paulo — SP
Telefone: (11) 3707-3500
Fax: (11) 3707-3501
www.companhiadasletras.com.br
www.blogdacompanhia.com.br

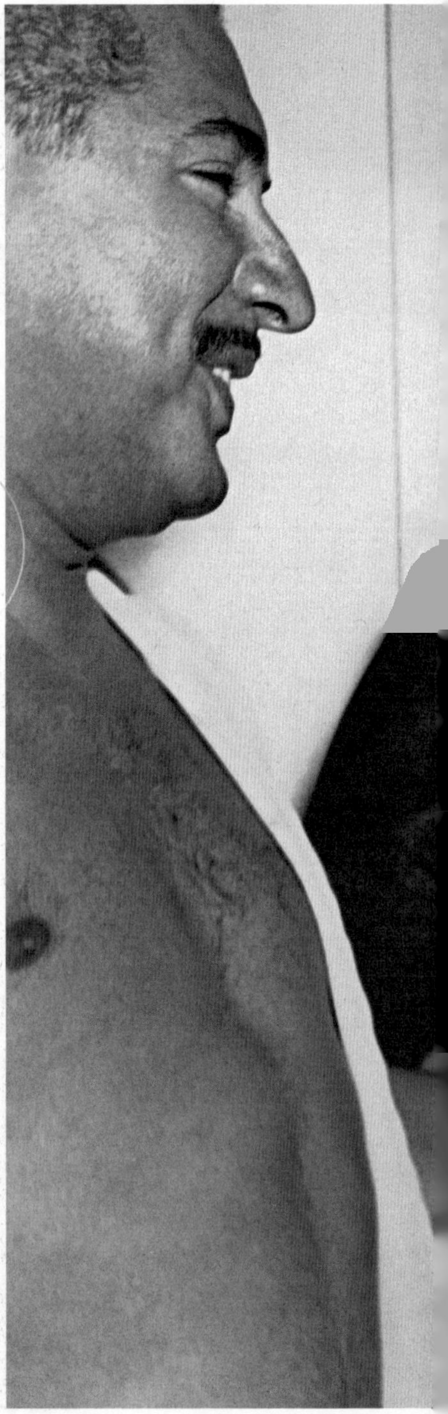

SÁBADO EM COPACABANA
Dorival Caymmi, o playboy Carlinhos Guinle e o jornalista Fernando Lobo. Os três faziam música e letra nas horas em que não estavam dedicados a viver.

CAFÉ-SOCIETY

Metade da riqueza nacional podia estar reunida de uma só vez nas mesas do Golden Room. Os ricos brasileiros finalmente se punham no seu lugar

SUMÁRIO

PRÓLOGO:
AS NOITES ANTES DA NOITE —
UMA PRÉ-HISTÓRIA 11

1. O CUBO DE TREVAS 25
2. O VOGUE ABRE AS PORTAS 45
3. O SAMBA VIROU CANÇÃO 69
4. GUERRA EM 78 RPM 91
5. A BORDO DO PIANO 116
6. NINGUÉM ME AMA 140
7. BOATES PARA TODOS 156
8. A MÚSICA DO PODER 177
9. UM SABOR DE *BAS-FOND* 195
10. JORNAL DA NOITE 217
11. CATETE VISTO DO VOGUE 240
12. SURGE O SACHA'S 263
13. A MORTE DO VOGUE 288
14. DUAS DOLORES 309
15. DE CORPO E ALMA 328
16. CAVERNAS E PRECIPÍCIOS 352
17. MADRUGADA, TRÊS E CINCO 376
18. JANELAS ABERTAS 399

EPÍLOGO:
O DIA AMANHECE —
MAS A MÚSICA CONTINUA 421

CANÇÃOGRAFIA 433
A NOITE — POR ORDEM DE ENTRADA EM CENA 451
DISCOGRAFIA 455
FILMOGRAFIA 461
BIBLIOGRAFIA 464
AGRADECIMENTOS 474
CRÉDITOS DAS IMAGENS 477
ÍNDICE REMISSIVO 479

Em memória de Ivan Lessa

FELICIDADE INFELIZ

Ninguém cantava
um samba-canção como
Maysa — e ninguém parecia
viver dentro de um
samba-canção como Maysa

Todas as músicas citadas sem especificação do ritmo serão sambas-canção.
As demais terão sempre seu ritmo indicado: samba, marchinha, valsa, fox etc.
Da mesma forma, a palavra "disco" se referirá sempre aos discos avulsos, em 78 rotações por minuto, contendo uma música de cada lado — formato que prevaleceu nos anos 40 e em boa parte dos 50. Os demais formatos serão indicados: LP [de dez ou doze polegadas], compacto simples ou duplo, CD e DVD.
Este é um livro para ser escutado tanto quanto lido — 90% das canções podem ser ouvidas na internet.

PRÓLOGO

AS NOITES ANTES DA NOITE — UMA PRÉ-HISTÓRIA

Visgo, feitiço ou mandinga, algo sempre atraiu o carioca para a noite e o fez ficar até altas horas na rua. Isso desde o Rio Colonial, quando a prática não era aconselhável. As ruas eram escuras, o policiamento, precário, e o cidadão tinha de se precaver contra embuçados, assassinos, salteadores, capoeiras, rufiões, ciganos, contrabandistas, escravos fugidos, mendigos agressivos e simples vadios, muitos com facas e punhais entre as dobras da camisa. Donde a vida social era limitada — posto o sol, a maioria da população ia para casa e contemplava o mundo pela treliça das janelas. Mas já havia os intimoratos, que se aventuravam pelas ruelas e, às vezes, pagavam o preço. Um bordejo para além da rua da Vala (depois, Uruguaiana) ou do Campo de Santana, então limites da cidade, podia custar a vida.

Com a chegada da Corte portuguesa ao Rio e a abertura dos portos, em 1808, e a Independência, em 1822, tudo mudou. Iluminaram-se ruas, hábitos se modificaram — o jantar e a ceia avançaram noite adentro —, surgiram os primeiros jornais, as treliças foram abaixo e homens e mulheres finalmente se olharam nos olhos. A presença da família real e da nobreza, da numerosa burocracia civil e militar, do corpo diplomático e dos comerciantes ingleses e franceses estabeleceu uma nova agenda noturna, que incluía visitas aos amigos, festas na rua das Belas Noites — em frente ao recém-inaugurado Passeio Público —, idas à ópera, danças nos salões e escapadas aos cafés-cantantes. Em 1840, já tínhamos os bailes de Carnaval; em 1859, o teatro de revista; e, em 1892, o túnel e o bonde levaram a cidade até Copacabana. A noite ficou imensa.

Nesse mesmo ano, um homem chamado José Mourão abriu uma casa de bailes e folias na rua do Lavradio, 49, na Lapa: o High-Life Club. A princípio, pensou-a como uma agremiação carnavalesca, dedicada ao "Deus Momo". O reclame gritava: "Ao prazer! À loucura! Ao Deus do

Carnaval!", e assim foi nos primeiros tempos. Ao fazer o livro-caixa, no entanto, Mourão descobriria que não tinha sentido limitar os prazeres e loucuras a uma celebração isolada, e o High-Life se tornou um lugar onde se bebia, dançava e assistia a espetáculos pelo ano inteiro. Mas, a exemplo do teatro de revista, dos circos e dos cafés, era um lugar do qual o público se retirava e a casa suspirava e morria assim que terminava a apresentação.

Em 1918, Mourão vendeu o High-Life para o ditador das diversões públicas no Rio, o italiano Paschoal Segreto. Em seu nome ou no de sua empresa, Segreto controlava teatros, cafés-concerto, salas de cinema (algumas, para exibição de filmes pornográficos), cervejarias, parques de diversões, circos, mafuás, bilhares, faquires, casas de tavolagem e, não por último, os melhores pontos de jogo do bicho na cidade. Seu dedo estava em tudo, desde humildes fogueiras juninas e concertos de bandinhas em coretos até cerimônias de formatura de acadêmicos e monumentais festas de réveillon. Não havia ramo que lhe fosse estranho. Em 1898, seu sobrinho Affonso, filho de seu irmão Gaetano, produzira as primeiras imagens filmadas no Brasil: as da Guanabara, tomadas à medida que o navio que o trazia da França, o *Brésil*, ia penetrando na baía. Filme esse exibido na primeira sala brasileira de cinema a funcionar num prédio, não numa tenda, e também deles: o salão Novidades de Paris, na rua do Ouvidor.

Segreto tinha grandes planos para o High-Life. Assim que o comprou, transferiu-o da tapera em que ele funcionava, na rua do Lavradio, para o palacete de três andares que pertencera à família do barão do Rio Negro, na rua Santo Amaro, 26, na Glória. Não o pôs abaixo, mas submeteu-o a uma reforma que levou um ano e resultou em instalações à altura de suas ambições.

O novo High-Life ocupava os três andares, com salões, saletas, mezaninos e quartos particulares (para encontros íntimos), terraços e alamedas a céu aberto, tudo cercado por um jardim com árvores frutíferas. Habituado a grandes números, Segreto imaginou bailes de Carnaval com 10 mil casais dançando por três dias e noites, animados por dez orquestras que se revezariam — e parece ter chegado perto disso no Carnaval de 1919, o primeiro e único que comandou pessoalmente. Seus frequentadores, disse um cronista, usavam "*toilettes* de um luxo asiático e casacas a cuja botoeira se enfloravam camélias e gardênias".

Mas Segreto tinha também uma reputação difícil de carregar. No âmbito doméstico, era um contraventor, o que lhe custava uma fortuna para aplacar a lei. A Europa tampouco lhe dava sossego — vivia processando-o por se apropriar de invenções recentes e registrá-las em seu nome no Brasil (uma delas, o cinematógrafo de Lumière!). Tentando amenizar esses estigmas e conferir alguma respeitabilidade ao High-Life, Segreto convidou gente de teatro, jornalistas e autoridades para participar da diretoria.

Não ficou nisso. Ao fim dos grandes bailes, e já com o dia nascendo, conduzia seus clientes a uma longa mesa de chás e quitutes que se estendia pelo jardim — um café da manhã gigante, para restaurar-lhes as forças. Quando os figurões se retiravam, ele os acompanhava até a porta. Os mais íntimos, Segreto mandava levar em casa num dos automóveis da empresa. Não adiantava — ninguém ignorava que, por mais discreto que fosse, o High-Life era também o paraíso da roleta e do carteado, do champanhe em taças debruadas de éter e da cocaína que se aspirava de frasquinhos, vendidos pelas *demi-mondaines* que o frequentavam.

Mas Paschoal morreu em 1920, aos 51 anos, um ano depois da inauguração. Seu irmão Gaetano também já morrera, e os filhos deste, Domingos, Paschoal e Affonso, encarregaram-se de tocar o barco. O ilustrador Roberto Rodrigues (filho do jornalista Mario Rodrigues e irmão do futuro Nelson Rodrigues) imortalizou o impressionante interior do casarão para o jornal *Crítica*. Em 1929, o High-Life apresentou a maior atração mundial de seu tempo: a bela negra americana radicada em Paris Josephine Baker, 23 anos, famosa pela tanga de penas e quase todo o corpo de fora ao cantar "J'ai deux amours". Pelas décadas seguintes, no entanto, o High-Life foi ladeira abaixo. Incapaz de sustentar uma programação de grandes cartazes, começou a perder para as gafieiras, os dancings e os cassinos o título de centro da noite carioca, embora ainda conservasse o de melhor Carnaval.

A cidade cresceu e o High-Life já não era irresistível. De 1938 a 1940, o poeta modernista Mario de Andrade, paulistano a trabalho no

Rio, morou quase defronte a ele — no número 5 da rua Santo Amaro. Imagina-se que, da janela de seu apartamento no quarto andar, com vista para a rua, o autor de *Paulicéia desvairada* ouvisse os ecos da fuzarca e não hesitasse em trocar o *robe de chambre* pela fatiota e fosse até lá para assuntar o movimento. Mas não há registro de que Mario tenha ido sequer uma vez ao High-Life. E de que a alegre vizinhança o sacudisse da depressão que arrastou por toda a sua temporada carioca.

Nos anos 50, o melhor Carnaval do Rio já se tornara, de longe, o do Copacabana Palace, e o High-Life tinha poucos motivos para continuar aberto. Um deles era abrigar ocasionalmente a entrega do cetro e da coroa à Rainha do Rádio, eleita pela compra de cupons da *Revista do Rádio*. Em 1956, viveu seu último momento de glória: acolheu os ensaios do musical *Orfeu da Conceição*, de Antonio Carlos Jobim e Vinicius de Moraes — a ser encenado não em seu palco, mas no do Theatro Municipal. Nesses ensaios, no entanto, suas paredes foram as primeiras a ouvir o mais que perfeito samba-canção "Se todos fossem iguais a você" na voz de Haroldo Costa, que fazia Orfeu.

Em 1957, depois de longa e lenta agonia, o High-Life alugou suas dependências a uma repartição federal e calou-se para sempre.

Ou não. A repartição federal seria a Supra (Superintendência da Reforma Agrária), que, no período presidencialista de João Goulart (1962-4), foi um dos mais furiosos centros de agitação política que deram pretexto ao golpe militar.

Em 1902, o jornalista Edmundo Bittencourt, proprietário do recém-lançado *Correio da Manhã* e comprador de terrenos em Copacabana, alugou a uma francesa uma casa que possuía na esquina da rua da praia com a da Igrejinha (em breve com suas denominações definitivas: avenida Atlântica e rua Francisco Otaviano). A francesa era Madame Louise Chabas, 57 anos, baixa, gordinha e simpática; e a casa, a chamar-se Mère Louise, destinava-se a ser um sóbrio restaurante de frutos do mar. E era bom que fosse sóbria — ficava a poucos metros da igrejinha dedicada desde 1637 a Nossa Senhora de Copacabana, uma santa peruana cuja imagem se abrigava ali e que dera o nome ao bairro.

Os mais devotos poderiam discordar da decoração do estabelecimento: ao estilo de um *saloon* do Oeste americano, com varanda, portas em vaivém dando para o salão, piano, balcão, espelho e mesas, tudo em torno de uma cadeira de balanço da qual Madame Louise controlava o movimento. Apesar do ambiente mais propício a vaqueiros, seus clientes eram a nata letrada e boêmia do Rio: políticos, ministros de Estado, diplomatas, artistas e jornalistas, alguns acompanhados de "amigas" ou admiradoras. Louise conhecia a todos pelo nome e ia de mesa em mesa, falando com cada um. Tal intimidade tornava natural que, em emergências, ela cedesse — pela escorchante diária de 6 mil-réis — discretos aposentos nos fundos para quem precisasse "repousar".

Em 1907, Louise transformou a casa num cabaré, dirigido por seu patrício Auguste Castella, e do qual, no começo, ela foi a atração principal, cantando tangos vestida de baiana. Foi sucedida por músicos e cantores franceses de passagem pelo Rio, que executavam um repertório de velhas canções maliciosas, como "Les filles de la Rochelle" e "La femme du roulier".

Pelos anos seguintes, a casa foi um sucesso e já com as características que, no futuro, seriam a marca das boates de Copacabana: lugares a que se podia chegar a qualquer hora da noite com a certeza de que estariam abertos, funcionando, e onde se poderia jantar, beber, dançar, ouvir música ou encontrar amigos. No começo da madrugada, assistia-se a shows — um deles, *Vênus no Rio*, uma revista musical com 45 números de canto e dança em uma hora e meia de espetáculo; terminado este, voltava a música de fundo. O bairro passara a ser servido por bondes que rodavam até as duas da manhã, o que garantia uma longa noite de loucuras para quem não quisesse voltar cedo para casa. Em último caso, o automóvel de Madame encarregava-se de buscar ou trazer os clientes.

Mas Louise foi vítima de sua atitude tolerante. Os jornais viviam registrando bafafás envolvendo seu nome, mesmo quando ela não tinha culpa. As pessoas comiam e bebiam à farta em suas mesas e não resistiam ao apelo do mar lá fora — atiravam-se a ele, de roupa e tudo, sentiam-se mal e, não raro, alguém se afogava. Brigas entre clientes eram comuns, e mais de um deles foi morto a tiros no salão, contribuindo para a crônica policial sobre o estabelecimento. E, para Louise, ficou impossível conciliar o requinte de seus serviços e instalações com os calotes que os clientes mais amigos lhe aplicavam — ceias copiosas à base de aves nobres e champanhe eram penduradas e nunca saldadas. Tudo conduzia à falência iminente.

Em 1911, velha e doente, Louise entregou os pontos. Vendeu a casa (para a Brahma, que a transformou numa cervejaria), pagou as dívidas e anunciou que se recolheria ao Asilo da Velhice Desamparada. Mas, pouco depois, meteu-se em outra aventura: o Café Bellevue, na rua Gustavo Sampaio, 61, no Leme, sem sucesso. Por último, foi vista gerenciando um rendez-vous de luxo no beco dos Carmelitas, números 3 e 5, na Lapa. Morreu pobre, em 1918, aos 73 anos.

Sem ela, e sob diferentes direções, o Mère Louise ainda teve os seus momentos de história. Por algum tempo, em 1912, passou a chamar-se Igrejinha, o que parecia uma heresia; mas logo voltou a ser o Mère Louise. No Carnaval de 1914, promoveu batalhas noturnas de confete e lança-perfume das quais participavam "gentis senhoritas". Nos fins de tarde, um aviador francês, Louis Deneau, decolava da avenida Atlântica com seu teco-teco Blériot, ia fazer piruetas sobre o largo da Carioca e voltava todo iluminado para pousar em frente ao local — sim, era possível àqueles aviõezinhos decolar e pousar na terra batida. Num galpão ao lado do Mère Louise, Edmundo Bittencourt começou a explorar um cinema, projetando numa telinha de pano os faroestes de Broncho Billy e os seriados do francês Fantômas.

Em 1916, o cabaré ganhou um possante vizinho: o Forte de Copacabana, com o que se criou certa atmosfera vienense em torno do Mère Louise — soldados e oficiais fardados às vezes disputavam alguma frequentadora do estabelecimento. A igrejinha sobreviveu ao forte, mas não sobreviveria à necessidade de se construir um quartel para o alojamento da guarnição. O terreno foi desapropriado, a igrejinha, demolida, e o quartel, em 1918, concluído. Com isso, findou-se uma prática que vinha desde o começo do século: depois de acertar suas contas com Deus nos bancos do templo, muitos cidadãos iam beber, dançar e se esbaldar no Mère Louise — ou vice-versa. Só lhes restava agora beber, dançar e se esbaldar.

Na tarde do dia 5 de julho de 1922, em que dezoito oficiais e soldados rebeldes deixaram o Forte de Copacabana para se bater até a morte contra as forças do governo de Epitácio Pessoa — os "18 do Forte" —, o Mère Louise não tinha por que se meter. Aliás, tudo recomendava a neutralidade. Mas, quando os militares passaram pela sua porta, um de seus clientes, o gaúcho Otavio Corrêa, veio lá de dentro, chegou à calçada e lhes fez um aceno. Estava aderindo à rebelião e queria uma arma. O tenente Newton Prado acedeu e entregou-lhe um fuzil Mauser. Corrêa juntou-se a eles e, na mais famosa foto que se fez da marcha, pode-se vê-lo de terno escuro e chapéu-chile — o único civil da foto —, na primeira fila. Talvez por isso tenha sido um dos primeiros a ser abatido, antes mesmo que chegassem à rua Bolívar. Com isso, o Mère Louise tinha agora um mártir.

Em novembro de 1930, o ex-presidente Washington Luiz, já deposto e preso no Forte de Copacabana, recusou-se a comer a boia da soldadesca e exigiu que suas refeições lhe fossem trazidas do Mère Louise. Fizeram-lhe a vontade e, com isso, todos os dias, o garçom espanhol Francisco Pino ia servir-lhe o café da manhã às sete e meia, o almoço ao meio-dia e o jantar, às sete horas. Mas nem isso foi suficiente para salvar a face do Mère Louise, que, já então, se reduzira a uma simples casa de prostituição. A polícia fechou-o de vez, em 1931, como imoral.

No começo da tarde de 30 de abril de 1946, o magnata Joaquim Rolla — proprietário dos cassinos da Urca (Rio), de Icaraí (Niterói), de Quitandinha (Petrópolis), da Pampulha (Belo Horizonte) e outros — preparava-se para almoçar em sua casa, na avenida Rainha Elizabeth, em Copacabana, quando ouviu pelo rádio a notícia que já esperava e temia. O presidente da República, Eurico Gaspar Dutra, acabara de assinar um decreto-lei que fazia seu império desabar.

"Considerando que a tradição moral, jurídica e religiosa do povo brasileiro é contrária à exploração dos jogos de azar", disse o locutor, lendo o texto oficial, "fica decretado o fechamento dos cassinos em todo o território nacional."

Dutra fora empossado três meses antes, em 31 de janeiro, e desde então circulavam rumores de que ele poderia fechar os cassinos. Isso contrariava as expectativas criadas durante a campanha eleitoral ocorrida após a queda do ditador Getulio Vargas, em outubro do ano anterior. Quem prometera fechar o jogo se eleito fora o brigadeiro Eduardo Gomes, candidato da ranzinza UDN (União Democrática Nacional) e renitente praticante do sincericídio. Seu adversário, o general Gaspar Dutra, do mais flexível PSD (Partido Social-Democrata), parecia neutro em relação ao assunto: nunca disse que sim nem que não. Assim, Joaquim Rolla esqueceu sua simpatia inicial pelo brigadeiro e engajou seu carro-chefe, o Cassino da Urca, na campanha do general. Pendurou faixas de "Vote Dutra" por toda a Urca, dentro e fora do cassino. Octavio Guinle, dono do Copacabana Palace, onde funcionava o cassino mais luxuoso do Brasil, e Alberto Quatrini Bianchi, do Cassino Atlântico, também apoiaram o homem. Dutra venceu. E, agora, os quebrava.

Em termos. Rolla perdia os cassinos, mas conservava os imóveis em que eles funcionavam — um deles, o Quitandinha, um palácio de cristal e porcelana — e, como tinha participação em dezenas de empreendimentos, era difícil que fosse rebaixado à classe média. Octavio Guinle, menos ainda, porque não explorava diretamente o cassino — sublocava-o aos empresários Ernesto Fontes e Antenor Mayrink Veiga pelo alucinante aluguel de 10 mil dólares mensais, e ainda tinha exclusividade no fornecimento de comida e bebida nas suas dependências; além dos grandes chamarizes: o Golden Room, um salão de shows, e o Meia-Noite, um piano-bar, ambos dentro do hotel. Donde, se Octavio Guinle perdesse o cassino, sempre lhe restaria o... Copacabana Palace. E o próprio Bianchi, do Cassino Atlântico, não se apertou — como era envolvido com mineração, o ouro e os outros metais que extraía perto de Ouro Preto seriam suficientes para mantê-lo à tona por algumas encarnações.

Quem não tinha para onde correr eram os empregados do pano verde. Com uma penada, Dutra pôs na rua uma quantidade de superintendentes, gerentes, crupiês, fiscais, cilindreiros (encarregados da manutenção das roletas), chefes dos ficheiros (responsáveis pelas fichas), chefes de sala e de setor, tesoureiros, caixas e toda sorte de pessoal especializado. Além deles, receberam também o bilhete azul os chefes de portaria, toalete, adega, cozinha, segurança e manutenção; recepcionistas, maîtres, valetes, intérpretes, fotógrafos de salão e publicistas; e uma multidão de cozinheiros, garçons, peões, faxineiros, eletricistas, telefonistas, leões de chácara e manobristas. Todos na folha de pagamento dos cassinos e com rendimentos acima da média, porque ganhavam gorjetas em fichas — as mesmas fichas de madrepérola que se trocavam por dinheiro na boca do caixa —, e quem dá uma ficha de gorjeta nem sempre se preocupa com o valor.

Mas quem mais sofreria com o fim dos cassinos seria o pessoal do palco e adjacências: diretores artísticos, diretores de cena, roteiristas, cantores, maestros, músicos, arranjadores, copistas, ensaiadores, coreógrafos, dançarinas, coristas, cômicos, acrobatas, locutores, mestres de cerimônia, costureiras, aderecistas, passadeiras, camareiras, maquiadores, cabeleireiros.

Os grandes cassinos mantinham, cada um, duas ou três orquestras, vários conjuntos menores e solistas, para produzir música de dança, de fundo e de acompanhamento. As orquestras eram compostas de naipes completos de trompetes, trombones e saxofones, além de piano, contrabaixo, violão, bateria, ritmistas e dois crooners — um total de quinze a vinte músicos por orquestra, todos de primeira linha. A de Carlos Machado na Urca, por exemplo, tinha como destaques o pianista Dick Farney, o violinista Fafá Lemos, o violonista Laurindo de Almeida, o trompetista Barriquinha, o guitarrista Betinho e o exuberante Russo do Pandeiro. De todos, o único não músico era o próprio Machado — apenas se fazia de maestro. Duas de suas crooners, antes da fama e não na mesma época, tinham sido Emilinha Borba e Marlene. Cerca de trezentos músicos e cantores perderam o emprego no Rio.

Não havia mercado para absorver tanta gente e tão de repente. Os artistas mais famosos voltaram para seus palcos de origem, nos teatros de revista da praça Tiradentes, e os músicos sempre encontrariam trabalho nos dancings, gafieiras, estações de rádio, gravadoras de discos e bailes de formatura. Mas nunca veriam tanto dinheiro quanto ganhavam nos cassinos. Vicente Paiva, também chefe de orquestra na Urca e coautor de sucessos como "Mamãe, eu quero" e "Disseram que voltei americanizada", preferiu vender seus dois carros novos e ficar somente com um velho, que pôs na praça — foi ser motorista de táxi, enquanto a situação não melhorasse. Outros se tornaram corretores de imóveis, comerciários e ascensoristas. E algumas moças foram para a Lapa, não exatamente para cantar.

O acaso se encarregou de dar um toque de cruel ironia ao fim do jogo. Mal fechados os cassinos, Joaquim Rolla foi obrigado a organizar, a pedido do Itamaraty, uma festa para o presidente Dutra no Quitandinha — este já reduzido a um hotel impossível de administrar sem o dinheiro das roletas. O evento fora acertado pouco depois da posse de Dutra, quando ainda não se sabia que ele apunhalaria os cassinos pelas costas. Carlos Machado teve de juntar às pressas cantores, músicos e coristas da Urca, e pode-se imaginar o constrangimento com que eles se apresentaram para o seu algoz.

Calcula-se que o jogo movimentava 300 milhões de dólares por ano no país — dólares de 1946 —, 70% dos quais no Rio, e empregava 40 mil pessoas. Um cassino de categoria tinha pelo menos quinze mesas de roleta, doze de campista e seis de bacará, distribuídas em dois salões — um para os ricos, artistas, políticos, visitantes e turistas ilustres; outro, para uma clientela mais popular, que apostava menos mas comparecia em batalhões. Jantava-se quase de graça nos cassinos e, idem, assistia-se a espetáculos estrelados pelos maiores nomes da música brasileira — Carmen Miranda fora um símbolo da Urca. Entre os estrangeiros, o jogo trouxera ao Rio os americanos Bing Crosby, Josephine Baker e os Nicholas Brothers, as francesas Mistinguett, Lucienne Boyer e a orquestra de Ray Ventura (com seu jovem cantor Henri Salvador); o estelar casal formado pela soprano húngara Martha Eggerth e pelo tenor polonês Jan Kiepura; a contralto peruana Yma Sumac, com suas 5,4 oitavas de extensão de voz; os mexicanos Agustín Lara, Tito Guizar, Pedro Vargas, Alfonso Ortiz Tirado e o padre cantor José Mojica; e muitos outros, todos ídolos de massa. E não importava que seus cachês fossem milionários — metade desse dinheiro ficava por aqui mesmo, nas mesas da Urca, do Copacabana Palace e do Atlântico.

Mesas essas que só podiam ser operadas por profissionais treinados. De um crupiê de roleta, exigia-se que tivesse reflexos rápidos para enxergar a mesa inteira (um pano verde dividido em 36 números e mais o zero, o duplo zero, o vermelho, o preto, as colunas, as dúzias, o par e o ímpar), agilidade na manipulação das fichas e boa cabeça para aritmética. As operações eram simples, mas, no calor das apostas, podiam se confundir na cabeça do encarregado. De um crupiê de bacará eram requeridas essas mesmas qualidades e alguma desenvoltura ao falar, já que parte do charme do jogo consistia no que ele dizia. E, não que fosse obrigatória, mas uma certa semelhança com Cary Grant não faria mal ao crupiê. Toda essa gente viu-se, de repente, consultando os classificados do *Jornal do Brasil* em busca de emprego.

Um dos termos da legalização original dos cassinos sob Getulio Vargas, em 1933, era que os impostos decorrentes do jogo não passariam pelo governo, mas iriam para causas beneficentes controladas pelo Serviço de Assistência Social. Para o influente jornalista J. E. [José Eduardo] de Macedo de Soares, do *Diário Carioca*, isso era uma farsa. Em editorial assinado na primeira página de seu jornal, ele saudou o decreto-lei de Dutra como "um ato de saneamento social". Para Macedo Soares, o país se tornara uma "formidável empresa do pano verde", e o governo Vargas, "sócio da jogatina". O artigo não ignorava os prejuízos que a extinção do jogo produziria em quem, direta ou indiretamente, vivia dele, mas ainda assim, dizia, ela valia a pena.

Os jornais foram quase unânimes em aplaudir o fechamento dos cassinos, embora vários de seus proprietários, como Paulo (filho de Edmundo) Bittencourt, do *Correio da Manhã*, Orlando Dantas, do *Diário de Notícias*, Assis Chateaubriand, dos Diários Associados, e Roberto Marinho, de *O Globo*, fossem seus habitués — nem tanto para apostar, mas em busca de contatos e informações. Segundo seus editoriais, o que os cassinos significavam para o turismo ou para a prosperidade da noite carioca deixara de ter importância, comparado ao seu papel de destruidores de patrimônios e desagregadores de famílias — sem contar suas ligações com a ditadura de Getulio. Até por isso, intelectuais das mais variadas plumagens, como Oswald de Andrade, Manuel Bandeira e Plínio Salgado, vibraram com a proibição.

Por que Dutra fizera aquilo? A medida foi atribuída à pressão de sua mulher, a professora Carmela Dutra, mais conhecida como dona Santinha. Católica até enquanto dormia, dizia-se que ela bombardeava os ouvidos de Dutra com as pregações que escutava dos padres. Nem o argumento de que os impostos do jogo financiavam as obras sociais pelas quais ela, como primeira-dama, ficara responsável a sensibilizava. Mas, na verdade, o hidrófobo inimigo do jogo junto a Dutra era seu ministro da Justiça, o provinciano Carlos Luz, ex-vereador, delegado de polícia e inspetor escolar em Leopoldina (MG), depois fundador do PSD e deputado constituinte por Minas Gerais. Para ele, o jogo era um câncer moral, que arruinava os homens de bem e destroçava as famílias. Os grandes perdedores se matavam — e, de fato, os jornais abriam páginas quando se dava um desses suicídios. Carlos Luz assegurou a Dutra que, se quisesse tornar-se imediatamente popular, era só fechar os cassinos. Dutra queria ser popular. Dois dias depois, saiu o decreto que arruinou o almoço de Joaquim Rolla e estomagou seus concorrentes.

A pressão para o fim do jogo vinha de longe. Em 1941, o general Candido Rondon já pregava a transformação dos cassinos em hospitais. Uma lei do Estado Novo (1937-45) dispunha que, se um dia o jogo fosse proibido, o governo federal pagaria uma indenização aos proprietários dos cassinos e assumiria as dívidas trabalhistas para com os funcionários demitidos. Mas, em 1946, acabáramos de ingressar na democracia, e Dutra, subitamente esquecido de que fora um dos cardeais do regime deposto, anunciou que não era responsável pelos compromissos do Estado Novo — e não pagou a ninguém. Pior: em decreto complementar, estabeleceu que os ônus, encargos sociais e indenizações aos empregados despedidos deveriam ser saldados pelos próprios banqueiros do jogo. Naturalmente, estes contestaram e, depois de uma briga de anos, nada se decidiu. Rolla e colegas conseguiram zerar suas dívidas bancárias e com os fornecedores, mas a maioria de seus empregados nunca viu a cor do dinheiro. Na histeria do momento, um juiz de direito da cidade de São Simeão, no interior de São Paulo, proibiu a venda de balas contendo figurinhas. Alegou que recebia queixas de pais apreensivos porque seus filhos não queriam saber de estudar, dedicando-se dia e noite ao bafo-bafo — o que tornava as figurinhas um "jogo de azar".

No auge do jogo, havia oficialmente 79 cassinos em território nacional. Mas, caso se contassem as batotas de salas dos fundos, frequentadas pelos menos abonados, as casas de jogo chegariam a mil. Como já eram clandestinas e fora do radar da proibição, não havia motivo para que, por causa desta, deixassem de funcionar. Na prática, portanto, apenas os ricos e os turistas foram proibidos de jogar. Os pobres continuaram a dispor desses pontos clandestinos, mais as tômbolas nas quermesses católicas, as loterias, as corridas de cavalo e o jogo do bicho, este em confortável ilegalidade. E a prova de que dona Santinha não tinha a ver com a história é que, em outubro de 1947, um ano e meio depois da proibição, ela morreu, em consequência de uma cirurgia a que se submetera, semanas antes, no Hospital Central da Aeronáutica — mas a lei não foi revogada nem se cogitou essa hipótese. Tinha 63 anos. Os jornais falaram de suas "acendradas virtudes domésticas, como dona de casa exemplar e esposa perfeita". Insinuou-se também a ocorrência de erro médico.

Levou tempo, mas os músicos que sobreviveram à diáspora voltaram aos palcos. Só que, agora, em formações menores — no máximo, um trompete ou sax, um piano, uma seção rítmica e um cantor —, tocando em andamento médio e num volume mais próximo a um sussurro ao ouvido. As novas casas em que eles passaram a se apresentar também primavam pela discrição, sem o brilho e a luminosidade dos cassinos — ao contrário, seus candelabros no piano e abajures nas mesas favoreciam a penumbra, a intimidade, o romance. As pessoas que as frequentavam eram gente que não saía antes às ruas do Rio, exceto para ir às corridas no Jockey, aos chás dançantes do Country e aos torneios de tênis no Fluminense. E uma nova música, cuja gestação vinha de longe — e, bem ao seu estilo, sem alarde —, tomava aos poucos esses espaços, com seus compositores, letristas e cantores de quem não se sabia onde terminava a arte e começava a vida.

Tais espaços eram as boates de Copacabana. Seus frequentadores, os novos donos do glamour, da intriga e do poder. E a música, o samba-canção.

1

O CUBO DE TREVAS

Começou no Copacabana Palace. Em 1938, com o jogo ainda no apogeu, Octavio Guinle converteu um de seus vastos salões num espaço para shows, o Golden Room. Para a inauguração, trouxe Maurice Chevalier, que cantou para quatrocentos convidados em traje de gala, à fortuna de trinta dólares por cabeça. A bordo de seu chapéu de palhinha e gravata-borboleta, o idolatrado Maurice cantou, entre muitas, "Louise", "Mon idéal", "Vous êtes mon nouveau bonheur", consagradas em seus filmes americanos com Jeanette MacDonald, e aquela a que todo mundo fez coro, "Paris, je t'aime d'amour". Só parou quando a plateia deu sinais de que já não se aguentava de tanto prazer.

Nos primeiros anos, o Golden Room teve como diretor artístico Carlinhos Guinle, sobrinho de Octavio. Mas Carlinhos — dezenove anos, playboy, jazzista, amante de velocidade — estaria melhor em outra função: comandando com seus amigos a mesa central do salão (que, por sinal, ele já ocupava), tomando champanhe, dizendo boutades e puxando palmas para os artistas. Era o que sabia fazer — a vida nos bastidores não era com ele. E o que Octavio Guinle precisava era de alguém que fizesse o trabalho sujo: checar os camarins, a coxia, os refletores, os microfones, a afinação do piano — enfim, supervisionar a produção — e cuidar para que o artista não tropeçasse nos fios ao entrar em cena. Por isso, o Golden Room só deslanchou e se tornou o primeiro templo da elite carioca quando Octavio efetivou em sua direção um austríaco que, trazido pela Segunda Guerra, viera dar ao Rio em fins de 1940: Maximilian — Max — Stuckart.

Tinha sido tudo muito rápido. Poucos meses antes, Stuckart estava à deriva em Lisboa, sem trabalho e sem perspectivas. A Áustria pós-Anschluss não era mais a sua pátria; toda a Europa Central estava conflagrada; e Paris, ocupada. Num chá de fim de tarde n'A Brasileira do Chiado, ele foi apresentado a uma austríaca, Yolanda, casada com o então embaixador do Brasil em Portugal, Caio Mello Franco. Ela lhe falou com entusiasmo do Rio. Stuckart lembrou-se de que, em 1932, em Carlsbad, na Boêmia, conhecera outra Yolanda, esta, brasileira de verdade. Chamava-se Yolanda Penteado, era de São Paulo e estava numa longa viagem pela Europa com seu marido, Jayme da Silva Telles. O encontro se dera no salão de baile do Hotel Imperial e dançaram o suficiente para que ela o considerasse um perfeito pé de valsa. Ele, por sua vez, diria depois que se encantara pela chique, rica e culta Penteado — mas quem não se encantaria?

Como se fosse uma característica dos súditos do extinto Império Austro-Húngaro, Stuckart gostava de alimentar o mistério a seu respeito. Dependendo de com quem falasse, seu pai tinha sido chefe de polícia em Viena, comandante da Guarda Imperial ou conselheiro do imperador Francisco José. As últimas hipóteses teriam feito de Stuckart pai um nobre, com o que o filho acrescentara um Von ao nome — Von Stuckart — e passara a dizer-se barão. Era homossexual, mas só os mais atilados percebiam. E sua própria data de nascimento era imprecisa, embora ele contasse que, aos dezoito anos, fora tenente da aviação austríaca na Grande Guerra — o que, a ser verdade, o fazia nascido entre 1896 e 1900. Segundo Stuckart, o Fokker vermelho que pilotava fora abatido em ação na Sérvia, caíra num trigal e ele se salvara por milagre. Desde então, abdicara de suas pretensões a herói e decidira nunca mais entrar em aviões.

Apesar de formado entre fardas e quartéis, ou talvez por isso, Stuckart tomara horror a qualquer militarismo, donde orientara toda a sua vida profissional no sentido contrário — passara a vida como chefe de cozinha, gerente ou maître nos hotéis, restaurantes e casas noturnas da Europa, culminando em Paris. Nesta, comandara uma boate russa, Balalaika, com homens de bombachas dançando de cócoras, que não pegou, e outra, francesa, a vitoriosa Tour Paris, que Picasso frequentava. Mas a imagem dos alemães entrando a passo de ganso nos Champs-Élysées o levara a fazer as malas. Fora para Nova York, onde havia centenas de compatriotas na sua situação — infelizmente, nenhum disposto a ajudá-lo. Assim, voltara para a Europa, via Lisboa. E agora, graças a Yolanda Mello Franco, decidira-se a tentar o Rio.

Por acaso, Stuckart já contava aqui com um amigo dos seus tempos de Praga: o conde Michel Lichnowsky, de grande charme e ocupação incerta. Lichnowsky foi recebê-lo no cais, instalou-o num quarto na rua Corrêa Dutra, no Catete, e, como se fosse a coisa mais corriqueira do mundo, levou-o no dia seguinte para almoçar no Copacabana Palace. Foi o que bastou para o destino fazer das suas.

Octavio Guinle tinha como hábito inspecionar duas vezes por dia os 12 mil metros quadrados de seu império à beira-mar. Ia da suíte presidencial e das cozinhas à adega e ao almoxarifado, passando o dedo em madeiras nobres para detectar poeira, e dando petelecos em cristais para certificar-se de que não estavam rachados. Só faltava provar a água da piscina com canudinho. Nada escapava à sua fiscalização: lustres, corrimões, maçanetas, cinzeiros e o frescor de cada rosa nas mesas. Naquele dia, Octavio passou pela mesa de Lichnowsky, reconheceu-o e sentou-se com eles.

O conde, de uma velha família da Morávia-Silésia, era um homem do mundo. Octavio gostava dele, tanto que, pouco depois e pelas décadas seguintes, o faria seu secretário. Mas, naquele dia, foi Stuckart quem o impressionou: cerca de quarenta anos, alto, forte, quase gordo, não muito simpático, nem fazia questão de parecer. Falava de Paris, Budapeste e Berlim com a autoridade de quem era íntimo de seus palcos, salões e cozinhas — e era mesmo —, autoridade essa reforçada pelo sotaque alemão com que mastigava seu inglês e francês. Parecia disciplinador, obcecado pela eficiência e, para surpresa de Octavio, sem muito interesse por dinheiro.

Octavio convidou Stuckart a voltar ao hotel naquela noite, para conhecer o grill, o cassino e o Golden Room. Stuckart foi, viu tudo e, a pedido de Octavio, disse o que achava. Não há registro do que conversaram, mas, na manhã seguinte, na condição de novo diretor artístico do Golden Room, Stuckart já acordou entre os lençóis do Copacabana Palace. Nada mau para quem, na véspera, em sua primeira noite no Brasil, dividira um quartinho no Catete com um camundongo.

***

O Golden Room era um salão majestoso, ao estilo Guinle, com capacidade para quatrocentas pessoas sentadas, grande orquestra, palco para quarenta coristas com plumas e penachos — que ocupam grande espaço em volta da mulher —, pista de dança e bar. Ao mesmo tempo, também ao estilo Guinle, sua luz controlada permitia reduzir o ambiente para acomodar um cantor ou cantora acompanhado de pequeno conjunto. Essa receita atraía os hóspedes do hotel, os turistas estrangeiros ou domésticos e uma categoria emergente de cariocas, a dos funcionários das estatais e autarquias. Enquanto tentava tomar pé da situação, Stuckart optou por investir no luxo e na qualidade. Uma de suas primeiras medidas foi instituir, às sextas-feiras, a obrigatoriedade do smoking — *dinner-jacket*, para os ingleses, que o inventaram; *tuxedo*, para os americanos. A ideia era fazer do Golden Room um clube que, nem que fosse por um dia, os cariocas ricos encarassem como seu.

Não era fácil lhes agradar. Por vias diretas ou transversas, a maioria descendia de fidalgos, alcaides e morgados vindos da Europa para a colônia a partir de 1808 e, quase um século e meio depois, continuavam indiferentes à agrestia brasileira. Sua vida social — idas a restaurantes e cabarés, vernissages de artistas e escritores, e até temporadas na praia — dava-se mais em Paris, Nice ou Antibes do que no Rio. Aqui, eles se limitavam às recepções no Palácio Itamaraty ou nas sedes das embaixadas, aos coquetéis, garden-parties e jantares que se ofereciam uns aos outros em seus palacetes no Flamengo, em Botafogo, nos altos de Copacabana ou na Urca, e aos chás e carteados em clubes fechados, como o Country e o Jockey. A música brasileira não lhes dizia muita coisa; os cassinos nunca os atraíram; e, acostumados aos pratos do parisiense Tour d'Argent, no Quai de la Tournelle, não se contentavam com as imitações servidas nos restaurantes cariocas. Um dos poucos lugares públicos que passaram a frequentar era o Copacabana Palace, de preferência quando trazia uma atração estrangeira — como a francesa Lucienne Boyer, então uma coqueluche mundial por "Parlez-moi d'amour".

Em 1943, o Golden Room sob Stuckart finalmente apresentou uma revista musical que superava todas as expectativas: *Em busca da beleza,* marcando a estreia da gaúcha Maria Della Costa — dezessete anos, linda, loura, seios nus, recém-chegada do Sul e destroçando os corações masculinos. (Se Maria era menor de idade, como podia se despir em cena? Porque era casada, e seu marido, o português Fernando de Barros, era o diretor do show.) Em outro momento de *Em busca da beleza*, o palco pertencia à jovem bailarina francesa Tatiana Leskova, 21 anos, oriunda do Ballet Russe, de Paris, e que, a partir do Golden Room, se fixaria para sempre no Rio e consolidaria o Balé do Theatro Municipal. Mas não era sempre que o Golden Room tinha um espetáculo dessa categoria.

Na maior parte da noite, a casa ficava entregue aos crooners. Para isso, as luzes diminuíam e eles desfiavam o seu vasto repertório em vários ritmos e línguas. Eram cantores para todo preço e capazes de atender a qualquer pedido da plateia, mas não estavam ali propriamente para ser ouvidos. Ao contrário das grandes atrações, que eram recebidas com solenidade, eles entravam sem ser anunciados e tinham de competir com o público tagarelando, o choque das pedras de gelo nos copos e o matraquear das coqueteleiras do barman. Chamava-se a isso cantar para a família Madeira — ou seja, para os móveis. Carmelia Alves e Nilo Sergio, crooners do Golden Room naquela época, cantavam em inglês, francês e espanhol e conheciam todos os truques do palco. Carmelia era boa sambista, ainda não se convertera ao baião, e Nilo tivera uma breve experiência nos Estados Unidos e fazia boas versões de sucessos americanos — um deles, a de "I'm looking over a four-leaf clover", de Mort Dixon e Harry Woods, que ele transformou em "*Vivo esperando/ E procurando/ Um trevo pro meu jardim// Quatro folhinhas, nascidas ao léu/ Me levariam pertinho do céu...*". Os dois só foram valorizados quando Stuckart os promoveu a atrações.

Quando um crooner era promovido, o Golden Room tinha de descobrir um sucessor à altura, e os sucessores de Carmelia e Nilo seriam, em sequência, Marlene, Ivon Curi, Nora Ney, Jorge Goulart, Doris Monteiro, Luiz Bandeira, Helena de Lima e Marisa — todos ainda no começo, mas já senhores de seus estilos. A orquestra que os acompanhava e tocava para dançar era a do clarinetista Aristides Zaccarias e tinha, entre seus músicos, nomes que, no futuro, seriam lendários na noite carioca: o sax-tenor Moacyr Silva, o trompetista Maurilio Santos e o pianista Fats Elpidio. O próprio Zaccarias, 25 anos em 1946, já era uma referência em seu instrumento. Pouco antes, um amigo tentara convencer Joaquim Rolla, dono do Cassino da Urca, a roubar Zaccarias do Golden Room. "É o maior clarinetista do mundo depois de Benny Goodman!", disse o amigo, empolgado. Não muito informado, Rolla retrucou: "E por que não contratamos logo esse Benny Goodman?".

Na verdade, noite após noite, o Golden Room produzia grande música, mas ninguém parecia escutá-la. Para isso, em 1943, Stuckart criou para Octavio Guinle o Meia-Noite — um salão menor, austero, mais intimista e acolhedor. Tecnicamente, foi a primeira boate do Rio, com suas mesas espelhadas, iluminação a velas e babados nas cortinas. O serviço, de esmagadora delicadeza, era supervisionado pelo tcheco Fery Wünsch, maître geral do Copa. Sua porta se abria à meia-noite e a música, a cargo do flautista Copinha e seu quarteto, tinha de ser romântica, amorosa, de morna e úmida sensualidade. Os primeiros a se deixar contagiar por esse ambiente foram a própria Carmelia Alves e o também crooner Jimmy Lester — pseudônimo de José Andrade Ramos, descoberto por Carlinhos Guinle em São Paulo e trazido ao Rio para o Meia-Noite. Carmelia e Jimmy conheceram-se ao microfone, apaixonaram-se à queima-roupa e se casaram. A união durou para sempre.

As exceções à cláusula pétrea de música suave só aconteciam quando a atração era algum jazzista americano, geralmente trazido por indicação de Carlinhos Guinle, expert na matéria. Mesmo assim, Stuckart impunha regras: em sua boate, o saxofone não podia ser roufenho; trompete, só com surdina; a bateria, limitada às escovinhas; e o vocal, sem uivos ou *scats*. Um ilustre convidado de 1946 foi o sax-tenor Bud Freeman, da chamada escola de Chicago, acompanhado pelo pianista Joe Bushkin e pelo contrabaixista Herb Ward. No Meia-Noite, Freeman concordou em atender aos ditames de Stuckart e limitar-se às baladas, que dominava tão bem, como "Ain't misbehavin", de Fats Waller, e "The man I love", dos Gershwin. Mas ninguém impedia que, nas noitadas que Carlinhos oferecia aos amigos em seu monumental apartamento na Praia do Flamengo, ele sacudisse o prédio com números rápidos e barulhentos, como "Sweet Georgia Brown" e "Limehouse blues".

Stuckart tentou estabelecer a tradição de que os clientes que fossem ao show do Golden Room esticassem no Meia-Noite, a cinco passos um do outro no corredor. Mas, embora os crooners e músicos exercessem essa dupla militância, saindo de um para se apresentar no outro, os dois salões tinham personalidade e plateia próprias. O público do Golden Room era mais espontâneo, alegre e dispersivo; o do Meia-Noite, elegante, atento e comedido. Em comum entre eles, apenas o fato de serem incômodos para os administradores do cassino — estávamos ainda em 1943, lembre-se. Os barões do jogo precisavam desses lugares como chamarizes para o cassino, mas não gostavam que seus clientes perdessem muito tempo assistindo a shows ou suspirando ao som de um piano, quando deviam estar em volta da roleta ou do chemin de fer. Por isso, a pedido deles, os shows do Golden Room eram relativamente curtos, e os cantores e músicos do Meia-Noite, desestimulados a conceder bis.

Para Stuckart, tudo aquilo era uma camisa de força que restringia sua criatividade — a qual não se limitava à iluminação e à música. Estendia-se também à culinária. Por sua inspiração, o Meia-Noite foi o berço de um prato destinado a sacudir a cozinha nacional: o picadinho. Da maneira como Stuckart o concebeu, a carne era sempre de primeira — pontas de filé-mignon picadas —, temperada com cebolinha, louro, sálvia, segurelha, alecrim e manjericão, além dos convencionais sal, pimenta, tomates machucados e manteiga. O segredo estava no tempo de refogar este ou aquele ingrediente ou na ordem em que se acrescentavam os temperos. O resultado era servido numa rústica travessa de barro, com arroz, agrião picado, farinha de mesa e um ovo poché por cima. A exemplo da sopa de cebola em Paris, o picadinho revelou-se ideal para salvar vidas em horas mortas e recuperar disposições abaladas por uísques além da conta — principalmente depois que, adotado até mesmo pelos abstêmios e pelos que dormiam cedo, se generalizou pela noite do Rio. Foi o primeiro prato assumidamente brasileiro a dividir os cardápios finos cariocas com os indefectíveis Jambons d'York Braisés au Madère e Délices de Robalo à la Bonne Femme.

O sucesso do picadinho, inventado por um vienense, tornou quase inevitável que fosse Stuckart a atentar também para a nobreza da feijoada e defender sua presença em restaurantes de luxo — como o Bife de Ouro, inaugurado por Octavio Guinle no Copa, em 1946, com seus garçons importados do Hotel Savoy, de Londres. Até então, a feijoada só era servida nos restaurantes mais modestos, aqueles com toaletes inabordáveis e moscas que atendiam pelo nome. Ninguém a imaginava num menu de pratos em francês, muito menos acompanhada de batida de limão — era a única possibilidade, em todo o Copa, de se servir cachaça. Mas foi o que aconteceu, e logo no Bife de Ouro, cujo nome, dado pelo jornalista Assis Chateaubriand (e malandramente adotado por Octavio Guinle), se referia ao preço dos filés, que ele achava absurdos.

Extorsivo ou não, o Bife de Ouro logo se firmou como o restaurante favorito dos ricos e dos políticos para almoços ou jantares de negócios, pela certeza de que poderiam conversar à vontade, a salvo de enxeridos. Pelo mesmo motivo, os jornalistas também passaram a frequentá-lo, embora, duros, tivessem de se limitar aos tamboretes altos do bar e só se sentassem às mesas se convidados. O outro espaço nobre do Copa, este diurno, era a Pérgula, embora nela se servissem somente bebidas e sanduíches. Ao redor da piscina, prestigiada diariamente pela nadadora olímpica Maria Lenk, esticavam-se os rapazes e moças mais bonitos da cidade, ao som de jazzistas brasileiros ao ar livre. Mas a piscina servia mais como cenário para os cochichos e conquistas, porque quase ninguém caía n'água.

Stuckart, com toda a sua ranzinzice, era um catalisador de amizades. Mesmo os poderosos e influentes pareciam ver nele um homem a ser cultivado. Alguns de seus primeiros amigos no Rio já eram potências locais quando o conheceram: o decorador Henrique Liberal, que modernizou as casas brasileiras (trocou os asfixiantes jacarandás, veludos e tapetes por móveis claros e leves, sofás de algodão listrado e cortinas de lonita), os playboys Aloysio Salles e Nelsinho Batista (conhecidos como a Dupla Ouro e Prata, especialistas em aproximar pessoas e promover negócios) e o jornalista Walter Quadros, criador da revista *Sombra* (de que era editor, redator, diretor de arte, agente de publicidade e principal repórter, e ainda cobria em pessoa os eventos sociais). Um dia, todas essas amizades seriam úteis a Stuckart — e ele, a elas.

Acolhido pelas cabeças coroadas da sociedade carioca, Stuckart convenceu sua irmã Clarice, professora de técnica vocal na Europa, a juntar-se a ele no Rio. Clarice já desembarcou na praça Mauá como baronesa e logo seria requisitada profissionalmente por políticos e assemelhados, ansiosos por um esmalte na retórica. Alguns de seus primeiros clientes foram Benjamin "Bejo" Vargas, irmão caçula de Getulio, e Luthero, filho do ditador, embora eles não tivessem muita retórica a esmaltar. Depois, com os contatos que faria no Golden Room, Clarice tornar-se-ia a pioneira no Brasil da preparação vocal, passando a trabalhar também com o pessoal do rádio e do teatro.

Uma contribuição decisiva de Stuckart à noite carioca seria um homem que, em certa madrugada de 1941, ele descobriu dormindo num banco na praça do Lido, a poucos metros do Copacabana Palace. Não era um mendigo comum, observou Stuckart. Era europeu, usava boas roupas e não parecia embriagado. Stuckart cutucou-o, o homem acordou e contou sua história. Chamava-se Oscar, era judeu alemão, tinha trinta anos e acabara de chegar ao Rio num lote de refugiados que o embaixador brasileiro na França, Luiz Martins de Souza Dantas — contrariando as restrições de Getulio quanto à entrada de judeus no país —, conseguira mandar para o Brasil. Mas Souza Dantas só podia salvá-los da Europa e despachá-los para cá. Aqui, teriam de se virar para viver. Oscar era fotógrafo e já trabalhara em importantes agências internacionais, entre as quais a Keystone, em Viena. Com esse currículo, estava mais do que capacitado a trabalhar nas revistas brasileiras da época, como *O Cruzeiro*, *Carioca* e *Fon-Fon*, mas ainda não conseguira ser recebido pelos seus diretores. O pouco dinheiro que trouxera acabara e, por falta de pagamento das diárias, tivera sua mala e seu equipamento confiscados pelo gerente do Hotel Novo Mundo, na Praia do Flamengo, onde se hospedara, e fora jogado na rua. À noite, sem ter onde dormir, deitara-se num banco da praça onde Stuckart acabara de descobri-lo.

Stuckart acreditou em Oscar. Sem função para ele no Copa, conseguiu que Joaquim Rolla o contratasse como fotógrafo de plateia no Cassino da Urca. Oscar viu nisso a oportunidade de desfilar sua simpatia em inglês, francês e alemão (além do português, que não demoraria a dominar) entre os abonados clientes do cassino. Mas não ficou muito tempo batendo chapas de mesa em mesa. Rolla, sólido monolíngue, promoveu-o a seu intérprete — uma espécie de ministro das Relações

Exteriores da Urca, função na qual Oscar rapidamente preencheu um caderninho com os telefones particulares dos grandes cartazes nacionais e estrangeiros.

Em 1946, como sabemos, Dutra tomou posse na Presidência, fechou os cassinos e o pânico tomou conta de milhares. Oscar teve de deixar a Urca, mas foi dos poucos que não se abalaram. Octavio Guinle, que já o conhecia, absorveu-o no Copacabana Palace como diretor artístico. A partir dali, o nome de Oscar Ornstein — já ninguém mais o ignorava no Rio — tornou-se sinônimo do Copa. Pelos 24 anos seguintes, ele foi o responsável pela constelação que passaria pelo palco do Golden Room: os franceses Jean Sablon, Lucienne Delyle, Yves Montand, Jacqueline François, Gilbert Bécaud, Edith Piaf, Charles Aznavour, os americanos Dorothy Dandridge, Joyce Bryant, Ella Fitzgerald, Lena Horne, Nat "King" Cole, Sammy Davis Jr., Tony Bennett, Johnny Mathis, a alemã Marlene Dietrich; o chileno Lucho Gatica, a espanhola Sarita Montiel, a portuguesa Amália Rodrigues.

O fim do jogo representou também o fim da linha para Max Stuckart no Copa — mas para sua satisfação. Ele tinha outros planos havia muito tempo. Limpou suas gavetas, convidou o jornalista Carybé da Rocha para o seu lugar e despediu-se de Octavio Guinle, a quem sempre foi grato. Saindo do hotel, virou à esquerda na avenida Atlântica e caminhou cerca de seiscentos metros em direção ao Leme.

Ali nasceria a casa que ele tinha em mente. Uma boate como, até então, ninguém no Brasil sonhara — o Vogue.

Boîte é uma palavra francesa, significando caixa, caixinha, caixote. Em meados dos anos 30, em Paris, o termo expandiu-se para *boîte de nuit*, para definir uma pequena casa noturna, quase às escuras, onde um homem e uma mulher podiam jantar e trocar segredos ao pé do ouvido, dançar de rosto colado, roçar os genitais e deixar-se alterar levemente pelo álcool, enquanto, acompanhada por um piano ou saxofone, uma cantora dizia belas e duras verdades sobre o amor. Uma casa para poucos, e não adiantava sair de casa jantado ou trocar o uísque por água mineral porque, além do couvert artístico, cobrava-se uma consumação mínima, medida em escocês. Não se admitiam mulheres desacompanhadas — a moral da época exigia o aval de um homem. Casais estabelecidos eram a norma, mas isso em nada inibia um perfume de flerte e sedução no recinto. E terno e gravata eram obrigatórios, o que dava ao ambiente uma atmosfera sóbria e adulta. Algumas boates mantinham um terno e uma gravata de reserva para os clientes mais queridos, caso alguém aparecesse "de saia e blusa", como se dizia no Rio.

O conceito da *boîte de nuit* era perfeito. Queria dizer que, dentro dela, como numa caixa fechada, era sempre noite. Algumas abriam por volta das sete da noite, outras começavam mais tarde, mas todas se estendiam pela madrugada e não era incomum que seu expediente fosse até oito ou nove da manhã seguinte — dependia dos clientes. Por serem indevassáveis, sem janelas para o exterior, não era possível saber se ainda era madrugada ou se o dia estava raiando. Tom Jobim, que ocupou o piano de várias delas no Rio durante anos, traduziu *boîte de nuit* por "cubo de trevas".

Consagrado o conceito, as *boîtes de nuit* reduziram-se a simplesmente *boîtes* na Paris dos anos 40, e a expressão difundiu-se pelo mundo. Em qualquer língua, todos sabiam o que significava. Era mais expressiva do que clube noturno, cabaré, bistrô, *supper-club*, café e outras que poderiam servir-lhe de sinônimo. O que mais se aproximava seria piano-bar. No Brasil, tornou-se inicialmente "boite" e foi assim, sem o circunflexo no i, que, a partir de 1946, a palavra começou a aparecer nos anúncios dos jornais, nas reportagens das revistas e nas suas próprias fachadas. A pronúncia, correta, sempre foi "buate". O que acabaria levando à consagração da grafia "boate", embora a língua oficial levasse décadas para aceitá-la.

Em contraposição ao piano-bar, e quase ao mesmo tempo, surgiu outra categoria de boate carioca. Era a casa de luxo, mais ampla, onde se davam espetáculos com grandes atrações, naipes de coristas seminuas (as vedetes) e grande orquestra, com canções, números de dança e textos baseados num tema ou personagem. Sua origem era o music hall francês, cujos expoentes eram o Folies Bergère, o Moulin Rouge e o Olympia, todos abertos em Paris em fins do século XIX. No Rio, o colunista Stanislaw Ponte Preta (pseudônimo de Sergio Porto) chamou-a de "teatro da madrugada" — para diferenciá-la do teatro de revista, em que as pessoas se sentavam em poltronas na plateia e, terminado o espetáculo, pegavam o chapéu e iam para casa. Nas boates, as pessoas se sentavam em mesas, com um copo de uísque à frente, e o show era o prato principal da noite, mas não o único. Antes e depois do espetáculo, podia-se conversar, jantar, beber ou dançar ao som de música suave, vocal ou instrumental, como nos pianos-bares. A diferença em relação a estes é que seu horário de funcionamento raramente ultrapassava as quatro da manhã.

Várias boates desse tipo surgiram no Rio naquele mesmo ano de 1946. Uma delas, a Big Rio, do russo André Kiritchenko, ficava na rua Treze de Maio, na Cinelândia, bem nos fundos do Theatro Municipal. Continha dois salões, o "azul" e o "vermelho", enormes, estilo auditório de rádio e, não por acaso, ficava no subsolo da Rádio Guanabara. Cantores como Dalva de Oliveira (ainda parte do Trio de Ouro, com seu marido, Herivelto Martins) e Nelson Gonçalves tinham de usar seus quilômetros de voz para tentar ocupá-la. A pista de dança era das dimensões de uma quadra de basquete. Era dali que a Guanabara transmitia o programa *Clube do Samba*, com Ataulpho Alves, Grande Otelo e uma novata até então só conhecida dos dancings da avenida Rio Branco: Elizeth Cardoso. Para entrar na Big Rio, comprava-se um ingresso na bilheteria, como no teatro. O que era um erro porque, ao fim do show, ninguém se sentia estimulado a continuar por lá, divertindo-se e consumindo — ainda não se descobrira que a entrada deveria ser franca, e, uma vez dentro, o cliente ficaria sujeito às despesas. Para surpresa e decepção de ninguém, a Big Rio decretou falência em 1948.

No mesmo erro — cobrar ingresso na entrada em vez de couvert e despesas à saída —, à mesma época, incorreu o Casablanca, na praça General Tibúrcio, na Praia Vermelha. A localização, aos pés do Pão de Açúcar, era excepcional, mas o Casablanca foi outro fiasco. Seu proprietário, José Caetano de Lima, insistia em abrigar o sol e a lua no mesmo espaço, fazendo deste um balneário durante o dia e uma boate, à noite. O Casablanca abria diariamente para o almoço e assim ficava para o jantar e coquetéis, emendando com os shows monumentais a partir das onze da noite e a boate clássica a partir da uma da manhã. Uma atração de 1947 foi a jovem mas já espetacular Marlene, acompanhada por Bené Nunes ao piano, Abel Ferreira ao clarinete, Zé Menezes ao violão, Chuca-Chuca ao vibrafone, Vidal ao contrabaixo e Carequinha à bateria. Músicos de alto nível e muito caros.

O Casablanca funcionava quase 24 horas por dia, obrigando José Caetano de Lima a manter sob contrato três grupos de cantores, três orquestras, três turmas de cozinha, três brigadas de faxineiros e um exército de funcionários. Para piorar, em 1948, o general Angelo Mendes de Moraes, prefeito do Rio, ofereceu um banquete ao presidente Dutra no Casablanca, deixando muita gente intrigada: se Dutra, que dormia às oito da noite, fosse visto numa boate, devia haver alguma coisa errada — não com Dutra, mas com a boate. Em 1950, o Casablanca fechou e foi convertido numa churrascaria. Mas esse não seria o fim de sua história. Em fins de 1952, sob as ordens de um mestre da noite — Carlos Machado —, experimentaria uma gloriosa ressurreição como boate.

Em novembro daquele ano de 1946, o Rio ganhou uma grande casa de shows: o Night and Day, na Cinelândia. Ficava no primeiro andar do Edifício Serrador, uma obra-prima art déco, em forma de ferradura, com 23 andares, fachada em mármore travertino italiano e hall de entrada com quinze metros de pé-direito. A Cinelândia era o antigo largo da Mãe do Bispo, um enclave católico onde, desde o século XVIII, dormiam o Convento da Ajuda, um colégio, um seminário e várias capelas. Em princípios do século XX, aqueles redutos começaram a se mudar para a Zona Norte e, em 1920, a Igreja vendeu os terrenos para o empreiteiro espanhol Francisco Serrador, que se propunha a construir ali um bairro de diversões e serviços a que daria o seu nome — Bairro Serrador.

O largo entrou em obras e, aos poucos, os mártires e santos que o abençoavam foram dando lugar aos novos deuses — Rodolfo Valentino, Douglas Fairbanks, Lon Chaney, Greta Garbo, John Gilbert. Sobre os escombros dos claustros e confessionários ergueram-se cinemas, teatros, cafés, escritórios, confeitarias, dancings, bonbonnières, engraxatarias, bancas de jornal, floristas, pontos de táxi. E, no lugar das freirinhas da Ordem da Imaculada Conceição, surgiram os rapazes e moças que definiram o espírito da "era do jazz" — eles, de chapéu-panamá, calças largas e ao volante de suas baratinhas; elas, de vírgula na testa, pinta no queixo e melindrosas à altura do joelho. O próprio nome Bairro Serrador cedeu a uma denominação mais atraente — Cinelândia — e, a partir dali, Francisco Serrador mostrou, a quem quisesse saber, que era possível a um bairro funcionar dia e noite, não dormir nunca.

Um incêndio no cinema Alhambra limpou o terreno para que, em 1941, Serrador decidisse erigir o colossal monumento a si mesmo: o edifício com seu nome. A construção mal começara quando o empreiteiro morreu, aos 68 anos. Seu filho, Manuel Francisco "Chico" Serrador, 39 anos, assumiu a chefia do império e, em 1944, inaugurou o edifício, já então um hotel — Hotel Serrador. E, a apenas um andar da rua, mas sem se confundir com ela, instalou o Night and Day. Nome inspirado, naturalmente, na canção de Cole Porter, "Night and day", que, naquele ano, acabara de batizar um filme (no Brasil, *A canção inesquecível*) sobre o compositor, interpretado por Cary Grant.

Chico Serrador podia ser o senhor do império do qual o Night and Day era um feudo, este a cargo de seus sócios Djalma Monte de Mello e Aguinaldo Cabral. Mas quem comandava a casa de shows era seu diretor artístico, o húngaro Mauricio Lanthos, veterano bailarino radicado havia muito no Rio e que, pelos quilos e anos a mais e cabelos e fôlego a menos, trocara as malhas e sapatilhas por ternos e sapatos civis. Assim como o Casablanca, o Night and Day era um estabelecimento que ocupava todos os turnos do dia. Era bar, almoço, chá dançante (das quatro da tarde às oito da noite), jantar e boate, mas tinha uma estrutura capaz de sustentar a longa programação. E não lhe faltavam clientes para todas essas especialidades — afinal, era parte de um dos hotéis mais ocupados do Rio, disputado por fazendeiros, industriais, comerciantes e toda espécie de visitantes das províncias. Para estes, o Night and Day era Paris ao alcance da mão — bastava apertar o 1 na botoeira do elevador.

Como se não bastasse, o hotel e a boate tinham um senhor vizinho: o Senado Federal, alojado a duzentos metros dali, no Palácio Monroe. A Câmara dos Deputados, os principais ministérios e o próprio Palácio do Catete também não ficavam muito longe. Não fosse a excelência de seus serviços e instalações, esse já seria um bom motivo para que o Serrador se tornasse o hotel favorito dos políticos em visita e dos que, não importava a origem, tinham residência fixa no Rio (e que eram quase todos). Pois, às vezes, até estes se viam obrigados a alugar um quarto no Serrador, para o caso de alguma questão política a tratar com uma secretária do seu partido ou com uma corista do Night and Day. E, antes que se façam juízos apressados, diga-se que essa afinidade com as coristas existia, mas tais transações não envolviam necessariamente dinheiro — não se tratava, ao menos não em princípio, de prostituição. A regra era que a atenção dispensada por uma delas a um político fosse recompensada com presentes, como uma joia, um perfume Fleur de Rocaille ou o convite para um fim de semana em Caxambu, todos acompanhados de um cartão confessando "admiração sincera". No caso de alguns parlamentares de certos estados, a proposta (para valer) era de casamento, mesmo.

Um ano depois de inaugurado, e ainda sem dizer a que viera, o Night and Day sofreu uma correção de rumo que se revelaria decisiva para a noite carioca. Aguinaldo Cabral desentendeu-se com Chico Serrador e Djalma Monte de Mello, e preferiu deixar a sociedade. Mauricio Lanthos comprou sua parte e, não querendo acumular as funções de sócio-proprietário e diretor artístico, olhou em volta no Night and Day à procura de alguém que pudesse substituí-lo. A pessoa mais visível era seu chefe de cozinha e coordenador de maîtres, o gaúcho Carlos Machado. Para Lanthos, Machado estava subaproveitado no Night and Day — com sua experiência na Urca, poderia ser útil na preparação dos shows da boate.

No tempo do jogo, Machado ficara famoso como regente de uma das orquestras do Cassino da Urca — um chefe apenas nominal. Não sabia uma nota de música, mas, como era um homem atraente e carismático, sua função era ficar diante da orquestra, batuta de marfim em punho, fingindo reger — mais parecia estar benzendo os músicos — e flertando com a plateia. Os músicos regiam a si mesmos. (Não era uma prática incomum. Nos Estados Unidos, Bob Crosby, irmão de Bing, também fazia esse papel à frente dos Bobcats.) No Night and Day, até então, Machado chefiava a copa e a cozinha, mas, ocasionalmente, tinha também uma função decorativa: desfilar pelo salão com seu impecável smoking — ninguém no Brasil vestia tão bem um smoking — e, feliz, deixar-se abordar pelos clientes que lhe perguntavam sobre seu namoro (real) com a cantora francesa Mistinguett, na Paris dos anos 30. E se era verdade que ela era uma praticante do pompoarismo — uma espécie de ginástica vaginal para dar maior prazer ao parceiro. Machado apenas sorria.

Até naquilo Mauricio Lanthos via um desperdício. Para ele, Machado tinha qualidades para ser o diretor artístico da casa, o que significava contratar as atrações, cercá-las de mulheres bonitas e imaginar cenários deslumbrantes. Levou sua ideia a Chico Serrador e a Djalma Monte de Mello, que a aprovaram. Lanthos só não podia adivinhar que nascia ali um produtor de espetáculos que ninguém no Brasil — nem mesmo ele — conseguiria superar.

Sob Machado, o cardápio musical do Night and Day, tanto para ouvir quanto para dançar, ficou magnífico. O pianista Waldyr Calmon tornou-se o titular dos chás dançantes, com seus crooners Alcides Gerardi e Diamantina Gomes, e seu solovox — um teclado monofônico que, acoplado ao teclado do piano, permitia imitar sons de vários instrumentos. A música da madrugada ficou a cargo de três artistas negros americanos radicados no Rio desde 1935 e que nunca mais sairiam do Brasil: Claude Austin, pianista com longa passagem pelo Copacabana Palace; Booker Pittman, preenchendo uma lacuna ao contrabaixo (seu instrumento de origem era o sax-alto); e Louis Cole, um cantor competente, dengoso e que cantava sorrindo. Às vezes, entre um solo e outro, um deles se entregava a um singelo sapateado. O repertório consistia de canções americanas, com letras que diziam coisas — Cole Porter, Irving Berlin, Lorenz Hart —, e que eles interpretavam com um leve toque jazzístico. Ou de sambas românticos e lentos — os sambas-canção — recém-lançados, mas, estes, apenas como instrumentais, para que eles não fossem traídos pelo sotaque.

Enfim, nada que impedisse uma mulher de recostar a cabeça sobre a lapela de seu par, fechar os olhos e deixar-se conduzir pela eternidade.

Vista de hoje, essa foi a fase preparatória das boates cariocas, quando seus proprietários ainda não acreditavam que um artista brasileiro fosse atração suficiente para tirar as multidões de casa. Daí, nos primeiros tempos, o enxame de bailarinos espanhóis, tenores italianos, rumbeiras bundudas e americanos, franceses ou mexicanos do terceiro time em cartaz por aqui, e que também não atraíam as grandes massas.

Mas havia exceções, como a do argentino (nascido em Bilbao, na Espanha) Gregorio Barrios, mestre de um ritmo que só então começava sua escalada mundial: o bolero. Sua estreia no Night and Day congestionou a Cinelândia — alguns cinemas chegaram a cancelar sessões porque a multidão, que tomou as calçadas para assistir à chegada do cantor, barrava sem querer o acesso às bilheterias. Poucos sabiam que, com menos de quarenta anos de idade e uma beleza madura, que empolgava as mulheres da mesma faixa, Barrios era um artista em perigo. Em dado momento, estava pronto para entrar em cena, com seu barítono seguro e encorpado. Um ou dois drinques depois, tanto podia desaparecer da boate sem ninguém notar quanto subir ao palco e esquecer as letras até de seus maiores sucessos, como "Una mujer", "Luna lunera" ou "Hipócrita". Um dia, em meio a uma carreira marcada por sumiços, retornos — alguns, heroicos — e novos sumiços, Barrios foi visto pelo cantor Francisco Carlos trabalhando como balconista numa loja de sapatos da rua Marquês de Abrantes, no Flamengo, tristemente curvado sobre um joelho, experimentando um sapato numa mocinha que não sabia quem ele era — ou fora.

Outros que, no começo, tornavam de gala as noites do Night and Day eram o barítono colombiano Carlos Ramirez, famoso por "Granada" e por sua participação no filme *Escola de sereias*, com Esther Williams; os mexicanos do Trio Los Panchos (na verdade, dois mexicanos, Chucho Navarro e Alfredo Gil, e um porto-riquenho, Julio Rodriguez, nenhum deles Pancho); e o tenor italiano Carlo Buti, mundialmente admirado por seu quase falsete em belezas como as canções "Tornerai" e "Matinatta", o tango "Amapola" e muitas mais. Todos se apresentaram no Night and Day e consolidaram a fama da casa. Até que Carlos Machado, responsável por aquele impulso e já seguro de seus talentos, encontrou um motivo para demitir-se.

O pretexto foi a grosseria com que Chico Serrador, o patrão, se dirigira na pista a um casal que dançava um samba com um entusiasmo mais apropriado às gafieiras. Machado sentiu-se desautorizado porque, pouco antes, falara educadamente com o casal e este, originário de uma cidade pequena, se desculpara. Para piorar, Serrador viera escoltado pelo comissário Padilha, um policial moralista e de maus bofes, então em princípio de carreira. Mas Machado não deixaria um bom emprego por nada. Se quis deixar o Night and Day com menos de dois anos de casa, era porque tinha uma carta na manga. A seu ver, um ás de espadas — o Monte Carlo.

Em fins de 1947, Antonio José Pereira das Neves, diretor do poderoso Banco Comércio e Indústria, fizera a Machado uma proposta irrecusável: ofereceu-lhe seu palacete no alto da rua Marquês de São Vicente, 200, na Gávea, para que Machado o transformasse numa boate. O banqueiro o construíra para morar, mas em pouco tempo se convencera de que, com as maravilhas que via de suas janelas — o Corcovado, o Jockey, a Lagoa e parte de Ipanema e Leblon — e com uma fórmula e administração eficientes, poderia fazer de sua propriedade a melhor casa noturna do Brasil. Teria de ser adaptada às novas funções, claro, mas as despesas de instalação ficariam a seu cargo — donde Machado podia inventar o que quisesse. A proposta era irresistível, e o dinheiro também não era pouco. Como diretor-geral de todas as operações, incluindo a venda de comida e bebida, Machado ficaria com 10% do faturamento mensal bruto. Pereira das Neves levaria todo o lucro que a casa desse.

A localização, em cima de um morrote íngreme e ao fim de uma estrada estreita, era problemática. Quando um carro subia, outro não podia descer. Mas até isso poderia ser convertido em charme para o estabelecimento: os clientes, se quisessem, deixariam seus carros na praça do Jockey e, graças a um acordo de Machado com os taxistas de um ponto ali perto, seriam levados à boate por um preço fixo, simbólico — o taxímetro nem se mexia. Se o cliente preferisse escalar a piramba com seu próprio carro e enguiçasse no meio do caminho, descia todo mundo para ajudar: garçons, maîtres, leões de chácara — o importante era desobstruir a estrada. Se o cliente estivesse muito alcoolizado para voltar dirigindo, as chaves lhe eram confiscadas, um táxi o levava aonde ele quisesse e, na manhã seguinte, alguém da boate entregava o carro no seu endereço. Essa era uma concessão especial de Machado, porque ele próprio não bebia nada — porres, só os dos clientes — e não tinha a menor paciência com artistas embriagados, com exceção de Grande Otelo.

Com plenos poderes para agir sobre o palacete, Machado não economizou na alteração do projeto original. Derrubou paredes, abriu salas e dividiu-as em funções — o grande salão, uma sala de espera, uma sala de festas particulares, salas íntimas e, bem nos fundos, a salvo de intromissões indesejadas, um aposento para a roleta e o bacará. (E por que não? O jogo nunca acabara de todo, apenas se escondera.) Durante alguns meses, tudo correu bem no tal quarto dos fundos, e vinha gente de São Paulo e de toda parte para tentar a sorte. O próprio Machado era um adepto das apostas e, apesar de todas as suas prerrogativas de banqueiro, conseguia o milagre de sair perdendo. Até que um recado, provavelmente do Catete, em 1950, ordenou que a bolinha parasse de girar.

Foi no Monte Carlo que Machado tentou cozinhar pela primeira vez sua receita de música e mulheres bonitas — o misto de Broadway e Paris que considerava ideal, com ingredientes e tempero à brasileira. Mas teve de ficar na tentativa porque, mesmo com as dimensões da casa — salões, galerias, varandas, hall, bar, pista de dança —, o palco era minúsculo. Mal comportava vinte pessoas, sendo que apenas a orquestra do violinista Fafá Lemos tinha dez figuras. Uma delas, ao acordeom, um menino muito alto e que, em julho de 1948, quando a casa foi inaugurada, ninguém imaginaria ter quatorze anos — João Donato.

Machado precisava de espaço para suas coristas. Corista, para ele, podia ser qualquer mulher bonita que cantasse minimamente e, se não soubesse dançar, conseguisse ao menos rebolar. Uma garota que lhe apareceu, chamada Dorinha Duval, com um corpo de parar o trânsito e mais nada, tinha esse atributo: rebolava esplendidamente. Foi contratada e, para que não ficasse sem ter o que fazer quando um cantor estivesse em cena, Machado equipou-a com um par de maracas. Dorinha esmerou-se no uso do instrumento e, em pouco tempo, conseguiria tocar até o "Danúbio azul" nas maracas.

Assim como Dorinha, quase todas as moças de Machado eram menores de idade — uma delas, Ilka Soares, dezessete aninhos e uma revelação como crooner. Quando o Juizado de Menores dava uma batida (por sorte, sempre anunciada com antecedência pela autoridade), metade do elenco se vestia, saía pelos fundos e esperava o perigo passar — a autoridade era depois recompensada. Machado sentia-se responsável pelas moças. Insistia em que não abandonassem os estudos e conciliava as horas de ensaio para que pudessem ir à escola durante o dia. Por via das dúvidas, não sossegava enquanto não providenciava carteiras profissionais com idade falsa para todas elas. Ali, Machado cristalizaria o tipo de mulher com que sempre iria trabalhar: ela teria de ser vamp, sem ser vulgar; maliciosa, mas classuda; livre, sem ser prostituta. E não importava que essa mulher tivesse vindo do mais remoto grotão — ele a tornaria *sage*, segura e sofisticada.

Machado instalou no telhado do Monte Carlo uma imensa estrela verde de neon, visível de toda a Zona Sul. Reservou a parte interna do palacete para copa, camarins, escritório e almoxarifado e, surpreendentemente, em vez de vedar, mandou envidraçar toda a frente do prédio — os cartões-postais e as luzes do Rio entravam pelas janelas. Os mais experientes estranharam essa incongruência. Ela revelava o passar das horas e o dia chegando — isso não contrariava o espírito das *boîtes de nuit*, a noite eterna, o cubo de trevas?

Sim, mas, no caso do Monte Carlo, não fazia diferença. A casa abria às sete da noite, para coquetéis, danças e jantar. À meia-noite, dava-se o show com as coristas de Machado. E, às três da manhã, todo mundo já fora embora. Os músicos, bailarinos e cantores saíam para jantar, encontravam os amigos na rua e iam tomar banho de mar em Copacabana, no Posto 6, vendo o dia amanhecer.

Já os clientes sabiam para onde ir. Para a boate onde a noite do Rio sempre terminava. Ou não terminava nunca. O Vogue.

2

O VOGUE ABRE AS PORTAS

O glamour, a intriga e o poder chegavam juntos ao Vogue. Por volta da uma da manhã, em qualquer noite da semana, suas mesas e pista de dança já estariam apinhadas de capitães do comércio e da indústria, banqueiros, diplomatas, ministros de Estado, juízes, burocratas, políticos, grã-finos, mulheres indescritíveis, proprietários de jornais, colunistas sociais, boêmios, artistas e, bem ao jeito do Rio, uns e outros sem tostão, mas safos e charmosos. Juntos, deviam concentrar metade da riqueza nacional. Depois das antessalas do Catete, o Vogue era o lugar mais bem informado do país, propício a confidências e inconfidências sobre política, negócios e a vida privada de quem realmente importava.

Stuckart — barão Stuckart, como passou a chamar-se — conseguira tudo isso num instante. Sua boate era exatamente como ele a imaginara desde que ficara sabendo da disposição de um português residente no Rio, o conde Duarte Atalaia, de construir um novo hotel na cidade. Atalaia era dono de vários hotéis pequenos, nas ruas internas de Copacabana, que lhe proporcionavam boa renda. Mas, de repente, era possível querer mais. O fim da guerra, em 1945, fora um orgasmo planetário — descobriu-se que toda a capitalização voltada para a morte podia agora ser aplicada em função da vida. E da boa vida. Stuckart convenceu-o de que, com aquela localização — avenida Princesa Isabel, entre o Leme e Copacabana, a dez passos do oceano Atlântico —, seu novo hotel deveria ser de luxo. Teria doze andares, 32 apartamentos (cada um decorado em estilo diferente), restaurante, boate, espaço para encontros de negócios e exposições, serviço de primeira e só receberia clientes especiais, que se hospedassem por longas temporadas — uma versão antecipada dos hotéis-residência.

Atalaia acatou todas as sugestões e, durante os quase dois anos tomados pela obra, Stuckart foi se desembaraçando do Copa. Em janeiro de 1947, o prédio amarelo, em estilo art déco, de perfil para a orla e frente para o Leme — ocupando parte do que seria, no futuro, o canteiro central da avenida Princesa Isabel —, ficou pronto. Em abril, deu-se a inauguração. Era o Hotel Vogue. No térreo, ficava o estabelecimento que, desde o começo, ninguém chamaria de "a boate" ou de "boate Vogue". Era, simplesmente, o Vogue — assim mesmo, no masculino.

Ao entrar no Vogue, desciam-se três degraus (o salão era rebaixado em relação à rua), mas, lá dentro, perto do piano, subiam-se outros três. Os dois planos sugeriam uma hierarquia entre os frequentadores — a parte mais baixa era a "Sibéria", numa referência à Rússia dos exilados e excluídos. Apenas uma brincadeira, claro, porque todo o Vogue era classudo e luxuoso. Os couros e madeiras, com predominância do grená, recendiam a dinheiro velho. Tinha trinta mesas (mesas de restaurante, com toalhas de linho e um pequeno candelabro de velas sobre cada uma), suficientes para cerca de 120 pessoas — para os excedentes, havia o bar. Os toaletes masculino e feminino ficavam no subsolo e tinham um telefone cada um (com números diferentes), o que facilitava a comunicação entre pessoas que, por algum motivo, não queriam ser vistas a dois no salão — iam para os toaletes e se telefonavam.

Ao lado destes, a barbearia, indispensável aos que saíam da boate de manhã para o trabalho, entre eles os ministros e assessores do presidente Dutra. Como todo militar, Dutra era madrugador, hábito que trouxera da caserna e levara para a Presidência. Na sua concepção, não havia nada de mais em marcar uma reunião para as seis da manhã. Mas seus homens não se apertavam: iam para o Vogue, onde ficavam até perto da hora marcada, barbeavam-se por lá mesmo e chegavam frescos ao Catete.

Stuckart, pessoalmente, era pouco visto no salão do Vogue. Nem precisava — porque alguns de seus empregados tinham plenos poderes. Os do porteiro Adolf, por exemplo, cresceram com o tempo. Alguém que ele não conhecesse, ou cujo aspecto desaprovasse, podia ser barrado na porta sob o argumento de que a casa estava lotada. Foi Adolf quem instituiu, entre os porteiros de boate do Rio, a tradição do capote grosso até o meio das canelas, cheio de bolsos internos, e não sem razão: dali saíam cigarros americanos, isqueiros ingleses e, dizem, frasquinhos de cocaína, estes comercializados com discrição.

Outro funcionário graduado de Stuckart era seu chef de cozinha, importado de Paris: o russo Gregor Berezanski. Graças a Gregor, o Vogue se firmou não só como o primeiro restaurante-boate do Rio, mas como o melhor restaurante da cidade. Nele Stuckart incorporou suas conquistas anteriores, como o picadinho da madrugada e a feijoada com batida — o Vogue abria para almoço aos sábados —, e apresentou diversas novidades. Novidades para o carioca, claro, porque, na Rússia, eram anteriores a Ivan, o Terrível. A principal, o stroganoff, que, com a mudança de uma vogal, se incorporaria à cozinha brasileira: o estrogonofe. Outra, o frango à Kiev: peito de frango enroladinho, recheado com manteiga e ervas, empanado com farinha de rosca e ovos — na hora de cortar, se não se tomasse cuidado, a manteiga espirrava no peito da camisa. E, ainda outra, a sopa gelada de beterraba. Sem falar nos pratos que vinham em chamas da cozinha para o salão, como o brochete de carne no espeto, o camarão flambado e os crêpes suzette, e deixavam funda impressão nos fazendeiros ricos e suas senhoras.

Mas ninguém era mais poderoso no Vogue do que Luiz de Freitas Pinto, o maître principal. Ou apenas Luiz — o sobrenome não importava. Por causa dele, os proprietários de boates aprenderam que preferiam perder seu melhor cliente a perder um maître — bons clientes abundavam, mas levava anos para formar um Luiz.

O salão lhe pertencia: comandava outros quatro maîtres, dez garçons e dez cumins, mas seus poderes de vida e de morte pareciam estender-se aos clientes. Muitos destes só o conheceram no dia da inauguração do Vogue, mas Luiz já estava na praça havia mais de dez anos, escalando silenciosamente a hierarquia — ajudante de limpeza, cozinheiro, garçom, assistente de maître e, finalmente, maître em restaurantes, hotéis e cassinos no Rio, em Poços de Caldas e na ilha Porchat — e sempre de olho no que se passava à sua volta. Pela simples observação, aprendera tudo sobre os clientes: quem tinha ou não dinheiro e em quê; o que cada um representava de fato por trás do black tie, do nome nos jornais e da fachada social; quem devia quanto e a quem; e quem dormia com quem. Aprendeu a ouvir, a calar — e a guardar. Quando encaminhava X para a parte alta do Vogue ou Y para a "Sibéria", isso nada tinha a ver com a disponibilidade de mesas, mas com sua perfeita avaliação de quem era quem. Se ordenava a colocação de uma mesa extra, os olhares convergiam para o privilegiado. Gorjetas não costumavam comprá-lo, embora, só com elas, ele faturasse cerca de 1 milhão de cruzeiros por ano. Os mais observadores tinham consciência disso, donde o importante não era você saber o sobrenome de Luiz — e sim ele saber o seu.

Mas nem todos precisavam ser tão distraídos como o cronista Fernando Sabino. Certa noite, no Vogue, um homem bonitão, alto, pálido e bem vestido passou por sua mesa e cumprimentou-o. Fernando sabia que o conhecia, mas não se lembrava de onde — podia ser um empresário, um deputado ou um alto funcionário do Itamaraty. Por via das dúvidas, convidou-o a sentar-se para um uísque. O homem aceitou. Falaram de generalidades e, quinze minutos depois, ele se levantou, dizendo que precisava trabalhar. Despediram-se e só dali a pouco, quando ele reapareceu, trajado a rigor, é que Fernando se deu conta de que o homem era Luiz.

O primeiro pianista do Vogue foi Moacyr Peixoto, expoente de uma família de músicos, sobrinho do lendário e também pianista Nonô, primo de Cyro Monteiro e irmão da cantora Andyara e do trompetista Araken. Os pianistas davam turnos de quarenta minutos por vinte de descanso, e, embora a jornada de trabalho fosse de cinco horas, o Vogue não tinha hora para fechar e eles faziam tantas entradas, noturnas ou matinais, quanto necessárias. Para revezar com Moacyr, o Vogue tirou Fats Elpidio do Golden Room e, com ele, vieram seus companheiros, o sax-tenor Moacyr Silva e o trompetista Maurílio Santos. Ao contrário da pista de dança do Golden Room, quase um latifúndio, a do Vogue era colada ao piano e os casais esbarravam nos músicos — certa noite, um cotovelo acertou a campânula do trompete de Maurílio e feriu-lhe a boca.

Uma boate era um ambiente internacional, com o que — pensava-se — sua música também precisava ser. A ideia era que um europeu ou americano em visita deveria sentir-se tão à vontade no Vogue quanto se estivesse em Paris ou Nova York, e isso incluía a música que se tocava — foxes, valsas, rumbas, boleros, tangos, fados, canções francesas, e tudo sempre dançante. Ao mesmo tempo, imaginava-se que nenhum brasileiro sairia de casa e pagaria mil cruzeiros de couvert — equivalente a dois salários mínimos e meio de 1948 — para ver cantores que podia ouvir de graça em discos ou pela Rádio Nacional. Daí a enxurrada de cantoras francesas anunciadas com grande fuzuê, embora, nos primeiros tempos do Vogue, só duas tivessem contribuído para firmar a reputação da casa: Dany Dauberson e Patachou.

Dany Dauberson era um animal nunca visto no Brasil: 23 anos, 1,80 metro de altura, sapato número 40 e um corpo escultural, que seus vestidos longos e justos — o revolucionário estilo New Look, lançado naquele ano por Christian Dior — tornavam ainda mais fora deste mundo. Fazia o gênero despenteada — algo tão inusitado que pode ter sido ela sua criadora. O olhar era duro, distante e triste, mas o que assombrava era a voz grave, de contralto, que saía de dentro dela, cantando "Chanson aphrodisiaque" — o que era aquilo?, perguntavam. O Vogue transbordava todas as noites por causa de Dany Dauberson, e Jacinto de Thormes, colunista social do *Diário Carioca*, não lhe tirava os olhos, tentando decifrar seu mistério. Na verdade, era um falso mistério, mas então inconfessável — Dauberson era lésbica e, ao cantar, lutava para conferir credibilidade a letras em que não acreditava, sobre amores entre homens e mulheres. Poucos anos depois, com seus romances com atrizes e cantoras tornados públicos em Paris, isso deixaria de ser segredo. Dauberson voltaria ao Rio várias vezes, mas, então, Jacinto já perdera o interesse por ela.

A outra cantora, Lady Patachou — pseudônimo de Henriette Ragon; Chez Patachou era o nome de um restaurante que ela abrira em Montmartre, que ela adotou como seu nome artístico —, gostava de revelar novos compositores, como Georges Brassens, Léo Ferré e Guy Béart. Gostava também de sentar-se no colo dos clientes e cortar-lhes a gravata com uma tesoura, se não cantassem com ela — tosava quatro ou cinco por noite, para deleite da plateia e até das vítimas. Mas uma surpresa a aguardava no Vogue. Um cliente, Fabio Bonifácio de Andrada, neto e bisneto de políticos mineiros e futuro procurador da República, nem esperou que ela viesse para o seu colo. Quando Patachou se aproximou com a tesoura, ele abriu a braguilha e interrompeu o repouso de seu membro, pondo-o para fora no salão. Patachou não se alterou: apontou a guilhotina para o dito, e Fabio, mais que depressa, recolheu-o. Levou uma vaia e teve a gravata cortada do mesmo jeito. Saiu no lucro.

Embora pelo Vogue circulassem as maiores contas bancárias do Brasil, nem elas eram capazes de sustentar o rodízio de cantores contratados em dólar — na maioria, inexpressivos —, que Stuckart insistia em trazer desde a inauguração. O jeito foi começar a revezá-los com nomes nacionais e torcer para que os clientes os aceitassem. Foi assim que, em 1948, o Vogue recebeu Linda Baptista e Aracy de Almeida — e, por vários motivos, elas mudaram a história.

O sucesso do Vogue gerou uma quantidade de casas similares, quase todas nas suas proximidades no Leme e em Copacabana. Em 1948, a atriz e produtora Aimée abriu o Chez Aimée na avenida Atlântica, bem junto à pedra do Leme, fazendo par com o seu também novo Teatrinho Íntimo, o primeiro do gênero no Brasil. O teatrinho, de 158 lugares, era tão íntimo que o elenco tinha de entrar e sair pela plateia. A peça inaugural, a comédia *A necessidade de ser esposa*, marcou a estreia do respeitado pediatra dr. José da Silveira Sampaio como teatrólogo, produtor, diretor, ator e personalidade teatral, e de tal forma que o doutor nunca mais tratou de uma diarreia infantil ou teve o jaleco babado por um bebê. Deixou a medicina e passou a viver de seu charme e inteligência.

Ao fim de cada espetáculo, autor, elenco, espectadores e a própria Aimée se transferiam para a boate, que tinha um terraço à beira-mar e apresentava cantores com mais prestígio do que fama — como Dora Lopes e Nilo Sergio, acompanhados por ninguém menos que o violonista Garoto e o saxofonista K-Ximbinho, ases em seus instrumentos. O Chez Aimée era aberto também aos principiantes, como o adolescente Cauby, irmão de Moacyr, Andyara e Araken Peixoto, e disfarçando a menoridade com um buço que passava por bigode.

Aimée era uma mulher provocante, com um grande corpo, e sabia disso. Tinha trinta anos e, na vida real, fazia a ingênua maliciosa típica das comédias francesas que gostava de produzir. Bem a propósito, o Chez Aimée promovia todo dia um chá dançante, das cinco da tarde às oito da noite, estritamente familiar. Mas, a partir dali, pairava na boate uma liberalidade incomum para a época, sobretudo quanto a homossexuais, embora Aimée não fosse uma. Uma história representativa do Chez Aimée era a de um famoso ator casado, mas secretamente bissexual, que chegou à boate com um jovem que anunciou como seu sobrinho. Um cantor a quem o garoto foi apresentado não se conteve: "Já o conheço. Há dois meses, ele foi meu sobrinho também". Quem levava longe essa liberalidade era o marido de Aimée, o locutor Carlos Frias, grande voz da Rádio Nacional e sempre atento à clientela feminina — um de seus casos era com Linda Baptista, amiga de sua mulher.

Um ardente admirador de Aimée, por sua vez, era o brigadeiro Eduardo Gomes, candidato derrotado à Presidência em 1946 e que voltaria a disputar as eleições em 1950, perdendo para Getulio. Famoso pela solteirice crônica — dizia-se que era virgem —, o brigadeiro foi ao Teatro Serrador assistir a uma comédia de Joracy Camargo com Aimée. Ao seu lado, no camarote, estavam sua mãe e sua irmã, os três com binóculos. Numa cena do segundo ato, em que Aimée começava a se despir, o brigadeiro empertigou-se e, cioso de sua reputação de santo, resolveu retirar-se. Curiosamente, sua mãe e sua irmã ficaram. Do palco, Aimée viu quando ele saiu ventando. "Deve ter tido dor de barriga", riu. E nunca conseguiu que ele fosse ao Teatrinho Íntimo ou ao Chez Aimée. Em 1950, Aimée passou o marido e a boate adiante.

Outra boate faria seu début no ano de 1948, quando o pianista Claude Austin deixou o Meia-Noite, arrastou consigo seus parceiros e abriu o Chez Penny, na rua Carvalho de Mendonça, uma pequena travessa entre as ruas Duvivier e Rodolfo Dantas. No futuro, esse quase beco ganharia um nome inconfundível e seria infestado de boates e inferninhos, mas Claude Austin mal pôde esquentar o lugar — Stuckart passou por lá, fez-lhe uma proposta que ele não podia recusar e levou-o para o Vogue, com Booker, Louis e tudo. Austin vendeu então a boate para a pianista clássica Marina Burlamaqui, que a redecorou com motivos orientais, contratou um cozinheiro chinês e a chamou de Mei-ling. O nome era em homenagem à primeira-dama da China, Soong Mei-ling, casada com o general Chiang Kai-shek e considerada a mulher mais poderosa do mundo. Em 1944, Madame Kai-shek passara quatro meses no Rio, a convite do governo, mas ninguém a vira — atacada de urticária, encafuara-se na mansão do milionário Drault Hernanny, no Alto da Boa Vista, e de lá só saíra para tomar o avião de volta. Mas, enquanto esteve aqui, sua mística era tal que, do Méier ao Leblon, havia quem julgasse sentir o perfume de lótus com que, parece, ela se banhava.

O Mei-ling começou bem, apresentando um novo conjunto vocal, Os Cariocas, liderado por Ismael Netto e já com um sucesso nas paradas: o samba-canção "Nova ilusão", de Zé Menezes e Luiz Bittencourt: *"Foi o destino talvez/ Causador deste sonho feliz/ Ter você junto a mim outra vez/ Relembrar todas as juras que fiz..."*. O pianista da casa, encarregado de entreter os clientes nos intervalos da atração principal, era mais um austríaco recém-chegado ao Rio, Salomon Rubin — o ainda desconhecido Sacha.

Mas estava escrito, talvez numa folha de chá, que o Mei-ling teria a vida mais curta de todas as boates do Rio. Ao nascer do sol do dia 4 de outubro, com a boate fechada e aparentemente vazia, um incêndio irrompeu no salão. Em poucos minutos, o fogo devorou as cortinas de bambu, as luminárias de papel, os quimonos dos garçons, todo o estoque de hashis e o que mais houvesse de inflamável — inclusive meia dúzia de patos já abatidos que a boate oferecia como laqueados em Paris, mas, na verdade, naturais de Nova Iguaçu. A Mei-ling ficava numa das lojas térreas do enorme prédio de apartamentos de quarto e sala que formava um dos lados da rua. Com o fogo, os moradores, que tinham saltado da cama assustados, enfrentaram o vexame de descer de pijama, cueca ou camisola.

Os bombeiros chegaram logo e limitaram o incêndio à boate, mas esta sofreu destruição total. Num álibi perfeito — perfeito demais —, Marina e o gerente Alex estavam em Petrópolis quando o fogo começou. Quando arrombaram a porta e entraram na boate, os bombeiros perceberam a disposição dos móveis, ideal para que queimassem em série. Pressionados, Marina e Alex confessaram que o fogo fora posto por um cúmplice a mando deles, para receberem o dinheiro do seguro. Foi o fim da "magia do Oriente na encantada Copacabana", como dizia seu slogan. Em suas duas encarnações somadas, Chez Penny e Mei-ling, aquela boate durou menos de um ano.

Em compensação, o Pigalle, de Waldemar Schiller, na rua Belfort Roxo, com entrada pela praça do Lido e aberto na mesma época, tinha tudo para ficar. Seu diretor musical era o exuberante pianista Bené Nunes, 28 anos e já um veterano de circos, gafieiras e cassinos — na verdade, começara de calças curtas, aos sete, como acompanhante de filmes mudos nos cinemas da Tijuca. Todo músico costuma ter um tio ou avô especialmente musical, mas a família de Bené extrapolava: seu pai, sua mãe, os seis irmãos e até a empregada (com eles há mais de trinta anos) eram pianistas, obrigando-os a ter nunca menos que três pianos em sua casa no Catumbi. Bené não lia música, o que não o impedia de interpretar Bach ou Beethoven de ouvido, e de se entregar a virtuosismos como tocá-los em ritmo de samba ou rumba. Entre suas atribuições no Pigalle estava a de selecionar os crooners, e sua maior descoberta foi uma carioca do Catete, 22 anos: Helena de Lima. Ao ser testada por Bené, Helena cantou "Quem há de dizer", de Lupicinio Rodrigues e Alcides Gonçalves, então sucesso de Francisco Alves — "*Quem há de dizer / Que quem você está vendo / Naquela mesa bebendo / É o meu querido amor...*". Foi aprovada no ato e, pelos quarenta anos seguintes, nunca passou uma madrugada longe de um microfone.

Novas boates continuaram a surgir em 1949, uma atrás da outra. A primeira, quase de frente para o Vogue, no outro lado da avenida Princesa Isabel, foi a Tasca. Boa localização, mas a concorrência era esmagadora, e ainda faltavam alguns anos para que ela tivesse, entre seus pianistas, dois rapazes chamados Newton Mendonça e Antonio Carlos Jobim. Alguns metros adiante, na avenida Atlântica, entre Princesa Isabel e Prado Junior, surgiu o Atlântida. Não durou muito, talvez por seu infeliz anúncio: "Noites frias! Aproveite e se resguarde da friagem. Ambiente de luxo, duas orquestras, ceia completa, ótima refeição". Era uma maneira de dizer que a casa não tinha ar condicionado, mas ninguém achou graça — o carioca estava apaixonado pela refrigeração. O embaixador e homem de teatro Paschoal Carlos Magno, por exemplo, ia todas as tardes ao cinema Metro-Passeio, independentemente do filme — apenas para cochilar durante duas horas no ar refrigerado.

Aguinaldo Cabral, um dos sócios originais do Night and Day e que vendera sua parte para Mauricio Lanthos, usou o dinheiro para abrir o Acapulco, no começo da avenida Nossa Senhora de Copacabana. Os primeiros tempos foram instáveis. Era uma casa grande demais para atrações isoladas, por melhores que fossem, como a mexicana Eva Garza ou o cubano Fernando Albuerne. O Acapulco só se encontrou quando passou a hospedar o *Café concerto*, um show de variedades concebido e apresentado pelo casal Renata Fronzi e Cesar Ladeira — ela, dona das coxas mais cobiçadas do Brasil; ele, o grande criador do rádio, ex-Mayrink Veiga, agora Nacional. Do espetáculo de estreia constavam as ditas coxas de Renata (e de outras dez vedetes igualmente fornidas), esquetes de humor com Walter D'Avila e Wellington Botelho e a estreia de uma cantora que logo daria muito o que falar: Mary Gonçalves.

E, a provar que a noite queria se estender por toda a Copacabana, o Posto 6, no outro extremo da praia, também ganhou sua boate: o Rose Marie, no térreo do antigo Cassino Atlântico — na exata esquina onde, na pré-história da noite, se situara o Mère Louise. Dora Lopes, sempre alerta, foi sua primeira cantora. O Rose Marie durou um ano com esse nome, mudou de mãos e passou a chamar-se Embassy. Um dos sócios era o compositor e cantor Jayme Redondo, que em 1950 comporia (com Vicente Paiva) o samba-canção "Ave-Maria" — *"Ave, Maria/ Dos seus andores/ Rogai por nós/ Os pecadores"* —, gravado por Dalva de Oliveira. O outro era um pianista que não demoraria a se tornar um cardeal da noite carioca: Djalma Ferreira.

O Rio apenas começava a estabelecer a sua cultura da boate.

As boates abriam por volta das sete da noite e iam até o último boêmio. Se este fosse o cronista Rubem Braga ou o colunista e compositor Fernando Lobo, significa que, às oito ou nove da manhã, ainda haveria um pianista tocando para eles, embora Rubem ou Fernando pudessem estar cochilando sobre a mesa. Eram amigos do maître ou do proprietário, e jamais seriam enxotados. Uma forma discreta e educada de dizer-lhes as horas era oferecer-lhes o jornal que acabara de sair — o Vogue tinha a assinatura dos dois maiores, o *Correio da Manhã* e o *Diário de Notícias*, especialmente para os amigos. Alguns clientes eram tão assíduos que o Vogue lhes servia de posta-restante — uma correspondência endereçada a "Sr. Fulano de Tal, Vogue, Rio de Janeiro — DF", chegava facilmente ao destino.

As boates eram de todos os tamanhos. Night and Day, Casablanca e Acapulco eram enormes e o Monte Carlo era médio, mas Chez Aimée, Mei-ling e Tasca eram minúsculos — reservava-se uma mesa para oito pessoas e, ao chegar, recebia-se uma mesinha para quatro, só que com oito cadeiras. Numa dessas, o boêmio Marcelo Ramos levou a mão ao bolso traseiro para puxar a carteira e se viu com a mão dentro do vestido de uma mulher atrás dele, e que não era a sua. Os garçons tinham de se preocupar em não levar as costas das mãos às pontas em brasa dos cigarros. Tinham também de aprender a reconhecer os clientes no escuro e a não demonstrar intimidade quando um deles estivesse com uma mulher que ele, garçom, não conhecesse.

A prefeitura proibiu que se abrissem boates perto de edifícios residenciais, mas isso nunca foi respeitado. O mercado era quem mandava e, se uma boate desse certo num quarteirão, outras logo surgiam, quase vizinhas de parede — donde um mesmo quarteirão podia ter até três boates. Foi o que aconteceu em Copacabana, entre o Leme e o Lido, incluindo a região da avenida Prado Junior, e nos postos 5 e 6. Eram tantas e em tão pouco espaço que, numa noite, alguns clientes podiam fazer a ronda completa da vizinhança. Saíam de uma boate para outra, sem se fixar em nenhuma, e de copo na mão — copos que iam sendo deixados em uma ou outra. Como as melhores boates tinham seus próprios copos, com as marcas gravadas no vidro, no dia seguinte fazia-se a compensação dos copos. A madrugada se confundia com o amanhecer na praia. As pessoas se cruzavam às horas mortas ao longo da avenida Atlântica: homens em black tie, mulheres chiquérrimas mas com o penteado já meio desfeito e a maquiagem borrada, músicos com seus instrumentos encapados e bebuns terminais e inofensivos. Muitos desses grupos vinham cantando. Para Dorival Caymmi, tudo isso era produto da "doçura do samba-canção".

Boa parte do material de que se compunha uma boate era adquirida por baixo do pano, não por esperteza, mas porque inexistiam vias legais. Em fins dos anos 40, não havia quem importasse os microfones Shure e Telefunken, os amplificadores Fischer e as caixas JBL que compunham o equipamento das casas noturnas. A solução estava nos amigos que viajavam para a Europa ou para os Estados Unidos e os traziam na mala, ou nos sempre solícitos comandantes da Panair. Algumas rádios tinham programas transmitidos diretamente de uma boate, e esta pegava carona na amplificação. A primeira foi a Rádio Nacional, que, em fins de 1948, passou a transmitir do Meia-Noite o programa *Ritmos da Panair*, às 23h30, sob o comando de Ribeiro Martins e, depois, Murilo Nery. Foi o que lançou nacionalmente o crooner da casa, Ivon Curi, especialista em canções francesas, acompanhado por Fats Elpidio ao piano e Zaccarias à clarineta. Ao ouvi-lo interpretando "Pigalle" e "J'attendrait", os mais distraídos poderiam pensar que era o próprio Jean Sablon saindo do seu rádio.

Os nomes de frente das boates podiam ser o barão Stuckart, Mauricio Lanthos ou Carlos Machado, mas muitas delas tinham um *silent partner* — um sócio mais ou menos secreto, que entrava com dinheiro para a instalação da casa ou fazia o investimento diretamente em espécie, na forma de toalhas, copos, faqueiros, fogões, geladeiras. Isso lhes dava a liberdade de fazer da boate uma extensão da sua própria casa e de oferecer pequenos agrados aos amigos, levando-os para comer ou beber de graça e admirar as coristas. Talvez por isso, muitos desses *silent partners* fossem políticos — eles sempre tinham alguém a agradar.

Às segundas-feiras, dia de movimento mais fraco na semana, as boates costumavam ser fechadas para festas por empresas ou particulares. O custo podia ser o dobro do faturamento médio da casa durante a semana — sem incluir o uísque, que era levado por quem alugava a casa. O Vogue, embora de longe a mais cara, era a favorita para esses eventos, principalmente os promovidos pelo corpo diplomático. Quando se tratava da recepção ou despedida de um embaixador ou de uma cabeça coroada, era ao Vogue que se recorria, em vez de realizá-la no Palácio Itamaraty ou nas respectivas embaixadas (e o luxo de algumas delas, como as de Portugal, Inglaterra e Argentina, era quase imoral).

Uma dessas recepções de gala no Vogue foi oferecida em 1948 pela colônia americana aos senhores Moore e McCormack, donos dos navios

Moore-McCormack — *Brasil, Argentina* e *Uruguai* —, que, anos antes, formaram a Frota da Boa Vizinhança. A boate foi decorada como um interior de navio, os arranjos de flores eram de Burle-Marx e o champanhe, segundo Jacinto de Thormes, "perdidamente francês". As boates podiam também ser fechadas para festas de réveillon, mas a um custo tão revoltante que ali é que se ficava sabendo quem tinha dinheiro ou não.

E nem sempre era questão de dinheiro — para fechar o Vogue na noite de 31 de dezembro, a reserva tinha de ser feita com pelo menos dois anos de antecedência. O Vogue abrigava também o disputado Baile das Debutantes, promovido pela revista *Sombra*, de Walter Quadros. Era um dos grandes acontecimentos sociais do ano. No de 1948, a debutante Danuza Leão ganhou num sorteio uma passagem para Paris. Mas, daquela vez, acabou não viajando — como ir a Paris sozinha, com quinze aninhos, sem conhecer ninguém por lá? E o Vogue cedia também suas instalações para desfiles de moda, principalmente os da Bangu e da América Fabril. O algodão brasileiro estava na moda. Quem logo começaria a desfilar por elas seria a mesma Danuza, o que lhe daria a oportunidade de redimir-se muitas vezes daquela não ida a Paris.

O Vogue, cuja cozinha funcionava 24 horas por dia, vendia seu serviço de restaurante para empresas. Uma delas, o *Diário Carioca*, de Horacio de Carvalho — uma bateria de marmitas contendo suas especialidades chegava todos os dias à cobertura do prédio do jornal, na avenida Presidente Vargas, onde ficava o restaurante, e era posta a esquentar por seus cozinheiros. Não admira que o jornal dirigido por Pompeu de Souza e Danton Jobim fosse tão bem escrito. O investimento de Horacio compensava. Entre seus convidados para o almoço, viam-se desde cabeças coroadas, como o príncipe d. João de Orleans e Bragança e a princesa, dona Fátima, até plebeus premiados, como os Silveira (da Bangu), os Bastian Pinto, os Monteiro de Carvalho. Pena que, no dia a dia, essa comida fosse somente para a diretoria do jornal e para os articulistas mais celebrados. O grosso da manada — repórteres, fotógrafos, gráficos — tinha de ir comer nos botequins sórdidos atrás da praça Onze. Em 1951, quando Samuel Wainer comprou o prédio e as máquinas do *Diário Carioca* para fazer a *Última Hora*, continuou a usar por algum tempo, e no mesmo regime, os serviços do Vogue.

Foram as boates que impuseram o uísque — perdão: *scotch* — na vida social do Rio, embora ele já circulasse em certos círculos. Orson Welles, quando esteve aqui em 1942, disse que o Brasil servia o melhor uísque falsificado do mundo (opinião autorizada, a julgar pelos hectolitros que mandava para dentro). Até então, a regra nos antigos cassinos e nas reuniões sociais eram os coquetéis tradicionais, como o alexander (conhaque, creme de leite, licor de cacau e noz-moscada) e o manhattan (uísque canadense, vermute seco, vermute doce, angostura e uma cereja), ou os de carregação, como o ponche (pêssegos em calda ou lascas de maçã boiando em vinho branco ou tinto). Todos eram doces, mortíferos e uma garantia de ressacas épicas. Os verdadeiramente elegantes ficavam no champanhe, Pommery ou Veuve Clicquot, e se sentiam mais que satisfeitos.

Cerveja e cachaça eram coisa de birosca, decididamente populares, e não existiam nas casas noturnas — até que Stuckart introduziu nas altas-rodas a batida de limão. A cocaína existia, mas para poucos, e discretamente, aspirada, no toalete, pelo nariz sobre as costas da mão. Outros optavam pelo Dexamil Spansul, comprimidos amarelos que se compravam livremente nas farmácias e deixavam o sujeito ligado. A maioria dos músicos tomava conhaque, de preferência Georges Aubert — se ficassem muito alterados, davam um pulo numa farmácia de plantão e tomavam Necroton com glicose na veia, que qualquer farmacêutico aplicava. A maconha se limitava a alguns músicos e era chamada de "uísque dos pobres".

O uísque, puro ou com *club soda* e gelo, veio para equalizar. As marcas favoritas eram White Horse e Old Parr. As melhores boates, como o Vogue, o Night and Day, o Meia-Noite e algumas outras, o compravam de "fornecedores" conhecidos; as demais o buscavam em fontes suspeitas. Na verdade, só as melhores boates o compravam no contrabando — mais exatamente, das mãos de Manuel da Silva Abreu, o monumental Zica, rei da praça Mauá. A organização de Zica respondia por 90% do contrabando de luxo no Rio, de automóveis e maquinário pesado a relógios Patek Philippe, isqueiros Dunhill, charutos cubanos, fumo inglês para cachimbo, cigarros americanos e uísques, tudo oriundo dos leilões da Receita Federal. Para se avaliar seu prestígio, Zica era o fornecedor do Jockey Club, do Copacabana Palace, das confeitarias Colombo e Cavé, e de instituições equivalentes. Já as boates menores, quando inadimplentes com Zica, partiam para a falsificação — o que o irritava porque ele tinha um nome a zelar e seus produtos não podiam ser confundidos com esse material espúrio.

O uísque servia para tudo: como complemento a um piano ou cantora, como aperitivo e até como acompanhamento do jantar — o próprio Vogue não tinha uma seleção de vinhos em que se pudesse confiar. Homens e mulheres, por igual, tomavam uma média de quatro uísques por noite. Aliás, foram as boates que ensinaram a mulher carioca a beber. Uma dose de uísque custava o equivalente a quatro dólares. Era muito dinheiro, mas não significava que todos fossem obrigados a pagar. Muitos bebiam à custa de alguém que os convidara; alguns clientes diários tinham direito a dois uísques por conta da casa — o que consumiam depois compensava o investimento; outros, mais íntimos, exerciam o direito constitucional da pendura. E havia a instituição do espertinho que borboleteava pelas mesas, bebericava no copo dos amigos e não parava em nenhuma — o que, a cada três mesas, equivalia a uma dose completa.

Um especialista nessa prática era Ibrahim Sued, 25 anos em 1948 e ainda pobre e longe de se tornar uma potência do colunismo social. Ibrahim era, então, fotógrafo — ou malógrafo, por carregar a mala de algum fotógrafo seu amigo, para conseguir penetrar numa casa mais fina. Quando ele próprio empunhava uma câmera Speed Graphic, com aquele flash cinematográfico, sabia-se que nem sempre ela continha filme — mas garantia-lhe o ingresso numa festa. Para conquistar a aceitação desse universo de homens e mulheres da *haute gomme*, Ibrahim sujeitava-se a humilhações. Uma delas aconteceu quando ele adentrou o Vogue e vislumbrou a mesa onde se sentavam o querido playboy Mariozinho de Oliveira e alguns amigos. Mariozinho, 23 anos, herdeiro do Moinho da Luz, dos cigarros Veado, da cerveja Cascatinha e muitos outros produtos, era fã de jazz, carros antigos e toda espécie de brincadeira. Embora tivesse uma frota de Cadillacs de colecionador, ia diariamente de bonde para o Moinho, na Zona Norte — não para trabalhar, mas porque estava montando um zoológico particular nos terrenos de sua indústria.

Mariozinho viu quando Ibrahim entrou e, sabendo que ele faria uma escala em sua mesa, foi ao toalete com seu copo de uísque pela metade e urinou dentro para completá-lo. De volta à mesa, acrescentou-lhe uma pedra de gelo, pôs o copo à sua frente e esperou. Ibrahim chegou, sentou-se sem ser convidado e, inevitavelmente, bebeu do uísque de Mariozinho. Não se sabe se estranhou o sabor. Não passou recibo e não estrilou. Apenas levantou-se e foi em frente. Detalhe: Mariozinho gostava de Ibrahim.

Pela combinação de álcool, mulheres bonitas e acompanhantes ciumentos, arranca-rabos eram comuns em boates. O importante era esfriar os ânimos antes que se transformassem em briga. Caso isso se tornasse impossível, os litigantes que fossem brigar na rua — ou nenhuma boate ficaria inteira. Daí por que os maîtres eram contratados não só por sua habilidade e educação, mas também por uma certa compleição física — deveriam ser capazes de conter dois turbulentos no espaço de um guardanapo (Luiz, do Vogue, não estava nesse caso, mas Costa, Brono e Ramon, seus auxiliares, sim). Na calçada, a moral era imposta pelo porteiro, com a assistência dos leões de chácara, estes às vezes recrutados na polícia.

Um grupo de rapazes de Copacabana estava acima desses limites: a turma informalmente liderada por Edu — Eduardo Henrique Martins de Oliveira —, uma lenda do Rio naquela época: atlético, muito forte, bonito, carismático, bom de beijos e de briga. Fora ele quem trouxera dos Estados Unidos o primeiro equipamento completo de caça submarina — roupas de mergulho, arpão, pés de pato. Na vida civil, era comandante da Panair, com milhares de horas de voo. Em sua órbita, gravitavam outros aviadores, como Paulo Soledade, Assis Lopes, Neiva de Figueiredo e o muito jovem Carlinhos Niemeyer, e cerca de trinta moços de variada extração social: dos ricos Mariozinho de Oliveira e Chiquinho Guise aos quase isso, ou nem tanto, Mario Saladini, Carlos "Boboca" Peixoto, Raimundo Magalhães, Waldemar Bombonatti, João Bulcão de Mello, Mario Catrambi, Rui Carvalho, Paulino Crespo, Fabio Bonifácio de Andrada, Heitor Polo, Darcy Froes da Cruz, Leo Peteca,

Flavio "Fifuca" Porto (e seu irmão Sergio), Alberto (irmão mais velho de Ibrahim) Sued, Heleno de Freitas — sim, o craque do Botafogo e da seleção brasileira — e outros.

Eram amigos desde 1944, quando tinham entre 20 e 25 anos e se reuniam todos os dias na calçada do bar Alvear, na esquina da avenida Atlântica com a rua República do Peru, para cumprir uma importante agenda: conversar fiado, combinar festas e dizer coisas engraçadas para as moças que passavam, acompanhadas ou não (as moças riam do que eles falavam, seus acompanhantes não). Quando o Alvear se esgotou, eles se mudaram para a pérgula do Copacabana Palace (os pais de muitos deles eram amigos de Octavio Guinle) e para a praia defronte ao hotel, a fim de jogar peteca ou a nova sensação, o frescobol. A partir de 1947, com o surgimento das boates, o Vogue tornou-se o seu território à noite.

Esses rapazes tinham em comum várias características que as pessoas de fora achavam intoleráveis: uma permanente *joie de vivre*, materializada em festas que duravam dias; um relativo conforto financeiro (quase todos trabalhavam nas empresas da família ou tinham bons empregos); e grande sucesso com as moças — muitas dispensavam o noivo ou namorado por um flerte ou coisa mais séria com algum deles. E tinham uma irritante tendência a brincadeiras — uma delas, levar para um restaurante ou boate dentaduras feitas sob encomenda no protético e deixá-las cair "casualmente" no prato de alguém. Por essas e outras, viviam metidos em brigas. Uma dessas brigas aconteceu no Vogue, no Carnaval de 1948, o que levou uma dama da sociedade a defini-los: "São uns cafajestes". Eles gostaram da palavra, assumiram-na e nasceu ali o Clube dos Cafajestes.

O "clube" propriamente dito não existia. Era uma associação sem personalidade jurídica, estatuto, sede, mensalidade, joia nem carteirinha. Seus membros não andavam em turma, nem precisavam — o Clube dos Cafajestes estava onde estivessem quatro ou cinco deles. Como suas proezas viviam saindo na imprensa (quase sempre nas páginas policiais), os nomes de alguns eram conhecidos fora do Rio e, com frequência, eles recebiam cartas (aos cuidados do Vogue) perguntando como se podia ser sócio e qual o endereço do clube. A resposta-padrão era a de que o interessado pusesse xis cruzeiros em espécie dentro de um envelope e o enviasse a um determinado endereço da avenida Atlântica — sempre um número ímpar, que não existia, e onde ficava, claro, o mar. O que esses ingênuos não sabiam é que os Cafajestes tinham, de fato, alguns endereços extraoficiais. O principal era a cobertura do Edifício Estoril, na avenida Atlântica, no Leme, onde Mariozinho de Oliveira — Milonga, para os íntimos — morava com uma onça-pintada de estimação, chamada Jurupoca. E o que eles diriam se soubessem que a cama de Mariozinho comportava quatro casais? Ou que um dos membros honorários do clube era o rei Carol da Romênia, que viveu exilado no Rio, de 1943 a 1947, e que, ao ver qualquer um deles, se punha de pé, perfilava-se e cantava o "Hino dos Cafajestes", composto por Paulo Soledade?

A briga no Vogue fez com que, para suas festas, os Cafajestes passassem a alugar casas condenadas na avenida Atlântica, prestes a ser demolidas para dar lugar aos edifícios. As festas dos Cafajestes eram o principal assunto de Copacabana antes e depois de sua realização — pelo que se achava que acontecia nelas e também porque, após as festas, não restava muito que demolir. Mas era tudo especulação porque só os seus convidados participavam — um magote de seguranças encarregava-se de barrar os penetras. Um convidado cativo, e dos mais animados, era Dorival Caymmi. Até que, na terceira ou quarta festa, a mulher de Caymmi, Stella Maris (sem convite), conseguiu furar o bloqueio e arrancá-lo de lá à força — porque ouvira dizer que, a partir de certa hora, as festas se convertiam em orgias. Às vezes, Ary Barroso também comparecia, mais como observador — numa delas, ao entrar num aposento onde Mariozinho trocava carícias com uma belíssima negra, aproximou-se para espiar melhor a nudez da moça e, com os óculos e o nariz a poucos centímetros das suas intimidades, encantou-se com o contraste entre a cor da pele e a da vagina e exclamou: "Ela é Flamengo!".

Caymmi e Ary eram dois dos compositores, cantores e jornalistas amistosamente ligados aos Cafajestes e que os acompanhavam pelos bares, boates e praias. Outros eram Fernando Lobo, Lucio Alves, Dalva de Oliveira, Linda Baptista, Aracy de Almeida, Jacinto de Thormes, Millôr Fernandes, o locutor Luiz Jatobá e, dali a algum tempo, Antonio Maria.

Em princípios de 1948, o Vogue contratou Linda e Aracy para se revezarem como atrações nos horários nobres da boate. O primeiro a soltar fogos foi o compositor, radialista e colunista do *Diário da Noite* Haroldo Barbosa, feliz com a pausa na "exaustiva cadeia de francesas je-m'en-fous e la-vie-en-roses" que infestava a noite carioca. Para Stuckart, desconfiado da capacidade do talento nacional de atrair as grandes massas, Linda e Aracy eram uma aposta. Mas foi uma aposta que pagou e com juros — porque elas ficaram cinco anos no Vogue e mudaram o eixo da música brasileira.

Aos 34 anos e quatorze de carreira, Aracy de Almeida era um nome mais que estabelecido na praça. Gravava na Odeon, lançava um 78 rpm a cada dois ou três meses, não faltavam compositores para supri-la e, com toda a sua digital de sambista, não fazia chiquê em matéria de gêneros — cantava todos. É dessa época sua criação do fabuloso samba "Louco (Ela é seu mundo)", de Wilson Baptista e Henrique de Almeida, mas também da marchinha "A sanfona do Mané", de Haroldo Lobo e Milton de Oliveira, e da rumba "Escandalosa", de Moacyr Silva e Djalma Esteves (que Aracy, na Odeon, e Emilinha Borba, na Continental, gravaram quase no mesmo dia, mas a Continental soltou o "Escandalosa" de Emilinha um mês antes). Aracy, como ela própria dizia, era aquela sobre quem não restava a menor dúvida.

Quem estava duplamente sepultado — vida e obra a sete palmos — era Noel Rosa. Desde sua morte, em maio de 1937, aos 26 anos, o maior sambista de seu tempo se reduzira a uma vaga lembrança. O enterro e a missa de sétimo dia para Noel foram apoteóticos, mas o esquecimento começou assim que o padre recolheu os paramentos. Nos onze anos seguintes, a música de Noel desapareceu das lojas de discos, ninguém o cantava no rádio, a imprensa o esqueceu e não havia movimento algum a seu respeito nas gravadoras. Por ironia, todos esses veículos estavam agora nas mãos de seus velhos colegas: Braguinha (João de Barro) era diretor da Continental; Almirante, mandachuva da Rádio Tupi; Francisco Alves, um cantor com poder para gravar o que quisesse; e David Nasser, o principal repórter de *O Cruzeiro*. Mas nenhum deles pensava em Noel para nada — seu valor comercial se reduzira a zero. E não que ele tivesse se esgotado em vida. Deixara pelo menos trinta sambas inéditos, um deles, "Três apitos" — "*Quando o apito da fábrica de tecidos/ Vem ferir os meus ouvidos/ Eu me lembro de você...*" —, à espera de quem se interessasse por eles.

A ideia de contratar Aracy para cantar numa boate de Copacabana, e justamente no Vogue, parecia esdrúxula porque, em certo sentido, ninguém mais anti-Vogue do que ela. Seu universo era a Taberna da Glória, a Lapa, a Central do Brasil, malandros, navalhas, gírias, palavrões e descabelos. O único caso de amor que se sabia dela tinha sido com um jogador do Vasco, chamado Rey. No Carnaval, desfilava pela Galeria Cruzeiro fantasiada de caubói. Para piorar, cantava pelo nariz e com uma lágrima na voz. Como reagiria a ela a plateia do society?

Reagiria muito bem, porque parte dessa plateia já a conhecia de longa data: a turma dos Cafajestes. Mariozinho de Oliveira, a quem ela chamava de "meu Mario", e Paulo Soledade, extremamente musicais, eram seus amigos. Podem ter sido eles a vencer a resistência de Stuckart, contando-lhe que, por trás da ostensiva grossura, Aracy tinha um lado "fino", que só os mais chegados conheciam. Seu uísque, por exemplo, era escocês; o cigarro, americano — exatamente como os dos clientes do Vogue. Em casa, lia Augusto dos Anjos e ouvia jazz, Beethoven e canto gregoriano. Seus cachorros comiam filé e dormiam em edredom. Não se contentava com bondes — só andava de táxi e tinha um motorista quase particular, o Inglês, que fazia ponto diante do cemitério de São Francisco Xavier. Era íntima de pintores, jornalistas e escritores — seu fã Jorge Amado, então em alta no mundo socialista, gabava-se de que poderia levá-la a cantar em Moscou, Praga ou Pequim à hora em que quisesse, era só ela dizer — mas Aracy não diria nunca, por não entrar em aviões. Filha de protestantes (seu pai era pastor da Igreja Batista), sabia de cor muitos trechos da Bíblia, que recitava exclamando: "O Eclesiastes é do caralho!". Quando passava por algum camelô vendendo Bíblias, juntava os amigos e pagava "uma rodada de Bíblias" para todo mundo.

Tempos antes, no Vogue, Mariozinho e Soledade tinham ficado chocados ao pedir ao trompetista Pernambuco, irmão de Fats Elpidio, futuro autor (com Antonio Maria) de "Suas mãos" e um dos músicos mais solicitados da noite, que tocasse um samba de Noel Rosa. Pernambuco respondeu candidamente que não sabia nenhum. Foi quando os

Cafajestes se convenceram de que a plateia do Vogue precisava conhecer o compositor de Vila Isabel, e Aracy era seu instrumento ideal — afinal, qual cantora se dedicara mais a ele no passado? Noel tinha outro admirador dentro do Vogue: o pianista americano Claude Austin. Segundo Jacy Pacheco, primo-irmão e primeiro biógrafo de Noel, foi Austin quem falou a Aracy sobre a surpresa dos estrangeiros no Rio com a música de Noel quando a tocava para eles. Os gringos podiam não entender a riqueza de palavras e imagens em letras como a de "Conversa de botequim" — ele, Claude, às vezes também não entendia —, mas a música tinha méritos de sobra para ser apreciada.

Com toda essa torcida a favor, Aracy compôs seu repertório do Vogue à base de Noel, e o resultado foi que obras-primas como "Feitio de oração", "Feitiço da Vila" e "Pra que mentir", de Noel e Vadico, e "Não tem tradução", "Pela décima vez", "Silêncio de um minuto", "O X do problema" e "Último desejo", só de Noel, se sentiram tão em casa entre as paredes do barão quanto nos bordéis a que Noel a levava nos anos 30 — palmeiras do Mangue à vontade na areia de Copacabana. E, talvez pela interpretação de Aracy, uma sambista que não precisava requebrar as cadeiras para cantar, só então se percebeu que todos aqueles grandes sambas de Noel eram... sambas-canção.

Da combinação química de Aracy ao microfone, Claude Austin ao piano e os Cafajestes aplaudindo nas mesas, reforçados pelos grã-finos, políticos e artistas recém-convertidos, o Vogue fez surgir um novo Noel, maior até do que em vida, e para sempre. Em 1950 e 1951, a Continental lançou dois álbuns de 78 rpm de Aracy cantando Noel, produzidos por Braguinha, num total de seis discos avulsos — doze músicas, que ela gravou em apenas dois dias. Prosseguiu com os programas de rádio sobre Noel, criados por Almirante na Tupi. Explodiu com o magnífico musical de Carlos Machado, *Feitiço da Vila*, de 1953, com Silvio Caldas, Elizeth Cardoso e Grande Otelo, em sua nova boate na Praia Vermelha. E se consolidou com os primeiros textos alentados de Lucio Rangel, Jacy Pacheco e do próprio Almirante sobre Noel em jornais, livros e revistas. Noel estava mais vivo do que todos que o tinham levado ao Caju.

E Linda Baptista? Ao contrário de Aracy, que só faltara ser barrada pelo porteiro Adolf ao chegar ao Vogue, não seria surpresa se lhe estendessem o tapete vermelho para sua primeira entrada triunfal na boate. Aos 29 anos e onze de carreira, a vida de Linda já não caberia em um volume: irmã mais velha de Dircinha Baptista, a sensação do samba e do Carnaval; as duas eram filhas do ventríloquo Batista Junior, um dos maiores do mundo (trabalhava com dezoito bonecos, cada qual com uma voz); sucessora de Carmen Miranda no trono da Urca; "rainha do rádio" por dez anos seguidos; bonita, elegante, amiga de políticos e à vontade em qualquer ambiente; sucessos quase anuais no Carnaval e fora dele; disputada pelas rádios e gravadoras; uma das favoritas de Ary Barroso; cantora das tropas brasileiras e americanas no Norte e no Nordeste; e com uma extensa quilometragem amorosa em que se destacavam, naquele momento, Waldemar Bombonatti, um dos Cafajestes, e, no passado, Orson Welles e, discretamente, o ex-ditador Getulio Vargas. Tomava conhaque em xícaras, como se fosse café, para não dar na vista. E tinha uma frota de carros de luxo, para uso próprio — às vezes, dava um de presente. Linda era também dependente de jogo — o que ganhara nos cassinos deixara nas roletas. Quando os cassinos foram fechados, ela nunca teve dificuldade para encontrar onde apostar no número errado.

Como cantora, Linda era excepcional. Mas uma coisa era o cassino; outra, a boate. O palco da Urca lhe permitia espalhar-se em especialidades do Carnaval, como "General da banda" ou "Ruas do Japão". Já o Vogue era uma caixinha de música, uma casa de bonecas. Linda teve de se adaptar, física e vocalmente. No Vogue, cantava sentada, ao lado do piano de Fats Elpidio ou onde estivesse. Jogavam-lhe o foco de luz, levavam-lhe o microfone e, sem sair do lugar, ela buscava em seu repertório os sambas românticos, de andamento médio, mais apropriados ao ambiente — dois deles, "Bom dia", de Herivelto Martins e Aldo Cabral, e "Aula de música", também de Herivelto, com Haroldo Barbosa. Às vezes, levantava-se, mas para sentar-se à mesa de clientes e cantar como se fosse só para eles. "As mesas silenciavam à sua passagem", escreveu Fernando Lobo. Nesses momentos, não era a profissional, mas a amiga, a amante, como se a letra fosse uma confidência. Era classuda.

Ao contrário de Aracy, que já chegou ao Vogue com o repertório pronto, Linda teve de esperar para que lhe caíssem em mãos as letras noturnas e sofisticadas que procurava. Mas, quando elas surgiram, uma nova era começou: "Vingança" ["*Eu gostei tanto, tanto/ Quando me contaram/ Que lhe encontraram chorando e bebendo/ Na mesa de um bar...*"] e "Foi assim" ["*Foi assim/ Eu tinha alguém que comigo morava/ Mas tinha um defeito que brigava/ Embora com razão ou sem razão...*"], de Lupicinio Rodrigues; "Dona Divergência" ["*...E eu, combatente atingido/ Sou qual um país vencido/ Que não se organiza mais*"], de Lupicinio e Felisberto Martins; "Trapo de gente" ["*...Saía comigo, bebia comigo/ Depois se entregava a um amigo/ Trapo de gente, sem alma e sem coração...*"] e o fabuloso "Risque" ["*Risque/ Meu nome do teu caderno/ Que eu não suporto o inferno/ Do nosso amor fracassado...*"], ambas de Ary Barroso. E Linda não precisava ser a lançadora de uma música para se apoderar dela. "Vingança" fora gravada originalmente pelo Trio de Ouro, com Dalva, e "Risque", por Aurora Miranda, mas só se consagrariam meses depois, na voz de Linda.

Linda e Aracy dividiram durante anos o privilégio de serem as únicas mulheres a entrar desacompanhadas no Vogue. Aracy fez ainda melhor: foi a única pessoa a entrar com um animal na boate (sua cachorra — e a servir-lhe sopa na mesa). Julgando aberto o precedente, uma grã-fina também tentou entrar com seu cachorro na noite seguinte e foi barrada. A própria Aracy não repetiria a façanha, embora, aparentemente, tudo lhe fosse permitido no Vogue.

Certa noite de casa cheia, por algum motivo, Aracy jogou seu salário, dezenas de notas de cem cruzeiros, para o alto — o pagamento era semanal e em dinheiro. O dinheiro seria também o motivo de uma briga feia com Linda no Vogue, em que as duas se pegaram a tapas, rolaram no chão entre as mesas e foram separadas a custo pelo maître assistente Costa. Somando o que ganhava no Vogue, na Rádio Nacional e com a venda dos discos, Linda faturava uma média de 40 mil cruzeiros por mês — o equivalente a cem salários mínimos. Aracy pode ter entendido que esse era o salário de Linda na boate, o que tornaria sua colega muito mais bem paga do que ela. Stuckart garantiu-lhe que não era assim, que as duas ganhavam igual, e Aracy e Linda logo se entenderam.

Briga definitiva, também por estrelismo e na mesma época, foi entre Linda e Dalva de Oliveira, com fofocas e acusações mútuas envolvendo romances frustrados, vexames em hotéis e porres durante apresentações. Linda tinha a seu lado sua irmã Dircinha e a mãe delas, dona Neném, que dizia (de propósito, para excluir Dalva): "Não é formidável que eu seja mãe das duas maiores cantoras do Brasil?". Mas, exceto por essas duas histórias, nunca se soube de Linda ter se indisposto com alguém.

Já Aracy era uma mulher difícil, mas, talvez por ambos terem temperamento rude, ela e Stuckart se davam bem — ao se encontrarem, recolhiam as unhas. Tanto que, quando lhe perguntaram sobre Stuckart, Aracy declarou: "Não tenho palavras para descrevê-lo. Nem palavrões". Voltariam a trabalhar juntos dez anos depois.

Nas noites de sexta e sábado, em que tinha de fazer três entradas — a última, já depois das quatro da manhã —, Aracy nem sempre aguentava cumprir os trinta minutos. Cantava uma ou duas músicas, olhava para a plateia e dizia: "Cansei de cantar. Vão tomar no cu!". E voltava para sua mesa sob aplausos gerais.

A empatia entre Aracy e Linda e o público do Vogue também foi imediata.

"Pensei que esses grã-finos fossem antipáticos. Mas me enganei. Eles são gente simples", disse Linda.

"São mesmo. O deles também é marrom", completou Aracy. "Entrei no toalete depois que a madame saiu e vi."

3

O SAMBA VIROU CANÇÃO

Entre um e outro Noel Rosa, Aracy de Almeida começava a cantar *"Junte tudo que é seu/ Seu amor, seus trapinhos/ Junte tudo que é seu/ E saia do meu caminho..."* — e disparava um rastilho de prazer pelo salão do Vogue. Eram os versos iniciais do samba-canção "Saia do caminho", de Custodio Mesquita e Evaldo Ruy, que ela gravara em fevereiro de 1946, quando Custodio já não podia ouvi-la — morrera em março de 1945, aos 34 anos. Evaldo Ruy o guardara durante quase um ano até encontrar a cantora certa.

Em pouco mais de dez anos de carreira profissional, Custodio Mesquita deixara um enorme legado de sofisticação harmônica, construída em todas as regiões do piano: sambas como "Algodão", "Feitiçaria" e "Promessa", foxes-canção como "Nada além", "Naná", "Mulher", "Volta" e "Rosa de maio", e valsas como "Linda judia", "Velho realejo", "O pião", "Quem será", "Enquanto houver saudade" e "Valsa do meu subúrbio". Seus parceiros eram Mario Lago, Geysa Bôscoli, David Nasser, Sadi Cabral e o maior deles, Evaldo Ruy; seus cantores, Orlando Silva, Silvio Caldas, Dircinha Batista e os demais cartazes — ele não se contentaria com menos. A constante em sua obra era a beleza.

O próprio Custodio, como pessoa, era de uma beleza poética fora de seu tempo. Carioca, alto, muito magro, aristocrata das Laranjeiras (seus avós, parentes do barão de Mesquita, frequentavam os saraus da princesa Isabel), olheiras azuladas, cabelos pretos cuidadosamente revoltos e bigodinho à Tyrone Power em *A marca do Zorro*. Tivera tuberculose em jovem e sofria de epilepsia, mas nunca voltava para casa antes das seis da manhã. E não era nada humilde. Ao contrário, ninguém mais esnobe, exigente e convencido de seu valor. Mario Lago o definiu como "um Dom Quixote a bico de pena por Gustave Doré". Ao saber que Francisco Alves se queixara por Custódio nunca lhe oferecer músicas, disparou: "Diga ao Chico que, se ele quiser alguma coisa, pode passar lá em casa". Era possível ser mais insolente?

Um ano antes de morrer, Custódio começara a trocar os outros ritmos pelo samba-canção, com "Adeus", "Noturno em tempo de samba" e "Como os rios que correm para o mar", além de "Saia do caminho", todos com Evaldo Ruy. Mas a história de vida de Custodio já o fazia um protomártir do gênero — alguém destinado a viver as letras que seus parceiros lhe escreviam. Morreu de insuficiência hepática (logo ele, que não bebia), provocada por Luminal, barbitúrico antiepiléptico de que ficara dependente, e Benzedrine, que tomava a mancheias para ficar acordado.

Ao escutar "Saia do caminho", um ouvinte mais atento o relacionaria a outros sambas que lhe vinham chamando a atenção pelo rádio, pelos discos ou por alguém assobiando ao seu lado no lotação. Um deles, "Fracasso", de Mario Lago (sem parceiro), tomara as ondas na voz de Francisco Alves: "*Relembro sem saudade o nosso amor/ O nosso último beijo e último abraço/ Porque só me ficou da história triste desse amor/ A história dolorosa de um fracasso...*". Ou "Mensagem", de Aldo Cabral e Cícero Nunes, por Isaurinha Garcia: "*Quando o carteiro chegou/ E o meu nome gritou/ Com uma carta na mão// Ante surpresa tão rude/ Nem sei como pude/ Chegar ao portão...*". E ainda outro, "Edredom vermelho", de Herivelto Martins, também por Isaurinha: "*Meu edredom vermelho/ Brilha que nem espelho/ Reflete o rosto teu/ Quando tu sentas na cama/ Suja os tapetes de lama/ Mas não faz mal, digo eu...*".

Não eram "sambas de sambista", como se definiam os sambas rasgados e sincopados de Assis Valente, Wilson Baptista ou Geraldo Pereira. Eram sambas, sem dúvida — o ritmo, apesar de mais lento, era inconfundível —, só que românticos, intimistas e confessionais, com frases musicais longas e licorosas, perfeitos para ser dançados como sambas, mas devagarinho, com o rosto e o corpo colados. O samba fora para a cama com a canção, numa romântica noite de bruma, e resultara neles, os sambas-canção, com suas letras narrativas, que contavam uma história — e esta, com frequência, se referia a um caso de amor desfeito, como de praxe nas músicas românticas em qualquer língua.

Naquele imediato pós-guerra, o samba-canção era a grande novidade no mercado musical. Todos os compositores e letristas do primeiro time começaram a produzi-lo e, com a implantação das boates no Rio, ele ganhara um habitat perfeito. Um passeio ao passado remoto mostraria, no entanto, que o samba-canção era a continuação natural de uma tradição romântica da música brasileira que começara no século XIX — filho ou sobrinho das canções, modinhas, valsas, serestas, dos foxes e marchas-rancho praticados desde os primórdios por Chiquinha Gonzaga, Anacleto de Medeiros, Ernesto Nazareth, Pixinguinha, Eduardo Souto, Freire Junior, Zequinha de Abreu, Candido das Neves, Uriel Lourival e, a partir de 1930, por Orestes Barbosa (em parceria com Francisco Alves ou Silvio Caldas), Joubert de Carvalho, Lamartine Babo, Roberto Martins, José Maria de Abreu, J. Cascata, Leonel Azevedo e muitos outros.

Mas, para que houvesse o samba-canção, foi preciso que houvesse o samba. E este só se estratificou na segunda metade dos anos 1920, quando Ismael Silva e seus amigos do bairro do Estácio apresentaram a primeira leva de composições do gênero — "Me faz carinhos", "Nem é bom falar", "Se você jurar" —, que sepultou os maxixes da praça Onze. E, assim como já havia o choro-canção, o tango-canção e a valsa-canção, o surgimento do samba-canção era inevitável.

Um fator importante para esse amaciamento geral da música popular foi o surgimento, em 1925, nos Estados Unidos, da gravação elétrica, com microfone, aposentando a gravação mecânica, em que eram a força dos pulmões e o volume dos instrumentos que imprimiam a música na cera. A música americana foi a primeira a acusar os benefícios dessa transformação, com o fox-trot — pesado, sincopado e dançante, como o maxixe — dando origem ao fox-canção, como o praticado por todos os compositores americanos, de Irving Berlin a Stephen Sondheim, dos primeiros sessenta anos do século XX.

Do samba do Estácio ao samba-canção, foi apenas um passo. E este passo foi dado pelo maestro e pianista Henrique Vogeler, ao compor para o teatro a melodia de "Linda flor" — uma canção que podia ser dançada como um samba ou um samba suavizado pela canção. "Linda flor" ganhou uma letra de Marques Porto e outra, esta definitiva, de Luiz Peixoto: "Ai, ioiô/ Eu nasci pra sofrer/ Fui olhar para você/ Meus zoinho fechou...". Lançada por Aracy Cortes em 1929, com o título de "Iaiá", tornou-se popularmente "Ai, ioiô", e assim ficou. Nascia um gênero.

Ary Barroso foi fundamental para a consolidação desse gênero ao compor "No rancho fundo" (com Lamartine Babo, 1931), "Maria" (com Luiz Peixoto, 1932), "Caco velho" (1934), "Na batucada da vida" (também com Luiz Peixoto, 1934), "Tu" (1934), "Inquietação" (1935) e "Pra machucar meu coração" (1943). Todos, grandes sucessos — e todos, grandes sambas-canção, mas quem os classificava como tais? O próprio Noel Rosa, tão admirado como sambista, não era o autor daquelas maravilhas que Aracy de Almeida iria cantar no Vogue anos depois? Mas, no selo dos discos daquela época, muitos e legítimos sambas-canção eram rotulados apenas como sambas. Isso pode ter adiado o seu reconhecimento como uma forma musical específica, embora não impedisse que se firmasse. O fato é que, desde que o samba é samba, fizeram-se sambas-canção. O público é que não sabia que se chamavam assim.

Ary e Noel foram apenas alguns dos que prepararam o terreno para que, nos anos 40, surgissem compositores que, em breve, seriam especialistas do samba-canção: Herivelto Martins ("Ave-Maria no morro", 1942), Lupicinio Rodrigues ("Brasa", com Felisberto Martins, 1945) e Dorival Caymmi ("Dora", 1945). E o bissexto, mas fabuloso Valzinho? Seu "Doce veneno" — "*Quanta dor/ Tão infeliz eu sou/ Por que razão você vive a me torturar...*", com Carlos Lentine e Espiridião Goulart, de 1945 — levaria quarenta anos para que muitos o descobrissem.

É preciso notar que, enquanto esses sambas-canção estavam sendo compostos, gravados e ouvidos por uma enorme população, mal se falava em bolero no Brasil — e o gênero nem era tão conhecido fora dos cabarés de Havana e da Cidade do México. Donde a apressada teoria, sempre repetida, de que o samba-canção é o bolero brasileiro nunca se justificou. Como o nome diz, ele é um samba em forma de canção — suave, moderada. Ou uma canção em ritmo de samba — este também suave, moderado. É irmão de todas as canções românticas do mundo, como as canções francesas de Charles Trenet e Edith Piaf, os foxes-canção americanos de Cole Porter e Irving Berlin, e, por que não?, os boleros do mexicano Agustín Lara ou do cubano Ernesto Lecuona.

A prova disso é que muitos desses boleros, foxes e canções francesas faziam parte do repertório dos pianistas das boates cariocas — em ritmo de samba-canção.

Em 1946, Haroldo Barbosa, uma das cabeças da Rádio Nacional, e o apresentador e compositor Reynaldo Dias Leme criaram um programa semanal noturno intitulado *A Canção Romântica*, a ser comandado por Francisco Alves. O já veterano Chico cantaria seus sucessos do momento — nunca tinha menos de três ou quatro nas paradas — e receberia como convidados, no auditório da praça Mauá, garotos que começavam a despontar. Radamés Gnattali cuidaria dos arranjos e da orquestra, além de decidir com Haroldo quem cantaria o quê. Num dos primeiros programas, a revelação foi um samba-canção de Braguinha e Alberto Ribeiro, ainda inédito e sem dono: "Copacabana". Haroldo e Radamés destinaram-no ao jovem Lucio Alves — dezenove anos, líder e crooner do conjunto vocal Os Namorados da Lua. Mas para cantá-lo sozinho, sem o conjunto, e com um rico naipe de cordas sob seus sonoros graves. E foi assim que, num programa de rádio e na voz de Lucio Alves, se escutou pela primeira vez *"Existem praias tão lindas, cheias de luz/ Nenhuma tem o encanto que tu possuis..."* — com as escovinhas de Luciano Perrone inaugurando a marcação do samba-canção na bateria.

Mas, como se sabe, quem gravou "Copacabana" algumas semanas depois, com o mesmo arranjo de Radamés executado por uma orquestra de estúdio, foi o também novato Dick Farney, na Continental — e a música brasileira nunca mais seria a mesma.

Por que Dick, e não Lucio, em quem todos anteviam uma brilhante carreira solo? Porque Braguinha, um dos autores da canção, era diretor da Continental, da qual Dick era contratado desde 1944 como pianista e crooner do conjunto Milionários do Ritmo, de Djalma Ferreira. E Lucio, assim como Os Namorados da Lua, pertencia à RCA Victor. Claro que Braguinha daria preferência a seu contratado.

Além disso, Braguinha queria reorientar a carreira de Dick, para ele promissora mas equivocada. Como não se considerava capaz de interpretar sambas, Dick parecia condenado a perpetrar perfeitas imitações de Bing Crosby cantando música americana com os Milionários do Ritmo — e a não chegar a lugar algum. A primeira providência era quebrar sua resistência e fazê-lo cantar em português. Assim, Braguinha deu-lhe "Copacabana", e o resultado foi estrondoso. Para Dick, esse 78 representou uma nova carreira e, conscientemente ou não, introduziu ali um novo jeito de cantar: delicado, quase feminino, como Orlando Silva, mas natural e sem afetação, como o mesmo Bing. E, ao contrário do que depois diriam os puristas, as grandes massas não se ofenderam com isso — porque "Copacabana" ficou nas paradas pelo ano e meio seguinte. Além disso, Crosby era uma influência quase inevitável — afinal, inventara o canto popular moderno. Era imitado pelos cantores americanos, ingleses, franceses, cubanos e de onde mais houvesse música popular. Dez anos antes, o próprio Orlando Silva acusara essa influência ao surgir cantando *para* o microfone — como Bing —, e não *contra* ele, como a maioria de seus colegas.

Braguinha merece crédito, mas não foi o único nem o primeiro a insistir para que Dick vencesse a insegurança e se atrevesse a cantar música brasileira. Dois outros o antecederam: o compositor e violonista Oscar Bellandi, colega de Dick nos Milionários do Ritmo, e o cantor e também compositor Gilberto Milfont, que o presenteou em 1945 com o magistral "Esquece" — "*Esquece/ Quem não te quis/ Com outra serás feliz/ O que ela fez contigo não se faz...*", que Dick gravaria em 1948. Eles sabiam que, com sambas românticos, mais adequados ao seu estilo, Dick seria uma sensação.

"Copacabana" era mais do que adequado. Era uma revolução. Sua letra representava a saída da música brasileira para o mar — até então, exceto pelas primeiras marinhas de Caymmi, ignorado como inspiração e temática. Era também o primeiro samba-canção da era das boates, e parecia feito de encomenda para elas — poético, reflexivo, perfeito para as madrugadas à meia-luz. O acompanhamento dispensava os tradicionais flauta, cavaquinho e pandeiro, e mesmo as cordas de Radamés Gnattali poderiam ser substituídas por um piano. O lado B do 78, "Barqueiro de São Francisco", de Alberto Ribeiro e Alcyr Pires Vermelho, outro samba-canção, também atendia a esses requisitos.

O recado das rádios e das lojas foi entendido pelos demais compositores e cantores. O samba agora era uma canção. Poucos meses depois, no começo de 1947, Dorival Caymmi compôs "Marina" — "*Marina, morena Marina / Você se pintou / Marina, você faça tudo / Mas faça o favor...*" —, e entregou-o a Francisco Alves. Ele o gravou no dia 11 de março, na Odeon, e, como tudo que vinha em sua voz, o sucesso era uma barbada. Mas, no dia 19 de abril, na Continental, antes que o disco de Chico chegasse às lojas, Dick Farney também gravou "Marina" — por artes de Braguinha e com as bênçãos do próprio Caymmi. Quebrava-se ali um acordo mudo, de que o cantor que lançasse uma música teria pelo menos um ano de exclusividade sobre ela. Sabendo disso, Nelson Gonçalves também gravou "Marina", no dia 30 de maio, na Victor. E Caymmi, que só faria a sua gravação no dia 11 de julho, também na Victor, adorou aquilo tudo, mas decidiu que, sempre que possível, ele mesmo seria o lançador de suas canções. Todos esses discos foram para as ruas entre maio e agosto, e foram sucesso — o de Dick, o maior de todos. E mais surpreendentemente ainda diante da modéstia de recursos com que ele gravara "Marina": somente com sua voz e seu piano. Nem precisava de mais nada.

Com a cera de "Marina" ainda quente, Dick não ficou no Rio para saborear a vitória. Embarcou para a Califórnia, onde passou os doze meses seguintes, até maio de 1948, perseguindo seu antigo sonho de fazer carreira na América. Graças a arranjos anteriores com o empresário americano Harry Norwood, chegou a Los Angeles com dois contratos assinados. Um, com a Philip Morris, para cantar durante um ano no programa do comediante Milton Berle na Rádio NBC. Outro, com a Majestic, um selo de prestígio da gravadora Mercury e cujo *cast* incluía as históricas cantoras Mildred Bailey e Rose Murphy.

Dick se deu bem na NBC — em termos. Era simpático, modesto e falava bem inglês, o que significa que Berle, temido por maltratar e não deixar ninguém de pé ao seu lado (talvez por ser considerado o maior pênis do show business), resolveu poupá-lo — não que lhe tenha dado muitas chances. Já na Majestic sua produção foi bem melhor: gravou, em um ano, seis 78 — um disco a cada oito semanas, boa média —, num total de doze faixas. Uma delas, em 15 de junho de 1947, menos de dois meses depois de sua chegada, foi aquela que terá sido a primeira gravação da valsa "Tenderly", de Walter Gross e Jack Lawrence — "*The evening breeze/ Caressed the trees/ Tenderly// The trembling trees/ Embraced the breeze/ Tenderly...*" —, canção que, com os anos, se tornaria um clássico mundial.

A certeza de que Dick foi o cantor original de "Tenderly" é algo que nem se discute no Brasil. É um fato que todos repetem sem maior investigação. Infelizmente, nenhuma discografia americana o confirma. Algumas dão a primazia a Clark Dennis, um cantor que, mesmo em seu tempo, orbitava numa espécie de zona fantasma; outras discografias informam que Dennis popularizou "Tenderly", sem dizer quem a gravou primeiro. Dick não é nem citado.

Mas essas discografias estão erradas. Em sua edição de 19 de julho de 1947, pouco mais de um mês depois da data da gravação, a revista *Billboard* (trazendo na capa o conjunto de gaitas The Harmonicats) publicou uma resenha curta, mas positiva, do "Tenderly" de Dick. Sintomaticamente, o texto se concentrou mais no lado B do disco, contendo o já consagrado "Too marvelous for words", de Richard Whiting e Johnny Mercer. "Tenderly" ganhou apenas duas linhas — sinal de que, sendo uma novidade, ainda não merecia maior atenção. Mas não faltaram elogios a Dick: "foles poderosos" e "dono de um agradável barítono", escreveu o resenhista.

Um ano e meio depois, em sua edição de 11 de dezembro de 1948 (com Frankie Laine na capa), *Billboard* informou: "Com o disco de Clark Dennis [de 'Tenderly', na Capitol] sendo agora distribuído, e com a versão instrumental de Harry James a caminho, a Mercury relançará a gravação de Dick Farney na Majestic" (o que aconteceu). Em sua edição seguinte, de 18 de dezembro, *Billboard* (com um cantor novato, Bill Lawrence, na capa) foi ainda mais sucinta ao também elogiar a versão de Dennis, recém-lançada. Se *Billboard* já era a revista oficial da indústria fonográfica, esses textos não deixam dúvida sobre quem chegou primeiro. O "Tenderly" de Dick antecipou o de Dennis em dezoito meses.

Pode-se perguntar por que seu autor Walter Gross, pianista e diretor musical do programa de Mel Tormé na NBC — na mesma época e no mesmo estúdio em que Dick se apresentava no de Milton Berle —, deu a canção a Dick, em vez de reservá-la para Tormé, muito mais famoso.

A resposta pode estar na autobiografia de Tormé, *It wasn't all velvet*, de 1988. Segundo ele, Gross era um gênio como músico, mas um homem rude, estourado, dado a destratar pessoas com ou sem motivo. A própria gênese de "Tenderly" estava num desses episódios: numa festa em Hollywood, Gross agredira verbalmente a cantora Margaret Whiting (aliás, filha de Richard Whiting, autor de "Too marvelous for words") e a levara às lágrimas. Horas depois, em casa, mais calmo, arrependeu-se e dedicou a Margaret uma valsa que acabara de compor: "Tenderly" — não se sabe se ela a aceitou.

Da mesma forma, Gross pode ter brigado no estúdio com Tormé e, para humilhá-lo, resolveu entregar "Tenderly" a um cantor estreante e desconhecido — por acaso, Dick Farney, que já a ouvira, tocada pelo pianista num botequim (e, para aplacar Margaret Whiting, Gross convenceu-o a gravar "Too marvelous for words" no outro lado do disco). Seja como for, ótimo para Dick. E pior para todo mundo, porque, antes ou depois, Gross nunca compôs nada que se comparasse a "Tenderly". E por que as discografias americanas atribuem a Clark Dennis a primeira gravação de "Tenderly"? Porque, em seu disco, ele foi acompanhado pelo próprio Gross ao piano, daí a confusão.

A aventura americana de Dick Farney ainda está por ser escrita — o que, se e quando isso acontecer, esclarecerá de vez por que ele, se estava bem nos Estados Unidos, voltou para o Brasil. Uma das razões seria o fim de seu contrato com a Philip Morris — a fórmula do programa da NBC previa a cada ano um cantor diferente para contracenar com Berle. Sem o patrocinador, ficava difícil para Dick manter-se apenas com a Majestic, onde, em matéria de vendas, emplacou somente, e também em termos, o próprio "Tenderly" (que só se tornaria um sucesso mundial em 1952, com a gravação de Rosemary Clooney, na Columbia). Nenhuma de suas gravações na Majestic circulou no Brasil porque a Mercury não tinha um representante aqui.

Em compensação, "Copacabana" e "Marina", que ele gravara aqui antes de viajar, não saíam das paradas brasileiras. No Rio, ele já encontrara a sua voz — e os compositores que queriam escrever para ela. Então, voltou.

Pouco antes de tomar o avião em Los Angeles, Dick soube que por aqui circulavam rumores de que sua tentativa de carreira nos Estados Unidos representava um desprezo pelo Brasil — sem falar nos que implicavam com o fato de ele ter trocado seu nome verdadeiro, Farnesio Dutra, por Dick Farney. Ele não entendia essas restrições. Nova York e Los Angeles estavam cheios de músicos brasileiros em atividade: o pianista Vadico, os violonistas Laurindo de Almeida, Zé Carioca e Nestor Amaral, três ou quatro remanescentes do Bando da Lua, como os irmãos Stenio e Affonso Ozório, e diversos ritmistas. Todos tinham trabalho certo, ganhavam bem, compraram carro e alguns até comiam manteiga de amendoim no café da manhã. Nenhum pensava em voltar. E ninguém os censurava no Brasil.

Mas, exceto por Carmen e Aurora Miranda, nenhum cantor brasileiro se atrevera a enfrentar o mercado mais difícil do mundo — como se isso fosse proibido. Ele tentara e por isso o crucificavam. Dick escreveu a seu amigo Oscar Bellandi, informou-o de que estava de volta e pediu-lhe um samba-canção que o ajudasse a defender-se. Bellandi, que já fizera o bonito e moderno "Ela foi embora" para Dick, aceitou o repto e, com seu parceiro Nelson Trigueiro, foi esperá-lo no Galeão com a música e letra de "Meu Rio de Janeiro". Que terminava com os versos, "... *Deus me fez brasileiro / E eu me sinto feliz / Desafio quem prove o contrário / Dessas palavras que o meu samba diz*".

Dick gravou-o praticamente ao desembarcar, na esteira de uma série de sambas-canção que fizeram com que, em apenas três meses, de maio a julho de 1948, ele tomasse o mercado com seis ou sete sucessos, aos quais ficaria associado para sempre. Foi a prova de que, se temia ser rejeitado, não tinha motivo: os compositores de todos os gêneros e gerações só estavam esperando pela sua chegada para cumulá-lo de material no seu estilo — a começar por Braguinha, que, empolgado com o sucesso de "Copacabana", abandonou momentaneamente sua usina de marchinhas de Carnaval para fazer (com Antonio Almeida) "A saudade mata a gente": "... *E a saudade é dor pungente, morena / A saudade mata a gente, morena*".

Outro foi o compositor, arranjador e maestro José Maria de Abreu, 37 anos, que já tinha escrito muita coisa boa com seu parceiro Francisco

Mattoso, como o fox "Ao ouvir esta canção hás de pensar em mim" e a valsa "Boa noite, amor", ambos para Francisco Alves, e que depois faria (com Luiz Peixoto) o delicioso "E tome polca" para Marlene. Com a chegada de Dick ao Rio, Abreu abraçou-se ao samba-canção e levou-lhe, de saída, uma trinca de ases: "Ser ou não ser" (com Alberto Ribeiro), "*Ser ou não ser/ Há de ser sempre, sempre, a questão/ Ser ou não ser/ Meu o teu coração...*"; "Um cantinho e você" (com Jair Amorim), "*Um cantinho e você/ Uma rede e o luar/ Uma vela a correr/ Num pedaço de mar...*"; e o esmagador "Ponto final" (também com Amorim), "*Sinto muito, mulher/ Mas é tarde/ Esta chama de amor/ Já não arde/ Faça de conta que eu/ Sou como alguém que morreu/ Como a fumaça que passa/ E se esgarça/ Ao voar/ No ar// Uma história incolor foi aquela/ Um capítulo a mais de novela/ Nossa comédia acabou/ Sem aplauso sequer/ Numa cena banal/ Pôs-se o ponto final*".

Dois jovens oficiais do Exército, os capitães Armando Cavalcanti e Klecius Caldas, matavam as aulas para o concurso da Escola do Estado-Maior e fugiam para um botequim vizinho ao quartel, na Praia Vermelha, para compor sambas e marchinhas. Certa noite juntou-se a eles o tenente Antonio de Padua Vieira — que, em música, adotara o nome de Luiz Antonio — e, fardados, entre conhaques e chopes, escreveram um samba-canção sobre um casal que espera um filho. Estava combinado desde o começo que seria para Dick Farney, que admiravam acima de tudo e de quem sabiam o endereço. No dia seguinte, Klecius bateu à porta de Dick em Santa Teresa e, certo de que ele preferia a música americana — e para que não houvesse dúvida de que a aceitaria —, cantou-lhe uma versão da letra em inglês, que fizera naquela manhã. Dick gostou da música, mas perguntou se não havia uma letra em português. Surpreso, Klecius remexeu nos bolsos da farda e sacou um papelucho que lhe entregou. Dick leu-o e apenas sorriu. Dias depois, Armando, Klecius e Luiz Antonio estavam num estúdio no prédio do Cineac-Trianon, na avenida Rio Branco, assistindo à gravação de seu samba-canção, com o arranjo de Radamés Gnattali, a orquestra da Continental, Zé Bodega ao sax-tenor e Dick cantando: "*... Somos dois/ Seguindo na vida/ Sentindo que em próximos dias diremos talvez/ Com os olhos brilhando de felicidade/ Fomos dois, somos três*".

Em todas essas músicas, a Continental deu a Dick tratamento de luxo: sua enorme orquestra, regida por José Maria de Abreu, e arranjos de Radamés. Bem diferente de sua gravação de "Marina", em que ele próprio se acompanhava ao piano e mais nada. Foi este o formato — cantor e piano — que, a convite do barão Stuckart, Dick levou para o Vogue no começo do segundo semestre de 1948, roubando por algumas semanas as atenções que estavam sendo despejadas sobre Aracy de Almeida e Linda Baptista. Foi sua estreia como atração principal numa boate e o começo de uma longa história de amor entre ele e a plateia. À razão de duas entradas por noite, à meia-noite e às duas da manhã — garantia de casa cheia para o barão, antes e depois —, Dick tinha agora um repertório que, por si, já justificava o advento do samba-canção. E, além da música, havia ele próprio.

Para os grã-finos que formavam o público do Vogue, Linda e Aracy eram grossas mas deliciosas, porque autênticas. Já Dick era de outra extração — atraente, bem-nascido (o pai, pianista clássico; a mãe, cantora lírica), ex-aluno do São Bento e do São José, atencioso com as senhoras, levantava-se de um salto à aproximação de uma delas. Se não estivesse ao microfone, poderia, talvez, estar com esses mesmos grã-finos à mesa, tomando White Horse, fumando Chesterfield e discutindo sobre a superioridade desta ou daquela marca de raquete de tênis ou taco de golfe. E, ao cantar, mesmo que suas letras falassem de amores fracassados, o intérprete mantinha o jeito galante, a fleuma, a compostura. Ou seja, seu samba-canção era sem desespero.

Mas não era essa a regra entre os muitos cantores e compositores que, a partir de 1947, se atiraram apaixonadamente ao samba-canção. A beleza das melodias e a dramaticidade das letras eram para ser exploradas até o último soluço. Enquanto não surgiam outras revelações além de Dick Farney, os cantores veteranos, com toda a solenidade e impostação que traziam do passado, continuaram a ser os mais procurados — e, entre eles, ninguém mais que Francisco Alves. Somente naquele ano, ele lançou três pesos pesados do novo gênero: "Caminhemos", de Herivelto Martins ["*Não, eu não posso lembrar que te amei / Não, eu preciso esquecer que sofri / Faça de conta que o tempo passou / E que tudo entre nós terminou / E que a vida não continuou / Pra nós dois / Caminhemos, talvez nos vejamos depois...*"]; "Cinco letras que choram", de Silvino Neto ["*Adeus/ Adeus/ Adeus/ Cinco letras que choram/ Num soluço de dor...*"]; e a lancinante "Nervos de aço", de Lupicinio Rodrigues ["*Você sabe o que é ter um amor, meu senhor/ Ter loucura por uma mulher/ E depois encontrar esse amor, meu senhor/ Ao lado de um tipo qualquer...*"].

Uma história por trás de "Nervos de aço" correu os bastidores das rádios e das boates cariocas. Na Porto Alegre dos anos 30, o garoto Lupicinio era noivo da mulata Inah e, apesar de apaixonado por ela, hesitava em trocar a boemia pelo casamento. Inah esperou três anos. Quando se convenceu de que Lupicinio não tomaria uma atitude, foi à luta. Dias depois, ele a viu na rua da Praia, pendurada no braço de um homem — com quem se casaria. Lupicinio desesperou-se, teve ganas de matar ou morrer. Mas acalmou-se, apelou para seus "nervos de aço" e fez do sofrimento um samba-canção. A partir daí, por seu suposto histórico de amores desastrosos, criou-se a lenda — estimulada por ele — de que todos os entrechos que cantava tinham-lhe acontecido. O que não era verdade, e só servia para reduzir Lupicinio a uma espécie de cronista da cornitude, quando o que importava era o seu poder, quase insuperável, de penetrar no coração masculino.

Em 1948, ainda na voz de Francisco Alves, Lupicinio brilhou com "Quem há de dizer" [com Alcides Gonçalves] e "Esses moços" ["*Esses moços/ Pobres moços/ Ah, se soubessem o que eu sei/ Não amavam/ Não passavam/ Aquilo que já passei...*" — a provar que, se a dita inspiração biográfica fosse para valer, Lupicinio seria de uma senilidade terrivelmente precoce porque, ao escrever "Esses moços", tinha apenas 34 anos. Em 1949, e de novo com Francisco Alves, foi a vez de "Cadeira vazia" (também com Alcides) — "*Entra, meu amor/ Fica à vontade/ E diz com sinceridade/ O que desejas de mim/ Entra, podes entrar, a casa é tua/ Já que cansaste de viver na rua/ E os teus sonhos chegaram ao fim...*". E, em 1950, a de "Maria Rosa" (idem, Alcides) — "*Vocês estão vendo aquela mulher de cabelos brancos/ Vestindo farrapos, calçando tamancos/ Pedindo nas portas pedaços de pão...*" — sempre com Francisco Alves.

Parecia um monopólio — onde se lia Lupicinio, lia-se Chico Alves em seguida. Mas havia uma explicação: quando Chico ia cantar no Sul, trazia tudo que Lupicinio havia composto. Armazenava essa produção e ia soltando-a à média de uma ou duas canções por ano. Para ele, ótimo, porque não lhe faltavam compositores para lhe dar músicas, como Herivelto Martins, Ary Barroso, Benedito Lacerda, David Nasser ou Haroldo Lobo. Mas, para Lupicinio, não era bom negócio. Tanto que a quebra desse monopólio, em 1951, pela gravação de "Vingança" por Linda Baptista, representou mais dinheiro do que ele jamais vira na vida.

Sambistas cascudos, até então sem um currículo expressivo na área romântica, começaram a afinar o estro para as exigências do samba-canção. Peterpan, pseudônimo de José Fernandes de Paula, profícuo em sambas e marchinhas para sua cunhada Emilinha Borba, fez para Emilinha, em 1947, o magnífico "Se queres saber" — "*Se queres saber / Se eu te amo ainda / Procura entender / A minha mágoa infinda...*" — e a ainda verde Emilinha, pré-*Chiquita Bacana* e pré-*Revista do Rádio*, revelou-se uma cantora adulta e sensual. E Ataulpho Alves, amado por sambas que o povo cantava em coro nos bondes durante o Carnaval, como "Ai, que saudades da Amélia" e "Atire a primeira pedra" (ambos com Mario Lago), também se adaptou ao intimismo da nova música. Somente naquele ano produziu dois clássicos: "Exemplo" ["*... Dez anos estás a meu lado / Dez anos vivemos brigando / Mas quando eu chego cansado / Teus braços estão me esperando // Este é o exemplo que damos / Aos jovens recém-namorados / Que é melhor se* [sic] *brigar juntos / Do que chorar separados*"] e "Infidelidade", com a implacável letra de Americo Seixas ["*... Gostei de uma criatura / Sem moral, sem compostura / Sem coração, sem pudor // Era o dono do negócio / Sem saber que havia um sócio / Na firma do nosso amor...*"].

Era agosto de 1948. Russinho, ex-pandeirista e cantor dos Namorados da Lua e agora trabalhando com os Anjos do Inferno, promoveu as apresentações: "Dick Farney, esse é Lucio Alves. Lucio Alves, esse é Dick Farney. Muito prazer".

Os dois se abraçaram e falaram da admiração que sentiam um pelo outro. Mas havia um certo desnível: Lucio, 21 anos, conhecia Dick dos discos que comprava nas Casas Neno assim que eles saíam e ouvia sem parar; já Dick, aos 27, só conhecia Lucio como crooner dos Namorados da Lua e, ultimamente, de ouvi-lo no rádio — inclusive, cantando "Copacabana" antes dele. A cena não teria nada de mais, sabendo-se os caminhos paralelos que o destino lhes traçaria em pouco tempo.

O surpreendente era o cenário em que essa apresentação estava acontecendo: no 17º andar do edifício da CBS, na Madison Avenue com rua 52, em Nova York, onde ficava o estúdio de rádio, enquanto os dois se preparavam para participar do programa *The Pause that Refreshes* (*The Coca-Cola Hour*). Sim, os dois nunca tinham se falado no Rio, embora fossem contratados da mesma gravadora, a Continental, e tivessem em comum amigos como Caymmi, Radamés e Braguinha. Foi preciso que Nova York os aproximasse.

Meses antes, em fins de 1947, Lucio desfizera os Namorados da Lua para seguir carreira solo. Ao mesmo tempo, em Cuba, onde tinham se radicado para uma longa temporada, os Anjos do Inferno brigaram entre si e Leo Vilar, também crooner e líder, largou tudo e voltou sozinho para o Brasil. Os Anjos ficaram, mas precisavam de um cantor — alguém que estivesse disponível no Rio, pudesse embarcar de imediato e aprendesse rapidamente os arranjos. Alguém como Lucio Alves. Seu amigo Russinho convidou-o pelo telefone internacional. Lucio topou, zarpou para Havana e integrou-se ao conjunto como se tivesse cantado com ele a vida toda. Sua bossa e riqueza vocal deram tanta qualidade aos Anjos do Inferno que um milionário cubano, da família Campo, com relações na agência MCA, em Nova York, achou que os Anjos dariam certo nos Estados Unidos. A MCA também achou e lá se foram eles para Nova York, com um contrato de três meses para o programa da Coca-Cola na CBS. Assim que chegaram ao estúdio, quem encontraram, contratado para o mesmo programa? Dick Farney.

O enorme sucesso brasileiro de Dick — já, então, a voz do samba-canção —, sua vitoriosa temporada no Vogue e mesmo um importante fã-clube que ganhara na Tijuca não tinham sido suficientes para fazê-lo desistir da carreira americana. Precisava tentar mais uma vez, talvez a última. Donde deu a si mesmo mais um ano na empreitada e embarcou de novo para os Estados Unidos — agora para Nova York. Emplacou o contrato com a CBS e foi escalado como uma das atrações fixas de *The Pause that Refreshes*. Uma atração menor, naturalmente. As principais eram a orquestra de Percy Faith, com seus milhões de violinos, e a cantora Jane Froman, famosa por "With a song in my heart" e cujo poderoso contralto escondia uma imensa fragilidade física: era gaga, exceto ao cantar, e um grave acidente aéreo em 1943 (seu avião caíra no Tejo ao pousar em Lisboa) lhe custaria 39 cirurgias pelo resto da vida.

Em poucas semanas, Dick ficou confiante. A prova de que os produtores do programa reconheciam seu potencial era que, enquanto Lucio e os Anjos do Inferno cantavam um repertório brasileiro e em português — "Você já foi à Bahia?", "Aquarela do Brasil", "Na Baixa do Sapateiro", "Dora", "Boogie-woogie na favela" —, Dick, ao piano e com a orquestra da CBS, só cantava os clássicos americanos: "What's new", "Tangerine", "All the things you are". Não era apresentado como brasileiro, nem sua enunciação ao cantar denotava isso. Os produtores pareciam também dar de barato a qualidade de seu piano, influenciado por Art Tatum, Teddy Wilson e Nat "King" Cole — o que, no Brasil, era digno de admiração lá era rotina. Isso significava que Dick seria avaliado por padrões americanos. Seu "exotismo" latino, ao contrário do de Lucio e dos Anjos, não seria levado em conta.

O programa, de trinta minutos, era gravado em fita aos domingos e posto no ar às sextas-feiras, às dez e meia da noite, de costa a costa. No meio da semana, eles se encontravam de novo no estúdio para um ensaio tendo em vista o programa seguinte. Mas, quando este terminava, cada qual ia para um lado. Lucio, com Russinho e Lulu, ia aos cinemas onde Frank Sinatra, as orquestras de Cab Calloway e Stan Kenton e todos os grandes nomes se apresentavam ao vivo, em shows de vinte minutos, no intervalo das sessões — numa dessas, seu amigo Laurindo de Almeida, que tocava com Kenton, viu-os do palco, desceu e os levou para trás da tela a fim de conhecer Stan. Dick, ao contrário, voltava para o hotelzinho onde morava, e sua mulher — que fora com ele para Nova York — esquentava-lhe enlatados no fogareiro.

Dick e Lucio se respeitavam, e pode ter sido sem querer que, num dos programas, Lucio produziu um arranjo e interpretação excepcionais de um samba-canção que Dick conhecia bem: "Barqueiro de São Francisco" — a ponto de ser elogiado pelo diretor musical. Dick não disse nada.

Com o fim do contrato, foram todos dispensados e se separaram de vez. Para os Anjos do Inferno, a participação no programa fez com que despertassem o interesse de boates como a chiquérrima Blue Angel, na rua 55 Leste, e a mais modesta mas receptiva Puerto Rico, no Bronx, de propriedade do mexicano Chucho (irmão do galã Ricardo) Montalban — onde, por sinal, Lucio namorou a estrelinha Rita Moreno. Ficaram algumas semanas em cada uma, mas ao fim do contrato com elas, viram-se sem compromissos imediatos. E, então, começaram os problemas. Sem que se tivessem dado conta, sua autorização para trabalhar em Nova York se limitava aos três meses de contrato com a MCA. Como tinham continuado a se apresentar, a MCA queria a sua comissão em tudo que eles haviam faturado depois do prazo — o que, a partir de agora, sem trabalho, não teriam como pagar. Seguiram-se meses de angústia e falta de dinheiro. Não podiam dar-se ao luxo nem de um cachorro-quente na carrocinha fumegante. E ainda estavam arriscados a ser presos como ilegais.

Um amigo de Lucio em Nova York, o baiano Jorge Cravo, levou-o a gravar dois acetatos no Sanders Recording Studio, bancados por ele, para o caso de alguma gravadora ou orquestra querer conhecê-lo (o estúdio mantinha uma cópia de tudo que se gravava ali, para mostrar aos interessados). Num desses acetatos, Lucio cantou, em português, "Pra que negar", de Paulo Marquez, e "O direito de te amar", dele próprio, sem maior interesse; no outro, em inglês, cantou "Come in out of the rain" e, surpresa, "Too marvelous for words", que Dick também gravara por lá. Dois meses depois, Sanders mandou dizer a Lucio que um conhecido *bandleader*, o saxofonista Tex Beneke (ex-Glenn Miller), ouvira sua gravação de "Too marvelous for words" e gostara muito — talvez houvesse lugar para ele em sua orquestra.

Mas, àquela altura, fatos novos estavam acontecendo. Carmen Miranda passara por Nova York e convidara os Anjos a ir para Los Angeles como seus acompanhantes fixos. Era uma grande oportunidade, e eles aceitaram. Na Califórnia, no entanto, Lucio concluiu que, como acompanhantes de uma estrela, teriam pouca chance de cantar — e solos, nem pensar. Os outros não se importavam, mas ele, sim. O melhor era voltar para o Brasil. Lucio convocou Aloysio de Oliveira, ele próprio ex-Bando da Lua e ex-Carmen, para o seu lugar nos Anjos e tomou o avião para o Rio, com passagem paga por Carmen.

Quanto a Dick, ficou por mais algum tempo em Nova York e, quando uma possibilidade de trabalhar com Harry James não se concretizou, resolveu voltar também.

Aqueles que ansiavam pelo surgimento de mais cantores modernos, para fazer jus à novidade do samba-canção, não tiveram de esperar muito. Lucio Alves chegou ao Rio em fevereiro de 1949 e, menos de um mês depois, fez de uma canção um clássico instantâneo: "*Nunca mais vou querer o teu beijo, nunca mais/ Nunca mais quero ter teu amor, nunca mais*" — o "Nunca mais" de Dorival Caymmi, que, um ano antes, o próprio Caymmi cantaria para a estreante Dulce Bressane, dezoito anos, numa praia de coqueiros de Paraty, no filme *Estrela da manhã*. Mas o filme demorou tanto a ser exibido que a gravação de Lucio lhe passou à frente.

A importância de Lucio foi logo compreendida pela Continental — a mesma gravadora de Dick — e pelos compositores mais modernos, que não hesitaram em cumulá-lo com material à altura de sua afinação e capacidade de divisão. O amigo Gilberto Milfont (ele também um cantor original, mas que parecia preferir os bastidores) entregou-lhe os difíceis "Terminemos agora", "Tudo acabou" (com Milton de Oliveira) e a declaração de antiamor, "Reverso" (com Marino Pinto). O mesmo Marino Pinto lhe deu (com Mario Rossi) o definitivo "Se o tempo entendesse" — "*Odeio os ponteiros que correm/ Se estamos perto/ Odeio os ponteiros que param/ Se estamos longe// As horas torturam quem ama// Correndo ou custando a passar/ Se o tempo entendesse de amor/ Devia parar*". Por trás desse repertório, havia os arranjos de Radamés Gnattali, mais ricos até do que os que fizera para Dick — e, de passagem, Radamés ainda lhe deu "Amargura", dele e de Alberto Ribeiro.

Não admira que os fãs de Dick ficassem assustados. Quem era esse homem de voz grossa, bigode e brilhantina que, de repente, vinha disputar a gravadora, o estilo, os compositores, o arranjador e até o sucesso do seu ídolo? E, era o que faltava, já havia até um fã-clube para ele em Botafogo.

Era o começo de uma rivalidade que os objetos desse amor, Lucio Alves e Dick Farney, não entendiam muito bem — mas, no fundo, estavam adorando que existisse.

Os boêmios costumam ser os primeiros a perceber certas mudanças no ar. Pois havia uma em curso no Rio em fins dos anos 40 e, fosse o que fosse, estava acontecendo em Copacabana. Uma categoria especial de boêmios era a formada pelos jornalistas Rubem Braga, Joel Silveira, Fernando Lobo, Lucio Rangel e seu sobrinho Sergio Porto, Irineu Garcia, José Auto e João Condé; os radialistas Haroldo Barbosa e Luiz Jatobá; os cronistas Paulo Mendes Campos, Fernando Sabino e Eneida; os pintores Di Cavalcanti, Santa Rosa e Augusto Rodrigues; o crítico de artes plásticas Flavio de Aquino; e outros de mais difícil classificação. Alguns dos agregados a essa turma vinham da música popular: Ary Barroso, Evaldo Ruy, Paulo Soledade, Silvio Caldas, Aracy de Almeida e, quase ainda de chuca-chuca, mas já bebendo à altura dos outros, Dolores Duran. Diariamente, ao fim do expediente diurno, eles se encontravam em bares nas proximidades de seus empregos. E como os jornais, rádios ou repartições públicas em que trabalhavam ficavam no centro da cidade, seus pontos de encontro eram o Vermelhinho, em frente ao prédio da ABI, na rua Araújo Porto Alegre; o Grande Ponto, na rua Pedro Lessa, ao lado da Biblioteca Nacional; ou o Juca's Bar (o único com ar refrigerado e jeito de boate), no térreo do Hotel Ambassador, na Cinelândia. Nenhum a mais de duzentos metros dos outros.

O pretexto era que precisavam esperar que o trânsito melhorasse para voltar para casa, mas, com ou sem trânsito, deixavam-se ficar nesses lugares até oito ou nove da noite. Dali, saíam para jantar e, depois, não se sabe muito bem para onde iam — não pareciam ter mulher e filhos e, nitidamente, não iam para casa escutar *O direito de nascer* pelo rádio. Mas, a partir de 1949, ficou fácil encontrá-los porque, à saída dos bares e restaurantes, todos passaram a ter o mesmo destino: as boates de Copacabana.

Com estas, surgiu também um novo tipo de animal na floresta: o misto de jornalista, compositor, letrista, redator de shows, militante da noite, cúmplice das cantoras (namorado de algumas delas) e, às vezes, crítico (com pseudônimo) até dos discos e espetáculos que continham seus roteiros ou sambas-canção. A soma de tudo isso era o cronista da madrugada, que fazia a ronda das boates para observar os cantores, as canções, os frequentadores, a qualidade do *scotch*, eventuais arranca-rabos entre marido e mulher e quem estava sussurrando o que para quem. Seu material era publicado em colunas diárias, e havia pelo menos um em cada jornal. Como esses cronistas iam às boates todas as noites e nenhum era abstêmio, sua relação com os proprietários delas era suspeita, envolvendo pagar ou não pagar as contas e ser menos ou mais rigoroso com a qualidade do show ou do uísque.

Um desses colunistas era Fernando Lobo, um pernambucano que viera para o Rio por volta de 1940, numa turma de jovens recifenses formada por Antonio Maria, Abelardo Barbosa, Augusto Rodrigues, Theophilo de Vasconcellos, Deraldo Padilha e outros — só faltou o poeta João Cabral de Mello Neto, contemporâneo deles no Colégio Marista. Todos anônimos, duros e dispostos a trabalhar em jornal ou rádio, vender pentes na esquina e fazer praticamente qualquer coisa que lhes garantisse uma refeição a cada dois dias. Os seis e quem mais aparecesse espremiam-se num minúsculo quarto e sala no Edifício Souza, na rua do Passeio, e tinham de revezar-se para dormir, porque não havia camas suficientes. Se um amigo — Dorival Caymmi, por exemplo — aparecesse e se jogasse numa delas, quem chegasse depois tinha de se deitar na banheira. Antonio Maria, que, pelo peso, tamanho e idade — dezenove anos, 1,80 metro, 120 quilos —, não cabia na banheira e precisava de mais comida do que os outros, desistiu e voltou para Pernambuco. Mas, aos poucos, no decorrer da década, todos aqueles rapazes se arranjaram: Abelardo tornou-se apresentador de rádio em Niterói e ganhou o apelido de Chacrinha, Augusto firmou-se como pintor, Theophilo entrosou-se com o pessoal do turfe, e Padilha fez concurso para comissário de polícia e foi aprovado.

Fernando Lobo, por sua vez, cumpriu o habitual circuito do jornalismo — foi sucessivamente revisor, setorista, crítico, repórter e redator dos jornais ou revistas mais populares e, em 1944, viu-se em Nova York dirigindo dublagens e traduzindo legendas de filmes educacionais americanos para o Exército brasileiro. Voltou para o Rio em 1946, retomou os antigos contatos e, em 1948, por sua aptidão para a noite, tornou-se um dos cronistas da madrugada. Sua coluna, em *A Noite*, chamava-se "Depois de meia-noite" e seria apenas a primeira das muitas que ele manteria pelos anos seguintes em vários jornais e revistas. Lobo também inaugurou aqui uma prática que depois se institucionalizaria: o jornalista escrever colunas que saíam assinadas por artistas — como a "de Dorival Caymmi", que saía (diariamente!) em *O Jornal*.

Lobo tirou essa ideia das colunas que lia nos tabloides de Nova York, assinadas por astros da música e do cinema americano, e que obviamente não eram escritas por eles. Se os leitores americanos faziam de conta que acreditavam, por que não os brasileiros? Só que, em vez de botar o artista para falar apenas de seu próximo disco ou de como fora visitado por alguém importante na boate em que estivesse trabalhando, Lobo às vezes se empolgava e polvilhava as colunas com suas próprias opiniões agressivas e independentes — e as punha na boca de Caymmi. "Os novos cantores resolvem a coisa pelo lado mais fácil: imitando", escreveu ele. "As vozes do Chico, da Aracy, do Silvio e da Carmen andam por aí, copiadas. E às vezes tão bem que dá para confundir." Outra: "A falta de personalidade dos nossos cantores é de assustar. Seus discos são muito vendidos, mas estou certo de que o sucesso é puramente das músicas que eles cantam". Onde já se viu um compositor falando mal assim dos cantores, de quem ele precisava para que o cantassem? A não ser que fosse uma brincadeira de Lobo com seus amigos — e Caymmi era um de seus amigos mais antigos no Rio.

A aproximação desses jornalistas com os compositores era natural. Seguindo uma tradição bem brasileira, muitos tinham começado em suas províncias como poetas, o que os estimulava a oferecer-lhes seus versos para serem musicados. Com o tempo, eles aprenderam a versificar músicas já prontas e, com isso, se tornaram letristas. E era raro, mas podia acontecer também que, um dia, um deles esbarrasse sem querer numa melodia — que, por sua vez, vinha junto com uma letra.

Fernando Lobo, já então um incipiente letrista, foi abençoado em 1949 com a música e a letra de um samba-canção que lhe chegaram quase prontos à cabeça e que, na sua concepção, exigiam um cantor de peso, algo assim como Francisco Alves. Pois Lobo não se acanhou e entregou a Chico: "*Podemos ser amigos simplesmente/ Coisas do amor, nunca mais/ Amores do passado no presente/ Repetem velhos temas tão banais// Ressentimentos passam como o vento/ São coisas do momento, são chuvas de verão/ Trazer uma aflição dentro do peito/ É dar vida a um defeito/ Que se cura com a razão...*" — "Chuvas de verão", claro.

Não era possível a Fernando Lobo superar isso. Tanto que ele nem tentou.

4

GUERRA EM 78 RPM

Por ordem do diretor artístico Carybé da Rocha, o Copacabana Palace oferecia às cantoras de suas boates dois vestidos de soirée por mês, assinados por Maria Alice, modista de Copacabana. Como não estavam ali para representar papéis, e sim a si mesmas, elas deveriam se vestir bem, mas de maneira discreta, com maquiagem, cabelo e unhas no apuro. As cantoras se encarregavam de mandar fazer mais dois vestidos por fora — 24 por ano —, para não passar vergonha diante das senhoras da sociedade que não saíam do Copa e nunca repetiam uma roupa.

Mas uma das cantoras queria mais: Marlene. Sua média era de cinquenta vestidos novos por ano para as boates e apresentações fora do Rio — uma espetacular coleção de rabos de peixe —, um para cada dos 52 programas de auditório e outros cinquenta para a vida social, num total de mais de 150, sem contar o guarda-roupa do dia a dia, todos pelas confecções de Mary Angélica e Haydée Mesquita. No futuro, ela encomendaria de Paris coleções inteiras de inverno e verão por Dior e Rochard.

Marlene não fazia isso para impressionar as fãs. Fazia para impressionar a si mesma — porque, em 1949, embora ainda fosse uma crooner, mesmo que do Copa, e contratada do *Programa Manuel Barcellos*, na Rádio Nacional, em sua cabeça ela já era uma estrela. Em compensação, em casa, deixava-se fotografar de roupa de ginástica, lenço na cabeça ou pernas de fora. Podia fazer isso — porque era verdadeiramente uma estrela.

As boates estavam criando uma nova cultura para os cantores. O horário de trabalho era das onze da noite às cinco da manhã, o que os obrigava a um fuso próprio. Namorar, por exemplo, só depois do expediente, ali pelas nove da manhã. A maioria dos cantores de boates trabalhava também no rádio. Havia treze estações no Rio, e quase todas baseavam sua programação na música ao vivo (só a Nacional mantinha noventa cantores contratados e cinco orquestras — as de Radamés Gnattali, Leo Peracchi, Lyrio Panicalli, Ercole Vareto e Chiquinho). Duas ou mais vezes por semana, os cantores tinham de se apresentar nos programas de auditório, os quais começavam às quatro da tarde, bem na hora em que haviam se habituado a acordar. E ainda precisavam chegar à estação uma ou duas horas antes, para uma passada da música com a orquestra, trocar de roupa para o programa, esperar a vez de entrar e, sob o alarido das fãs, cantar, mal ouvindo a própria voz. Fãs essas que deveriam ser pacientemente atendidas à saída da rádio, e ai do cantor que as esnobasse. Para as cantoras, a dupla jornada era ainda mais cruel, porque não lhes deixava muito tempo para o cabeleireiro — motivo pelo qual o Copacabana Palace consentia, mas não gostava, que suas contratadas do Golden Room e do Meia-Noite fossem também cantoras de rádio.

Esta era apenas uma das diferenças entre as boates do Copacabana Palace e as demais: suas cantoras assinavam contratos de seis meses ou um ano. Tinham carteira de trabalho, recebiam salário fixo e descontavam para o instituto. As outras boates, entre as quais o Vogue, faziam acordos semanais com suas atrações e os renovavam à medida que continuassem atraindo o público. Mas, exceto por Aracy de Almeida e Linda Baptista, que ficaram cinco anos em cartaz, o Vogue não se interessava em manter o mesmo cantor ou cantora por muito tempo — para não perder os clientes que o frequentavam quase todas as noites. Stuckart exercia tranquilamente essa política. Sabia que, podendo escolher, qualquer cantor ou cantora preferiria o Vogue às boates do Copa — porque sua clientela não se limitava aos ricos; era também interessante.

As cantoras do Golden Room e do Meia-Noite podiam ir para o trabalho com a roupa com que haviam acabado de fazer a faxina de casa, porque tinham os espelhos e luzes dos camarins do Copa para se tornarem maravilhosas. Já as das outras boates, mesmo o Vogue, precisavam sair prontas de casa — vestidas, penteadas, maquiadas —, porque as boates desse porte não dispunham de camarins. Também por falta destes, elas não tinham para onde ir entre um set e outro. Daí, ou ficavam por ali mesmo, no balcão do bar, entre os clientes, ou iam passear pela avenida Atlântica e assistir aos colegas nas boates vizinhas ou acertar uma próxima temporada com o proprietário. Com ou sem camarim, o fato é que todas ficavam maravilhosas. Linda Baptista era baixinha e sem cintura — os rabos de peixe de Marlene nunca lhe assentariam. Mas, ao ouvi-la cantar "Vingança", com o cabelo esticado para trás, à espanhola, e preso num coque, as sobrancelhas arqueadas, os lábios carnudos e usando um modelo bordado de paetê ou palha francesa, a plateia se consternava pelo homem cuja desgraça ela estava saboreando no samba-canção. Marion, lançadora do "Doce veneno", de Valzinho, se vestia com Mena Fiala, da Casa Canadá. Zezé Fonseca, a cantora cuja história de amor com Orlando Silva tomara de assalto a cidade alguns anos antes, era admirada por seus chapéus. E Ademilde Fonseca caprichava nos decotes. Já Dolores Duran sempre costurou seus próprios vestidos. Quando ficavam muito batidos, mandava tingi-los e eles ganhavam uma sobrevida. Não adiantava muito — vestisse o que vestisse, parecia apenas uma menina simples e gordinha. Mas era só interpretar "My funny Valentine" ou "Que murmuren" que sua voz se sobrepunha aos demais sentidos da plateia.

Quando Dalva de Oliveira gravou "Segredo", de seu marido Herivelto Martins e de Marino Pinto, na Odeon, em maio de 1947, ninguém sabia que, sem querer, esse samba-canção podia ser uma crônica das desavenças domésticas entre Dalva e Herivelto. Em seus então onze anos de casamento, eles travavam uma guerra conjugal marcada por ciúmes, bate-bocas e cenas de fúria quase inacreditáveis. Um dia, Herivelto tomou um banquinho de cozinha pelas pernas e destruiu a cristaleira de Dalva, com tudo que havia dentro. Em outro, revoltado por Dalva ter aparecido de novo grávida, agrediu-a a socos e pontapés, com o que ela rolou pela escada e perdeu o bebê. E, em ainda outro, foi Dalva quem mandou Herivelto para o hospital, com a cabeça aberta por um cinzeiro de bronze com que ela o golpeara pelas costas. Seus filhos Pery, de dez anos, e Bily, de sete, assistiam àquilo sem entender.

A letra de "Segredo", na voz de Dalva, dizia: "*Seu mal é comentar o passado/ Ninguém precisa saber/ O que houve entre nós dois// O peixe é pro fundo das redes/ Segredo é pra quatro paredes/ Primeiro é preciso julgar/ Pra depois condenar...*". E havia muitos segredos entre as suas quatro paredes.

Anos antes, Dalva perdoara Herivelto ao flagrá-lo em sua própria cama com Isaurinha Garcia, de quem se julgava amiga. Isaurinha, que era de São Paulo, estava hospedada com eles na Urca. Dalva atirou sua mala e seus pertences pela janela e a pôs na rua. Depois, Dalva absorveu a custo o romance de Herivelto com a soprano ligeira Lourdinha Bittencourt, especialista em *A viúva alegre* e que tinha milionários e ministros a seus pés. Houve muitos outros casos, de que Dalva apenas suspeitou ou nem ficou sabendo. Mas, em 1947, quando Herivelto conheceu a gaúcha Lourdes Torelly, aeromoça da Real Aerovias e prima do humorista Aparicio Torelly, o Barão de Itararé, Dalva percebeu que era sério. Não apenas por Lourdes ter olhos verdes, como os dela — uma fixação de Herivelto —, mas por parecer tão equilibrada, segura, superior. Tudo que ela, Dalva, queria ser.

Pelos dois anos seguintes em que o teto em comum lhes parecia cada vez mais próximo da cabeça, Dalva e Herivelto refinaram a arte da crueldade mental. Não se separavam porque Dalva temia não sobreviver profissionalmente sem Herivelto. Era o que ele lhe repetia a todo instante: Quem transformara a roceira Vicentina na estrela Dalva? Quem a ensinara a se portar no palco, a seduzir a plateia, a se vestir e até a se pentear? E quem lhe dava as músicas para cantar? Tudo era Herivelto. Além disso, Dalva era apaixonada por ele.

Herivelto era um homem de 1,60 metro de altura e seu apelido era Galo Garnisé — por seu temperamento esquentado e por haver, de fato, algo de galináceo em suas feições. Mas o que o fazia parecer irresistível para tantas mulheres era o talento: brilhante compositor e letrista (um dos favoritos de Carmen Miranda), arranjador e líder do Trio de Ouro, seu conjunto vocal com Dalva e com o cantor Nilo Chagas — o trio era um dos grandes cartazes dos palcos brasileiros, desde sua gravação do samba-canção "Ave Maria no morro", obra-prima dele próprio, Herivelto, em 1942. E havia também um fascinante lado pessoal: Herivelto transitava livremente entre os sambistas do morro (era um dos baluartes da Mangueira e fora o introdutor do apito nas escolas de samba) e os orixás — tinha o seu próprio terreiro de umbanda em Realengo.

Apesar de todo esse cartel, Herivelto também temia que o Trio de Ouro não pudesse passar sem Dalva. Por isso, propôs-lhe que terminassem o casamento e ela continuasse no trio. Mas Dalva disse não. Queria o casamento e o trio. O grau de sofrimento de Herivelto nessa época era indescritível: apaixonado por Lourdes (suas cartas de amor para ela são tocantes) e tendo de aturar a companhia de Dalva, ainda que em termos só profissionais — ou assim ele tentava. E Lourdes, sempre correta, só o aceitaria quando ele tivesse se desembaraçado de vez. Finalmente, em outubro de 1949, o amor — ou o ódio — sobrepujou o medo: Herivelto foi viver com Lourdes no apartamento dela, em Santa Teresa. Dalva ficou em casa, na ilha do Governador, com os filhos. A imprensa lamentou o fato, mas ninguém adivinharia que a terceira guerra mundial começava ali.

O Trio de Ouro é que era contratado da Odeon. Como Dalva se desligara dele, Herivelto supôs que a gravadora aprovaria a sua simples substituição por outra cantora. Caiu das nuvens ao constatar que, ao contrário, a Odeon queria Dalva de qualquer maneira, com ou sem ele e o Trio de Ouro. Herivelto não se conformou. Refez o trio com Noemi Cavalcanti no lugar de Dalva e o levou para a RCA Victor. Naquele momento, Herivelto devia ter desconfiado que já não jogava com as brancas. Mas nem lhe ocorreu que, vendo-se obrigada a cantar sozinha, a ex-vocalista do Trio de Ouro iria tornar-se uma das maiores estilistas da canção brasileira. Alguém que, como depois ela própria se definiu, cantava como quem segurava "o útero nas mãos".

Em março de 1950, apenas cinco meses depois da separação, Dalva gravou o samba-canção "Tudo acabado", de J. Piedade e Oswaldo Martins. Não era inédito. Linda Baptista já o cantava havia mais de um ano no Vogue, sem que isso perturbasse os movimentos de rotação e translação do planeta. Mas bastou Dalva gravá-lo para que a letra parecesse ecoar o noticiário sobre ela e Herivelto: "*Tudo acabado entre nós / Já não há mais nada / Tudo acabado entre nós / Hoje de madrugada / / Você chorou e eu chorei / Você partiu e eu fiquei / Se você volta outra vez / Eu não sei...*", com os comoventes versos finais, "*Todo o egoísmo veio de nós dois/ Destruímos hoje/ O que podia ser depois*".

Herivelto não gostou do recado, mas o que mais o feriu foi a constatação de que, contra todas as expectativas, Dalva não precisava dele — porque "Tudo acabado", por si só de grande aceitação, apenas complementava o estrondoso sucesso do outro lado do disco, o samba "Olhos verdes", de Vicente Paiva — "... *São/ Da cor do céu, da cor da mata/ Os olhos verdes da mulata/ Tão cismadores e fatais, fatais/ E um beijo ardente, perfumado/ Conserva o travo do pecado/ De saborosos cambucás*". (E que ironia que não tivesse sido ele a cantar os olhos verdes de Dalva, mas seu amigo — agora desafeto — Vicente Paiva.)

Quase em seguida, a Odeon deu a Dalva uma canção bem sugestiva, o bolero "Que será?", de Mario Rossi e — quem? — Marino Pinto, até então parceiro de Herivelto: "*Que será/ Da minha vida sem o teu amor?/ Da minha boca sem os beijos teus/ Da minha alma sem o teu calor?// Que será/ Da luz difusa do abajur lilás/ Se nunca mais vier a iluminar/ Outras noites iguais...*". Mais um sucesso, mais um soco no ego de Herivelto, e a suspeita de que as letras que Dalva estava cantando faziam dele um vilão. Herivelto sentiu que precisava reagir.

Sua resposta, o samba-canção "Caminho certo", gravado pelo novo Trio de Ouro, equivalia a um caminhão de tijolos despejado sobre uma gaiola de passarinho: "*Eu deixei o meu caminho/ E a culpada foi ela/ Transformava o lar na minha ausência/ Em qualquer coisa abaixo da decência// ... // Sei agora que os amigos que outrora/ Sentavam à minha mesa/ Serviam sem eu saber/ O amor por sobremesa...*".

A letra, a pedido de Herivelto, era de David Nasser. Mas por que chamar David se, apesar de grande letrista, ele nunca fizera nada tão perfeito quanto "Caminhemos" ou "Ave Maria do morro", do próprio Herivelto? Porque Herivelto sabia que, para atingir o grau de vingança que tinha em mente, precisava de alguém temperado na arte de mentir, distorcer, difamar, destruir — e David, com anos de campanhas sujas em *O Cruzeiro*, era esse homem. Pelas palavras de David, Herivelto acusou Dalva de todas as baixezas com os amigos do casal e em sua própria casa.

A partir daí, o samba-canção começou a dar às pessoas a ilusão de que os artistas estavam se abrindo em música, partilhando suas intimidades publicamente. Naquele momento, quem ouvisse pela primeira vez a já antiga "Segredo" poderia jurar que era Dalva implorando a Herivelto que não os expusesse daquela maneira. Mas é claro que não era assim, e nem seria preciso. A ignomínia da acusação em "Caminho certo" revoltou de tal forma compositores como Marino, Ataulpho Alves, Humberto Teixeira, Paulo Soledade, Armando Cavalcanti, Klecius Caldas, Luiz Bittencourt, Nelson Cavaquinho e outros, que eles romperam com Herivelto e passaram a compor peças explícitas de defesa para Dalva.

A primeira foi "Errei, sim", de Ataulpho: "*Errei, sim/ Manchei o teu nome/ Mas foste tu mesmo o culpado/ Deixavas-me em casa/ Me trocando pela orgia/ Faltando sempre com a tua companhia...*". Ao ouvir isso, Herivelto rompeu também com Ataulpho e respondeu com "Perdoar", em parceria com Raul Sampaio, gravado pelo Trio de Ouro: "*Perdoar/ Eu não perdoo, não/ Eu estou cada vez mais convencido/ De que aquela mulher/ Ai, meu Deus/ É um caso perdido// Vem, arrependida, implorar perdão/ Falta, erra e por fim/ Ainda confessa: errei, sim*". A tréplica de Ataulpho, com Dalva cantando em tom de súplica, veio com "Fim de comédia": "*... Só lhe peço, pelo amor de Deus/ Deixa-me viver em paz// Não quero me fazer de inocente/ Porém não sou tão má como disseram/ Eu quero é meu sossego tão somente/ Cada um trate de si*".

Herivelto ficou magoado com Ataulpho, mas o grosso de sua ira concentrou-se no ex-parceiro e companheiro Marino Pinto — com quem fizera em 1948 outro clássico do samba-canção, "Cabelos brancos", cujos primeiros versos pareciam definir o seu estado de espírito em relação a Dalva: "*Não falem dessa mulher perto de mim/ Não falem pra não lembrar a minha dor...*". (Não era o caso. A letra, anterior à briga, não se referia a Dalva.) Para atacar Marino, Herivelto não precisou chamar David Nasser. Com música de Benedito Lacerda, ele próprio compôs a letra arrasadora de "Falso amigo": "*Me trocaste por dinheiro/ Eu, que te considerava meu amigo verdadeiro/ Aproveita/ Gasta bem o que ganhaste/ Eu não quero ter notícia/ Que como Judas te portaste...*". Marino não recuou e, com música de Paulo Soledade, fez "Calúnia", que, cantado por Dalva, atingia Herivelto na pleura: "*Quiseste ofuscar minha fama/ E até jogar-me na lama/ Só porque eu vivo a brilhar// Sim, mostraste ser invejoso/ Viraste até mentiroso/ Só para me caluniar...*".

Os compositores continuaram a abastecer Dalva de material. Nelson Cavaquinho (assinando-se apenas Nelson), com Washington Fernandes e Oswaldo Martins, deu-lhe "Palhaço": "*Sei que é doloroso um palhaço / Se afastar do palco por alguém / Volta que a plateia te reclama / / Sei que choras, palhaço / Por alguém que não te ama...*". E, de Armando Cavalcanti e Klecius Caldas, saiu "Poeira do chão", que, na interpretação de Dalva, era ofensivo o bastante para encerrar o assunto: "*... O que te dei em carinho / Tu devolveste em traição / O que era um claro caminho / Tornaste desolação / / Não, não pode alcançar os astros / Quem leva a vida de rastros / Quem é poeira do chão*".

Mas não encerrou. Muitos outros discos, apenas por serem gravados por Dalva ou compostos por Herivelto, e conter a temática habitual do samba-canção, pareciam a continuação da guerra. A qual já se estendia por 1951, com um novo capítulo — um disco de um ou de outro — a cada dois meses, para pasto da imprensa, dos bastidores das rádios e das boates e das vitrolas de seus fãs. Não era bem uma guerra com trilha sonora, como as guerras convencionais. Nessa, a trilha sonora era a própria guerra, atingindo os filhos dos litigantes, os amigos (ou ex-amigos) de ambos e, principalmente, quem não tinha nada com aquilo — o público. Neste, a divisão era nítida: os homens, em parte, estavam pró-Herivelto, o macho; as mulheres, quase todas, pró-Dalva, a vítima. Nos primeiros meses, ainda não era possível dizer quem ganharia a guerra. Talvez os dois a perdessem.

No fim do ano, no entanto, o público se inclinara de vez para Dalva. Seus discos vendiam mais do que nunca, e Herivelto, identificado como um homem cruel, foi informado dos encalhes do Trio de Ouro nas principais lojas de discos — a Palermo, a Suebra, a Murray. Sentindo o baque, aceitou uma ideia que David Nasser lhe vinha soprando havia algum tempo: publicar suas "memórias" (supostamente ditadas por ele a David) do casamento com Dalva. O título da série já estava pronto: "Por que abandonei Dalva de Oliveira".

Ninguém escrevia como David Nasser. E ninguém tão sem escrúpulos. Em 1946, induzira o deputado Barreto Pinto a posar de fraque e cueca em seu apartamento no Leme para o fotógrafo Jean Manzon, e fez disso uma reportagem de inacreditáveis doze páginas em *O Cruzei-*

ro — do que resultou a cassação do mandato de Barreto Pinto em 1949. Como repórter de *O Cruzeiro*, metade do que David apresentava como fato não passava de ficção — e, na outra metade, o que pontificava no texto era ele, não o assunto. Fazia-se de íntimo de cantores, compositores e políticos com quem nunca trocara mais que um bom-dia. E era insuperável na ofensa e na infâmia À custa disso, e por ter o patrão Assis Chateaubriand às suas costas, construiu o mito de repórter mais poderoso do país.

Mas o poder de David se limitava à página impressa. Fisicamente, ele era uma antologia de mazelas. Nascera muito abaixo do peso, com paralisia parcial nas pernas e problemas de visão. Só começara a andar aos três anos, com a ajuda de aparelhos, e chegara à idade adulta com problemas de coordenação motora. Não conseguia caminhar em linha reta, nem se vestir, nem se abotoar sozinho. À mesa, nas refeições, fazia uma lambança: com dificuldade para cortar os alimentos e levá-los à boca, escorria o alimento pelo próprio peito ou sujava quem se sentasse perto dele. Não admira que evitasse certos ambientes — devia ser o único jornalista do Rio que não ia ao Vogue ou a boate alguma. Talvez por isso falasse delas com desprezo.

O destino natural das "memórias" de Herivelto seria *O Cruzeiro*, revista de que David era o principal nome. Mas, sabendo com quem lidavam, os diretores executivos da revista, Accioly Neto e José Amadio, as recusaram — afinal, por que *O Cruzeiro* se disporia a massacrar uma cantora tão querida e popular como Dalva de Oliveira? David não se alterou. Levou a série para o vespertino *Diário da Noite*, outro importante órgão dos Diários Associados, e, em 22 artigos que se estenderam por cinco semanas, dedicou-se a moer Dalva. Os títulos só faltavam saltar da página — "Boa cantora, péssima esposa"; "Dalva, rainha do despudor"; "Meu lar era um botequim"; "[Dalva] Não é mãe; teve filhos" — e garantiram a onipresença do *Diário da Noite* em todos os trens da Central, bondes e lotações naquele período.

Outro "jornalista", Freddy Daltro, editor da revista *Escândalo* e achacador profissional, aliou-se a Herivelto — uma mulher infiel e promíscua vendia muito mais revistas do que um marido idem. Sua publicação não disfarçava essa preferência: um dos números trazia, na capa,

Dalva com os dois filhos; na chamada, "Dalva, indigna de ser mãe". Os meninos Pery e Bily, confinados em colégios internos, eram bombardeados com perguntas por seus colegas: "É verdade que sua mãe fazia isto ou aquilo?".

Mais uma vez, no entanto, Herivelto estava cuspindo para cima. Os artigos do *Diário da Noite* eram escritos por David, com a mesma liberdade com que ele inventara as "memórias" de Giselle, "a espiã nua que abalou Paris", no mesmo jornal, em 1948 — mas eram "ditados" por Herivelto. Então, para todos os efeitos eram de Herivelto. Eles fizeram com que muitos de seus admiradores passassem a rejeitá-lo. Ninguém podia odiar tanto uma ex-mulher, pensavam. E, se Dalva era tudo aquilo que Herivelto dizia, por que ficara treze anos com ela?

Herivelto não esperava também o contratempo com a Rádio Nacional. A exemplo da Odeon, a emissora mais poderosa do Brasil preferiu Dalva a ele e ao Trio de Ouro. Herivelto recolheu o que restava de seu orgulho e atravessou a praça Mauá, rumo à avenida Venezuela — mudou-se para a Rádio Tupi, não por coincidência coirmã do *Diário da Noite* nos Associados. A Nacional e a Tupi eram vizinhas na zona portuária, mas a distância entre elas, em matéria de prestígio e audiência, era de quilômetros.

Naquele ano de 1951, Dalva derrotou Herivelto em toda linha. No meio do ano, fez uma temporada vitoriosa na boate Embassy, no Posto 6, em que era acompanhada ao piano e ao órgão por Djalma Ferreira. O qual não se limitou a isso: passou a acompanhá-la também ao sítio que Dalva comprara em Jacarepaguá e a dormir por lá com ela. Foi um curto mas intenso romance, que encantou Copacabana. O Jaguar conversível prata em que Dalva e Djalma desfilavam pela orla, de capota arriada, fora também comprado por Dalva com o dinheiro dos discos da polêmica. E, assim que Djalma saiu de sua vida, entrou outro, perdidamente apaixonado: Procópio Ferreira, a lenda do teatro brasileiro, com seus 53 anos para os 34 de Dalva. Procópio lhe dava presentes caros e vivia em permanente campanha para conquistá-la. Não conseguiria, mas, para Dalva, isso bastava — saber que os homens ainda lutavam por ela.

Meses depois, Dalva estrelou uma revista de Walter Pinto no Teatro Recreio, na praça Tiradentes, gostosamente intitulada *É rei, sim* — um trocadilho com o "Errei, sim" que Ataulpho lhe dera e, como provocação, com o título de um samba carnavalesco de Herivelto (com Waldemar Ressurreição), "Que rei sou eu?", gravado por Francisco Alves em 1945. Como se não bastasse, Dalva — que já vencera o Carnaval daquele ano com a marchinha "Zum-zum-zum", de Paulo Soledade — logo estaria com um novo e monumental sucesso na praça: o baião "Kalu", de Humberto Teixeira. E, para desespero de Herivelto, ainda foi eleita a Rainha do Rádio de 1951.

Um ano depois, os advogados Clovis Ramalhete, por Dalva, e Gerson Cordeiro, por Herivelto, chegaram a um armistício: um desquite amigável por — literalmente — "incompatibilidade de gênios". E só então o mundo voltou à paz.

Em meados de 1947, o diplomata João Batista Soares de Pina, secretário do Brasil na União Soviética — Pina Gomalina, para os amigos —, armou uma confusão num salão do Hotel Nacional de Moscou. Com várias vodcas acima do nível da humanidade, ele discordou de um violinista da orquestra quanto à execução por este de "O voo do besouro", de Rimsky-Korsakov. A querela converteu-se em troca de insultos, tabefes e empurrões, que sobraram também para o harpista, cujo instrumento caiu ao chão. De repente, havia três litigantes rolando sobre o parquete: Pina, o violinista e a harpa. O maître tentou separá-los e apanhou também. Os garçons, os demais músicos e bebuns avulsos entraram na briga, alguns a favor de Pina, outros contra, com flautas e batutas sendo usadas como armas. Alguém chamou a polícia e, numa situação desprimorosa para um representante estrangeiro, Pina foi levado dali, pedalando o ar e dando bananas para o Komintern, o Kominform, a Cheka, o Politburo e outras instituições locais. Atiraram-no no xilindró e avisaram a embaixada. Stálin não o mandou para a Sibéria, mas, dias depois, expulsou-o do país.

A *Imprensa Popular*, jornal do Partido Comunista do Brasil, não perdoou. Chamou Pina de "arruaceiro", "provocador a serviço da reação e do fascismo" e, pior ainda, "muito conhecido nos círculos da grã-finagem carioca" — esta última classificação parecia resumir tudo. Em outubro, o presidente Dutra cortou relações diplomáticas e comerciais com a URSS. Parecia exagerado, para um país, brigar com a segunda potência do mundo por causa da expulsão de um diplomata de porre — e era mesmo. Mas Dutra não estava ligando para Pina. Nos meses anteriores, ele já baixara um decreto contra o direito de greve, dispersara manifestações operárias, interviera em sindicatos, fechara a sede nacional do Partido Comunista e cancelara seu registro, acusando-o de estar a serviço de um país estrangeiro. Diante disso, o rompimento com a URSS era natural. Mas Pina, de volta ao Brasil, preferiu atribuir exclusivamente a si a causa da crise e, por algum tempo, foi uma atração nas mesas do recém-inaugurado Vogue. Todos queriam ouvir sua descrição do fuzuê, sabendo muito bem que ela passava longe da verdade.

Pina era um personagem digno de Vicki Baum ou Erich Maria Remarque. O apelido Gomalina se devia ao cabelo muito preto e liso, vergado de Brylcreem. Tinha uma elegância de manequim de vitrine — seu pescoço parecia engomado junto com o colarinho — e até a sola de seus sapatos era engraxada. No começo, foi uma grande promessa da *carrière*. Dominava a cultura, a política e as finanças internacionais, sabia Camões e Gil Vicente de cor e, sóbrio, era um *causeur* de primeira. Pena que os países em que servia fabricassem destilados.

Todo o pessoal da área diplomática frequentava o Vogue. Depois do Palácio Itamaraty, na rua Larga, era o lugar onde primeiro se sabia sobre a dança das cadeiras no circuito Elizabeth Arden — Nova York, Londres, Paris — e quais embaixadores estavam em alta ou em baixa junto aos cisnes. Além disso, o Vogue, no começo, não era só uma boate. O hotel do qual ele fazia parte funcionava como um hotel de verdade, cheio de hóspedes internacionais, com um restaurante da categoria Stuckart no primeiro andar e piano (a cargo do recém-contratado Sacha) como música de fundo para quem fosse se deixando ficar. Os almoços se estendiam até as cinco da tarde e, entre os clientes mais regulares, um dos tópicos favoritos era o presidente Dutra.

Com menos de dois anos de mandato, Dutra já conseguira desapontar os figurões da indústria e das finanças nacionais. Não por ter tomado posse na Presidência com sua farda de general — a Presidência era um cargo civil, e ele recusara a sugestão do cerimonial de fazer um terno no De Cicco, o italiano que, desde 1924, vestia os elegantes da cidade. Nem pelo fato de, por um defeito de dicção, trocar os sons do cê por xis, o que o fazia dizer coisas como "Voxê xabe xe vai chover hoje no Xeará?". Mas porque era um fiasco na economia, tomando decisões desastradas que atingiam diretamente a saúde das finanças nacionais. Enquanto os países europeus usavam cada centavo do Plano Marshall para reconstruir suas cidades e retomar a riqueza, Dutra torrou em dois tempos o superávit comercial.

Em vez de promover a capacidade industrial do país, aproveitando as reservas em dólares e libras esterlinas acumuladas durante a guerra, Dutra conseguiu queimá-las de uma penada, ao liberar indiscriminadamente as importações e subsidiá-las com o câmbio supervalorizado. O resultado é que o porto do Rio passou a receber navios abarrotados de supérfluos de matéria plástica, comprados aos americanos — ioiôs, suspensórios, passadeiras de chão —, para delírio dos varejistas. Um símbolo dos cinco anos da administração Dutra poderia ser a imagem de um menino brasileiro de pé sobre uma passadeira de plástico, com as calças curtas presas por suspensórios também de plástico e brincando com um ioiô, idem, de plástico.

Daí que, em 1948, com Dutra ainda em meio ao mandato, circularam no Vogue os primeiros rumores sobre uma possível volta de Getulio — vindos do tenente-coronel e então vereador pelo PTB (Partido Trabalhista Brasileiro), Napoleão de Alencastro Guimarães, que não saía de lá. Alencastro era gaúcho, homem de confiança de Getulio desde 1930 — lutara por ele contra os constitucionalistas de 1932, os comunistas de 1935 e os integralistas de 1937. Getulio fizera dele o seu presidente dos Correios, do Lloyd Brasileiro, da Central do Brasil e de diversos institutos de previdência. Desde 1945, Alencastro tornara-se recordista de horas nos saraus de São Borja (RS), onde o ex-ditador vivia uma espécie de exílio branco. Foi Alencastro quem garantiu o apoio de Getulio à candidatura Dutra à Presidência em 1946, convencendo-o de que, naquele momento específico, Dutra, que eles odiavam, era a melhor opção — o brigadeiro Eduardo Gomes, se eleito, poderia até bani-lo do país. E, graças a Getulio, Dutra vencera. Mas, como é natural na política, a situação agora era outra.

Alencastro tinha cinquenta anos, 1,90 metro e era boa-pinta, sedutor e elegante, sempre de terno cinza, camisa branca e chapéu, gravata e sapatos pretos. Numa época em que isso já parecia démodé, usava bengala — embora não tivesse nada de démodé o que, dizia-se, ele trazia escondido no castão: um pó branco de que fazia uso recreativo. Era também um homem bastante musical, embora não fosse o dote vocal o que lhe interessava nas vedetes de seu amigo Carlos Machado no Monte Carlo. Em 1949, Alencastro escutou na Rádio Clube do Brasil uma garota que cantava bem e em várias línguas — Dolores Duran. Sem a conhecer, Alencastro indicou-a como crooner ao barão Stuckart, no Vogue. Stuckart ouviu-a, gostou e contratou-a. Alencastro compareceu à sua estreia na boate e convidou Victor Costa, diretor da Rádio Nacional, a acompanhá-lo. Victor se impressionou e também a contratou para a rádio. O jornalista Nestor de Hollanda, que estava com eles, assistiu a tudo isso e passou a falar da menina em sua coluna no *Diário da Noite*. Dolores Duran, vinte anos incompletos, estava lançada.

Uma das manobras iniciais para a volta de Getulio ao Catete consistia em torná-lo mais palatável às elites. Ditador ou não, muitos dos que viviam por ali, no Vogue, tinham feito fortunas sob Getulio, e Alencastro gostava de lembrar-lhes isso. E, quando se tratava de política, algumas boates eram a garantia de futuros palanques. Prefeitos e governadores de outros estados vinham em missão ao Rio com suas comitivas e, depois das reuniões protocolares, espalhavam-se pelas boates, de preferência pelas que apresentavam shows de coristas — Night and Day, Monte Carlo, Acapulco, Embassy. Sabendo quem estaria onde e quando, Alencastro juntava-se a eles para fazer as honras da cidade e falar de Getulio.

Um indício de que, em 1949, Getulio estava por perto era a volta à cena noturna de figuras que lhe eram próximas e andavam sumidas desde 1945. Dois deles eram seus filhos Alzira e Luthero. O outro era seu irmão caçula, Benjamin — Bejo. Quando Getulio, apeado do poder, voltara para São Borja, o Vogue ainda não existia, nem o Rio tinha uma casa do gênero. Mas, agora, a boate do barão Stuckart concentrava os poderes da República e parecia um organismo em assembleia permanente. O ingresso de Alzira nessa atmosfera foi tranquilo. Era uma mulher acessível, inteligente e as pessoas tinham prazer em acender o seu cigarro na piteira. O de Luthero, nem tanto — muitos ainda se lembravam de sua arrogância nos antigos cassinos, cheirando lança-perfume, bebendo além da conta e fazendo propostas a mulheres acompanhadas. E, quando se tratava de lembrar alguns dos lances mais grosseiros da história da noite carioca, era inevitável que Bejo Vargas estrelasse a maioria deles.

Com o irmão no poder, durante o Estado Novo, Bejo fazia de seu revólver quase um cartão de visitas. Nos restaurantes, consultava por alto o cardápio, pedia invariavelmente costela e punha o revólver na mesa dizendo ao garçom: "Te certifiques de que vou gostar". Nos cassinos, ao perder seguidamente na roleta, depositava o revólver sobre o pano verde, como se o estivesse apostando — e, de alguma maneira, a "sorte" revertia a seu favor na boca do caixa. Quando ganhava no jogo, era igualmente ameaçador: pegava montes de fichas, ia até o grill e as atirava na orquestra, à guisa de gorjeta. Não era só um gesto arrogante. Uma ficha de madrepérola, de quinhentos mil-réis ou de um conto de réis — muito dinheiro então —, jogada com força contra alguém, podia levar o sujeito a nocaute se lhe acertasse a cabeça. Na Urca, os músicos da orquestra de Carlos Machado, ao ver Bejo se aproximando com as mãos cheias de fichas, não sabiam o que mais proteger — a cabeça ou o instrumento.

A rotina noturna de Bejo era desafiar pessoas e, se alguém reagisse, chamar os capangas para surrar o atrevido. Esbofeteava namoradas, urinava em público e não deixava dúvida sobre o autor dessas proezas: "Aqui é o coronel Bejo Vargas". Em 1944, sempre na condição de irmão do ditador, Bejo estava com um grupo ébrio e barulhento no Meia-Noite. Uma jovem, Rosa Condé, passou casualmente por eles e foi chamada de gorda por alguém da turma. Ela se queixou aos seus acompanhantes e estes foram tomar satisfações. Na discussão que se seguiu, um dos amigos da ofendida atirou uma cadeira contra Bejo. Este sacou de sua arma e disparou, mas acertou a perna da moça. A briga parou ali, porque Bejo fugiu para evitar o flagrante — o que não o impediu de ir a julgamento e ser condenado a cinco meses de cadeia. Mas, com todos os recursos, redução de pena e sursis, não precisou cumprir nem um dia de prisão.

Quando Getulio caiu, em 1945, Bejo achou prudente submergir. Mas, pouco depois da abertura do Vogue, voltou à tona e adotou-o como seu segundo lar — não se sabia muito bem onde ficava o primeiro. E, talvez pelo recato do novo ambiente ou por uma postura benigna que tivesse resolvido adotar, Bejo passou a comportar-se. Sentava-se à mesa de Linda ou de Aracy, falava baixo e evitava gestos largos — como se quisesse parecer-se com os grã-finos que o aturavam, mas, como bem ele sabia, o desprezavam. Seu próprio sobrinho, Maneco, filho de Getulio, dizia que Bejo saíra diretamente do pasto para Copacabana, sem ter tido tempo para civilizar-se. No Vogue, isso ficava mais evidente.

Se houvesse dinheiro ou poder a ser exibido, o Vogue era o palco perfeito. Em fevereiro de 1948, aconteceu a maior transação do futebol brasileiro até então: Ademir, centroavante da Seleção brasileira, deixou o Fluminense e voltou para o Vasco da Gama, de onde havia saído dois anos antes. Para a comemoração, os ricos atacadistas portugueses da rua do Acre, responsáveis por devolvê-lo ao Vasco, levaram-no ao Vogue. Ademir, atleta exemplar, nunca entrara numa boate. Estranho ao ambiente, tropeçou algumas vezes no escuro a caminho do toalete, errou a boca ao comer o picadinho, e sua famosa queixada às vezes pendia aberta enquanto ele contemplava demoradamente um decote. A vascaína Aracy de Almeida e a rubro-negra Linda Baptista foram à sua mesa fazer-lhe festinhas. No fim, Ademir vibrou com tudo. "Agora eu entendo o Heleno!", exclamou.

Heleno de Freitas era também centroavante, só que do Botafogo (e da Seleção brasileira). Mas tinha o que os outros jogadores não tinham, nem em sonho: um perfil de Rodolfo Valentino, cinquenta ternos no armário, um relógio Cartier com pulseira de ouro, um anel de rubi no dedo — não se sabe como, formara-se em direito — e forte vocação para o café-society. Acompanhado ou não de amigos do Clube dos Cafajestes, Heleno ia ao Vogue várias vezes por semana, e Stuckart, quando presente, servia-o pessoalmente de uísque. Por sua aproximação com o barão ou com o maître Luiz, costumava ainda beneficiar-se do uso de um dos quartos do hotel, cedidos por algumas horas aos clientes mais especiais, e que estivessem com uma admiradora.

Em maio, a caminho de Buenos Aires, onde iria jogar pelo Boca Juniors, Heleno despediu-se do Rio e do Brasil no Vogue. Para jantar, pediu um estrogonofe. "Mas sem cebola. Nem no tempero!", disse ao garçom. Mariozinho de Oliveira, que ouvira a pedida e sabia que Heleno detestava cebola, foi atrás do garçom e lhe disse baixinho: "Ele estava brincando. Carrega na cebola". O rapaz ficou sem saber o que fazer e só passou essa última informação a Gregor, o cozinheiro russo. Quando o estrogonofe chegou, constelado de cebolas, Heleno sentiu-se ultrajado e foi desafiar o cozinheiro pela portinhola. Tentou agarrá-lo pela lapela do dólmã, mas Gregor, veterano da Cavalaria Vermelha, fechou-lhe a portinhola nas mãos. Heleno passou os dias seguintes sem poder telefonar — seus dedos inchados não cabiam nos buracos do dial para discar.

Ao voltar para o Rio, menos de um ano depois, com um desempenho apenas sofrível no Boca Juniors — dezessete jogos, oito vitórias, sete gols —, Heleno chamava a atenção no Vogue pelo cheiro de éter que exalava ao passar. Ele não sabia, mas sua carreira já terminara.

O maior cantor da época, Francisco Alves, e o maior compositor, Ary Barroso, eram vizinhos na rua Gustavo Sampaio, no Leme, e estavam cercados de boates por todos os lados. Mas não há registro de que Francisco Alves as prestigiasse como cliente, muito menos como cantor — dormia e acordava cedo, para cuidar de seus cavalos no Jockey. Além disso, cantores do seu porte comercial só podiam se apresentar para milhares, em auditórios de rádio, clubes sociais ou palcos de cinema, não em boates para meia dúzia. Isso não era privilégio do Rio — nenhuma boate de Nova York conseguiria contratar Bing Crosby. Chico Alves não podia ir a uma boate nem socialmente — arriscava-se a ser constrangido a cantar, e até de graça. Ary Barroso, ao contrário, passava mais tempo nas boates do que em casa.

Eleito vereador pela UDN em 1946, Ary fazia dupla militância política. Durante o dia, na Câmara; à noite, nas boates; e usava os dois recintos para defender seus pontos de vista. Um deles, favorável à construção de um estádio de futebol no terreno do antigo Derby, no bairro do Maracanã — enfrentando a voz e a oratória de seu colega Carlos Lacerda, que defendia a construção em Jacarepaguá, então mais próximo de Júpiter do que da praça Mauá. Outro, sua luta para aprovar um projeto que criava a Semana Antialcoólica do Distrito Federal, para "melhor esclarecer a juventude sobre a perniciosidade do vício de beber". Ary venceu a batalha do Maracanã, embora isso não lhe tenha rendido sequer uma placa de gratidão no estádio. Já sua campanha antialcoólica fracassou — ele não parecia muito convincente ao fazê-la no Vogue, de copo na mão.

Antes da guerra, a bebida de Ary era a cerveja — "Loura, linda e nua. A espuma é a cabeleira", dizia. Mas a temporada que passara nos Estados Unidos, em 1943 e 1944, o convertera ao uísque, que bebia com soda. Isso lhe aguava consideravelmente a dose, mas Ary bebia em tal velocidade que as doses se multiplicavam e, no fim, a contagem de teor alcoólico equivalia a litros de uísque puro. Ary colecionava isqueiros e chegou a ter mais de quatrocentos, no que fazia bem porque, depois de uma certa dosagem, já não sabia onde os deixara — o cigarro que acabara de acender e o isqueiro. Certa vez, numa boate onde o tinham convidado a tocar um pouco de piano, perdeu seu alfinete de lapela, contendo um escudo do Flamengo em ouro e brilhantes. Ary ficou desesperado. Mandou que os garçons acendessem as luzes, procurassem debaixo das mesas e só faltou exigir que desmontassem o piano — até encontrar o alfinete dentro do seu próprio copo de uísque. Como o alfinete fora parar ali, não sabia.

Dependendo do *blend* de seus níveis de sangue e de uísque, o som da voz de Ary tomava quase a boate inteira, falando sobre política, samba ou futebol. Certa noite, em conversa com um jornalista, estava esbravejando sobre Villa-Lobos, que votara contra "Aquarela do Brasil" num concurso de música popular em 1939, fazendo-o perder para um samba de Donga e David Nasser que sumira no tempo. Desde então, Ary rompera com Villa-Lobos e só o chamava de "Drácula" — e olhe que Villa-Lobos era Flamengo, como ele. Quando viu que o repórter tomava nota, falou mais alto ainda, sem notar que o mundo à sua volta o tinha escutado: "Se você publicar, eu desminto!".

Ary tinha consciência de seu poder, mas talvez o superestimasse. Em 1950, chegou à paisana — sem terno e gravata — ao Vogue e foi barrado. Sem dar tempo a que lhe oferecessem a beca que ficava de reserva para os amigos, abusou de sua autoridade de ser Ary Barroso, entrou do jeito que estava e sentou-se. Orientados por Luiz, os maîtres não fizeram nada para hostilizá-lo, mas se recusaram a lhe servir uísque. Por fim, compreendendo a gafe, Ary saiu e foi beber na vizinha Tasca, mais tolerante. Mesmo assim, só pôde fazer isso atrás de uma cortina.

A toda boate que fosse, e que tivesse um piano, Ary era convidado a tocar. "Vim aqui para beber, não para tocar. Por favor, não insistam", alegava. Mas, como era possível tocar e beber ao mesmo tempo, pouco depois já estava ao teclado, com um copo *à côté*. Um dos poucos lugares onde não precisava tocar — porque não tinha piano — era a casa de suas amigas Dircinha e Linda Baptista, em Copacabana. Mas, então, Dircinha (que não sabia tocar; Linda, sim) comprou um Bechstein de armário e o instalou na sala, com uma placa dizendo "Piano do Ary Barroso". A partir daí, Ary passou a visitá-las pelo menos três vezes por semana.

Americanos a trabalho ou a passeio no Rio, e que admiravam Ary pelas gravações de "Brazil" ("Aquarela do Brasil"), por Jimmy Dorsey e sua orquestra, e "Bahia" ("Na Baixa do Sapateiro"), por Bing Crosby, não acreditavam quando o viam tocando de graça no Vogue ou em qualquer boate onde lhe pedissem. Para eles, Ary Barroso, com o que aquelas canções lhe rendiam, deveria dedicar todo o seu tempo a compor. O espanto se transformava em estupor quando esses americanos ficavam sabendo que Ary era também vereador pelo Distrito Federal, com expediente diário na Câmara, e, para pagar as contas, ainda tinha de trabalhar em rádio, comandando programas de calouros duas vezes por semana e narrando partidas de futebol aos sábados e domingos. E que, num país onde poucos tinham geladeira, carro ou casa própria, mas em cujos lares havia quase sempre uma máquina de costura e um rádio, Ary Barroso era famoso não por sua música — mas por gongar calouros desafinados e tocar uma gaitinha para narrar os gols do Flamengo.

No dia 16 de julho de 1950, pela Rádio Tupi, Ary e um locutor recém-chegado (mais uma vez) de Pernambuco e já fazendo escola, chamado Antonio Maria, narraram a partida final da Copa do Mundo, disputada no Maracanã: Brasil x Uruguai. Seguindo uma bossa da época, cada qual se ocupava de um time: Ary narrava os ataques da Seleção brasileira; Maria, os da uruguaia. Menos mau para Ary, porque coube a Maria narrar os dois gols do Uruguai que derrotaram o Brasil e fizeram muita gente chorar.

Uma delas foi uma ex-balconista, peleteira, funcionária de fábrica de sabão, cabeleireira, telefonista, taxi-girl e cantora de circos, cabarés, dancings e gafieiras. Era ex-tudo isso porque, finalmente, tinha sido contratada pela Rádio Guanabara. Estava completando trinta anos naquele dia. Poucas horas antes da festa que daria para os amigos na casa em que morava com sua mãe, em Olaria, o Brasil perdeu a Copa do Mundo para o Uruguai. A festa de aniversário fracassou, mas, para ela, a revanche viria onze dias depois. No dia 27 de julho, gravou para a Todamérica um samba-canção que outros cantores, mais experientes, tinham recusado: "Canção de amor", de Chocolate e Elano de Paula — "*Saudade/ Torrente de paixão/ Emoção diferente/ Que aniquila a vida da gente/ Uma dor que não sei de onde vem...*". A moça se chamava Elizeth Cardoso.

Como uma decorrência natural do mercado, 1950 assistiu à inauguração de várias boates, à mudança de mão em outras e ao surgimento de novas categorias na noite carioca. Entre as boates, a mais luxuosa a surgir foi o Studium, dentro do Excelsior, o hotel que se pretendia uma opção ao seu insuperável vizinho, o Copacabana Palace. No Leme, o Flair se instalou onde ficava o Chez Aimée. Mas, na sua primeira semana com o novo nome, já teve de se bater com um formidável inimigo: o advogado Ruy Barbosa Neto, neto do "Águia de Haia". Ao se mudar para o bairro, descobriu tardiamente que o apartamento que alugara ficava nas proximidades de uma boate, e entrou com uma ação na Justiça, alegando que o barulho o "impedia de pensar". Outra causa de sua irritação era que todos os cantores que passavam numa mesma noite pelo Flair tinham de cantar várias vezes "Errei, sim", a pedido da plateia. O samba-canção de Ataulpho Alves, imortalizado por Dalva de Oliveira, era o grande sucesso do ano. Barbosa Neto passou a detestá-lo — mais ainda porque, por um reflexo incontrolável, ele próprio, às vezes, se surpreendia cantarolando "Errei, sim". Antes que enlouquecesse, mandou apressar o processo e, com o secular prestígio do baiano Ruy junto aos juristas, fez com que o Flair fosse fechado. Mas, em poucas semanas, o proprietário conseguiu reabri-lo, e Barbosa Neto continuou escutando "Errei, sim" pelo resto do ano.

As boates começaram a avançar também em direção ao Forte de Copacabana. Para fazer companhia ao Embassy, surgiu o Ranchinho do Alvarenga, na rua Joaquim Nabuco. Seus proprietários eram a dupla caipira e humorística Alvarenga e Ranchinho, chamados de "Os milionários do riso". A boate, no entanto, não tinha nada de caipira. Seus cantores eram Fernando Barreto e Hilda Celeste, e a música instrumental estava a cargo do violinista Fafá Lemos e de Chiquinho do Acordeon. Os dois eram grandes atrações — certa noite em que Chiquinho não pôde trabalhar foi substituído por um garoto da Tijuca, o acordeonista João Donato, dezesseis anos, que fez esquecer o titular. O Ranchinho do Alvarenga tinha uma iluminação controlada e esparsa, uma novidade na época, e, durante algum tempo, chegou a desbancar o Vogue em matéria de fechar tarde — o último cliente só saía às nove da manhã.

O ano da Copa do Mundo assistiu também à abertura, sempre em Copacabana, dos primeiros bares com piano — não confundir com os pianos-bar, que eram boates. Nesses bares, o forte eram a conversa e a bebida, tendo ao fundo um pianista que sabia o seu lugar — fazer-se ouvir no máximo quando as pessoas paravam de falar para respirar. Que bares eram esses e quem eram os pianistas? No Scotch Bar, dos franceses André e Gianette, na rua Fernando Mendes, o pianista era Don Albib. Em outro, o Maxim's, do também francês Freddy e também na Fernando Mendes, era o garoto Luiz "Cabeleira" Reis. E, em ainda outro, o Tudo Azul, na rua Domingos Ferreira, era Tom Jobim. Em todos esses bares, pontificavam Rubem Braga, Di Cavalcanti, Fernando Sabino e Paulo Mendes Campos, tendo como mascote — talvez a mais autossuficiente do mundo — a adolescente Danuza Leão.

As boates não paravam de surgir, todas fazendo jus à classificação que lhes seria aplicada por Sergio Porto, "botequins de luzes apagadas, onde você se intoxica por preços exorbitantes". Eram tantas que um gaiato sugeriu que elas cadastrassem seus clientes e trocassem essas informações — como faziam os bancos —, para saber a quem permitiriam "pendurar". As boates eram dos poucos lugares onde se podia ouvir música sem que esta fosse interrompida por anúncios de sabonete ou purgante, como no rádio — dominado pelos produtos farmacêuticos — como os que regulavam o excesso ou falta de menstruação — e sabões ou detergentes.

A própria palavra boate estava na moda. Pessoas que não iam à praia tinham uma "palidez de boate". Os circos, onde, gostassem ou não, todos os artistas se apresentavam, eram chamados de "boates de lona". Os colégios menos exigentes com o rendimento de seus alunos, principalmente os de curso noturno, eram chamados de "boates". O playboy Jorginho Guinle, que se dizia socialista — sua babá inglesa, leninista, dera-lhe aulas que ele própria definia como de marxismo infantil —, era, para seus amigos, "socialista de boate". E Adhemar de Barros, influente político paulista e aliado de Getulio, só se deslocava em seu avião particular, um DC-3, que, por algum motivo, o povo chamava de "boate voadora". Havia "boates" até nas favelas — ou, pelo menos, numa: a da Praia do Pinto, no Leblon. Apesar do nome, não era uma praia, mas uma favela mesmo, horizontal, onde muitos anos depois se construiria o condomínio Selva de Pedra. A boate da Praia do Pinto era um barraco de uns 20 m^2, e o crooner, ninguém menos que o futuramente famoso Monsueto. O jornalista Lucio Rangel, seu vizinho, a frequentava. Por via das dúvidas, levava seu próprio uísque.

Mas a melhor novidade do ramo em 1950 foi o Club 36, no mesmo número da rua Rodolfo Dantas. Era uma boate subterrânea. Descia-se uma escada e se ficava abaixo do nível da rua. Comportava no máximo quarenta pessoas e foi a primeira do Rio a embutir a gorjeta na conta, mas a comida e a bebida eram impecáveis, e sua primeira atração — oito meses sucessivos em cartaz — foi Dorival Caymmi. Por que tudo isso? Porque seu proprietário, o grego Serge Stromsa, tinha dois *silent partners* de peso: o milionário Carlinhos Guinle e seu cunhado, o egípcio Benjo Arbib. Para alguns grã-finos, colaborar na abertura de casas noturnas era uma maneira de estender um pouco seus domínios — passavam a ter um lugar para encontrar os amigos a qualquer hora, poupando suas casas para as recepções mais importantes. O Club 36 pegou de saída porque, onde Carlinhos Guinle estivesse, todo mundo queria estar.

Aos trinta anos em 1949, Carlinhos era adorado pelos amigos, e não apenas por deter, com seu irmão Jorginho, 5% dos negócios da família, que incluíam as docas de Santos, o Copacabana Palace, o Banco Boa Vista, seguros, terrenos, estradas, prédios, construção civil, importação, aplicações financeiras e obras de arte, sem contar o que já haviam vendido ou doado ao Rio em palacetes, parques e até ilhas. Gostavam dele por sua história mesmo: Carlinhos era piloto de baratinha (amador), iatista, fotógrafo, baterista, amigo de Orson Welles e casado com uma beldade egípcia, Irene Arbib, que, dizia-se, tinha sido uma das favoritas do harém do rei Farouk. A amizade com Orson era de verdade, os dois viviam se telefonando para falar de jazz. A bateria, ele aprendera com Gene Krupa, em Los Angeles. E mantinha no Yacht Club seu veleiro *Lafitte*, mas com uma característica: só usava o motor para sair da baía; depois, mandava abrir a vela. Foi o primeiro no Brasil a ter um MG esporte — quando viu que seus amigos o invejavam, importou outros quarenta e os vendeu a eles a preço de custo (usavam-nos para disputar pegas no então deserto Alto da Boa Vista). Uma diferença entre Carlinhos e Jorginho é que, ao contrário deste, para quem ser rico significava não precisar trabalhar, Carlinhos ia diariamente à cidade para participar da administração de empresas da família — por sorte, eram empresas sólidas que não se abalavam com suas visitas. Outra diferença entre eles é que, enquanto Jorginho nunca dera um espirro, Carlinhos tinha um problema renal crônico.

Um dos MG que importou, Carlinhos insistiu em dar de presente a seu amigo Dorival Caymmi. Mas Caymmi não sabia dirigir — um traço surpreendente no homem que cantava tão bem as noites das grandes cidades em seus sambas urbanos e cosmopolitas — e não aceitou o carro, nem por educação. Caymmi era também um dos convidados fixos do *Lafitte* e participava das festinhas a bordo com as amigas europeias de Carlinhos — para desespero de sua mulher, Stella, que não acreditava quando Caymmi saía com o violão e dizia que ia na condição de músico. O mais incrível é que, algumas vezes, podia ser mesmo verdade, como demonstram os três grandes sambas-canção que ele lançou em 1950.

O primeiro foi "Você não sabe amar" — *"Você não sabe amar, meu bem / Não sabe o que é o amor / Nunca viveu, nunca sofreu / E quer saber mais que eu..."* —, na voz da revelação do ano, Francisco Carlos. Outro foi "Lembrança do passado", que, quatro anos depois, ganharia um novo título, com o qual se imortalizaria: "Nesta rua tão deserta" — *"Nesta rua tão deserta / Numa noite sem luar / Um lamento não se ouve / A noite sem canção..."*. E o terceiro seria uma de suas contribuições definitivas: "Não tem solução" — *"Aconteceu um novo amor / Que não podia acontecer / Não era hora de amar / Agora, o que vou fazer?..."* —, os dois últimos lançados por Dick Farney. O surpreendente eram as parcerias. Em "Você não sabe amar" e "Nesta rua tão deserta", Caymmi dividia a autoria com Carlos Guinle e outro amigo milionário e também pianista, Hugo Lima. Em "Não tem solução", de novo com Carlos Guinle, sem Hugo.

Aquela era a consolidação de uma nova fase de Caymmi, iniciada com "Marina" — a dos sambas urbanos, masculinos —, e que continuaria pelos anos 50, com pelo menos outra meia dúzia de obras-primas. Os puristas não entenderam assim, e vergastaram-no por estar se "afastando das raízes". Um deles, vertendo rancor e preconceito, escreveu: "Não é no ambiente artificial de uma boate que se criam coisas como 'É doce morrer no mar'". Realmente, não. Talvez tenha sido mesmo a bordo de um barco como o *Lafitte*.

O que se podia discutir era se Carlinhos Guinle (e Hugo Lima) teria de fato contribuído para a parceria ou se era justificada a blague de Sergio Porto, "Música e letra por Dorival Caymmi, uísque por Carlinhos Guinle". O próprio Caymmi, no futuro, confirmaria muitas vezes a participação de Carlinhos na criação das músicas — para, em outra ocasião, dizer que as parcerias eram apenas homenagens ao amigo. Mas, se fosse assim, Caymmi teria se dado ao luxo de prestar sete homenagens a Carlinhos? (Esse foi o número de sambas-canção que eles assinaram juntos.) O mais provável é que, em todos eles, Carlinhos tenha aparecido com uma ou mais ideias que Caymmi desenvolveu — o que é suficiente para caracterizar uma parceria.

Mas alguns críticos não o perdoaram. Acusaram-no de ter se vendido à burguesia, à champanhota e aos passeios de iate na baía de Guanabara — além de aos uísques que, pelo visto, só Carlinhos Guinle servia no Rio. A consequência disso, resmungavam, é que o Brasil estava perdendo o Caymmi "puro", do folclore da Bahia, das pretas do acarajé e das lendas do Abaeté. É verdade que, antes de conhecer Carlinhos Guinle no Copacabana Palace, a turma de Caymmi no Rio era a dos amigos de Jorge Amado — Otavio Malta, Moacir Werneck de Castro, Samuel Wainer, Carlos Lacerda, todos comunistas e fãs de suas canções baianas. Pois bem. Jorge, Otavio Malta, Moacir Werneck e Samuel continuaram seus amigos e nunca o criticaram por seus sambas-canção — ao contrário, adoravam-nos. E Lacerda deixara de ser comunista, mas também continuara seu fã. E, agora, a burguesia dos iates e champanhotas também o adotara. Que culpa tinha ele de ser tão querido por tanta gente?

Além disso, Carlinhos Guinle servia mesmo grandes uísques envelhecidos.

Em 1949, dois anos depois de seu arranca-rabo em Moscou, Pina Gomalina foi servir em Los Angeles, na Califórnia. E, a provar que aquele episódio não tivera nada a ver com a URSS, tomou um pileque e meteu-se em nova confusão, agora com os americanos, numa recepção oficial em San Francisco. Como da outra vez, foi preso, esculachado e despachado de volta para o Brasil. Dessa vez, Dutra não rompeu relações com os Estados Unidos.

Mas, daí em diante, Pina teve de se limitar a servir no Vogue.

5

A BORDO DO PIANO

O futebol não era um dos principais tópicos em discussão nas boates, mas, a pouco mais de um mês da Copa do Mundo de 1950, a ser disputada no Brasil, o Vogue soube antes de todo mundo de uma nova e rumorosa transferência no futebol brasileiro: a de Zizinho, o maior jogador do país, vendido pelo Flamengo ao Bangu. Na verdade, o Vogue soube que Zizinho passara a ser do Bangu antes do próprio Zizinho.

Dario de Mello Pinto, presidente do Flamengo, era também advogado do grupo Peixoto de Castro, que detinha a concessão da Loteria Federal — concessão essa que estava expirando, com vários candidatos a assumi-la. A renovação seria decidida pelo ministro da Fazenda, o industrial Guilherme da Silveira, proprietário da fábrica de tecidos Bangu e patrono do clube do mesmo nome, cujo presidente era seu filho Guilherme da Silveira Filho, o dr. Silveirinha. No fim daquela tarde, Mello Pinto telefonou a Silveirinha, pedindo-lhe que intercedesse junto a seu pai pelos Peixoto de Castro. Silveirinha disse que sim, com prazer, mas queria algo em troca. Mello Pinto perguntou: "O quê?". E Silveirinha: "Zizinho". A resposta era normal — qual presidente de clube não gostaria de ter Zizinho em seu time?

Para surpresa de Silveirinha, Mello Pinto, depois de breve hesitação, concordou. E ali mesmo, por telefone, fecharam o negócio — dependendo, naturalmente, da concordância de Zizinho. Nisto residia o truque de Mello Pinto: sabendo que Zizinho não aceitaria sair do Flamengo, ele ficaria em bons termos com Silveirinha, os Peixoto de Castro seriam beneficiados, e tudo continuaria na mesma.

De madrugada, circulou pelo Vogue (quase um anexo do escritório dos Silveira) a notícia de que Zizinho era do Bangu. Ninguém acreditou

— não pelo Bangu, que, por causa da fábrica, era uma relativa potência, mas pelo Flamengo, que nunca deixaria Zizinho ir embora. Na manhã seguinte, atendendo a um convite para falar com o dr. Silveirinha na sede do Bangu, Zizinho ouviu dele que o Flamengo o tinha vendido, e o Bangu perguntava quanto ele queria ganhar. Zizinho não esperava por aquilo. Na sua cabeça, o Flamengo jamais o venderia. Mas, ao se certificar da transação, Zizinho, arrasado, pediu apenas um papel em branco. Assinou-o, concordando com a transferência, e deixou seus salários e luvas a critério do Bangu. À noite, os Silveira só faltaram fechar o Vogue para comemorar. E Zizinho teve de se explicar com sua grande amiga e rubro-negra roxa Elizeth Cardoso, que não se conformava.

O Brasil esperava 100 mil turistas estrangeiros para a Copa nos meses de junho e julho. Aqui estariam as seleções da Inglaterra, Espanha, Itália, Suíça, Suécia e Iugoslávia, sem contar a dos Estados Unidos e as de alguns vizinhos — um deles, o Uruguai. O comércio e o turismo esfregavam as mãos pela chegada dos torcedores dessas seleções. As boates acertaram importantes contratações musicais estrangeiras. Os restaurantes inventaram pratos; os barmen, novos coquetéis. Uma ou outra cabrocha fez planos a respeito de um casamento europeu. Faltou só combinar com os turistas.

A guerra terminara havia cinco anos, mas a Europa vivia a ressaca do conflito. O continente continuava sob racionamento — cada inglês tinha 80% dos dentes cariados por falta de escova, e futuras deusas do cinema italiano ainda se entregavam por uma barra de sabonete Lifebuoy. Ninguém tinha dinheiro para viajar. Os americanos tinham, mas, para eles, o futebol era um esporte absurdo, em que 22 sujeitos corriam atrás de uma bola e, ao fim de noventa minutos, a partida podia terminar em zero a zero, onde já se vira? Para completar, a realização da Copa no Brasil foi um dos segredos mais bem guardados daquele ano, porque os órgãos do governo brasileiro não imprimiram um único volante com essa informação para ser distribuído no exterior. Dos 100 mil visitantes esperados vieram, no máximo, 2 mil — o que foi providencial, já que, da mesma forma, não se construíra um só quarto de hotel nas cidades-sede: Rio, São Paulo, Belo Horizonte. Porto Alegre, Curitiba e Recife.

Na ausência dos turistas estrangeiros, as boates tiveram de se contentar com os brasileiros, que vieram dos burgos mais remotos na esperança de assistir à Seleção brasileira — dos seis possíveis jogos do Brasil, cinco seriam no Maracanã. Em função dos gringos, e antes de saber que eles fariam *forfait*, a programação noturna jogou pesado na vinda de celebridades internacionais — algumas, no Rio pela primeira vez; outras, já conhecidas do carioca. No Copacabana Palace, em junho, o Golden Room trouxe de volta Carlos Ramirez e Carlo Buti. À saída desses espetáculos, o público esticava no Meia-Noite para ver a argentina Virginia Luque, cujo carro-chefe era o tango "Nostalgias", um clássico de 1936, em que o letrista Enrique Cadícamo contava uma história — "*Quiero emborrachar mi corazón/ Para olvidar un loco amor/ Que más que amor es un sufrir// Y aqui vengo para eso/ A borrar antiguos besos/ Em los besos de otras bocas...*" — que acontecera de verdade: de como perdera sua namorada Mary para o amigo Juan — na vida real, Mary e Juan Daniel, futuros atores do teatro brasileiro e pais de Daniel Filho.

O Casablanca, ainda ativo em 1950, trouxe a francesa Yvette Giraud, então estourando com "Avril en Portugal", que era a versão francesa de "Coimbra". O Embassy apresentou o italiano Gino Bechi, de "La strada del bosco". O Night and Day, o cômico espanhol Palitos e, de novo no Brasil, Josephine Baker, vestida à Carmen Miranda e tentando cantar "O que é que a baiana tem" em português. O Monte Carlo importou o balé negro da americana Katherine Dunham, cujo diretor musical era o brasileiro Vadico, parceiro de Noel Rosa nos sambas-canção que Aracy de Almeida estava redescobrindo — e somente na noite em que Aracy apresentou Vadico à plateia do Vogue é que muitos ficaram sabendo da sua existência. Houve até uma visita inesperada: Frankie Laine, a maior revelação da música americana em 1949, veio passar a lua de mel no Rio. Seu amigo Dick Farney levou-o incógnito ao Vogue, e os habitués mal podiam acreditar que aquela voz ao microfone cantando "That's my desire", com Dick ao piano, fosse a do homem que acabara de desbancar seu xará Sinatra nos States. E até o toureiro Luis Miguel Dominguin veio ao Rio, mas para matar um touro numa arena tristemente improvisada no campo do Fluminense, nas Laranjeiras.

Grandes nomes, grandes atrações, e todas custando muito dinheiro. Daí a decepção dos donos das boates ao perceber que seus poucos turistas europeus estavam mais interessados na prata da casa que tentava se fazer ouvir nos intervalos dos ilustres — Linda, Aracy e Jorge Goulart no Vogue, Helena de Lima e Edu da Gaita no Acapulco, Marlene, Ivon Curi e Carmelia Alves no Meia-Noite, Julie Joy e Bill Farr no Monte Carlo, Dalva de Oliveira no Embassy, Dorival Caymmi no Club 36. Na Tasca, o estouro dos Cariocas com "Marca na parede", samba-canção de Ismael Netto e Mario Faccini.

A revelação do ano era o cantor Francisco Carlos, com o fox-canção "Adorável como um sonho", de Haroldo Eiras e Cyro Vieira da Cunha [*"Adorável como um sonho/ Foi a noite de luar/ Em que teus lábios vermelhos/ Deste a mim para beijar..."*], e, da mesma dupla, o samba-canção "Minha prece" [*"Eu pedi a Deus numa prece/ Pedi a Deus que me desse/ Uma alegria qualquer/ E Deus que é todo bondade/ Me trouxe a felicidade/ Num coração de mulher..."*]. Com esse potencial romântico, Francisco Carlos teria abertas as portas de todas as boates que quisesse — e, de fato, cumpriu um mês de casa cheia no Vogue antes da Copa do Mundo. Mas sua participação na chanchada *Aviso aos navegantes*, em que cantou a marchinha "Meu brotinho", de Humberto Teixeira e Luiz Gonzaga, tornou-o solicitado a cantar em clubes sociais, como o Rotary e o Lions, de fora do Rio. Uma noite em cada cidade rendia-lhe um banquete em sua homenagem, o discurso do prefeito e um cachê equivalente a quase um mês na boate. As boates não tinham como concorrer.

A exceção entre os cantores estrangeiros, e que deixou funda impressão no Rio, foi o francês alto, de cara amarrada e poucos sorrisos que veio cantar no Golden Room durante todo o mês da Copa do Mundo: Yves Montand. Já era o cantor mais bem pago de Paris em 1950, mas nunca tinha se apresentado fora da França — o Rio foi sua estreia internacional. E ali estava ele, no palco de gala do Copacabana Palace, sem saber o que esperar da plateia e esta, dele.

A noite de estreia já foi uma surpresa. Em matéria de franceses, o carioca se habituara aos *chansonniers* que havia décadas vinham ao Rio e nunca traíam seu estilo: paletozinho peço-a-palavra, gravata-borboleta, sapato bicolor, bengalinha de bambu, chapéu de palheta, olhos que se reviravam ao cantar e uma tendência a pontuar cada verso com risos de ho-ho-ho — o puro Chevalier. Em vez disso, viram-se diante de um homem vestido de cima a baixo de marrom-escuro (camisa de mangas compridas abotoadas nos punhos, sem paletó, calças de cós muito alto, cinto, sapatos e meias, tudo marrom), 29 anos, quilos de cabelo preto e um olho fechado pela fumaça ao levar o Gauloise ao canto da boca pelo indicador e pelo polegar. Sua simples presença impunha respeito e silêncio.

As canções podiam ser críticas ou irônicas, severas ou românticas, tristes ou alegres, mas, vindo de Montand, todas soavam cheias de significado. Duas delas eram "Les feuilles mortes" e "Les enfants qui s'aiment", ambas de Jacques Prévert e Joseph Kosma, feitas para o filme *Portas da noite* (1946), de Marcel Carné, seu primeiro papel importante no cinema — ironicamente, ele não as cantava no filme. Mesmo quando sublinhava as palavras com passos de dança, Montand parecia estar falando a sério. E seu entendimento com o pianista Bob Castella e o guitarrista Henri Crolla, que o acompanhariam por muitos anos, era quase extrassensorial.

Pode ter sido o primeiro show de um cantor "moderno" visto no Brasil — se por moderno se entende um artista fora dos conceitos clássicos de beleza e de submissão à plateia. Para os padrões da época, Montand era um feio-bonito — talvez um dos primeiros —, e não tentava ser simpático. Mas não adiantou: a plateia do Golden Room se apaixonou por ele do mesmo jeito. Jacinto de Thormes, no *Diário Carioca*, observou as reações das damas do *society* na noite de sua estreia: "Que charme!"; "Tão diferente, não?"; "Ele é um homem"; "Por que Edgarzinho não é como ele?"; e, bem *à propos* com o ambiente, "Adorei o modelo da roupa. Vou comprar um conjunto assim para o Carlos Eduardo" — por Carlos Eduardo, leia-se Didu, e a autora do comentário, sua mulher, Tereza Souza Campos.

Sabia-se que, pouco antes da fama, Montand fora discípulo, protegido e amante de Edith Piaf, seis anos mais velha e já um monumento da canção francesa. Mas quem estava no Golden Room, numa mesa da primeira fila, comendo-o com os olhos, não era Piaf, mas a jovem Simone Signoret, que alguns no Rio já admiravam por um filme exibido havia pouco, *Escravas do amor*. Nele, Simone, no papel de uma prostituta que tenta abandonar a profissão, era dirigida por seu marido, Yves Allégret. O que não se sabia aqui era que Simone havia se separado do cineasta Allégret, com quem tinha dois filhos, e já estava ligada a Montand, com as bênçãos do amigo comum, Jacques Prévert, e do próprio ex-marido Allégret, também amigo de Montand. Nem todos perceberam imediatamente a relação entre Signoret e Montand. O Rio estava cheio de franceses, e Simone podia ser apenas um deles, a trabalho na cidade. Além disso, viera acompanhada da mãe, com quem, oficialmente, dividia um apartamento no Copacabana Palace, enquanto Montand, sozinho, ficava em outro. Aliás, Montand era como Simone o chamava — talvez porque, para ela, Yves tivesse sido Allégret. Mas os dois quartos se comunicavam por uma porta.

As quase quatro semanas de Montand no Golden Room coincidiram com a disputa da Copa do Mundo, mas sua temporada não sofreu o menor abalo em função dos jogos. Todas as noites, ele teve na plateia algum colega também em cartaz ou um visitante ilustre de passagem pelo Rio: Katherine Dunham, Gino Bechi, Yvette Giraud, a companhia de teatro de Jean-Louis Barrault e Madeleine Renauld, o bailarino Serge Lifar, o violoncelista Pierre Fournier, o escritor André Maurois e até o caixa-alta americano Nelson Rockefeller. E, encerrado o show no Golden Room, a pedida para todos eles (exceto para Maurois, que dormia cedo) era quase sempre esticar no Vogue.

Na véspera do jogo final da Copa, entre Brasil e Uruguai, Montand e Simone foram ao Vogue, mas provavelmente não a tempo de participar de uma "cerimônia" comandada pela turma dos Cafajestes: o batismo da ruela sem nome, numa lateral da boate, como "Beco do Barão", em homenagem ao barão Stuckart, com descerramento de placa e tudo. A prefeitura não sabia dessa iniciativa, mas, para Jacinto de Thormes, que a registrou em sua coluna, a proposta era mais que válida — Stuckart reinventara a noite carioca e merecia ser nome de rua no Rio. Prestigiando a iniciativa, compareceram várias senhoras da sociedade e seus maridos, cantores, músicos, jornalistas, gourmets, um embaixador sul-americano e até membros da polícia. A mesma que, dois dias depois, iria até lá e arrancaria a placa.

Cumulados de atenção, Montand e Simone nem tomaram conhecimento de outra atividade clandestina no Vogue aquela noite: o discreto comércio de lugares no Maracanã, em curso, não na boate, mas no primeiro andar do hotel. Uma leva "extra" de cadeiras numeradas para Brasil x Uruguai surgira de repente — cortesia de paredros da CBD (Confederação Brasileira de Desportos) — e fora disputada a dentadas pelos torcedores de última hora, que não podiam deixar de ver o Brasil "ser campeão do mundo". As cadeiras se esgotaram em cinco minutos, mas era só falar com um dos maîtres — eles estavam intermediando também o aluguel de cadeiras cativas por dez vezes o preço das cadeiras normais.

Até a manhã daquele sábado, a Seleção brasileira e a comissão técnica tinham ficado escondidas na Casa das Pedras, a imponente mansão do milionário Drault Hernanny, no Alto da Boa Vista, que, anos antes, hospedara Madame Chiang Kai-Shek. Durante duas semanas, os jogadores só saíram dali, de ônibus, para fazer exercícios físicos no vizinho Gávea Golf, ou para os jogos no Maracanã. O sossego era enorme, quebrado apenas pelas ocasionais e bem-vindas visitas de grupos de cantores que se apresentavam para eles na Casa das Pedras: o vascaíno Lucio Alves, os tricolores Jorge Goulart e Marlene, a botafoguense Emilinha Borba e as rubro-negras Linda e Dircinha Baptista e Carmelia Alves. Chegavam, faziam um simpático social, cantavam e iam embora. Mas, na véspera do jogo contra o Uruguai, a CBD transferiu os jogadores para a concentração do Vasco, em São Januário. A Seleção ficou exposta a todo tipo de assédio — famílias, amigos, jornalistas, credores, políticos e oportunistas em geral. Perdeu a paz, o foco e o jogo.

Ninguém saiu ileso do fracasso. O general Ângelo Mendes de Moraes, prefeito do Rio, já fora homenageado com um busto (pelo escultor Humberto Cozzo) na entrada do Maracanã, por ter sido, segundo ele próprio, "seu construtor". No Vogue, na noite anterior ao jogo, falava-se no seu nome para batizar o estádio e para uma possível candidatura à Presidência da República nas eleições de 3 de outubro. Mas, com a derrota do Brasil, o mundo de Mendes de Moraes desabou: à saída do jogo, a torcida arrancou o busto de sua base e o atirou no rio Maracanã. A carreira política do general terminava ali. E a CBD reservara mesas para cem "convidados especiais" aquela noite no Night and Day, a fim de celebrar a conquista da Copa. Com a vitória do Uruguai, não foi preciso nem cancelar a reserva.

A delegação do Uruguai, por sua vez, com a taça Jules Rimet debaixo do braço, voltou para o hotel onde estava hospedada: o pequeno e acolhedor Paysandu, na rua de igual nome, no Flamengo. Os jogadores jantaram por lá mesmo e foram ordenados a não sair às ruas — o sentimento de decepção dos brasileiros era impressionante, e tudo podia acontecer. Com isso, os vitoriosos do Maracanã recolheram-se a seus quartos, onde não tinham nada para fazer exceto ouvir rádio ou dormir. Mais tarde naquela noite, no entanto, Obdúlio Varela, capitão do time uruguaio, e um colega resolveram desobedecer e fugir para tomar uma cerveja. Sem serem vistos, saíram para a rua. A cem metros do hotel, na praça José de Alencar, viram-se diante do restaurante e bar Parque Recreio. Entraram e Obdúlio reconheceu, numa das mesas, cercado de amigos, Lucio Alves, de quem era fã por sua gravação de "Nunca mais", muito popular no Uruguai.

Obdúlio dirigiu-se ao cantor. Apresentou-se e Lucio, cavalheiríssimo, apesar de esmagado pela derrota — cinco dos titulares do Brasil naquele jogo eram do Vasco —, convidou-o a sentar-se. Foram servidos por Teixeirinha, o garçom-símbolo do Parque Recreio. Beberam, riram, falaram de música e cavalos — não de futebol — e ficaram amigos. Até marcaram encontro para breve em Montevidéu, onde Lucio vinha se apresentando com frequência. Às sete da manhã, Lucio e os amigos subiram a um bonde e foram embora. Obdúlio voltou para o hotel Paysandu e contou a história aos dirigentes. À tarde naquele dia, os uruguaios foram às compras no centro da cidade e se misturaram ao povo do Rio, que os tratou com o maior carinho. Horas depois, tomaram o avião e desembarcaram em Montevidéu como campeões do mundo.

Em 1950, 64% da população brasileira vivia no campo, dormia cedo, criava galinhas, raramente ia ao dentista e, por não ir ao cinema nem ler jornal, nunca tinha ouvido falar em Hedy Lamarr ou Lourdes

Catão. Apenas 32% viviam nas cidades. Destas, o Rio tinha 2,4 milhões de habitantes, São Paulo, 2,2 milhões, e todas as outras, menos — bem menos — de 500 mil. Se Copacabana fosse uma cidade, seus 130 mil habitantes fariam dela a décima maior do Brasil em população, à frente de capitais como Manaus, Maceió, São Luís, João Pessoa e Natal. A maioria das cidades brasileiras limitava-se a uma igreja, uma farmácia e uma estação rodoviária cercadas por uma triste e adormecida zona rural. O Rio, diante delas, era algo das mil e uma noites.

No Rio ficavam o presidente da República — dito assim, parecia importante, embora fosse apenas o Dutra —, os ministérios, as autarquias, o Congresso, o Supremo Tribunal Federal, o corpo diplomático, a presidência dos bancos, a matriz das seguradoras, a indústria editorial, pelo menos quinze jornais diários e inúmeras revistas, quase todos de circulação nacional, treze estações de rádio, as agências de propaganda, a Praia de Copacabana, o Pão de Açúcar, o Copacabana Palace, a Confeitaria Colombo, a Cinelândia, o Fla-Flu, o sorvete Kibon. Os destinos do país se decidiam nos escritórios das avenidas Rio Branco e Presidente Vargas, com uma ou duas horas para almoço na sede do Jockey Club, ao lado do Theatro Municipal. Mas a noite pertencia a Copacabana, cujo coração ficava no Vogue, e os demais órgãos se espalhavam por — a essa altura — dezenas de boates.

Era onde aconteciam coisas como: juntos e sorridentes, o marido, a mulher e o cunhado entravam no Vogue, e sabia-se que os três formavam um feliz casal. Era romântico. Ou: uma das dez mais elegantes foi provar um vestido na costureira Iracema; quando Iracema se afastou para buscar a roupa, a mulher viu, casualmente, sob um cinzeiro na mesinha, um cheque de seu marido pagando o vestido de outra das dez mais — e apenas se admirou com a casualidade. Ou ainda: o marido de um casal perfeito, momentaneamente sem fundos, apostou a mulher no strip-pôquer — nunca foi tão exata a expressão "pagar para ver". E muitas outras histórias do gênero, dignas da Belle Époque vienense, como se extraídas dos contos de Arthur Schnitzler — só que reais, verdadeiras, passadas no Rio de 1950.

Enquanto esses pecadilhos se dessem dentro do grupo a que todos pertenciam, não havia lugar para cenas de ciúme ou desgosto.

Eles se entendiam. Era um jogo de sedução e de espelhos, em que os protagonistas — adultos, ricos e bonitos — não faziam mais que sua obrigação ao se desejarem. Mas, se iam à prática, era com compostura e respeito. Raros os casos de flagras e constrangimentos, como o do banqueiro que, por distração, chegou antes da hora à casa em Petrópolis, obrigando sua mulher a esconder o amante no armário — e, mais raro ainda, a se separar do marido para se casar com o amante. Separações e desquites não eram de bom-tom, além de ser antieconômicos em casamentos com comunhão de bens. Grande parte desse balé altamente civilizado se dava no Vogue, onde o *meneur de jeu* era, veja só, um vienense.

A suas mesas sentavam-se os grandes sobrenomes cariocas: Guinle, Galliez, Galdeano, Gallotti, Catão, Monteiro de Carvalho, Klabin, Saavedra, Marcondes, Mayrink Veiga, Moreira Salles, Dolabela, Delamare, Wright, Gualberto de Oliveira, Prado, Sampaio, Duvivier, Bojunga, Willemsens, Bocayuva Cunha, Lage, Thomé, Cerquinho, Hime, cada qual comportando vários membros e compreendendo pelo menos duas gerações. Os périplos e peripécias desse grupo eram narrados diariamente, em linguagem sóbria e elegante, pelo colunista que se assinava Jacinto de Thormes no *Diário Carioca*, ele próprio saído dos escalões inferiores dos estratos superiores.

Seu nome verdadeiro era Manuel Antonio Bernardez Müller, neto do engenheiro e diplomata Lauro Müller e filho da fascinante uruguaia Negra Bernardez, por quem Edward, duque de Windsor, arrastara uma ligeira asa no Rio em 1931. Mas podiam chamá-lo de Maneco. Por ter sido educado na Inglaterra e por uma babá inglesa — o que lhe valeu para sempre um leve sotaque britânico —, Maneco não era muito versado em autores luso-brasileiros. Nunca lera Eça de Queiroz nem ouvira falar de Jacinto de Thormes, personagem de Eça no romance *A cidade e as serras*. O jornalista Prudente de Moraes, neto, seu chefe no *Diário Carioca*, introduzira-o na profissão, e o crítico de teatro Gustavo Doria o presenteara com o pseudônimo. Como não sabia datilografar, Maneco levou anos escrevendo suas colunas à mão. O que não o impediu de revolucionar o colunismo social brasileiro, até então escravizado ao estilo do veterano Gilberto Trompowsky, em *O Jornal*, que se limitava a descrever os pratos e listar os presentes — embaixadores, ministros, comendadores — nos salões da velha sociedade carioca.

Maneco fez diferente. Anteviu que o Vogue esvaziaria esses salões. Pigarreou britanicamente, instalou-se num canto da boate e esperou pela chegada de seus personagens — todos, como ele, com menos de trinta anos. E eles não faltaram. Para defini-los, Maneco começou a usar a expressão "café-society", inventada pelo esperto publicista de Nova York, James McKinley Bryant, autor do livro *Cafe society register*, de 1941. A diferença é que o diretório de Bryant, composto de mil nomes, era eclético demais: admitia artistas de cinema, boxeadores, coristas, assessores de imprensa, jornalistas e até gigolôs, de mistura com, estes, sim, os proprietários de grandes empresas, senhoras da alta-roda e jovens debutantes. No Brasil, onde a sociedade era esnobe e elitista — Maneco bem o sabia —, o café-society seria apenas sua parte mais visível e divertida, mas ainda consideravelmente exclusiva. E teria os seus códigos respeitados. Em 1950, a palavra "empresário", por exemplo, não se aplicava aos investidores, industriais e comerciantes de alto porte. Empresário era o sujeito que vendia jogadores brasileiros para o futebol português ou espanhol — uma espécie de agente, provavelmente com caspa no colarinho — ou um promotor de espetáculos noturnos. Não se confundiam com os investidores, industriais e comerciantes ricos.

Não que Maneco não fosse a favor de uma certa mistura. Numa coluna de 1948, ele exortava os visitantes de outros estados: "Compareçam ao Vogue e reparem nos narizes, nos olhos, nos vestidos, nas pernocas, na educação, no silêncio, na matraca, e dancem com música e bebam com água e gelo, e participem do café-society. Se não puderem com o society, pelo menos com o café". O delicado Trompowsky nunca se dirigiria dessa forma atrevida ao leitor. Mas Maneco dava a entender que não levava o leitor muito a sério.

Além disso, tinha outros interesses fora do society: torcia pelo Botafogo, jogava pelada na praia (como goleiro), lutava boxe como amador (era peso leve), fumava cachimbo e tinha um cachorro chamado William Shakespeare Jr. Tinha também fumaças literárias, como se pode ler em suas colunas daquele tempo: "Marlene no Copacabana Palace, cantando como um pecado original"; "[Fulana usava um vestido que era] a última letra da última palavra"; ou "[Stuckart] é um herói, capaz de atravessar noites sem dormir e desertos sem água, seja em Casablanca, Pequim, Monte Carlo ou Copacabana". Um de seus achados era ensaiar uma indiscrição sobre alguém e, quando o leitor se preparava para saber o resto, ele cortava: "Depois eu conto...". E sua criação da lista anual das "Dez mais bem vestidas", no *Diário Carioca*, era uma maneira de Maneco se dizer grato àquelas mulheres cuja agitada vida social sustentara Jacinto de Thormes pelo ano inteiro.

Entre essas mulheres, havia uma para quem as próprias mulheres olhavam com uma admiração quase religiosa: Tereza Souza Campos. Todas a observavam para copiar seus penteados, vestidos, joias, sapatos, gestos, gostos, postura, tom de voz. Podendo comprar seus perfumes na Guerlain, nos Champs-Élysées, Tereza preferia não usar perfume nenhum, e isso era considerado extraordinário. Mineira de Ubá, filha de pai comerciante, educada no Sion de Petrópolis e casada desde os dezessete anos com Didu Souza Campos, já nascera elegante — era a única explicação. Não havia notícia de que, um dia, tivesse rido alto demais, dito algo que não devesse, se atrasado para um jantar, derrubado um copo na mesa ou deixado cair um canapé no decote. E quem não a conhecesse e a visse esbanjando classe nas recepções, usando modelos recém-saídos dos ateliês, poderia jurar que ela gastava uma fortuna em roupas. Mas não era assim — Tereza, se quisesse, não precisaria pagar por uma simples sianinha.

Às vésperas de um evento ou jantar importante, Mena Fiala e Candida Gluzman, da Casa Canadá de Luxe, mandavam-lhe uma caixa contendo um vestido feito exatamente para o seu talhe. Tereza usava-o no ágape — parava a festa ao entrar — e, no dia seguinte, devolvia-o, impecável, em sua caixa original. A Canadá não se promovia por isso — era apenas uma homenagem da confecção mais chique do Brasil à amiga que admiravam. E não era a única casa a abastecê-la. A Mayflower e a Celeste Modas, ambas em Copacabana, também queriam ver seus modelos em Tereza — sabiam quanto eles se valorizavam por terem estreado em seu corpo. O mesmo quanto aos cabeleireiros: Renault, o número 1 do Brasil, penteava-a de graça. Com seus fios grossos, brilhantes e volumosos, o cabelo de Tereza era uma vitrine para o profissional — permitia-lhe esculpir diariamente o penteado perfeito. E um dos segredos mais bem guardados de Tereza era que, quando queria, e apenas entre amigos, ela podia ser ótima cantora. Tinha extensão, volume e afinação, como o sabiam os que já a tinham ouvido cantar "Não tem solução", de seus amigos Caymmi e Carlinhos Guinle. Estudara oito anos de canto clássico e só não se tornara cantora profissional porque não quisera.

Seu marido, Didu — Carlos Eduardo de Souza Campos —, era alto funcionário do Banco do Brasil, jogador de polo com reputação internacional, grande garfo e ótimo dançarino. Mas, comparado a Tereza, era um deslumbrado. Ao receber visitas, gostava de guiá-las por uma excursão do seu guarda-roupa, o qual ocupava um aposento de grandes dimensões, e as peças se contavam às centenas. Para a visita, era como entrar numa loja de artigos para homens em Londres. Mas, o que fazer se Didu mudava de roupa três vezes por dia, sem falar nos uniformes e botas de montaria?

Os menos informados não entendiam como um bancário, por mais graduado, pudesse ser tão gastador. Os Souza Campos vinham de títulos e fortuna acumulados no Império, mas Didu estava se encarregando de reverter rapidamente a família à classe média. E a que horas dava expediente no banco, se jogava polo todos os dias e ia às boates todas as noites? Pois era nesses cenários que, enquanto se divertia, Didu ganhava dinheiro: intermediando amizades, negócios, oportunidades. Talvez não fosse tão rico como parecia, mas ninguém podia olhá-lo de cima: era campeão carioca das gorjetas em boates — rivalizando com o multimilionário Ermelino Matarazzo — e, ao contrário da maioria de seus pares, fazia questão de pagar por seus jantares.

Naquele círculo, os "homens de salão" brasileiros, como Jacinto os definiu, sentiam-se como em suas casas — até então isso nunca acontecera no Rio em tão alta escala. E novos códigos foram criados. Ninguém era obrigado a ser rico, mas não se aceitava o descuidado. Os sapatos tinham de ser engraxados diariamente; a barba, feita duas vezes por dia; e o cabelo, cortado a cada quinzena. A partir de certo nível social, um homem deveria ter pelo menos dez ternos de casimira e um ou dois smokings no armário. E os exageros eram criticados, como o do empreiteiro Santos Vahlis, que todos consideravam inconveniente e sem classe — fazia-se ver e ouvir no Vogue como se fosse uma estrela — e se gabava de ter 2 mil gravatas. Ou mesmo o do industrial Dirceu Fontoura, que, de uma só vez, mandou fazer trinta ternos no De Cicco. Não pelo dinheiro que isso custou, mas pela falta de sentido. Dirceu e seu irmão Olavo, fabricantes do Detefon e do Biotônico Fontoura, eram sócios dos Laboratórios Fontoura-Wyeth, fornecedores de antibióticos para todos os hospitais federais do país. O surpreendente é que, com esse cacife, Dirceu não tenha mandado fazer logo sessenta ternos. Mas, se ele fosse de fato elegante, e não apenas rico — diziam os amigos —, teria comprado meia dúzia de ternos no Charvet, na Place Vendôme, em Paris, e estaria mais bem servido.

Quanto às mulheres, algumas só iam mesmo às compras em Paris — e era em Paris que mandavam lavar a roupa —, mas havia uma luxuosíssima alternativa nacional: a Canadá de Luxe. Para todos os efeitos, era uma filial brasileira, em plena esquina de Assembleia com Rio Branco, das maisons Dior, Schiaparelli, Chanel, Patou. Foi a Canadá que trouxe para o Rio os vestidos de alças, os de frente única e os tomara que caia, os boleros de fustão, as saias rodadas, as meias com fio preto. Uma semana depois de lançados lá fora, réplicas absolutamente iguais e autorizadas já estavam disponíveis aqui — os originais eram descosturados para se saber como tinham sido feitos e reproduzidos nos menores detalhes. Acima do salão de alta-costura, onde se davam os desfiles, a Canadá tinha três andares de ateliê, onde um exército de costureiras passava o dia falando em tules, tafetás, tarlatanas, camurças, feltros, forros, saias godês.

Sua clientela era a chamada *haute gomme*, mas a prova de que parecer rico custava caro é que muitas grã-finas mantinham uma espécie de crediário na Canadá, pagando mensalidades que permitiam um fluxo permanente de novas aquisições. E elas próprias se encarregavam de estender esse fluxo: um vestido que custara o equivalente ao salário de um ministro de Estado, mas que já estava conhecido no Rio, podia ser vendido para uma grã-fina de São Paulo, onde ele ainda era inédito, e de lá seguia carreira nas praças menores. Em alguma dessas praças, uma costureira local o reformava e ele renascia, pronto para novas e inesquecíveis noites.

A clientela existia e era fiel, porque a Canadá funcionava praticamente full time. A qualquer hora que se entrasse em suas dependências, em dois minutos haveria cinco modelos desfilando, todas com 1,72 metro de altura (sem sapato) e manequim 42 — entre as quais, naquele período, Ilka Soares, Vera Barreto Leite e Georgia Quental. Algumas das melhores clientes de Mena e Candida eram as primeiras-damas dos outros estados, que vinham ao Rio para renovar o guarda-roupa e, certamente com o dinheiro do erário, faziam o serviço completo: lingerie, chapéus, tailleurs, bolsas, capas, estolas, luvas, sapatos, meias, calças compridas e moda praia. À noite, iam estrear as compras nas boates, escoltadas por seus secretários ou por um carioca avulso e atencioso. A mulher do governador de um estado do Norte comprou três casacos de pele e deixou-os estocados nos frigoríficos da Canadá para o dia, não sabia quando, em que fosse "conhecer a Europa".

Mas essas turistas, que nem sonhassem em cortar o cabelo com Renault Castanheira — ou, para o mundo, apenas Renault —, em seu salão no Copacabana Palace, a não ser que tivessem marcado hora um ou dois meses antes. Os serviços de Renault custavam o triplo dos de outros cabeleireiros do Rio e suas sessões estavam sempre tomadas. Seus concorrentes eram obrigados a tirar-lhe o chapéu. No passado, os cabeleireiros tinham de ir à casa da cliente e esperar sentados, de pés juntos, numa saleta, até que Madame aparecesse. Renault acabou com isso. Depois dele, elas é que passaram a ir ao salão, não importando que se chamassem Dolores Guinle, Lourdes Catão ou Elisinha Moreira Salles — três das mulheres mais poderosas da cidade. A única que, por decisão dele próprio, e nunca explicada, Renault visitava para pentear era Tonia Carrero.

Aos trinta anos em 1950, Renault tinha motivos para ser assim. Carioca, filho de alto funcionário da Light, aprendera a cortar cabelo em Nova York, Hollywood, Londres, Roma e Paris, de onde Elizabeth Arden o mandara para o Rio, a fim de abrir seu instituto de beleza. Renault abriu-o no Copacabana Palace. Ao saberem que algumas de suas clientes tinham sido a duquesa de Windsor, Marlene Dietrich, Greta Garbo, Hedy Lamarr e Lilli Palmer, as grandes damas do Rio acorreram — Leda Galliez, Ruth Almeida Prado, Gilda Sarmanho. Bastou isso.

O salão de Renault ficava no térreo do Copa, quase ao lado do Meia-Noite. Alguns juravam que havia um caminho secreto entre ele e as escadas do Anexo, passando por corredores e pátios menos explorados, e possibilitando encontros que o hotel não poderia oficialmente coonestar. Como os das elegantes cariocas com os artistas estrangeiros hospedados no Anexo, que elas haviam conhecido na noite anterior, no Vogue ou no Meia-Noite.

Os tempos eram enriquecidos por uma atmosfera permanente de conquista. Muitos maridos mantinham o que, na gíria da época, se chamava a "casa militar" — composta de amante vaidosa e exigente, garçonnière em Copacabana, uísque, vitrola, lençóis de seda e, às vezes, carro (para ela) — em contraposição à "casa civil": esposa, filhos, cachorro, apartamento no Flamengo e estação de águas em Caxambu. Os mais fogosos costumavam ter duas amantes: a amante propriamente dita — uma mulher de classe, quase sempre esposa de um amigo — e uma vedete do Night and Day ou do Casablanca, para os dias de chuva. Os milionários paulistas tinham amantes permanentes no Rio e, sem que eles soubessem, suas esposas, também — sempre que possível, elas vinham "visitar os parentes".

Num Rio ainda sem motéis e em que os melhores hotéis não se abriam para encontros espúrios, as garçonnières eram uma necessidade. Os menos abonados as alugavam no centro da cidade, e uma razoável concentração delas ficava na insuspeita praça da Cruz Vermelha, atrás da Lapa. Já os amantes de primeira linha não abriam mão da avenida Atlântica e da vista para o mar. Nos dois casos, quem cuidava para que a garçonnière conservasse uma certa ordem — cama arrumada, cinzeiros limpos, garrafas no lixo — era a mulher do porteiro do prédio, paga por semana.

Esse universo de transgressão e prazer era o cenário das comédias de Silveira Sampaio, que, depois de se revelar com *A inconveniência de ser esposa*, em 1949, no Teatrinho Íntimo de Aimée, voltaria à cena no ano seguinte com a ótima *Da necessidade de ser polígamo* e triunfaria de vez, poucos anos depois, com *A garçonnière de meu marido* — todas elas, comédias na linha de Labiche, Feydeau e Sacha Guitry, com as quais o pessoal do Vogue e das outras boates se identificava. Algumas de suas tramas podem até ter se inspirado nesse pessoal — histórias de trocas involuntárias de casal, esposas e amantes encontrando-se acidentalmente na mesma garçonnière e separações que nunca chegavam a se consumar. No futuro, Silveira levaria esse universo para os grandes espetáculos das boates de Carlos Machado e para seus shows de humor em pé — *stand-up comedy* —, dos quais foi pioneiro no Brasil.

Essas situações equívocas eram mais plausíveis de acontecer por causa das condições da época. Mesmo que não se fizesse nada, era difícil passar despercebido na rua. Em 1950, o Rio tinha cerca de 50 mil automóveis, todos importados, vistosos e com placas fáceis de decorar. Não era muito para uma cidade de menos de 2,5 milhões de habitantes, e alguns eram modelos exclusivos, daí reconhecíveis. O Packard azul conversível era de Didu Souza Campos. O Cadillac Coupé de Ville amarelo, de Heleno de Freitas. A Mercedes branca, do barão Stuckart. O inconfundível Cadillac 60 Special, de 1938, de Mariozinho de Oliveira. Ismael Netto, líder dos Cariocas, o radialista Manuel Barcellos e Humberto Teixeira, o inventor do baião, tinham, cada um, um Jaguar. E Victor Costa, diretor da Rádio Nacional, não podia fazer por menos: tinha um Rolls-Royce. Seria quase impossível aos donos de carros tão conspícuos ir a algum lugar e ficar incógnitos.

Por sorte, em fim de governo, o presidente Dutra passou uma lei esdrúxula, facilitando a importação de automóveis a quem passasse algum tempo — qualquer tempo — fora do país. As pessoas começaram a viajar para os Estados Unidos para comprar um carro americano novo; despachavam-no de navio para o Brasil e seguiam viagem. Na volta, vendiam o carro; esse dinheiro pagava o que haviam gastado com passagens e hotéis, e ainda sobrava troco. A cidade foi inundada de Cadillacs e outras marcas famosas. Com isso, alguns carros ficaram menos marcantes, e as pessoas puderam circular a salvo de olhos enxeridos.

Muitos repórteres visitaram Getulio Vargas na estância de sua família em São Borja, no Rio Grande do Sul, para onde o ex-ditador se recolhera desde que deixara a contragosto o poder em 1945. Como Getulio raramente ia ao Senado ou à Câmara, no Rio, embora tivesse sido eleito senador por dois estados e deputado constituinte por outros sete, os jornalistas é que iam a ele. Villas-Bôas Corrêa, de *A Notícia*, foi até mais de uma vez. Na primeira, teve um choque ao constatar que o exílio fizera Getulio engordar trinta quilos — era difícil imaginá-lo de cócoras, ao redor de um fogo de chão. Mas só um jornalista iria à fazenda e traria algo significativo: Samuel Wainer, repórter de *O Jornal*, de Assis Chateaubriand, e já habitué do Vogue. Em fevereiro de 1949, na terça-feira de Carnaval, ele ouviu de Getulio em São Borja: "Sim, eu voltarei. Não como líder político, mas como líder de massas". Foi o começo efetivo da volta de Getulio ao Catete.

Ao contrário do que, pelas décadas seguintes, passaria como uma façanha jornalística, o "furo" de Samuel só fora possível por um arranjo envolvendo, de um lado, Getulio e sua filha Alzira e, de outro, seu genro Ernani do Amaral Peixoto, do PSD-RJ, e o amigo José Candido Ferraz, da UDN-PI, ambos deputados. O arranjo se destinava a desfazer um acordo entre as lideranças dos dois partidos, que pretendiam lançar um candidato único para a sucessão de Dutra. Como não conseguiam chegar a um consenso e as lutas internas estavam quase dissolvendo as agremiações, o ideal seria que, com Getulio no páreo pelo PTB, os dois partidos desfizessem o acordo — o PSD tenderia naturalmente para Getulio, e a UDN, historicamente anti-Vargas, poderia lançar de novo o brigadeiro Eduardo Gomes, se quisesse. Por artimanhas de Alzira, a entrevista de Samuel seria a senha para deflagrar o processo. Segundo Lira Neto, biógrafo de Getulio, é possível que o repórter nunca tenha sabido que fora escalado para passar um recado — e acreditasse sinceramente ter dado um "furo" de reportagem.

E por que Samuel? Porque seu veículo era o veículo certo. *O Jornal* era o "órgão-líder" de uma cadeia, a dos Diários Associados, que, naquele ano, incluía 34 jornais, 36 emissoras de rádio e a poderosa agência de notícias Meridional, sem falar em *O Cruzeiro*, de circulação nacional. Todos deram em manchete e em primeira mão — mais um pouco, e Getulio teria disputado com Nyoka a capa de *O Guri*, outra publicação infantil de Chateaubriand.

Na prática, foi preciso fazer uma pequena correção de rumo na estratégia. Como Dutra não queria nem ouvir falar de Getulio, o PSD foi obrigado a lançar como seu candidato o mineiro Cristiano Machado, um pessedista de alma udenista. Mas só para constar, porque Cristiano foi abandonado pelo partido ("cristianizado" — daí nasceu a expressão) e, traindo Dutra, o PSD apoiou o vitorioso Getulio do mesmo jeito. Para Rubem Braga, Dutra conseguira aquilo que parecia impossível: fazer com que as pessoas sentissem saudade de Getulio. E, no futuro, sabendo ou não que fora usado, Samuel cobraria o preço por sua reportagem.

Entre a eleição de Getulio, em outubro de 1950, e sua posse, em 31 de janeiro de 1951, o Vogue não viveu uma noite sequer em que as articulações para a escolha de seu ministério não fossem assunto e motivo de apostas em suas mesas. Um dos objetivos dessas apostas era sinalizar para um ministro eventualmente escolhido que Fulano ou Beltrano (sempre um capitão da indústria ou do comércio) estava com ele desde o começo — e ser premiado com um futuro favorecimento ou facilidade na respectiva área. Outro que se beneficiou desse lapso de tempo foi o letrista Marino Pinto, parceiro de Herivelto Martins em "Segredo" e coautor de muitos sambas, sambas-canção e boleros. Marino era velho amigo de Ernani do Amaral Peixoto, genro de Getulio. Em parceria com Haroldo Lobo, logo depois da eleição fez uma marchinha cujo lançamento coincidiria com a posse de Getulio e, estourando no Carnaval de 1951, daria um clima positivo ao começo de seu governo: "*Bota o retrato do velho/ Bota no mesmo lugar/ O sorriso do velhinho/ Faz a gente trabalhar...*".

Bejo Vargas, novamente no centro das ações antes mesmo da posse de seu irmão, também se fazia de importante no Vogue ao adiantar "informações" sobre o que poderia acontecer no novo governo Vargas. Um de seus palpites referia-se a uma possível volta do jogo. O qual, a rigor, nunca fora inteiramente extinto — os grandes cassinos tinham sido proibidos de funcionar, mas quem apurasse os ouvidos ouviria os repiniques da roleta em salas reservadas de Poços de Caldas, Teresópolis, Niterói e até do Monte Carlo, na Gávea. Segundo Bejo, a ideia era que, com Getulio presidente, o jogo deveria passar a ser feito às claras e imediatamente. Isso criaria um fato consumado, a que Getulio seria sensível — se não se conseguia proibir o jogo, por que não regulamentá-lo? Joaquim Rolla e seus colegas dos antigos cassinos ficaram cheios de esperança. Em último caso, mesmo que os cassinos não reabrissem, eles contavam com que Getulio, no Catete, os ressarcisse pelas dívidas trabalhistas. Getulio foi eleito, mas não permitiu a volta do jogo, nem lhes pagou o que devia. Quando cobrado por isso, Bejo fingia que não era com ele.

Nada como um presidente eleito para ser adulado e, nos primeiros dias de janeiro, Getulio foi levado a almoçar por um grupo de nove governadores na mesma condição — um deles, o já poderoso vencedor da eleição ao governo de Minas Gerais, Juscelino Kubitschek — e pelos políticos de seu círculo mais íntimo, agora às dezenas. A ideia era discutir esportivamente programas de cooperação e falar mal dos inimigos. Para tornar o encontro ainda mais agradável, escolheram e fecharam o lugar onde melhor se comia na capital federal: o Vogue.

Stuckart recebeu-os na porta, com seu estado-maior perfilado: Luiz e os demais maîtres, o chef Gregor e os garçons. Estes, quase todos eleitores de Getulio, podiam enfim vê-lo de perto, cumprimentá-lo, falar com ele. E como era Getulio visto de perto? Muito rosado, tinha as mãos pequenas e finas. A barriga era desproporcional e, com seu perfil de pipa, era óbvio que havia anos ele não era capaz de amarrar os cadarços de seus sapatos — nem faltava quem lhe fizesse isso. Uma foto recente de campanha mostrara-o sendo carregado no colo e tendo o cabelo penteado por seu guarda-costas Gregorio Fortunato. Habituada a homens guapos e imponentes, a brigada do Vogue achou que Getulio parecia cansado, incapaz de esconder cada um de seus 68 anos — e seu governo ainda nem tinha começado. Pior: pela primeira vez, iria governar num regime de liberdade democrática — com um Congresso atuante e os jornais podendo publicar o que quisessem.

Uma hóspede do hotel e estrela em cartaz na boate foi também chamada por Stuckart para os cumprimentos e, se possível, oferecer ao presidente uma canção. Era possível. E, assim, ao mesmo tempo que se comia a sobremesa, Getulio foi brindado na boate Vogue com uma canção por ninguém menos que a musa do existencialismo — a francesa Juliette Gréco.

Juliette, 23 anos, acabara de chegar ao Rio para um mês de apresentações no Vogue. Em Paris, também cantava em boates — Le Boeuf sur le Toit, Tabou, Rose Rouge —, mas para uma plateia bem diferente da que teria na boate carioca. Em vez dos jaquetões engomados e dos decotes e penteados da burguesia brasileira, o que reinava nas caves de Saint-Germain-des-Prés era a informalidade: jovens de *col roulé*, sapatos sem meias e restos de macarrão nas barbas, alguns sentados no chão, de pernas enrodilhadas. E, em vez de cantar para um presidente, como estava fazendo naquele momento, os homens e mulheres para quem Juliette se apresentava em Paris não passariam perto nem da Academia Francesa, quanto mais do Palácio do Eliseu: Jacques Prévert, Raymond Queneau, Jean-Paul Sartre, Simone de Beauvoir, Robert Desnos, Maurice Merleau-Ponty, Boris Vian, Jean Genet, Marguerite Duras.

Em 1949, Juliette já fizera alguns filmes, barbarizara na garupa da moto do jovem Marlon Brando pelo Quartier Latin e tivera um caso com outro americano, o também jovem jazzista Miles Davis, então de cabelo espichado e gomalinado. E sua condição de "musa do existencialismo" não era um slogan — os intelectuais realmente a admiravam e se inspiravam nela. Sartre, ao saber que Juliette sairia da França pela primeira vez e viria cantar no Brasil, deu-lhe sua canção com Joseph Kosma, "La Rue des Blancs-Manteaux", feita para sua peça *Entre quatro paredes*, de 1944, e cantada originalmente no palco por Tania Balachova. Foi um dos primeiros sucessos de Juliette e que ela ofereceu a Getulio no Vogue. A letra de Sartre falava de como os dois principais personagens da Revolução Francesa, o carrasco e a guilhotina, trabalhavam no pescoço dos generais, dos bispos, dos almirantes. Getulio não podia adivinhar, mas teria algo a aprender com ela, assim como com a leitura de *Entre quatro paredes* — é a peça em que o jornalista Garcin declara "O inferno são os outros".

A única referência que o carioca em geral tinha do existencialismo era a letra da marchinha de Braguinha e Alberto Ribeiro que Emilinha Borba lançara no Carnaval de 1949, "Chiquita Bacana" — aquela da Martinica, que se vestia com uma casca de banana nanica e, "existencialista, com toda a razão", só fazia o que mandava o seu coração. Daí o vulgo achar que Juliette iria se apresentar nua no Rio. A plateia do Vogue, mais lida e viajada — e escolada meses antes por Yves Montand no Golden Room —, sabia que não era nada disso. Mas, em vez do pretinho simples que usava em seus shows em Paris, Juliette entrou em cena na estreia com um longo preto de Elsa Schiaparelli, dado a ela pela própria, que trouxera de Paris. Seu repertório consistia das canções de seus amigos escritores, como "Si tu t'imagines", de Queneau, "À la belle étoile", de Prévert, "La fourmi", de Desnos, todas com música de Joseph Kosma, e que falavam de desespero, amores inúteis e domingos solitários e odiosos — uma temática nada distante do samba-canção e uma luva para seu estilo quase Dietrich de cantar. E, no dia 31 de janeiro, Gréco, incrivelmente, cantou para uma plateia de casaca na festa de posse de Getulio, no Catete. Usava um vestido longo de veludo preto que fazia justiça à sua definição pelo escritor François Mauriac: *"ce beau poisson noir"* — "este belo peixe negro".

As três semanas da temporada de Juliette no Vogue estenderam-se por quase três meses e, em boa parte deles, não havia informação de que ela tivesse se interessado por abater ou ser abatida por algum nativo. Não que fosse inacessível — ao contrário, quase todas as noites, depois de sua apresentação, sentava-se no Vogue com um grupo de fãs. Numa dessas, seus companheiros de mesa eram os suspeitos de sempre — Rubem Braga, Antonio Maria, Paulo Mendes Campos, Fernando Sabino — e o poeta Thiago de Mello, que a tirou para dançar, ao som de "A foggy day [in London town]", tocada por Sacha ao piano. Mas nenhum deles, nem mesmo Mendes Campos, o mais atirado, a levou sequer ao elevador do hotel. Então, subitamente, Juliette começou a ser vista entrando no Rolls-Royce do grã-fino Henrique Tamm, não muito admirado na noite carioca — seus desafetos, talvez por despeito, achavam-no vazio e bobo, a última pessoa a interessar a uma mulher que vivia citando *La fénomenologie de la perception*, que o próprio Merleau-Ponty lhe sussurrara ao ouvido, certa noite, à luz de velas.

O que quer que tenha acontecido entre Juliette e Tamm custou caro à estrela. Jean Manzon, fotógrafo francês residente no Rio, mas ainda com estreitas relações com seu país, fotografou-os no Rolls-Royce e mandou o material para a *Paris-Match*. A revista publicou as fotos com legendas insinuando que a diva de Saint-Germain-des-Prés estava se esbaldando com um milionário brasileiro na *ravissante* Copacabana. Quem vibrou com isso foi Simone de Beauvoir, que não gostava de Juliette porque Sartre se enrabichara excessivamente por ela. A partir daí,

Simone parou de respeitar Juliette como "existencialista" e passou semanas zombando dela nas mesas do Café de Flore.

Em agosto de 1948, enquanto os navios continuavam descarregando inutilidades importadas com o aval do governo Dutra — um deles trouxe um suprimento de esquis —, desceu na praça Mauá, anônimo e desconhecido, um judeu austríaco chamado Salomon Rubin. Tinha 36 anos e chegava ao Rio depois de uma longa carreira de pianista, que começara em Viena e se estendera por Berlim, Budapeste, Paris, Zurique, Bagdá, Cairo, Damasco, Teerã, Londres e Istambul, sempre a bordo de um piano. Em todos esses lugares, Rubin era conhecido como Sacha. Em 1934, quando trabalhava em Zurique, ele fora apresentado a um músico brasileiro: o maestro Romeu Silva, que passava por lá com sua orquestra e lhe falara maravilhas do Brasil. E, em sua longa temporada na Turquia, ficara amigo do embaixador brasileiro Paulo Souza Dantas, que o exortara a tentar o Rio. Até que, finalmente, Sacha pegou sua mulher, Patricia, com quem se casara em Istambul, e tomaram o navio.

Anos depois, Sacha diria que, assim que desceu no Rio, tomou um chope, foi à praia em Copacabana e já se sentiu íntimo de todo mundo. Na vida real, levaria um pouco mais de tempo para que a cidade o descobrisse. Seu primeiro emprego, de curta duração, foi no Mei-ling, a boate da rua Carvalho de Mendonça que acabaria em chamas. O segundo foi no Vogue, mas não na boate — que já tinha, como titulares de seu teclado, Fats Elpidio e o americano Claude Austin. Stuckart contratou Sacha como pianista do lobby do hotel, no turno do almoço, revezando com o também americano Fred Feld — quarenta minutos para Feld, vinte para Sacha. Mas Sacha não tinha temperamento para limitar-se a horários ou estilos, e não demorou a inverter a escala com o colega. Por sua causa, o turno do almoço começou a emendar com os eventos especiais do hotel no começo da noite. Em 1950, Elpidio deixou o Vogue, e Sacha o substituiu na boate, mas sem abandonar o piano do hotel. A essa altura, somando os dois ambientes, já passava pelo menos doze horas seguidas tocando, o que Stuckart afinal percebeu. No começo de 1951, o hotel já estava desativado como tal — Stuckart explorava apenas o primeiro andar, como local de eventos, e os demais cedia a amigos que quisessem morar (de graça) em seus apartamentos por algum tempo. Com isso, Sacha concentrou-se no piano da boate e se tornou sinônimo do Vogue e da noite carioca.

Formado pelo Conservatório de Viena e profissional desde os dezessete anos, Sacha combinava o clássico e o popular com a autoridade de quem se sentia senhor dos dois mundos. Tanto podia tocar Beethoven para dançar quanto transformar o explosivo "Tiger rag" numa berceuse ou fazer do delicado "Chuvas de verão" um ragtime. Conhecia qualquer canção internacional que lhe pedissem e não demorou a incorporar os sambas-canção em voga ao seu repertório. Foi também Sacha quem inaugurou no Rio a prática que trouxera da Europa e que se estenderia a muitos pianistas brasileiros: perguntar aos clientes mais assíduos sua música favorita — e tocá-la quando adentravam o recinto.

Assim que Stuckart o efetivou no Vogue, Sacha estabeleceu a rotina: às oito horas em ponto, ele acendia um candelabro de vela única sobre o piano. Um dos garçons lhe trazia um uísque — um copo alto, com Logan até a metade, e que ele passaria a hora seguinte completando com água mineral gelada, sem gás, a ponto de, em certo momento, já não restar vestígio do escocês, e só então pedia outro. Por isso conseguia "beber" a noite inteira sem demonstrar alteração. Acendia também o primeiro dos sessenta Parliament que fumaria pela noite, que começava com "Manhattan", o standard de Richard Rodgers e Lorenz Hart, de 1925. Era o seu prefixo. Seguir-se-iam cerca de outras duzentas canções, nacionais e estrangeiras, até que um cliente, ao abrir a porta do Vogue para ir embora, fosse fulminado por um raio de sol.

Já então era o Rio que se sentia íntimo de Sacha.

6

NINGUÉM ME AMA

Elano de Paula, 27 anos em 1950, estudante de engenharia, fazia um bico da meia-noite às quatro da manhã como operador de áudio na Rádio Guanabara para pagar os estudos. O locutor do horário era Oswaldo Rubin, e os dois ficavam sozinhos no estúdio — Rubin, lendo os comerciais e anunciando as músicas; Elano, do outro lado do vidro, trocando e tocando os 78. Certa noite, durante a execução de um disco, Rubin sentiu-se mal e desmaiou ao microfone. Elano, assustado, gritou pelo porteiro, a única pessoa além deles por ali àquela hora. Nos menos de três minutos que a música ainda levaria para terminar, Elano ajudou-o a colocar Rubin num carro que o conduziria a um hospital, e voltou correndo para a técnica. Era preciso manter a rádio no ar. Então, passou ele próprio a ler os comerciais e anunciar a música seguinte. Corria para o toca-discos na outra sala, nunca deixando um buraco maior que dez segundos, e punha o novo disco para tocar. Acabado o disco, devolvia o som para o microfone, voava de volta à outra sala e lia os comerciais — e assim por diante, pelo resto da madrugada. O dono da emissora, que, por acaso, escutava a programação, percebeu o que estava acontecendo e promoveu-o a diretor de broadcast.

Por aqueles dias, o compositor bissexto, cantor e radioator Chocolate, também da Rádio Guanabara, cantarolou num gravador de fio Webster a melodia de um samba-canção que acabara de criar. Passou o aparelho a Elano para que a ouvisse e, caso gostasse, escrevesse uma letra. Elano escutou-a. Era uma pequena obra-prima de beleza e simplicidade. Por saber que Chocolate gostava de fazer o contracanto de tudo que cantava, sem deixar margem para a orquestra, resolveu pregar-lhe uma peça. Escreveu uma letra que ocupava todo o espaço de cada frase musical, inclusive o do contracanto: "*Saudade/ Torrente de paixão/ Emoção diferente/ Que aniquila a vida da gente/ Uma dor que não sei de onde vem// Deixaste meu coração vazio/ Deixaste a saudade/ Ao desprezares aquela amizade/ Que nasceu ao chamar-te 'meu bem'...*". Chocolate entendeu a brincadeira e gostou. Deram-lhe o título de "Canção de amor".

Elano ofereceu a canção a seu amigo Lucio Alves, a quem admirava mais do que a todos e classificava de "um sax-tenor que dispensava o instrumento". Mas Lucio, com cinco sucessos ao mesmo tempo nas paradas — "Nunca mais", "Amargura", "Reverso", "Se o tempo entendesse" e "Terminemos agora" —, não deu atenção a "Canção de amor". Uma cantora recém-contratada pela Guanabara, veterana de dancings e gafieiras, viu nela a chance que havia muito buscava, e tanto insistiu que Elano e Chocolate lhe deram o samba. Ali virou-se uma página da música brasileira e nasceu Elizeth Cardoso.

Mas não tão depressa. Por muitas semanas, Elizeth fez de "Canção de amor" sua marca na Rádio Guanabara, enquanto Elano e Chocolate colecionavam recusas de gravadoras a respeito da canção e da intérprete. Finalmente, graças ao compositor Erasmo Silva, encontraram uma que se dispôs a aceitá-las: o minúsculo selo Todamérica, originalmente uma editora musical e inaugurado como gravadora apenas quinze dias antes — e mesmo assim porque a rádio concordou em promover outras sete músicas do interesse da editora. Elizeth pôs em sua interpretação toda a densidade de seus já quase dez anos de carreira, e o solo de sax-tenor por Zé Bodega conferiu ainda mais classe à gravação. Poucas estreias podiam ser tão notáveis quando a de Elizeth.

Foi o melhor negócio da história da Todamérica, e só aconteceu porque Elano lutou por ela e pela canção. Daí por que, apesar do gigantesco sucesso de "Canção de amor", Elano praticamente abandonou a composição de música popular. Não tinha tempo nem estômago para negociar favores com gravadoras e editoras, e, ao contrário de seu irmão Francisco Anysio, não tinha também maiores ambições artísticas. Então, com a mesma facilidade com que, no futuro próximo, se tornaria engenheiro, industrial, construtor civil, oficial do Exército, diretor de televisão, escritor e artista plástico, pediu demissão da rádio, cedeu sua parte dos direitos autorais de "Canção de amor" a Chocolate e contentou-se com a glória de ter ajudado a revelar Elizeth.

Com Chocolate — no registro civil, Dorival Silva; o apelido lhe fora dado pelo cantor Vassourinha, em fins dos anos 30 — era diferente. Ele precisava ser artista para viver. Mas a presença de "Canção de amor" nas paradas não alterou muito seu status como compositor. Continuou sua carreira de comediante e cantor de rádio, teatro de revista, cinema, cabaré e circo, e só se aventuraria de novo na composição quando achasse que tivera uma melodia ou ideia excepcional. O que, um dia, era fatal que acontecesse.

Para Elizeth, "Canção de amor" foi o começo de sua carreira para valer. O público a descobria quando ela podia se considerar pronta, como intérprete e como mulher, capaz de emprestar autoridade a qualquer coisa que cantasse. Nenhum sentimento exposto numa letra lhe era estranho — ou ela assim pensava. Mas, por lhe faltar quem a orientasse ou por distração dos melhores compositores, Elizeth não teve músicas à sua altura para se beneficiar do sucesso de "Canção de amor". Nos dois primeiros anos em que a manteve como contratada, a Todamérica só lhe deu material de segunda para gravar, o que ela era obrigada por contrato a fazer. Sua carreira, mal deslanchada, estacionou.

Pouco depois, Elizeth começou a namorar o compositor Evaldo Ruy, irmão mais velho de Haroldo Barbosa, amigo de infância de Noel Rosa em Vila Isabel e ainda um dos letristas mais respeitados da praça, por suas parcerias com Custodio Mesquita — uma delas, "Saia do caminho", já um clássico do samba-canção. Mas Ruy (como ele se chamava e como todos o chamavam) não tinha nada de novo e de alta qualidade para oferecer a Elizeth como cantora. Na verdade, desde a morte de Custodio, em 1945, sua inspiração parecia ter secado. Não compunha com ninguém, não se sentia disponível — a única exceção fora "Nega maluca", a batucada que seu amigo Fernando Lobo lhe dera para letrar e que acabou sendo o maior sucesso do Carnaval de 1950. Ruy era apaixonado por Elizeth, mas sua única contribuição importante à carreira dela foi instruí-la a dispensar a influência de Carmen Miranda e não usar tanto as mãos ao cantar. Carmen podia fazer isso, porque era também uma comediante, mas ela, Elizeth, deveria procurar certa sobriedade.

Em jovem, Ruy tinha sido vigia de necrotério, e não muito eficiente. Certa noite, cochilou em serviço; uma vela acesa caiu sobre um cadáver na mesa e cremou-o. A Ruy só restava destampar a Parker e escrever aquelas letras que saíam perfeitas nas vozes de Orlando Silva, Silvio Caldas e Linda Baptista. Mas, desde que a inspiração o abandonara e as contas não paravam de chegar, descobrira que trabalhar para políticos, escrevendo discursos, slogans e promessas de campanha, rendia-lhe mais dinheiro do que pôr as dores do amor em versos. O primeiro a contratá-lo foi o paulista Adhemar de Barros, já de olho nas futuras eleições para o governo de seu estado, em 1954, e para quem Ruy criou o slogan "São Paulo não pode parar". Isso o obrigava a passar dias seguidos em São Paulo, onde Elizeth ia encontrá-lo — não necessariamente para cantar, o que também atrasou o seu reconhecimento.

Ruy era casado e tinha um filho, o que não impedia que se deixasse ver nos bares da moda com Elizeth e os dois formassem um vistoso casal — ele, muito alto (seu apelido era "Espanador de Lua"); ela, com um corpo espetacular, e os dois, muito elegantes e admirados. Elizeth era desquitada e também tinha um filho, donde, a princípio, não havia cobranças nem queixas entre eles. O que a estomagava era a quantidade de uísque que Ruy era capaz de pôr para dentro a cada sentada — ela, que levava a noite inteira para dar conta de um dedal de conhaque.

Se a vida se imprime na voz de uma cantora, a de Elizeth logo seria gravada a fogo.

A menina Adelina gostava de repetir o canto dos pregoeiros que passavam pela calçada do Itaoca, o fabuloso edifício art déco na esquina da avenida Nossa Senhora de Copacabana com a rua Duvivier, onde morava com seus pais adotivos nas acomodações dos empregados — Lázaro, faxineiro do edifício, e Ana Maria, lavadeira, ambos portugueses e saloios. Gostava também de ouvir fadistas e cantoras francesas pelo rádio. Mas, aos quinze anos, em 1950, seus modelos eram Dick Farney e Lucio Alves, cujos discos pedia para escutar numa loja da rua Carvalho de Mendonça, ali perto. Uma vizinha, dona Jurema, ouviu Adelina cantar "Caminhemos", de Herivelto Martins, enquanto lavava a louça. Gostou tanto que convenceu a mãe de Adelina a levá-la ao *Papel Carbono*, o programa de Renato Murce, na Rádio Nacional, em que amadores se propunham a imitar cantores famosos. Foram de ônibus à praça Mauá. Murce recebeu-as muito bem e perguntou quem Adelina iria imitar. Aí surgiu o problema. Adelina não sabia imitar ninguém.

Imediatamente antes de Adelina, outra candidata — uma moreninha chamada Abelim, dali a pouco conhecida como Angela Maria — nem hesitara quando Murce lhe fizera a mesma pergunta. Respondeu "Dalva de Oliveira", e produziu uma versão de "Olhos verdes" que repetia a original até nas notas impossíveis. Mas Adelina não tinha essa opção. Quando já se preparavam para ir embora, dona Ana lembrou-se de que sua filha sabia cantar em francês, imitando Lucienne Delyle. Murce gostou da ideia, e Adelina silenciou o auditório com sua interpretação de "Boléro", sucesso mundial de Delyle. Como era possível? Simples: Adelina era aluna do Colégio Pedro II. Tinha jeito para línguas, e francês e inglês (este, também na Cultura Inglesa) eram suas matérias favoritas.

Na segunda ou terceira vez em que ela compareceu ao *Papel Carbono*, Murce ofereceu-lhe cachês para continuar se apresentando. Ao saber disso, seu pai estrilou — meninas de família não cantavam no rádio por dinheiro. Proibiu-a de frequentar os programas de calouros e passou a ouvi-los para se certificar de que Adelina, se estivesse fora de casa, não estaria cantando num deles. Mas a garota, antes de sair, afrouxava uma válvula do aparelho, para seu pai não conseguir ligá-lo, e ia do mesmo jeito.

Outro vizinho em Copacabana, o cantor Alcides Gerardi, era contratado da Rádio Tupi. Adelina pediu-lhe que a levasse à emissora da avenida Venezuela para submeter-se a um teste com Almirante, diretor da rádio. Gerardi tentou demovê-la: "Não faça rádio, minha filha. Você terá muitas decepções". Mas a resposta de Adelina desarmou-o: "Com ou sem rádio, vou ter muitas decepções na vida, seu Alcides. Prefiro com o rádio". Gerardi a levou, o teste foi feito e Almirante quis contratá-la no ato. Mas Adelina era menor de idade. Um alvará de um juiz autorizou a contratação, desde que dona Ana a acompanhasse durante todo o tempo que ela passasse no estúdio. Já então seu pai não tinha como se opor — Adelina era uma profissional. Almirante sugeriu apenas que Adelina Doris Monteiro, seu nome completo, soaria melhor se fosse reduzido — para Doris Monteiro.

Ivon Curi, crooner do Meia-Noite e do Golden Room, escutou-a na Tupi e a recomendou a Carybé da Rocha, diretor artístico do Copacabana Palace. Carybé foi à Tupi para conhecê-la. Gostou do que viu e ouviu, e ofereceu-lhe um salário dez vezes maior que o de seu contrato na rádio, com direito ainda a dois vestidos de baile por mês e jantar no Copa todas as noites em que se apresentasse. Doris aceitou, mas não largaria a Tupi. Carybé concordou e, aos dezesseis anos e exibindo sua longa trança unilateral — nunca cortara o cabelo —, Doris viu-se cantando na madrugada, em inglês ("All the things you are", "Blue moon") e francês ("Que reste-t-il de nos amours?", "Vous qui passez sans me voir"), para a plateia do Golden Room e do Meia-Noite. E o cozinheiro do Copa ainda lhe fazia o prato de que ela aprendera a gostar: rãs à milanesa.

A trança de mão única, os dentinhos tortos e o jeito de foragida de um baile de debutantes não conseguiam disfarçar o registro surpreendentemente maduro de Doris ao cantar, como se houvesse uma mulher-feita dentro da menina. E não era só a voz, mas também a emissão contida, quase falada, absolutamente sem vibrato, que a caracterizava — perfeita para contrabalançar as letras sérias e graves que pareciam a marca do samba-canção. Se o parâmetro entre as cantoras era a rica paleta de timbres de Dalva de Oliveira — que, às vezes, resvalavam perigosamente para a opereta —, a noite do Rio começava a descobrir Doris como "a moça que cantava diferente".

Em outubro de 1951, essa descoberta estendeu-se até a quem não ia a boates nem tomava champanhe. Como se fosse um presente para os dezessete anos que estava completando, Doris recebeu do compositor Peterpan, pseudônimo do alagoano José Fernandes de Paula, o austero "Se você se importasse" — "*Se você se importasse/ Com meu triste viver/ Se você se importasse/ Com o meu padecer/ E me compreendesse/ Tão feliz eu seria/ Se você se importasse/ Com a minha agonia...*".

Tendo Peterpan como padrinho, Doris gravou-o na mesma Todamérica que não soubera o que fazer com Elizeth Cardoso. No caso de Doris Monteiro, a Todamérica fez melhor: deu-lhe Radamés Gnattali como arranjador, descobriu bons sambas-canção para seu repertório e teve a sorte de Doris ser da Rádio Tupi. Os contratados de qualquer veículo dos Associados tinham de prestar serviços em todos os outros que os solicitassem, sem pagamento extra. As rádios de Chateaubriand se espalhavam pelo país e, por causa de "Se você se importasse", todas queriam Doris. A recém-inaugurada TV Tupi percebeu o seu potencial e também passou a escalá-la em programas no Rio e em São Paulo. E até a filmou num comercial da Coca-Cola, em que ela cantava com o conjunto vocal Garotos da Lua, cujo crooner era um jovem baiano chamado João Gilberto.

Para que não se pense que todas as portas se abriam à sua passagem, Doris teve o desgosto de ver seu disco de estreia arrasado pelo crítico Sylvio Tullio Cardoso, em sua coluna em *O Globo*. Ao saber a idade da cantora, escreveu que Doris deveria "prosseguir seus estudos no Pedro II e tentar a sorte em outra atividade". Mas, ou os leitores de Sylvio Tullio o ignoraram ou não compraram o jornal naquele dia, porque "Se você se importasse" ficou três meses nas paradas de sucesso. O dinheiro começou a entrar em tal quantidade que Doris deu a entrada em um apartamento no próprio edifício Itaoca, em que seus pais adotivos tinham morado como empregados — e do qual nunca mais saiu.

E, então, surpresa. Toda essa movimentação chamou a atenção da lei para o fato de que a mulher que causava arrepios nos que ouviam o disco com "Se você se importasse" era a mesma garota com a trança de um lado e a mãe, do outro, que vivia entrando e saindo de aviões e cantava até as cinco da manhã nas boates do Copacabana Palace. Para todos os efeitos, Doris ainda se valia do alvará expedido dois anos antes para a Tupi. Mas, seguindo-se a uma incerta de um oficial de Justiça no Copa, o alvará foi cassado por três desembargadores do Conselho de Justiça, baseados num decreto de 1927 que proibia que meninos menores de dezesseis anos e meninas menores de dezoito fossem contratados para apresentações públicas em casas de diversão. E não cabia recurso. E, então, a poucos meses de completar dezoito anos, Doris teve de abandonar o Copa.

Seu caso se tornou uma causa. Os jornais a cognominaram de "O broto proibido" — broto, ou brotinho, significando moça bonita, gíria recém-lançada e em voga nas crônicas de Rubem Braga no *Correio da Manhã* — e desfecharam uma discussão sobre a hipocrisia da lei. Se todos sabiam que muitas coristas do Night and Day, do Monte Carlo e de outras boates também eram menores e passavam a noite rebolando seminuas até altas horas, por que tanto rigor com uma cantora vestida dos pés à cabeça, fora do alcance do público e protegida por colegas mais velhos como os cantores Nora Ney e Jorge Goulart?

E, ainda por cima, acompanhada por uma severa mãe portuguesa, cuja missão era impedir que até a sombra de um homem roçasse sem querer na sombra de sua filha.

Desesperado, o marido deu o alarme. Sua mulher se matara ou tentara se matar tomando trinta comprimidos do tranquilizante Nembutal. Os vizinhos acorreram e encontraram a mulher no chão da sala, desmaiada, aparentemente em coma. A Assistência foi chamada. A cena era horrível, mas, francamente — cochicharam —, pelo que conheciam do casal, a desgraça até demorara a acontecer. De seus apartamentos naquele predinho da Urca, eles escutavam as brigas e discussões diárias, provocadas pela natureza do trabalho da mulher — cantora de boate — e pelo ciúme do marido, agravado quando ele bebia, o que era frequente. Os ruídos que atravessavam as paredes eram os de pessoas que queriam se destruir.

Ela foi levada às pressas para a Casa de Saúde São Sebastião, em Laranjeiras, onde conseguiram reanimá-la. Mas um dos médicos desconfiou dessa tentativa de suicídio. Parecia mais um caso de envenenamento forçado — seria difícil alguém tomar aquela quantidade de comprimidos desassistido. E, como era de sua obrigação, convocou a polícia.

A esta, o marido declarou que sua mulher era viciada "em entorpecentes", referindo-se a soníferos e estimulantes, e o traía com um colega de trabalho. Era crooner do Copacabana Palace e, aliás, só por isto — por ser no Copacabana Palace —, ele consentira que ela cantasse na noite. Mas uma mulher com essa profissão "não pode ser esposa e mãe", falou, transtornado. Naquele dia mais cedo, ele lhe dissera numa mesa do bar Marrocos: "Se você tivesse um pingo de dignidade, deveria suicidar-se". Certo de que ela nunca teria essa coragem, comprara-lhe três frascos de Nembutal e saíra para pescar. Ao voltar para casa, no fim do dia, encontrara-a desmaiada no banheiro, depois de tomar os comprimidos. E só então ele percebeu o que tinha feito. Arrasado, ligou para sua irmã, casada com um médico, e contou-lhe o que acontecera. Seu cunhado, o dr. Ferdinand, ligou para um hospital e pediu uma ambulância com urgência. Por sorte, a tempo de salvá-la.

Horas depois, recuperada e em condições de falar, a mulher negou que usasse remédios e afirmou que seu marido é que a obrigara a tomá-los. Chegara tarde da noite, bêbado, de uma pescaria e a ouvira ao telefone, criticando-o para uma amiga e falando em separação. Ele atirara longe o embornal com os apetrechos e fora ao quarto buscar alguma coisa. Ao voltar para a sala, dera pela presença de Vera Lúcia, a filha de ambos, de oito anos, e a trancara no quarto ao lado. Finalmente, avançara sobre a mulher. Tomara-lhe o telefone, agarrara-a por trás e, com uma faca de raspar peixe encostada ao seu pescoço, forçara-a a tomar os comprimidos que pegara lá dentro. Depois a segurara, até que ela caísse inconsciente.

O homem se chamava Cleido Queiroz Maia. Tinha 36 anos, era maranhense e uma espécie de desempregado crônico — estudara direito, não chegara a se formar, e vivia de bicos, sem profissão definida. Sua mulher, a carioca Iracema de Souza Ferreira. Estavam casados fazia dez anos, eram ambos simpatizantes do Partido Comunista e até bem pouco se davam bem. A crise só se instalara quando Iracema, já com quase trinta anos, começara a cantar profissionalmente, com o nome de Nora Ney.

O episódio da faca e dos comprimidos foi em fins de julho de 1952. Dois anos antes, cansada da dureza doméstica, Iracema passara a frequentar as reuniões de um grupo de rapazes e moças, fãs de Dick Farney, na Tijuca — o Sinatra-Farney Fan Club. Cleido, às vezes, ia com ela. No começo, as atividades do fã-clube se resumiam a tocar os discos dos ídolos e promover pequenas apresentações musicais entre os sócios no porão da rua Dr. Moura Brito, onde ficava a sede. Mas Dick, nos intervalos de suas temporadas nos Estados Unidos, passara a prestigiá-los, frequentando as reuniões e estimulando suas vocações. O resultado é que, do Sinatra-Farney, tinham acabado de sair algumas das mais promissoras revelações do cenário musical carioca: o acordeonista João Donato, o clarinetista Paulo Moura, o pianista Raul Mascarenhas, o compositor Billy Blanco. E, embora ele ainda não soubesse, o jovem Johnny Alf também estava prestes a ser descoberto. Muito da experiência adquirida por esses jovens antes da profissionalização se dera nas apresentações do Sinatra-Farney em clubes sociais, como o Tijuca e o Fluminense. Ao associar-se a eles, Iracema começara a também fazer, como amadora, esse circuito de clubes.

Iracema cantava bem em inglês, qualidade então muito valorizada nas estações de rádio. Dick percebeu e, com o aval de Lucio Alves e do comediante Oswaldo Elias (que fazia o adorado Dr. Enfezulino no programa *Balança Mas Não Cai*, da Rádio Nacional), levou-a a uma estação onde sabia que estavam precisando de alguém com essa qualidade: a Tupi. Nora foi contratada, mudaram-lhe o nome para Nora May e ela começou a aparecer nos programas de música internacional, cantando standards como "Summertime" e "Stormy weather". Uma ouvinte de Teófilo Otoni (MG) escreveu-lhe uma carta de fã e endereçou-a, equivocadamente, a Nora Ney — era assim que a moça entendia o nome ao ouvi-lo no rádio. Nora e a Tupi gostaram da aliteração e adotaram o novo nome. O qual, a princípio, também não alterou a vida de seu marido — para Cleido, Nora Ney era só uma voz ao microfone.

Aracy de Almeida tinha um programa semanal na Tupi em que cantava Noel Rosa. Saiu de férias, e a Tupi entregou seu repertório a Nora e ao cantor Roberto Paiva. O flautista Copinha, chefe da orquestra do Meia-Noite, ouviu pelo rádio sua interpretação de "Último desejo", e ficou impressionado com seus graves de contralto e os erres arranhados, típicos do carioca, mas que ninguém usava para cantar — a praxe eram os erres roliços, coimbrãos. Copinha ficou empolgado, era algo totalmente novo. Por aqueles dias, Carmelia Alves, um dos esteios do Copa, anunciara sua intenção de sair — estava cansada de ser crooner, queria cantar coisas mais pessoais. Copinha aceitou a demissão de Carmelia e contratou Nora para seu lugar. Agora, era Nora quem tinha de cuidar do repertório de Carmelia, em inglês, francês, espanhol e, às vezes, português.

Haroldo Barbosa ouviu Nora no Meia-Noite e, num dos intervalos, disse-lhe que, com aquela voz tão original, ela só deveria cantar em português. Marlene também a ouviu e adorou. Haroldo e Marlene eram da Rádio Nacional, e os dois instaram Victor Costa, diretor da rádio, a conhecê-la. "Canta diferente de todo mundo, tem uma voz grave e pronuncia os erres como ninguém", disse Haroldo. "É uma *diseuse*", completou Marlene. Victor foi ouvi-la, também se impressionou com "Último desejo" e a tirou da Tupi para a Nacional. Um diretor da gravadora Continental igualmente a ouviu em "Último desejo" no Meia-Noite e ofereceu-lhe um contrato. Cleido, seu marido, custou a perceber essa avalanche. Quando abriu os olhos, Nora Ney já não era apenas uma voz ao microfone. Era agora uma mulher de salto alto, vestido longo, luvas compridas e o colo exposto, à luz mortiça de uma boate. Mas, como essa boate ficava no endereço mais respeitado da cidade — o Copacabana Palace —, talvez não fosse nada de mais. De qualquer maneira, ele a acompanhava à boate quase todas as noites, onde podia, inclusive, beber de graça.

Pouco depois de Carmelia Alves pedir demissão, outro baluarte do Copa saiu para tentar uma carreira mais ambiciosa: Ivon Curi. A essa altura, Ivon já não era apenas o Jean Sablon brasileiro, especialista em "C'est si bon", mas um completo cantor de sambas-canção, ritmos nordestinos e músicas de humor. Para o seu lugar, o Copa contratou Jorge Goulart, que passara pelo Vogue e vinha de se lançar com grandes sucessos de Carnaval: a marchinha "Balzaquiana", de Wilson Baptista e Nássara, e a marcha-rancho "Serpentina", de Haroldo Lobo e David Nasser, em 1950, e "Sereia de Copacabana", outra marchinha de Wilson Baptista e Nássara, em 1951 — e já sendo chamado para defendê-las em chanchadas da Atlântida, como *Carnaval no fogo* e *Aviso aos navegantes*. Goulart estava em evidência. Tinha uma bocarra e um vozeirão, perfeito para o Golden Room. Era também um *homme à femmes* — desde que começara a aparecer, já namorara Dalva de Oliveira (ainda casada com Herivelto), Emilinha Borba, Linda Baptista e todas as vedetes do Golden Room. E, agora, era colega de Nora Ney.

Meses antes, na Tupi, Nora conhecera um radialista: o pernambucano Antonio Maria, locutor esportivo, autor de jingles, produtor e diretor de programas de humor e, de repente, diretor artístico da emissora.

Era também colunista de *O Jornal*. Depois de sua fracassada incursão ao Rio em 1940, Maria voltara para o Nordeste. Lá, casara-se com Mariinha, tivera dois filhos, fizera o seu nome nas rádios de Pernambuco, Ceará e Bahia, e, em 1947, aos 27 anos, estava de novo no Rio, trazendo a família — mas, agora, para vencer. "Na primeira vez no Rio, precisei comer Gumex com açúcar para enganar a fome", ele disse a Nora. "Agora são quatro refeições por dia." Maria tinha consciência de que, apesar de grandalhão, seus quase 130 quilos, quase todos de músculos, eram um fardo — dizia que, quando morresse, precisaria ser levado à campa "em duas viagens".

Maria era mulato claro, tinha cabelo ralo e aderente ao coco, suava muito, amarrava as calças com barbante e usava sandálias de couro. Só tinha um terno. Essa descrição não se aplicava ao seu tempo de vacas magras, mas ao atual, em que era o homem mais influente da Rádio Tupi. Em qualquer outro emprego, seu aspecto seria criticado — não nos Associados, cujo presidente, Assis Chateaubriand, também costumava comparecer às solenidades de casaca, gravata e luvas brancas, chapéu de jagunço e as mesmas sandálias sobre as meias pretas de seda.

Nessa vinda definitiva para o Rio, Maria rapidamente tomou conta da cidade. Fez grandes amizades em todos os círculos: radialistas, cantores, compositores, jornalistas, poetas, escritores e boêmios. Inventava apelidos que pegavam — foi quem chamou Aracy de Almeida de "Araca". Em compensação, davam-lhe apelidos que não pegavam — Mariozinho de Oliveira chamava-o de Fats Maria, mas ninguém aderiu. Um de seus primeiros e melhores amigos foi Ary Barroso. Os dois dividiram por algum tempo a transmissão esportiva pela Rádio Tupi e, terminado o jogo, saíam juntos do Maracanã, esticavam num restaurante para jantar e depois nas boates. Maria era vagamente Vasco e getulista — tudo o que Ary não era —, mas isso não interferia na convivência. E Maria era do tipo de boêmio que bebia pouco. Não ia muito de uísque, preferia vinho. A Nora, ele confidenciou que era compositor, mas ainda inédito — nunca tivera uma música gravada. Mostrou-lhe "Menino grande", que havia composto para embalar a si próprio e gostaria que, um dia, uma mulher a cantasse para ele. Nora prometeu-lhe que, se viesse a fazer um disco, essa seria a primeira música que gravaria.

Cumpriu a promessa pouco depois, em abril de 1952, quando fez seu primeiro disco, na Continental, com "Menino grande" numa das faces. Maria chamara-o de samba-acalanto, mas era um legítimo samba-canção ["... *Dorme, menino grande, que eu estou perto de ti / Sonha o que bem quiseres, que eu não sairei daqui / Ó vento, não faz barulho, meu amor está dormindo / E o mar não bata com força, porque ele está dormindo*"]. No lado B, outro samba-canção, "Quanto tempo faz", de Paulo Soledade e Fernando Lobo. Mas Nora não foi a primeira a pôr Antonio Maria em disco. Heleninha Costa bateu-a por três meses, ao gravar na Sinter, em janeiro, a marcha "A noite é grande", dele com Fernando Lobo, e cujo título repetia o da coluna de Maria em *O Jornal*.

Maria e Fernando Lobo eram amigos de longa data no Recife — fora Fernando, inclusive, quem levara o adolescente Antonio Maria ao seu primeiro bordel e lhe dera instruções sobre como atuar. Tinham vindo praticamente juntos para o Rio, em 1940, mas, enquanto Maria fracassou e voltou para casa, jururu, Fernando ficou e venceu. Depois, com a chegada definitiva e triunfante de Maria, a amizade fora retomada — em termos. Os dois tanto podiam se amar como irmãos quanto, sem motivo aparente, passar semanas se dizendo mutuamente as últimas. Aracy de Almeida, amiga dos dois, proibiu que eles brigassem na sua frente.

No segundo semestre de 1952, a fase era de amor. Maria, sozinho, compôs "Ninguém me ama" — "*Ninguém me ama / Ninguém me quer / Ninguém me chama / De meu amor...*" — e deu parceria a Fernando Lobo. Pouco depois, Fernando, também sozinho, compôs "Preconceito" — "*Por que esse beijo agora? / Por que, meu amor, esse abraço? / Se um dia você vai embora / Sem passar os tormentos que eu passo // De que serve sonhar um minuto / Se a verdade da vida é ruim / Se existe um preconceito muito forte / Separando você de mim*" — e deu parceria a Antonio Maria. A ideia das parcerias fora de Maria. Nora Ney gravou as duas músicas no mesmo disco, lados A e B, mas elas tiveram destinos diferentes. "Ninguém me ama" nasceu como o maior samba-canção já escrito até então, e Mario Lago disse que, com ele, Maria inventara o "samba de mão no ombro", em que o cantor parece pedir uma palavra amiga; ao passo que "Preconceito", embora bem-feito, não teve nem sombra dessa aceitação. Mas, enquanto vigorou a amizade, os dois sambas-canção pertenceram integralmente aos dois, inclusive na divisão dos direitos autorais — e, fora dos círculos musicais, ninguém precisava saber quem tinha feito qual.

Nora gravou "Ninguém me ama" um mês depois de ter ido em coma para o hospital. Tanto pela força da música quanto pela repercussão da história com seu marido, parecia inevitável que o disco estourasse. Era tocado o dia inteiro nas rádios menores, e Nora tinha de cantá-lo em todos os programas da Nacional a que comparecesse — e pelo menos dez vezes por noite no Golden Room e no Meia-Noite. Mas Nora não dormiu sobre os louros desse disco. Em menos de um ano, lançou os extraordinários "Bar da noite" — *"Garçom, apague esta luz / Que eu quero ficar sozinha..."* —, de Haroldo Barbosa e Bidu Reis; "Onde anda você?" — *"Nesta noite comprida / Onde anda você? / Neste instante da vida / Onde anda você?..."* —, de Reynaldo Dias Leme e do próprio Maria; e "De cigarro em cigarro" — *"...Outra noite esperei / Outra noite sem fim / Aumentou meu sofrer / De cigarro em cigarro / Olhando a fumaça / No ar se perder"* —, de Luiz Bonfá. Era um senhor currículo para uma novata, e os colunistas de música popular a elegeram "Rainha do disco de 1952".

Haroldo Barbosa já lhe cantara a pedra: "Nora, você ficará famosa, mas nunca será um ídolo. Não tem esse espírito". Em certo sentido, era verdade. Um grupo de fãs tentou organizar-lhe um fã-clube, no estilo dos já dedicados a Emilinha Borba, Marlene e Dalva de Oliveira. O dela seria o Canora — Clube dos Admiradores de Nora. Ela aceitou apoiar, desde que os associados se comprometessem a promover cursos de alfabetização das fãs menos escoladas, e de corte e costura e cozinha, para facilitar a profissionalização das não tão capacitadas. Diante disso, o grupo agradeceu — e desapareceu. Mas Haroldo estava enganado. Nora era um ídolo para determinadas categorias. Muitos fãs que lhe escreviam na rádio, na boate e na gravadora eram presidiários, prostitutas, bebuns, abandonados e solitários de toda espécie — talvez porque a vissem como uma especialista na solidão. E começaram a surgir rumores a respeito de mulheres se matando ao som de "Ninguém me ama", embora só um caso parecesse ter acontecido de verdade, num bar da Praia Vermelha — uma moça tomara formicida com guaraná depois de botar uma ficha na vitrola automática para ouvir a música. O que não impediu que Dig, cronista do novo jornal *O Dia*, escrevesse: "A voz de Nora Ney está começando a matar".

Nora se recuperara da intoxicação provocada pelos comprimidos e se separara de Cleido. Seus filhos, Vera Lúcia e Hélio, estavam a salvo em colégios internos e sua carreira deslanchara. Era a cantora campeã de vendas, estrela da Rádio Nacional e do Copacabana Palace, e ainda cantara "Ninguém me ama" no filme *Carnaval Atlântida*, num cenário que reproduzia o Meia-Noite. Mas alguns colunistas começaram a se perguntar se, numa tentativa de identificar sua vida com o universo sombrio dos sambas-canção, Nora não teria forçado o episódio do suicídio ou tentativa de assassinato. De vítima, passava a ré — talvez por ainda se ouvirem os ecos da guerra Dalva de Oliveira versus Herivelto Martins, que fizera de Dalva uma celebridade.

Um ano depois do incidente, Cleido voltou ao noticiário. Em longa entrevista à revista *Manchete*, deu sua versão mais completa do caso. Segundo ele, Nora queria ser uma estrela a qualquer custo, e o casamento a atrapalhava. Começaram as brigas, mas só ela queria a separação. Como ele se negasse, ela tentara se matar. Sim, ele até incentivara o suicídio, mas, arrependido do que havia feito, chamara a ambulância, internara-a no hospital e pagara tudo. Depois Nora o acusara de tê-la obrigado, com uma lâmina no pescoço, a engolir os trinta comprimidos. Mas, se ele a salvara, como podia querer matá-la? Para completar, suas suspeitas sobre um caso de Nora com um colega de trabalho — Jorge Goulart — tinham se provado verdadeiras. Eles já estavam publicamente juntos.

Diante disso, Nora entrou com uma queixa-crime contra Cleido. Admitia que tinha agora uma ligação com Jorge Goulart, mas que isso não acontecia quando era casada. E que cantar profissionalmente fora a maneira que encontrara para sustentar sua família, já que seu marido não era capaz disso. Levava dias longe de casa, "pescando" — na verdade, bebendo —, enquanto as contas se acumulavam. Naquela noite ele tentara matá-la e dar a entender que fora um suicídio.

A queixa-crime de Nora foi também arquivada, pelo promotor Atila de Sá Peixoto, mas isso não tranquilizou Cleido. Mandou dizer a

Nora que a qualquer hora iria irromper no Copacabana Palace durante um show, para constrangê-la diante de sua plateia. A segurança do hotel o manteve à distância, mas não pôde evitar que, certa noite, ao tomar um táxi à saída do Copa, Nora e Jorge fossem perseguidos por Cleido em outro táxi e ele disparasse vários tiros na direção deles. Por milagre, não acertou nenhum. O caso rendeu queixa na polícia, manchetes em jornais como *A Noite* e *A Luta Democrática* e, cada vez mais, a suspeita, para alguns, de que tudo aquilo só acontecia para promover Nora — principalmente porque "Ninguém me ama" disparara nas paradas e já estava havia meses em primeiro lugar.

Mas essas suspeitas nunca contaminaram o público. Ele se manteve ao lado de Nora, cujo olhar sereno e triste — era difícil vê-la sorrindo numa foto — atraía simpatia. Muitos se perguntavam: e daí, se a vida de Nora fosse um espelho dos sambas-canção que cantava? E o que diriam se soubessem que — como só se descobriu muito depois —, ao ouvir os gritos e os ruídos de luta na sala, e sem entender direito o que estava acontecendo, a menina Vera Lúcia, filha de Cleido e Nora, vira pelo buraco da fechadura o pai, de faca na mão, forçando a mãe a fazer algo que ela não queria?

Numa última cartada, foi a vez de Cleido processar Nora, por danos morais e materiais. Quando sentiu que o processo não daria em nada, Cleido tentou o suicídio da mesma maneira: tomando trinta comprimidos de Nembutal. E também não morreu. Sumiu de cena, nunca mais procurou Nora ou os filhos, e só se soube dele 37 anos depois, em 1990 — quando vedou as janelas de seu apartamento em Botafogo, abriu o gás e, desta vez, conseguiu se matar.

7

BOATES PARA TODOS

No dia 28 de julho de 1950, o Constellation da Panair do Brasil pilotado pelo comandante Eduardo Henrique Martins de Oliveira saiu do Rio para Porto Alegre levando 43 passageiros e sete tripulantes. Edu, como o chamavam, decidira que o voo de volta para o Rio seria o seu último — com ele, completaria 10 mil horas de voo, pediria demissão da Panair e abraçaria qualquer outra profissão. Seus amigos do Clube dos Cafajestes iriam esperá-lo no Galeão, para comemorar a despedida dos céus e receber a carga de carne que ele traria para um churrasco-monstro no Alvear. Mas a viação nacional ainda tinha muito que aprender. Não se sabia, mas a pista de terra do aeródromo de Porto Alegre não comportava os novos Constellation. Isso obrigou Edu a desviar para a base aérea de Gravataí, a 23 quilômetros da capital. A pista de Gravataí era asfaltada, mas não dispunha de instrumentos de aproximação. Edu fez duas tentativas de pouso. Na terceira, pouco antes das vinte horas, chocou-se contra o morro do Chapéu, em Sapucaia do Sul. O choque se deu contra a pedra que dava nome ao morro. Todos morreram. Era o maior desastre aéreo na história do Brasil.

Quando a notícia chegou ao Galeão, os Cafajestes não queriam acreditar. Edu não era daqueles que morriam. Era imortal, invencível, como os heróis dos gibis ou dos filmes seriados — era também a única pessoa que todos eles gostariam de ser. Meses antes, no Carnaval, ele dera mais uma demonstração de sua autoridade. O milionário Francisco "Baby" Pignatari fechara o Vogue para um baile dos Cafajestes e declarara boca-livre total para os convidados. Era a sua maneira de tentar pertencer ao grupo que tanto admirava e no qual sabia haver resistências à sua participação — os Cafajestes não gostavam de quem achava que todo mundo podia ser comprado.

Ibrahim Sued, então um obscuro repórter do jornal *A Vanguarda*, foi visto por Pignatari ao entrar no Vogue. "Não lhe conheço, não lhe convidei, pode ir embora", decretou Baby. Mas Ibrahim não precisou dizer nada. Ouviu-se uma voz atrás do anfitrião: "Eu convidei. Ibrahim é nosso amigo. Ele entra". Era Edu. Pignatari respeitava Edu, e o repórter entrou. Com isso, "Baby" ganhou um inimigo para sempre, e, sem saber, levou Ibrahim a uma decisão que o acompanharia pela vida: jurou que nunca mais seria barrado em lugar algum e que, um dia, todos, inclusive Pignatari, disputariam sua presença nas festas.

O Clube dos Cafajestes fora uma criação de Edu. No fim daquele ano, Paulo Soledade e Fernando Lobo escreveram uma marchinha que retratava a falta que sentiam do amigo — *"Oi, zum-zum-zum, zum-zum-zum/ Tá faltando um/ Oi, zum-zum-zum, zum-zum-zum/ Tá faltando um// Bateu asas, foi embora, desapareceu/ Nós vamos sair sem ele/ Foi a ordem que ele deu..."* —, para ser cantada no Carnaval, mas somente entre eles. Dalva de Oliveira, que circulava com os Cafajestes, ouviu-a e quis gravá-la. Consentiram — e "Zum-zum-zum", com Dalva, foi o grande sucesso do Carnaval de 1951.

Por Edu, os Cafajestes certamente teriam continuado. Mas aconteceu também que, por coincidência, na sequência da sua morte, diversos de seus membros se casaram e descuidaram da boemia; outros tiveram de assumir os negócios da família e precisaram ficar "respeitáveis". E, sem Edu, não tinha a mesma graça. O fim oficial do clube foi no Carnaval de 1953, no Cassino Atlântico, com um baile de despedida para acabar com todos os bailes de despedida. Mas, desde antes, as festas com as mulheres mais desejadas do Brasil e as brigas com a polícia ou com os provocadores já tinham ficado no passado. O que não quer dizer que, isolados ou em pequenos grupos, alguns deles não continuassem ativos.

Mariozinho de Oliveira, por exemplo, nunca deixou de frequentar as boates e de prestigiar os músicos de sua admiração — foi dos primeiros a se encantar com Dolores Duran e a ver nela uma grande promessa de cantora. E continuou também com as brincadeiras. Em certa época, tinha em sua cobertura no Leme uma empregada de nome Maria do Socorro. Ao voltar de madrugada para casa, e nunca se lembrando de levar a chave da portaria, gritava por ela lá de baixo — "Socorro! Socorro!" —, com o que acordava a própria e alarmava os oito andares do prédio. E suas festas ao som de discos das *big bands* americanas não tinham hora (ou dia) para terminar. Às vezes estendiam-se pela manhã, fazendo com que Ruy Rey, conhecido líder de uma orquestra de rumbas e morador do andar de baixo, não conseguisse dormir quando chegava, de mangas bufantes, vindo do trabalho, às oito da manhã. A cada agudo do naipe de trompetes, Ruy Rey ia à janela, esticava o pescoço para cima e protestava — debalde. Não era proibido fazer barulho durante o dia e ninguém podia obrigar Mariozinho a encerrar a festa. Descontrolado, Ruy Rey dava tiros contra o próprio teto, como se eles pudessem atravessar a laje.

Um dos prazeres de Mariozinho era receber os amigos em sua barraca cor-de-rosa na praia do Leme, no trecho em frente de sua casa, com todo o conforto que gostava de fornecer. Os titulares desse grupo eram Millôr Fernandes, Carlinhos Niemeyer, Paulo Mendes Campos, Jacinto de Thormes, Flavio Porto ("Fifuca"), o locutor Luiz Jatobá e dois que nunca entravam na água: Ary Barroso, por estar sempre de ressaca, e Dorival Caymmi, por não saber nadar. Esta, aliás, fora uma indiscrição de Fernando Lobo: Caymmi, o cantor do mar e dos pescadores, não sabia nadar — "e nunca pescou na vida", acrescentava Lobo. A estonteante vedete de Carlos Machado no Monte Carlo, Dorinha Duval, chamada por eles de Dorinha Maraca — por serem as maracas um de seus instrumentos de trabalho; o outro eram os quadris —, era a mascote da turma. Não namorava nenhum deles e eles tinham de se submeter ao suplício de vê-la num duas-peças, entrando e saindo do mar, com os estilhaços de água coruscando em suas fenomenais coxas.

Para melhor andamento dos trabalhos e fornecimento dos artigos de primeira necessidade, Mariozinho estabeleceu com a criadagem um código de apitos: dois trilos, gelo; três trilos, gim e tônica; quatro trilos, uma *assiette* de frios e queijos. Cinco minutos depois de cada comando, seu garçom, uniformizado, aparecia na portaria do prédio com os pedidos numa bandeja de prata, atravessava a rua e vinha servi-los na areia.

Às vezes, almoçava-se na própria barraca, como na ocasião em que Luiz Jatobá lhes ofereceu um frango ao molho pardo com angu e couve — sem farofa, por causa do vento — e cerveja Teutonia.

A praia não se prestava somente a patuscadas. Em 1951, eles foram os primeiros a escutar um samba-canção que Caymmi e Carlinhos Guinle tinham acabado de fazer, e Caymmi lhes cantou ali — "*Depois de trabalhar toda a semana/ Meu sábado não vou desperdiçar/ Já fiz o meu programa para esta noite/ E já sei por onde começar// Um bom lugar para encontrar — Copacabana/ Pra passear à beira-mar — Copacabana/ Depois um bar, à meia-luz — Copacabana/ Eu esperei por esta noite toda a semana...*". Um mês depois, gravado por Lucio Alves na Continental, "Sábado em Copacabana" entraria direto nas paradas. Embora o cenário a que se referia a letra fosse uma Copacabana noturna, esse era um dos poucos sambas-canção ao ar livre e com uma perspectiva otimista — influência, talvez, de Carlinhos Guinle, a quem a vida sorria desde que ele nascera.

Os irmãos Guinle, Carlos Eduardo e Jorge Eduardo — ou, para o mundo, Carlinhos e Jorginho —, moravam no mesmo e luxuoso edifício construído por seu pai, à Praia do Flamengo, 284, cada qual ocupando um andar de setecentos metros quadrados. Eram apartamentos que deixavam estupefatos os artistas americanos de visita, pela altura do pé-direito com madeira até o teto, as tapeçarias francesas do século XVII, a *féerie* de mármores, bronzes e cristais e, no caso de Jorginho, a biblioteca, belíssima — dizia-se leitor de Hegel, Kant, Leibniz e Heidegger. Mas seu orgulho era a coleção de jazz que, mesmo nos Estados Unidos, poucos poderiam igualar: paredes de discos em 78 rpm, incluindo dezenas de King Olivers, Armstrongs e Jelly Roll Mortons em edições originais. Começara sua coleção em Paris, em 1927, aos doze anos de idade — e o próprio jazz não tinha muito mais do que isso —, e nunca quebrara um disco.

Carlinhos e Jorginho tinham também muitos amigos em comum. Se coincidisse que suas mulheres dessem jantares na mesma noite, os convidados de uma dariam uma passadinha no jantar da outra. Mas rápida e discreta, por causa da rivalidade assassina, não entre os irmãos, que se amavam, mas entre elas — as esposas.

Jorginho se casara primeiro, em 1945, quando ainda morava em Los Angeles, com Dolores Sherwood — 23 anos, cabelos dourados, olhos verdes e uma beleza ao estilo de Arlene Dahl, uma das mulheres mais deslumbrantes e chiques de Hollywood no pós-guerra. Era muito alta e de porte imperial, este herdado, quem sabe, de sua breve carreira como modelo nos ateliês de alta-costura na Park Avenue, em Nova York. Seus padrinhos de casamento tinham sido o poeta Raul Bopp, autor do clássico poema modernista *Cobra Norato* e cônsul do Brasil em Los Angeles, e Errol Flynn, astro ainda disputado nos álbuns de figurinhas, mas já uma sombra do galã de filmes como *Capitão Blood* e *As aventuras de Robin Hood*. Jorginho e Dolores tinham vindo para o Rio em 1947, e, com sua beleza e elegância, ela assumira com naturalidade um dos tronos da sociedade carioca. Aprendeu português, entrosou-se rapidamente com os nativos e encantava pelas maneiras, embora se notassem traços de uma mulher dura e inflexível, que contrastava com a bonomia e doçura de seu marido. Tinha-se a impressão de que ela exercia certa supremacia em relação a ele, talvez pela diferença de altura, de quase vinte centímetros a favor de Dolores — atenuada pelos sapatos altos (por fora e por dentro) que Jorginho mandava fazer na Casa Moreira, na travessa do Ouvidor e que reduziam a diferença em dez centímetros, mas não evitava que alguns o chamassem de "milionário de bolso".

Dolores tinha a pele muito branca. Não tomava sol — acordava às três da tarde — e nunca era vista na praia. Em compensação, sua entrada em qualquer ambiente paralisava os presentes. Vestia-se por Paris, exceto quando Mena Fiala, da Casa Canadá, mandava modelos e manequins à sua casa, para desfilar para ela. Era também uma chefe de fila nas atividades filantrópicas a que certas damas da sociedade se dedicavam, para preencher alguns dias da semana. Tudo ia muito bem para Dolores até que, em 1951, seu cunhado Carlinhos voltou casado da Europa, também com uma estrangeira — e também campeã da elegância: a morena Irene Arbib, 38 anos (talvez mais), uma egípcia educada em Londres.

O Rio deveria ser grande o suficiente para comportar Dolores Guinle e Irene Guinle, como elas faziam questão de ser chamadas. Mas nem Paris nem Nova York acomodaria aqueles dois egos. As duas passaram a disputar a liderança social da cidade e logo se estabeleceram as hostilidades. Irene, que falava cinco línguas, num instante acrescentou à lista

MADRUGADA, TRÊS E CINCO

QUATRO ASES

Grande Otelo, Linda Baptista,
Herivelto Martins e (ao piano) Ary Barroso,
fabricando lindos amores fracassados

"TRUSTS" NAS FEIRAS LIVRES
Pagina 12

SERÁ REPRIMIDO O COMUNISMO
PAGINA 3

ARTIGO ESPECIAL DE HAROLD ICKES
Pagina 7

A CBD APOIA O FLUMINENSE
PAGINA 9

Edição de Hoje: 12 PAGINAS 40 Centavos

Diario Carioca

Quarta-feira 1 DE MAIO DE 1946

Fundador: J. E. DE MACEDO SOARES

Diretor: HORACIO DE CARVALHO JUNIOR

ANO XIX — RIO DE JANEIRO

EXTINTAS TODAS AS MODALIDADES DE JOGOS DE AZAR EM TODO O TERRITORIO NACIONAL

A EXTINÇÃO DO JOGO

J. E. DE MACEDO SOARES

Em Cassinos ou em Casas Particulares

Agit Comunistas Para Hoje

O "Plano Prestes" Que a Policia Impediu a Tempo — Declarações do Chefe de Policia

O MUNDO

Tratado de Aliança Entre os 4 Grandes para Garantir a Paz

Proposta Americana Na Conferencia de Paris — Molotov Quer Porém Concessões — Os Assuntos Debatidos Ontem

"SÃO PAULO" Companhia Nacional de Seguros de Vida

PROCALMA

DIARIO CARIOCA

Reuniu-se o Ministerio

ADQUIRA SUA LOJA no Ed. DARKE

APOSTAS ENCERRADAS

Em 1946, Dutra fecha os cassinos. A noite se adapta e surgem as boates, mais chiques, intimistas e musicais

DIARIO CARIOCA
Rio de Janeiro, Quinta-Feira, 25 de Março de 1948

A SOCIEDADE

PRESTANDO INFORMAÇÕES

Jacinto de Thormes

Anteontem, no Hotel "Vogue", o senhor e a senhora Carlos Guinle Filho estavam muito elegantemente (vestido de noite e smocking) jantando sozinhos. Caviar e champagne para dois. Dançaram umas seis vezes, conversaram muito animadamente, receberam alguns amigos na mesa, e depois partiram suavemente.

* * *

A senhora Ilona Massey declarou que o Rio de Janeiro possui (no presente) os mais bonitos Cassinos do mundo. "A Urca, onde fiz varios "shows", é o mais sensacional de todos, sendo que o Copacabana é o mais aristocratico".

Ontem á tarde escrevi uma carta anonima á bonita atriz, prevenindo que o jogo acabou, mas que o sr. Rollas manda agradecer pela lembrança.

* * *

DEPOIS EU CONTO

Jacinto de Thormes torna-se o suave ditador da elegância em sua coluna no *Diário Carioca*

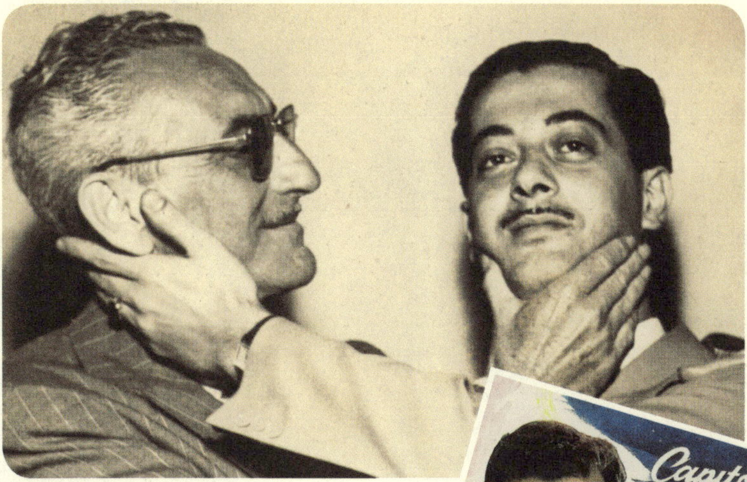

ADMIRAÇÃO MÚTUA

Ary Barroso (à esq.) via em Lucio Alves
um dos maiores cantores
de sua geração — e com razão

VOZ DO SAMBA-CANÇÃO

Disco, filme, boate — tudo que contivesse
Dick Farney era sucesso

FORA
DAS QUATRO
PAREDES

Imprensa explorou
o drama particular
de Dalva de Oliveira
muito depois que ele
já se esgotara

EM CARTAZ

De repente, um
novo universo de atrações
na noite carioca nos
classificados dos jornais

PIANO-COQUETEL

Mesmo a pista do Golden Room podia ser pequena em certas noites. À dir., de terno escuro, Sergio Porto

CASAL PERFEITO

Dolores e Jorginho Guinle comandavam a noite. Não se sabia de onde Dolores viera, mas ela logo se impôs por sua beleza e liderança

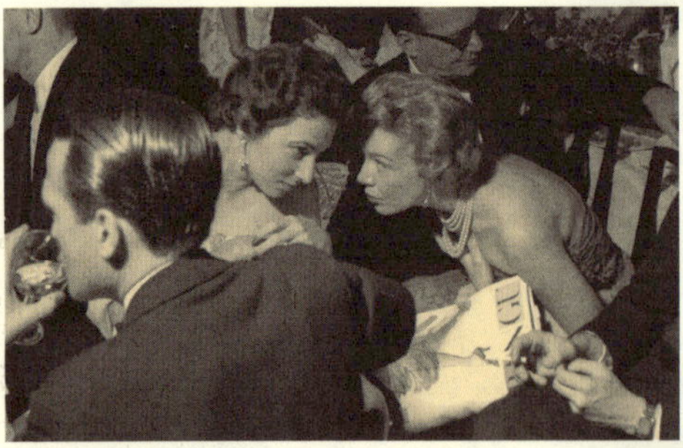

SAVOIR-FAIRE

Tereza Souza Campos (à esq.) e Lourdes Catão eram conhecidas e admiradas em todo o Brasil. Seus nomes representavam a elegância do Rio

ONDE TUDO SE SABIA

O Vogue do barão Max von Stuckart (em pé) se tornou o maior endereço da República depois do Catete

DÓ-RÉ-MI

Os fãs de Doris Monteiro não sabiam quem mais admirar: a cantora ou a mulher

DE MAIS NINGUÉM

Caymmi e seu violão todo assinado. Mas a música que saía dele dispensava assinatura

RAIO X DA ALMA

Lupicinio Rodrigues dizia ter vivido todas as letras de suas músicas. Não precisava. Bastou tê-las escrito

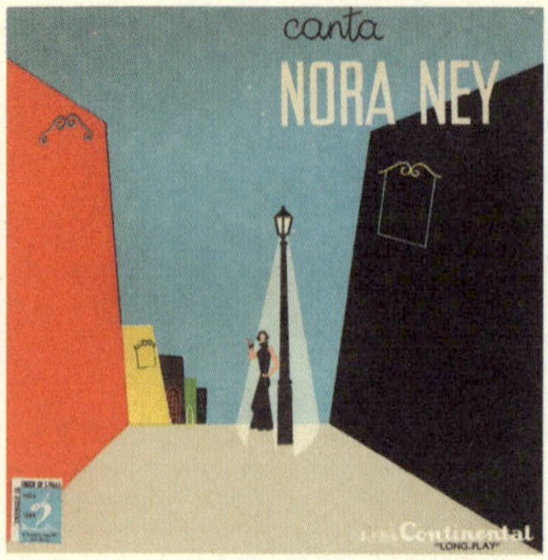

INQUEBRÁVEIS

Entre 1952 e 1957, os LPs de dez polegadas, com quatro faixas em cada lado, foram o território do samba-canção

BELEZAS EM REVISTA

Mary Gonçalves (à esq.) era uma boa novidade como cantora. Mas nada superou o casamento de Doris Monteiro (abaixo)

MÓVEIS AFASTADOS

Quem não podia ir às boates comprava os discos com seus artistas e dançava em casa mesmo

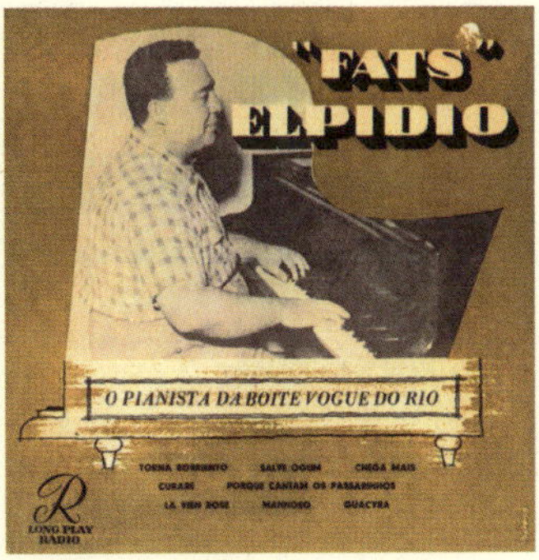

NOSSA CAPA

Danuza Leão, Dulce Bressane e Dolores Guinle (ao lado, pela ordem) foram capas de revista em tempos conturbados

A NOITE DO RIO – 1946-1965

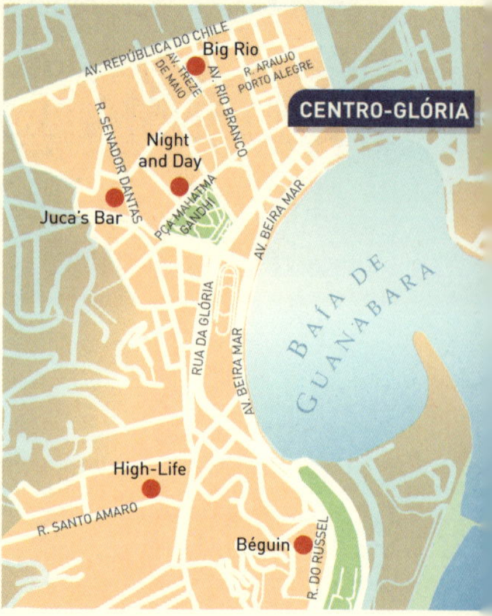

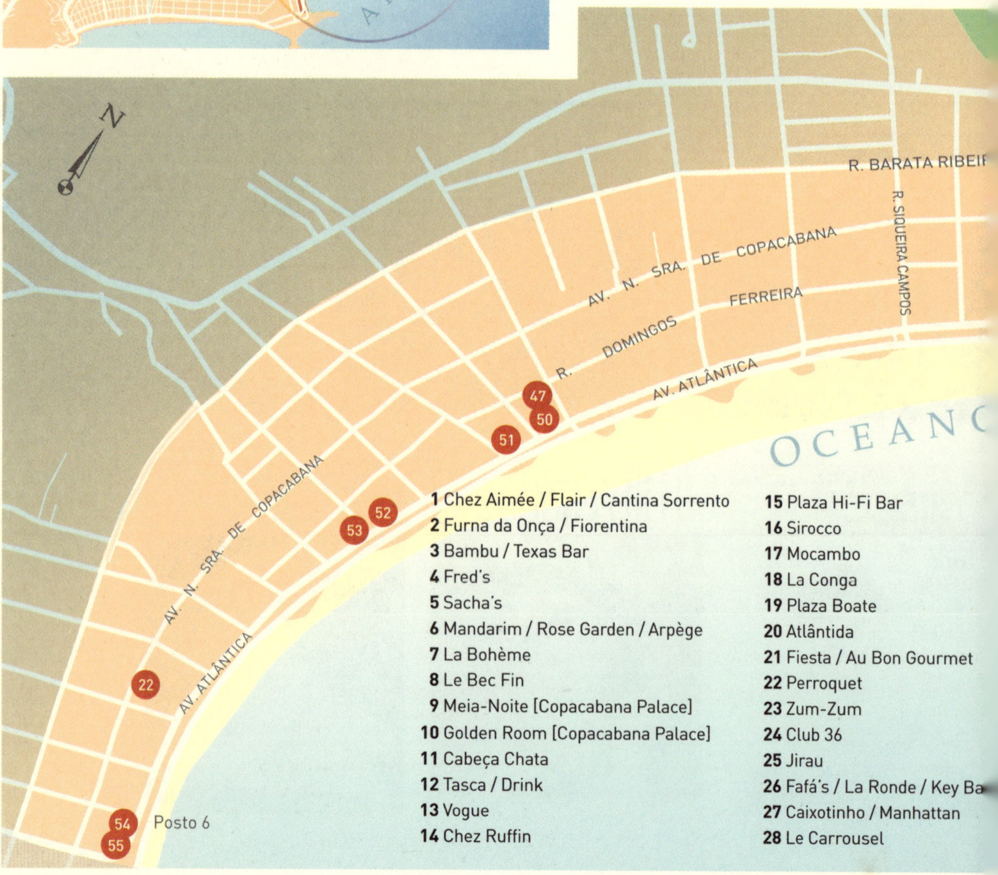

ominó
hez Penny / Mei-ling
ilt Club
op Club [Praça do Lido]
onto Elegante [Praça do Lido] [ao lado do Top Club]
capulco [Praça do Lido]
toile [Praça do Lido][ao lado do Acapulco]
igalle
hez Colbert / Little Club
lub de Paris / Ma Griffe
accara
scondidinho / Bottles Bar
antina do Cesar / Ciro's
e Bistrot

43 Michel
44 Cangaceiro
45 Scotch Bar
46 Le Rond Point
47 Tudo Azul
48 Studium [Hotel Excelsior]
49 Maxim's
50 La Crémaillère / Moulin Rouge
51 L'Escale / Farolito
52 Posto 5
53 French Can-Can [ao lado do Posto 5]
54 Ranchinho do Alvarenga / Stud do Theo / Ranchinho do Posto 6
55 Rose Marie / Embassy / Clube da Chave

REI DA NOITE

As estrelas de Carlos Machado cantavam com as pernas — daí, grande música no Casablanca, Monte Carlo, Night and Day e Fred's

PERSONALÍSSIMA

Quando se tratava de Isaurinha Garcia, a mensagem era ela, não importava o que cantasse

OTI

ela Maria (à esq.)
ou três anos para se
nar a estrela do Brasil
noite para o dia

MENINO GRANDE

Antonio Maria (à esq., com Millôr Fernandes) estava longe de ser o homem triste e solitário que fez coisas como "Ninguém me ama"

HOMEM DO CACHIMBO

Jacinto de Thormes (com Tereza Souza Campos, à dir.) fazia parte do café-society, mas não o levava a sério. Esse era o seu charme

KAR OU SHANGAY

Para Ibrahim Sued (de frente), o society era uma questão de vida ou morte. Sujeitou-se a humilhações antes de vencer

CUIDADO COM ELE

Luiz, maître do Vogue e, depois, do Sacha's: sabia tudo sobre todo mundo. Principalmente onde e com quem estava o dinheiro

PIANO E CANDELABRO

Sacha consagrou o Vogue e o abandonou para abrir o Sacha's. Embalou o Rio ao ritmo de milhares de uísques e cigarros

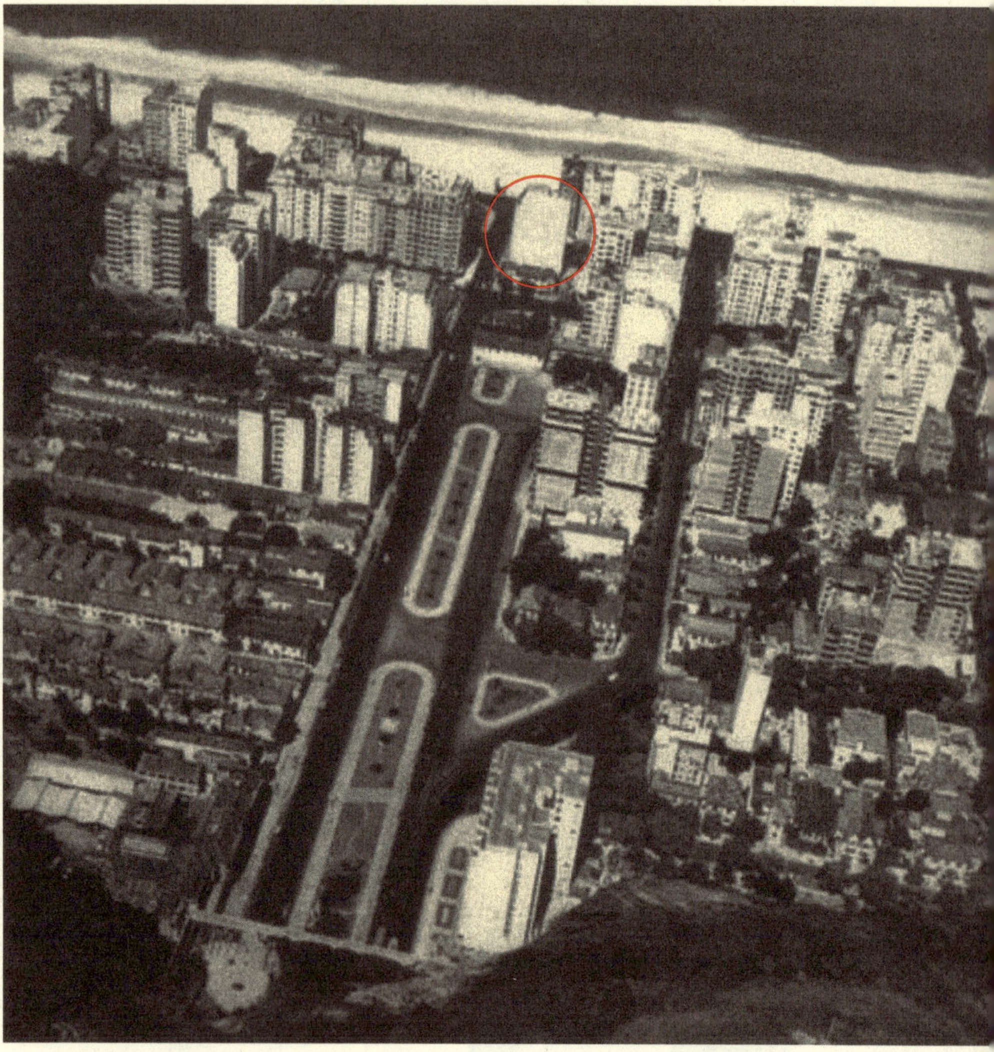

RETRATO DO BRASIL

O Vogue (quase na praia, de frente para a avenida) era o Brasil do glamour, da música, do society e das informações quentes, que rendiam grandes negócios

FIM DE UMA ÉPOCA

Uma faísca num fim de tarde de domingo destruiu o Vogue e comoveu o país com os hóspedes de seu hotel, que se jogaram para fugir às chamas

TERROR E MORTE NO EDIFÍCIO EM CHAMAS

Fotos de ÚLTIMA HORA

● NO MEIO DE TÔDA a grande desgraça, a tragédia do jovem cantor norte-americano Warren Hayes, que, terminada a sua série de audições na própria «boite» Vogue embarcaria no dia seguinte para os Estados Unidos, avulta extraordinàriamente. Por mais de uma hora, pendurado pràticamente de uma janela sôbre o espaço, vendo se se furtava assim ao intenso calor e à fumaça que o ameaçavam a cada instante, Warren clamou desesperadamente por socorro. Do sétimo andar, até onde chegavam, através da Magyrus, os bombeiros com suas mangueiras, os jatos d'água se projetavam sôbre as chamas. Houve um momento em que o artista, atingido por um dêsses fortes jatos, desfaleceu, assim ficando cêrca de dez minutos. Ao recobrar os sentidos, a despeito dos gritos da multidão, ràpidamente galgando o parapeito, atirou-se ao ar. Seus dedos ainda tentaram, num último esfôrço, atracar-se à extremidade da grande escada. Um baque surdo, segundos depois, atestava a inutilidade da tentativa: no chão, ainda com vida, jazia o corpo do malogrado cantor que, levado para um hospital, logo viria a falecer. Quem responderá por essa morte?

IMPREVIDÊNCIA

Na *Revista da Semana*, o cantor americano que se atira para a morte. A escada dos bombeiros não chegava aos andares onde estavam as pessoas o português — que aprendeu a falar com perfeição — e criticava o português "com sotaque do Brooklyn" de Dolores. Brooklyn este em que, segundo Irene, Dolores tinha sido manicure, e jamais modelo na Park Avenue — tudo isso para revelar a origem "suburbana" da rival. Dolores, por seu turno, chamava Irene de "Cleópatra dos pobres" e espalhou a história de Irene ter sido uma das mulheres que formavam o harém do rei Farouk, o qual se alimentava de pó de chifre de rinoceronte, ostras, ovos e pombos para ele dar conta delas — harém que nunca existiu.

Os demais Guinle, em sua maioria católicos e conservadores, ficaram ao lado de Dolores. Não por gostarem dela, mas por a conhecerem há mais tempo. Já a sociedade carioca acolheu as duas e nunca tomou partido. Talvez por achar que as acusações que ambas se faziam fossem verdadeiras.

A rua do Propósito, na Gamboa, zona portuária do Rio, nunca foi das mais extensas. Nela nasceram, a poucos metros um do outro, dois extraordinários artistas criadores. O primeiro, em novembro de 1831, foi Manuel Antonio de Almeida, que escreveu para o jornal *Correio Mercantil* o romance *Memórias de um sargento de milícias* aos vinte anos e morreu aos trinta. Cem anos depois — mais exatamente, 99 anos e meio —, em junho de 1930, a poucos metros, nasceu Dolores Duran.

Os que ouviam Dolores cantar nas boates em que faria carreira nos anos 50 — Vogue, Acapulco, Béguin, Monte Carlo, Casablanca, Meia-Noite, Baccara, Little Club, muitas mais, e, em São Paulo, no Michel — não podiam acreditar que sua vida estudantil se limitara aos quatro anos do curso primário num colégio do Méier. Mas os que privavam com ela sabiam que, desde quando ainda se chamava Adilea Silva da Rocha, a falta de um banco de escola seria um mero detalhe em sua biografia. Com seu interesse pela leitura e facilidade para línguas, Adilea chegaria aonde quisesse e na profissão que escolhesse. A qual, por acaso, era a música — que, para ela, não tinha fronteiras. Cantava em inglês, francês, espanhol, italiano (incluindo o dialeto veneziano), alemão e até esperanto. E, em todas elas, com uma propriedade de quem sabia o que aqueles versos significavam.

Dos programas de Ary Barroso aos de Renato Murce, no começo dos anos 40, a adolescente Adilea fez todo o circuito de calouros no Rio, até chegar ao radioteatro da *Hora do Guri*, de Silvia Autuori, na Rádio Tupi — e que melhor escola de interpretação para uma cantora do que o radioteatro? Depois, vieram as peças para crianças, produzidas por Olavo de Barros e encenadas nos teatros dos adultos, como os históricos República, na avenida Gomes Freire, em frente ao *Correio da Manhã*, e o Carlos Gomes, na praça Tiradentes. Essas peças incluíam canções escritas especialmente para o espetáculo, e seu diretor musical era, às vezes, Custodio Mesquita — o que equivalia a um escolar de calça furada e dedo no nariz ter aulas particulares de canto orfeônico com Villa-Lobos. Esses espetáculos permitiram a Adilea exercitar sua potência de voz porque, neles, se cantava sem microfone. Como era possível ter tanta sorte?

E esta parecia nunca terminar. Por sua frequente participação nos chás dançantes do Fluminense, onde era acompanhada pelo conjunto do maestro Lindolpho Gaya, Adilea começou a ser convidada para cantar em algumas das reuniões sociais mais sofisticadas do Rio. Entre elas, as de Heloisa e Lauro Paes de Andrade, ele, engenheiro, por cuja cobertura na rua Miguel Lemos, em Copacabana, passavam os amigos do casal, como Radamés Gnattali, o violonista Garoto e os jovens compositores Klecius Caldas e Armando Cavalcanti. Era para eles que, ainda adolescente, Adilea se apresentava. Outros que praticamente a adotaram foram Helenita e Raul Azevedo, ele também engenheiro. Moravam num belo apartamento no Morro da Viúva, no Flamengo, frequentado por um estudante de arquitetura vindo de Belém do Pará, com estágio em São Paulo, chamado William Blanco, aliás, Billy.

O futuro de Billy Blanco seria a régua T, mas, sempre que podia, ele a trocava pelo violão — tanto que, para defender alguns trocados, montara um conjunto de baile para domingueiras em clubes com um pianista também iniciante, Luiz Reis, que alguns já chamavam de "Cabeleira". Billy e Adilea ficaram amigos e ensaiaram um namoro — talvez o primeiro dela para valer.

Em meados de 1949, com todos esses contatos, era inevitável que Adilea fosse contratada por uma rádio, no caso, a Rádio Clube do Brasil.

E o resto, você já sabe: um político, Alencastro Guimarães, ouviu-a no rádio e gostou; indicou-a para crooner do Vogue e, em seguida, para a Rádio Nacional. Às vésperas de começar no Vogue, Adilea cantou alguns boleros (em espanhol, naturalmente) no apartamento de Lauro Paes de Andrade. No embalo do momento, Lauro sugeriu-lhe adotar o nome de Dolores Duran. O que foi ótimo — mas imagine se, naquela noite, Adilea estivesse cantando música japonesa? Como iria se chamar?

No Vogue, como a mais verde das principiantes, Dolores passou a abrir os trabalhos da boate às dezenove horas, acompanhada pelo conjunto do violonista Bola Sete. Fazia dois turnos de meia hora, revezando com uma francesa, Renée Lamy. Para as cantoras que quisessem se fazer ouvir, aquele era o melhor horário, porque o nível alcoólico da plateia ainda estava baixo. Pena que isso durasse pouco — quatro doses já eram suficientes para diminuir certas inibições e fazer com que as pessoas passassem a falar mais alto. A partir de certa hora, e como os clientes não começavam a beber ao mesmo tempo, havia sempre alguém chegando à quarta dose. Os políticos, habituados aos embates na Câmara ou no Senado, eram os piores — falavam aos berros e não gostavam de apartes ou psius. Outros figurões costumavam ser chamados ao telefone do balcão, ou o aparelho lhes era levado à mesa, e tinham de gritar para suplantar o burburinho. À cantora só restava sorrir e cantar para quem estivesse prestando mais atenção.

Tudo isso fazia parte da etiqueta da crooner, que Dolores teve de aprender sozinha, porque não havia quem a ensinasse. O intimismo das boates estimulava também a que um cliente pudesse não só pedir-lhe esta ou aquela música, mas puxar um assunto entre uma música e outra. Cabia a ela decidir até que ponto devia dar essa liberdade. Clientes habituados a mandar pelo garçom um cartão ou bilhetinho com um número de telefone não podiam se ofender se ela não aceitasse seus convites para sair depois do trabalho. Afinal, estava ali para cantar, não necessariamente para namorar. Uma boa desculpa era a amiga com quem se dividia o apartamento — bastava dizer que a colega era protestante ou estava com caxumba, e por isso ela tinha de chegar mais cedo em casa, para ajudá-la. A colega de apartamento era quase sempre real. Se quisesse morar perto das boates, no Leme ou em Copacabana, uma cantora precisaria achar alguém com quem rachar o aluguel. O ideal era que ambas fossem cantoras, para não haver desencontro de horários.

Assim que começou no Vogue, Dolores foi morar com a também principiante Julie Joy num apartamento no Leme. Julie chamava-se, na verdade, Beatriz. Como gostasse de cantar músicas americanas, adotara aquele pseudônimo — e também porque seus parentes (ricos, finos, donos de metade de Teresópolis) não aprovavam que, como cantora, ela usasse o nome da família: Silva Araújo. Seu avô, o dr. Luiz Eduardo da Silva Araújo, fora o criador do Vinho Reconstituinte Silva Araújo, com que lançara, em 1888, a indústria farmacêutica no Brasil. Daí, Julie Joy — que soava um pouco como Doris Day, a maior revelação da música americana em muitos anos. Ao contrário de Marlene, que só admitia se vestir nas grandes confecções, era a prendada Dolores quem costurava seus próprios vestidos e os da colega, os quais serviam a ambas. Mas Julie Joy nunca levaria a carreira muito a sério. De vez em quanto retirava-se de cena e ficava anos sem aparecer. Se alguém lhe dissesse que, em 1958, ela seria eleita Rainha do Rádio — e sem fazer nada por isso —, não acreditaria. Mas foi o que aconteceu.

Assim, por algum tempo, em 1949, Dolores e Julie tiveram uma à outra para se livrarem dos fãs mais inconvenientes. Na verdade, esse problema raramente se apresentou porque, já então, os clientes tinham começado a perceber uma importante diferença. Havia as boates — lugares pretensiosos e caros, onde se ouvia música, bebia, comia, flertava e dançava, nem sempre nessa ordem — e havia os "inferninhos".

Estes, sim, eram lugares para um homem ir sozinho e sair acompanhado. A frequência feminina era abundante e maciçamente profissional. Os "inferninhos" estavam surgindo em série na confluência da avenida Prado Junior com a rua Ministro Viveiros de Castro, atrás do Vogue, e cabiam em qualquer espaço. Uma loja desocupada, um porão vazio e até uma garagem sem movimento num prédio comercial, tudo podia se converter num deles. Para conservar uma fachada de boate e não ser arrolados como simples pontos de prostituição, muitos "inferninhos" tinham um piano de armário, a cargo de um veterano no ocaso da carreira ou de um principiante a fim de alguns trocados, podendo tocar o que quisesse. Num desses lugares, na Viveiros de Castro, em 1951, o pianista era um rapaz que acabara de abandonar a batina e deixar o seminário, onde aprendera órgão e o repertório sacro. Mas, ali, naquele emprego em que ficou por alguns meses, não teve ocasião de tocar a "Ave-Maria" de Gounod. Limitou-se a canções de filmes americanos, como "Hindustan", "Alone" e "As time goes by", o sucesso de Elizeth Cardoso, "Canção de amor", e outras que tais. Tratava-se do futuro jornalista e escritor Carlos Heitor Cony.

Em setembro de 1950, depois de cinco anos servindo no consulado brasileiro em Los Angeles, o poeta e diplomata Vinicius de Moraes estava de volta ao Rio. O Itamaraty não tinha um posto imediato para lhe oferecer, donde Vinicius ficou por aqui, lotado na Chancelaria, com tempo para explorar uma cidade que ele mal conseguia reconhecer. As noites de sua turma não se limitavam mais aos saraus em casas de amigos, para cantar e tocar violão ou discutir a superioridade do cinema mudo sobre o falado, como acontecia quando ele fora embora. Agora havia o Vogue e outras boates, e uma infinidade de novos restaurantes e pianos-bar, todos com música ao vivo, e uma safra de mulheres jovens e lindas pelas quais era possível apaixonar-se a vista ou a prazo.

É verdade que, logo da sua chegada, correu a informação de que, valendo-se de facilidades diplomáticas, Vinicius trouxera com ele 36 caixas — 432 garrafas! — do uísque escocês Vat 69. A informação era verdadeira, e Caymmi e Antonio Maria foram dois novos e legítimos amigos que Vinicius conquistou e passou a ver todos os dias. Mas surgiram também dezenas de outros — vagos amigos perdidos desde a infância, conhecidos de passagem e até francamente desconhecidos — que logo se tornaram seus íntimos e não saíam de sua casa, na rua General San Martin, no Leblon, bebendo como se aquelas fossem as últimas reservas de *scotch* no mundo. Stuckart e outros donos de boates chegaram a sentir queda em seu movimento. O estoque de Vinicius lutou pela vida enquanto pôde. Dois meses depois, zerado o suprimento, todos voltaram para a rua, inclusive Vinicius.

Foi quando ele afinal conheceu o Posto 5, na avenida Atlântica, e os vizinhos deste, o French Can-Can e o L'Escale, além do Maxim's, também na praia, e o elegante Bec Fin, na avenida Nossa Senhora de Copacabana, e sentiu-se em casa em todos eles. Mas, para Vinicius, nenhuma dessas casas foi tão importante em sua vida quanto o Tudo Azul, na rua Domingos Ferreira, atrás do Cine Rian. Foi lá que ele se juntou a uma mesa em que Rubem Braga estava com Danuza Leão e uma amiga desta, escandalosamente bonita, e Rubem fez a famosa apresentação: "Lila, este é Vinicius de Moraes. Vinicius, esta é Lila Bôscoli. E seja o que Deus quiser".

Lila, dezenove anos, pele clara, cabelos pretos, uma boca de beijos e certo diabolismo no olhar, vinha de uma longa linhagem de gente do teatro, da música popular e da noite carioca. Entre outros parentes, era sobrinha-bisneta de Chiquinha Gonzaga, prima do ator Jardel Filho e filha de Angela Luiza, que todos chamavam de Biu, lendária boêmia de Copacabana e com uma capacidade alcoólica ainda maior que a de Vinicius (o irmão de Lila, Ronaldo Bôscoli, ainda não era conhecido). Rubem Braga parecia estar adivinhando o desfecho de sua apresentação porque Vinicius, indiferente ao fato de, aos 38 anos, ter o dobro da idade de Lila, se apaixonou por ela antes de o sol raiar. Dias depois, separou-se de Tati, sua mulher desde 1940 e mãe de seus filhos Suzana e Pedro, e transferiu sua escova de dentes para um quarto e sala na rua Francisco Otaviano, entre Copacabana e Ipanema, onde foi morar com Lila. Mas, rapidamente, a jurisdição de Vinicius cobriria toda a orla.

Como sempre, a maior concentração de novos endereços estava na fronteira entre o Leme e Copacabana. Somente na avenida Prado Junior, em meio à profusão de "inferninhos", surgiram o La Conga, o Mocambo e, mais importante, o Sirocco, cujo uísque, segundo Fernando Lobo, era tão honesto que o proprietário ameaçava bebê-lo todo e não deixar nem um choro para os clientes. Foi ao piano do Sirocco que, no começo de 1952, Ary Barroso teve a ideia para "Risque", quase uma suma do samba-canção — *"Risque/ Meu nome do seu caderno/ Pois não suporto o inferno/ Do nosso amor fracassado// Deixe/ Que eu siga novos caminhos/ Em busca de outros carinhos/ Matemos nosso passado..."* —, com a insuperável estrofe final *"Creia/ Toda quimera se esfuma/ Como a beleza da es-*

puma/ Que se desmancha na areia". Corria pela noite que, com "Risque", Ary estava se despedindo da morena baiana Guiomar Batista, 21 anos, que cantava ocasionalmente em seu programa de calouros na Rádio Tupi. Mas não era bem assim. Não havia nenhuma despedida a fazer, nem passado a matar, exceto na imaginação de Ary; se alguém tinha de riscar um nome do caderno era ele, e Guiomar nem hesitaria em deixá-lo seguir "novos caminhos" — porque estava apaixonada por Didi, meia-direita do Fluminense, no que era febrilmente correspondida, e com quem logo se casaria.

Foi numa ida ao Sirocco com Ary e Antonio Maria, um ano depois, que Dorival Caymmi deixou seu violão Di Giorgio no carro de Maria, estacionado defronte à boate — se entrasse com ele, acabaria sendo obrigado a tocar. Horas depois, ao voltar para o carro, descobriram que o violão fora roubado. E não era um violão qualquer: continha no tampo quase cem assinaturas que Caymmi levara anos recolhendo, de artistas internacionais como Aaron Copland, Tito Schipa, Jean Sablon, Yves Montand, Simone Signoret, Pablo Neruda, Jean-Louis Barrault, Katherine Dunham, e de tantos amigos brasileiros, como Evaldo Ruy, Garoto, Monteiro Lobato, Millôr Fernandes, Rubem Braga, Noel Nutels, Portinari, Di Cavalcanti, Flavio de Carvalho, o presidente Dutra e muitos mais. Caymmi ficou inconsolável — apelou pelo rádio e jornais para que lhe devolvessem o violão e prometeu bom dinheiro pelo resgate. Dias depois, alguém de Caxias (RJ) telefonou para a Rádio Tupi dizendo ter comprado o instrumento e querer devolvê-lo, desde que fosse ressarcido. Caymmi foi correndo, pagou-lhe os 300 ou 400 cruzeiros que ele gastara e recuperou seu violão — para descobrir que as assinaturas tinham sido raspadas! Como alguém poderia ser tão insensível a ponto de fazer isso? Só podia ser um amador — um profissional reconheceria o valor daquelas assinaturas. (Nos anos seguintes, ele conseguiria que muitos assinassem de novo; mas nem todas puderam ser recuperadas e, a partir daí, Caymmi nunca mais deixou o violão dentro de um carro na rua.)

Pela qualidade dos signatários do violão de Caymmi, vê-se que era um homem especial. À sua mesa no Club 36, ele podia falar de jazz (sabia de cor arranjos inteiros de Jimmie Lunceford, Benny Goodman e Woody Hermanm e os nomes dos músicos e arranjadores de cada orquestra), literatura (era leitor de Baudelaire e Drummond, Zé Lins e Graciliano), pintura (fã de Cézane e Modigliani — aliás, ele também pintava) e muitas outras disciplinas. Caymmi era dono também de um grande charme, sabia disso e o despejava sobre as mulheres que o encantassem. A noite era o seu território, e Copacabana, sua província.

Duas novidades na região da praça do Lido foram o Étoile, uma boate de classe, e o Acapulco, que começou tentando concorrer com os shows de pernas e plumas do Night and Day e do Monte Carlo — sem sucesso, porque não tinha um Carlos Machado à frente do seu pessoal. Mas o Acapulco se corrigiu e acertou em cheio ao acolher o show *Café concerto*, de Cesar Ladeira e Renata Fronzi, solto na praça com o fechamento do Casablanca. Era um espetáculo de variedades, composto de música e esquetes que se renovavam mensalmente. No fundo, o mesmo e velho teatro de revista, só que adaptado para uma boate — uma revista de bolso —, para ser assistido de uma mesa, com uma garrafa de uísque em cima, e não de uma poltrona de teatro. A primeira revelação do *Café concerto* no Acapulco foi Anilza Leoni, que, aos dezessete anos e às escondidas da mãe, se revelou uma formidável promessa de vedete — até que sua mãe descobriu, invadiu o palco do Acapulco e levou-a embora pela orelha. Depois, mais calma e conversada pelos respeitáveis Cesar e Renata, concordou com a contratação da filha.

A grande façanha do Acapulco, no entanto, foi roubar Dolores Duran do Vogue e promovê-la de simples crooner a atração. Um diretor da Star, gravadorazinha que se lançava no mercado, ouviu-a na boate e abriu-lhe as portas da indústria fonográfica. E Dolores, logo em seu segundo 78, gravou "Outono", de Billy Blanco, e "Um amor assim", de Dora Lopes, ambos sambas-canção, com o que Billy e Dora começaram a deslanchar como compositores. Nessa mesma época, fins de 1951, a namoradeira Dolores conheceu um rapaz alto e talentoso por quem se apaixonou e com quem pensou seriamente em casamento: o acordeonista João Donato. O problema era a idade. Não a dela, 21 anos, mas a dele — dezessete. Os dois pensavam até em fugir para um lugar bem remoto, talvez em São Paulo, onde ninguém os encontraria. Mas como fariam para se manter? Então, numa última centelha de razão, acharam mais prudente terminar e continuar apenas amigos.

Ao lado do Vogue, na avenida Princesa Isabel, o ex-chef do Copacabana Palace Paul Ruffin abriu o seu Chez Ruffin. O qual já nasceu como um dos melhores endereços do Rio para comer e dançar, mas com um senão: por não ter gerador próprio, sofria com as intermitentes faltas de energia na cidade. Seus clientes, que incluíam políticos, embaixadores e magnatas, não se importavam de jantar à luz de velas, mas, dependendo do apagão, as geladeiras tinham de ser esvaziadas e os ingredientes postos a salvo em algum lugar. O prestígio de Ruffin era tal que isso não perturbava a clientela — principalmente porque ela não sabia que o *vol-au-vent* que acabara de aterrissar em sua mesa podia ter decolado, minutos antes, de uma geladeira a quinhentos metros dali e feito alegremente de triciclo o percurso até o seu prato.

O ponto no Leme onde ficava o pioneiro Chez Aimée e, depois, o Flair, encerrou de vez sua encarnação como boate e transformou-se na Cantina Sorrento, que teria uma longa vida na avenida Atlântica. E, a alguns quarteirões, nasceu o Bambu, que, no futuro, se converteria no Texas Bar. Mas a principal casa naquela fornada de boates foi a que se estabeleceu na rua Duvivier, entre Nossa Senhora de Copacabana e Viveiros de Castro: a Cantina do Cesar. Por Cesar, leia-se Cesar de Alencar, o animador de auditório da Rádio Nacional e cujo *Programa Cesar de Alencar* acabara de gerar o epíteto inventado pelo compositor e também cronista da madrugada Nestor de Holanda: "macacas de auditório". O qual, segundo o socialista Nestor, não se referia à cor das fãs, mas à histeria delas, brancas ou negras, diante de seus ídolos, e que lhe soava como o alarido dos bandos de macacos que via nos filmes de Tarzan. Em defesa de seu auditório, Cesar de Alencar agrediu fisicamente Nestor de Holanda, que não se retratou, e a expressão pegou de vez. Seja como for, a boate do popularesco Cesar não se parecia nem um pouco com seu programa na rádio. Ao contrário, era o território do jazz e do samba-canção.

A cantina propriamente dita já existia, sem música e com outro nome. O radialista comprou-a em sociedade com André Batista Vieira, o Coringa do conjunto vocal Quatro Ases e um Coringa, e transformou-a na Cantina do Cesar. Seu horário de funcionamento ia das dez da noite ao meio-dia do dia seguinte — o que garantia pelo menos o café da manhã aos notívagos — e os garçons eram imigrantes tchecos recém-chegados ao Rio. Seu primeiro pianista foi José Ribamar, convertido ao instrumento depois de anos ao acordeom. Mas Cesar precisava de um segundo pianista, para revezar com Ribamar, e ocorreu-lhe promover um concurso em seu programa para escolhê-lo. O concurso aconteceu, mas nenhum dos candidatos lhe agradou. Então, seus colegas na emissora Dick Farney e Nora Ney falaram-lhe de um garoto, um amador, que ele precisava escutar: Johnny Alf.

Aos 23 anos, morador da Tijuca, Johnny nunca tinha ido a Copacabana até a noite em que, levado por Dick e Nora, seus amigos do Sinatra-Farney Fan Club, foi à Cantina do Cesar para fazer um teste. Cesar de Alencar recebeu-o, ofereceu-lhe o banquinho e Johnny começou a tocar. O radialista era famoso pelas orelhas de abano — um de seus apelidos era "Açucareiro"; o outro era "Dumbo" —, mas ele mostrou que sabia usá-las também para escutar. Na terceira música que Johnny dedilhou ao piano, Cesar o interrompeu: "Está contratado. Pode continuar".

No começo, muito tímido, Johnny retraía-se ao teclado, mergulhava o rosto entre as lapelas do paletó e parecia querer esconder-se dentro do piano — como se fosse possível passar despercebido pelo que tocava. Custou a entender que as pessoas não estavam indo à Cantina pelas horripilantes pizzas de aliche, afogadas em molho de tomate, servidas pelo apresentador, mas por sua causa, e só aos poucos foi se soltando. Johnny tinha vergonha também das estrelas da Rádio Nacional, colegas de seu patrão, que iam ouvi-lo — Os Cariocas, Dalva de Oliveira, Haroldo Barbosa. Certa noite, Marlene deu-lhe uma gorjeta, que ele recebeu, agradeceu curvando-se e guardou sem olhar. Depois, ao tirar a nota do bolso, descobriu que era de mil cruzeiros — a "abobrinha", com Cabral na efígie, o maior valor circulante no Brasil. Equivalia a metade de seu salário mensal na Cantina.

O horário de Johnny, assim como o de Ribamar, ia das nove da noite às seis da manhã. Ribamar tocava de tudo, até rumbas, mas o repertório de Johnny eram os sucessos de Dick Farney, Dorival Caymmi, Gilberto Milfont, Noel Rosa — o melhor do samba-canção, que ele cantava harmonizando com novas frases. Seus amigos Armando Cavalcanti e Klecius Caldas, também colegas de Sinatra-Farney, foram vê-lo e levaram um pianista chamado Victor Freire.

Victor ficou deslumbrado com o jeito de Johnny tocar e cantar, e foi decisivo para livrá-lo de um hábito que estava se tornando perigoso: o de fechar o piano às seis da manhã e, alterado pelo uísque que passara a noite bebericando, ir dormir nos bancos da calçada da avenida Atlântica, exposto à maresia e ao escárnio dos passantes. Victor, que era oficial do Exército, passou a levar Johnny para seu apartamento, na rua Rainha Guilhermina, no Leblon, onde sua família praticamente o adotou. Davam-lhe o café da manhã, deixavam-no cochilar num quarto dos fundos e só depois permitiam que fosse para a Tijuca, onde morava com a família que o tinha criado. Depois de alguns meses nesse vaivém, Johnny decidiu morar sozinho e se mudou — primeiro, para o Rio Comprido; depois, para Copacabana mesmo —, mas continuou a tomar o café da manhã na rua Rainha Guilhermina.

Johnny nunca tivera piano em casa. Mas Victor Freire tinha, e franqueou-o a ele a qualquer dia e hora. Se não houvesse ninguém no apartamento, Johnny fechava as cortinas da sala e fazia o que mais gostava: tocar no escuro. Foi nesse piano que criou o baião "Céu e mar", o samba-canção "O que é amar" e começou um rascunho, depois abandonado, de "Rapaz de bem" — composições que, de qualquer maneira, nunca se atreveria a apresentar na Cantina, até que Victor quase o obrigou a fazer isso. Tinha que mostrar suas coisas para as pessoas.

Era o que faltava — revelar-se como compositor — para que mais gente quisesse conhecê-lo. Dolores Duran e Dora Lopes foram das primeiras. As duas se revezavam no Acapulco e, como terminavam mais cedo, iam para a Cantina ouvir Johnny e não resistiam a cantar com ele, para satisfação de Cesar de Alencar. Donato, ex-namorado de Dolores, levou seu amigo João Gilberto, ex-Garoto da Lua. Armando Cavalcanti disse que ia levar seu amigo "Besouro" — que, quando apareceu, todos viram que se tratava de Lucio Alves (era o apelido que lhe tinha sido dado por Cyro Monteiro). E havia um pianista que, se estivesse trabalhando nas redondezas, aproveitava suas folgas de vinte minutos para ir ouvi-lo: Tom Jobim. Quando Johnny encerrava sua noite, saíam todos juntos pela calçada de ondas para ver o sol nascer por trás da pedra do Leme.

Todos esses nomes tinham prestígio, mas nenhum superava o título de uma cantora levada por Victor Freire para conhecer Johnny: Mary Gonçalves — nada menos que a Rainha do Rádio de 1952, título que acabara de conquistar ao derrotar as popularíssimas Carmelia Alves e Adelaide Chiozzo graças a um "admirador anônimo" que teria comprado os milhares de votos necessários para elegê-la.

Havia algo de pecaminoso em Mary Gonçalves. Tinha 25 anos e era bonita, de longos cabelos cacheados, à Gina Lollobrigida. Mas era, principalmente, despachada e "moderna". Sabia-se que, aos vinte anos, em 1947, namorara o negro americano Joe Louis, campeão mundial dos pesos pesados, em visita ao Rio — algo nada usual para a época. Sabia-se também que era "noiva" do cantor Bill Farr, pseudônimo do bonitão Antonio Medeiros Francisco e um dos grandes conquistadores do meio musical — "noiva" era uma licença poética para indicar que se mantinham relações sexuais. A perspectiva de um "admirador anônimo" oferecendo-lhe um caminhão de votos para elegê-la Rainha do Rádio — para profunda mágoa de Carmelia Alves, que já se julgava vencedora — fazia levantar suspeitas: quem seria esse admirador de Mary Gonçalves?

Entre os candidatos, estavam figuras tão díspares quanto os jornalistas Carlos Lacerda e Samuel Wainer. O nome de Lacerda não fazia sentido — ele nunca comprometeria sua carreira política por uma cantora. Mas, quando se revelou que o "admirador anônimo" era a Rádio Clube do Brasil, que acabara de contratá-la e queria promovê-la, pensou-se em Samuel. Meses antes, meio às pressas e sem pensar direito, ele comprara a Rádio Clube, já então um abacaxi, do esperto deputado Hugo Borghi. Só que, para Samuel, tanto lhe fazia se Mary Gonçalves fosse Rainha do Rádio ou da Festa da Uva — a única pessoa que ele se interessava em promover chamava-se Getulio Vargas.

Mary não precisava desses artifícios baratos para ficar conhecida. Era boa cantora, na linha de Doris Monteiro e Nora Ney, e não fazia concessões ao gosto popular. Fora escutar Johnny cantar suas próprias composições, gostara do que ouvira e dissera-lhe para dar uma passadinha na Rádio Clube — simples assim. Johnny obedeceu, cantou num programa de que ela participava e Mary pediu que ele lhe reservasse

"Podem falar", "Escuta", "Estamos sós" e, principalmente, "O que é amar" — *"É só olhar / Depois sorrir / Depois gostar // Você olhou / Você sorriu / Me fez gostar..."*. Ia gravar um LP na Sinter, *Convite ao romance*, e pretendia incluir esses quatro sambas-canção, ao lado de outros que já lhe tinham sido dados por Billy Blanco ("Dentro da noite") e Oscar Bellandi ("Não vá agora"). O disco, muito bom, foi feito. Por algum motivo — mais uma tentativa de esconder-se? —, Johnny preferiu assinar-se apenas "Alf" no selo do disco.

Lançado o disco, Mary incrivelmente convenceu a Rádio Clube a dar um programa semanal ao desconhecido Johnny — e, mais incrível ainda, convenceu Johnny a aceitar. O resultado foi que, durante alguns meses de 1952, nas noites de quarta-feira, o carioca pôde ouvir Johnny Alf no rádio tocando e cantando seu material e o dos cantores e compositores que admirava. Os programas eram ao vivo e os fãs tinham acesso ao auditório de onde estavam sendo transmitidos. O de Johnny não atraía as grandes massas, mas, toda quarta-feira, ele podia contar com a presença de uma garota de dezessete anos, atenta e delicada, que saía da Água Santa, nos confins da Zona Norte, só para apreciá-lo: Alayde Costa. Ela o ouvia fascinada, embora sem saber direito por quê — ainda não havia parâmetros para o que Johnny Alf fazia.

Não se percebia ainda, mas já havia toda uma subcorrente de cantores, pianistas e compositores ligados por interesses comuns: a busca de harmonias modernas, de um jeito mais contido de cantar — o contrário de Chico Alves ou Dalva de Oliveira —, e de uma relativa exigência quanto às letras. E, entre as cantoras, algumas insistiam em manter uma rígida coerência. Era sabido, por exemplo — porque elas próprias apregoavam isso —, que Nora Ney, Doris Monteiro, Mary Gonçalves, Dora Lopes e Zezé Gonzaga não cantavam baião (ritmo que tomara o país de assalto por volta de 1950), nem Carnaval. Era só ver os compositores de quem elas gostavam: Antonio Maria, Paulo Soledade, Fernando Lobo, Peterpan, Oscar Bellandi, Billy Blanco, Johnny Alf, Klecius e Armando, Valzinho.

Valzinho — o carioca Norival Carlos Teixeira — era um enigma. Seu irmão, o violonista e também compositor Newton Teixeira, autor (com Jorge Faraj) da valsa "Deusa da minha rua", gravada por Silvio

Caldas, ofuscava-o por todos os lados. Newton era cantor, radialista, militante dos direitos autorais e, com toda justiça, exibido. Valzinho era o contrário: modesto, calado, introvertido. Compôs muito menos do que deveria — só o conheciam por "Doce veneno" — e, tendo aquelas cantoras de vanguarda a seus pés, passou a vida apaixonado por uma que não fazia a menor questão de ser moderna e não alimentava interesse algum por ele: Emilinha Borba. E que, como se não bastasse, tinha um namorado — e futuro marido — que não gostava que outros homens se apaixonassem por ela: o playboy Arthurzinho de Souza Costa, filho de um ministro da Fazenda de Getulio durante o Estado Novo e lutador de vale-tudo, jiu-jítsu e outras modalidades.

Jorge Goulart que o diga. Pouco antes de conhecer Nora Ney em 1951, ele teve um caso secreto com Emilinha, que já estava com Arthurzinho. Um "jornalista", Fredy Daltro, editor da revista *Escândalo*, especializada em vender "proteção" a artistas (silenciar sobre suas intimidades em troca de dinheiro), começou a esmiuçar publicamente a vida do namorado de Emilinha — aparentemente beneficiado por empregos públicos concedidos por seu pai quando ministro —, mas apenas porque era namorado de Emilinha. Ao ler a primeira reportagem, Arthurzinho não conversou: chamou seus amigos, sequestraram Fredy Daltro na rua e o levaram à noite para a deserta Praia Vermelha. Lá, deram-lhe uma surra, enterraram-no na areia deixando somente sua cabeça de fora, e fizeram tiro ao alvo com ela, esforçando-se para errar. Depois foram embora, deixando-o à mercê da maré que já começava a subir. Daltro foi salvo por pescadores que passavam por ali, mas nunca se emendou. E Jorge Goulart teve sorte de Arthurzinho nunca ter descoberto sua história com Emilinha.

Sabendo de tudo isso, Valzinho levou o resto da vida sublimando sua paixão pela mulher que não o queria.

A proliferação das boates em Copacabana, muitas delas agora acessíveis à maioria dos bolsos, começou a se refletir nos costumes. Enquanto o Vogue, o Meia-Noite e o Golden Room continuavam privilégio dos bacanas — nunca se viu ninguém entrando nelas cheirando a sabonete

Dorly —, as demais começaram a absorver gente de diversos estratos, para quem aquele tipo de escapada noturna era um acontecimento. Daí certos comportamentos que nunca seriam registrados nas cercanias dos Jorginhos e Dolores ou Terezas e Didus.

Havia, por exemplo, os casais que jantavam antes de sair de casa para não terem que comer na boate. No caso de se verem obrigados a jantar, a luta contra o cardápio era quase sempre inglória. Enquanto o Vogue adotava uma cozinha cada vez mais nacionalista e o Night and Day lançava o filé à Serrador — um filé alto com bolinho de milho, tomate recheado, batata palha, palmito, petits-pois e champignon —, as boates menos importantes, como as do Lido ou do Posto 6, tentavam compensar carregando nas pedidas em francês. Daí um casal se ver, de repente, tendo de escolher entre um timbale de langouste au whisky e um homard à la thermidor. Às vezes, querendo parecer elegante, um cliente pedia ao maître caviar com arroz ou filé-mignon com molho de camarão. E houve o clássico caso do homem que, por falta de intimidade com o produto, ordenou que o vinho tinto Châteauneuf du Pape viesse "bem geladinho".

As mulheres desses casais sentiam-se na obrigação de nunca repetir um vestido, mesmo que só saíssem uma vez por mês e fossem a uma boate diferente de cada vez — apenas por ouvir dizer que as grã-finas faziam assim. Se um casal se tornasse habitué de determinada boate, esta passava a ser *verboten* para o homem levar qualquer espécie de contrabando, como uma amante já firme ou alguém que ele ainda estivesse cevando — temia ser reconhecido pelo maître ou pelos garçons. A excitação causada pelo caráter clandestino dessa saída também podia ser problemática: os sambas-canção, feitos para dançar abraçados, quase sem sair do lugar, costumavam desfechar constrangedoras ereções através das calças de linho ou casimira que então se usavam — como voltar para a mesa sem dar na vista?

Os próprios fósforos de propaganda oferecidos pelas boates estavam sujeitos a provocar pequenas crises domésticas. Um homem numa boate como, digamos, o Meia-Noite, com uma mulher que não a sua, acendia um cigarro e guardava casualmente a caixinha no bolso do paletó. Dias depois, ao inspecionar os bolsos desse paletó antes de mandá-lo para a lavanderia, sua esposa dava com os fósforos. Como o marido conseguiria explicar a visita secreta a uma boate tão cara? E por que ele só a levava ao Acapulco, onde entrava até gente sem paletó? Histórias do gênero eram contadas no Vogue às gargalhadas pelo grã--fino Chico Wright, cuja família era justamente a fabricante dos fósforos de cortesia.

As boates falavam tanto à fantasia de quem não as frequentava que o maior sucesso do rádio em 1952 era o programa *A Boate do Chacrinha*, comandado pelo pernambucano Abelardo Barbosa, amigo de Fernando Lobo. Ia ao ar todas as noites pela Rádio Tamoio, das dez e meia da noite até a uma hora da manhã. Chacrinha tocava discos de Doris Monteiro (a favorita de sua mulher, Florinda), Nora Ney, Elizeth Cardoso, e usava recursos de sonoplastia para simular um ambiente de boate — o barulho do gelo sendo quebrado, coqueteleiras chacoalhando, gente dizendo besteiras ao alcance do microfone, mulheres suspirando por alguém, um zum-zum-zum geral e às vezes até uma briga, tudo ao mesmo tempo e com o maior realismo. No resto do país, muitos acreditavam que era uma boate de verdade.

Vinham ao Rio e batiam à porta da Rádio Tamoio na avenida Venezuela, em plena zona portuária, espremida entre armazéns de carga, biroscas de estivadores e navios apitando — querendo conhecer a boate do Chacrinha.

8

A MÚSICA DO PODER

No começo de 1951, a revista italiana *Settimo Giorno* escreveu que, para poder se apresentar na cerimônia de posse do presidente Getulio Vargas, no Palácio do Catete, Juliette Gréco fora aconselhada a tomar um banho. Afinal, já estava no Rio havia quase um mês, e no verão. Escreveu também que, durante sua temporada no Vogue, ela sofrera o constante assédio sexual do patrão, o barão Max von Stuckart. Joel Silveira e Rubem Braga, em seu semanário recém-lançado, *Comício*, desmentiram veementemente a segunda informação. Para eles, Stuckart tinha muito mais interesse em Antonio Maria do que em Juliette.

Getulio tomou posse no dia 31 de janeiro e elegeu o Catete, local normal de trabalho, como sua residência oficial. Seu antecessor, Dutra, se retirava para o Palácio Laranjeiras por volta das seis da tarde, a fim de tomar sua canja e dormir. Com isso, o expediente no Catete também acabava e o movimento nas imediações — rua do Catete, praça do Russell, largo da Glória — praticamente morria. Com Getulio, a situação mudou. Ele também se recolhia cedo, mas seus parentes, auxiliares e agregados não arredavam pé do Catete. Havia filas de táxis nas imediações do palácio e o entra e sai de empresários, políticos e ministros estendia-se até altas horas. Às vezes, o próprio Getulio reaparecia no meio da madrugada, de *robe de chambre* sobre o pijama e com um Soberano ou um Cohiba entre os dedos — fumava mais de dez charutos por dia —, como se já fosse retomar o trabalho.

Os Vargas estavam de volta a toda ao cenário do Rio. O espalhafatoso Bejo, mais confiado do que nunca, resolveu tirar diploma de grã-fino e apresentou sua proposta de admissão no fechadíssimo Country Club. Pelo peso do sobrenome, já se via íntimo do ex-cantor Mario Reis, membro da família Silveira, da Bangu, e frequentador diário do Country. Via-se também de calção de banho, na piscina do clube, em íntimos colóquios com as potrancas mais saudáveis e vistosas da sociedade brasileira — as esposas e filhas dos sócios. Mas viu em vão. Mario Reis, com toda a sua simpatia, era esnobíssimo — se estivesse numa roda no Country e surgisse alguém que ele não conhecesse ou aprovasse, sussurrava, "Ih, tem roupa na corda", e parava de falar. E imagine se as mulheres do Country soubessem que aquele homem as chamava de potrancas. O Country rejeitou a entrada de Bejo despejando-lhe bolas pretas capazes de não lhe permitir pisar nem a calçada do clube, na avenida Vieira Souto. Decepcionado, Bejo anunciou que se submeteria de novo dali a um ano. Mas foi aconselhado a desistir — havia coisas que nem um Vargas conseguiria.

No Carnaval, Luthero Vargas, agora deputado federal com enorme votação, deixou-se fotografar no baile do Theatro Municipal com o nariz enfiado num lenço e atrelado a duas fulanas de maiô, todos equipados com seus frascos metálicos do lança-perfume Rodouro. Cheirar lança-perfume não era crime, embora, alguns anos antes, outro deputado, Barreto Pinto (PTB-RJ), tivesse tido seu mandato cassado por posar em trajes menores para *O Cruzeiro*. Mas vá cassar um filho do presidente da República — mais exatamente, um filho de Getulio Vargas.

O próprio Getúlio era diferente. O poder o refinara, e ele era capaz de pequenos gestos de delicadeza. A cada seis ou oito meses, saía de seus cuidados para comparecer ao chá das quintas-feiras na Academia Brasileira de Letras, na avenida Franklin Roosevelt — prédio e terreno, aliás, doados por ele de papel passado à Academia quando ditador. E por que não comparecer ao chá da Academia? Afinal, era um acadêmico, eleito em 1943 por uma série de livros sobre política cujos textos foram escritos por seus redatores. Apesar de sua cadeira, a de nº 37, passar a maior parte do ano desocupada, Getulio era sempre bem recebido no Petit Trianon. Não fazia feio ao citar os autores de sua predileção — Nietzsche, Zola, Euclides da Cunha — e, bem ao seu estilo, dava mais atenção aos acadêmicos que o combatiam, como Manuel Bandeira, do que aos que gostariam de beijar-lhe as mãos, como o poeta Cassiano Ricardo e o jurista Ataulfo de Paiva.

Sua mulher, dona Darcy (que ela pronunciava Dárci), também gaúcha e da extensa família Sarmanho, passou a ser convidada para os jantares e recepções nas grandes casas do Rio: a dos casais Robert Winans, no largo do Boticário, e Roberto Singéry, na rua Tonelero, em Copacabana; a de Didu e Tereza, no alto da rua Mascarenhas de Moraes, também em Copacabana; o palacete de Álvaro e Lourdes Catão, na Urca; e, principalmente, a casa de verão do casal Leda e Vicente Galliez no alto da serra, a tão citada River Side, a um quilômetro do centro de Petrópolis — Leda Galliez era considerada a hostess perfeita. Dona Darcy ia a todas essas festas, quase sempre acompanhada de sua filha Alzira e do marido desta, Amaral Peixoto, já então governador do estado do Rio.

Dona de certo encanto pessoal, a primeira-dama se sentia à vontade entre os outros convidados, personagens da coluna de Jacinto de Thormes, como o embaixador americano Adolph Berle (que falava perfeito português), o charmoso Paulo Sampaio, presidente da Panair do Brasil, o príncipe d. Pedro de Orleans e Bragança e outras cabeças coroadas, monárquicas ou republicanas, em circulação no Rio. Eram noites de black tie, e os arranjos de flores costumavam ser armados por Roberto Burle-Marx. A música ao vivo ficava a cargo de pianistas como Bené Nunes, Fats Elpidio ou Ribamar e, eventualmente, cantoras — na época, quase sempre, Linda Baptista; depois, Elizeth Cardoso. Se a comida viesse da cozinha do Vogue, a música também viria, com Sacha ao piano acompanhando Louis Cole. Como esses ágapes terminavam cedo, não atrapalhavam o funcionamento da boate — que, de qualquer maneira, era para onde iam mais tarde os convidados do jantar. Parecia uma grande família, com o Vogue na função de prolongamento das casas dos ricos, e vice-versa. Naturalmente, essas esticadas à boate não incluíam dona Darcy — que, ao fim dos jantares, era levada de volta para o Catete, onde calçava as pantufas e ia dormir.

Sob Getulio presidente, os gaúchos tomaram a capital da República, como já haviam feito em 1930. Em dois tempos, eles ocuparam mais de cinquenta cargos importantes, nomeados pelo presidente — eram ministros de Estado, diretores de carteiras de crédito do Banco do Brasil e de outros bancos oficiais, presidentes de institutos de previdência, procuradores da Justiça Federal, embaixadores, chefes de polícia, donos de cartórios e, naturalmente, o prefeito do Distrito Federal. Cada um desses, por sua vez, nomeava os seus próprios homens de confiança, e isso pode explicar o repentino surgimento de tantas churrascarias em Copacabana, Laranjeiras e São Cristóvão. Edu da Gaita, um gênio em seu instrumento e gaúcho de Jaguarão, ganhou um prestígio que até então não conhecera. Alguns deputados e senadores obtiveram súbita proeminência pelo privilégio de, como gaúchos, ter acesso às antessalas do Catete em que pontificavam pessoas, quase todas de São Borja, do âmbito mais próximo de Getulio: os demais Vargas, os Dornelles, os Sarmanho e seus cônjuges, e um jovem protegido do presidente, João Goulart. Os pernambucanos Antonio Maria e Fernando Lobo observaram, divertidos, a incidência do acento gaúcho nas dependências do Vogue. O mesmo acontecia no Monte Carlo, embora neste fosse normal, porque dominado pelo grande gaúcho da noite carioca: Carlos Machado.

Bejo criara para Getulio sua guarda pessoal, composta de cerca de oitenta homens, na maioria gaúchos e catarinenses, e escalara seu amigo de infância em São Borja, Gregorio Fortunato, para dirigi-la. Gregorio era quase um pajem particular de Bejo. Ao contrário deste, Gregorio só bebia guaraná e não era de briga, o que lhe dava condições de acompanhar Bejo nas incursões deste pelas boates e tentar evitar que se metesse em encrencas. O poder de Gregorio era tentacular — todos os delegados e homens da área de ordem social, costumes e segurança pública do Distrito Federal sentiam-se sob a sua jurisdição. Um deles era o já folclórico comissário Deraldo Padilha, notório no noticiário policial por sair em patrulha pela noite, de lanterna na mão, varejando praias, terrenos baldios e cantos escuros em busca de casais se dando prazer, perseguir as prostitutas do Mangue e invadir banheiros de boates à procura de menores. Mas sua especialidade era deter na rua qualquer elemento que julgasse "suspeito" e jogar um limão pelo cós da calça do indivíduo para que ele corresse perna abaixo. Se o limão não saísse pela boca da calça do infeliz, Padilha levava-o preso, sob a alegação de que homem de verdade não usava calça justa. E, para liberar o limão, dava um talho com uma tesoura na dita boca da calça.

O irmão Bejo e o filho Luthero eram homens arrogantes e grosseiros. Getulio podia amá-los, mas considerava-os imaturos. Daí que, se tivesse de pensar em um herdeiro político, seu favorito seria João Goulart, filho de um velho amigo estancieiro em São Borja e no Uruguai, e que ele conhecia desde criança. Getulio identificava em Jango, como o chamavam, duas importantes qualidades: era hábil e leal. Por isso trouxe-o para o Rio em 1951 e fez dele, aos 32 anos, presidente do PTB, para negociar e criar pontes com os líderes sindicais — estes saberiam que, falando com Jango, estariam falando com ele. Bom de diálogo e afável no trato, Jango usava seu apartamento no Hotel Regente, em Copacabana, onde morava, como gabinete para os encontros com os sindicalistas. Eles entravam, Jango mandava subir cervejas e refrescos, atendia-os e eles iam embora, satisfeitos; uma breve pausa e vinha uma nova comissão; e assim por diante, durante todo o dia.

Como era solteiro e de hábitos simples, Jango achava mais conveniente morar num hotel. Ainda mais porque o Regente, no Posto 6 da avenida Atlântica, ficava a cinco quarteirões da boate Embassy, que Jango via como o complemento ideal para a sua jornada de trabalho. Não ligava para música, mas gostava de ouvir o baião instrumental "Bicharada", em que Djalma Ferreira, seu autor e diretor da boate, simulava os sons de uma fazenda, com mugidos e cacarejos criados pelo solovox. O que mais lhe interessava na Embassy, no entanto, eram as coristas. Mais perto ainda do hotel, na esquina com a rua Joaquim Nabuco, ficava o antigo Ranchinho do Alvarenga, que sucumbira às turras entre seus proprietários, a dupla sertaneja Alvarenga e Ranchinho, e dera lugar ao Stud do Theo, comandado pelo radialista Theophilo de Vasconcellos — uma boate que, esta, sim, unia para Jango o agradável ao agradável: mulheres e cavalos.

Theophilo, da turma que viera de Pernambuco com Fernando Lobo, tornara-se a grande voz do turfe brasileiro. Era o narrador oficial do Jockey Club, inventara expressões como "Foi dada a partida!", "cabeça com cabeça" e "venceu por um focinho" e, aos sábados e segundas-feiras, fazia a felicidade ou tristeza de milhares de apostadores no Rio ao narrar as corridas do Hipódromo da Gávea. Mas — drama envergonhado de muitos turfistas —, o que fazer no resto da semana em que não havia corridas de cavalos?

Foi de onde Theophilo teve a ideia de abrir uma boate que aplacasse a síndrome de abstinência dos que não podiam passar um dia sem apostar. Ela apresentaria atrações musicais e boa bebida, como toda boate, mas seria dirigida aos que então se chamavam de "carreiristas" — fãs das carreiras de turfe. Daí o nome Stud do Theo, sendo "stud" um cavalo garanhão ou um conjunto de puros-sangues. Anunciava-se como a "única boate turfística do Brasil" e um de seus slogans era "O show é a própria casa". Era decorada como uma coudelaria, com cabrestos, selas e arreios pendendo do teto e, nas paredes, esporas, ferraduras, fotos de éguas e cavalos históricos e quadros com charges do desenhista Luiz Sá sobre o assunto. Os garçons se vestiam de jóqueis e os cumins, de cavalariços. No palco, havia shows com coristas ao estilo Carlos Machado (de quem Theophilo fora assistente por breve tempo no Monte Carlo) e o conjunto do violinista Fafá Lemos, acompanhando cartazes como Edu da Gaita, Johnny Alf ou Lucio Alves — este, por sinal, um ardente "carreirista". Foi no Stud do Theo que Lucio apresentou "Nova ilusão", de Claudionor Cruz e Pedro Caetano — *"É dos teus olhos a luz/ Que ilumina e conduz/ Minha nova ilusão./ É nos teus olhos que eu vejo/ O amor, o desejo do meu coração..."* —, a não confundir com o "Nova ilusão" de Zé Menezes e Luiz Bittencourt, lançado em 1948 pelos Cariocas. Outro que se sentia no seu elemento era o dublê de pianista e repórter de turfe Luiz "Cabeleira" Reis, que dava canjas ali quase todas as noites.

Tudo isso, no entanto, era só um aquecimento para a verdadeira atração do Stud do Theo, que começava a partir de meia-noite. No centro da roda, um brinquedo com cavalinhos mecânicos simulando uma corrida, com narração de Theophilo, nos quais os frequentadores podiam apostar para valer, como se fossem de verdade. Os cavalinhos eram batizados com os nomes dos campeões dos últimos Sweepstakes, como Gualicho, Helíaco e outros, e geravam grande alarido e excitação. Jango, assim que se liberava dos pelegos e sindicalistas que recebia em seu apartamento no Regente, ia para o Stud do Theo, onde, como preferia, era apenas um turfista a mais — ninguém o identificava como alguém tão próximo do poder.

Outro cliente assíduo do Stud era Haroldo Barbosa, então na Mayrink Veiga e que, além de continuar a ser um dos nomes mais influentes do rádio, mantinha uma coluna sobre turfe, "O pangaré", em *O Globo*, lida até por quem não se interessava por cavalos. Haroldo estava nas paradas com o samba-canção "Bar da noite" (com Bidu Reis), na voz de Nora Ney, mas seu forte eram os sambas sincopados, como "De conversa em conversa" (com Lucio Alves), "Eu quero um samba" e "Pra que discutir com madame?" (com Janet de Almeida) e "Adeus, América" e "Tim-tim por tim-tim" (com Geraldo Jacques). De novo com Geraldo Jacques, Haroldo acabara de lançar outra pepita do gênero, "Joãozinho Boa Pinta", gravada por Blecaute e que contava a história de um conquistador barato: "*Desfolhando meu caderno de notas / Encontrei seu endereço / Resolvi telefonar / Alô, alô, 557? / É você, Elisabeth? / Hoje eu quero lhe falar / / Não sei se ainda posso lhe chamar de meu amor / Não sei se ainda existe aquela velha intimidade / Talvez minha lembrança não esteja bem distinta / Sou eu, o Joãozinho Boa Pinta...*".

Joãozinho Boa Pinta tornar-se-ia o apelido de uma corista de dezenove anos, Celeste Scarlet, descoberta pelo comediante Colé e que prometia ser uma das sensações naquele ano de 1952. Celeste Scarlet, como o seu nome aparecia nos cartazes do Casablanca, já era um apelido — seu nome verdadeiro era Aída Campos. Mas tudo isso seria esquecido quando identificaram seu cabelo preto cortado muito curto, estilo "Joãozinho", com o título do samba de Haroldo Barbosa e Geraldo Jacques. A partir daí, para todos os efeitos, nas fotografias das revistas e nos cartazes, ela passaria a ser Joãozinho Boa Pinta. A única pessoa a ainda chamá-la de Celeste seria seu namorado, o líder trabalhista João Goulart.

Celeste, ou Joãozinho Boa Pinta, com quem Jango manteria uma relação não exclusiva por vários anos, foi apenas o primeiro dos seus muitos casos com vedetes, geralmente das fileiras de Carlos Machado. Para Jango, elas eram confortáveis e convenientes. Estavam sempre à sua disposição fora do horário de trabalho, algumas eram tufões na cama e nenhuma lhe exigia nada, nem exclusividade e muito menos casamento. Em troca, ele podia ser generoso, oferecendo-lhes presentes mais caros e duradouros do que vestidos ou perfumes — como um emprego público, um telefone, um longo tratamento dentário ou até internação médica para o pai ou a mãe no Hospital dos Servidores do Estado. Uma namorada como Joãozinho Boa Pinta fazia jus a um presente melhor ainda: um apartamento num prédio de luxo na Praia do Flamengo.

As mulheres achavam Jango charmoso, mas ele não estava habituado a ouvir nãos, nem gostava de perder tempo com conquistas. Isso vinha dos seus tempos de adolescente em Porto Alegre, quando, na companhia de Maneco Vargas, também filho de Getulio, era um dos mais regulares clientes do "rendez-vous da Mônica", à rua D. Pedro — tão regular que ela lhe dava preferência no principal quarto do bordel, forrado de espelhos.

Foi na Mônica, em 1943, que Jango, aos 24 anos, contraiu uma blenorragia cujo tratamento, no Hospital São Francisco, causou funda impressão em seu sobrinho, o futuro publicitário Luiz Macedo, nove anos mais novo. Ao se aproximar da avenida Independência, para visitá-lo no hospital, o garoto podia ouvir da rua os urros de dor de seu tio diante dos procedimentos contra a doença, naqueles tempos pré-penicilina. A gonorreia custou caro a Jango: inchaço, inflamação e dor crônicos em seu joelho esquerdo, que o faziam puxar da perna, o obrigavam a esticá-la sempre que sentado e o acompanhariam até morrer — além da humilhação de ter de inventar uma desculpa para se explicar, quando alguém lhe perguntava a razão daquilo.

O Stud do Theo durou o que tinha de durar, cerca de um ano, até a novidade dos cavalinhos mecânicos se desvanecer. Quando isso aconteceu, Theophilo recolheu os arreios, livrou-se da boate e, com novo proprietário, ela voltou a se parecer com a original, rebatizada de Ranchinho do Posto 6. Mas Jango não se importou. Para ele — e para a noite do Rio —, o melhor já estava acontecendo: a tomada do Casablanca, na Praia Vermelha, por Carlos Machado.

Em fins de 1952, José Caetano de Lima, arrendatário do Casablanca, com suas reservas esgotadas por anos de prejuízo, ofereceu repassá-lo a Machado por uma bagatela. Machado relutou, porque já tinha o Monte Carlo. Mas, pelo valor quase insignificante da transação e por antever as possibilidades da casa — palco, plateia e bastidores com o dobro do tamanho do Monte Carlo —, aceitou. Para que o Casablanca fizesse jus ao nome, Machado redecorou-o ao estilo marroquino e vestiu os maîtres de smoking branco, os garçons, de beduínos, os porteiros, com dólmã e fez vermelhos, este adornado com uma borla azul, e as vendedoras de cigarros, de odaliscas. A ideia era criar a ilusão de que Humphrey Bogart e Ingrid Bergman poderiam entrar a qualquer momento, ao som de "As time goes by". Mas, segundo o implacável Fernando Lobo, o Casablanca de Machado estava mais para a comédia *A tentação de Zanzibar*, e quem poderia entrar a qualquer momento eram Bing Crosby, Bob Hope e Dorothy Lamour.

Para Jango, Carlos Machado à frente de uma grande boate era como franquear uma loja de balas a uma criança. O Casablanca tornou-se o seu segundo lar, e não exatamente pelos supermusicais que Machado logo começou a apresentar. Não que estes também não fossem importantes — foi ali que Machado começava a ser, de fato, "O rei da noite", como passariam a chamá-lo. O espetáculo inaugural, por exemplo, *Clarins em fá*, era uma história do Carnaval em vinte quadros, estrelado por Linda Baptista e Ataulpho Alves, com uma *big band* de metais e trinta artistas, entre os quais algumas das maiores vedetes do Rio. Em termos de simples opulência, tanta gente em cena era um luxo a que Machado não poderia se dar no acanhado palco do Monte Carlo.

O que nunca se soube foi como Machado se arranjou quando, dias antes da estreia, o espetáculo foi levado inteiro — elenco, orquestra e cenários —, em avião especial, para uma única apresentação em São Borja.

"Por que tu não fazes um jornal?", perguntou Getulio.

A pergunta era dirigida a Samuel Wainer, em meio a uma conversa no Palácio Rio Negro, em Petrópolis, no dia 2 de fevereiro de 1951, dois dias depois da posse de Getulio na Presidência. Não um jornal qualquer, mas que defendesse o seu governo e fizesse um contraponto à grande imprensa que se dedicaria a atacá-lo — *Correio da Manhã*, *Diário de Notícias*, *O Estado de S. Paulo* e os jornais de Assis Chateaubriand. Samuel gostou da ideia — como se não a tivesse tido antes e conduzido a conversa para aquela pergunta — e disse que o faria. Getulio então mandou-o ir em frente, sem lhe prometer nada.

Samuel ficou sabendo que o *Diário Carioca*, fortemente endividado, estava à venda. Não o jornal, mas o prédio projetado por Afonso

Eduardo Reidy, na avenida Presidente Vargas, onde funcionavam a redação e as oficinas. Era o que Samuel precisava. O preço era assumir as dívidas do jornal, garantir algum por fora aos proprietários, José Eduardo de Macedo Soares e Horacio de Carvalho, e imprimir o *Diário Carioca* de graça durante dois anos. Samuel concordou. Só faltava o dinheiro: 30 milhões de cruzeiros. Samuel imaginou levantá-lo em três cotas iguais. O nome do jornal, ele já tinha: chamar-se-ia *Última Hora*.

De um encontro com Bejo Vargas no Vogue, saiu a ideia de, para a primeira cota, Samuel procurar Ricardo Jafet, poderoso empresário paulista, dono do Banco Cruzeiro do Sul e nomeado por Getulio presidente do Banco do Brasil. Bejo soprou a Samuel o caminho das pedras: Jafet lhe concederia um empréstimo de 10 milhões de cruzeiros, a ser amortizado por Samuel a perder de vista; o dinheiro sairia oficialmente do Banco Cruzeiro do Sul, mas seria coberto pelo Banco do Brasil — que, na prática, estaria bancando um terço da *Última Hora*. Como esses favores não se fazem de graça, Bejo exigiu apenas que, assim que esse dinheiro saísse, Samuel lhe repassasse a comissão de 20% — 2 milhões de cruzeiros —, de que ele, Bejo, precisava para acabar de pagar o palacete que comprara em Petrópolis, perto do Quitandinha, e sustentar suas noites no Vogue e no Night and Day.

A Jafet, juntaram-se como particulares no financiamento da *Última Hora*, cada qual com 10 milhões de cruzeiros, o banqueiro Walther Moreira Salles e o empresário e deputado federal Euvaldo Lodi, este também presidente do Sesi (Serviço Social da Indústria) e da CNI (Confederação Nacional da Indústria). Jafet fez mais: como presidente do Banco do Brasil, facilitou para Samuel um crédito adicional de 26 milhões de cruzeiros e a importação de 24 mil toneladas de papel a preços módicos, garantindo meses de circulação do jornal. E Samuel, agora com trânsito livre no Catete, em alguns ministérios e na presidência de instituições importantes, não teve dificuldade para que, antes mesmo de o jornal sair às ruas, ricas autarquias fechassem contratos publicitários com ele. No dia 12 de junho, as bancas receberam a *Última Hora*, apenas quatro meses depois da posse de Getulio. O qual, não por coincidência, assinou o editorial de primeira página de seu nº 1.

O próprio Samuel contaria em suas memórias que, subitamente respeitado por chamar os poderosos pelo nome e entrar por suas portas sem bater, começou ali o seu namoro com a alta sociedade. Os ricos passaram a cortejá-lo e, nas boates, as mulheres a lambê-lo com os olhos. Quando Jacinto de Thormes, que ele roubara do *Diário Carioca*, ia falar-lhe com certa subserviência no Vogue — afinal, era seu empregado —, isso calava fundo nos presentes. Outro egresso das altas-rodas e que Samuel fizera seu subordinado era o engenheiro "Baby" Bocaiúva, genro do ministro da Educação de Getulio, Simões Filho, neto do republicano Quintino Bocaiúva e sócio do Country. Ao somar tantos fatores, o café-society tinha mesmo de se apaixonar por Samuel. Mas não era só por isso — ele era dono de um charme que nem seus inimigos podiam ignorar. Vestia bem um smoking (mandou fazer logo dois), era magro, alto e naturalmente elegante, e seus olhos azuis se confundiam com a cor do logotipo do jornal (ideia de seu diagramador, o paraguaio Andrés Guevara, que o sabia vaidoso).

Samuel só faltou anexar o Vogue à *Última Hora*. Em certos momentos, parecia não saber onde começava um e terminava o outro — aliás, sendo seu jornal um vespertino, os dois funcionavam em horários parecidos, no auge da madrugada. Samuel ia à boate todas as noites para jantar. Mas não se distanciava do telefone no balcão. Podia acontecer de, em meio a uma noite de gala, ele ser chamado ao jornal para resolver um problema. Não se afobava: zarpava de smoking e tudo para a avenida Presidente Vargas e, horas depois, voltava ao Vogue, cheirando a tinta ou a chumbo.

Ou então era ele que telefonava para o jornal, com ou sem motivo. Se estivesse no Vogue cercado de gente a quem desejava impressionar, ligava para a redação e mandava chamar seu editor-chefe. "Qual vai ser a manchete, Fulano?" O outro respondia de lá, digamos: "Getulio diz que o petróleo é nosso". Samuel dava três muxoxos e dizia, em voz alta, para ser ouvido por todo mundo: "Não, está uma merda. Vou te ditar a manchete. Anote lá: 'Getúlio diz que o petróleo é nosso'". Se seu funcionário manifestasse estranheza, Samuel era sucinto: "Você me ouviu" — e desligava. No dia seguinte, ao ler o jornal ou passar por sua primeira página estampada numa banca, as pessoas a quem Samuel queria impressionar viam a manchete da *Última Hora* — GETULIO DIZ QUE O PETRÓLEO É NOSSO — e se lembravam de que, na véspera, já a tinham escutado. Samuel Wainer era capaz de editar seu jornal por telefone, pensavam.

Última Hora foi um sucesso, e merecido. Era ágil, bem-feita e moderna, com penetração tanto na Zona Sul como na Zona Norte. Uma de suas atrações era "A vida como ela é...", uma história diária, quase sempre envolvendo um adultério, e que só Nelson Rodrigues conseguiria fazer. Seus funcionários recebiam o dobro do salário que os dos outros jornais e, com isso, Samuel pôde arrebanhar os melhores jornalistas da praça. O ambiente de trabalho era o melhor possível. A horas tantas, depois do fechamento da edição, afastavam-se as mesas e os jornalistas jogavam futebol na redação. Em poucos meses, Samuel estava tirando também uma edição matutina, mais voltada para o futebol, e uma revista semanal, em formato jornal, chamada *Flan*. Sua meta agora era lançar a *Última Hora* paulista e, dessa vez, Getulio deu-lhe uma indicação direta: "Sei de um tubarão que pode ajudá-lo", disse. Era Francisco Matarazzo Sobrinho, o conde Chiquinho, seu devedor por favores no passado e inimigo mortal de Chateaubriand — dois fortes motivos para que ele financiasse um jornal getulista em São Paulo. Bejo Vargas soube que Matarazzo estava no Rio, hospedado no Hotel Excelsior, e levou Samuel ao seu encontro. Matarazzo o ouviu, aprovou a ideia e deu-lhe o dinheiro. Mas, de propósito ou não, fez com que este chegasse a Samuel pelas mãos de Luthero Vargas — e, com isso, implicou na história um filho do presidente.

Assim, em pouco mais de um ano de vida do jornal, sem problemas de papel ou de publicidade, Samuel rodava diariamente duas edições de *Última Hora* no Rio, uma em São Paulo, ambas em prédios próprios, acabara de comprar a Rádio Clube do Brasil e planejava tornar-se uma rede nacional de vários veículos, ao estilo dos Associados. Ninguém parecia capaz de segurá-lo. Depois de passar o dia na redação, já não se limitava a chegar ao Vogue para jantar. Voltava ao jornal no raiar do dia e levava os amigos para assistir à impressão da primeira edição — e devia ser curiosa a visão das grã-finas entre gráficos de macacão, estopas sujas de óleo e os jornais saindo quentes da esteira.

Tanta energia tinha um nome: Pervitin, o estimulante da moda, usado por Samuel. Mas, se quisesse, Samuel poderia até dispensá-lo, porque estava apaixonado por si mesmo, e não há nada mais inebriante. Ele era o "menino judeu pobre do Bom Retiro que a aristocracia cortejava", dizia, referindo-se ao bairro paulistano com forte presença da imigração judaica, de onde saíra para o Rio em 1928, aos dezesseis anos. Custara, mas, agora, aos quarenta, ele vencera, e isso parecia redimi-lo de velhas e fundas humilhações.

Três meses antes do lançamento da *Última Hora*, Adolpho Bloch pusera nas ruas o primeiro número da *Manchete*, uma revista semanal ilustrada com que ele se propunha a enfrentar potências como a *Carioca*, a *Revista da Semana* e a gigante *O Cruzeiro*. Os Bloch tinham sido donos de gráfica na Rússia. Com a Revolução de 1917, perderam tudo e vieram para o Brasil. Aqui recomeçaram, imprimindo e vendendo bloquinhos para o jogo do bicho nas ruas de Vila Isabel. Anos depois, já estavam prósperos, imprimindo, entre outras contas de peso, os bilhetes da Loteria Federal. Mas, para crescer, os Bloch sabiam que precisavam passar de gráficos a jornalistas. Começaram com *Manchete*, que, dirigida pelo cronista Henrique Pongetti, se revelou um dispendioso fiasco. Adolpho pensou em fechá-la. Para recuperar um pouco do que investira, decidiu oferecê-la antes a Samuel. Mas Samuel, que já tinha a *Flan* em seus planos, desprezou a oferta de Adolpho. Este conformou-se em continuar com a *Manchete* e, meses depois, quando o jornalista Helio Fernandes assumiu a direção, a revista ganhou vida e uma nova razão de ser.

Em 1953, ao entrar no Casablanca, Adolpho viu uma mesa onde Samuel pontificava e era ouvido com atenção por um grupo de encasacados. Aproximou-se, cumprimentou-o e descansou a mão em seu ombro enquanto se dirigia aos demais. Samuel olhou com desgosto para aquela mão sobre as ombreiras de seu terno e chamou o maître: "Por favor, peça a este judeu que tire a mão do meu ombro". Fez-se silêncio na mesa. Adolpho recebeu aquilo como uma bofetada. Mas não passou recibo. Liberou o ombro de Samuel (judeu, como ele), acabou de cumprimentar os outros, pediu licença e retirou-se, sem deixar que o vissem chorando.

Os barões da imprensa carioca não eram capazes da estudada humildade de Adolpho Bloch. Era só vê-los circulando pelo Vogue com um copo de uísque numa das mãos e o mundo na outra. Paulo Bittencourt, do *Correio da Manhã*, e a dupla Macedo Soares e Horacio de Carvalho, do *Diário Carioca*, orgulhavam-se de seus antepassados ilustres e de sua formação na Europa. Outros propalavam sua independência, como Orlando Dantas, do *Diário de Notícias*, criador do slogan "O petróleo é nosso", e que, por isso, não aceitava anúncios da Esso e da Shell. Chateaubriand já era quase um Estado dentro do Estado. E Roberto Marinho ainda ensaiava seu império, composto então de um jornal, uma rádio e de gibis como *Mandrake* e *Fantasma*, mas começava a crescer. Nenhum deles gostava de Samuel e todos se sentiam ameaçados pela *Última Hora* — às vezes, quando se via um bonde ao longe, tinha-se uma ilusão de azul: eram os passageiros atracados com a *Última Hora*. Para os donos dos outros jornais, isso era resultado da escandalosa troca de proteção entre Getulio e Samuel. Um promissor jornalista da época, Carlos Castello Branco, o Castelinho, definiu-a com precisão: "*Última Hora* foi criada para ser a Volta Redonda da imprensa brasileira".

O maior inimigo de Samuel, no entanto, não seria nenhum deles, mas o proprietário de um dos menores periódicos do Rio — um vespertino com tiragem mínima e que circulava basicamente nos arredores da avenida Rio Branco: Carlos Lacerda, da *Tribuna da Imprensa*.

O deputado Tenorio Cavalcanti (UDN-RJ), dono do jornal *Luta Democrática*, entrou no Vogue cercado de guarda-costas, fumando de piteira longa e fazendo simpáticos acenos aos que o reconheciam. Sobre os ombros, a célebre capa preta, semelhante à do anúncio do vinho do Porto Sandeman — segundo a lenda, ela servia para esconder "Lurdinha", sua submetralhadora MP-40, alemã, usada para defender seus domínios em Caxias, na Baixada Fluminense, e que lhe dava fama de pistoleiro. Servia também para disfarçar o colete à prova de balas sob o terno. O maître Luiz providenciou-lhe uma mesa na região nobre. Tenorio deu autógrafos, conversou baixinho com quem lhe dirigiu a palavra e, de repente, pediu para tocar piano. Sacha cedeu-lhe o banquinho e o Vogue fez silêncio. Ao afastar a capa para sentar-se, viu-se que não havia nenhuma metralhadora, mas um revólver num coldre amarrado ao cinto. Para surpresa de todos, Tenorio tocou "Risque", de Ary Barroso. Foi muito aplaudido. Agradeceu, levantou-se, saiu pela porta e nunca mais voltou. Só queria ver como era o Vogue de que tanto se falava. Viu e achou que chegava.

Já Arlindo Pimenta, com seu terno de linho branco, chapéu-chile, bastos bigodes e charuto comprido e fino, nunca foi visto no Vogue. Era o senhor das apostas na zona da Leopoldina e talvez o principal bicheiro do Rio. Se aparecesse de repente à porta, ninguém o impediria de entrar — no máximo, Luiz o sentaria no canto mais remoto da Sibéria. Mas Pimenta devia ser o primeiro a saber que não seria bem-visto no Vogue e, na verdade, não havia lá nada que lhe interessasse. Já o Night and Day, o Casablanca e o Monte Carlo eram diferentes, porque tinham os grandes shows de mulheres seminuas, e tanto Arlindo quanto Eusébio de Andrade, Rafael Palermo e Aniceto Moscoso, os outros bicheiros do seu nível, os frequentavam.

A ausência dos bicheiros no Vogue devia ter razões apenas estéticas, porque Stuckart não se opunha à presença de outros homens de negócios não muito lícitos, se fosse capaz de reconhecê-los: os especuladores, os aptos a dar ou receber suborno, os contrabandistas de luxo. Esses homens, no entanto, não deviam diferir muito dos ricos e charmosos grã-finos que davam prestígio à casa e saíam na coluna de Jacinto de Thormes — alguns talvez até estivessem entre eles.

Como o Vogue era frequentado pelas pessoas que tomavam decisões no governo e por gente de fora que tinha interesse nelas, era natural que ali florescesse, com grande discrição, uma bolsa de informações a bom preço. As cotações do câmbio ou do café, por exemplo, eram assunto permanente. Como alguns funcionários da Sumoc (Superintendência da Moeda e do Crédito) eram habitués, sempre se podia contar com pistas quentes para o dia seguinte. Uma insinuação de que o governo planejava baixar o dólar por libra-peso do café fazia com que alguns exportadores acertassem às pressas a venda de centenas de milhares de sacas antes que a resolução fosse publicada. Os que não tinham sido privilegiados por essa informação podiam estrilar, mas quem mandou não frequentar um dos centros nevrálgicos do poder?

O Vogue era também o lugar ideal para manter relações com os funcionários da Cexim (Carteira de Exportação e Importação), órgão do

Banco do Brasil encarregado de expedir licenças de importação de artigos de primeira necessidade — grãos, medicamentos e equipamento para indústria pesada. Enquanto o inocente Sacha tocava "Tangerine" ao piano, propinas eram negociadas de forma a incluir espetaculares contrabandos em transações aparentemente legais. Uma importação de trigo, por exemplo, podia comportar a chegada de uma partida de artigos de fórmica ou de lastex, grandes novidades na época. Em outra importação, de locomotivas e material ferroviário para a Central do Brasil, vinham vagões abarrotados de autopeças de reposição para a enorme frota de automóveis do Rio, todos estrangeiros.

Importavam-se jipes, caminhões, tratores, e, com eles, entravam os conversíveis rabos de peixe que faziam a felicidade dos casais em lugares ermos como a Praia Vermelha, a ladeira da rua Sacopã e o Arpoador. Ou eram os próprios carros que entravam direto pela Alfândega, por intermédio de guias e assinaturas falsificadas e mudanças de nome, sexo e profissão dos "importadores". Um influente membro da família Vargas, possivelmente Bejo, garantia essas operações — à revelia de Getulio, acreditava-se. Operações que, em alguns casos, estavam começando a passar muito perto de Getulio, como uma licença de importação de quatro Rolls-Royces para a Presidência e que foi contestada por um senador. Graças a isso, descobriu-se que a Presidência só pedira dois Rolls — os outros viriam de lambuja, para venda no mercado negro. O Vogue não era o único lugar onde se articulavam essas transações. Era apenas o mais elegante. E nenhum outro tinha presença tão ilustre quanto a de Lourdes Lessa, secretária particular de Getulio e que, todas as noites, à uma da manhã, chegava ao Vogue em busca do homem pelo qual era apaixonada: o jornalista Fernando Ferreira. Era como se a antessala do gabinete presidencial se instalasse no recinto.

Nem sempre a elegância predominava nas relações sociais. Na madrugada do dia 7 de abril de 1952, um homem chamado Afranio Arsenio de Lemos foi encontrado morto dentro de um Citroën preto no alto da rua Sacopã, na Fonte da Saudade, próximo à lagoa Rodrigo de Freitas. Afranio tinha 31 anos, era desquitado e funcionário do Banco do Brasil. Levara três tiros de revólver calibre 32 e quatorze coronhadas na cabeça. Dentro do carro havia dois estojos de batom, um par de brincos, uma caderneta de endereços e a fotografia de uma moça com dedicatória de amor: "Este sorriso te pertence". Com esses dados e depoimentos de testemunhas, a polícia montou o quadro. A moça era Marina Andrade Costa, ex-namorada do bancário, dezoito anos, aluna do Colégio Juruena. Antes de romper com Afranio, ela conhecera Alberto Jorge Franco Bandeira, tenente da Aeronáutica, 22 anos, que se tornara seu novo namorado. A versão oficial, depois de um ano e meio de investigações, foi a de crime passional cometido por Bandeira, inconformado por Afranio ainda estar supostamente interessado em Marina.

Era estranho. Por que alguém mataria o ex-caso de uma namorada que conhecera apenas vinte dias antes? E metade da cidade testemunhou ter chegado à janela naquela noite e visto Bandeira passar de carro rumo aos vários cenários do crime, embora estivesse escuro e ninguém o conhecesse antes. Outra estranheza: no dia seguinte ao crime, um policial mandou lavar o carro de Bandeira por dentro e por fora numa garagem do Humaitá, apagando as impressões digitais e palmares. Bandeira nunca admitiu a culpa, mas não adiantou. Em março de 1954, num julgamento que durou trinta horas e parou o país, transmitido na íntegra por Carlos Palut na Emissora Continental, o tenente foi condenado a quinze anos de reclusão e mandado para a Penitenciária Frei Caneca, no Estácio. Perdeu também sua patente de oficial.

Um ex-juiz e desembargador, o advogado Souza Neto, entrou com um pedido de habeas corpus para Bandeira no Supremo Tribunal Federal, alegando falta de provas e inúmeras irregularidades na investigação. Novas teorias começaram a surgir. Uma delas circulou amplamente e fez furor no Vogue, porque envolvia alguns de seus frequentadores. Afranio era um *homme à femmes* e, embora não tivesse atrativos aparentes, fazia sucesso entre as moças da sociedade. Uma delas seria Mimi de Alencastro Guimarães, vinte anos, filha do conhecido senador getulista Napoleão de Alencastro Guimarães. Afranio estaria chantageando Mimi, como já fizera com outras, ameaçando expor fotografias que tirara. Ao receber o dinheiro, entregava as fotos e os negativos, mas, depois, deixava o chantageado saber que guardara cópias. Era uma ameaça de chantagem e, em casos como esse, só resta a eliminação do chantagista. Amigos da família ofereceram-se para "dar um jeito" — um deles, Luiz

Carlos Vital, conhecido como Bisão, um rapaz muito forte, pioneiro do surfe no Rio e filho do prefeito do Distrito Federal, João Carlos Vital. Suas impressões digitais, recolhidas antes da lavagem, foram encontradas no Citroën.

Mas, assim como as versões que incriminaram Bandeira, essa e outras que poderiam inocentá-lo também não foram confirmadas. E o próprio Bandeira não ajudava muito. Mesmo tendo a opinião pública (principalmente a feminina) maciçamente a seu favor, era considerado, pelos envolvidos na investigação, arrogante, antipático e às vezes alheio ao que lhe poderia acontecer. Pegou mal também que, antes mesmo do julgamento, se noticiasse que ele compusera alguns versinhos na prisão e aceitara a sugestão do compositor Assis Valente de transformá-los num samba. Assis, autor de tantos sucessos ("Uva de caminhão", "Recenseamento", "Brasil pandeiro"), lançados por Carmen Miranda e pelos Anjos do Inferno, estava no desvio desde o começo dos anos 40. A oportunidade de se beneficiar de um caso tão rumoroso era boa demais para ser desperdiçada, embora todos acusassem a mediocridade da letra: "*Eu não pequei, meu senhor / Por que sofrer tanta dor? / Quem tem pecado a pagar / É quem deve penar...*". O samba, "Não pequei", foi oferecido a vários cantores, que o recusaram, até que Lucio Alves, sem pensar direito, começou a cantá-lo em seu programa na Rádio Tupi e anunciou que iria gravá-lo. Foi um custo para convencê-lo de que não deveria fazer isto — que todos o acusariam de oportunismo.

Só Bandeira não abria mão de ter um pé no show business. Mesmo condenado e preso, iria apaixonar-se — e parecendo ser correspondido — por aquela que, já sem a trança e com novo penteado, novas roupas e novo glamour, se tornaria uma das duas ou três mulheres mais bonitas do Brasil: Doris Monteiro.

9

UM SABOR DE *BAS-FOND*

Em 1952, depois de quase cinco anos no Vogue, Linda Baptista partiu para uma temporada de shows na Europa — 40 dias em Paris, 28 em Roma e 12 em Lisboa. Levava nas malas uma coleção de baianas que mandara confeccionar para que, quando entrasse no palco, todos soubessem que era o Brasil chegando. Por isso — e para dar à sua excursão um caráter quase oficial —, Linda pediu uma audiência ao presidente Getulio Vargas. Queria fazer-lhe uma visita antes de embarcar. Getulio mandou dizer que sim, mas ela precisaria ir ao Palácio Rio Negro, em Petrópolis, onde ele passava alguns dias. Como a ocasião poderia ter interesse jornalístico, Linda convidou a acompanhá-la seu amigo Hermínio Bello de Carvalho, dezessete anos, verdadeiro autor da coluna que ela assinava na *Última Hora*. O simples fato de Linda "escrever" na *Última Hora* reforçava a suspeita — para alguns, convicção — de que Getulio tinha um caso com ela.

A audiência coincidiu com o dia de seu embarque. Linda chegou na hora, ela mesma dirigindo e já com as malas no carro, mas Getulio estava em reunião com alguns ministros e levou mais de uma hora para recebê-la. Finalmente apareceu, acompanhado de Gregorio Fortunato, e a atendeu como se tivesse todo o tempo do mundo. Quis saber o quê, onde, quando e com quem ela cantaria, se tinha algo novo em seu repertório e quando estaria de volta. Getulio era musical, ouvia discos na vitrola antes de dormir e estava especialmente encantado com dois recentes sambas-canção: "Vingança", de Lupicinio Rodrigues, gravado por ela, e "Menino grande", de Antonio Maria, por Nora Ney. Hermínio sabia dos rumores a respeito de Getulio e Linda, mas, pelo que observou, não havia vestígio de intimidade entre eles — era como se estivessem se falando pela primeira vez. Já os serviçais do Rio Negro, habituados a receber Linda em visitas a Getulio nos tempos do Estado Novo, sabiam que não era assim.

Linda olhou para o relógio e viu que estava atrasada para o voo. Àquela hora, já deveria estar no Galeão. Getulio lhe disse que ficasse tranquila. Despediu-se desejando-lhe felicidades e destacou dois batedores para abrir-lhe caminho serra abaixo e até o aeroporto. Linda, excelente motorista, fez todas as barbaridades possíveis na estrada sem ser incomodada e chegou a tempo para o voo. Na verdade, chegaria a tempo de qualquer maneira porque, assim que ela saiu, Getulio telefonou para a Panair e pediu que atrasassem o avião até "dona Linda Baptista chegar" — porque ia em "missão musical" para Paris.

Linda não podia saber, mas seus dias de campeã da indústria fonográfica haviam terminado. "Vingança" (com "Trapo de gente", de Ary Barroso, no outro lado) seria seu último disco de grande venda. Continuaria requisitada por rádios e boates e presença constante nas chanchadas da Atlântida, mas seu declínio na parada de sucessos seria irreversível. Vozes mais jovens surgiam.

Em 1953, de volta ao Rio, como que já buscando alternativas, Linda lançou-se a uma empreitada então pouco comum para artistas: vendeu dois ou três carros e, com o dinheiro, arrendou a boate do novo hotel Plaza, com entrada pela avenida Prado Junior. Pelo que observara e aprendera nos anos de Vogue, sentiu que era possível ganhar dinheiro servindo qualidade ao público. E, sob sua administração, o Plaza começou bem. Não tinha hora para fechar, servia um uísque que ela própria tomava sem susto e a parte musical era impecável — a cada semana, o microfone era ocupado por um nome de peso, e sempre brasileiro. Começou com Elizeth Cardoso, que vinha de emplacar "Ocultei", samba-canção de Ary Barroso; depois, veio Nora Ney, com seu mais recente sucesso, "De cigarro em cigarro", de Luiz Bonfá; mais adiante, Lucio Alves, também acontecendo com "Memórias", de Hianto de Almeida e Evaldo Ruy. A orquestra da casa era a do trompetista Barriquinha, com Donato ao acordeom. Outra bossa foi a das garçonetes mulatas que, de repente, se punham a sambar entre as mesas. A própria Linda cantava alguns números por noite — como "Amor de boate", de Dora Lopes e Donato —, mas preferia criar um clima de clube, conversando com os clientes e contando histórias. Deu certo — pelo menos, no começo. No outro lado do Plaza, com saída para a avenida Princesa Isabel, havia também um bar com piano, este a cargo de Djalma Ferreira, que se desligara do Embassy, e com um picadinho servido até altas horas.

Linda não era um caso isolado de cantor candidato ao crepúsculo. O panorama estava em transformação, e os grandes nomes do rádio começavam a perder posições para uma leva de intérpretes mais sóbrios e intimistas, com a voz do tamanho das casas em que se apresentavam. Dos grandes cartazes masculinos do passado — Francisco Alves, Orlando Silva, Carlos Galhardo, Silvio Caldas —, só Silvio estava se adaptando com facilidade às boates. Afinal, era um cantor que, desde sempre, se concentrara mais na interpretação do que nos arroubos vocais. Durante toda a década de 50, ele seria a atração mais cara e disputada pelos donos da noite, firmando contratos milionários por temporada no Vogue ou no Club 36 e esgotando a lotação noite após noite. O que lhe permitia, ao fim de cada compromisso, desaparecer sem avisar — passar meses fora do Rio ou de São Paulo, incógnito, em algum brejo ou grotão, dedicando-se a pescar e cozinhar com e para pessoas, na maioria, humildes, que ele nunca vira na vida. E que ainda se espantavam quando ele resolvia provar as minhocas que arrancava do chão antes de espetá-las no anzol — para saber se "estavam no ponto".

Já naquela época, Silvio dizia a Fernando Lobo e Antonio Maria que em breve iria se despedir dos microfones. Se cumprisse essa ameaça, estaria se despedindo por cima. Mas não era o caso de seus principais colegas. Orlando Silva tornara-se uma sombra do que fora — sua voz perdera a elasticidade que lhe permitia sustentar notas com enorme facilidade, e ele agora tentava compensar isso com um canto chorado que nunca fora sua característica. Mario Reis saíra de seu longo retiro (abandonara a carreira em 1935), gravara um álbum de 78 rpm dedicado a Sinhô e fizera uma minitemporada no Vogue, no começo de 1952, sem provocar grandes abalos — dali, voltara para o Country, onde contava histórias, jogava bridge e se expunha sem saber como calção frouxo que lhe deixava os ovos à mostra (os sócios do Country achavam graça). E, na noite de 27 de setembro, Francisco Alves morreu ao voltar de São Paulo, onde fizera um show ao ar livre para 5 mil pessoas, no largo da Concórdia, no Brás, com transmissão pela Rádio Nacional de São Paulo.

O Buick que ele dirigia chocou-se contra um caminhão perto de Pindamonhangaba, na Via Dutra, e o motor explodiu. Seu sobrinho Haroldo, que o acompanhava, foi jogado para fora do carro e se salvou, mas Chico morreu carbonizado. Acabara de fazer 54 anos, dos quais 25 como o maior cartaz do Brasil e recordista em número de músicas gravadas, discos vendidos e sucessos nas paradas. E como ele conseguiu isso? Aderindo parcialmente a cada ritmo — do maxixe ao samba-canção, gravou quase todos, à medida que iam surgindo —, mas sem perder suas características. Nesse sentido, era uma espécie de Bing Crosby brasileiro, embora, como cantor, sua maior admiração (e influência) tivesse sido o argentino Carlos Gardel. Mas é possível que o sucesso de Chico Alves estivesse com os dias contados. Seu programa na Rádio Nacional, ao meio-dia dos domingos (e cujo prefixo, algo incongruente, era a valsa de José Maria de Abreu e Francisco Mattoso "Boa noite, amor"), tinha uma gigantesca audiência cativa — toda de meia-idade. O Brasil que estava envelhecendo o amava. Ainda era o "Rei da Voz", mas, um dia, todos os seus fãs estariam mortos.

Isso não aconteceu. Chico se antecipou a eles. A notícia de sua morte chegou às rádios de manhã, desencadeando um luto nacional. Naquela noite, em muitas boates do Rio, os artistas interromperam suas apresentações para falar de Chico Alves e do quanto lhe deviam ou de como o admiravam. A homenagem mais tocante foi a de Nelson Gonçalves, que se apresentava na boate Mocambo, na avenida Prado Junior. Ao entrar em cena, comunicou à plateia que a noite seria toda de Francisco Alves. E, até encerrar, já de manhã, cantou exclusivamente o repertório de Chico, de que sabia dezenas de canções. A exceção a esse clima de consternação coube a um desafeto de Chico, o crítico Lucio Rangel, que nunca o perdoou por comprar os sambas de Ismael Silva em 1930 e se fazer de autor deles. Naquela noite, Ataulpho Alves também interrompera seu show, na boate Monte Carlo, para uma comovida homenagem ao cantor desaparecido. A plateia guardava respeitoso silêncio quando Lucio Rangel, ao embalo de um mar de uísque, se levantou e gritou para o palco: "Foda-se!". E preparou-se para ser linchado pelos presentes. Mas não foi linchado, nem mesmo vaiado. Houve até quem risse. Tiveram sorte de Nelson Gonçalves não estar ali.

Nelson era outro que precisava sair do impasse em que sua carreira se colocara. Estava na praça havia dez anos e era um dos mais completos cantores românticos do país, mas isso não se refletia em prestígio — em parte, por sua culpa. Em 1949, aos trinta anos, ele gravara, de Benedito Lacerda e David Nasser, o samba "Normalista". Com aquela idade, uma declaração de amor a uma normalista parecia aceitável, mas, com sua voz de baixo e inflexão severa, o galanteio soava quase a pedofilia — e todo mundo adorou. Nelson devia ter parado por aí, mas, com o sucesso de "Normalista", os compositores passaram a supri-lo de músicas sobre outras profissões e funções — "Enfermeira", "Estudante", "Datilógrafa", "Telefonista", "Manicure", nenhuma com o sucesso da primeira.

No passado, foxes como "Renúncia", de Mario Rossi e Roberto Martins, que ele lançara em 1943, e "Dos meus braços tu não sairás", de Roberto Roberti, em 1944, e a canção "Maria Betânia", de Capiba, em 1945, já o preparavam para ser um incisivo cantor de sambas-canção. O que lhe faltava era uma identidade. Foi então que algumas histórias de violência pessoal que lhe eram atribuídas começaram a acentuar o contraste com o homem sensível, pronto a sofrer por amor, que ele também era. Com a entrada de Herivelto Martins em sua vida, em 1953, Nelson começou a ganhar essa identidade — e um repertório condizente.

Nelson estava casado com Lourdinha Bittencourt, que cantava com Herivelto e Raul Sampaio no Trio de Ouro. Um diretor de boate, que namorara Lourdinha alguns anos antes, dizia que ela gostava de apanhar. Nelson, por sua vez, gostava de bater. Com isso, as perspectivas eram de um casamento feliz e realizado. Mas, com ele, nada era tão simples — Nelson se excedia e Lourdinha tinha de ser socorrida por Herivelto e por Lourdes, mulher deste. Outros amigos e vizinhos participavam da ruidosa vida amorosa do casal. Havia um lado involuntariamente cômico nessas crises, provocado pelo fato de Nelson ser gago. Em meio a uma explosão de cólera e impropérios contra quem se metesse na briga, a excitação o fazia empacar numa sílaba da qual não conseguia sair. A desesperada repetição da sílaba — tá-tá-tá, tá-tá-tá, tá-tá-tá — lembrava o matraquear de uma metralhadora, daí seu apelido, só acessível aos íntimos, de "Metralha".

Em jovem, Nelson fora garçom, leão de chácara e boxeador (peso leve), profissões, às vezes, não muito distantes do *bas-fond*. Talvez por isso, sambas-canção com certos duplos sentidos e imagens, impensáveis na voz de rapazes finos como Dick Farney ou Lucio Alves, pareciam "normais" quando cantados por ele. Muitos perceberam isso ao ouvi-lo em "A camisola do dia", de Herivelto e David Nasser, em que a lírica definição da camisola como um "céu azul de organdi" remetia, indisfarçavelmente, a sexo oral. E uma de suas estrofes gerava uma cena de filme francês na imaginação do ouvinte: "... *Tinha rendas de Sevilha/ A pequena maravilha/ Que o teu corpinho abrigava/ E eu, eu era o dono de tudo/ Do divino conteúdo/ Que a camisola ocultava*".

Sob o novo Nelson, nenhum fracasso amoroso ficava impune numa canção. Era preciso vingá-lo, e com requintes de humilhação — como em "Redoma de vidro", dele e de Herivelto, em que uma mulher, vista a princípio como uma santa de altar (daí a redoma de vidro), se revela uma devassa e libertina, a ser escorraçada do lar. Notar que, apesar desse recente histórico em sua vida e obra, Nelson passou a ter no público feminino a maioria de seus fãs — seus graves pareciam atingi-las no mais íntimo de seu âmago.

Essa atmosfera de submundo estava presente em muitos outros sambas-canção lançados em 1952 e 1953. "*Se eu quiser fumar, eu fumo/ Se eu quiser beber, eu bebo/ Não me interessa mais ninguém// Se o meu passado foi lama/ Hoje quem me difama/ Viveu na lama também...*", diziam Paulo Marquez e Alice Chaves em "Lama", cantado por Linda Rodrigues. Um clássico do triângulo amoroso foi "Eu sou a outra", do jornalista Ricardo Galeno, lançado por Carmen Costa: "*Ele é casado/ E eu sou a outra/ Na vida dele/ Que vive qual uma brasa/ Por lhe faltar/ Tudo em casa.// Ele é casado/ E eu sou a outra/ Que o mundo difama/ Que a vida, ingrata, maltrata/ E, sem dó, cobre de lama.// Quem me condena/ Como se condena/ Uma mulher perdida/ Só me vê na vida dele/ Mas não o vê na minha vida./ Não tenho nome/ Trago o coração ferido/ Mas tenho muito mais classe/ Do que quem não soube/ Prender o marido*".

Outro exemplo desse clima sombrio, mas inconformado, é a saga da mulher que faz a ronda dos bares à procura do homem que a abandonou, não exatamente para lhe implorar que volte — "... *Porém, com perfeita paciência / Sigo a procurar / Hei de encontrar / Bebendo com outras mulheres / Rolando um dadinho / Jogando bilhar / / E nesse dia então / Vai dar na primeira edição / 'Cena de sangue num bar / Da avenida São João'*". Trata-se de "Ronda", de Paulo Vanzolini, com Inezita Barroso — uma quase obra-prima, obscurecida apenas pela incômoda semelhança de sua melodia com a segunda parte de "Juramento falso", de J. Cascata e Leonel Azevedo, de 1937. Nem tão sanguinária, mas tão inclemente quanto, era a mulher de "Baralho da vida", de Ulisses de Oliveira, interpretada por Dora Lopes — "... *Quando a sorte virar e você compreender / Vai clamar / E eu lhe direi bem baixinho / É tarde demais pra chorar / / Depois / Você vai ver o que perdeu / No baralho da vida / Quem dá as cartas sou eu*".

Dora Lopes, com sua independência e coragem, encarnava à perfeição esse tipo de repertório. Enquanto suas colegas aceitavam qualquer emprego no rádio, mesmo em emissoras furrecas, ela recusava com tranquilidade até as propostas da Rádio Nacional. Sua objeção ao veículo era a de que ele obrigava a cantora a se empetecar para cantar num programa de auditório, acordar cedo para estar lá a tempo, esperar durante uma eternidade no camarim e, na última hora, ser avisada de que, por uma mudança na escala, não iria cantar naquele dia. Em vez disso, Dora preferia as boates. Nelas, podia cantar o que quisesse, sentir o hálito quente da plateia e ver no rosto das pessoas a reação à dramaticidade das letras. Em 1953, no embalo de "Baralho da vida" e seguindo na trilha de Linda Baptista, ofereceu-se para gerir uma boate na rua Carvalho de Mendonça, chamada Caixotinho. O nome se devia ao fato de, em vez de cadeiras, os clientes se sentarem em pequenos caixotes. Ou as clientes — porque, com toda a discrição que fosse possível manter, era uma boate de lésbicas.

A mulher por quem todos torceram para triunfar sobre seus formidáveis adversários, Dalva de Oliveira, estava agora no apogeu. Sua vitória era total e irreversível e, para que ninguém duvidasse disso, aprontava-se para qualquer programa vespertino da Rádio Nacional como se fosse cantar no Golden Room. Ao adentrar o palco da emissora numa quarta-feira à tarde e com 39 graus na praça Mauá, Dalva justificava a algazarra que centenas de fãs humildes e deslumbradas faziam no auditório ao recebê-la. Vestia um tomara que caia bordado com paetês, o colo coberto por uma echarpe de gaze dourada e se ornamentava com colar e brincos de brilhantes, pulseiras e braceletes de ouro e um solitário no dedo — Dalva coruscava à luz dos refletores. Vinha também lindamente maquiada, o cabelo rebelde posto de jeito, batom e unhas vermelho-escuros e uma aura de rainha. Ou o que ela imaginava ser uma aura de rainha, depois de cantar com a orquestra do pianista Roberto Inglez (apesar do nome e do sobrenome, escocês) no Hotel Savoy, de Londres, em 1952, numa noite em que a princesa Elizabeth — a um ano de ser coroada — estava presente. Ao fim de sua apresentação, Dalva saía pela porta da frente da Rádio Nacional, envolta num longo casaco preto, e entrava em seu Jaguar conversível prata, com o chofer e o secretário na frente e, a seu lado, seu novo marido e empresário, o argentino Tito Clemente, oculto por elipse no banco de trás.

Muito antes disso, quando ainda era a mulher de Herivelto Martins e cantava no Trio de Ouro, Dalva já era observada com adoração por uma menina de São Gonçalo (RJ) chamada Abelim, que tapeava a mãe, fugia do colégio e atravessava a baía para vê-la nos programas de auditório — os quais, logo depois, como caloura, passaria a frequentar para reproduzir, nota por nota, o que Dalva fazia com a voz. Isso custou a Abelim uma quantidade de surras porque, filha de um pastor da Igreja Batista e de uma família maciçamente evangélica, o mundo do rádio era o território do demônio. Mas, tratando-se do samba-canção, gênero favorito da menina, o demônio falou mais alto. E não adiantou a Abelim trocar seu nome bíblico (significando, segundo o *Aurélio*, carpidor nas cerimônias fúnebres israelitas) por outro mais comum — Angela Maria —, para evitar que a família a reconhecesse pelo rádio. Seus irmãos Abimael, Abigail, Abiail, Abiadil, Abdnar, Abdiel, Abiadina, Abiezer, Abdil e Arlete sabiam que era ela e, quando Abelim voltava para casa, sua mãe a surrava de chinelo, embora não se furtasse a aceitar o cachê que ela ganhara e lhe oferecia.

Aos vinte anos, em 1950, já dona de seu nariz e morando em Bonsucesso, Angela substituiu Elizeth Cardoso no dancing Avenida, onde o compositor e cantor Erasmo Silva a descobriu. Ele lhe perguntou: "Minha filha, você quer ser a maior cantora do Brasil? Se quiser, liberte-se da Dalva". Angela seguiu o conselho, e Erasmo apresentou-a a compositores também iniciantes — Paulo Marquez, Othon Russo — que lhe deram canções inéditas. Em pouco tempo, tudo começou a acontecer: contrato na RCA Victor e "revelação do ano" em 1951; contrato na Rádio Nacional e temporada no Vogue em 1952; ganhou do presidente Getulio Vargas o apelido "Sapoti" (frutinha escura, suculenta e doce) e, finalmente, estrelou *Acontece que eu sou baiano*, musical de Carlos Machado no Casablanca, em 1953, dividindo o palco com Dorival Caymmi, o qual a presenteou com o primeiro samba-canção realmente expressivo que ela gravou: "Nem eu" — *"Não fazes favor nenhum / Em gostar de alguém / Nem eu, nem eu, nem eu..."*. Uma troca de gravadora, da Victor para a novata Copacabana (ex-Star), naquele mesmo 1953, atraiu material de primeira para o seu estilo: "Fósforo queimado", de Paulo Menezes, Milton Legey e Roberto Lamego, "Orgulho", de Waldir Rocha e Nelson Wanderkind, e o lancinante "Vida de bailarina" — *"Quem descerrar a cortina / Da vida da bailarina / Há de ver cheio de horror / Que no fundo do seu peito / Existe um sonho desfeito / Ou a desgraça de um amor..."*.

Angela gravou "Vida de bailarina" no estúdio da Copacabana, na avenida Rio Branco, numa sessão em fins de outubro ou começo de novembro de 1953 (os arquivos da gravadora não conservaram registros exatos), sem imaginar que aquele seria o dia mais importante de sua carreira — porque todos os seus futuros e muitos triunfos se construiriam a partir dali. Para os autores do samba-canção, o compositor Chocolate e o letrista Americo Seixas, o efeito seria ainda mais radical. Continuariam trabalhando e produzindo, cada qual por si, mas nada iria superar "Vida de bailarina" na carreira deles. Ou na vida.

Chocolate, comediante de agenda cheia, não saía atrás de melodias — ficava à espera de que uma, talvez caída do céu, lhe viesse à cabeça. E, pelo visto, desde "Canção de amor", com Elano de Paula, que revelara Elizeth em 1950, nenhuma outra tão importante lhe ocorrera. Além disso, Chocolate não sabia música. Um irmão de Elano, o radialista Francisco — logo depois, Chico — Anysio, dizia que Chocolate "compunha com poió". Assim: "*Poió/ Pó-poió/ Pó-poió-pó...*". Um dia, aconteceu: surgiu-lhe uma linha melódica de frases longas e redondas, perfeita para que, com elas, se contasse uma história. Chocolate passou-a ao letrista Americo Seixas, e ali nasceu o drama das bailarinas dos dancings, aquelas que "não vivem para dançar, mas dançam para viver".

O tema era análogo ao da canção "Ten cents a dance", que Richard Rodgers e Lorenz Hart tinham feito para a cantora Ruth Etting em 1930 e já razoavelmente esquecida — e que Doris Day iria ressuscitar magistralmente em 1955, no filme *Ama-me ou esquece-me*. Mas a melodia de Chocolate parecia mais pungente que a de Rodgers & Hart, e a letra de Americo Seixas era um exemplo do que, no futuro, o ensaísta José Lino Grünewald, referindo-se a Nelson Rodrigues, chamaria de "mau gosto genial". Confira a segunda parte: "... *Obrigada pelo ofício/ A bailar dentro do vício/ Como um lírio em lamaçal/ É uma sereia vadia/ Prepara em noites de orgia/ O seu drama passional*".

Americo Seixas era um letrista quase tão bissexto quanto Chocolate como compositor. O primeiro a lhe pedir parceria parece ter sido Ataulpho Alves, em 1947, do que resultou "Infidelidade", gravado por Déo, com aqueles extraordinários versos "... *Era o dono do negócio/ Sem saber que havia um sócio/ Na firma do nosso amor*". No ano seguinte, de novo com Ataulpho e de novo gravado por Déo, Americo compôs "Pavio da verdade", com outra estrofe brilhante: "... *Veja lá se não me obriga/ A desfazer tanta intriga/ E provar por a + b/ Num puro e simples exame/ Quem já fez papel infame/ Se fui eu ou foi você*". Em 1949, Americo escreveu "Fantoche", com música de Wilson Baptista, em que Jorge Goulart cantava, "... *Dei-te vida de princesa/ Joias, peles, lauta mesa/ Automóvel, bangalô// Tinhas mais que o necessário/ Do bolso de um grande otário/ Que em teu beijo acreditou//* [...] *Bem mereço o teu deboche/ Pode rir deste fantoche/ Que te fez algum favor/ Deserto é o nosso destino/ És vaidosa e eu, cretino/ Por te amar com tanto amor*". E, mesmo em 1953, Americo já se fizera notar por "O esbarro", com música de Cesar Brasil, em que Alcides Gerardi cantava "*Desculpando-se do esbarro/ Ela pediu-me um cigarro/ Em gestos muito banais/ E fazendo-lhe a vontade/ Eu vi na leviandade/ As suas credenciais...*".

Entre sambas, sambas-canção e marchinhas, a obra completa de Americo Seixas não chegou a trinta títulos — quatro com Ataulpho, outros quatro com Wilson Baptista e os restantes também com compositores de nome, como Erasmo Silva, Roberto Roberti e Arlindo Marques Jr. O letrista Klecius Caldas ("Somos dois") admirava sua métrica rigorosa e a inesgotável capacidade de rimar. Foi Klecius quem chamou a atenção para a descoberta por Americo da rima para uma palavra quase impossível: fígado. Está na marchinha "Água, não!...", em parceria com Erasmo Silva e Edson Santana, gravada por Alcides Gerardi para o Carnaval de 1955: "*Dizer que o chope/ Faz mal ao fígado/ É in*[*triga do*]*/ Mau bebedor*". Inexplicavelmente, depois de um estouro como o de "Vida de bailarina", Americo nunca voltou a trabalhar com Chocolate — e essa é apenas uma das perguntas sem resposta sobre sua vida.

Sabe-se que era sergipano, nascido em 1910, e que morava desde os vinte anos no Rio — ao fazer "Vida de bailarina", tinha 43. Era médico, professor de português, grego e latim, morava em Niterói e parecia ser um caso de dupla personalidade. De um lado, o letrista implacável com as mulheres, sempre desleais, infiéis ou mesmo prostitutas — veja o começo de "Infidelidade": "*Gostei de uma criatura/ Sem moral, sem compostura/ Sem coração, sem pudor...*". De outro, o médico gentil e atencioso que, em outubro de 1954, saiu no *Diário da Noite* ao fazer a palestra "Verminoses em crianças", para uma plateia de mães carentes e seus filhos, na Fundação Lar do Operário Fluminense, em Niterói, a que se seguiram a entrega dos prêmios de um concurso de higidez infantil promovido pelo Círculo de Mães e distribuição de merenda. Não erraria muito quem visse nele a encarnação simultânea de o médico e o monstro — um monstro genial.

Americo Seixas morreria no Rio, em 1964, aos 54 anos. Klecius Caldas lembra-se de tê-lo visto na rua, em seus últimos tempos, aparentemente falando sozinho. O que não quer dizer nada, porque Americo podia estar apenas, num surto de inspiração, ruminando uma de suas excepcionais letras.

Para os pais de Angela Maria, não faria a menor diferença saber que o letrista da canção de maior sucesso de sua filha era um médico dedicado e caridoso, talvez daqueles à antiga, que atendiam em casa. O problema estava na profissão que ela escolhera e que a obrigava a frequentar ambientes do pecado, como boates e estações de rádio, e expor-se a homens e mulheres blasfemos, ignorantes das leis do Senhor. E nas letras das músicas, uma sucessão de luxúrias e lubricidades que não se viam nem nas Escrituras. Uma delas, a de "Abandono", de Nazareno de Brito e Prescyla de Barros, em que Angela cantava: "*... Em meu quarto, ansiosa de beijos / Amargando meus desejos / Vejo a noite caminhar... / / Vem, amor / Que é fria a madrugada / Que eu não sou mais nada / Sem o teu calor*". Ou a de "Escuta", de Ivon Curi: "*Escuta / Vamos fazer um contrato / Enxuga o pranto barato / Que te entristece o olhar / / Escuta / O nosso amor é um fracasso / Já me domina o cansaço / De brincar de te amar...*".

Machucava-os ver as reportagens sobre Angela na *Revista do Rádio* e em outras publicações, com fotografias que a mostravam na intimidade do lar, de camisa masculina amarrada com um nó sob o busto, short curtinho e as coxas de fora — coxas que deixaram Ary Barroso siderado desde que as vira pela primeira vez no espetáculo com Caymmi no Casablanca. Eram grossas, morenas e bem-feitas, e, combinadas à expressão sapeca e feliz em seu rosto, faziam de Angela uma mulher muito mais alta do que o metro e meio que efetivamente media. Angela não era como Emilinha Borba, que se recusava a ser fotografada de maiô, embora, segundo fontes menos discretas, também tivesse pernas bonitas. E só lhe restava torcer para que seus pais não tivessem lido um comentário do cronista Stanislaw Ponte Preta, comparando as cinco cantoras que haviam acabado de se apresentar juntas num auditório: "Dircinha [Baptista], a de voz mais bonita; Emilinha, a mais simpática; Marlene, a mais bonita; Dalva, a mais cabrocha do meu Brasil; e Angela Maria, 'boa' toda vida — tóiiimmm!". Imagine se Stanislaw, pelo visto admirador dos dotes físicos de Angela, resolvesse elegê-la uma das "dez mais bem despidas do Brasil", escolha que fazia anualmente na *Manchete*, como contraponto à de Jacinto de Thormes, das "dez mais bem vestidas".

O surpreendente é que, se Stanislaw tivesse feito isso, não estaria de todo errado. Antes de começar a cantar no dancing, Angela teria posado nua para dois pintores europeus — um alemão e um austríaco — radicados no Rio. Ela admitiu isso para a revista *Flan*, de Samuel Wainer, em 1953, e disse que não tinha do que se envergonhar: "Se fossem pintores brasileiros, eu não aceitaria", acrescentou. Mas, para sua família, tudo fazia dela uma pecadora.

Angela lamentava que seus pais a enxergassem dessa maneira — certamente gostariam que ela largasse tudo, inclusive o manto e a coroa de Rainha do Rádio de 1954, e voltasse a ser primeiro soprano do coro da igreja batista de São João de Meriti, onde seu pai oficiava. Mas Angela nunca deixou de amá-los e, assim que o dinheiro começou a entrar com força — o que aconteceu quase simultaneamente ao seu início de carreira —, cuidou para que tivessem sua casa própria (na Penha) e nunca mais passassem por dificuldades.

Não havia possibilidade de volta. Com três anos como profissional, Angela já tinha um Cadillac conversível vermelho com chofer (ao qual só dirigia a palavra para dizer aonde queria ir), muitas joias (entre as quais um colar de brilhantes, como o de Dalva), apartamentos em Copacabana e na Zona Norte, dezenas de sapatos (todos fechados e de salto alto) e uma agenda massacrante que podia chegar a quarenta apresentações por mês em três estações de rádio e uma de televisão, gravação de discos, shows pelo Brasil e em lugares como Montevidéu e Punta del Este e, eventualmente, cinema. A essa altura, Angela já não poderia voltar a cantar no Vogue ou em qualquer boate carioca. Nenhuma seria capaz de pagar o seu cachê. Numa época em que o salário mínimo era de 2400 cruzeiros, ela cobrava 10 mil cruzeiros por uma hora e meia de show no Rio — e mais 5 mil se tivesse de viajar. O repórter José Carlos Oliveira escreveu na *Manchete* que Angela talvez tivesse começado como Cinderela, mas adquirira a "amarga fúria do rei Midas". Bastava-lhe abrir a boca para transformar em ouro as notas que emitia.

Não vivia para cantar, porque era uma profissional, nem cantava para viver, porque já tinha ficado rica. Cantava pelo medo de voltar a ser pobre.

Assim como os grandes boêmios desaguavam a horas tantas no Vogue, os atores, cantores, compositores, músicos, roteiristas de shows, jornalistas, radialistas, coristas, alguns grã-finos e até proprietários de outras boates preferiam encerrar sua noite na vizinha Tasca, na avenida

Princesa Isabel. Por não ser uma casa da moda, sentiam-se mais à vontade e menos abordados. Com isso, o apogeu da Tasca se dava às seis da manhã, o que levava seu gerente, Ted, a só conseguir fechar perto do meio-dia. Não era conveniente para Ted e, com delicadeza, ele fez com que seus amigos se tocassem.

O compositor e letrista Humberto Teixeira se saiu com a ideia: e se eles tivessem um lugar só deles, a que pudessem chegar a qualquer hora, tomar um uísque honesto e não ser roubados na conta? Uma boate com espírito de clube, exclusiva dos sócios e de seus convidados. Constaria de apenas cinquenta membros, cada qual com sua chave, sua garrafa particular guardada no bar, boa comida e uma taxa mensal simbólica. Era a receita perfeita. Não faltaram adesões e, em agosto de 1953, nasceu o Clube da Chave.

Manuel Barcellos, dono de um programa com seu nome na Rádio Nacional e uma das potências da categoria, ajudou a pôr o projeto em pé. O local escolhido foi o térreo do antigo Cassino Atlântico, no Posto 6, onde funcionara até pouco antes a boate Embassy. O proprietário do espaço, Alberto Bianchi, cedeu-lhes a loja de graça — era rico, não precisava do aluguel —, em troca de ser um dos cinquenta. Cada membro entrou com 5 mil cruzeiros a título de joia. Com o dinheiro, compraram-se um piano de cauda, uma vitrola e os apetrechos para o serviço de bar e restaurante. A decoração era despojada, com chão de cimento, sem tapete — o que podia ser "moderno", mas não ajudava a acústica. Caricaturas dos sócios, esculpidas em madeira pelo caricaturista Nássara, ornamentavam os poucos móveis. O clube só funcionaria à noite. Não haveria dança. Um pianista seria contratado em bases semanais, mas poderia haver shows espontâneos — quem tivesse vontade, bastava subir ao estradinho que serviria de palco e cantar ou tocar.

O sócio nº 1, por justiça, foi Humberto Teixeira. Os outros "chavantes", como se chamavam — cada qual com sua chave —, eram atores como Anselmo Duarte, Jardel Filho, José Lewgoy, Oscarito, Cyl (irmão de Dick) Farney, Jorge Doria e Colé; cantores e músicos como Dorival Caymmi, Orlando Silva, Francisco Carlos, Ivon Curi, Bené Nunes e Jimmy Lester; jornalistas e radialistas como Manuel Barcellos, Fernando Lobo, Paulo Tapajós, Fernando Chateaubriand, Victor Costa, André

Jordan, José Amadio, Accioly Neto e Anselmo Domingos; os cineastas Jorge Ileli e Watson Macedo; o arquiteto Oscar Niemeyer; o deputado Nelson Carneiro; os milionários Carlinhos Guinle e Dreifus Cattan; e alguns só conhecidos entre eles. Mulheres não eram sócias, nem precisavam. O clube estava aberto a qualquer uma que quisesse entrar, mesmo desacompanhada — talvez a primeira casa noturna "decente" a praticar essa liberalidade no Brasil.

O menu do Clube da Chave já era divertido. A coluna da esquerda anunciava pratos em francês nonsense — "Crevettes aux moustaches d'or", "Coeur de colombe au crépuscule", "Boeuf à la Miguel Strogoff" — com a advertência: "Não temos e nunca teremos". Na outra coluna, vinham os pastéis, canja de galinha, arroz de forno com frango desfiado e até feijoada, que eram as verdadeiras atrações culinárias da casa. Comida e bebida saíam pela metade dos preços da praça, e o café (se algum desatinado quisesse tomar) era de graça. O uísque era de lei — afinal, estavam entre amigos. E a solidariedade predominava: em certo momento, o Rio teve uma greve de garçons e cozinheiros e, pelos poucos dias que ela durou, o Clube da Chave não se apertou. Humberto Teixeira, Manuel Barcellos, Paulo Tapajós e outros serviram de garçons, enquanto suas mulheres foram para a cozinha.

Bené Nunes encantou-se pelo rapaz que tocava piano no Tudo Azul, Tom Jobim, e convidou-o a se apresentar por uma semana no Clube da Chave. Tom disse que sim, desde que não o obrigassem a tocar o tema de *O terceiro homem*, de Anton Karàs, uma coqueluche por causa do filme de Carol Reed, com Joseph Cotten e Orson Welles, e que todo cliente de boate passara a pedir. Por intermédio de Tom, Bené conheceu Donato e levou-o também a tocar no clube. Vinicius de Moraes não era "chavante", mas tinha uma "permanente", o que dava na mesma, e fechava quase todas as noites no Clube da Chave, com sua mulher Lila. Foi lá que viu Tom pela primeira vez, tocando "Tão só", de Caymmi e Carlinhos Guinle, a pedido destes.

Vinicius saía do Itamaraty no fim da tarde e ia a pé da rua Larga à Central do Brasil, perto de onde ficava a Redação da *Última Hora*, para entregar sua colaboração diária — um consultório sentimental assinado por "Elenice", com o qual completava seu salário de diplomata sem posto. De lá, rumava para Copacabana, onde dava início aos trabalhos no Maxim's, com Lila, Antonio Maria, Sergio Porto, Paulo Mendes Campos, Fernando Sabino e Danuza Leão. Um dos principais filmes daquele ano era *A princesa e o plebeu*, de William Wyler, com Gregory Peck e uma revelação chamada Audrey Hepburn. O filme ainda não chegara ao Rio, mas todas as revistas traziam suas fotos e saudavam o longo pescoço de Audrey como uma das novas tendências da moda. Ora, todos à mesa do Maxim's sabiam que Danuza — cujo apelido era "Girafinha" — antecipara Audrey Hepburn em vários anos na categoria pescoço.

Com Antonio Maria, Vinicius acabara de compor o samba-canção "Quando tu passas por mim" — "*Quando tu passas por mim/ Por mim passam saudades cruéis/ Passam saudades de um tempo/ Em que a vida eu vivia a teus pés...*". Aracy de Almeida gravara-o na Continental por aqueles dias e, enquanto o disco não saía, cantou-o em primeira mão no Clube da Chave. No fim daquele ano, o Itamaraty finalmente deu um destino a Vinicius: designou-o segundo secretário da embaixada do Brasil em Paris. Os amigos lhe ofereceram uma festa de despedida no Clube da Chave, numa semana em que, casualmente, Tom estava ao piano. Mas os dois só se conheciam de obas e olás, e levariam três anos para se reencontrar, quando Vinicius estivesse de volta outra vez.

Pianistas ainda pouco conhecidos cumpriram pequenas temporadas no Clube da Chave: Johnny Alf, Newton Mendonça e Jacques Klein (este, autor, com Caymmi, Carlinhos Guinle e Hugo Lima, de "Nesta rua tão deserta"). As canjas instrumentais eram excepcionais, como as de Edu da Gaita, Chiquinho do Acordeon, violonistas como Garoto, Luiz Bonfá, Valzinho e Nanai, e saxofonistas como Cipó, Zé Bodega e Moacyr Silva. Um garoto de dezessete anos, também ao acordeom, Luizinho Eça, teve de se esconder no banheiro à entrada de um fiscal do Juizado de Menores. Uma gordinha de olhos verdes e igualmente com dezessete anos, levada por seu pai, o ultraboêmio Alcebíades Monjardim, subiu ao estrado com seu violão e cantou alguma coisa, recebendo aplausos burocráticos. O único a vê-la com outros olhos, e não exatamente por sua voz, foi o cineasta Carlos Manga, diretor dos filmes de Oscarito. Mas Monjardim, a quem nada escapava, percebeu e já foi avisando a Manga que sua filha estava prometida a um Matarazzo. Para

André Jordan, que presenciou tudo, ninguém imaginaria que, um ano depois, a garota se tornaria a sra. Maysa Matarazzo.

Não apenas os novatos tinham sua chance no Clube da Chave. Numa noite de outubro de 1953, um dos membros foi ao microfone e anunciou que uma pianista de visita, a pernambucana Tia Amélia, recém-chegada dos Estados Unidos, iria "deliciá-los com alguns números de seu repertório". Quando se levantou uma senhora de seus quase setenta anos, robusta, de cabelos brancos e severamente vestida, metade dos presentes gelou. "O que ela vai tocar?", perguntou-se um deles, o diretor de teatro Brutus Pedreira. "Um Chopin pletórico de rubatos, superabundantes em bacilos de Koch, ou um Mendelssohn mais de saleta que de salão?" Mas foi só Amélia Brandão Nery, Tia Amélia, abrir o piano. Dele saíram os mais extraordinários choros, valsas e sambas-canção — todos de sua autoria —, tocados com uma técnica e uma autoridade de cair o queixo. "O piano virava violão e virava flauta com contraponto de clarineta, num romantismo de esquina, dengoso e enluarado", Brutus escreveria na *Manchete*. Daquela noite no Clube da Chave, Tia Amelia partiria para um LP na Continental, outro na Odeon e um programa semanal de TV que a tornaria uma das personalidades mais queridas do Rio.

Com a autocrítica progressivamente diminuída pelos uísques, os não cantores atreviam-se a ocupar o microfone e cantar. Os mais reincidentes eram Ary Barroso (embora ele próprio dissesse que tinha "voz de peixe a escabeche"), Paulo Mendes Campos, Vinicius e o também poeta Thiago de Mello. Quem cantava bem era José Medeiros, que poderia ter feito carreira no gênero se já não tivesse outra em que se destacava — a de ser um dos maiores fotógrafos do Brasil.

Nem sempre a canja era musical. A pedido de Humberto Teixeira, o deputado Nelson Carneiro foi ao microfone e discorreu sobre seu grande tema como parlamentar: a luta pelo divórcio num Brasil em que a Igreja Católica era um poder à parte. O curioso é que Nelson Carneiro não legislava em causa própria. Seus amigos sabiam que era um homem bem casado e sem intenção de se divorciar. Já sua plateia no clube fez as contas e descobriu que, com uma média de separações de 2,2 per capita, eles eram uns párias do estado civil. O deputado foi ovacionado.

Numa noite em que os presentes — Nora Ney, Jorge Goulart, Linda Baptista, Silvio Caldas — resolveram prestar uma homenagem a Ary Barroso (outro com "permanente"), um cantor quase desconhecido, Ernani Filho, subiu ao palquinho e cantou dois ou três sambas de Ary. Foi muito aplaudido. Alguém sugeriu que cantasse outros, mas acompanhado pelo compositor. Ary perguntou-lhe o que mais ele sabia de sua obra. Ernani respondeu: "Todas". Ary se irritou: "Você é muito atrevido. Tenho mais de quatrocentas músicas". O rapaz não se abateu: "Pelo menos, umas cem eu canto". "Em que tom?", perguntou Ary, já se sentando ao piano. "Nos tons originais, claro", fulminou Ernani. Ary, habituado a gongar cantores antes que abrissem a boca, nunca ouvira nada igual. E, pelas horas seguintes, acompanhou ao piano o cantor com que trabalharia pelo resto da vida.

Ernani Filho não era assim tão principiante. Em julho, um mês antes da abertura do Clube da Chave, gravara na Sinter dois sambas-canção do, este, sim, quase estreante Tom Jobim: "Faz uma semana" (com Juca Stockler) e "Pensando em você". Fora Tom que o levara ao clube para se juntar à homenagem a Ary. Foi também no Clube da Chave que Tom e seu amigo e parceiro Newton Mendonça conheceram Mauricy Moura, bom cantor, protegido de Silvio Caldas. Deram a ele o primeiro samba-canção que fizeram juntos, "Incerteza". Mauricy gostou e o gravou, também na Sinter.

Não houve cantor da noite que não desse sua canja no Clube da Chave: Dolores Duran, Lucio Alves, Helena de Lima, Ivon Curi, Elizeth Cardoso, Julie Joy. Mesmo a poderosa Angela Maria, de quem se dizia que não cantava de graça nem no chuveiro, apresentou-se sem cobrar nada. E era natural que, sendo Humberto Teixeira seu principal mentor, o clube também recebesse os expoentes do baião: seu antigo parceiro Luiz Gonzaga, Carmelia Alves, Catulo de Paula, Luiz Vieira.

O cearense Humberto chegara ao Rio em 1932, aos dezesseis anos, e nunca mais voltara ao Ceará. Era cunhado de outro cearense, o compositor Lauro Maia, autor da marchinha "Trem de ferro" ("*O trem, blim-blão, blim-blão/ Vai saindo da estação/ E eu.../ Deixo o meu coração...*"), gravada em 1944 pelos Quatro Ases e Um Coringa, e, em parceria com Humberto, do samba "Deus me perdoe" ("*Deus me perdoe/ Mas levar essa vida que eu levo/ É melhor morrer...*"), lançado por Cyro Monteiro em 1945. Na época de "Deus me perdoe", Lauro levara a Humberto um acordeonista pernambucano chamado Luiz Gonzaga, que estava no Rio desde 1939 e tocava tangos, fados e fox-trotes nos bares da zona de prostituição, no Mangue. Ao sentir que estava marcando passo com aquele material estrangeiro, o rapaz procurara Lauro Maia para ajudá-lo a trabalhar com música do Nordeste. Mas Lauro não se interessou e o repassou a Humberto Teixeira.

Humberto Teixeira e Luiz Gonzaga se entenderam e concluíram que, dos vários ritmos nordestinos originais — baião, coco, xaxado, xote, rancheira, aboio, toada, calango, chamego, balanceio, umbigada —, o baião parecia o mais apto a uma estilização que o tornasse compreensível no Rio. Humberto, advogado de profissão, lia e escrevia música e compunha ao piano; era também uma autoridade em folclore — de certa forma, um intelectual. Até então, o baião era apenas uma dança popular de Ceará e Pernambuco, tocada por viola, rabeca e pandeiro — não produzia canções. Por sugestão de Humberto, trocaram aquela instrumentação para acordeom, zabumba e triângulo e, em 1946, compuseram o primeiro exemplar, intitulado simplesmente... "Baião" ("*Eu vou mostrar pra vocês/ Como se dança o baião/ E quem quiser aprender/ É favor prestar atenção...*").

Gonzaga sentiu-se inseguro para gravá-lo, e o baião foi dado aos Quatro Ases e Um Coringa, que o levaram às paradas. Carmelia Alves aprendeu-o e o lançou em São Paulo e, em seguida, no Copacabana Palace. Ao ver a reação do público, Humberto sentiu que estava certo: apesar da temática agreste, o baião era um ritmo urbano, moderno e sofisticado. O segundo baião da dupla foi "Asa branca", finalmente gravado por Gonzaga, com o estouro que se conhece. E, a partir daí, os estouros se atropelaram: "Qui nem jiló", gravado por Marlene; "Paraíba" e "Baião de dois", por Emilinha Borba; e "Assum preto", "Juazeiro", "Respeita Januário", "Mangaratiba" e vários outros, por Gonzaga.

Na maioria desses baiões, música e letra eram de Humberto, mas o arranjo — "sanfonização", como a chamavam — era de Gonzaga, o que o tornava legitimamente parceiro. A essa altura, Gonzaga já trocara seu uniforme dos bordéis do Mangue — um smoking que já vira melhores dias e uma gravatinha-borboleta surrada — por um novo visual de palco: chapéu de couro, gibão de vaqueiro, talabarte atravessado ao peito e alpercatas.

Esses aparatos e seu virtuosismo ao acordeom fizeram de Gonzaga o mais conhecido da dupla, a ponto de, com o tempo, muitos lhe atribuírem autoria exclusiva dos baiões — o que era uma monumental injustiça com Humberto Teixeira. Em 1950, por discordância quanto às sociedades de arrecadação de direitos a que eram filiados, desfizeram a parceria. Continuaram amigos, mas, agora, era cada um por si. Gonzaga tornou-se parceiro de Zé Dantas, com quem fez "O xote das meninas" e "A volta da asa branca". Humberto, sozinho, fez "Kalu", um baião que foi recusado por Nora Ney, Linda Baptista e Carmelia Alves, até ser gravado em 1952 por Dalva de Oliveira no estúdio da EMI, na Abbey Road, em Londres, e daí ganhar o mundo — com letra em inglês de Harold Adamson e transformada em "Señor", "Kalu" ajudou a deslanchar, entre outras, a carreira da americana Eartha Kitt.

Ao surgir, o baião estilizado por Humberto Teixeira e interpretado por Luiz Gonzaga foi uma revolução. Fez, de saída, uma série de adeptos no Rio. As cariocas Carmelia Alves e Adelaide Chiozzo abandonaram tudo que vinham cantando e se converteram a ele. Claudette Soares, aos quinze anos, tornou-se a "Princesinha do Baião". Marlene, Emilinha, Dalva de Oliveira, Dolores Duran e Os Cariocas o incluíram em seu repertório. Vários compositores aderiram e passaram a produzi-los: Hervé Cordovil, ex-parceiro de Noel Rosa, compôs (com Mario Vieira) "Sabiá na gaiola". O "Delicado", de Waldir Azevedo, foi sucesso nos Estados Unidos, com Percy Faith e sua orquestra. Lucio Alves e Haroldo Barbosa escreveram o "Baião de Copacabana"; Guio de Moraes e David Nasser, o "Baião da Penha". O sucesso do filme de Lima Barreto *O cangaceiro*, de 1953, revelou "Mulé rendeira", com arranjo de Zé do Norte, na voz da cantora e atriz Vanja Orico. E Ivon Curi passou a alternar seus sambas-canção e canções francesas com um balaio de baiões, um deles, "Farinhada", de Zé Dantas.

E não apenas Ivon Curi. Essa alternância já vinha atingindo o mercado como um todo desde 1948, quando o baião chegara para disputar a supremacia do samba-canção. Mas, cinco anos depois, já havia sinais de que a guerra estava terminando e, na contagem de bandeiras capturadas, os generais do samba-canção pareciam estar levando a melhor.

Em julho de 1953, uma enquete da *Manchete* perguntou se o samba-canção iria "matar o baião". O cantor Francisco Carlos, cuja carreira começara em 1950 com a marchinha "Meu brotinho", de Humberto Teixeira e Luiz Gonzaga, respondeu que sim. O violonista Luiz Bonfá e o crítico Sylvio Tulio Cardoso achavam que o Brasil era grande o suficiente para comportar os dois gêneros, mas, na prática, era o samba-canção que dominava as boates, o rádio e a venda de discos. E o baião, finalmente, não era uma unanimidade. José Maria de Abreu, autor de "Ser ou não ser", "Um cantinho e você" e "Ponto final", achava-o "melodicamente pobre". Valzinho dizia que, se quisesse, faria "dez baiões durante o café da manhã, antes de sair para meu emprego na Casa da Moeda". E ninguém parecia se dar conta de que Dorival Caymmi, o maior nome vindo do Nordeste, nunca fizera — nem chegaria a fazer — um baião.

Mas o mais importante já acontecera: juntos, o samba-canção e o baião tinham desbancado as músicas americanas, as canções francesas e os boleros que, até não muito antes, dominavam o mercado brasileiro. Ao contrário — agora era o samba-canção, com sua sofisticação, que começava a ameaçar a supremacia do bolero nos países de língua espanhola. Montevidéu se tornara quase uma extensão de Copacabana para os cantores brasileiros. Buenos Aires começava também a se abrir. E, na Cidade do México, um sucesso de 1953 era o nosso conhecido "*Borra / Mi nombre de su cuaderno...*" — "Risque", de Ary Barroso.

Uma pesquisa promovida pelo Departamento de Cultura da Prefeitura de São Paulo quis saber quais eram os compositores favoritos da população paulistana. Ary Barroso foi o mais votado, seguido por Noel Rosa, Zequinha de Abreu, Francisco Alves e David Nasser. Um estrangeiro tomou o sexto lugar: o mexicano Agustín Lara, autor de "Noche de ronda" e "Solamente una vez". E Lupicinio Rodrigues, Herivelto Martins, Luiz Gonzaga e Dorival Caymmi completaram os dez primeiros. Sete entre esses dez tinham uma obra cravejada de sambas-canção. O americano mais bem votado, Cole Porter, só chegou em 11º.

A síntese de todas as tendências talvez estivesse na vitoriosa temporada de Vanja Orico no Meia-Noite. Seu vestido branco, de cangaceira estilizada, criado pelo estilista José Ronaldo, foi uma sensação. Vanja cantou "Mulé rendeira" e a toada de Zé do Norte "Sodade, meu bem, sodade", claro, mas em meio a sambas-canção de Herivelto Martins e músicas em inglês, francês, espanhol, italiano e russo — filha do diplomata e escritor Oswaldo Orico, passara a infância e a adolescência de país em país e falava todas aquelas línguas. A carioca Vanja, 23 anos e dona de uma exótica beleza morena, devia ter mesmo algo de muito especial, porque metade do ministério Vargas compareceu à sua estreia. E, mais surpreendente ainda, até o ex-presidente Dutra, agora marechal, trocou o pijama de bolinhas pelo smoking e também foi assistir ao seu show no Meia-Noite.

Na plateia, alguns de lápis e papel na mão e momentaneamente esquecidos de si mesmos, Ibrahim Sued, Stanislaw Ponte Preta, Antonio Maria, Samuel Wainer e Carlos Lacerda. Pena que, por algum motivo, Vanja tenha preferido guardar todo o seu talento para si e, aos poucos, se eclipsado.

10

JORNAL DA NOITE

"O PETRÓLEO É NOSSO."

O slogan não era novidade, estava por toda parte em 1953. Por isso, o jovem Sergio Figueiredo, amigo dos grã-finos e dos jornalistas (e ele próprio, um pouco de cada), não se surpreendeu ao vê-lo escrito a lápis numa parede do banheiro do Vogue. Embora o público do Vogue fosse, em boa parte, a burguesia nacional, não havia nada de estranho naquilo. Durante a campanha eleitoral de 1950, Getulio pregara o monopólio do Estado na exploração do petróleo, mas, já presidente, o anteprojeto da Petrobras que enviou ao Congresso dava brecha à participação de capitais estrangeiros. A UDN se opôs a isso e, por algum tempo, sustentou sozinha a luta pelo monopólio — até receber como aliado, acredite ou não, o Partido Comunista, para quem Getulio era "entreguista".

O Vogue estava mais agitado do que nunca, o que obrigava os diretores das revistas e dos jornais a aparecer por lá com certa regularidade. José Amadio, secretário de redação de *O Cruzeiro* e tão poderoso que seu nome às vezes nem precisava constar do expediente, ia quase diariamente — à chegada de seu Oldsmobile verde, os porteiros se atropelavam para recebê-lo. Helio Fernandes, diretor da *Manchete*, tinha mesa cativa e, assim que se sentava, um garçom lhe trazia uma garrafa de uísque — não para Helio, que não bebia, mas para os que vinham se sentar com ele, trazendo alguma informação. As duas revistas dedicavam um importante espaço à política e à economia, e, quando Getulio promoveu uma reforma ministerial, escalando Tancredo Neves na Justiça, Oswaldo Aranha na Fazenda e João Goulart no Trabalho, muitos jornalistas vibraram. Exceto Tancredo, que não era de farra, Aranha e Jango estariam sempre à mão para bate-papos fora de hora. E assunto não faltaria: mineração, eletricidade, bancos, agricultura, pecuária, petróleo, sindicatos.

Uma insinuação de que o governo iria aplicar uma sobretaxa de importação sobre certos produtos alimentícios — azeite, bacalhau, frutas secas e farinha de trigo —, para conter a remessa de divisas e estimular a produção nacional, seria uma notícia importante para os leitores em geral, mas não causaria nenhuma comoção no Vogue. Só que essa sobretaxa atingiria também as bebidas alcoólicas. Significava que as boates honestas, que importavam seu uísque "legalmente", teriam de proceder a um duro reajuste da dose, enquanto as outras incrementariam a falsificação. O Vogue fez o que pôde para passar incólume, mas os condenados às boates mais humildes, como as da avenida Prado Junior ou da rua Carvalho de Mendonça, as acusaram de estar servindo uísque de uva e de trocar os pastéis e croquetes por salgadinhos compostos de uma rodela de salsicha, outra de queijo e uma azeitona espetadas num palito — petisco que o carioca batizou como "sacanagem".

Os jornalistas precisavam ficar atentos. Entre grandes, médios e nanicos, o Rio tinha agora 24 jornais diários — quinze matutinos e nove vespertinos — e uma enorme quantidade de revistas. Eram feitos por cerca de mil jornalistas atuantes, quase todos com dois empregos na carteira e um encosto numa repartição pública, a que não precisavam comparecer. E havia outros 4 mil, com registro no Ministério do Trabalho mas que, de jornalistas, só tinham as benesses da categoria: não pagavam imposto de renda ou de transmissão, gozavam de desconto em passagens aéreas e podiam comprar apartamento com facilidades dadas pelo governo. Enquanto a maioria dos verdadeiros jornalistas, sempre duros, só ia ao Vogue a trabalho, estes últimos faziam da noite uma central de favores e informações. Se alguém quisesse saber sobre futuras operações cambiais, possíveis intervenções no mercado, bastidores da administração de uma empresa, sinistras manobras da oposição e quem da alta-roda estava de caso com quem, ali era o lugar.

O Vogue servia até como indexador da economia — um uísque a menos numa mesa ou uma noite a mais sem que determinado habitué aparecesse podia ser um indício de crise. E seus preços deviam ser usados para calcular o custo de vida. Em outubro de 1953, um quilo de carne custava no Rio trinta cruzeiros; um litro de leite, seis cruzeiros; uma dúzia de bananas, doze cruzeiros — e uma dose de uísque no Vogue, cem cruzeiros. Donde essa dose equivalia a mais de três quilos de carne, dezesseis litros de leite ou oito dúzias de bananas. Era caro, mas os clientes do Vogue achavam que o efeito que uma dose de uísque provocava nunca seria produzido pelas oito dúzias de bananas. O salário mínimo era de 1200 cruzeiros, ou seja, doze uísques — o que alguns profissionais do copo, como o jornalista Lucio Rangel ou a boêmia Biu Bôscoli, sogra de Vinicius de Moraes, consumiam olimpicamente numa noite. Mas que não se pense que Lucio ou Biu fossem milionários — eram apenas mestres na arte da pendura.

Versátil, o Vogue se prestava a todo tipo de encontros. Em 1952, Assis Chateaubriand fechou-o para um almoço em torno do magnata americano Nelson Rockefeller, em visita ao Rio para discutir um acordo de cooperação pela industrialização do país — acordo que, com Chateaubriand na história, passaria inevitavelmente por um contrato com algum jornal, rádio, televisão, gráfica ou agência de notícias dos Associados. Ou por uma das muitas empresas que Chateaubriand também controlava, como a dos chocolates Lacta, a do conhaque de alcatrão Xavier, o Laboratório Gaby (fabricante do pó de arroz Joli) e seu último xodó, o Masp (Museu de Arte de São Paulo). Para testar Rockefeller, Chateaubriand escolheu pessoalmente o cardápio: vatapá, caruru e canjica, com cocada de sobremesa. E, ao fim do grude, pediu a Dolores Guinle que coroasse o homenageado com um cocar dos xavantes, trazido do Mato Grosso por Jean Manzon.

Quem precisasse de um espaço menor para eventos vespertinos, mas com todos os luxos do Vogue, podia usar uma espécie de boate auxiliar — um living-bar — no primeiro andar do hotel. Tinha música própria, a cargo de Carlinhos ao piano e Barriquinha ao trompete, e, durante algum tempo em 1953, contou com Danuza Leão como hostess. Era o Voguinho. Chateaubriand arrendou-o em 1952 para expor as telas de Degas e dos mexicanos Diego Rivera e Siqueiros, compradas e doadas por beneméritos ao Masp, para que o carioca as visse antes de irem para seu destino. Um dos presentes era o vice-presidente da República, Café Filho — mas só porque Getulio, convidado, disse que não podia ir.

Mais tarde, à noitinha, o Voguinho era ocupado por pessoas a fim de conversar mais à vontade, sem muita gente por perto. Pena que, com a acústica perfeita do recinto, nem sempre os assuntos que se discutiam ali passavam despercebidos — como no dia em que um jornalista capturou no ar uma frase perdida do senador Alencastro Guimarães: "Quem manda neste país é um prédio na rua Primeiro de Março em cuja porta está escrito: Banco do Brasil. O resto é paisagem". E, com isso, definiu o sistema de poder no Brasil.

Naquele primeiro andar do hotel, a poucos metros do Voguinho, morava o jornalista Antonio Maria. Foi ele quem ouviu a frase.

Duarte Atalaia, o conde português que construíra o Hotel Vogue, nunca investiu o bastante para que ele pudesse competir com os outros hotéis de sua categoria na orla, como o Lancaster (onde Alfred Hitchcock "hospedou" Ingrid Bergman em seu filme *Interlúdio*, de 1946, passado no Rio) e o Ouro Verde. Pelo visto, todo o dinheiro foi aplicado na boate, e não sobrou nenhum para manter o hotel nos padrões que eles haviam se imposto. Na verdade, o Vogue, como hotel, nunca disse a que veio. Daí que, três ou quatro anos depois da inauguração, Atalaia o desativou, mantendo o seu recheio intacto, e Stuckart, seu sócio, sentiu-se livre para ceder alguns apartamentos aos amigos para que morassem lá de graça. Em 1953, Antonio Maria era um deles.

Para os fins mais convencionais, como entrega de cobranças e de intimações, o verdadeiro endereço de Maria era a rua Nina Ribeiro, no Jardim Botânico, onde moravam Mariinha, sua mulher, e os dois filhos. Mas, com o ritmo de trabalho a que se impunha, quase todo concentrado ao redor do próprio Vogue, seria demais exigir que ele fosse dormir em casa. Numa semana normal, Maria escrevia, produzia e apresentava três programas na Rádio Mayrink Veiga e um na Rádio Nacional de São Paulo, o que o obrigava a tomar um avião de ida e outro de volta a cada sete dias. Escrevia nada menos que duas colunas diárias para *O Jornal*, "A noite é grande" e "Jornal de Antonio Maria", num total de doze — o matutino não circulava às segundas-feiras —, e uma semanal, "Pernoite", para a *Manchete*. Esse ritmo de trabalho escravo já devia esgotá-lo, mas Maria escrevia também roteiros para os espetáculos de Carlos Machado no Casablanca e, naquele ano, aceitara ser diretor artístico do Vogue. Eventualmente, fazia televisão, escrevendo ou dirigindo programas para a TV Tupi. E mantinha uma média de dez sambas-canção por ano, bons ou excepcionais, com ou sem parceiros — como "Onde anda você?" (em parceria com Reynaldo Dias Leme), que Maria foi de pijama ao Copa para entregar a Nora Ney (entrou pela porta dos artistas). E Maria mantinha essa produção alucinada sem prejuízo de sua circulação pela noite de Copacabana — afinal, sua matéria-prima.

Estiva semelhante era cumprida por Sergio Porto. Aos trinta anos, em 1953, ele escrevia uma coluna mensal sobre jazz e música popular na revista *Sombra*, uma coluna diária ("O Rio se diverte") e uma crônica semanal ("O episódio da semana") no *Diário Carioca*; era redator da versão carioca do programa *Alô, Doçura*, na TV Tupi, dos programas *Levertimentos* e *Miss Campeonato*, na Rádio Mayrink Veiga, e também de espetáculos de Carlos Machado no Casablanca, além de colunista da madrugada na *Manchete*. Mas desempenhava outra função impensável num homem cujo habitat profissional também era a noite de Copacabana: funcionário concursado do Banco do Brasil (desde 1943) e sujeito a expediente diário.

Um bancário boêmio parece uma contradição em termos, mas Sergio conseguia conciliar as duas coisas. Trabalhava na agência central do banco, na rua Primeiro de Março — aquela que, segundo Alencastro Guimarães, mandava no país —, só que na seção da folha de pagamento, onde o horário de entrada era às três da tarde e o expediente se encerrava às oito. Donde, depois de uma ronda das boates madrugada afora, podia chegar em casa ao raiar do dia e dormir o suficiente para bater o ponto no banco em hora regulamentar. Claro que, para dar conta do que tinha a escrever, para jornal, rádio e televisão, todos os dias, Sergio precisava cortar pela metade essas horas de sono. E, se lhe ocorresse escrever um livro chamado *Pequena história do jazz*, como o que lançou naquele ano pelo Serviço de Documentação do MEC —, precisava cortar também pela metade as horas que tinham restado do primeiro corte. Não admira que, seis anos depois, aos 36, tivesse um infarto.

Em 1952, o ego de Sergio Porto gerara um exuberante alter ego nas páginas do *Diário Carioca*: Stanislaw Ponte Preta. Os leitores custaram a perceber que os dois eram a mesma pessoa, mesmo quando ele passava de um para o outro à vista de todo mundo. Se um evento a que tivesse de comparecer à noite fosse uma estreia a rigor, Sergio trocava o terno pelo smoking no toalete do próprio banco e saía a caráter pela porta da frente. Mas, mais importante do que o uniforme de trabalho, era a diferença de personalidade entre os dois.

Stanislaw era malicioso, implacável, mordaz, circulava pelas boates e lançava ou consagrava expressões usando-as repetidamente — uma delas, "bossa nova", para designar qualquer novidade em qualquer terreno. E era um dos homens mais invejados do Rio porque, como ninguém ignorava, parecia viver cercado pelas esculturais vedetes de Carlos Machado e Walter Pinto — a partir de 1954, iria exibi-las generosamente em suas colunas nos jornais e na lista das "mais bem despidas". Em contrapartida, Sergio Porto era um homem tímido, discreto, quase invisível. Parecia se guardar para as crônicas sóbrias, algo nostálgicas, que escrevia e para uma amarga defesa do jazz tradicional.

O cronista Sergio Porto era sensível e original. Já o jazzófilo apenas ecoava as opiniões de seu tio, Lucio Rangel, para quem o único e "verdadeiro" jazz tinha sido o praticado pelos músicos negros de New Orleans nos anos 10 e 20, como King Oliver, Jelly Roll Morton, Louis Armstrong, Johnny Dodds, Sidney Bechet, ou pelos que continuaram fiéis àquele estilo. Sergio concordava com isso e também com a ideia de que a única formação admissível no jazz era a de trompete, clarineta, trombone, piano, banjo, contrabaixo (ou tuba) e bateria, todos tocando e improvisando ao mesmo tempo. Saxofone não, porque como Armstrong não o usara em seu conjunto Hot Five, em 1925, ele não fazia parte do cânone.

Para Sergio, assim como para Lucio Rangel, o que Duke Ellington tocava não era jazz, porque sua orquestra estava infestada de saxofones, usava arranjos escritos e deixava pouco espaço para a improvisação. O falecido trompetista Bix Beiderbeck, contemporâneo dos grandes de New Orleans e idolatrado pelos colegas, era igualmente visto com reservas, mas por ser branco. As orquestras de swing, que haviam encantado o mundo entre 1935 e 1945, como as de Benny Goodman, Tommy Dorsey, Harry James e muitas mais, cometiam vários pecados mortais: usavam arranjos escritos, eram compostas de músicos brancos e faziam grande sucesso comercial. E o revolucionário be-bop, lançado por Charlie Parker e Dizzy Gillespie em Nova York, em 1945, era, para eles, pior ainda: o grande embuste musical do século, praticado por negros pretensiosos, de boina e cavanhaque, que "queriam se passar por intelectuais brancos". Por sorte, o be-bop, eles tinham certeza, estava com "os dias contados".

Essa visão conservadora não era exclusiva de Sergio Porto e Lucio Rangel. No Rio, seus amigos Vinicius de Moraes, José Sanz e Fernando Sabino concordavam de ponta a ponta, e não se importavam quando Lucio ligava para um deles às três da manhã para que ouvisse (por telefone) o infernal 78 de "Pontchartrain blues" por Jelly Roll, que ele estava tocando na vitrola. Outros críticos americanos, ingleses e franceses pensavam igual e, a exemplo deles, nunca tinham se conformado com a aparente morte daquele estilo que consideravam o mais representativo da luta dos negros americanos contra a opressão. Um episódio de grande alento para eles aconteceu em 1940, quando o veterano trompetista Bunk Johnson, depois de décadas dado como desaparecido ou morto, foi encontrado aos 61 anos, pobre e desdentado, trabalhando como estivador no cais de New Orleans. Bunk fora um dos mestres de Armstrong. Seus descobridores compraram-lhe um trompete, presentearam-no com um par de dentaduras e Bunk, subitamente equipado, foi levado a viajar pelos Estados Unidos para mostrar aos jovens como se tocava o "verdadeiro" jazz. Não adiantou nada. Os jovens dos anos 40 continuaram preferindo "Night in Tunisia" a "When the saints go marchin' in". E os do começo dos anos 50 já tinham de fato superado o be-bop, mas porque estavam interessados nas propostas ainda mais avançadas de Stan Kenton, Shorty Rodgers e Gerry Mulligan — diante dos quais Bunk Johnson e a música de New Orleans pareciam oriundos do século XV.

A mesma cruzada contra qualquer ameaça de renovação era aplicada por Sergio Porto e Lucio Rangel ao samba, ao choro e à marchinha de Carnaval. Para eles, se havia Pixinguinha, o resto era quase dispensável. Por sorte, no caso brasileiro, não era preciso discriminar os brancos, donde Noel Rosa, Mario Reis e Carmen Miranda eram mais que aceitáveis, embora não se comparassem aos divinos negros Ismael Silva, Cartola e Paulo da Portela. O problema era que, segundo acreditavam, a música brasileira só existira até cerca de 1945, quando se degenerara, tragada pela influência dos ritmos estrangeiros, principalmente o bolero. Essa era uma tese defensável, exceto pelo fato de que Lucio Rangel não se importaria se essa influência fosse a do jazz tradicional. Em qualquer tertúlia sambística a que comparecesse, já devidamente azeitado, ele se punha a tocar um trombone imaginário — e jazzístico. Era como se só o jazz importasse. E Sergio Porto chegou a admitir isso por escrito: num longo artigo de 1951 para a revista *Sombra* sobre o jazz no Brasil, classificou os instrumentistas brasileiros pela sua capacidade de improvisar. E lamentou que Ratinho e Luiz Americano, dois mestres do difícil sax-soprano, "nunca tivessem se dedicado ao jazz".

Como é natural, Sergio Porto e Lucio Rangel não gostavam do samba-canção — o que devia tornar um suplício as noites que passavam nas boates onde os standards do gênero eram a atração.

Em junho de 1953, Eunice Colbert, uma portuguesa que se fazia passar por francesa, abriu seu piano-bar, o Chez Colbert, numa loja de um beco sem saída na rua Duvivier, 37. O Chez Colbert começou bem, com Dorival Caymmi ao violão e um gulache que não fazia feio nem pelos padrões do barão Stuckart, o que lhe rendeu muitos elogios na coluna de Jacinto de Thormes na *Última Hora*. Isso abriu os olhos de outros músicos e empresários para as possibilidades do local. Logo em seguida, quase ao lado do Chez Colbert, surgiu o Clube de Paris, com Johnny Alf ao piano. Menos de um ano depois, entre o Chez Colbert e o Clube de Paris, o acordeonista francês Gigi, havia muito radicado no Rio, e o vibrafonista Chuca-Chuca abriram o Baccara, que contava com o barman Jimmy, adorado na noite, e aquela que, pela origem marselhesa de Gigi, era considerada a "soupe à l'oignon" mais autorizada do Rio. Por fim, colado a eles, mas em direção ao fundo do beco, inaugurou-se o restaurante Escondidinho. Foram os pioneiros de um endereço que passaria à história, primeiro, prosaicamente, como beco — e, depois, como Beco das Garrafas.

Cada um desses espaços comportava cerca de vinte mesinhas — não mesas de restaurante, como as do Vogue, mas aquelas sob as quais era quase impossível acomodar os joelhos — e um máximo de noventa pessoas. Os três dispunham de ar-condicionado, mas sem saída para fora, significando que o ar que circulava naqueles pequenos ambientes era enriquecido pelas dezenas de cigarros sendo fumados ao mesmo tempo — como quase todo mundo fumava, isso passava despercebido. E, dependendo da atração musical anunciada na porta, a procura excedia a capacidade e concentrava tanta gente no lado de fora quanto no de dentro.

De todos, o Baccara era o mais musical. Em poucos meses, apresentou Lucio Alves, Helena de Lima e o violonista Bola Sete, acompanhados pelo sólido trio da casa, com Gigi, Chuca-Chuca e o pianista Walter Gonçalves, e assim se manteve pelos muitos anos a seguir. Já o Clube de Paris, que se anunciava como um "bar parisiense", teve vida curta. Com pianistas anônimos no lugar de Johnny Alf, foi-se deixando reduzir à categoria de inferninho e, em pouco tempo, estava desmoralizado. Nem a presença da brava Dora Lopes cantando entre as meninas conseguiu recuperá-lo. O proprietário trocou seu nome para Ma Griffe. Só não mudou a receita — a casa continuou o reduto das profissionais. Mas teve a sorte de, durante algum tempo, receber quase todas as noites a visita de um cantor que ele talvez não pudesse pagar, mas que ia lá para cantar de graça: Nelson Gonçalves. Nelson chegava, brindava os presentes com "A camisola do dia" e mais um ou dois números, bebia de graça e saía com uma das moças, que já ia escolhendo enquanto cantava. O Ma Griffe, sem enganar ninguém, também se manteve no Beco por muitos anos.

Já o Chez Colbert teve um desfecho surpreendente. Graças ao apoio de Jacinto de Thormes, o piano-bar começou a ser frequentado por políticos e grã-finos. Mas o sucesso subiu à cabeça de Eunice Colbert. Nunca mais contratou uma atração como Caymmi e triplicou o preço do uísque, que, em certo momento, ficou mais caro que o do Vogue e o do Meia-Noite. Jacinto verberou isso em sua coluna, chamou-o de "Chez

Couvert" e passou-lhe a sentença de morte: "Lá, eu não vou mais". Foi o que bastou para esvaziar a casa. Em 1955, sob o pretexto de que ia se casar com um político e virar dondoca, Eunice arrendou o Chez Colbert a três jovens italianos, Mario, Giuseppe e Alberico.

Mario, ex-barman do restaurante Michel, era o mais experiente. Percebeu logo que, pelo espaço exíguo, o Chez Colbert não podia ser um lugar para dançar. As pessoas teriam de ir para beber, namorar e ouvir música, obrigando que a qualidade desta fosse sagrada. Alberico também pensava assim. Ao desembarcar na praça Mauá, em 1952, ouvira num alto-falante a sua primeira música brasileira, o samba-canção "Se eu morresse amanhã", e concluíra que estava chegando ao lugar certo — sem imaginar que, um dia, ficaria amigo do autor, Antonio Maria, e da cantora, Dircinha Baptista. Durante seus primeiros dois anos no Rio, Alberico lavou pratos e serviu mesas em restaurantes alheios; depois, assumiu um "inferninho" na Prado Junior; e, finalmente, juntando suas economias e as dos amigos, chegara a uma área nobre de Copacabana. Aposentaram o nome Chez Colbert e, quebrando a tradição francesa da cidade, rebatizaram o lugar como Little Club.

Meses antes, em dezembro de 1954, o beco onde funcionavam aquelas boates ganhara seu nome definitivo. Um morador do nono andar do prédio em cujo térreo elas ficavam, revoltado com a chacrinha de dezenas de pessoas falando e rindo alto até de madrugada, atirou algumas garrafas lá de cima. O morador, segundo os jornais, era um desembargador. Mas devia ser ruim de pontaria ou só queria dar um susto na malta, porque nunca se soube de ninguém ali que tivesse baixado hospital por uma garrafa na cabeça, nem mesmo de Crush. E o desembargador não demorou a se mudar.

Não importava. Em suas colunas, Stanislaw Ponte Preta começou a chamar o lugar de Beco das Garrafadas. Mas o povo o simplificou para Beco das Garrafas.

Ibrahim Sued viu quando um conhecido industrial chegou ao Vogue, de braço com uma mulher deslumbrante. Não vacilou: narrou ao vivo a entrada do casal ao microfone da Rádio Globo. O programa era o *Boate Piraquê*, uma "reportagem radiofonizada", produzida por Victor Berbara e transmitida todas as noites, da meia-noite às duas, a partir de uma boate, que se alternava, com Ibrahim como locutor. Depois de alguns anos na praça, Ibrahim só então começava a se fazer notar. Tornara-se colunista social e passara do *Vanguarda*, um vespertino sem prestígio e que vivia de achaques, para o sólido *Diário da Noite*, de Chateaubriand. Mas, em 1952, isso ainda não o isentava de ter de aceitar alguns bicos, como transmitir diretamente de uma boate e encontrar algo para dizer no intervalo entre os números musicais, que eram a principal atração do programa. A chegada do casal parecia digna de registro, e Ibrahim caprichou na descrição do smoking do industrial e dos belos ombros nus de sua acompanhante.

Infelizmente, a esposa do industrial estava em casa, talvez de roupão e bobs, sintonizada na Rádio Globo. Ao escutar que seu marido chegara ao Vogue com uma mulher que não ela, ligou indignada para um irmão, despachando-o para ir à boate tomar satisfações com o cunhado. Não contente, vestiu-se às pressas e zarpou ela própria para o Vogue. Interpelado pelo cunhado, o industrial, em vez de cair fora, foi a Ibrahim e acertou-o com uma garrafa de uísque na cabeça. Ibrahim, muito forte, revidou com sua própria garrafa. O tempo fechou, chamou-se a polícia e a confusão atingiu o auge quando a esposa do homem surgiu dentro da boate e foi a ele, à amante e ao próprio Ibrahim com propósitos homicidas. O charivari só acabou às três da manhã, com a ida de todo mundo para o distrito e o cancelamento do patrocínio dos biscoitos Piraquê — os proprietários ficaram revoltados ao ver seus salgadinhos associados a uma cena de adultério e pancadaria — e do próprio programa, por Roberto Marinho.

Nada disso abalou a cotação de Ibrahim no mercado. Do *Diário da Noite*, pulou em 1952 para meia página na *Manchete*, que, dirigida por Helio Fernandes, começava a se firmar. E, a partir de 1954, passou a acumular a *Manchete* com uma coluna diária, "Reportagem social", em *O Globo* — para alguns, escrita pelo cronista Henrique Pongetti. Mas, se Ibrahim teve um ghost-writer, foi só no começo. Em pouco tempo ficou claro que era ele próprio quem cometia a coluna, como bem sabiam os tipógrafos obrigados a decifrar seus originais com erros de datilografia, palavras inutilizadas com xxx e cobertas com tinta, e bordões que se pretendiam em francês ou inglês, mas que não existiam em língua nenhuma, como "kar" ou "shangay". A fama de ignorante de Ibrahim se espalhou, e o radialista Nestor de Holanda, autor do "macacas de auditório", inventou também um epíteto para ele: "Mono mental". Essa galeria de equívocos fez mais do que começar uma carreira de sucesso para Ibrahim. Fez com que, ali, Ibrahim começasse na prática a ser Ibrahim Sued.

Aos olhos do futuro, o peso das colunas sociais na vida das leitoras dos jornais nos anos 50 seria quase inacreditável. Cada jornal tinha a sua coluna — ou suas, porque alguns traziam mais de uma —, maciça, diária e tomando pelo menos um quarto de página. O soçaite era assunto também das revistas semanais, não raro capa, e ainda contava com várias revistas mensais dedicadas exclusivamente a ele, como a *Rio*, de Roberto Marinho, a *Rio-Magazine*, de Alfredo Thomé, e a *Sombra*, de Walter Quadros — sem esquecer os programas de rádio que falavam desse universo. Todos esses veículos descreviam uma realidade que, considerando-se o Brasil em que vivia a esmagadora maioria da população, apaixonava milhões de leitoras.

Numa época em que as mulheres "normais" vinham ao mundo para casar, constituir família e viver em função "do lar" — era seu destino —, a ideia de que algumas delas pudessem ser independentes, falar línguas, ter carro próprio, almoçar fora com as amigas, sair todas as noites, usar estola sobre o decote, viajar sozinha, fumar em público, dançar com estranhos e, mesmo casadas, ser cortejadas por homens irresistíveis em boates à meia-luz e com música de piano, era fascinante demais. E não ficava nisso.

As moças "normais" sonhavam com belos cabelos, cintura 58 e nariz afilado — para isso, dormiam de papelotes, amarravam um barbante à cintura e aplicavam um pregador de roupas ao nariz. As grã-finas já nasciam com aqueles atributos. As "normais" tinham de marcar hora no salão de beleza. As grã-finas eram atendidas à hora que chegassem e, embora tivessem inúmeros compromissos sociais, não precisavam ficar o dia todo no cabeleireiro — um *coup de peigne*, uma penteada rápida, evidentemente que por Renault em pessoa, resolvia o problema.

E quem, baseando-se em seus próprios e miseráveis parâmetros, ousasse classificar uma mulher de bonita é porque, segundo Antonio Maria, nunca tinha visto Dolores Guinle de perto.

Ao contrário dos pobres, que só viajavam de bonde para lá e para cá, os ricos viviam em aviões para Paris ou Punta del Este. Quando compravam suas passagens, não precisavam ir ao escritório da Panair, no centro da cidade, para buscá-las — um funcionário as levava em sua casa. O embarque no aeroporto internacional, quando a Ilha do Governador ainda não se ligava ao continente pela ponte, era trabalhoso, mas romântico. Para tomarem o avião, os viajantes faziam o check-in no Santos Dumont, embarcavam em limusines que os conduziam até o Social Ramos Club, na praia de Ramos, e atravessavam a baía nas lanchas da companhia aérea até o Galeão. Pelo menos, era assim com os ricos. Os muito, muito ricos, iam de lancha própria, tomando champanhe, e saíam diretamente de seus atracadouros no Yatch, na enseada de Botafogo, até quase a escadinha do avião. Na volta, a mesma coisa, mas ao contrário, e não se falava em alfândega — as mulheres traziam quantos Diors, Schiaparellis e Balenciagas quisessem. Os colunistas viviam de descrever tudo isso, assim como o que se servia nos grandes jantares, as roupas dos convidados e de como o pianista Bené Nunes encantara os presentes tocando "Ser ou não ser", de José Maria de Abreu e Alberto Ribeiro, com a mão direita, e "Time on my hands", de Vincent Youmans, Mack Gordon e Harold Adamson, com a esquerda.

A vida amorosa dos grã-finos povoava a fantasia dos leitores das colunas, mas estas eram discretas demais para revelar alguma coisa. Que os encontros furtivos entre eles, por exemplo, eram sempre à tarde — das cinco às sete, como se dizia —, já que a noite pertencia aos casais, magicamente restabelecidos. Que os homens assediavam suas amigas casadas e estas achavam natural — aliás, ficariam ofendidas se não fossem assediadas. Que eles lhes davam presentes (bolsas, vestidos, blusas de seda, às vezes joias) e elas os aceitavam, mesmo que não tivessem a intenção de "retribuir". O surpreendente é que, entre esses campeões do assédio, não estava aquele que passaria à história como um notório conquistador: Jorginho Guinle — a confirmar a suspeita de que ele não gostava exatamente de mulheres, mas de americanas.

Ibrahim poderia ter tido casos com muitas das protagonistas de sua coluna. Era alto, bonitão, modesto e aparentemente desamparado — a arrogância e a truculência só viriam depois. Mas, em 1953, a prudência lhe recomendava conter-se. Ainda precisava se impor, ocupar espaços, fazer amizades — jamais se indispor com os maridos delas, todos influentes. Uma das exceções a esse credo pode ter sido justamente Dolores Guinle, mulher de seu amigo Jorginho, mas apenas porque eles pareciam mais liberais no casamento. Bastava observar o que se passava quando artistas do cinema americano chegavam ao Rio, quase sempre trazidos por eles — o jogo ficava aberto. Na vinda de Ginger Rogers e seu marido, o galã francês Jacques Bergerac, no Carnaval de 1955, parecia claro, pelas fotos na imprensa, que Dolores e Bergerac estavam vivendo uma história. O mesmo não acontecia entre Jorginho e Ginger — não que ele não quisesse, apesar de ela ser cinco anos mais velha do que ele. Ginger, irritada com o caso de seu marido, é que não quis. Além disso, era metodista praticante, republicana e não bebia — só tomava sorvete, que o Bob's, de seu conterrâneo Bob Falkenburg, na rua Domingos Ferreira, mandava lhe entregar graciosamente no Copacabana Palace.

Se é certo que Jorginho não conseguiu nada com a antiga parceira de Fred Astaire, sabe-se que Ibrahim não fez feio naquele Carnaval. Torcedor do Flamengo, ele levou quatro mulheres poderosas ao Maracanã para assistir ao jogo Flamengo x Bangu, que encerrava o Campeonato Carioca de 1954, já vencido pelo rubro-negro. Elas eram a starlet sensação de Hollywood Elaine Stewart, também no Rio; a fabulosa Martha Rocha, miss Brasil e segunda do Universo naquele ano; a nova "Rainha do Rádio", Vera Lucia; e a sardenta e fornida Ginger. Mesmo sem saber direito quem era a bola, Ginger e Elaine torceram pelo Flamengo, que retribuiu com uma vitória por cinco a um. Para as mais de 100 mil pessoas no estádio, com aquelas quatro deusas vibrando com a massa e abraçando-se a Ibrahim na tribuna de honra a cada gol do Flamengo, não podia haver homem de mais sorte do que ele. Mas, com Ginger, ele não foi além de um milk-shake e dois canudos, e estava bem assim. Seu caso de verdade era com a deusa de cabelo caramelado, Elaine Stewart, 24 anos.

Na véspera, à tardinha, Ibrahim levara Elaine para comer um peixe à beira-mar na longínqua, quase lunar, Barra da Tijuca. Voltaram e foram para o Vogue, onde dançaram a noite inteira. Dali, quase de manhã, subiram a estradinha do Corcovado e ele lhe ofereceu o céu que despejava estrelas sobre o Cristo de pedra-sabão. A beleza daquilo tudo já deixou Elaine sem ar. Ao descerem, com o dia nascendo e prateando o Rio lá embaixo, a gasolina do carro de Ibrahim "acabou". Ele estacionou na lateral da pista e, como era horário de pouco ou nenhum movimento, tiveram de esperar algumas horas dentro do carro até que alguém os socorresse... Durante sua temporada carioca, que se estendeu até bem depois do Carnaval, Elaine foi capa de várias revistas brasileiras, e com razão — a Metro a via como uma promessa desde o seu pequeno papel no recente *A lenda dos beijos perdidos*, com Gene Kelly e Cyd Charisse. Mas algo aconteceu na volta de Elaine a Hollywood — sua carreira acabou. Nunca mais faria algo digno de nota.

Já a de Ibrahim ia a todo pano. Em seus tratos com os figurões, sua tática era dar a entender que sabia mais do que iria publicar. Os interessados sabiam que ele sabia, mas contavam com sua lealdade, e nisso residia parte de seu poder. Ibrahim aprendeu também que, ao publicar certas notas vindas de um informante, estava prestando um favor a este, que se tornava automaticamente seu devedor — um dia essa pequena dívida poderia ser saldada. E nunca hesitou em usar em seu proveito as informações privilegiadas que captava no Vogue ou num jantar elegante.

Falando em elegância, Ibrahim tornou-se até, e rapidamente, um árbitro da própria. Decretou que, ao homem elegante, bastavam uma boa quantidade de ternos (era proibido usar o mesmo terno dois dias seguidos), um fraque, uma casaca, dois ou três summers (brancos ou creme — jamais de outra cor) e dois smokings. O número de pares de sapatos ficava à discrição do grã-fino, mas nem pensar em engraxá-los na rua — era uma tarefa que só deveria ser feita em casa, e por um empregado autorizado. Para Ibrahim, um homem calvo deveria ter uma projeção na vida e nos negócios que "compensasse a falta de cabelos" — o embaixador Hugo Gouthier, por exemplo, tinha essa projeção. Claro que essas recomendações não eram dirigidas aos grã-finos, que não precisavam de Ibrahim para ser elegantes, mas ao homem comum da rua — o leitor —, em suas fantasias sobre a vida dos ricos.

Como talvez fosse inevitável, a ascensão de Ibrahim teria de acontecer às custas do grande colunista que o antecedera: Jacinto de Thormes. Mas não foi assim tão simples. Ibrahim logo se tornou o mais lido, mas, durante algum tempo, Jacinto continuou a ser o mais respeitado. Nas boates, os dois se conservavam em seus corners, e alguém de fora poderia se dedicar a conferir quem levava vantagem no beija-mão. A partir de certo momento, em fins de 1954, Ibrahim começou a crescer — sua mesa já atraía tanta gente quanto a do rival. No futuro, quando havia muito já deixara de ser Jacinto de Thormes, Maneco Müller explicou a diferença entre os dois. Para ele, Maneco, a coluna social era apenas um emprego. Para Ibrahim, um caso de vida ou morte.

Significava, entre outros expedientes, reunir um exército de fontes nunca visto na imprensa brasileira. E essas fontes, por mais finas e exclusivas, não podiam se limitar aos jantares dados pelos casais Otacílio Gualberto e José Nabuco, às mesas de restaurantes como o Bec Fin e o Bife de Ouro ou aos desvãos escuros do Vogue e do Meia-Noite. Em qualquer lugar onde houvesse uma possibilidade de informação, Ibrahim precisaria ter alguém discreto e com poder de observação, pronto a tomar notas e lhe passar o papelucho. Henrique Pongetti podia não escrever sua coluna, mas nada impedia que fosse um de seus informantes e lhe desse notas já redigidas.

O que importava a Ibrahim eram as fontes. Um dia, pela quantidade de notas precisas e reveladoras que ele dava, digamos, sobre o Itamaraty, ficaria óbvio que tinha lá dentro uma fonte insuspeita e autorizada.

O que ninguém poderia imaginar era que se tratava do embaixador Guimarães Rosa.

A *Tribuna da Imprensa*, jornal de Carlos Lacerda, e *O Globo*, de Roberto Marinho, passaram a acompanhar a vida social de Samuel Wainer. Nenhuma dificuldade nisso. Samuel ia todas as noites ao Vogue e não se incomodava de ser fotografado, às vezes de smoking, com um copo de old fashioned na mão, cercado de gente importante e bonita. Suas frases faziam sucesso. A melhor: "Jornalista não tem amigos. Tem informantes". Todos riam, fingindo acreditar — sem desconfiar de que ele pensava exatamente daquele jeito. O flash espocava. E, no dia seguinte, a legenda da foto invariavelmente o acusava de estar "esbanjando o dinheiro do Banco do Brasil". Para Samuel, isso podia ser um risco, mas era também excitante.

Em março de 1953, Lacerda começou sua devastadora campanha contra as alegadas facilidades que o governo federal concedera a Samuel para a criação da *Última Hora* logo após a posse de Getulio. Basicamente, Samuel era acusado de fazer empréstimos no Banco do Brasil e em outros órgãos do governo a juros subsidiados ou sem garantia de reembolso; usar a fiança do banco para assumir o controle da importação do papel de jornal; abusar do dinheiro público para desmantelar a concorrência, com a contratação de jornalistas por salários dez vezes mais altos que os praticados na praça; praticar dumping no mercado publicitário, pela oferta de anúncios mais baratos; e exercer concorrência desleal, com a conivência de vários braços da máquina oficial. Lacerda comparava a conspiração dos órgãos públicos para criar a *Última Hora* com as dificuldades que enfrentara para fundar seu próprio jornal, a *Tribuna da Imprensa*, em 1949 — o que só conseguira graças às ações compradas por amigos e correligionários, como dom Helder Câmara, os intelectuais católicos Alceu Amoroso Lima e Gustavo Corção, o advogado Sobral Pinto, o craque do Vasco e da Seleção brasileira Ademir Menezes e outros, todos particulares.

Como uma espécie de braço armado da campanha anti-Samuel, os amigos de Lacerda criaram o Clube da Lanterna, cujo nome evocava o desenho de uma lanterna junto ao cabeçalho da *Tribuna da Imprensa* — simbolizando o grego Diógenes, que andava por Atenas com uma lanterna acesa à luz do dia, à procura de um "homem honesto". A ideia era boa, até ser desmoralizada por Samuel, que, certa noite no Vogue, a atribuiu ao fato de a *Tribuna* ser a última colocada em venda avulsa entre os jornais do Rio — o "lanterna" na linguagem do futebol —, com seus magros 10 mil exemplares diários contra os quase 100 mil da *Última Hora*.

Interessada ou não no desdobramento da história, a Câmara dos Deputados instaurou uma CPI (Comissão Parlamentar de Inquérito) para investigar a *Última Hora*. À medida que os indícios de favorecimento iam aparecendo, a situação de Samuel começou a se complicar. Em certo momento, justificou-se dizendo que *Última Hora* também nascera pela ajuda de amigos. Quando o instaram a nomear esses amigos, recusou-se. Citado por desacato ao Congresso, Samuel recebeu mandado de prisão: quinze dias no Quartel-General da Polícia Militar, na rua Evaristo da Veiga, ao lado dos Arcos da Lapa.

Samuel diria depois que se negara a dar os nomes — que todos sabiam quais eram: o presidente do Banco do Brasil, Ricardo Jafet; o presidente do Sesi, Euvaldo Lodi; o banqueiro Walther Moreira Salles; o industrial Francisco Matarazzo — de propósito para ser preso e comover a opinião pública (garantiram-lhe que logo seria libertado; além disso, um habeas corpus reduziu o período no xilindró de quinze para dez dias). Se era de fato o que queria, ele conseguiu — porque visitar Samuel Wainer na prisão tornou-se um dos programas mais excitantes da cidade em junho de 1953. A fila de políticos, jornalistas, sindicalistas, burocratas e amigos à porta do quartel chegava quase à rua das Marrecas.

Uma das visitas foi a de Sergio Figueiredo, especialista em apresentar pessoas a outras. Levou com ele sua amiga Danuza Leão, já então, aos dezenove anos, tão à vontade no Rose Rouge, em Paris, quanto no Vogue ou no Tudo Azul. Mas Danuza era virgem em presídios cariocas, razão pela qual, por curiosidade, aceitara o convite de Sergio. Nunca ouvira falar em Samuel Wainer e não tinha ideia se ele "era da Máfia, aliciador de mulheres ou assaltante de bancos". Só sabia que, em menos de meia hora a sua frente, já se apaixonara por seus olhos azuis, sua condição de perseguido político e seu poder de sedução — de fazer até uma mulher especial, como ela, sentir-se especial.

Ao sair da prisão, Samuel procurou Danuza e começaram a namorar. Para evitar expô-la, abandonou temporariamente o Vogue. Passaram a ir ao Cloche d'Or, um restaurante na rua Constante Ramos, fora do distrito das boates. A essa altura, a CPI fervia. Testemunhas estavam sendo ouvidas, algumas com resultados surpreendentes. Ricardo Jafet espantou pelo desconhecimento dos plurais, por não saber concordância e ser ruim de pronúncia — e, ao mesmo tempo, ter sido presidente do Banco do Brasil. O conde Matarazzo disse que o dinheiro era dele e podia dá-lo a quem quisesse — argumento que não convinha ser usado por Euvaldo Lodi, já que, por mais que ele acreditasse no contrário, o dinheiro do Sesi não era dele. Mas a nova e terrível arma na campanha de Lacerda era a acusação de que Samuel era um "brasileiro de última hora" — nascido na Bessarábia, depois Moldávia, república da então União Soviética, e portador de documentos falsificados para se fazer passar por nascido no bairro do Bom Retiro, em São Paulo. Isso caracterizava não apenas crime de falsidade ideológica, como impedia Samuel de, pela lei brasileira, ser dono de jornal.

Um ano depois, em junho de 1954, quando Samuel e Danuza anunciaram que iam se casar, Lacerda exultou. Era uma confissão de culpa — se Samuel tivesse um filho brasileiro, não poderia ser expulso do país. Mal sabia Lacerda que Samuel se julgava estéril, por não ter filhos de casamentos anteriores, e que ele e Danuza só se casaram porque ela ficou grávida — afinal, ele não era estéril. Além disso, o pai dela, o advogado Jairo Leão, exigiu um casamento no papel. Quem não gostou da história foi dona Darcy Vargas, mulher de Getulio. Às vésperas das bodas, chamou Samuel ao Catete e, com o ar de mãe zelosa falando ao filho estroina, aconselhou-o: "Você não deve se casar com essa menina" — baseando-se, certamente, nos relatórios de seus informantes, para quem uma mulher absolutamente livre como Danuza era sinônimo de outra coisa.

E quem quase teve uma síncope com a notícia do casamento foi Rubem Braga. Em 1950, Rubem e Danuza haviam sido contemporâneos em Paris, e ele amargara uma séria paixão por ela — amarga, porque nunca correspondida. De volta ao Rio no ano seguinte, continuaram a se ver e a sair para beber e conversar — foram os tempos do Tudo Azul e do Maxim's —, mas Danuza nunca lhe deu esperanças. Para Rubem, a explicação estava na diferença de idade, aparentemente intransponível. Nascido em 1913, ele era vinte anos mais velho do que ela, e esse raciocínio ajudava a mitigar sua frustração. Mas agora Danuza ia se casar com um homem ainda mais velho — porque seu ex-amigo e grande desafeto Samuel Wainer, nascido em 1910, tinha 23 anos a mais do que ela.

Era como se Samuel estivesse se vingando de Rubem porque este, em 1938, tivera um caso público com sua mulher, a bela Bluma Wainer. Bluma engravidou de Rubem, e ele, que era casado com a escritora Zora Seljan, casado continuou. Bluma fez um aborto, mas era o fim de seu casamento com Samuel. Rubem e Samuel, que eram grandes amigos, nunca mais se falaram. Anos depois, Bluma morreu e Rubem se separou de Zora, mas os dois continuaram rompidos e, por mal dos pecados, viviam sendo confundidos na rua. Eram gêmeos em sobrancelhas — grossas, peludas e rebeldes, comicamente idênticas. Para Rubem, o pior do casamento de Danuza com Samuel é que não poderia mais vê-la, muito menos sair com ela para os bares — nenhum dos dois aceitaria desrespeitar Samuel. Mas como seria se os três se vissem, de repente, roçando cotovelos a uma mesa de distância, no Vogue ou em alguma das novas boates do Rio, como o Béguin, no Hotel Glória, ou o Drink, de Djalma Ferreira, ou no fabuloso Sacha's, que Carlos Machado inaugurara poucos dias depois do casamento?

Nada disso era problema para Samuel. Suas preocupações eram outras. Roberto Marinho franqueara a Rádio Globo e Chateaubriand, a TV Tupi, sem limite de tempo, para que, durante quase duas horas todas as noites, Lacerda o acusasse dos piores conluios. E, quem não quisesse ouvir, não adiantava manter os aparelhos desligados, porque a voz de Lacerda saía por todas as janelas. Samuel sabia que a destruição de *Última Hora* interessava aos magnatas da imprensa — seu jornal estava enfrentando os deles em qualidade, publicidade e vendas. Mas aqueles ataques eram só uma cortina de fumaça. O verdadeiro alvo era Getulio.

Lacerda não agitava apenas pelo rádio e pela televisão. Ia também a colégios, clubes sociais, entidades estudantis, associações de classe, alguns sindicatos e até a casas particulares. Não eram comícios, eram conversas, em que pregava para os já convertidos e se deixava contestar pelos getulistas e leitores da *Última Hora*, para tentar cooptá-los. Uma dessas visitas foi ao Vogue, reduto, para ele, desconhecido. Lacerda entrou à frente de um grupo de dez pessoas, que incluía jovens oficiais da Aeronáutica e da Marinha, paisanos não identificados e algumas senhoras. Não dançaram e, apesar da insistência do maître Luiz, nem se sentaram a uma mesa. Foram para o balcão, onde Lacerda tomou um uísque, cumprimentou Sacha de longe e, aparentando casualidade, falou com algumas pessoas que se dirigiram a ele. Era cedo ainda para os padrões da boate. Quinze minutos depois, retirou-se com seu pessoal, sem alterar o estado das coisas.

Lacerda era também um homem de grande carisma pessoal. Mas, no Vogue, não era páreo para Samuel — tão íntimo da casa que, se precisasse, seu smoking sairia do armário em seu apartamento e iria sozinho encontrá-lo lá.

Renée Aboab, uma bonita francesa residente no Rio, quarenta anos, funcionária do escritório brasileiro da 20th Century Fox, foi encontrada morta em seu apartamento no edifício Casanova, na avenida Rainha Elizabeth — nua, com equimoses no rosto e estrangulada com um lençol. Na vitrola, o LP *Chansons de charme*, de Jacqueline François, tocava sem parar, movido pelo automático. Vários dias depois, os homens do 2º Distrito Policial, na rua Hilário de Gouveia, em Copacabana, a quem foi entregue o caso, debatiam-se com vários suspeitos e nenhuma conclusão. Entre os jornalistas que vergastavam a polícia por sua incompetência no caso, estava o repórter de *A Noite* Nestor Moreira, 45 anos, 23 de profissão, casado, dois filhos, prematuramente grisalho, adepto de um uísque e visto com reservas pelos colegas.

Na noite de 11 para 12 de maio de 1954, Nestor deixou o prédio de *A Noite*, na praça Mauá, deu uma passada de praxe no bar do Zica — a fachada legal do poderoso contrabandista, no térreo do edifício — e tomou um táxi para Copacabana. Seu destino era o Drink, a nova boate de Djalma Ferreira onde até havia pouco ficava a Tasca, na avenida Princesa Isabel. Nestor não era um colunista da madrugada. Era repórter de polícia, mas as duas coisas às vezes se confundiam. Antonio Maria era um que gostava de misturar a crônica das boates com a das delegacias de Copacabana, talvez na acepção de que, à noite, todos os gatos são pardos. Nestor Moreira não era Antonio Maria, mas os maîtres de algumas boates o tratavam como se fosse. Deixavam-no beber de graça e lhe agradeciam quando ele citava favoravelmente o estabelecimento em alguma reportagem.

Nestor disse ao motorista Hermenegildo Vizeu que o esperasse na porta do Drink enquanto ele entrava para conhecer o lugar e fazer alguns contatos. Não iria demorar. Mas os uísques que aceitou na boate, enquanto escutava Helena de Lima, crooner de Djalma Ferreira, somaram-se aos que tinha tomado no Zica. Uma hora depois, Nestor saiu à rua, algo alterado, e tomou o táxi sem se lembrar de que este aguardava por ele. Deu seu endereço, também em Copacabana, e o carro seguiu. Nestor estranhou o valor no taxímetro. Acusou Hermenegildo de adulterar o relógio, saiu uma discussão e os dois decidiram resolver o caso na delegacia — por acaso, o 2º DP, por ser o mais próximo. Lá, foram recebidos pelo policial Paulo Ribeiro Peixoto, ex-guarda-costas de Carlos Lacerda e ocasional leão de chácara dos inferninhos da avenida Prado Junior — numa dessas, espancara Flavio Rubens, jovem filho de Ary Barroso. Peixoto reconheceu Nestor como o repórter que os vinha fustigando pelo "crime da francesa".

Segundo as testemunhas — o taxista Vizeu, o comissário Gilberto Siqueira Alves (que dormia no andar de cima e desceu de pijama para ver o que estava acontecendo), dois guardas-civis e os presos de cujas celas podiam ver o imbróglio —, o policial agrediu Nestor a golpes de cassetete, chutes e socos. Nestor foi esmurrado de todo jeito, principalmente nos rins, sempre a descoberto enquanto ele tentava proteger o rosto. Atirado ao chão, levou pontapés aplicados por botinas de bico duro e que o fizeram rolar escada abaixo. Enquanto apanhava, Nestor provocava o policial: "Pode bater, mas amanhã você estará fora da polícia!". Peixoto só parou quando se cansou. Em péssimo estado, Nestor foi libertado e conduzido para sua casa, onde sua mulher o levou para o Hospital Miguel Couto. Os exames acusaram um estrago: graves lesões internas, envolvendo costelas, intestinos, fígado, rins e genitais. Ele corria risco de morte. Os jornais logo descobriram a história e todos, inclusive a *Última Hora*, dedicaram-se a verberar a violência da polícia do Distrito Federal — a polícia de Getulio. Paulo Ribeiro Peixoto, alcunhado pela imprensa de "Coice de Mula", passou a simbolizar essa violência.

Seus colegas voltaram atrás e ensaiaram uma manobra de encobrimento, tentando convencer a Corregedoria de que Nestor brigara no Drink com um garçom chamado Gomes, e que já chegara estropiado à delegacia para prestar queixa. Mas uma investigação, em que até Helena de Lima foi ouvida, comprovou que não houvera nenhuma altercação no Drink aquela noite. Enquanto isso, a agonia de Nestor no Miguel Couto, amplificada por Lacerda em rádio, jornal e televisão, e por David Nasser em *O Cruzeiro*, provocou uma comoção popular nacional — Nestor, em coma, nunca se imaginara tão querido. Uma semana depois, morreu.

O que aconteceu em seguida foi impressionante. Nestor Moreira, até então um repórter em fim de carreira e já meio que vivendo de expedientes, num jornal também decadente, foi levado ao túmulo por dezenas de milhares de pessoas. O cortejo saiu do edifício de *A Noite* com o caixão e seguiu, a pé, pela avenida Rio Branco, praça Paris, Glória, Flamengo e Botafogo, até o cemitério São João Batista. Naquele dia, os cinemas do Rio fizeram um minuto de silêncio antes de cada sessão. Os jornais abriram manchetes: "De luto a imprensa brasileira". Um vereador propôs mudar o nome da praça Mauá para praça Nestor Moreira. E Lacerda, todo de preto, fez um discurso à beira da cova, responsabilizando o presidente Getulio Vargas por aquela desgraça. Foi ali que ganhou o apelido de "Corvo", a partir de uma caricatura de Lan na *Última Hora* do dia seguinte.

Três meses depois, em agosto, outro féretro sairia às ruas.

11

CATETE VISTO DO VOGUE

Ary Barroso podia não tirar os olhos das coxas de Angela Maria no palco do Casablanca, mas Carlos Machado, o produtor de *Acontece que eu sou baiano*, estava enxergando muito mais longe. O espetáculo era um sucesso, a ponto de fazer Ary se esquecer de que o astro e o homenageado eram seu amigo e rival Dorival Caymmi. Provava também que a receita era perfeita: grande música, duas ou três estrelas no elenco, texto esperto e vivo, cenários de luxo e as incomparáveis mulheres que ele, Machado, tinha sob contrato — Carmen Veronica, Rose Rondelli, Anilza Leone, Iris Bruzzi, Joãozinho Boa Pinta, Angelita Martinez, Dorinha Duval, Norma Tamar e muitas outras. E Grande Otelo, que era uma atração fixa de Machado — participava de tudo que ele fazia. Mas o segredo estava na mistura: os musicais deveriam ser "biográficos" ou temáticos e combinar, se possível, a classe da Broadway com a exuberância de Las Vegas e a malícia do music hall francês.

Material jamais faltaria. Em 1953 e 1954, depois de *Acontece que eu sou baiano*, Machado apresentou, em sequência, *Feitiço da Vila*, baseado na obra de Noel Rosa, com Silvio Caldas e Elizeth Cardoso; *Esta vida é um Carnaval*, com Ataulpho Alves e a lendária cantora, atriz e vedete Déo Maia, veterana do Cassino da Urca; e *Satã dirige o espetáculo*, com Leone Alex, Yvonne Ménard e Rita Rella, bailarinas francesas trazidas do Folies Bergère de Paris juntamente com os adereços, joias, plumas e malhas. Neste último, era como se, dessa vez, Machado estivesse encenando um legítimo espetáculo francês, só que no Rio. Queria até ser chamado de Machadô.

Mas, segundo todas as fontes, nada superou *Esta vida é um Carnaval*. Era um grande apanhado do Carnaval de todas as épocas, e não apenas o dos salões, marchinhas e lança-perfumes do rei Momo. Era também o Carnaval do rei Congo. Pela primeira vez, uma escola de samba subia ao palco de uma boate: o Império Serrano, tricampeão da avenida, com seus passistas, mestres-salas, porta-estandartes, baianas e ritmistas. A plateia masculina ficava indócil diante daquelas mulatas belíssimas e, se pudesse, subiria ao palco para dançar com elas. Efetivamente, numa das noites, um espectador, altamente alcoolizado e soluçante, tipo bebum de anedota, subiu. Fosse outro, teria sido atirado para fora do teatro. Mas, como vinha de um passado ilustre, foi bem recebido e até incorporado por alguns minutos ao número: era Errol Flynn, que também estava no Rio para o Carnaval. Para sua decepção, no entanto, só dançou com Grande Otelo.

Rubem Braga e Paschoal Carlos Magno, ambos com colunas em jornais, acharam que *Esta vida é um Carnaval* dividia as águas em antes e depois. Outra colunista, Elsie Lessa, afirmou que, se pudesse, trocaria todos os livros que já lera e as viagens que fizera para ser, por uma noite, uma das pastoras de Ataulpho Alves. E Stanislaw Ponte Preta também escreveu maravilhas sobre o espetáculo, elogiando nominalmente quase todo mundo. Pena que tenha ignorado um obscuro e esforçado coadjuvante, que fazia nada menos que cinco entradas em cena e trocava de roupa e de personagem a cada vez: vivia um sambista no Café Nice, um fuzileiro naval na Lapa, um folião de rua, um arlequim todo paramentado e, por fim, com a cara pintada de preto, um escravo na senzala. Era João Gilberto, já desligado dos Garotos da Lua, sem nenhuma perspectiva de emprego, e precisando fazer alguma coisa — *qualquer* coisa — para garantir duas refeições por dia.

Um indicador do sucesso de público dos espetáculos de Carlos Machado é que eles se davam num Rio tomado pelas grandes companhias de teatro de revista da praça Tiradentes, que ocupavam meia dúzia de salas o ano inteiro (uma delas, o Carlos Gomes), com várias sessões por dia, e em que o ingresso para uma poltrona era quase de graça quando comparado aos uísques e couverts cobrados numa boate. Mesmo assim, as casas de Machado viviam lotadas. Espetáculos como *Feitiço da Vila* e *Esta vida é um Carnaval* tinham duas representações diárias, às onze da noite e às duas da manhã, seis noites por semana, e matinês às quintas, sextas e sábados. E Machado cuidava para que ninguém tivesse pressa de ir embora. Antes ou depois de cada récita, o espectador poderia dançar ao som de Bené Nunes e sua orquestra. Ou ser apresentado a algum cantor iniciante e promissor — nessa época, o jovem Cauby Peixoto, cujo repertório ainda dependia de músicas americanas, como "Blue gardenia", de Bob Russell e Lester Lee, sucesso de Nat "King" Cole, e aquela tão cara aos brasileiros: "Tenderly". Tudo fazia parte da magia. Machado só queria ter certeza de que um casal que saísse de casa para passar uma noite em sua boate não se limitaria a essa vez — voltaria e traria os amigos.

Os roteiros dos shows de Machado eram escritos por Haroldo Barbosa, Antonio Maria, Fernando Lobo, Paulo Soledade, Stanislaw Ponte Preta, Silveira Sampaio, Theophilo de Vasconcellos, Cesar Ladeira, Accioly Neto, quase todos especialistas na rigorosa ciência do humor. Seus textos consistiam de observações sobre a mulher, o casamento, o comportamento de modo geral e o que estivesse em evidência na cidade ou no país e se referisse ao tema do espetáculo. Eram simples cortinas entre os números musicais, mas precisavam ser enxutos, objetivos — e engraçados. Essa observação é importante porque muitos desses homens, admirados pelo humor que exibiam também em seus programas de rádio, colunas de jornal e horas de conversa fiada nos bares do Centro da cidade, eram os letristas dos densos sambas-canção que arrebatavam o país.

Alguém seria capaz de associar Antonio Maria, secretamente comido com os olhos pelas mulheres nas boates, com o homem que escreveu "*Ninguém me ama/ Ninguém me quer/ Ninguém me chama/ De meu amor*"? E que, no mesmo samba-canção, ao se queixar da "*Velhice chegando/ E eu chegando ao fim...*" tinha apenas... 31 anos quando escreveu aquilo? O próprio Fernando Lobo, conhecido pelo ocasional espírito de porco — dizia-se que seria capaz de brigar até com Nelson Nobre, o rei Momo oficial e o símbolo do Carnaval —, estava longe de ser um deprimido. É verdade que ele fora o autor de "*Podemos ser amigos simplesmente/ Coisas do amor, nunca mais...*", mas também fazia rir ao contar que Dorival Caymmi encomendara sua cabeleira gris na mesma loja em que Silvio Caldas comprara a dele. E não podia haver maior profissional do humor do que o homem que fizera Nora Ney pedir: "*Garçom, apague esta luz/ Que eu quero ficar sozinha...*" — Haroldo Barbosa.

Haroldo não se contentava em usar o rádio, o jornal, a boate e, pioneiramente, a televisão para fazer rir. Escrevia até para o teatro de revista. E foi também o maior estimulador de talentos na área do humor: descobriu Chico Anysio como comediante, revelou Antonio Maria e Sergio Porto como humoristas e estimulou a veia cômica de um respeitado cardiologista e diretor de hospital, de quem se tornaria parceiro para sempre: Max Nunes. De passagem, Haroldo foi o criador da palavra "barnabé", para designar o funcionário público humilde e mal pago, uma realidade dos anos 40. Fez isso na marchinha "Barnabé", dele e de Antonio Almeida, que Emilinha Borba gravou para o Carnaval de 1948 — o *Aurélio* registra a expressão e dá crédito à dupla. A letra dizia: "*Barnabé, o funcionário/ Quadro extranumerário/ Ganha só o necessário/ Pro cigarro e pro café// Quando acaba seu dinheiro/ Sempre apela pro bicheiro/ Pega o grupo do carneiro/ Já desfaz do jacaré// O dinheiro adiantado/ Todo mês é descontado/ Vive sempre pendurado/ Não sai desse tereré// Todo mundo fala, fala/ Do salário do operário/ Ninguém lembra o solitário/ Funcionário Barnabé// Ai, ai, Barnabé/ Ai, ai, funcionário letra E/ Ai, ai, Barnabé/ Todo mundo anda de bonde/ Só você anda a pé*".

Por que esses homens tão críticos, criativos e espirituosos pareciam mergulhar nos abismos da alma humana quando se sentavam para compor um samba-canção? Um dia, os estudiosos criariam a esdrúxula teoria de que eles faziam isso porque eram assim na vida real — tristes, melancólicos, abandonados —, mas dificilmente Antonio Maria e Dolores Duran seriam os parâmetros desse sofrimento crônico. Se isso fosse verdade, como explicar os sacudidos frevos que, às vezes, Maria também compunha, e o enorme repertório de baiões, alguns hilariantes, cultivado por Dolores como cantora? E as marchinhas que quase todos também faziam para o Carnaval? A resposta é simples: Antonio Maria, Fernando Lobo e Haroldo Barbosa, assim como Evaldo Ruy, Elano de Paula, Americo Seixas, Dorival Caymmi, Paulo Soledade, Ataulpho Alves, Peterpan, Hianto de Almeida, David Nasser, Ary Barroso, a própria Dolores Duran e todos que escreviam e cantavam aqueles sambas-canção tão românticos e doloridos faziam desse jeito porque se tratava de... sambas-canção. Era a música da época, a música a ser feita.

Antes de perguntar por que havia tanta gente compondo e cantando sambas-canção, o certo seria investigar por que havia ainda mais gente — milhões de brasileiros — escutando-os dia e noite no rádio, nos discos e nas boates. E, também nesse caso, a resposta será simples: porque eram canções com grande música e letra.

Ao eleger o segundo andar do Palácio do Catete como sua residência oficial — e, para não haver dúvida, mandou trazer os móveis portugueses que usara no Palácio Guanabara durante o Estado Novo —, Getulio injetou oxigênio em toda a vizinhança. Um dos primeiros a se beneficiar da lufada foi o estupendo Hotel Glória, construído em 1922 pelos aristocráticos Rocha Miranda e, desde então, só superado no Rio, em luxo e conforto, pelo Copacabana Palace, inaugurado um ano depois. Mas, naquele momento, os que vinham de fora e tinham negócios a tratar com o poder não levariam vantagem em se exilar na distante avenida Atlântica — se ficassem no Glória, estariam a menos de duzentos metros dos homens com quem queriam falar.

Desde 1949, o hotel passara das mãos dos Rocha Miranda para um grupo controlado pelo paulistano Eduardo Tapajós. Ao novo proprietário, não bastava que a amurada do Glória se debruçasse diretamente sobre a baía de Guanabara, e que o hotel tivesse como vizinhos, ao alcance de suas janelas, o Pão de Açúcar, o Outeiro da Glória e a sede do governo federal. Tapajós dobrou o número de quartos, equipou o hotel com uma piscina cercada pela mata e, em 1952, abriu em suas instalações uma boate: a Béguin (pronunciava-se *beghèn*), palavra francesa significando xodó, aquilo que se pode ter por alguém.

Para dirigi-la, Tapajós chamou Waldemar Schiller, com sua invejável quilometragem de Vogue como cliente. E, para ser a primeira estrela do Béguin, Schiller, por sua vez, chamou Dolores Duran, acompanhada pelo violonista com quem ela já atravessara infinitas madrugadas no palco do Meia-Noite: Bola Sete. Sem prejuízo de seu contrato com a Rádio Nacional, da qual sempre seria funcionária, Dolores sentiu-se em casa no Béguin pelos três anos seguintes. De tal forma que, num dos espetáculos mais bem-sucedidos na história da noite do Rio, o musical *No país dos Cadillacs*, de Silveira Sampaio, Dolores se destacava do grande elenco e entrava no palco de maiô inteiro, sem alças e com uma longa cauda — e as pernas de fora. Ao vê-la em cena, num traje talvez impróprio para o seu excesso de peso, podia-se pensar que ela fora forçada a fazer aquilo, talvez por Silveira, autor, produtor e diretor do espetáculo, ou pelo próprio Tapajós. Nada disso. Dolores vestira o maiô porque quisera, de pura molecagem — ela era assim. E se houvesse um certo zum-zum-zum na plateia, ela o silenciaria assim que começasse a cantar "How high the moon" em alta velocidade e com improvisações vocais ao estilo das jazzistas americanas. Foi o que aconteceu.

No país dos Cadillacs estreou no Béguin em 1954, ficou oito meses em cartaz e rompeu 1955 com a mesma força da estreia, antes de seguir carreira em vários teatros do Rio e voltar para temporadas-relâmpago na própria boate. Mas Dolores só participou das semanas inaugurais. Mostrar as pernas em público era engraçado, mas tinha hora. Preferia mostrá-las em particular e, àquela altura, uma lista parcial de seus romances incluiria o saxofonista Bijou, o garoto João Donato, o compositor Billy Blanco, o cantor e galã Bill Farr (indo para o berço com Dolores pelas costas de sua noiva Mary Gonçalves), o compositor e colunista Fernando Lobo e o crooner Roberto Luna, que revezava com Dolores no Béguin e, nos intervalos, iam se sentar romanticamente nos bancos da praça do Russell. Dolores gostava de namorar, todos sabiam, e não abria mão de, depois do show, levar o seu eleito para casa e, de manhã, concluídos os trabalhos, restaurá-lo com uma possante macarronada.

Mostrar as pernas, para Dolores, apresentava outro problema. Muitas vezes, sem aviso prévio, elas apareciam inchadas, e a cantora tinha de se valer de pesados diuréticos para que voltassem ao normal — o que a impedia de ficar muito tempo num palco sem um toalete por perto. O inchaço, revelando um problema de circulação, podia ser consequência de uma febre reumática que ela tivera aos doze anos e lhe provocara uma lesão cardíaca. Desde então, tinha arritmia e palpitações. E pensar que a origem de tudo teria sido uma bactéria que se alojara — logo onde — em sua garganta. Dolores era cardiopata e sabia disso, o que não a impedia de fumar (Hollywood) e beber (uísque) em quantidades acima da média recomendável a uma pessoa como ela, que trabalhava todas as noites e nunca dormia antes das dez da manhã.

Em 1954, Eduardo Tapajós resolveu abrir a piscina do Glória a um público mais jovem e sofisticado. Criou a "acqua-society", sua alternativa ao café-society, constando de banhos noturnos na piscina, ao som de jam sessions com os músicos mais modernos do Rio. Para organizar essas noites, convidou Jorginho Guinle, que, apesar de ser quase um símbolo vivo do Copacabana Palace, não vacilou em aceitar. As noitadas eram quinzenais, se davam na pérgula e começavam depois da meia-noite, donde o nome *Jazz after midnight* — *"Jam"*, para os íntimos. Jorginho entregou a direção musical ao saxofonista e maestro Cipó e, daí, começou o desfile de cobras em seus instrumentos à beira da piscina.

Uma noite típica podia reunir Dick Farney, Johnny Alf, Fats Elpidio, Moacyr Peixoto e Ribamar alternando-se ao piano; os trompetistas Maurilio Santos, Julio Barbosa e Pedroca; os trombonistas Astor, Norato, Nelsinho e os irmãos Edmundo e Edson Maciel; os sax-tenores Zé Bodega, Moacyr Silva, Quincas, Bijou e o próprio Cipó; os sax-altos Jorginho, Paulo Moura e Zezinho; os clarinetistas Severino Araújo (torcedor de Benny Goodman), Zaccarias (torcedor de Artie Shaw) e K-Ximbinho (torcedor de Barney Bigard); os acordeonistas Chiquinho, Donato e Gigi; o violinista Fafá Lemos; os violonistas Garoto, Bola Sete e Nestor Campos; os contrabaixistas Dalton Vogeler e Bill; os bateristas Cyl (galã das chanchadas da Atlântida e irmão de Dick) Farney, Sut e Bibi Miranda; e, nos vocais, Dick, Dolores Duran, Louis Cole e quem mais chegasse.

Até por causa do nome, tocava-se algum jazz, mas não eram noitadas para jazzófilos empedernidos, de cavanhaque e gola rulê. O grosso do repertório era música popular, romântica, só que espontânea, decidida na hora, de alta qualidade e por intérpretes de primeira. Com Dolores presente, ela não poderia deixar de cantar seu grande sucesso do momento e o primeiro de sua carreira: "Canção da volta", de Ismael Netto e Antonio Maria — *"Nunca mais vou fazer/ O que o meu coração pedir/ Nunca mais vou ouvir/ O que o meu coração mandar..."*. O mesmo quanto a Dick Farney, ainda o maior cartaz do samba-canção e cujos sucessos apenas nos últimos anos lhe permitiriam, se quisesse, monopolizar o microfone pelo resto da noite: "Uma loura", de Hervé Cordovil (*"Todos nós temos na vida/ Um caso, uma loura/ Você também tem..."*); "Nick Bar", de Garoto e José Vasconcellos (*"Foi nesse bar pequenino/ Onde encontrei meu amor/ Noites e noites sozinho/ Vivo curtindo uma dor..."*); "Alguém como tu", de José Maria de Abreu e Jair Amorim (*"Alguém como tu/ Assim como tu/ Eu preciso encontrar..."*); "Sem esse céu", de Luiz Bonfá (*"Sem esse céu, sem esse mar/ Não viverei/ Sem seu olhar, que faz sonhar/ Não sonharei..."*); e "Perdido de amor", também de Bonfá (*"Perdido de amor/ Perdido estou/ Por você..."*).

Por sugestão de Sergio Porto, que apoiava o *Jazz after midnight*, o Béguin se abriu também para os sambas, choros e partido-altos da Turma da Velha Guarda, comandada por Pixinguinha ao sax-tenor, com Donga ao violão, João da Baiana ao pandeiro e prato e faca, Bide na flauta, Waldemar ao cavaquinho, J. Cascata no vocal e um sólido grupo de coadjuvantes. O Glória fervilhava e é possível que, àquela hora da noite, com as ruas vazias, conduzidos pela água do mar, ecos dessa música deliciosa chegassem aos jardins do Catete.

Infelizmente, em meados de 1954, exigia-se outro tipo de música — mais grave, pesada e sombria — como trilha sonora para o que se maquinava nos porões do Palácio.

Doris Monteiro foi levada a cantar na casa do barão de Saavedra, na rua Tonelero, em Copacabana, numa recepção ao ministro dos Negócios Estrangeiros de Portugal, Paulo Cunha, em visita oficial ao Rio. Por sua origem portuguesa, era a cantora favorita da colônia. O barão tinha uma bela biblioteca na sala, diante da qual Doris se postou e cantou lindamente. Ela teve sorte. Dois dias depois, na madrugada de 4 para 5 de agosto, mais ou menos à mesma hora — pouco depois da meia-noite —, uma bala perdida de um tiroteio na rua entrou pela janela e se encravou na biblioteca do barão. Os Saavedra, da velha aristocracia carioca, mantinham uma intensa agenda social, concentrada no Vogue. Não era comum ficarem ao alcance de balas vadias. Ah, sim, a bala fora disparada pelo jornalista Carlos Lacerda.

Dois minutos antes, Lacerda saíra do carro estacionado na porta do edifício em que morava, o Albervânia, na rua Tonelero, 180, em frente à casa do barão. Estava com seu filho Sergio, adolescente, e com o homem que fazia parte de um grupo de dez oficiais da Aeronáutica que se oferecera para escoltá-lo: o major-aviador Rubens Florentino Vaz, à paisana. Os militares temiam que Lacerda sofresse um atentado pela campanha que fazia contra a *Última Hora* e contra tudo que o governo Vargas representava. Não era uma precaução descabida.

Lacerda, Sergio e Vaz conversaram brevemente perto do carro estacionado no meio-fio e se despediram. Havia dois homens no outro lado da rua, protegidos pela fraca iluminação. Quando Lacerda se encaminhou com seu filho para a porta da garagem — tinha esquecido em casa a chave da frente —, um dos homens, de chapéu desabado, puxou um Smith & Wesson 45, deu três passos à frente e atirou duas vezes. A intenção era matar, mas o revólver deu um soco para baixo e uma das balas atingiu o jornalista no pé. Lacerda conseguiu sacar sua própria arma, também um Smith & Wesson, mas 38, de cano curto, e disparou de volta, a esmo. Uma dessas balas entrou pela janela de Saavedra.

Mesmo desarmado — seu revólver ficara no porta-luvas —, o major Vaz atirou-se sobre o pistoleiro e se atracou com ele. Na luta, foi baleado e caiu. Lacerda entrou no prédio pela garagem para deixar o filho e voltou pela porta da frente. Só então percebeu seu sapato encharcado de sangue e Vaz, caído na rua. Um dos homens desaparecera. O outro, autor dos disparos, fugiu num táxi, um Studebaker cor de vinho, que o esperava na esquina. Um guarda municipal, surgindo na cena, atirou contra o porta-malas do táxi e também foi ferido pelo pistoleiro em fuga. O tiroteio cessou e, em poucos minutos, havia centenas de pessoas na rua. O major morreu no colo de Lacerda, num carro a caminho do Hospital Miguel Couto.

Por uma dessas coincidências, o crime fora presenciado por três jornalistas do *Diário Carioca*: Deodato Maia, Otavio Bonfim e Armando Nogueira, este último, vizinho de Lacerda no 186 da Tonelero. Armando estava sendo deixado em casa por Deodato, em seu Plymouth verde, quando o tiroteio começou. Antes de a fumaça se dissipar, correu e telefonou de um botequim nas proximidades para Pompeu de Souza, diretor do *Diário Carioca*. Era a segunda vez em pouco mais de um mês que a sorte o bafejava como jornalista. No dia 27 de junho, Armando estava em Berna, na Suíça, assistindo ao jogo Brasil x Hungria, pela Copa do Mundo. A Hungria venceu por 4 a 2, com uma arbitragem tumultuada, e, terminado o jogo, estourou uma briga envolvendo jogadores, dirigentes e até jornalistas. Armando estava num dos vestiários quando ouviu uma altercação atrás da parede ao lado. Levantou sua câmera até o basculante que separava os dois vestiários e bateu uma chapa sem olhar. Quando revelou a foto, descobriu que fotografara o treinador brasileiro Zezé Moreira dando com uma chuteira na cara de Guzstaf Sebes, ministro dos Esportes da Hungria. E, agora, sem querer, presenciava na rua Tonelero a cena que poderia mudar a história do Brasil.

Uma hora depois dos tiros, toda a imprensa já chegara ao Miguel Couto, assim como os colegas de farda de Rubens Vaz. Naquela mesma noite, quando se descobriu que as balas que tinham matado o militar eram de um calibre exclusivo das Forças Armadas, a Aeronáutica tomou o caso da polícia e resolveu fazer sua própria investigação. Nascia ali a "República do Galeão" — um poder judicial paralelo, com sede na Base Aérea.

O Clube da Aeronáutica, na praça Marechal Âncora, no Castelo, costumava ser cenário de grandes bailes de fim de semana para a jovem oficialidade da arma, animados por cantoras como Elizeth Cardoso, Helena de Lima, Angela Maria, Dalva de Oliveira e a favorita deles, Dolores Duran. O major Vaz os frequentava, com sua mulher, Ligia. Mas a ideia de fazer o seu velório no clube, assim como a de o cortejo seguir a pé dali até o cemitério São João Batista, foi política — para constranger o governo. A essa altura, graças aos tiros que levara na carroceria, o táxi que participara da ação já fora identificado. Descobriu-se que ele não tinha sido apanhado casualmente na rua. Ao contrário, seu motorista fazia ponto na rua Silveira Martins — ao lado do Palácio do Catete — e prestava serviços a membros da guarda pessoal de Getulio. O próprio motorista entregou a si e a seus passageiros daquela noite.

Quando a multidão com o ataúde atingiu a Praia do Flamengo, os colegas mais exaltados de Vaz queriam que o féretro virasse na esquina do Hotel Novo Mundo e chegasse à rua do Catete, para passar bem em frente ao Palácio. Era de se imaginar Getulio acuado no terceiro andar enquanto, lá fora, a menos de vinte metros de sua janela, Lacerda atiçava as massas contra ele, acusando-o de ser o responsável pelo atentado e pelo crime — como já fizera naquela manhã pela *Tribuna da Imprensa*, num artigo que escrevera no próprio Miguel Couto enquanto lhe engessavam o pé. Alguns mais sensatos demoveram os radicais dessa provocação, e o cortejo seguiu pela orla, saudado pelos panos pretos nas janelas. Rubens Vaz foi sepultado sob comoção popular. Tinha 32 anos, deixava uma viúva de 28 e quatro filhos pequenos, e todos sabiam que fora vítima involuntária de uma vingança política — o alvo era Lacerda.

Em poucos dias, com o progresso das investigações e as delações mútuas, já se falava abertamente dos possíveis implicados na conspiração: como instigadores, o primeiro-irmão Bejo Vargas, os deputados Euvaldo Lodi e Danton Coelho e o ex-prefeito do Rio general Mendes de Moraes; mandante, Gregorio Fortunato; planejadores, Climerio Euribes de Almeida e José Antonio Soares, membros da guarda pessoal de Getulio; pistoleiro, Alcino João do Nascimento; motorista do táxi, Nelson Raimundo de Souza. De Gregorio para baixo, todos já estavam presos no Galeão, exceto Climerio. Deflagrou-se a caçada a Climerio, que se estendeu por quatro estados (Rio, São Paulo, Paraná e Rio Grande do Sul) e se temia que não se limitasse ao Exército e à Aeronáutica — homens de Gregorio podiam estar também procurando Climerio, para matá-lo e queimar o arquivo. Gaúcho como Gregorio e seu velho assecla, ele era o elo entre o Catete e a Tonelero — se fosse apanhado, Gregorio ruiria.

De farra ou a sério, expedições particulares se juntaram à busca, uma delas liderada por Carlinhos Niemeyer, tenente reformado da FAB, amigo de Vaz e dos oficiais da República do Galeão e membro fundador do extinto Clube dos Cafajestes. Niemeyer, seu irmão Jorge e uma caravana de vinte automóveis foram primeiro a Jacarepaguá, na Zona Oeste do Rio, onde se suspeitava que Climerio estivesse escondido. Não o encontraram, mas acharam sua mãe, que, assustada com aquela multidão em busca do filho — e quando Niemeyer a convenceu de que queriam protegê-lo —, contou que ele poderia estar na casa de um compadre em Tinguá, distrito de Nova Iguaçu, na Baixada Fluminense. Niemeyer passou a informação à Aeronáutica e comunicou que estava indo para lá. Como eram apenas ele e seu irmão (os amigos da busca em Jacarepaguá tinham se cansado da brincadeira), os militares lhe mandaram dois oficiais do Exército em outro carro, para acompanhá-los. Partiram então para Tinguá nos dois carros, sendo o de Niemeyer o menos suspeito possível para a tarefa — um rabo de peixe conversível.

O compadre foi logo localizado numa birosca em Tinguá e, também convencido de que eles estavam ali para proteger Climerio, levou-os à sua casa no alto do morro, onde ele devia estar. Mas Climerio os viu lá de cima e fugiu pelos fundos, armado, embrenhando-se num bananal. Começou então a vigília, que durou dezoito horas e atravessou a tarde e a noite. Niemeyer beneficiou-se de seu histórico de noites em claro no Vogue, com ou sem os Cafajestes, para continuar acordado e manter Climerio dentro do bananal. Um dos oficiais voltou ao Rio para avisar à Aeronáutica que tinham encontrado o homem e pedir reforços. E estes chegaram por volta das cinco da manhã, na forma de estradas bloqueadas, helicópteros, cachorros e duzentos soldados e na pessoa do coronel Delio Jardim de Mattos, que foi quem rendeu Climerio. O aspecto de bandido, ao sair do bananal, não justificava aquele aparato: tresnoitado, exausto, faminto, de tamancos, nu da cintura para cima, tremendo de frio e de medo, e armado com um revólver que mal conseguia segurar — um zumbi. Mas ao vê-lo, Niemeyer reconheceu-o imediatamente — Climerio, em certa época, fora leão de chácara do Vogue.

O Clube dos Cafajestes já não existia, e a única atividade que ainda reunia a maioria de seus membros era a Festa do Caju Amigo, um baile pré-carnavalesco que Carlinhos Niemeyer, Mariozinho de Oliveira e Paulo Soledade tinham passado a produzir no Vogue desde 1951. Subitamente, quase se podia dizer que a captura de Climerio por um deles, de mãos livres, fora uma façanha digna das aventuras que os Cafajestes protagonizavam no passado.

Era um tempo de confusão política — nada era o que parecia. Nora Ney, comunista rigorosa e militante, foi cantar em Fortaleza e conheceu um político, candidato a governador do Ceará, que a encantou. "Dá vontade de ser cearense só para votar nele. É formidável, honesto e boa-

-praça", ela escreveu em sua coluna na *Radiolândia*. "Chama-se Armando Falcão." Um dia, Nora descobriria que nunca se enganara tanto na avaliação de um político — Falcão tinha aversão hidrófoba por tudo em que ela acreditava. Em visita ao Rio, o pitoresco Jânio Quadros, candidato ao governo de São Paulo, fora ao Vogue levado por amigos. Estava corretamente vestido e penteado, e não do seu jeito habitual, de quem dormia com a roupa que usava na rua. As pessoas passavam por trás de sua mesa e davam um jeito de se demorar, tentando ver a caspa que, segundo os colunistas, lhe polvilhava abundantemente o paletó. Mas não havia nem um floco. Jânio bebeu dois uísques, cumprimentou com um aceno Elizeth Cardoso e Silvio Caldas, que se apresentavam, beijou a mão de uma grã-fina e foi embora, sem fazer jus ao folclore que todos esperavam.

Na manhã do dia 5 de agosto, poucas horas depois do episódio da Tonelero que parecia ferir Getulio de morte, o jornal *Imprensa Popular*, do clandestino Partido Comunista, dirigido por Pedro Motta Lima, saiu às ruas com um editorial — escrito e impresso de véspera — em que denunciava "as famosas roubalheiras da *Última Hora*", acusava o governo Vargas de ser "um governo de traição nacional", "de latifundiários e grandes capitalistas" e de "completa submissão ao governo dos Estados Unidos"; classificava Getulio como "sanguinário", "entreguista" e "aliado dos trustes norte-americanos"; e pregava sua "derrubada definitiva". A *Tribuna da Imprensa*, de Lacerda, não faria melhor, mas essas diatribes contra Getulio não eram novidade na *Imprensa Popular* — saíam todos os dias na primeira página do jornal desde a posse do presidente e, com típica falta de imaginação, quase sempre com as mesmas palavras. A diferença era que, se os comunistas realmente desejavam a "derrubada definitiva" de Getulio, dessa vez não teriam de esperar muito.

O público do Vogue também já desistira de Getulio. Meses antes, em fins de fevereiro, correram rumores de que o presidente iria acatar a sugestão do seu ministro do Trabalho, João Goulart, e aumentar o salário mínimo em 100% no dia 1º de maio. Um manifesto do Exército, alertando para a submissão do governo às pressões sindicais, fizera com que Getulio, para estancar a crise, demitisse o ministro. O Vogue aplaudiu, já que Jango — ministro do Trabalho, da Indústria e do Comércio —, por mais simpático que fosse socialmente, durante o dia só queria saber de tratar com sindicalistas e deixava de lado as outras duas atribuições de seu cargo. E elas eram justamente as que diziam respeito aos industriais e donos de redes de lojas que frequentavam a boate. No dia 1º de maio, viu-se que a queda de Jango tinha sido apenas uma manobra de Getulio — "demitira" o conterrâneo para acalmar os militares, mas dobrou o salário mínimo do mesmo jeito, de 1200 para 2400 cruzeiros. Os assuntos no Vogue foram a turbulência que isso provocaria nas folhas de pagamento e a ameaça de ondas de falência e de demissões — que acabaram não se concretizando.

Dias depois do atentado da Tonelero, Getulio chegou ao Jockey Club para o Grande Prêmio Brasil, como fazia todos os anos. Só que, dessa vez, foi vaiado. Era a primeira vez que isso lhe acontecia e seus seguranças não podiam fazer nada. Aliás, embora Getulio reconhecesse sempre os mesmos dez ou quinze homens ao seu redor, o contingente da guarda pessoal, capitaneada por Gregorio, passara a ser de dezenas de homens, muitos dos quais ele nunca vira. Nem podia: eles prestavam "serviços" a quilômetros do Catete — como o de desembaraçar para Gregorio cargas de contrabando que passavam com folga pelas malhas da Polícia Federal. Parte da muamba era usada para abastecer o Mercadinho Verde, uma das três lendárias galerias da avenida Nossa Senhora de Copacabana dedicadas a um discreto contrabando (as outras eram os Mercadinhos Azul e Amarelo). Ao ser preso e ver-se subitamente sem fundos para financiar sua defesa, Gregorio vendeu o Mercadinho Verde, de sua propriedade, para Zica, o senhor da praça Mauá.

A situação azedava rapidamente. Pelos arquivos de Gregorio, descobriu-se que o dinheiro que sustentava a guarda pessoal vinha da polícia, do Sesi (presidido por Euvaldo Lodi), do Ministério do Trabalho (antes, durante e depois de Jango), da Rádio Nacional (por intermédio do próprio diretor Victor Costa) e até dos bicheiros. Em meio à avalanche de denúncias que chocavam Getulio, as que mais o esmagavam eram as que ligavam pessoas de seu círculo íntimo a negócios escusos, como a da compra, por Gregório, de uma fazenda da família Vargas em São Borja com empréstimo oficial. O vendedor teria sido Maneco, seu filho; e o avalista, seu protegido Jango. Essas e outras o fizeram dizer a Oswaldo Aranha sua célebre frase "Está confirmado, Oswaldo. Debaixo do Catete, há um mar de lama". Getulio sentia-se abandonado pelos políticos, pelos sindicatos e até pelo povo. Enquanto isso, crescia o rumor de sabres vindo da área da Aeronáutica, da Marinha e do Exército, falando em licença, renúncia ou mesmo deposição do presidente.

Na qualidade de uma central paralela de informações, era natural que o Vogue fosse também sujeito a desinformações. Na noite de 21 de agosto, alguém chegado da rua trouxe a notícia de que Getulio aceitara uma sugestão de seu vice, Café Filho, para que ambos renunciassem ao mandato. Segundo o informante, Nereu Ramos, presidente da Câmara dos Deputados, assumiria interinamente e, de acordo com a Constituição, promoveria em trinta dias a eleição de um novo presidente para completar aquele mandato. Durante os dois ou três minutos em que a informação da renúncia conjunta prevaleceu, o Vogue dispensou a música — o pianista já era Fats Elpidio — e viveu um eufórico momento político. Mas outro cliente, mais bem informado, esclareceu tudo: de fato, Café fora "em segredo" ao Catete naquela tarde para levar essa sugestão a Getulio; este pedira tempo a Café para pensar; consultara Tancredo Neves, seu ministro da Justiça, e Tancredo o aconselhara a recusar a ideia. E a situação estava nesse pé, concluiu o informadíssimo cliente. Ouviram-se resmungos e muxoxos e, quando eles cessaram, Elpidio retomou seu repertório de "Mona Lisa", "Angelitos negros" e "Sábado em Copacabana".

Na verdade, Café saíra da conversa acreditando que sua sugestão seria aceita. Tanto que pedira a Elmano Cardim, diretor do *Jornal do Commercio*, que soprasse a informação para alguns militares com quem o jornalista se dava, como o brigadeiro Eduardo Gomes e os generais Juarez Távora e Canrobert Pereira da Costa. Pedira também sigilo a Cardim. Mas como é possível sigilo com tanta gente sabendo? A notícia sobre o encontro saiu direto do *Jornal do Commercio* para o Vogue — a provar que, se quisesse ficar bem informado, Café devia frequentar mais o Vogue.

No dia seguinte, Café foi chamado por Getulio ao Catete para ouvir a resposta. Encontrou um clima de hostilidade. Alzirinha, ao vê-lo chegar, perguntou: "Veio assumir?". E, por onde passava, Café via gente com metralhadora. Getulio disse "Não" à sua proposta e lhe agradeceu.

Duas noites depois, quase à zero hora do dia 24, Rubem Braga, Antonio Maria e o boêmio João Ribeiro Dantas, o Dantinhas, jantavam no Vogue quando ouviram de outro chegado da rua a notícia de que Getulio estava em vias de ser deposto. Naquele momento, realmente, ele estava reunido com seus ministros no Salão de Banquetes, no segundo andar (e não no Ministerial, que ficava no primeiro, como seria o normal), discutindo o ultimato que lhe fora levado pelo ministro da Guerra, general Zenobio da Costa: um manifesto assinado por 35 generais, comunicando-lhe que, para o bem do país, esperavam o seu pedido de licença da Presidência — licença da qual Getulio tinha certeza de que não voltaria.

Farejando a notícia, Rubem, Maria e Dantinhas deixaram seus picadinhos para trás, tomaram o carro de Maria e fizeram de Copacabana ao Catete em quinze minutos. Já na esquina da rua Ferreira Viana, esbarraram nas tropas que cercavam o Palácio, o qual estava todo iluminado. Podiam descer do carro, se quisessem, mas tinham de se limitar à calçada do outro lado da rua. Rubem e Maria, conformados, desistiram e resolveram voltar para o Vogue. Mas Dantinhas ficou. Sacou uma velha carteira de secretário do Conselho de Imigração — órgão subordinado à Presidência da República, mas extinto havia algum tempo — e, de carteirada em carteirada, venceu as barreiras e entrou no Palácio. Logo ele, que não tinha nada a fazer lá dentro.

Um militar, o major Enio Garcez, deu ordem para que as pessoas presentes no Catete fossem revistadas e identificadas — havia a suspeita de que alguém estivesse passando informações para fora. Dantinhas sabia que não podia se identificar. Não apenas sua carteira já não tinha validade, como ele era primo do recém-falecido Orlando Dantas e de seu herdeiro João Dantas, proprietários do *Diário de Notícias*, o jornal de maior circulação do Rio e que fazia tremenda oposição a Getulio. Ao passar por oficiais que sabia mais graduados, entrou com eles em um elevador, subiu e se viu no gabinete do chefe da Casa Militar, no segundo andar. Achou uma poltrona no canto mais escuro da sala, sentou-se e ficou esperando, nem ele sabia o quê. Dormiu ali mesmo na poltrona e foi despertado já de manhã por um corre-corre no andar de cima — às 8h43, ouvira-se um tiro.

Se sua narrativa, feita meses depois à *Manchete*, for verdadeira, Dantinhas terá sido a única pessoa no Rio a adentrar o Catete, naquela madrugada fatal, sem ter sido convocado. Infelizmente, só ele podia confirmá-la, porque Rubem Braga e Antonio Maria voltaram para o Vogue assim que foram barrados e não o viram penetrar no Palácio — e Dantinhas, 27 anos, embora simpático, não era lá muito confiável.

Entre os militares, políticos e jornalistas, a certeza de que Getulio já renunciara ou fora deposto era tal que, com o dia 24 ainda por nascer, Lacerda fora levado em triunfo até o apartamento do vice-presidente Café Filho, no edifício Mamoré, na esquina da avenida Nossa Senhora de Copacabana com a rua Joaquim Nabuco. Os correligionários e novos amigos de Café — estes, surgidos de súbito e em grande número — estavam lá. Como era um apartamento de primeiro andar, podiam-se ouvir da rua os gritos de "Viva o presidente Café!", as salvas de palmas e os champanhes estourando. Os discursos se sucediam. Já de manhã, quando chegou a sua vez de discursar, Lacerda parecia tão inspirado que alguém sugeriu que ele falasse aquilo tudo, por telefone, para a Rádio Globo — onde, na véspera, como fazia todas as segundas-feiras à noite, demolira Getulio ao microfone.

A Rádio Globo não se comparava à Nacional, Tupi ou Mayrink Veiga. Era pobre de recursos e seu alcance mal ultrapassava a serra do Mar. À falta de um cast de estrelas, uma de suas maiores atrações era o programa político de Lacerda, *Conversa em Família* — ele era bom de rádio, tinha voz de locutor. Ligaram para a Globo. Alguém atendeu no estúdio da rua Bethencourt da Silva, ao lado do Café Nice, acatou o telefonema e Lacerda foi posto no ar. E já começou atirando: "Aqui estou, neste dia de redenção nacional, neste dia de são Bartolomeu, para declarar que esse covarde, esse pusilânime [Getulio], não está licenciado. Ele está é deposto. O lugar dele é no Galeão ou no estrangeiro, e deve apodrecer na cadeia".

Mas, então, o telefone tocou de novo no estúdio. Era um repórter da rádio, que passara a noite na calçada defronte ao Catete, ligando para dizer que tirassem Lacerda do ar e dessem a notícia — o presidente se matara. Descontados os primeiros instantes de choque, o locutor Leo Batista entrou imediatamente com uma edição extraordinária do noticiário *O Globo no Ar*: "O presidente Getulio Vargas acaba de se suicidar no Palácio do Catete. Repito: o presidente Getulio Vargas acaba de se suicidar no Palácio do Catete". Era a única informação que ele tinha — não se sabia de mais nada. Mas serviu para furar a Rádio Nacional. Levaria alguns minutos para que Heron Domingues, pelo *Repórter Esso*, cobrisse o país com a notícia completa.

Na noite anterior, o Vogue, como quase todo mundo, era a favor da queda do presidente. De manhã, com o suicídio já do conhecimento dos que ainda estavam por ali, entre as mesas e cadeiras, Getulio se tornara objeto de admiração unânime. Nas noites seguintes, o Vogue ferveria de pessoas que sabiam "de boa fonte" que ele vinha pensando em suicídio e perguntara a mais de uma pessoa, entre as quais seu filho Maneco, médico, sobre o lugar ideal para um tiro, e ouvira que era dois dedos abaixo do mamilo esquerdo — onde, de fato, atirara.

Pela hora que Getulio escolhera para se matar, os matutinos já estavam todos na rua, com manchetes prontas de véspera, e só os vespertinos poderiam dar a notícia. Mas, exceto a *Última Hora*, nenhum deles conseguiu sequer circular — as bancas que acabavam de receber *O Globo*, a *Tribuna da Imprensa* e outros jornais anti-Getulio estavam sendo incendiadas e os jornaleiros, agredidos. Os matutinos, como o *Correio da Manhã*, o *Diário de Notícias* e *O Jornal*, que também foram atacados, teriam de se superar na edição do dia seguinte, 25, o que fizeram. Mas o *Jornal do Brasil* não. Fiel à sua característica de ser um jornal de anúncios classificados, com apenas uma pequena janela na primeira página para algumas chamadas do noticiário internacional, suas manchetes no dia 25, uma em cima da outra, foram "Declarado ilegal o Partido Comunista dos Estados Unidos", "As forças navais norte-americanas no Pacífico", "Conversações anglo-americanas sobre o rearmamento alemão", "Paira agora um perigo sobre o Tratado do Atlântico Norte", "Novas perturbações da ordem no Marrocos francês" e, finalmente, quase perdida entre os anúncios de procura-se cozinheira, "A madrugada trágica de 24 de agosto e a marcha dos acontecimentos", remetendo às páginas 7, 8 e 9.

O poderoso *O Cruzeiro* não fez muito melhor. Sua edição imediatamente posterior à morte de Getulio saiu três dias depois da tragédia, com a data (sempre adiantada) de 4 de setembro. E também não trazia Getulio na capa. No lugar dele, estava uma foto da bela Dulce Bressane, "estrela do cinema nacional" — aquela para quem Dorival Caymmi cantara "Nunca mais" no filme *Estrela da manhã*, no longínquo 1949. Capas coloridas e decorativas, sem relação com o conteúdo da revista, eram a norma em *O Cruzeiro* — por razões industriais, tinham de rodar com muita antecedência em relação ao miolo. Seria de esperar que, devido à morte de Getulio, a capa com Dulce fosse deixada para a semana seguinte e substituída às pressas por uma foto do presidente, vivo ou morto. Mas, não — a capa já impressa foi mantida e com as chamadas originais, uma das quais, em destaque, tratava do "Mundo mágico das borboletas". A cobertura sobre Getulio vinha dentro, tomando um caderno de 24 páginas (12 no começo e 12 no fim da revista), encartado em cima da hora. E foi bom que Getulio não estivesse na capa: a grande foto da reportagem principal, "A morte de Vargas", era um close de seu rosto no caixão, com um lenço amarrado ao queixo e um fio de líquido escuro escorrendo-lhe pelo canto da boca — uma visão de tirar qualquer apetite.

E, já que estava na capa, Dulce deveria ter sido tema de uma reportagem naquele número de *O Cruzeiro*. Mas não havia uma linha sobre ela no miolo da revista. Pena, porque sua história era fascinante. Era, desde 1947, aos dezessete anos, a namorada secreta do pianista Bené Nunes — secreta porque o público feminino não podia saber que o boa-pinta e popularíssimo Bené tinha uma namorada firme (e pela qual era apaixonado). E, mais do que atriz, Dulce era altamente musical: afinada, bonita voz, fã de jazz e clássicos, ouvinte atenta de cantoras como Nora Ney e Doris Monteiro, amiga de músicos (sabia distinguir as famílias dos vários instrumentos) e louca pelas harmonias do violonista Garoto. Um ano antes, em 1953, resolvera estudar violão e pedira a Bené que lhe comprasse um na Guitarra de Prata, na rua da Carioca. Bené fez melhor: sabendo que Garoto estava precisando de dinheiro, foi com ela ao hotelzinho no Arpoador onde ele estava morando e fez-lhe uma oferta por um de seus violões. Garoto aceitou e, para demonstrar o som do instrumento, tocou para Dulce, em primeira mão, um samba-canção que acabara de compor (e o único a que pusera letra): "Duas contas" — "*Teus olhos / São duas contas pequeninas / Qual duas pedras preciosas / Que brilham mais que o luar...*".

A morte de Getulio deixaria alguns pontos obscuros e que nunca seriam esclarecidos. O jaquetão, calça e colete de casimira pretos com que ele foi enterrado tinham sido confeccionados por De Cicco. Nenhuma novidade nisso, porque De Cicco era o responsável por todo o seu guarda-roupa, feito sob medida para atenuar-lhe a baixa estatura e a barriga proeminente. Getulio fora vestido para o enterro por sua filha Alzirinha, primeira a entrar no quarto assim que ouviu o tiro e ainda o encontrando com vida. Ao se matar, Getulio estava usando um pijama de seda com listras verticais em tons de marrom, bege e branco. No lado esquerdo do paletó do pijama, o bolso trazia as iniciais GV em monograma, junto ao buraco provocado pela bala. O intrigante era a etiqueta costurada na gola: Raul Camiseiro Rio.

Quem era? Ninguém sabia — nem mesmo Alzirinha, que julgava conhecer tudo sobre seu pai. Os outros alfaiates importantes da cidade também nunca tinham ouvido falar nesse Raul. O paletó do pijama seria depois exposto à visitação no Palácio do Catete. Mas a calça, desaparecida no próprio dia da morte, nunca seria encontrada.

Para os Vargas, a vida social e a noite do Rio acabaram ali. Bejo nunca mais foi visto no Vogue ou nas boates controladas por Carlos Machado. A rigor, já começara a se esconder logo depois do episódio da rua Tonelero, quando Gregorio, ao se ver abandonado, o acusou (e a Euvaldo Lodi, Danton Coelho e Mendes de Moraes) de tê-lo aliciado para matar Lacerda. Mas esses homens tinham o que Gregorio não teve: costas quentes e bons advogados. Todos se livraram já no inquérito, enquanto, no julgamento, o negro Gregorio pegou 25 anos na Penitenciária Frei Caneca — pena que não chegaria a cumprir, porque seria morto a facadas por outro detento oito anos depois. Um caderno escolar "Avante", de anotações, de que ele nunca se separava, desapareceu para sempre.

Com a morte de Getulio e a subida de Café Filho, houve mudanças em todas as estruturas do governo, entre as quais a Rádio Nacional. Seu diretor, Victor Costa, que nos áureos tempos falava de potência para potência com prefeitos, ministros e embaixadores, foi sumariamente afastado e substituído por Heron Domingues. Uma sindicância ordenada por Café para apurar irregularidades na emissora descobriu que, entre inúmeros funcionários fantasmas na folha de pagamento de Victor Costa, estava Gregorio Fortunato, contratado como... clarinetista! E com um salário mensal jamais sonhado por qualquer clarinetista de verdade no Rio: 30 mil cruzeiros — 1,5 mil dólares de 1954.

O que não mudou foi a adoração que muitos artistas tinham por Getulio. Emilinha Borba guardou oito dias de luto — não foi à Rádio Nacional, não se deixou fotografar, não deu autógrafos e não cantou; Angela Maria, onze; Linda Baptista caiu de cama e nela ficou semanas. E Lucio Alves passou toda uma noite no escuro, em seu apartamento perto da praça da Bandeira, cantando sozinho para um Getulio que, no seu coração, estava ali.

E os sons de samba e jazz que vinham das noites do Hotel Glória também já haviam silenciado, mas por outro motivo. O Glória ficava longe de Copacabana, onde todos os músicos trabalhavam — uma escapada para dar uma canja nele levava horas. De qualquer maneira, o Catete, sem Getulio, parecia o lado escuro da Lua.

Ninguém esperava pelo suicídio de Getulio, mas, pela maneira como aconteceu, até parecia fazer sentido. Já outra morte, vinte dias antes e também por suicídio, parecia impossível de explicar: a de Evaldo Ruy, irmão de Haroldo Barbosa, antigo parceiro de Custodio Mesquita e um dos maiores talentos de sua geração.

À tardinha do dia 4 de agosto, ele compareceu à festa de aniversário de quatorze anos de Paulo Roberto, filho de Elizeth Cardoso, em Bonsucesso. Já bebera antes e lá também bebeu um pouco. Saiu por volta das oito da noite. Foi de lotação a um bar em Copacabana, onde bebeu mais, e voltou para casa, na rua Tereza Guimarães, em Botafogo. Sua mulher, Elza, e seu filho, Ruyzinho, não estavam. Haroldo se encontrava fora do Rio, na pousada de um amigo em Coroa Grande (RJ). Ruy continuou a beber e, como se já tivesse tomado a decisão, começou a escrever bilhetes — para a mãe, a mulher, o filho, Elizeth e vários amigos. Eram bilhetes de despedida. O destinado a sua mãe dizia: "Mamãe, desculpe-me. Mas, pra mim, chega. Defenda a minha memória". Para Fernando Lobo: "Meu Lobo, pela última vez te bato continência. Você sabe que este não foi o fim que desejei para mim". Para Antonio Maria: "É o teu velho Ruy que se despede. Foram muitos desaforos da vida. Suportá-los, estou cansado. Pelos nossos bons momentos, fica o abraço do Ruy".

Em seguida, Ruy tomou um vidro inteiro do sonífero Sonifene com uísque. Enquanto o remédio não completava seu efeito, deu telefonemas a algumas pessoas contando o que acabara de fazer. Talvez fossem pedidos de socorro. Mas, quando elas conseguiram acudi-lo, era tarde. Ruy morreu ao chegar ao Miguel Couto. Tinha 41 anos.

Os amigos, perplexos, se perguntavam por quê. O que tanto o atormentara a ponto de fazê-lo dizer "Pra mim, chega"? E a que "desaforos da vida" se referia? Para Haroldo Barbosa, a causa eram seus constantes apertos financeiros — apertos também incompreensíveis, já que Ruy podia fazer tudo que ele fazia no rádio e na música popular, e não constava que Haroldo se queixasse de falta de dinheiro. Nem eram apertos que justificassem uma decisão tão extrema. Ruy tinha passe livre com todos os grandes compositores brasileiros — não haveria um que não se orgulhasse de tê-lo como letrista. E os cantores se estapeariam para disputar esse repertório — afinal, era o letrista de "Como os rios que correm para o mar", "Noturno em tempo de samba" e "Saia do caminho", todos com Custodio Mesquita. Poucos meses antes, em parceria com Hianto de Almeida, fizera outro magnífico samba-canção. "Vento vadio" — "*... Pra que essa noite, esse frio/ Eu pergunto por quê/ Esse vento vadio/ Se eu não tenho você/ Para me agasalhar/ E o frio passar*". Estava reservando-o para Elizeth. Mas cantou-o informalmente numa roda boêmia em São Paulo. Isaurinha Garcia o escutou, apoderou-se dele e Ruy não pôde fazer nada. A gravação de Isaurinha foi lançada em março daquele ano.

Para David Nasser, ele se matara por amor. Desde 1951, Ruy tinha uma apaixonada relação fora de casa, com Elizeth. Era uma história pública e de amor: os dois iam juntos aos bares dos intelectuais, como o Juca's Bar, o Vermelhinho e, ultimamente, ao Villarino, uma nova uisqueria na avenida Calógeras. Ele costumava encontrá-la no Vogue, à saída de seus shows. E ela ia a São Paulo fazer-lhe companhia enquanto ele trabalhava como ghost-writer para Adhemar de Barros. Era também uma história aceita com gosto pelos seus amigos — eram queridos individualmente e como casal. Mas já deixara de ser uma relação tranquila. De um lado, Ruy vivia pressionado por sua mulher: ou rompia com Elizeth ou saía de casa de vez, mas deixando o filho — hipóteses, para ele, insuportáveis. De outro, a pressão partiria de Elizeth — ou ele se decidia entre as duas mulheres ou estava tudo acabado. Aparentemente, naquele momento estavam rompidos, e a ida ao aniversário do filho de Elizeth seria mais uma tentativa frustrada de que reatassem.

Fernando Lobo, muito mais íntimo de Ruy do que o trêfego David Nasser, não acreditava nessa versão. Mas não tinha outra para oferecer, embora seja difícil de acreditar que, devido à proximidade entre eles — viam-se quase todos os dias —, Lobo não percebesse algo se passando. A própria Elizeth sempre negou que Ruy fosse pressionado por Elza ou por ela. Devia ser verdade, porque nenhum dos parentes ou amigos de Ruy jamais a culpou pela morte dele.

Uma terceira versão, bem plausível, mas pouco citada pelo desconhecimento que se tinha então sobre o assunto, era a possibilidade de um surto de depressão alcoólica. Ruy, assim como seu pai, era alcoólatra, e o alcoolismo está sujeito a provocar esse tipo de rompante durante uma crise. A soma de todos os problemas — dinheiro, o casamento, o caso com Elizeth — pode ter sido potencializada pelo álcool e levado Ruy a uma depressão aguda para a qual a única saída era a morte.

"Lá se foi Evaldo Ruy, com passagem comprada por conta própria", escreveu Fernando Lobo — fazendo blague para não perceberem que estava chorando.

12

SURGE O SACHA'S

Em fins de 1954, quando o Clube da Chave começou a promover torneios de buraco organizados por Marlene e Carmelia Alves, alguns associados se convenceram de que era o fim. Desde quando um ambiente criado para relaxar, conversar fiado e escutar boa música ao embalo de um honesto uísque podia promover disputas com um Copag ensebado, envolvendo trincas, canastras e outras canastrices a um tostão o ponto? Mas a isso fora reduzido o clube que Humberto Teixeira fundara havia menos de dois anos. Um desfalque dado por um gerente, calotes não previstos e dívidas com fornecedores provocaram um rombo que ninguém quis assumir. Muitos sócios se afastaram. O destino inexorável era fechar, o que aconteceu em janeiro de 1955.

Enquanto durou, o Clube da Chave serviu para consolidar a trajetória de um punhado de jovens pianistas que estavam surgindo à sombra dos veteranos José Maria de Abreu, Chuca-Chuca, Britinho, Pernambuco, Claude Austin, Fats Elpidio, Bené Nunes, Djalma Ferreira, Waldyr Calmon, Ribamar e Sacha, e começava a ocupar os teclados das boates num ritmo quase impossível de acompanhar. Eles se chamavam Johnny Alf, Tom Jobim, Newton Mendonça, Sergio Ricardo, Zé Maria, Walter Gonçalves, Antonio Guimarães, Paulinho, Carlinhos, Steve Bernard, Chaim Levak, Luizinho Eça, Luiz "Cabeleira" Reis e, a caminho, estavam Ed Lincoln, Celso Murilo, João Roberto Kelly e o próprio João Donato, que trocaria o acordeom pelo piano. Era quase uma ação entre amigos. Eles se admiravam e revezavam entre si. Quando um deixava uma boate, um dos outros assumia e, uma semana depois, o que saíra já estava ao teclado de outra cujo ex-pianista lhe sucederia na próxima em que ele fosse trabalhar. Alguns chamavam a isso de "ponte aérea".

Johnny Alf foi um dos recordistas desse frenesi cigano. Ao sair da Cantina do Cesar em 1952, foi para o Monte Carlo a convite de Fafá Lemos, onde ficou cinco meses. Depois, para o Mandarim, revezando com Newton Mendonça, por mais sete. Houve então o Clube da Chave em 1953 e, quando Djalma Ferreira arrendou o bar do Plaza, Johnny foi revezar com ele, cujo conjunto tinha como crooner Helena de Lima. Em 1953 e 1954, tocou no Clube de Paris, no Stud do Theo e no Posto 5. Mas, então, Djalma Ferreira deixou o Plaza, abriu o Drink e levou-o de novo para o seu conjunto.

Johnny ficou com Djalma por algum tempo, mas José Augusto, genro da dona do Plaza, convenceu-o a voltar ao bar do hotel com uma proposta irresistível: podia tocar o que quisesse, sem se importar com o público. Johnny ficou no bar do Plaza de outubro de 1954 a abril de 1955, quando foi para São Paulo, deixando órfãos, entre outros, uma legião de colegas que, nos intervalos de seus empregos, iam escutá-lo todas as noites: Lucio Alves, Tom Jobim, Os Cariocas, Dolores Duran, Billy Blanco, João Gilberto, Marisa, João Donato, Dora Lopes e uma turma de dentes de leite formada pelos irmãos Mario e Sylvinha Telles, pelos violonistas Candinho, Carlos Lyra e Roberto Menescal e pelo menino pianista Luizinho Eça, de dezesseis anos, que tinha licença do Juizado para se apresentar na noite. Não por acaso, Luizinho seria o sucessor de Alf no Plaza.

Nessa mesma época, Tom Jobim estava no Tudo Azul, onde Johnny também ia ouvi-lo em seus intervalos no Plaza — a admiração era recíproca. A partir de 1950, Tom já tinha passado pelo Michel (onde foi apresentado a Bené Nunes), Bambu, Tasca, Night and Day, Ranchinho do Alvarenga, Mocambo, Acapulco, Posto 5, Monte Carlo, French Can-Can, Clube da Chave, Farolito e Mandarim, e ainda iria passar rapidamente pelo Vogue. Outro que ia ver Tom onde ele tocasse, para conversar e compor juntos, era o violonista Luiz Bonfá, autor de "Sem esse céu" e "De cigarro em cigarro". Os dois se conheciam desde 1948, de pescarias no Arpoador, e Bonfá fora o primeiro a se revelar artisticamente. Naquele tempo, era Tom que seguia Bonfá pela noite, ajudando-o a carregar o amplificador, para que as mãos de seu amigo — delicadas, como as de todos os violonistas — não se deformassem por causa do peso.

Em 1952, no Monte Carlo, como parte da orquestra do espetáculo *Qu'est-ce que tu penses?*, de Haroldo Barbosa e Cesar Ladeira, Tom viveu uma experiência pouco comum em sua carreira: foi contratado para tocar, não piano, mas violão, e usando calças justas e camisa de mangas-balão, estilo latin lover (o que não se fazia em nome do aluguel?). O piano estava a cargo da jovem paulistana Margaret Pollice, ruiva e de olhos verdes — uma combinação de cores a que Humberto Teixeira não conseguia resistir, tanto que se casou com a moça. Naquele mesmo ano, quando deixou o Posto 5, Tom indicou para seu lugar um pianista recém-chegado de São Paulo: Sergio Ricardo. E foi também naquele ano que, pela primeira vez, Tom cogitou abandonar a noite. Estava trabalhando no French Can-Can, em frente ao Posto 5, quando começou uma briga entre um cliente e um garçom. O cliente puxou um revólver e atirou. Errou o garçom, mas a bala chamuscou o topete de Tom. O cliente percebeu a gafe e foi se explicar: "Desculpe, pode continuar tocando, não é nada com você". Mas como tocar se, pouco antes, aquele podia ter sido o seu último acorde?

Newton Mendonça, colega de adolescência de Tom em Ipanema, fez um périplo parecido. Começou revezando com o próprio Tom no Posto 5, em 1952 — aliás, foi seu primeiro contrato profissional, com registro em carteira. Depois, seguiram-se temporadas na Tasca, no Club 36, no Mocambo, no próprio French Can-Can — também revezando com Tom, antes do episódio do tiro —, no Mandarim, no Clube da Chave e, literalmente, em todo o circuito das pequenas boates da rua Carvalho de Mendonça. Foi na Tasca que, em meio a uma plateia sonolenta, Newton tocou para Dora Lopes um samba-canção que acabara de fazer e o primeiro que se atrevia a apresentar em público: "Você morreu pra mim". Dora gostou e gravou-o na Sinter. Por gratidão a Fernando Lobo, que levara Dora à Tasca aquela noite para conhecê-lo, Newton deu parceria a ele.

No começo, as carreiras de Newton Mendonça e Tom Jobim pareciam seguir rigorosas linhas paralelas. Eram companheiros de praia, piano e projetos. Os dois foram trabalhar na noite para pagar o aluguel e tentar compor canções, juntos ou separados. Na mesma semana em que Dora Lopes gravou "Você morreu pra mim", de Newton (e Fernando Lobo), o cantor Mauricy Moura gravou "Incerteza", de Tom e também de Newton. Os dois discos saíram no suplemento de abril de 1953 da Sinter. Mas, poucos dias depois, e ainda na Sinter, Ernani Filho gravou outros dois sambas-canção de Tom: "Pensando em você", só dele, e "Faz uma semana", em parceria com o baterista Juca Stockler, seu colega de ginásio no Juruena, em Botafogo. O disco, com música de Jobim nas duas faces, foi lançado em junho. Ali começava a escalada de Tom, que ninguém conseguiria conter, e marcaria sua disparada profissional em relação ao parceiro.

A virada de Tom se deu com mais dois sambas-canção lançados pela Continental em junho de 1954: "Outra vez" — *"Outra vez/ Sem você/ Outra vez/ Sem amor/ Outra vez/ Vou sofrer/ Vou chorar/ Até você voltar..."* —, com Dick Farney, e "Teresa da praia", de Tom e Billy Blanco — *"Ó Dick, arranjei novo amor no Leblon/ Que corpo bonito! Que pele morena! Que amor de pequena!/ Amar é tão bom..."* —, com Dick e Lucio Alves. Nesse segundo disco, a referência ao Leblon não era gratuita. Quase despovoado, o Leblon dos anos 50, assim como Jacarepaguá e o Joá, era um lugar perfeito para namorar — sua praia à noite, com ou sem lua, era o paraíso a dois. E, em dezembro, saiu a ambiciosa *Sinfonia do Rio de Janeiro*, também de Billy e Tom, num LP de dez polegadas — formato então de luxo — e com a participação de quase todo o elenco da Continental: Dick Farney, Os Cariocas, Gilberto Milfont, Elizeth Cardoso, Lucio Alves, Doris Monteiro, Emilinha Borba, Nora Ney e Jorge Goulart. O LP vendeu pouco — ainda não havia muitas vitrolas equipadas para tocar discos de 33 rpm —, mas o simples fato de ter sido gravado já era uma vitória.

Era como se Tom ganhasse asas, enquanto Newton ficava preso ao chão. Por que aconteceu isso se, musicalmente, não havia como dizer que um era superior ao outro? A explicação pode estar no rumo diferente que cada um deles deu à sua vida naquela época. Em 1953, Tom começou a trocar a noite pelo dia. Ainda cumpria expediente nas boates, mas já prestava serviços a uma editora musical, transpondo para a pauta as obras-primas que os compositores intuitivos — como Monsueto, com o samba "Mora na filosofia" — compunham na caixa de fósforos. Na Continental, dirigida por João de Barro (Braguinha), Tom começou a trabalhar como pianista em gravações, depois, arranjador e até como líder de um pequeno conjunto. Nesse processo, foi "descoberto" por pessoas importantes, como Ismael Netto, Paulo Soledade, Marino Pinto. Por algum tempo, Dick Farney, nome ainda enorme no mercado, elegeu-o como o "seu" compositor — daí "Teresa da praia". E, na *Sinfonia do Rio de Janeiro*, Tom recebeu a unção de um homem que só faltou adotá-lo como filho: Radamés Gnattali.

Por intermédio de Radamés, Tom se aproximou de Leo Peracchi e Lyrio Panicalli, ambos, como Radamés, venerados maestros da Rádio Nacional. Leo Peracchi deu-lhe aulas de harmonia e os três o convidaram a juntar-se a eles no programa de maior prestígio da Nacional, *Quando os Maestros se Encontram*. Um deles pode tê-lo levado à Odeon, onde Tom foi acolhido como igual pelos dois maiores compositores vivos, Ary Barroso e Dorival Caymmi, contratados da gravadora. Nesta, ele conheceria o homem que, em breve, se revelaria decisivo em sua carreira: Aloysio de Oliveira. Por causa de Ary e Caymmi, Tom passou a frequentar as rodas de poetas, intelectuais e jornalistas — Paulo Mendes Campos, Roberto Assumpção, Lucio Rangel — em bares como o Villarino, onde, em 1956, se deu o seu famoso encontro com Vinicius de Moraes. E o resto é história.

Enquanto esse turbilhão acontecia na vida de Tom, Newton Mendonça continuou ao piano das boates, fiel à estiva noturna. Eram boates pobres, com um piano modesto e garçons de uniforme puído. Nem todos na plateia estavam interessados nele ou no que estava tocando, e Newton era um homem muito retraído para tentar alterar o curso das coisas. Assim como com Johnny Alf, as luzes sobre sua cabeça o constrangiam — se pudesse, só se apresentaria no escuro. E sua postura ao tocar era invariável: alheio às pessoas em volta, perna esquerda cruzada sobre a direita e um cigarro no canto da boca — quatro maços por dia, de Lincoln ou Astoria. Newton tocava até alta madrugada; ao terminar, esticava na rua com algum amigo e, no dia seguinte, dava expediente como escriturário no Hospital dos Servidores do Estado, perto da praça Mauá. Com toda a sua musicalidade, não conseguia progredir profissionalmente.

Newton não foi o único parceiro que Tom deixou para trás. Billy Blanco, cujo nome vinha em primeiro lugar nos créditos originais da

Sinfonia do Rio de Janeiro — e com justiça, porque ele tivera a ideia e a submetera a Tom —, também foi logo ultrapassado. Mas Billy tinha uma carreira própria, o que não parecia acontecer com Newton. Nos dois anos seguintes, Tom seria gravado por Nora Ney, Doris Monteiro, Angela Maria, Dora Lopes, Sylvia Telles, Bill Farr e Claudia Moreno.

Nesses dois anos, só uma cantora iria se interessar por uma música de Newton. A cantora era Dalva de Oliveira e a música, o samba-canção "Teu castigo". Mas Newton não o fizera sozinho. Era uma parceria com Tom.

Infelizmente, nada aconteceu a "Teu castigo". Foi engolido pelo outro lado do disco, o magistral "Neste mesmo lugar", de Armando Cavalcanti e Klecius Caldas, um dos grandes momentos de Dalva — *"Aqui neste mesmo lugar / Neste mesmo lugar de nós dois / Jamais eu podia pensar / Que voltasse sozinha depois / / O mesmo garçom se aproxima / Parece que nada mudou / Porém qualquer coisa não rima / Com o tempo feliz que passou / / Por uma ironia cruel / Alguém começou a cantar / O samba-canção de Noel / Que viu nosso amor começar / / Só falta agora a porta se abrir / E ele ao lado de outra entrar / E por mim passar / Sem me olhar"*.

Menos mau para Tom, a quem couberam os arranjos de "Teu castigo" e "Neste mesmo lugar". Se não quisesse, nunca mais precisaria tocar piano depois da meia-noite.

Carlos Machado já não aguentava ler na coluna de Fernando Lobo, "A noite tudo encobre", no *Diário Carioca*, que a comida de suas boates era péssima, o uísque, falsificado, e os preços, um assalto. Por isso, fez saber a Fernando Lobo que ele estava proibido de entrar no Casablanca. Lobo achou graça e o deixou em paz por algum tempo. Mas, quando Machado estreou *Acontece que eu sou baiano*, com Caymmi e a revelação Angela Maria, ele quis assistir. Foi ao Casablanca, entrou sem ser incomodado e sentou-se a uma mesa. Pediu um uísque e ouviu do maître que não poderia ser servido. Insistiu, mas o maître não cedeu. Então, Fernando Lobo foi para casa e escreveu cartas à ABI (Associação Brasileira de Imprensa), ao Sindicato dos Garçons e Similares e ao ministro da Justiça, reivindicando a liberdade de imprensa — no caso, a liberdade de ser servido de um uísque, mesmo que paraguaio, e de escrever o que pensava sobre ele e sobre o estabelecimento. Machado não se assustou com a ameaça, mas a grita dos jornais foi tão grande que ele teve de se retratar. Lobo voltou a frequentar o Casablanca, beber o uísque que considerava desonesto e a falar mal dele. Como vingança, Machado jurou nunca mais chamá-lo para escrever seus shows.

Lobo também não gostava do barão Stuckart. Como não podia acusá-lo de servir comida malfeita ou de falsificar o uísque, concentrava-se no jeito estouvado e bruto com que, às vezes, Stuckart tratava os garçons — "Assim non serrr possível! Garrrçom burrro!", esbravejava —, os crooners e até alguns jornalistas. Lucio Rangel, grande amigo de Lobo, foi um dos que Stuckart desfeiteou publicamente, numa noite em que Lucio, na última água, insistiu em "acompanhar" Elizeth Cardoso no Vogue com seu trombone imaginário, irritando o público. Em sua coluna, Lobo começou a acusar Stuckart de roubar na conta. Questionou também seu título de nobreza, chamando-o de "barão de opereta", e passou a acusá-lo (sem provas) de vir se esconder no Brasil por ter sido adepto do Führer na Áustria. O que era uma injustiça, porque Lobo sabia bem como Hitler tratava os homossexuais.

Outro que não gostava de Stuckart era Lucio Schiller, jogador profissional, ocasionalmente relações-públicas das empresas de Victor Costa e íntimo de Carlos Machado. Stuckart teria ofendido Schiller no Vogue, e ele, para se vingar, plantou na cabeça do pianista Sacha a ideia de que, se continuasse trabalhando ali, nunca passaria de um empregado do barão — e já estava na hora de ele ter a sua própria boate. Sacha interessou-se pela aventura, mas disse que não tinha capital. Schiller então executou a segunda parte de seu plano: convencer Carlos Machado de que, com seu know-how da noite e Sacha ao piano, teria uma boate capaz de derrotar o Vogue. E Machado, sempre pronto a apostar, gostou da ideia.

A conspiração se deu no primeiro semestre de 1954. Sacha não seria apenas o pianista titular, mas a estrela da casa, a grande isca, a começar pelo nome da boate: Sacha's, piscando do lado de fora na avenida Atlântica. Machado ofereceu-lhe sociedade sem que ele precisasse entrar com dinheiro — confiava apenas em que, com seu prestígio, Sacha arrastasse para a nova boate o público que fizera a glória do Vogue: os grã-finos, os políticos, as personalidades nacionais e estrangeiras e os jornalistas.

Mas Machado ponderou que, no caso dos grã-finos, a presença de Sacha talvez não fosse suficiente. Precisavam também do homem para quem até os ricos olhavam com respeito e cautela: Luiz, o maître. Era uma aquisição cara, mas com a vantagem de que, se Luiz aceitasse deixar Stuckart, com ele marchariam para o Sacha's outros maîtres e garçons altamente treinados do Vogue. E Luiz aceitou. Para completar a ousadia da operação, o Sacha's ficaria na esquina da rua Padre Antonio Vieira com a praia — a um minuto, a pé, do Vogue.

Notar que a ideia de abrir uma casa que desafiasse o Vogue e o sobrepujasse germinou quando a boate de Stuckart estava em seu apogeu e ele não pressentia nenhuma ameaça no horizonte. Ao contrário. O café-society, os visitantes de luxo e os alpinistas sociais continuavam a fazer dele o seu lar. Foi no Vogue que Leda Galliez entrou usando, pela primeira vez no Rio, a "linha H", a nova criação de Christian Dior, que vinha desbancar o seu próprio "New Look". Os concursos anuais de "Glamour Girl" e "Miss Elegante Bangu" realizavam-se normalmente nas suas premissas. Fotógrafos de revistas como *Sombra* e *Rio Magazine* e da maioria dos jornais iam lá todas as noites, nem que fosse por alguns minutos, para a prática do "picadinho relations" — comer de graça em troca de uma nota ou foto simpática.

O Vogue era um clube, um útero, um seio materno. Dependendo da música que se estivesse tocando, Jorginho Guinle pedia licença ao baterista, sentava-se no seu lugar e desempenhava como um profissional. Senhoras que dividiam o mesmo amante confraternizavam alegremente. E não era incomum que os destaques de certa noite no Vogue — o industrial e banqueiro Spitzman Jordan, os paxás da imprensa Assis Chateaubriand, Paulo Bittencourt e Horacio de Carvalho, o embaixador Paulo Carneiro, o barão de Saavedra, muitos mais, e suas respectivas — tivessem se encontrado dias antes nos corredores do Plaza Athénée ou nas mesas do Maxim's, em Paris. Na verdade, isso aconteceu com os citados.

Naquele Carnaval de 1955, Carlinhos Niemeyer promoveu no Vogue o maior Caju Amigo de até então. O baile começou na hora do almoço e terminou na rua, com os músicos tocando na calçada, os astros de Hollywood dançando e o desfile de fantasias dos colunáveis de Ibrahim. Mariozinho de Oliveira foi vestido de Didu Souza Campos, e Carlos Peixoto, de Lourdes Catão. Mas o grande sucesso foi o próprio Carlinhos, fantasiado de "A dama de preto" — vestido, chapéu, bolsa e tamancos, tudo preto. A "dama de preto" era uma grã-fina antipática, que se julgava "kar", mas não passava de "shangay", e que Ibrahim citava quase diariamente, sem identificá-la — havia até apostas sobre quem ela seria (a favorita era Beki Klabin). Na verdade, não existia nenhuma "Dama de preto" — era uma invenção de Ibrahim. O engraçado é que, à noite, Stuckart deu uma festa black tie no Vogue para os verdadeiros personagens de Ibrahim. Niemeyer, que emendara o Caju Amigo com um relaxante fim de tarde no clube dos Marimbás, não passou em casa para trocar de roupa e foi para a festa fantasiado de "Dama de preto" — e entrou. Tinha cacife para isso.

Foi também no Vogue que Jorge Veiga lançou naquele ano o samba "Café-society", de Miguel Gustavo — "*... Enquanto a plebe rude na cidade dorme / Eu ando com Jacinto, que é também de Thormes / Terezas e Dolores falam bem de mim / Eu sou até citado na coluna do Ibrahim / / E quando alguém pergunta, 'Como é que pode?' / Papai de black-tie jantando com Didu / Eu peço outro uísque, embora esteja pronto / Como é que pode? / Depois eu conto...*".

Por causa disso, Jorge Veiga, insuperável cantor de sambas de breque, passou a ser convidado para as reuniões dos grã-finos, em que, como se esperava, tinha de cantar o samba. Na sua ingenuidade, acreditou que estava ingressando de verdade no society — cantava de graça e ainda se sentia lisonjeado. Em pouco tempo, os grã-finos se cansaram da brincadeira, esqueceram-no e ele nunca entendeu por quê. Na mesma época, ao saber que Ary Barroso tinha se tornado nome de praça em sua cidade, Ubá (MG), e Dorival Caymmi em Salvador, Jorge Veiga achou que também deveria ser nome de rua no Rio — de preferência, a rua Honório, no Cachambi, em que morava. Seu argumento era o de que ninguém ali sabia quem fora o tal Honório, ao passo que ele era famoso até no café-society. Apelou para os vereadores, mas eles não atenderam à sua reivindicação. Ao saber da história, o implacável Haroldo Barbosa comentou no Vogue: "É mais fácil materializar o espírito do Noel Rosa do que espiritualizar a matéria do Jorge Veiga".

Tudo que cercava o Vogue era assunto. O primeiro andar do hotel, onde ficava o Voguinho, foi cedido gratuitamente ao Clube de Cinema, comandado pelo playboy tijucano e jornalista Paulinho Brandão, amigo de Ibrahim Sued, que o noticiava em sua coluna. Brandão promovia exibições de filmes nos fins de tarde, havia um bar e serviam-se bebidas. O cineclube estava mais para um reduto de fãs do que de cinéfilos — em certo momento, os rapazes e moças abandonavam as discussões sobre os filmes de Laurence Olivier baseados em Shakespeare e se concentravam em falar das coxas de Cyd Charisse ou dos olhos de Montgomery Clift. E, sempre procurando preencher os espaços e tempos mortos em seus domínios, Stuckart lembrou-se das sessões de jazz e samba do Béguin e resolveu adotá-las no Vogue, nas noites de segunda-feira. Para organizá-las, convidou o jazzista Everardo Magalhães Castro e o crítico de discos Sylvio Tullio Cardoso. Os músicos, como sempre, acorreram, mesmo sabendo que iriam tocar de graça.

O Vogue tinha até um time de futebol, formado por seus frequentadores mais atléticos — Jacinto de Thormes era o goleiro titular e Ibrahim, seu reserva —, para enfrentar times de boêmios e grã-finos. Os jogos se realizavam em campinhos de pelada instalados em fazendas ou haras de amigos de Stuckart, nas proximidades do Rio. O craque Nilton Santos, do Botafogo, levado por seu amigo Jacinto, participou de um deles. As libações pós-pelada incluíam piscina, feijoada e cantores como Silvio Caldas e Elizeth Cardoso, acompanhados por Fats Elpidio. O piano ficava no jardim. Era uma espécie de Vogue ao ar livre e à luz do dia, se isso não fosse uma contradição em termos.

Uma colunista americana, Betty Beale, do *Washington Star*, escreveu que os homens de negócios do Rio deviam ser "os mais resistentes do mundo". Trabalhavam o dia inteiro em seus escritórios e fábricas, encontravam-se nas casas uns dos outros para uma "champanhota", saíam para jantar e depois "enveredavam pelas boates" — Casablanca, Béguin, Meia-Noite —, e terminavam a noitada no Vogue, "de onde só saíam às seis da manhã". Meses antes, o príncipe Ali Khan, playboy internacional e que estava fazendo das vindas ao Rio um hábito quase anual, deixara uma frase consagradora: "O Vogue é o único lugar do mundo onde se pode comer bem a qualquer hora da noite". E também do dia — devia ter acrescentado —, porque o Vogue, que abria à tardinha e fechava quase ao meio-dia, mantinha sua cozinha funcionando pelas 24 horas do dia.

Mesmo hospedado na casa de Didu e Tereza, em Copacabana, Ali Khan fazia do Vogue uma de suas bases de operações na cidade — a outra era o Jockey. Sua personalidade fascinava as mulheres que se sentavam à sua mesa. Nascido na Itália e de mãe italiana, Ali viajava com passaporte britânico. Falava inglês com sotaque francês e francês com sotaque árabe. Seu pai, o líder ismaelita Aga Khan, dominava parte do Paquistão, onde tinha o status de Deus e 15 milhões de súditos espirituais. A cada dez anos, eles o presenteavam com o seu peso em ouro, diamantes ou platina, o que estivesse em alta no momento, supostamente para obras sociais — e Aga pesava mais de cem quilos. Um dos motivos para que os tapetes vermelhos se abrissem à passagem de Ali Khan era o de que, supunha-se, ele seria o herdeiro daquilo tudo. Ali negava, dizendo que Aga não aprovava o seu estilo de vida e não o levava a sério — o que era verdade, mas ninguém acreditava. Para não depender do pai, Ali ganhava a vida criando e vendendo cavalos — considerados os melhores do mundo, para correr ou saltar. Por sinal, este era o motivo de sua vinda ao Rio: cobrar do deputado Euvaldo Lodi o calote que levara por alguns puros-sangues que lhe vendera dois anos antes.

Ali fora casado com Rita Hayworth, com quem tivera uma filha. Até então, era um playboy de segundo escalão, mas, depois da união com Rita e da separação, passara a ser visto com as mulheres mais deslumbrantes de Hollywood — uma delas, Gene Tierney, a estrela de *Laura*. Para as cariocas, a competição podia ser desleal, mas o fato é que ele estava solteiro e chegara sozinho ao Rio. Daí a sofreguidão, observada pelos colunistas, com que elas, inclusive as casadas, se atiravam sobre ele no Vogue. Derramavam-se a tudo que Ali dizia, não tinham olhos para mais ninguém e seus decotes arfavam como foles quando Ali as tirava para dançar. Uma que se encantou particularmente com ele foi a jovem herdeira Doris Junqueira. Certa noite, Ali dançou com ela, os dois quase imóveis na pista, até o raiar do dia.

Isso começou a irritar os rapazes do Rio, e um deles, "Boy" Barrozo do Amaral (pai do futuro colunista Zózimo), resolveu dar um susto no sedutor. Ao vê-lo entrando no toalete, no subsolo do Vogue, "Boy" pediu uma arma emprestada ao barman. Este lhe passou uma pistola que mantinha atrás do balcão. Quando Ali saiu, abotoando a braguilha, "Boy" deu um tiro na parede. Ali achou que era com ele — certamente, algum marido ultrajado — e fugiu espavorido. No dia seguinte, os jornais deram em manchete: "Tentaram matar Ali Khan no Vogue".

Era esse o colossal Vogue que Carlos Machado teria de enfrentar. Em julho de 1954, o ataque de Machado à paliçada inimiga se consumou. Ele roubou Sacha de Stuckart e anunciou para breve a abertura do Sacha's, "a melhor boate do Rio". Stuckart ficou pasmo — nunca esperaria por aquilo. Como não podia entender Sacha fora do Vogue, achou que seu pianista tinha ficado louco.

Mas Machado também tinha muito prestígio, e as pessoas começaram a tomar partido. A comoção se estendeu aos colunistas e estabeleceu divisões até dentro do mesmo jornal. No *Diário Carioca*, Jacinto de Thormes continuou fiel ao barão e garantiu que nada poderia destruir o Vogue. Já seu colega Fernando Lobo arriscou que o Sacha's iria enfrentar o Vogue na elegância, na música e no picadinho, e decretou, satisfeito, que "desta vez, o barão vai entrar bem" — com o que se descobriu que Lobo gostava ainda menos (muito menos) de Stuckart que de Carlos Machado. A suspeita de que Machado não estava brincando se confirmou quando se soube que Luiz, o maître boa-pinta e todo-poderoso, sabedor dos segredos da sociedade, também estava indo trabalhar com ele. Era o fim. Se até Luiz o abandonara, quem iria ficar com o barão?

Por vários motivos — a reforma do piso, a complexidade da decoração, a instalação da cozinha industrial, o acerto com o Diners Club para o uso do cartão de crédito —, Machado teve de adiar várias vezes a abertura de sua boate. Foram meses de promessas e desculpas, o que só serviu para atiçar a curiosidade das pessoas e agravar o sofrimento de Stuckart. Finalmente, no dia 23 de dezembro de 1954, Henrique, o porteiro-chefe, abriu pela primeira vez a porta do Sacha's, e as pessoas sentiram que valera a pena esperar.

Ele era um pouco menor do que o Vogue. Ou talvez parecesse assim, por causa das estampas de zebra nas paredes, criadas pela decoradora Maria Celina Simon. O piano e o espaço para o conjunto musical ficavam bem no meio da pista — dançava-se ao redor deles, o que dava ao salão uma sensação de intimidade. E o piso era diferente: enquanto o Vogue o tinha em dois níveis, o Sacha's o tinha em três — agora, sim, é que se saberia quem era quem na hierarquia da elegância, do dinheiro e do poder.

Às dez horas da noite do primeiro dia, sob aplausos de pé, Sacha entrou no salão — sóbrio, elegante e de gravata escura, como sempre. Levou o fósforo à vela única do candelabro sobre o piano, acendeu um Parliament e começou a tocar "Manhattan". Não era uma rotina, mas um ritual. Todos ali, que já o tinham visto fazer aquilo centenas de vezes no Vogue, sentiram-se como se na presença de um velho amigo. Foi só então, na sua própria boate, que Sacha se tornou íntimo de muitos que já se julgavam seus amigos.

Sabia-se que, quando chegara ao Rio, vindo de Istambul, ele já estava casado, mas não se conhecia sua mulher, nem se sabia o seu nome. Ela se chamava Patricia, era inglesa e irmã da atriz Angela Lansbury, famosa então como a namorada loura de Victor Mature no filme *Sansão e Dalila* (1949). E onde Sacha se escondia quando se ausentava do piano por um mês todos os anos? Ia para a Europa com Patricia — para Londres, Paris, Viena e outras cidades em que deixara sua marca. Tinha algum hobby? Sim, fotografia — gostava de fotografar a natureza, montara até laboratório em casa. E quem acreditaria que, depois de trabalhar a noite inteira até de manhã, Sacha ia para o apartamento de Mariozinho de Oliveira para tocar num Steinway que o amigo herdara de sua avó e cujo som ele adorava?

Se uma boate tinha Sacha ao piano, para que precisaria de outras atrações? Ele conhecia as preferências musicais de dezenas de pessoas que iam ouvi-lo, entre as quais a canção favorita de cada uma, que tocava assim que a pessoa entrava na boate. E eram canções sofisticadas, não o último sucesso do rádio. A de Lourdes Catão, por exemplo, era "My ideal", de Leo Robin e Richard Whiting, um clássico de Margaret Whiting; a de Irene Guinle, "Não tem solução", de Caymmi e do marido dela, Carlinhos. Além disso, Sacha cantava em cinco ou seis línguas e não gostava de ceder sua vez no banquinho. Mas Carlos Machado sabia o que era melhor para o Sacha's. Foi assim que, logo nas primeiras semanas, ele teve ao microfone Carminha Mascarenhas, Leny Eversong e Jamelão. E, numa noite em que o Vogue estava cheio de grandes músicos na plateia, Edu da Gaita tocou o "Moto perpétuo", de Paganini. Era uma façanha em seu instrumento, a harmônica de boca — 2400 notas sem pausas e em menos de 4 minutos (Edu fez em 3 minutos e 21 segundos).

Mas o grande achado do Sacha's nasceu da insistência do elegante Roberto Seabra em que Sacha e Machado ouvissem um protegido seu: o jovem cantor Murilinho de Almeida, um especialista em Cole Porter. Seabra levou Murilinho a eles, que cantou algumas das últimas novidades do compositor, como "So in love", "I love Paris" e "C'est magnifique". Na primeira, já estava contratado. A partir daí, todas as noites, Murilinho, acompanhado pelo próprio Sacha e por Cipó ao sax-tenor, fazia sua entrada — quantas vezes o público quisesse — e arrebatava o ambiente.

Em alguns itens, o Sacha's era apenas uma cópia do Vogue, e em nada superior a ele. O letreiro na porta dizia "Sacha's Seven to Seven" — das sete da noite às sete da manhã. Embora, como marca, fosse fácil de guardar, na verdade significava um retrocesso, porque o Vogue costumava ir até bem depois disso. A cozinha, a cargo do chef Paul Kawal, também não se comparava à do Vogue — sua grande novidade nos primeiros tempos foi um estrogonofe de... galinha. Assim como o Vogue, o Sacha's dispunha de apartamentos num dos andares superiores do prédio, para encontros "especiais" — era só contar com os bons serviços de Luiz. E, também como o Vogue, o Sacha's mantinha uma barbearia no subsolo, onde Antonio Maria, de terno, gravata e quedes (tênis de cano alto, próprio para basquete), passara a cortar o cabelo todas as semanas. Isso, sim, era sintomático: o fato de Antonio Maria cortar o cabelo lá com tanta assiduidade. Significava que ele trocara o Vogue pelo Sacha's.

Na noite da inauguração, Maria não foi a única pessoa a fazer essa troca. Todo o público cativo do Vogue estava no Sacha's — de Lourdes, Tereza e Dolores aos boêmios charmosos, como Cesar Thedim, aos políticos e aos colunistas, maiores e menores. De sua calçada no Vogue, Stuckart assistiu ao cortejo de carros despejando seus clientes em território inimigo, bem ali, na esquina. Stuckart só podia esperar que eles não vissem no rival tudo que se apregoava. Nos primeiros dias, plantou um espião nas proximidades do Sacha's, para anotar os nomes dos que estavam se tornando seus frequentadores regulares. E também para saber se estavam repetindo o que era uma simpática característica do Vogue: as pessoas que saíam momentaneamente da boate para beber, fumar e conversar na calçada. Estavam.

Stuckart precisava descobrir se a comida do Sacha's conseguia rivalizar com a sua. Era um ponto de honra. O jeito era perguntar aos que já haviam jantado lá. Um a quem fez a pergunta foi Assis Chateaubriand. Sabendo o quanto aquilo era importante para Stuckart, Chateaubriand garantiu-lhe que a comida do Sacha's era uma gororoba. Era mentira mas Stuckart ficou feliz. E, durante algum tempo, Stuckart ainda acreditou que seu maître Luiz iria se arrepender de ter partido e voltaria para o Vogue. Quando se convenceu de que aquilo não ia acontecer, promoveu Costa a chefe dos maîtres e passou a torcer para que algum marido flagrasse Luiz na cama com sua mulher — risco que Luiz corria quase todo dia.

Para se garantir musicalmente, Stuckart efetivou Fats Elpidio ao piano, revezando com os promissores Zé Maria e Chaim, e contratou Zaccarias e seu conjunto. Elizeth Cardoso tornou-se uma atração quase permanente, assim como Silvio Caldas, sempre que estivesse na cidade. Eram acompanhados por Moacyr Silva ao sax-tenor, Carlinhos ao piano, Dalton Vogeler ao contrabaixo e Juca Stockler à bateria. Quem Stuckart trouxe de volta foi a francesa Dany Dauberson, mas já incapaz de provocar o impacto de sua primeira visita de anos antes. Em 1955, o carro-chefe de Dany era "La mer", de Charles Trenet. Numa noite, toda vez que ela entoava o refrão ("*La mer*..."), um bebum no fundo do salão completava: "Dá!". A plateia ria e Dauberson não sabia por quê. Quando entendeu, não achou graça e, como o refrão se repetisse várias vezes e o bebum fizesse o mesmo, rodou o rabo de peixe, abandonou o microfone e se escafedeu. Não voltou mais naquela noite.

Uma tentativa corajosa de Stuckart foi a de abrir uma nova casa ao lado do Vogue: o Casa Grande, com serviço apenas de restaurante — e de convidar Silvio Caldas para apresentar, a cada noite, um prato diferente, de sua autoria. Silvio gostava mais de cozinhar do que de cantar e, entre os efós, charques e buchadas que sabia preparar, tinha suas especialidades, como o frango ao molho da Índia. Experiência não lhe faltava — em São Paulo, fora sócio e chef das boates Mocambo e Chicote. Seu problema era que não conseguia ficar numa cidade grande por muito tempo — quando abriam os olhos, ele já se mandara para os mais remotos cafundós. Foi o que aconteceu no Casa Grande: Silvio abandonou o barco, desapareceu e deixou Stuckart para pagar as contas. O Casa Grande quebrou.

Na última temporada de Ali Khan no Rio, em 1954, o príncipe fechara o Vogue para um grande jantar de despedida e retribuição aos inúmeros convites que tivera durante um longo mês na cidade. Quase toda a sociedade foi convidada e bebeu-se e comeu-se à vontade. No dia seguinte, os jornais abriram páginas a respeito. Na hora de acertar as contas, Ali disse a Stuckart que não lhe devia nada, porque a festa tinha sido uma grande promoção para o Vogue. Stuckart queria morrer, mas — *noblesse oblige* — assimilou o prejuízo com cavalheirismo. Eram ainda os bons tempos em que ele podia se dar a esse luxo.

Agora, com o monstruoso Sacha's às suas portas, sugando-lhe cada cliente, ele não teria como suportar tal afronta. O Vogue estava vazio. Aloysio Salles e Nelson Baptista, a "dupla ouro e prata", estavam sumidos. Até os playboys Vadinho Dolabela e Alberto Pittigliani, que tinham mesa cativa, haviam desaparecido. Todos pareciam ter migrado para o Sacha's. O próprio Ibrahim raramente aparecia. Numa daquelas noites, o elegante André Jordan resolveu voltar ao Vogue para jantar, o que não fazia havia algum tempo. Entrou, sentou-se com sua namorada e surpreendeu-se ao ver que, já passada a meia-noite, a sua era a única mesa ocupada. Pediram o jantar e receberam uma garrafa de champanhe. André disse que não pedira champanhe. O garçom respondeu que era cortesia. Jantaram e André solicitou a conta. Também não havia conta. André foi falar com Stuckart, e este lhe revelou que o prejuízo era de tal ordem que não valia a pena cobrar — o jantar e o champanhe eram pela velha amizade entre eles.

Por que o Rio em peso trocara o Vogue pelo Sacha's? Por que essa ingratidão para com um homem que se julgava tão amado, como Max von Stuckart? E justamente no ano em que ele se naturalizara brasileiro.

Não podia ser apenas um capricho do café-society, por mais fútil e volátil que este fosse. E nem seria pelo peso de Sacha ao piano e de Luiz como maître. Era outra coisa.

Durante todo o segundo semestre de 1954, enquanto o Sacha's ameaçava estrear e as ruas do Leme discutiam a batalha das boates, o Rio e o Brasil se contorciam com a crise política — o atentado a Lacerda na rua Tonelero, a morte do major Vaz, a "República do Galeão", o "mar de lama", as denúncias envolvendo as entranhas do Catete e, finalmente, a morte de Getulio. Um país acabara ali. O Vogue representava esse país. Agora era a vez do Sacha's — era como se todos quisessem se mudar para um novo país, mais arejado, sob nova administração.

Uma das proezas mais valorizadas por Carlos Machado nos primeiros tempos do Sacha's foi a de atrair para suas mesas a gloriosa Martha Rocha, a baiana que, em julho, se tornara Miss Brasil no Quitandinha e acabara de voltar da Califórnia com o segundo lugar no concurso de Miss Universo, disputado em Long Beach. O Brasil recebeu Martha como rainha — uma rainha injustamente destronada, porque os jurados do Miss Universo acharam que seus quadris tinham duas polegadas a mais do que o ideal, e deram o título à lambisgoia americana. Foi assim que os brasileiros receberam a história — história essa que Martha sempre desmentiu, porque nunca aconteceu. Em vão — porque o povo preferia acreditar nas duas polegadas.

A lenda fora construída lá mesmo em Long Beach pelo também baiano João Martins, repórter de *O Cruzeiro* na cobertura do Miss Universo, com a concordância da redação no Rio, comandada por Accioly Neto. De fato, Martha deveria ter sido a vencedora, mas, naquele ano, qualquer Miss Universo que não fosse a americana sepultaria para sempre o concurso nos Estados Unidos. Essa era a verdade, mas publicá-la pareceria choro de mau perdedor, e o Brasil não gosta de perdedores — a não ser que sofram uma injustiça. Ao examinar as medidas de Martha para escrever sua reportagem — 90 de busto, 60 de cintura e 96 de quadris —, João Martins teve a ideia: sua derrota fora decretada pelos seis centímetros a mais nas cadeiras. E seis centímetros eram cerca de duas polegadas. Os jurados, fãs de mulheres sem ancas, teriam feito Martha perder pontos nesse quesito. A hipótese de Martha ter sofrido uma injustiça faria bem a ela e ajudaria a vender revista. Então, criou-se a lenda das duas polegadas. João Martins era bom em lendas — dois anos antes, com o fotógrafo Ed Keffel, ficara mundialmente famoso ao "descobrir" para *O Cruzeiro* um disco voador na Barra da Tijuca.

Em sua primeira aparição pública no Rio depois do concurso, Martha foi levada ao Sacha's. Assim que ela entrou, Sacha atacou "Hey there", de Richard Adler e Jerry Ross, que acabara de sair nos Estados Unidos, com Rosemary Clooney, e tocava o dia todo nas rádios americanas. Para Martha, era impressionante que Sacha não só já conhecesse "Hey there", como soubesse que era a sua favorita. Não lhe ocorria que ele podia ter lido isso nos jornais. Martha é que, inexperiente, aplicara um cigarro a uma piteira e o acendera enquanto se deliciava com o pianista. Ibrahim Sued, presente à cena, não perdoou: "Jovens não usam piteira", criticou-a em sua coluna no *Globo*. Daquela ida ao Sacha's, saiu também a história de que Martha teria começado a namorar Bené Nunes. Os dois a desmentiram logo aos primeiros rumores, mas Dulce, noiva de Bené, investigara por conta própria e soubera de "fonte segura" que o caso existia. Dulce deu um gelo em Bené e ele teve de se empenhar para reconquistá-la. Depois, viu-se que era uma fabricação da imprensa — porque, aonde quer que fosse, Martha saía de lá com um "namorado".

Nos meses seguintes, Martha foi levada a várias boates, onde ouviu cantores como o novato Tito Madi, no também novo Jirau, na rua Duvivier; Nora Ney, no Meia-Noite; o crooner Miltinho, no Drink; e outros jovens cantores de voz econômica, emissão controlada e um cristal em cada sílaba ou nota. Gostou de todos, mas eles não faziam o seu estilo. A mãe de Martha tocava piano, seu pai era cantor de ópera e os dois a ensinaram, desde cedo, a exigir tudo dos cantores em matéria de afinação, volume e extensão de voz. Sendo assim, seus favoritos só poderiam ser Angela Maria e Cauby Peixoto.

A vida não parava para Angela Maria. Em 1954, ela já tomara grande parte do público de Dalva de Oliveira — pequenos comerciários, operários, domésticas, presidiários, prostitutas e homossexuais, sem prejuízo dos homens e mulheres de classe média que também se encantaram por ela. Seus rendimentos naquele ano equivaliam a cem salários mínimos por mês — e olhe que ele acabara de ser reajustado em 100%. As revistas e os suplementos femininos disputavam a primazia de fotografar seu novo guarda-roupa, dos três que fazia por ano. E Angela justificava toda essa azáfama porque, entre os sambas, boleros e tangos que gravava em série, soltava a cada dois meses um candidato a clássico do samba-canção.

Em 1955, foi a vez de "Abandono", de Nazareno de Brito e Prescylla de Barros, "Caminhos diversos", de Haroldo Barbosa e também Nazareno, e, principalmente, "Escuta", de Ivon Curi, que Isaurinha Garcia gravara primeiro, mas, hoje sabemos, sempre pertenceu a Ângela: "*... Escuta / Quando fechares a porta / Não chores, cala e suporta / Não penses mais em voltar*". Se a família de Angela fosse vê-la no cinema, seria interessante saber sua reação ao vê-la cantando "Escuta" no filme *O rei do movimento*, com os ombros de fora, o vestido rachado e fumando, num cenário de cabaré.

Em suas apresentações, Angela usava vestidos caros e cortados de forma a tentar disfarçar o fato de ela ser minúscula — media apenas 1,50 metro. Muito pouco, mas o Brasil era um país de baixinhos: Getulio tinha 1,62 metro; a vedete Virginia Lane, Grande Otelo e o escritor Marques Rebelo, 1,60 metro; Babá, um arisco ponta-esquerda do Flamengo, e o pintor Portinari, 1,54 metro; a atriz Bibi Ferreira, 1,53 metro; Carmen Miranda, 1,52 metro. Além disso, Angela compensava a baixa estatura com os olhos e bocas que sublinhavam a sensualidade ou malícia de algumas letras. Ela sabia o que cantava e parecia um mulherão.

Por acaso, seu encontro com Carmen Miranda aconteceu naquele princípio de 1955, mas não foi como ela esperava. Carmen era fã de Angela — já a conhecia de discos que brasileiros em visita lhe tinham levado em Beverly Hills. Em tratamento de saúde no Rio, depois de quatorze anos de ausência, Carmen, parcialmente recuperada, estava sendo levada a um tour pelas boates para receber as homenagens que a cidade lhe reservara. Uma delas, no Vogue, era sua presença na coroação da Rainha do Rádio de 1955. Ao chegar à boate, Angela lhe foi apresentada por Paulo Tapajós e Cesar de Alencar. Elas se deixaram fotografar juntas e tudo levava a crer que nasceria ali uma grande amizade.

A vencedora do concurso fora Vera Lucia, boa cantora, que acabara de lançar "Valerá a pena", de Caymmi, Carlinhos Guinle e Hugo Lima, e estava prestes a apresentar ao mundo "Amendoim torradinho", de Heitor Beltrão. Sua antecessora, a Rainha do Rádio de 1954, fora exatamente Angela, a quem caberia lhe passar a faixa, a coroa, o manto e os outros paramentos das rainhas. Mas Manuel Barcellos, dono do concurso, teve uma ideia de última hora. Vera Lucia era portuguesa, de Vizeu, embora cantasse sem acento algum. Por que não receber o título das mãos de Carmen, também nascida em Portugal? Seria uma grande promoção para o concurso. E assim se fez. Quando Barcellos chamou Carmen para coroar Vera Lucia, Angela sentiu-se humilhada. Foi embora sem esperar a cerimônia — como se sua majestade dependesse de um concurso que não julgava o mérito, mas quem vendia mais cupons, e uma reles cerimônia a arranhasse. Nunca mais viu Carmen ou falou com ela, e Carmen morreria seis meses depois.

Em compensação, o mesmo acaso apresentou Martha Rocha a Angela Maria logo nos primeiros dias da chegada de Martha ao Rio. Angela alugava uma vaga de garagem num edifício da rua Miguel Lemos, em Copacabana, onde morava uma amiga de Martha. Ao visitar a amiga, Martha deu com Angela na garagem. As duas se viram, riram pela surpresa e não precisaram se apresentar — ali estavam os dois rostos mais conhecidos do país naquele momento. Apenas se abraçaram, felizes. Quanto a Cauby, Martha o conheceu pouco depois, a bordo de um avião da Varig, num voo inaugural para o qual foram convidados. Cauby já era, então, o cantor mais famoso do Brasil, estrelando três entre dez capas da *Revista do Rádio*.

Mas nem sempre fora assim. Em 1953, Cauby tinha ido ao Meia-Noite para ouvir Dick Farney, que se apresentava lá. Dick o viu na plateia e, no intervalo, dirigiu-se à sua mesa para cumprimentá-lo. Como que impulsionado por uma mola, Cauby se levantou à chegada de Dick, mas ficou sem fala diante do ídolo. E com razão. Tinha 23 anos, era um principiante, ainda sem créditos de nota. Se Dick o reconheceu, é porque o escutara cantando "Tenderly" — sim, também ele — ou algum outro fox americano pela Rádio Nacional e percebeu seu potencial. O que ninguém poderia adivinhar é que, naquele encontro entre dois artistas separados por uma mesa, estava um que descia e outro que subia. Dick Farney teria apenas mais dois anos de estrelato. E Cauby só então se aproximava do seu.

Pouco depois, a cantora Heleninha Costa apresentou-o ao empresário Edson Collaço Veras, o Di Veras, e a química entre os dois seria decisiva para Cauby. Em Di Veras, Cauby encontrou um homem rico e cheio de ideias, capaz de fazer sua carreira decolar. Em Cauby, Di Veras viu o rapaz talentoso e humilde em quem ele poderia testar essas ideias para levar um cantor à fama. E não demorou muito. Os dentes de Cauby eram um caos, todos de costas uns para os outros. Di Veras mandou extraí-los e substituí-los por próteses perfeitas; deu-lhe um novo guarda-roupa, social e esporte; ensinou-o a se postar diante do microfone, a valorizar seus graves de barítono e a usar as mãos ao cantar. Cauby era contratado da gravadora Columbia, que ainda não entendera o seu potencial. Di Veras passou a influir no seu repertório — proibiu-o de cantar sambas humorísticos e baiões e obrigou-o a se concentrar em coisas românticas. Deu-lhe uma coleção de canções americanas em português, como "O amor é sempre o amor" — "As time goes by", na versão de Jair Amorim — e colocou-o no palco do Casablanca, para cantar no intervalo dos shows de Carlos Machado. E, exceto pelo *Balança, Mas Não Cai*, escalou-o em todos os programas da Rádio Nacional de que foi capaz.

Quando Cauby se tornou uma figura familiar nos auditórios da Nacional, Di Veras deu a tacada definitiva: fazê-lo ser "rasgado" pelas fãs histéricas à saída da rádio. As fãs eram pagas para atacar e os ternos, mal alinhavados de propósito, se desfaziam a qualquer puxão. Mas o risco que Cauby sofria era real. Tentavam arrancar tufos de seu cabelo, e as fotos que registravam tudo isso eram impressionantes — entre as fãs que desmaiavam de araque, havia as que desmaiavam para valer. Di Veras pôs a voz de Cauby no seguro, fomentou uma rivalidade entre ele e o já consagrado Francisco Carlos e, para constrangimento de muitos, inventou-lhe uma quantidade de romances e até ameaças de casamento com as colegas — era como se Cauby fosse o maior garanhão do Brasil.

A disputa com Francisco Carlos foi rápida — Cauby não demorou a atropelá-lo —, e o segredo de sua vida amorosa foi muito bem conservado: Cauby nunca se casou e, muitos anos depois, quando suas fãs entenderam que ele não era do tipo casadouro, isso já não tinha importância.

Finalmente, em maio de 1955, Di Veras julgou dar o lance mortal: fazer Cauby vencer como cantor nos Estados Unidos. Um arranjo entre a Columbia brasileira e a matriz americana levou Cauby para Los Angeles e Nova York, com as despesas às custas do empresário. Cauby teve seu nome trocado para Ron Colby, visitou Carmen Miranda em Beverly Hills, cantou "Tenderly" na boate Crescendo — acompanhado pela orquestra de Stan Kenton —, gravou um compacto duplo e foi fotografado ao lado de Bing Crosby. Nada mau e, conhecendo-se o estilo da Columbia desde que Mitch Miller se tornara diretor artístico, ele poderia ter ido ainda mais longe. Miller, com seu desprezo pela música popular, apostava em tudo que fosse exótico: música country com estalos de chicote, guitarras elétricas que soavam como galinhas e toda espécie de promiscuidades rítmicas, como mambos italianos e tarantelas turcas. Frank Sinatra, Doris Day, Tony Bennett e Rosemary Clooney foram alguns contratados da Columbia que ele torturou, obrigando-os a gravar com esse tipo de acompanhamento — Sinatra teve de cantar com um cachorro. Se Miller não inventou algo degradante para Cauby, foi porque não teve tempo.

Porque Cauby, percebendo a falta de sentido da empreitada, voltou para o Brasil em março de 1956 — e salvou sua carreira com dois sambas-canção que o acompanhariam para sempre.

"Eu sei que vocês vão dizer / Que é tudo mentira, que não pode ser / Porque depois de tudo que ela me fez / Eu jamais deveria aceitá-la outra vez / / Eu sei que assim procedendo / Me exponho ao desprezo de todos vocês / Lamento, mas fiquem sabendo / Que ela voltou e comigo ficou / / Ficou pra matar a saudade / A tremenda saudade que não me deixou / Que não me deu sossego um momento sequer / Desde o dia em que ela me abandonou / / Ficou pra impedir que a loucura / Fizesse de mim um molambo qualquer / Ficou desta vez para sempre / Se Deus quiser".

É "Molambo", claro, e pelo menos quatro cantores o tiveram em mãos antes de Cauby. A obscura Julinha Silva gravou-o no dia 18 de junho de 1953, na Todamérica, sem provocar alteração na cotação do dólar. Dois anos depois, em 1955, Sylvinha Telles aprendeu-o, talvez diretamente de Jaime Florence e Augusto Mesquita, seus autores, e cantou-o num programa da TV Rio, mas não o gravou. Em 28 de novembro daquele mesmo ano, Roberto Luna, ex-crooner do conjunto Quincas e os Copacabana, gravou-o na Odeon, com grande sucesso, e, em seguida, Vera Lucia, no dia 24 de fevereiro de 1956, na Continental. E, alguns meses antes ou depois — não existe registro —, Cauby gravou-o na Columbia. Seu disco só saiu em junho seguinte, muito depois dos outros, mas isso não fez diferença: "Molambo" tornou-se sua propriedade.

O violonista Jaime Florence, que todos chamavam de Meira, era uma das unanimidades da música brasileira. Fora um dos pilares do regional de Benedito Lacerda (que depois se tornou o de Canhoto), fazendo com Herondino Silva a maior dupla de violões de sua época. Ao mesmo tempo, dedicava-se a formar os futuros grandes do instrumento — naquele momento, um de seus alunos era o garoto Baden Powell.

Comparado a Meira, Augusto Mesquita, o autor da letra, podia ser considerado um desconhecido. Poucos sabiam que era advogado — Elizeth Cardoso e outros cantores eram seus clientes — e que sua ligação com a música vinha de longe. Boêmio de Vila Isabel, fora aluno de violão de Noel Rosa e, por saber taquigrafia, anotara o discurso de improviso de Ary Barroso à beira do túmulo de Noel, no enterro deste, em 1937. Mesquita era basicamente letrista, mas muito musical, e com uma característica: seus principais parceiros eram violonistas como Meira. Com Herondino, fez "Pretexto", que Angela Maria gravaria em 1958, e, com Manuel da Conceição, "Deus me perdoe", que Angela também gravaria em 1958, dois sambas-canção de grande categoria. Outras cantoras que cantavam sua produção, em boates, discos e rádios, eram Marisa, Carminha Mascarenhas e Marion, sem falar de Elizeth.

Augusto Mesquita tinha quarenta anos quando escreveu os versos de "Molambo", para os quais pediu a Meira que compusesse a música. O resultado, pela perfeita integração entre letra e música, era do nível de Lupicinio Rodrigues. Talvez se pudesse até dizer que "Molambo" era a melhor coisa que Lupicinio não fez.

E "Conceição"? "*Conceição/ Eu me lembro muito bem/ Vivia no morro a sonhar/ Com coisas que o morro não tem/ / Foi então que lá em cima apareceu/ Alguém que lhe disse a sorrir/ Que descendo à cidade/ Ela iria subir/ / Se subiu, ninguém sabe, ninguém viu...*". Quem desconhece esses versos?

Tantos anos depois, é difícil acreditar que um cantor admirado pela capacidade de escolher repertório pudesse tê-los recusado quando eles lhe foram oferecidos pelos autores. Mas foi o que aconteceu em princípios de 1956, quando Dunga e Jair Amorim os mostraram a Silvio Caldas. Por tédio ou estar de partida para algum remoto grotão, Silvio não se interessou. Eles os levaram então a Dircinha Baptista, que sentiu logo o potencial da história contada na letra: a da moça que se deixa seduzir pelas luzes do asfalto, vai à luta e decepciona-se, mas não pode subir de volta para o morro, porque havia "descido" moralmente. Dircinha gravou "Conceição" em maio, na RCA Victor, e o disco saiu em agosto. Cauby também o gravou — mais uma vez, sem registro da data —, e a Columbia o pôs na praça em setembro. Pois, mesmo com um mês de atraso em relação à gravação da poderosa Dircinha, Cauby tomou-lhe "Conceição" e fez deste o maior sucesso de sua carreira.

Não quer dizer que Cauby pudesse se apoderar de qualquer música já gravada e tornar-se seu dono — na verdade, essas foram as duas únicas vezes em que isso aconteceu. E, assim como Di Veras acertou ao insistir em que ele gravasse "Molambo" e "Conceição", houve também casos em que Di Veras errou. E foi sempre este o problema de Cauby: um equipamento invejável — sua voz —, a serviço de qualquer coisa que lhe dessem para cantar, mesmo na intimidade do chuveiro.

Em 1952, um incêndio no térreo do Hotel Serrador poupou — por pouco — o Night and Day. Mas atingiu vários de seus vizinhos no prédio, como escritórios, uma lanchonete e a sede da sociedade carnavalesca Fenianos. O maior prejuízo foi a destruição do depósito de filmes da produtora de Milton Rodrigues, porque carbonizou os negativos e cópias de jogos completos da Copa do Mundo de 1950, da qual esse irmão de Nelson Rodrigues tinha os direitos exclusivos de filmagem para o Brasil.

Em 1953, outro sinistro: uma lâmpada explodiu no teto do Teatro Copacabana, dentro do Copacabana Palace. Faíscas da explosão botaram fogo no panejamento do teatro e se estenderam às cortinas de veludo, ao piano, órgão, tapetes, poltronas e vasto madeirame. Foram-se em segundos os cenários e roupas de onze peças da companhia Artistas Unidos, de Madame Henriette Morineau, instalada ali. Em seguida, o fogo chegou ao Golden Room e se alastrou por todo o interior da boate. O telhado caiu, os lustres explodiram e perderam-se outros dois pianos e um órgão Hammond de 5 mil dólares. O temor era de que o incêndio chegasse também ao Meia-Noite e ao Bife de Ouro e alcançasse o prédio principal.

Os bombeiros chegaram rapidamente, comandados pelo coronel Saddock de Sá, mas apenas para constatar que faltava... água. Depois de longos minutos de impasse enquanto as labaredas continuavam avançando, alguém sugeriu ao chefe dos bombeiros que alimentasse as mangueiras com água bombeada da piscina. O que foi feito — e deu certo. Um ano depois, o Golden Room, o teatro e cada centímetro do Copa renasceram para a velha glória.

Sorte que não assistiu ao Vogue no dia 14 de agosto de 1955, um domingo, o último dia de sua história.

13

A MORTE DO VOGUE

O céu de agosto começava a escurecer em Copacabana, por volta das seis da tarde, quando João Dantas Ribeiro, o Dantinhas, de volta de um tardio almoço com os amigos Carlos Saboya e Alcino Teixeira, chegou ao apartamento 803, no oitavo andar do Hotel Vogue, onde morava. Era funcionário do recém-criado Inic (Instituto Nacional de Imigração e Colonização). Tinha se mudado para o Vogue três dias antes, por insistência — e cortesia — do barão Stuckart. Vestiu um short, atirou-se à cama, para folhear revistas que comprara na rua, e cochilou. Acordou pouco depois, sentindo cheiro de queimado. A princípio, pensou que cochilara fumando, mas, ao sentar-se na cama, percebeu a fumaça entrando por baixo da porta. Abriu a porta e viu que a fumaça tomava a sala do apartamento, e ouviu o ruído do incêndio — o fogo crepitando, aos estalos, comendo quadros, cortinas e tapetes do hall do andar e impedindo o acesso ao elevador e à escada de serviço.

Algumas pessoas passando lá embaixo, na avenida Atlântica, repararam que o luminoso no alto do prédio do Vogue estava piscando. Poucos minutos antes, um curto-circuito nas tubulações do aparelho de ar condicionado da boate, no térreo, provocara as centelhas que atingiram a cozinha, alimentando-se dos depósitos de óleo combustível, e depois a própria boate. Em segundos o fogo se instalou, com os estofados, cortinas, cadeiras, passadeiras, toalhas de linho, candelabros de prata, copos de cristal e até o piano servindo de rastilho. Avançou pelo interior do prédio e, como se queimasse papel, subiu pelas escadas de madeira e pelo poço dos elevadores, cortando as saídas de quem estava nos andares mais altos. O vento da orla marítima contribuiu para a sua rápida propagação. Um homem conseguiu pular do primeiro andar —

era o baterista Dom Um. Em minutos, o prédio do Vogue tornou-se uma chaminé gigante, com os rolos de fumaça preta se espalhando pelos andares, saindo pelas janelas e já podendo ser vistos dos prédios altos da praia.

A rua logo se encheu de gente. O cineasta João Catti, dono de uma produtora de curtas-metragens institucionais a poucos metros do hotel, chamou seu assistente Alberto Shatovsky e foram filmar o incêndio com uma câmera Paillard 16 mm. A atriz Ilka Soares, que morava no Leme com seu marido Anselmo Duarte, estava na rua e assistiu a tudo, emocionada. Danuza e Samuel Wainer também passavam casualmente pela cena e pararam para acompanhar o drama. Julgaram reconhecer muitas pessoas em meio à multidão. Mas era como se todos ali — até os médicos, enfermeiros e padres que acorreram — se conhecessem, irmanados pelo que, em pouco tempo, seria uma fogueira de doze andares.

Dantinhas correu à janela de seu quarto e, olhando para baixo, viu seus amigos Waldemar e Glorinha Schiller na janela do quinto andar, pedindo socorro. Gritou-lhes que não fizessem nada precipitado. Waldemar respondeu que iriam tentar chegar ao terraço, no 12º andar. E saiu do ângulo de visão de Dantinhas. Havia outras pessoas no hotel, gritando desesperadamente de suas janelas: o cantor americano Warren Hayes, 21 anos, no décimo andar; o jornalista Raul Martins, 33, ex-repórter do *Diário da Noite* e relações-públicas do Vogue, também no décimo; e o belga André van Rijswir, 38, proprietário do Scotch Bar, também no oitavo, todos hóspedes a convite de Stuckart. Não tinham como voltar para o interior de seus quartos, nem como descer pelo elevador ou pela escada — havia uma barreira de fogo. A janela era a única opção às chamas, à fumaça e ao calor. Às vezes, punham um pé no parapeito, como se fossem se atirar.

"Não se atirem!", gritavam da rua. "Os bombeiros já vêm!" Mas os bombeiros só chegaram quarenta minutos depois e numa pequena guarnição, porque não sabiam a extensão do incêndio. A essa altura, o fogo já ameaçava o quarteirão inteiro. Ao saber da gravidade da situação, o quartel central mandou todos os carros disponíveis e a escada Magirus. Falou-se também que seria despachado um helicóptero para resgatar os sitiados se eles chegassem ao terraço.

A multidão parou de respirar quando o cantor, com uma toalha no rosto e sempre gritando em inglês, pôs metade do corpo para fora de sua janela. A escada subiu, mas, para decepção geral, viu-se que, com seus dezoito metros, só ia até o sexto andar — e todos os sitiados estavam acima disso. As velhas mangueiras já trabalhavam havia mais de uma hora, tempo que durou a agonia de Warren. Em certo momento, ele pareceu desmaiar, intoxicado. Recobrou-se e subiu de novo ao parapeito. De repente, a explosão de uma caldeira no térreo abalou todo o prédio. Os três homens se descontrolaram e saltaram — pela ordem, André, Raul e Warren, como se um puxasse o outro. Warren, em meio ao salto, ainda tentou agarrar-se à Magirus. Não conseguiu e mergulhou, primeiro, sobre um bombeiro, que caiu de vinte degraus da escada, e, depois, com estrondo, sobre um carro dos bombeiros.

Pouco antes, Dantinhas tinha voltado para o quarto, ainda relativamente protegido da fumaça pela porta fechada. Trocou o short pelo terno que usara poucas horas antes. Molhou lençóis e preparou com eles uma teresa, que amarrou no braço de ferro da veneziana, e jogou pela janela. Seu plano era tentar descer três andares pelos lençóis até a escada dos bombeiros. Antes de sair, com incrível sangue-frio, espetou um cravo na lapela e um alfinete de pérola na gravata. Como andar armado era um hábito, pôs no bolso seu revólver Colt — para dar um tiro na cabeça, se sentisse que não conseguiria chegar ao chão, ou em alguém que tentasse agarrar-se à teresa, o que faria cair os dois. Mas, ao divisar a escada em meio à fumaça, constatou que a teresa não chegava ao último degrau da Magirus, onde um bombeiro o esperava.

Ouviu-se a explosão da caldeira e um coro de "Não! Não! Não!", vindo da multidão na rua. Eram os três que se atiravam. Vencendo o horror — sabia que seus colegas estavam se atirando —, Dantinhas pediu ao bombeiro que lhe jogasse uma corda. O bombeiro a jogou, mas só na quinta tentativa Dantinhas conseguiu agarrá-la. Amarrou-a à veneziana, deslizou por ela esfolando as mãos e chegou à escada, onde o bombeiro o recolheu. Com as pernas trêmulas, conseguiu descer até a rua, amparado pelo soldado. Os amigos Carlos e Alcino, com quem tinha almoçado horas antes, o receberam em triunfo e não deixaram de notar o detalhe do alfinete de pérola. Ao pôr o pé no chão, Dantinhas foi abraçado por seu primo e xará João Dantas, diretor do *Diário de Notícias*, que resolveu tirá-lo dali e levá-lo para tomar um uísque num bar em frente. Dantinhas deixou-se levar, mas, meia hora depois, teve um colapso nervoso. Ninguém se lembrou de que, semanas antes, Ibrahim Sued decretara em sua coluna que pérola na gravata era coisa "shangay", "démodée".

Raul e André morreram ao atingir o chão. Warren Hayes, incrivelmente, ainda foi levado com vida para o Miguel Couto, mas não resistiu ao trajeto até o hospital. Era um promissor cantor romântico, da geração de Bobby Darin, Julius LaRosa e Frank D'Rone, que Stuckart conhecera em Nova York e trouxera para uma curta temporada no Vogue. Exceto por Stanislaw Ponte Preta, que o arrasara em sua coluna na *Manchete*, Warren agradou ao público do Rio e mais ainda a Diana Morel, vedete dos shows do Béguin, com quem engatou um namoro firme. Por causa de Diana, aceitou prolongar sua temporada no Vogue. De qualquer maneira, o show daquele domingo seria o último, e ele embarcaria no dia seguinte para Nova York — Diana seguiria depois, para que a mãe dele a conhecesse. Não podia imaginar que, no dia seguinte, iria levá-lo ao aeroporto, como combinado, mas para o embarque de seu corpo, na presença de um funcionário da embaixada americana.

Enquanto o Vogue continuava ardendo — uma grande chama vermelha na noite de Copacabana —, o drama de Waldemar e Glorinha Schiller, desaparecidos em algum ponto do hotel, passava despercebido pela multidão na rua. O helicóptero que se esperava, e que poderia ter salvado os que atingissem o terraço, só apareceu às 20h30 — mas tanto fez, porque ninguém chegaria lá. Às 23 horas, os bombeiros, comandados pelo coronel Saddock, domaram o fogo nas escadas e encontraram os corpos de Waldemar e Glorinha. Estavam no décimo andar — abraçados, na banheira, carbonizados. Partindo do quinto andar, de cuja janela Waldemar falara com Dantinhas, tinham conseguido chegar ao décimo, com o fogo em seus calcanhares, mas não a ponto de se salvarem pelo terraço. O calor e a intoxicação os venceram. Foram para o banheiro e abriram as torneiras, mas a água estava fervendo. Então apenas entraram na banheira, abraçaram-se e se deixaram cremar. Tinham se casado havia três meses.

Elizeth Cardoso também cumpria uma temporada no Vogue. Era o grande trunfo de Stuckart para recuperar parte da clientela que perdera para o Sacha's. Às vezes, para não enfrentar a longa volta de lotação para casa, na avenida dos Democráticos, em Bonsucesso, Elizeth preferia passar o dia dormindo num apartamento do décimo andar do hotel e, à noite, já estava de novo pronta para o batente. Na madrugada daquele domingo, ao fim do expediente, Elizeth poderia ter ficado no hotel para dormir. Mas, por qualquer motivo, resolveu ir para casa. À noitinha, pouco antes de sair para o trabalho, ligou o rádio para saber do futebol (jogavam Flamengo x Madureira naquele dia) e ouviu que o Vogue estava pegando fogo. Não acreditou. Procurou outra estação para confirmar, e todas estavam transmitindo da rua, em frente ao hotel. Atônita, tomou um táxi e voou para Copacabana. Mas, quando chegou, o Vogue já estava destruído. Ela poderia ter sido uma das vítimas. Outro que se salvou, por não estar lá, foi o colunista social João Rezende, do *Diário da Noite*. Morava no Vogue, mas tinha ido passar o fim de semana em Itaipava, com seu amigo Ted Badin, e também teve um choque quando escutou a notícia pelo rádio.

Onde estava Stuckart enquanto seu patrimônio se reduzia a cinzas? Em Buenos Aires, pesquisando atrações para o Vogue em diversas áreas, inclusive culinárias. Tomou o primeiro voo no dia seguinte e chegou ainda a tempo de ler a crônica do veterano Benjamim Costallat, uma relíquia da Belle Époque carioca, no *Jornal do Brasil*, sobre o incêndio. Nela, com seu estilo repolhudo, cheio de adjetivos, Costallat descreve o Vogue como um lugar erigido "para as noitadas alegres, para os despreocupados da fortuna e do tempo, que varavam a madrugada até a plena claridade do sol, comendo e bebendo do melhor de todas as latitudes, na exuberância das bolsas fartas e do dinheiro fácil, que jorrava nas taças de cristal a espuma loura das melhores colheitas e das mais preciosas datas dos champanhes, reservadas aos monarcas de sangue ou dos milhões. E as *pièces montées*, apresentadas por maîtres hieráticos e imponentes como embaixadores, desfilavam no cortejo dos perus e dos faisões dourados, enquanto as pérolas negras do caviar transbordavam em recipientes que faiscavam como colares de diamantes e que não estavam longe do preço das joias caras".

Tal catilinária amarga e moralista partia do homem que, em certo momento da literatura brasileira, vendera milhares de livros explorando os "vícios e nevroses" da juventude do Rio em romances oportunistas e pseudoescandalosos dos anos 20, como *Katucha, Os mistérios do Rio, Mademoiselle Cinéma* e *Depois da meia-noite.* Mas, em seguida, na mesma crônica, Costallat articulava uma denúncia, esta, sim, válida: "Justamente aqueles que mais frequentaram o Vogue, os que lhe deram prestígio e popularidade, os poderosos tanto de ontem como de hoje, foram os que lhe concederam as facilidades de um funcionamento irregular, em condições precárias e sempre renovadas, e que se esqueceram de aparelhar a água da cidade e o Corpo de Bombeiros. Estavam preocupados demais em saborear o *canard sauvage à l'orange,* ou o *dindon aux truffes,* ou o *homard à l'américaine*". Para concluir, triunfante: "E o Vogue ardeu com a facilidade impressionante de um último charuto Havana".

Esse foi, de certa forma, o único ataque impresso ao Vogue. Todos os outros jornais e revistas dedicaram-lhe capas e primeiras páginas emocionadas, ofuscando inclusive o enterro de Carmen Miranda, realizado dois dias antes no Rio. E com certa razão: o que acontecera equivalia a pegar fogo no Palácio do Catete, tal era a presença do Vogue no cenário nacional. Era também o primeiro edifício de grande porte a incendiar-se no Rio. As fotos com Warren Hayes no ar, de cabeça para baixo e com os braços e pernas abertos, comoveram a nação, assim como a história de Waldemar Schiller, um solteirão renitente que acabara de se casar com Glorinha Neder, tendo Ibrahim Sued como padrinho. Os dois nem sequer tinham viajado em lua de mel — para não ficar longe do Vogue, que adoravam e aonde iam todas as noites. Foi uma cruel ironia que tivessem de morrer exatamente lá. O grosso das reportagens elogiava os bombeiros pela bravura, mas acusava-os de mal equipados e castigava o poder público pela negligência.

Ao se descobrir que o Vogue não dispunha nem de um extintor de incêndio, foi aberto um processo contra Stuckart por homicídio culposo. Foi acusado também de fazer modificações estruturais no prédio sem a vistoria dos bombeiros e de conservar clandestinamente bebidas e material inflamável. Mas seus advogados conseguiram reverter a acusação, responsabilizando o Corpo de Bombeiros por não ter escadas condizentes com uma cidade moderna, cheia de arranha-céus e equipamentos elétricos. Stuckart foi absolvido, mas aquilo o magoou tanto que ele desistiu de reconstruir o Vogue, como chegara a pensar. Outra suspeita, a de que o curto-circuito fora provocado por um eletricista que consertava o ar-condicionado, também não se confirmou.

O prédio do Vogue foi condenado. Mas o que sobrara dele, com suas paredes amarelas chamuscadas, ainda ficaria de pé por mais de um ano, até ser finalmente dinamitado. Os imóveis ao seu lado, desapropriados para a expansão da avenida Princesa Isabel, também caíram. Sem eles, abriu-se uma segunda pista, no sentido Botafogo-Copacabana, dobrando a largura da avenida. Muitos anos depois, onde era o Vogue, seria feito o canteiro central da quadra da praia.

O Sacha's, solidário, não abriu na noite em que o Vogue queimou. Mas só naquela noite. Já o Vogue não abriria nunca mais.

Em 1953, quando o Brasil parecia feliz da vida em tê-la como cantora, Doris Monteiro, aos dezoito anos e ainda com sua trança de longa metragem, surpreendeu ao surgir no cinema com um papel importante no filme *Agulha no palheiro*, de Alex Viany. Fazia uma moça que chegava ao Rio em busca de um bacana que conhecera em sua cidadezinha. O filme foi bem recebido pelo público, e jornalistas como Salvyano Cavalcanti de Paiva e Henrique Pongetti saudaram sua estreia com um descomunal elogio: "Doris Monteiro é a maior revelação de atriz na história do cinema brasileiro". Num cinema em que até atores veteranos pareciam ter aprendido a falar português por correspondência, isso podia não significar muito, mas a impressionante naturalidade de Doris em cena era algo nunca visto. No mesmo ano, repetiu a façanha ao fazer uma menina cega em *Rua sem sol*, também de Viany. Mas Doris era essencialmente cantora, não atriz — cada filme levava meses para ser feito e a impedia de aceitar convites para cantar fora do Rio, onde estava o dinheiro. Assim, deu adeus ao cinema e só voltaria a ele em participações especiais.

No ano seguinte, nova surpresa: sua paixão a jato e seu casamento com um empresário capixaba, Carlos Rui Menezes, 27 anos, boa-pinta e boa lábia, que ela conhecera três meses antes. Em tempo recorde, correram os proclamas, marcou-se a cerimônia, contratou-se a igreja, confeccionou-se o vestido e encomendou-se o bolo — como se Doris tivesse algum motivo para tanta pressa. Mas não havia motivo, nem qualquer imprevisto seria possível pela onipresença de sua mãe adotiva, dona Ana, guardiã implacável de sua virtude. Doris não apenas iria se casar virgem (na época, uma obrigação) como, possivelmente, aos dezenove anos, nunca tinha sido beijada para valer (não se sabia de namorados em sua biografia até a aparição do noivo) e muito menos nos dois filmes que estrelara. E havia também sua trança, sua magreza e sua simpatia — tudo lhe conferia uma aura de pureza e infantilidade que, supunha-se, seria finalmente superada pelo casamento. E foi mesmo, mas por motivos que ninguém esperava.

O casamento, em outubro de 1954, foi capa da *Manchete* — os noivos diante de frei Leovigildo Ballastieri, na igreja de Nossa Senhora da Paz, em Ipanema, com o casal Chacrinha e Florinda como padrinhos e Carlos Lacerda entre os convidados — e deliciou o país. A multidão invadiu a igreja, subindo nos bancos e espremendo-se entre os santos aos gritos de "É a maior!", o que levou o padre a ameaçar cancelar as núpcias antes que elas se transformassem num programa de auditório. Temia-se que, como era comum, o casamento fizesse Doris encerrar a carreira. Mas, por sua coluna na *Radiolândia*, ela garantiu que não — que, embora Carlos Rui fosse o seu "príncipe encantado", ela nunca deixaria de cantar. E o noivo, magnânimo, confirmou que "respeitava" a vocação de sua esposa para a vida artística.

Foram morar no apartamento de Doris, na rua Duvivier, e ela levou menos de oito meses para descobrir que seu marido não era nada do que prometia — não trabalhava, a sociedade em uma empresa de transportes no Espírito Santo não existia e ele iria viver às suas custas. Só isso já foi um baque. Para completar, ao voltar de uma viagem a trabalho, Doris viu seu próprio carro estacionado na entrada do Beco das Garrafas e decidiu entrar para procurar Menezes e fazer-lhe uma surpresa. Mas quem se surpreendeu foi ela: flagrou-o aos beijos e amassos com uma mulher, de pé, na porta do Baccara. O casamento acabou ali.

E, por vingança ou desígnio, também ali, com as bênçãos de dona Ana, começou a nascer a nova Doris. Cortou a trança, ajeitou o cabelo, redesenhou as sobrancelhas, ganhou alguns quilos nos lugares certos, adotou um guarda-roupa adulto e elegante, e deixou aflorar uma mulher de beleza quase proibitiva. Em consequência, sua interpretação musical passou a ter o selo da verdade — as venturas e desventuras dos sambas-canção que cantava pareciam reais.

Doris voltou ao Meia-Noite, onde fora impedida de trabalhar por ser menor, mas, agora, como atração, com o nome no luminoso. No mesmo Baccara onde encontrara o marido atracado a uma fulana, fez uma temporada marcante, revezando com a amiga Dolores Duran — dia sim, dia não, e cada qual indo assistir à outra. Aqueles quarteirões pareciam mágicos. A poucos metros dali, a jovem Marisa, recomendada a Carybé da Rocha por Dick Farney, começou a cantar no Golden Room. Todas as noites, nos intervalos entre suas apresentações, Marisa fugia do Copacabana Palace para ir ouvir Doris e Dolores no Beco — dentro de alguns anos, mais conhecida como Marisa Gata Mansa, ela se tornaria a maior intérprete de Dolores. Doris teve de deixar Dolores para excursionar e foi substituída por Helena de Lima. As cantoras se admiravam, partilhavam os repertórios e saíam juntas das boates pelas noites de Copacabana.

O pianista Waldyr Calmon abandonou sua carreira de oito anos no Night and Day e, em sociedade com Mauricio Lanthos, abriu sua própria boate, o Arpège, no mesmo endereço da rua Gustavo Sampaio onde tinham fracassado o Rose Garden, em 1953, e o Mandarim, em 1954. Com três boates em três anos, o ponto parecia uma caveira de burro. Mas Waldyr acabou com o vodu — manteve o Arpège naquele endereço pelos vinte anos seguintes. E quem Waldyr convidou para estrelar a primeira grande noite de sua casa? Doris Monteiro. Noite que acabou às cinco da manhã, quando Doris terminou sua última entrada e saiu correndo para pegar um avião da Real que a levaria para cantar em Minas Gerais, no Espírito Santo e no Nordeste. Essa correria seria a sua rotina em 1955.

No dia 6 de junho daquele ano, Doris foi ao estúdio da Continental, na avenida Rio Branco, para gravar dois 78 de uma vez — quatro músicas —, prática comum para as cantoras de agenda cheia, que viajavam muito. O cantor e a orquestra gravavam juntos e ao mesmo tempo, e, se alguém errasse, tinha-se de recomeçar do zero. E a acústica da Continental não era das mais isoladas — o barulho do elevador no hall do edifício chegava ao estúdio e às vezes penetrava na sala de gravação, o que obrigava um técnico a ficar atento e gritar: "Para tudo! Evém o elevador!". Com toda essa precariedade, Doris completou as quatro músicas em menos de duas horas. Três delas entraram para a história.

Para o primeiro disco, Doris gravou a toada "Céu sem luar", de Randal Juliano e Henrique Simonetti, sem maior interesse, e, para o outro lado, o magnífico samba-canção "Eu e o meu coração", de Toninho Botelho e Inaldo Vilarim. O baiano Toninho, compositor bissexto, era um dos membros do conjunto vocal Garotos da Lua e, cinco anos antes, fora o responsável pela vinda para o Rio de um conterrâneo que só ele conhecia, João Gilberto. "Eu e o meu coração", apesar de sua beleza e simplicidade, nunca foi para as paradas. Em compensação, depois de apresentado por Doris, teve uma carreira lenta, mas ilustre — seria gravado por Maysa, em 1962, Madalena de Paula, em 1979, e o próprio João Gilberto, em 1991. O longo espaço de tempo entre essas gravações é uma prova de sua resistência.

Para o outro disco, Doris gravou "Se é por falta de adeus", outro samba-canção delicioso na sua modéstia — *"Se é por falta de adeus / Vá-se embora desde já / Se é por falta de adeus / Não precisa mais ficar..."* —, mas que marcou duas estreias fundamentais. Foi a primeira composição de Dolores Duran — e sua primeira parceria com Tom Jobim. Uma parceria então mais importante para Tom do que para Dolores, já que ela tinha mais cartaz como intérprete do que ele como compositor. O fato de serem cantados por Doris Monteiro, que tinha muito mais cartaz do que Tom e Dolores juntos, era um ponto para ambos. Tom era o arranjador e regente de "Se é por falta de adeus", assim como da música escalada para o lado B — também um samba-canção, cujo sucesso faria "Se é por falta de adeus" passar quase em branco. Era "Dó-ré-mi", do igualmente principiante Fernando Cesar.

"Eu sou feliz / Tendo você sempre a meu lado / E sonho sempre / Com você mesmo acordado / / Saiba também / Que só você mora no meu coração / E

é de você / E pra você esta canção / / É de você / Que vem a minha inspiração / Você é corpo e alma / Em forma de canção / / Você é muito / Mais do que / Em sonhos eu já vi / Você é dó / É ré, mi, fá / É sol, lá, si". Ao cantar esses versos naquele dia, Doris não imaginava que teria de fazer isso pelo resto da vida, todas as vezes que subisse a um palco. Mas de onde viera "Dó-ré-mi" e quem era Fernando Cesar?

Semanas antes, Chacrinha dissera a Doris que o patrocinador de seus programas na Rádio Tupi, o português Fernando Cesar, gostava de compor e tinha "músicas bonitas", e ela precisava conhecê-las. Ele fabricava o sabão Portuguez. Doris não fez fé — desde quando um fabricante de sabão pode compor "músicas bonitas"? Mas Chacrinha insistiu e, por consideração a ele, ela foi à casa do homem, no Alto da Boa Vista. Fernando Cesar mostrou-lhe sua produção — uma arca de sambas-canção, sambas, valsas, foxes e boleros, letra e música de sua autoria, tudo de alta qualidade e inédito —, como se seu verdadeiro ofício fosse a música e, em segundo plano, o sabão (que, por sinal, herdara do pai).

"Dó-ré-mi", feito por Fernando Cesar como uma declaração de amor a Arlete, sua mulher, era exatamente o que Doris procurava havia anos — uma homenagem ao ser amado, um testemunho de fé no amor, não um rosário de queixas sobre a traição, o abandono e a ingratidão, como a maioria das letras que lhe ofereciam. E olhe que ela estava saindo de uma tremenda desilusão amorosa. O próprio verso inicial já a seduziu: "Eu sou feliz". O disco explodiu. Para Fernando Cesar, "Dó-ré-mi" foi seu passaporte para o mercado. Tinha 38 anos e, a partir dali, a música tomaria em sua vida o lugar não apenas do sabão Portuguez, mas também do sabonete Cinta Azul, da pasta Jóia (para automóveis) e do sabão Platino, que ele, idem, fabricava.

Outra visita que Doris faria naquele ano seria à Penitenciária Lemos de Brito, na rua Frei Caneca, no Estácio, com seus colegas do rádio. Era um show para os presidiários, com as rádios oferecendo alguns de seus grandes nomes, entre cantores e humoristas, cada qual fazendo dois números. Doris aceitou participar, embora a perspectiva de ter de cantar para um determinado preso — Antonio Bento, o "Homem da mala", que, em 1948, matara e esquartejara uma mulher — não a empolgasse. Mas Doris acabou nem sabendo se o sinistro facínora estava lá. Não conseguia tirar os olhos de outro residente do presídio, talvez o mais famoso: o ex-tenente da Aeronáutica Alberto Jorge Franco Bandeira, 26 anos, condenado a quinze anos de prisão pela morte do bancário Afrânio Arsênio em 1952 — culpa que ele nunca admitira.

Bandeira também não teve olhos para Angela Maria, Ademilde Fonseca e as outras atrações do show. Suas atenções estavam concentradas em Doris. A visita incluía uma breve confraternização entre os artistas e a plateia ao fim do show, num salão com mesas onde se serviram guaranás e salgadinhos. Bandeira, acompanhado de sua mãe, dona Risoleida, aproximou-se de Doris, que os apresentou a sua mãe, dona Ana, também presente. Doris não achou Bandeira apenas bonito e educado. Apesar do pouco tempo que tiveram para conversar, saiu convencida de sua inocência. As duas mães trocaram telefones, passaram a se falar e, pouco depois, num dia normal de visita na Frei Caneca, Doris e dona Ana se juntaram a dona Risoleida para ir ver Bandeira. Dona Ana preparou-lhe uma marmita, para que ele variasse a boia servida na prisão. Quando acontecia de Doris estar no Rio num fim de semana, ela também ia vê-lo com dona Ana. Os encontros nunca duravam mais de meia hora e se davam numa sala cheia de gente. Mas Doris sentia que, se houvesse mais privacidade, ele se interessaria por ela — e ela, talvez, por ele.

A coisa pareceu fugir ao controle quando Doris começou a receber ligações da assistente social do presídio a pedido de Bandeira. "Ele está apaixonado pela senhora", dizia a assistente. Não era o que Doris esperava — achava-o atraente, mas o sentimento que lhe dedicava era de pena, talvez de atração física, não de amor. Já então os jornais ficaram sabendo das visitas e trataram a coisa como um fato consumado: Doris Monteiro estava namorando o tenente Bandeira. Não era verdade, como os dois bem sabiam — mas talvez fosse interessante para Bandeira que esse rumor se espalhasse. Doris, então, parou de ir vê-lo e de atender aos telefonemas da assistente social. Com o tempo, Bandeira silenciou.

O romance com Bandeira era apenas um dos vários que a imprensa vivia atribuindo a Doris. Outros a envolviam com colegas das boates e do disco, com os bonitões do seu clube, o Vasco da Gama, e com políticos e grã-finos. Mas o principal foi com Assis Chateaubriand, o dono da Rádio Tupi, onde ela fizera sua carreira. A história começou com a vitória de Doris como Rainha do Rádio de 1956, decretada por Chateaubriand na véspera da apuração e assegurada pela compra de milhares de exemplares encalhados da *Revista do Rádio* contendo os cupons — cada cupom, um voto. Ao fim da contagem, Doris saiu-se com 875605 votos, deixando longe as concorrentes. Um exemplar da *Revista do Rádio* custava cinco cruzeiros nas bancas, donde, para todo mundo, o gesto do galante Chateaubriand teria lhe custado a fortuna de mais de 4 milhões de cruzeiros. A inferência lógica era que Chateaubriand fizera isso porque tinha Doris como amante.

Não era a primeira vez que o concurso da Rainha do Rádio se decidia num golpe de mão — aliás, essa era a regra. Em 1949, Marlene derrotou a aparentemente invencível Emilinha porque a Companhia Antarctica Paulista lhe comprou centenas de milhares de votos — em troca, Marlene estrelou a campanha de lançamento do guaraná Caçula, aparecendo com a garrafinha na mão nos outdoors produzidos com antecedência e que cobriram o Rio já no dia seguinte à apuração. A mesma Antarctica assegurou a vitória de Angela Maria no concurso de 1954, sem que a empresa estivesse lançando nenhum produto. Dalva de Oliveira e Emilinha Borba venceram respectivamente em 1951 e 1953 com o apoio decisivo da Rádio Nacional, de que eram contratadas. As vitórias de Mary Gonçalves em 1952 e Vera Lucia em 1955 só se explicam por algum apoio pessoal ou institucional. Ou seja: exceto Linda Baptista em 1939 e sua irmã Dircinha, em 1948, quando o regulamento era diferente, nenhuma Rainha do Rádio foi eleita pelo voto popular.

Em 1956, a preocupação de Manuel Barcellos, presidente da ABR (Associação Brasileira de Rádio), patrocinadora do concurso, e empenhado na construção de um hospital para os radialistas, era a de que todas as grandes estrelas (as irmãs Baptista, Marlene, Dalva, Emilinha e Angela) já tinham sido eleitas, e as duas outras possíveis candidatas, Nora Ney e Ademilde Fonseca, recusavam-se a concorrer porque já tinham sido derrotadas uma vez. O concurso ameaçava resumir-se às novatas, como a suave Sylvinha Telles, a pantera Ellen de Lima e a esfuziante Claudette Soares, ou ao segundo time. O único grande nome ainda disponível era o de Doris Monteiro — uma estrela, sem dúvida, mas muito sofisticada para arrebatar as massas. Nada garantia que, apenas com os próprios votos, ela pudesse derrotar as até então líderes nas apurações parciais: Barbara Martins, cujo único sucesso tinha sido "A marcha do lulu", no Carnaval de 1951, mas era contratada da Rádio Nacional, e a esforçada Julinha Silva, que lançara "Molambo" em 1953. Para Manuel Barcellos, a vitória de uma destas seria o fim do concurso.

Descobriu-se que, até então, nenhuma Rainha do Rádio saíra dos quadros da Rádio Tupi. Quando Chateaubriand soube disso, a poucas horas do encerramento da "votação", determinou a seu diretor-tesoureiro João Calmon que captasse os votos necessários. E, para isso, teria procedido a uma limpa no cofre da sede dos Associados no Rio — como costumava fazer nas filiais dos Associados em qualquer praça pela qual passasse. Mas a história não era tão simples.

Chateaubriand era um homem de caprichos pesados. Em 1952, decidira "eleger-se" senador pela Paraíba fora do período eleitoral. À custa de várias tramoias avalizadas por Getulio, conseguira — repetiria a façanha em 1955, elegendo-se senador pelo Maranhão sem fazer um único comício no estado. Em 1954, com a morte de Getulio, decidiu herdar-lhe a vaga na Academia Brasileira de Letras e, mesmo sem ter um livro publicado, também conseguira. E, em 1958, não sossegaria enquanto o presidente Juscelino Kubitschek, encostado à parede, não o nomeasse embaixador do Brasil em Londres — caso contrário, ele jogaria os Associados contra JK. Para Chateaubriand, eleger uma Rainha do Rádio não requeria nem sua participação pessoal — a de seu valete Calmon era suficiente.

Anselmo Domingos, proprietário da *Revista do Rádio*, era um homem generoso, estimado e frágil. Sua publicação vendia milhares, mas a tiragem dependia das capas com Emilinha, Cauby ou Angela Maria, e a empresa tinha uma organização de palitos de fósforo: atolara-se em dívidas trabalhistas que, se cobradas, fechariam sua revista em um mês. Anselmo tinha ainda um lado oculto que, se exposto, também o destruiria: era homossexual, numa época de grande intolerância, e dependente de éter (mais tarde, cocaína). Se não atendesse a um pedido de Chateaubriand, este não teria a menor dificuldade para acabar com ele. Assim, quando João Calmon lhe telefonou para comprar o encalhe da revista que contivesse os cupons, não é crível que Anselmo o vendesse pelo preço da banca. Mais provável que tenha sido a um cruzeiro o exemplar ou menos — aliás, só a possibilidade de livrar-se do encalhe já deve ter deixado Anselmo maravilhado. Mas nunca se saberá esse valor (se houve), porque Chateaubriand, para desespero de Calmon, se habituara a saquear sua própria empresa para "despesas extraordinárias", sem prestar contas e sem passar recibo. O fato é que os votos que tornaram Doris Rainha do Rádio custaram uma pechincha.

Se Chateaubriand mantivesse um caso com Doris, eles seriam vistos juntos por toda parte e nas ocasiões mais formais a que ele era convidado, como jantares no Copa ou recepções no Catete. Sabendo-se como ela era admirada como cantora e desejada como mulher, Chateaubriand faria questão de exibi-la e de exibir-se ao seu lado. E, se se contentasse com uma aventura passageira, não precisaria ir ao extremo de elegê-la Rainha do Rádio. Era só jogar sobre Doris seu peso de chantagista e achacador — seu peso de Chateaubriand —, o mesmo que despejava sobre milionários, embaixadores, primeiros-ministros, presidentes e até rainhas de verdade. Portanto, Doris tornou-se a Rainha do Rádio de 1956 com todos os méritos, e Chateaubriand compareceu à festa de coroação no Teatro João Caetano, deixando-se fotografar protocolarmente, de terno branco e sob uma chuva de confetes, ao lado dela e das princesas Barbara e Julinha. João Calmon não foi visto no recinto.

A fantasia popular voltou a se eriçar quando Doris ganhou um programa na TV Tupi, *Encontro com Doris Monteiro*, às sextas-feiras à noite — um musical com orquestra (a cargo dos maestros Carioca e Cipó) e coro de dançarinos. O patrocínio exclusivo era do sabonete Cinta Azul. Ao cantar, Doris surgia deslumbrante, de vestido de soirée, luvas e joias, para cantar e receber os convidados. Mas tinha de competir consigo mesma, num comercial filmado que a mostrava de toalha, no banheiro, cantando o jingle composto pelo próprio fabricante do sabonete: Fernando Cesar. A letra dizia: "*Quando eu entro no banheiro/ Só quem entra no chuveiro/ É o sabonete Cinta Azul// Sabonete Cinta Azul// Para um banho bem gostoso/ É preciso muita água/ E o sabonete Cinta Azul// Sabonete Cinta Azul, um soooonho de sabonete...*". Não era das melhores coisas do compositor.

Mas Fernando Cesar não ficara na promessa do primeiro sucesso. Depois de "Dó-ré-mi", a própria Doris já gravara dele a toada "Vento soprando", e os sambas-canção "Graças a Deus" — "*Quando quiseres/ Podes voltar/ Aos braços meus/ E eu te direi/ 'Muito obrigada'/ Graças a Deus...*" — e, em parceria com Nazareno de Brito, "Joga a rede no mar", todos de primeiríssima. A identificação entre a cantora e o compositor era de tal ordem que, além do programa de televisão com o seu patrocínio, Doris gravou na Continental um LP de dez polegadas todo dedicado a ele. Mas, em pouco tempo, pela força de sua obra, Fernando Cesar deixaria de ser privilégio de Doris e passaria a pertencer a muitos outros cantores: Agostinho dos Santos, Cauby Peixoto, Angela Maria, Maysa, Luiz Claudio, Ellen de Lima, Helena de Lima.

A ideia de estar privando de um banho com Doris Monteiro — o rosto perfeito, o olhar severo, a boca entreaberta e, sem referência ao Cinta Azul, um par de tentadoras saboneteiras — devia enlouquecer os telespectadores masculinos e deixar as patroas preocupadas. Mas o programa só acabou porque, assim como no cinema, o tempo em que Doris precisava ficar à disposição da televisão para ensaios e para a própria transmissão ao vivo a obrigava a recusar convites para cantar nos estados, o que era a sua principal fonte de renda. E, a provar que um hipotético romance com o patrão não lhe rendia nada, em 1958 Doris pediu demissão da Rádio Tupi, alegando estar havia anos sem aumento de salário. Abdicou de sete anos de carteira assinada e foi para a emissora em que, para muitos, era onde sempre deveria ter estado: a Rádio Nacional.

Só restava uma questão: por que Doris nunca fora beijada nos filmes em que aparecera? Seria porque Chateaubriand não queria? A pergunta lhe foi feita diretamente, em 1957, pelo repórter Luiz Fernandes, em sua revista *Número*. Doris respondeu com tranquilidade: "Não. Era porque aqueles roteiros não previam beijos". E informou que, no filme que estava prestes a começar e em que faria um pequeno papel — *De vento em popa*, na Atlântida, com direção de Carlos Manga —, haveria um beijo entre ela e o galã Cyl Farney.

E houve, mesmo. Era a melhor sequência de *De vento em popa* e uma das melhores do cinema brasileiro. Mostrava Cyl ao piano de uma boate vazia, com os copos no balcão, as luzes pela metade e a fotografia em glorioso preto e branco do turco Özen Sermet, em seu primeiro trabalho no Brasil. Cyl toca a melodia de "Dó-ré-mi". Surge Doris, que, até então, interpretava uma garota de coque e óculos, para a qual Cyl nunca tinha olhado. Mas agora, de vestido de alça, sem os óculos e penteada por Renault, ela se tornara uma fabulosa mulher. Começa a cantar: "*Eu sou feliz / Tendo você sempre a meu lado...*". Cyl, abestado, não sabe o que pensar, mas continua tocando. Quando ela acaba, ele se levanta, diz que só agora a está enxergando e os dois se abraçam. Beijo em close — três segundos. Corte para beijo à meia distância — dois segundos. Total de beijo na sequência — cinco segundos.

Mas, na vida real, foi um beijo que levou quase uma hora para ser filmado. Carlos Manga nunca parecia satisfeito. Cyl e Doris, corpos colados, se beijaram pela primeira vez. Um minuto depois, Manga mandou cortar: "Ótimo, mas vamos fazer de novo". Novo e longo beijo. Outro corte: "Foi a luz que caiu". Mais um beijo e mais um corte: "Tivemos um probleminha na câmera". E assim por diante, num total de dez beijos ou mais, nenhum com menos de um minuto. Na altura do terceiro ou quarto beijo, Doris sentiu uma alteração em Cyl — ele estava tendo uma ereção!

Finalmente, a cena foi dada como boa. "Deve ter sido o beijo mais longo de todos os tempos", diria Doris, muitos anos depois. "Não sei por que foi tão complicado de filmar."

Mas alguns sabiam. Cyl, como todo mundo, era louco por Doris. Sem chance com ela, pediu a Manga que fizesse daquele beijo o melhor da história do cinema — nem que tivessem de passar o dia inteiro se beijando. Manga entendeu.

Às vésperas dos sessenta anos, em novembro de 1955, o general Henrique Batista Duffles Teixeira Lott, ministro da Guerra do presidente Café Filho, era neuroticamente metódico — tinha hora marcada até para beber água. Acordava às quatro da manhã, fazia ginástica sueca, ia para o ministério na avenida Presidente Vargas, onde dava religioso expediente, voltava para sua casa em Copacabana, jantava uma sopa e se recolhia às 20h30. Por sorte, seu programa favorito de televisão ia ao ar mais cedo: *As Aventuras de Rin-Tin-Tin*. A ideia de transgredir a ordem depondo um presidente da República devia ser-lhe intolerável. A não ser que esse presidente estivesse ameaçando algo maior do que todos — a Constituição. No caso, era o presidente interino, Carlos Luz (o mesmo que, em 1946, induzira o presidente Dutra a fechar os cassinos), que conspirava para não dar posse ao presidente e vice-presidente eleitos em outubro, Juscelino Kubitschek e João Goulart. Portanto, naquela madrugada de 11 de novembro, o general subverteu radicalmente os seus hábitos. Muito antes das quatro da manhã, vestiu a farda, espetou suas condecorações (não saía de casa sem elas), muniu-se de guarda--chuva (estava chovendo) e saiu para depor Carlos Luz.

Carlos Luz era presidente da Câmara e substituía o presidente Café Filho, internado com um infarto no Hospital dos Servidores do Estado. Para Café e Luz, aliados políticos de Carlos Lacerda, e para parte dos militares, Juscelino e Jango representavam a inaceitável volta do getulismo ao poder. Daí o clima de intranquilidade nos quartéis, com discursos pregando abertamente um golpe. Lott podia não simpatizar com os eleitos — porque tinham sido apoiados pelos comunistas —, mas, para ele, a quebra de hierarquia era inconcebível. Então, desde a noite anterior, em conluio com outros generais legalistas e comandantes de tropas, planejou um golpe preventivo — a tomada de pontos-chave, como o Palácio do Catete, os fortes, quartéis de polícia, centrais telefônicas e telegráficas, a *Tribuna da Imprensa* — e a deposição do presidente. Naquela madrugada, enquanto as boates do Leme e do Posto 6 desovavam na calçada seus primeiros clientes, o Rio, por ordens de Lott, tinha as ruas tomadas por 25 mil homens e centenas de tanques.

Lacerda não esperava de Lott uma atitude desse porte. Ele e o pessoal da UDN só o chamavam, com desprezo, de "Generalote" — ao contrário dos colegas de farda de Lott, que o conheciam muito bem e sempre se referiram a ele, com respeito, como "o Duffles". Luz, Lacerda e seus correligionários podem tê-lo subestimado, mas, naquele momento, com o dia ainda amanhecendo, não demoraram a se convencer de que tinham perdido e sua situação era insustentável — se não fugissem, seriam presos. Às seis da manhã, refugiaram-se no Ministério da Marinha. Lá, foram aconselhados a deixar o Rio no cruzador *Tamandaré*, que os esperava no porto, e rumar para Santos, cujas forças navais estavam do seu lado — dali, poderiam articular a resistência. Embarcaram e, uma hora depois, o *Tamandaré* já estava passando ao largo da fortaleza de São João, no Leme, cujos canhões começaram a disparar tiros de advertência — para grande perplexidade de Ary Barroso e outros boêmios do bairro, que voltavam cambaleantes para casa, sem saber de nada. O navio prosseguiu em direção ao Posto 6, e os canhonaços, disparados agora pelo Forte de Copacabana (doze, em doze minutos), não pareciam de advertência. Ao contrário, caíam muito perto do navio, como se fossem para valer — só que com má pontaria. O *Tamandaré* poderia ter respondido aos tiros e, durante alguns minutos, essa opção foi perigosamente considerada.

Em sua encarnação anterior, o *Tamandaré* fora um navio americano, o *St. Louis*, veterano da Segunda Guerra, com serviços prestados em Pearl Harbor, sobrevivente de ataques aéreos, protagonista no afundamento de vários navios japoneses e vendido ao Brasil em 1952. Seu poder de fogo era incomparavelmente maior que o dos canhões da Guerra do Paraguai que agonizavam nos fortes do Leme e de Copacabana. Se tivesse revidado — e se a pontaria de seus artilheiros fosse condizente com a das fortalezas —, a vizinhança dos fortes se banharia em sangue, não mais em uísque.

No Leme, correriam risco o Sacha's, o Drink, o Arpège, o Bambu e o Plaza, próximos da orla, sem falar no Mocambo, no Sirocco e no La Conga, na área da avenida Prado Junior e já reduzidos a inferninhos. Além de restaurantes recém-inaugurados e também redutos da boemia: a Fiorentina, de Silvio e Zélia Hoffman, na avenida Atlântica; o Cabeça Chata, de Manezinho Araújo, no começo da rua Barata Ribeiro; o Chez Ruffin e a Cantina Sorrento, na praia. Nas imediações do Forte de Copacabana, sofreriam o Ranchinho do Posto 6 (onde até pouco antes ficava o Stud do Theo), o Posto 5, o Tudo Azul, o Farolito e o restaurante La Crémaillère, também com música ao vivo — lá cantavam Dick Farney, Inezita Barroso e o Trio Irakitan. Mas a grande baixa no Posto 6, em caso de retaliação do *Tamandaré*, seria o Marimbás, o clube no fim da avenida Atlântica, colado ao forte. Àquela hora, alguns de seus principais associados já estariam a postos: os campeões brasileiros de caça submarina, habituados a pegar meros e robalos gigantes, os antigos Cafajestes em peso e boêmios avulsos e qualificados, como Rubem Braga, Oscar Niemeyer e Di Cavalcanti.

A depender do comandante Silvio Heck, o *Tamandaré* teria promovido o strike de fortes e mandado as boates para o beleléu. Quem o dissuadiu foi o almirante Penna Boto. Carlos Luz o secundou, e o *Tamandaré*, assim que se viu fora do alcance das armas do forte, apontou seus canhões para cima, sinalizando que não iria responder. E nem adiantaria porque, ao saber que Santos também estava em poder dos legalistas, Luz e os outros reconheceram a derrota e se renderam.

Mas uma boate sofreu de verdade os efeitos do 11 de novembro: o Casablanca, na Praia Vermelha, já fora das mãos de Carlos Machado, que devolvera o imóvel à prefeitura. Cinco meses antes, o produtor Zilco Ribeiro, que o arrendara, estreara o show *O samba nasce no coração*, com uma constelação de nomes da velha guarda: Pixinguinha, Donga, João da Baiana, Bide, J. Cascata, Ismael Silva, Vadico, Ataulpho Alves e suas pastoras, passistas, vedetes, dançarinos, comediantes e muitos mais. Era a volta triunfal daqueles fundadores do samba, depois de anos de esquecimento. O texto era de Meira Guimarães, sobre uma ideia de Sergio Porto.

Na primeira noite, assim que Pixinguinha entrou em cena com seu sax-tenor, Benedito Lacerda, velho amigo, levantou-se na primeira fila, já de flauta em punho, e tocou em dueto com ele, como faziam nos anos 40. Delírio na plateia. Lucio Rangel, ao entrar, arrancara a caricatura de Pixinguinha por Lan, pregada na porta, e passou a noite beijando-a e atirando beijos para o palco. Os irmãos Marinho (Roberto, Rogério e Ricardo), de *O Globo*, aplaudiam em uníssono. Almirante tomava notas. Ary Barroso apenas chorava. Ao fim do show, Paulo Bittencourt, do *Correio da Manhã*, também beijou respeitosamente as mãos de Pixinguinha. Todos os artistas sentiam-se reconhecidos — era como se a Praia Vermelha de 1955 fosse de novo a praça Onze de 1917 ou o Estácio de 1927, e "Pelo telefone" e "Se você jurar" estivessem sendo ouvidos pela primeira vez.

Seguiram-se meses de casa cheia e comentários empolgados na imprensa. Sergio Porto inventava diariamente um pretexto para falar do show no *Diário Carioca*, mas adaptando o título: "Em cartaz no Casablanca, *O samba nasce no coração — e morre na voz de...*". Só mudava o nome do cantor: Francisco Carlos, João Dias, Ivon Curi — o que não era justo, porque nenhum desses cantores se dizia sambista.

Mas, então, Lott pôs os tanques na rua e depôs Carlos Luz. Desde as primeiras horas da manhã, a Praia Vermelha, sob a jurisdição da Marinha, tornara-se uma praça de guerra, com baterias antiaéreas, sacos de areia e soldados embalados. Já naquela noite do dia 11, apesar de os ânimos terem aparentemente serenado, ninguém foi ao Casablanca. Zilco Ribeiro esperou mais de uma hora na esperança de que o público chegasse. Em vão. Mas o elenco fez o show assim mesmo, para um único espectador: o próprio Zilco, sentado sozinho a uma mesa no centro do salão onde cabiam quatrocentas pessoas.

Nos dias seguintes, o público começou a voltar, mas em menor número, porque a situação política continuava conturbada, com novos lances todos os dias — Nereu Ramos, presidente do Senado, assumira o Catete e era o terceiro presidente da República em duas semanas; Café Filho deixara o hospital e ameaçara reassumir; Lott pôs de novo o pé na porta e confinou Café em seu apartamento em Copacabana; Carlos Luz renunciou à presidência da Câmara; Lacerda fugiu para Cuba, onde se exilou; Café sofreu impeachment pelo Congresso; Nereu continuou no Catete; e decretou-se o estado de sítio até a posse de Juscelino, em janeiro de 1956. Nunca se vira tanto entra e sai — mal as tropas desocupavam a Praia Vermelha e já tinham de voltar.

Delicado, como toda arte, *O samba nasce no coração* não aguentou esperar e morreu entre os tanques e canhões.

14

DUAS DOLORES

A menina Alayde Costa foi apresentada a Lucio Alves na Rádio Tupi. Lucio sorriu e estendeu-lhe a mão. Alayde tomou sua mão e tentou dizer quanto o admirava, mas a voz não saiu. Era assim mesmo — os calouros sem fala diante dos ídolos com quem eles esperavam se comparar um dia.

Alayde era estudante e trabalhava como babá em casas de família da Zona Norte. Nas horas de folga, fazia o circuito dos concursos de calouros, infantis ou adolescentes, que pululavam no Rio no começo dos anos 50. Esses concursos se davam nos cinemas dos bairros, nos clubes sociais e esportivos, nas associações de classe, nos circos e até na rua. Mas os mais importantes eram os do rádio, e os principais programas eram *Calouros em Desfile*, comandado por Ary Barroso, na Rádio Tupi; *Pescando Estrelas*, por Arnaldo Amaral, na Rádio Clube do Brasil; *Clube do Guri*, por Silveira Lima, na Rádio Mauá; *Papel Carbono* e *A Raia Miúda*, ambos por Renato Murce; *Cantinho dos Novos*, por Cesar de Alencar; e *A Hora do Pato*, por Jorge Curi, todos na Rádio Nacional.

Alguns candidatos se apresentavam acompanhados de um amigo músico, também ainda quase de calças curtas. Alguns desses amigos eram os pianistas Luiz Reis e Luizinho Eça e os violonistas Carlos Castilho e Baden Powell. No programa de Silveira Lima, o locutor que apresentava os calouros era um rapaz que ficaria conhecido como Silvio Santos. O calouro podia ser gongado antes de terminar ou, ao fim de seu número, ouvir sua nota (cinco era a nota máxima) com a qual disputaria contra outros calouros. O vencedor de cada programa recebia um cachê que, em certos casos, representava uma panela de feijão na mesa da família. Para isso, ele tomava o trem no distante subúrbio onde morava, descia na Central do Brasil e ia a pé até a emissora. A maioria ficava na zona portuária, o que representava uma caminhada de uma hora, às vezes sob sol quente, suando o terno ou derretendo a maquiagem. E o calouro ainda se sujeitava ao sadismo do auditório, que, muitas vezes, preferia vê-lo ser gongado a se sair bem.

Nem sempre o dinheiro era o mais importante. Desde que, em 1933, o Brasil descobrira o conceito do "cantor de rádio" e tivera em Carmen Miranda sua primeira estrela, inúmeras levas de rapazes e moças queriam se tornar cantores. Cada novo artista que se ouvia pelo rádio e que se sabia revelado pelos programas de calouros despertava nos jovens o desejo de participar deles e se revelar também. Isso exigia cantar bem e bonito, dar a nota certa e saber escolher o que cantar, donde os programas de calouros estimulavam gerações inteiras a aperfeiçoar suas possíveis vocações. Luiz Gonzaga, Lucio Alves, Carmelia Alves, Ademilde Fonseca e Miltinho eram apenas alguns dos cantores que aqueles programas haviam lançado, e, entre os novos valores que eles tinham acabado de descobrir, estavam Os Cariocas, Dolores Duran, Helena de Lima, Ivon Curi, Doris Monteiro e Angela Maria.

Em 1950, havia quatro garotas da Zona Norte, entre doze e quinze anos, que se apresentavam em todos os programas e os venciam um a um. E com tal frequência que passaram a se preocupar em não irem ao mesmo programa no mesmo dia, para não terem de dividir o prêmio. Elas eram Marisa, Ellen de Lima, Claudette Soares e a própria Alayde Costa, cuja primeira aparição, no *Calouros em Desfile*, de Ary Barroso, entrou para os anais. "O que você vai cantar, minha filha?", perguntou Ary. "Vou cantar 'Noturno em tempo de samba', de Custodio Mesquita e Evaldo Ruy, seu Ary", respondeu Alayde. Ary olhou-a de alto a baixo — Custodio era a sua *bête noire*, o compositor que ele mais respeitara e temera, e "Noturno em tempo de samba", um primor de composição. Por que aquela pirralha a tinha escolhido? Mas, quando Alayde começou — "*Tarde da noite na rua deserta/ A vagar eu estou/ Não tenho destino na rua, nem rumo/ Não sei de onde vim/ Não sei para onde vou...*" —, ele percebeu que estava diante de uma cantora de verdade.

À falta de um repertório próprio e sem dinheiro para comprar discos, Marisa, Ellen, Claudette e Alayde cantavam o que aprendiam pelo rádio. E, com seus ouvidos absolutamente musicais, era inevitável que se interessassem pelos sambas-canção, mais complexos e trabalhados do que qualquer outro gênero — mesmo que as letras, da autoria de homens mais velhos, curtidos em uísque e recordistas em amores feitos e desfeitos, tratassem de experiências que não tinham nada a ver com o universo adolescente delas. Eram homens que poderiam ser seus pais, falando de suas relações com mulheres que poderiam ser suas mães.

De repente, uma dessas meninas, ainda em idade de jogar queimado ou brincar de pera, uva e maçã, cantava "Flor do lodo", de Ary Mesquita, com que a veteraníssima Aracy Cortes, criadora de "Ai, ioiô" em 1928, voltara às paradas em 1953: "*Flor do lodo / Mulher de baixos costumes / Ninguém ouve os meus queixumes / Ninguém vê meu padecer / / Meu lar é o botequim da esquina / Que frequento desde menina / Para com os homens beber...*". Ou o pungente "Se eu morresse amanhã de manhã", de Pernambuco e Antonio Maria, gravado naquele ano por Dircinha Baptista: "*De que serve viver tantos anos sem amor / Se viver é juntar desenganos de amor / Se eu morresse amanhã de manhã / Não faria falta a ninguém / / Eu seria um enterro qualquer / Sem saudade, sem luto também / Ninguém telefona, ninguém / Ninguém me procura, ninguém...*". As canções eram adultas; as cantoras não. Mas eram a música do momento, e ninguém via tais discrepâncias como um problema.

O problema, às vezes, era outro. Em 1953, Grande Otelo ouviu Alayde e Baden na Rádio Clube e os levou ao Clube da Chave, onde se apresentaram para os aplausos da exigente turma de Humberto Teixeira. Empolgado, Otelo falou de Alayde para Carybé da Rocha, diretor artístico do Copacabana Palace e que procurava uma crooner para o Meia-Noite. Carybé aceitou recebê-la para um teste. Ao ver que Alayde era negra, deu uma desculpa e a dispensou, não quis nem ouvi-la. Depois Alayde ficaria sabendo que, por causa de Octavio Guinle, "Negra, no Copa, só americana" — o que logo se provou com a contratação por Carybé de duas atrações para o Golden Room: as cantoras negras americanas Joyce Bryant, com seu cabelo corajosa e artificialmente prateado, e Dorothy Dandridge, um ano antes de consagrar-se no filme *Carmen Jones*, de Otto Preminger. (Anos depois, com Haroldo Costa e as sensacionais irmãs Marinho — Mary, Olivia e Norma —, o Golden Room mudara essa política.)

A Alayde, enquanto isso, restou fazer um longo estágio nos dancings da cidade, um deles o Avenida, até que, em 1959, um funcionário da Odeon, que fora lá para dançar, a ouvisse e convidasse para um teste na gravadora. Era o que Alayde precisava — a possibilidade de atravessar uma porta. Por acaso, essa porta ficava bem ao lado do Avenida: a Odeon acabara de se mudar para o edifício São Borja, vizinho de parede do dancing, em frente à Cinelândia. O irônico é que, depois de tanta espera, Alayde, aos 24 anos, tivesse apenas de tomar um elevador para ver sua carreira começar.

Ellen de Lima fez tudo muito mais depressa. Pulou dos programas de calouros diretamente para um contrato com a gravadora Columbia, que, em 1956, lhe deu para gravar um bolero, "Vício", de Fernando Cesar, cuja estrofe final dizia: "... *Meu Deus, que suplício/ É pior que vício/ Amar tanto assim/ / Se o amor matasse/ Você morreria/ Ao passar por mim*". Ellen, uma mulata alta e bonita, de ossos grandes e ancas firmes, tinha voz e autoridade para tornar mortífera aquela letra. Ao ouvir o disco, ninguém diria que ela mal acabara de completar... dezoito anos — e que, na boate Tudo Azul, que a contratara, a única coisa que tomava, ao fim de cada apresentação, era um copo de leite. Quando lhe perguntavam se, com aquele nome, não temia ser confundida com a já famosa Helena de Lima, dizia apenas: "Não".

Marisa foi mais rápida ainda. Em 1953, aos quinze anos, quase que de maria-chiquinha, ela conheceu um cantor chamado João Gilberto, que ainda preferia ficar desempregado a fazer concessões para sobreviver. À espera de que o mundo o descobrisse, João Gilberto compôs um samba-canção, "Você esteve com meu bem?", de que deu parceria a Russo do Pandeiro — porque foi Russo quem levou o samba à exigente RCA Victor e a convenceu a aceitar a menina Marisa para gravá-lo. O disco saiu e nada aconteceu com "Você esteve com meu bem?", e menos ainda com João Gilberto. Mas Marisa foi ouvida por Carybé da Rocha, que a contratou para o emprego que poderia ter sido de Alayde no ano anterior: crooner do Meia-Noite.

Para assumir o microfone que já fora de Carmelia Alves, Marlene, Doris Monteiro e Nora Ney, e cantar das dez da noite às quatro da manhã, Marisa precisou de uma autorização especial do Juizado de Menores — que o Copacabana Palace, escaldado pelo problema com Doris pouco tempo antes, fez questão de conseguir. Marisa passaria os quatro anos seguintes no Meia-Noite, sempre dando conta do recado, mas sem poder exercer uma de suas qualidades: o bom gosto para escolher repertório — afinal, como crooner, tinha de cantar o que lhe pedissem. Em 1958, Marisa trocaria os cristais do Copa pela louça áspera e de carregação das boates do Beco das Garrafas — para ficar perto da cantora que ela mais admirava e da qual se tornaria a herdeira musical: Dolores Duran.

Claudette Soares cansou-se de vencer o programa *Papel Carbono*, de Renato Murce, na Rádio Nacional, mas foi a Rádio Tamoio que, em 1954, lhe ofereceu um contrato. O baião já estava deixando de ser uma moda e se integrando com naturalidade ao cancioneiro nacional. A carioca Claudette, fã de Frank Sinatra, Doris Day, Dick Farney e Linda Baptista, cantava tudo bem, e bastou-lhe ser escalada algumas vezes no programa *Salve o Baião* para que a Tamoio a transformasse na "princesinha do baião" — crismada pelo próprio "rei", Luiz Gonzaga. Mas, aos vinte anos, em 1955, os 150 centímetros (com salto alto) de Claudette começaram a ser palco de um embate entre os dois ou três baiões que ela cantava de dia na rádio e as quase quarenta canções românticas e modernas que passou a interpretar à noite, no bar do Plaza, como crooner do conjunto de Luizinho Eça. Um dos lados tinha de vencer. As canções românticas e modernas, de que Claudette gostava muito mais, venceram.

Nenhuma dessas jovens cantoras — Alayde, Ellen, Marisa, Claudette — pensava em compor suas próprias músicas ou sentia necessidade disso. O mesmo se podia dizer das mais velhas: Aracy de Almeida, Linda e Dircinha Baptista, Emilinha Borba, Marlene, Dalva de Oliveira, Elizeth Cardoso, Helena de Lima, Mary Gonçalves, Heleninha Costa, Zezé Gonzaga, Doris Monteiro, Nora Ney e Angela Maria. Elas eram cantoras profissionais, estrelas do rádio, do disco e da boate, e sentiam-se satisfeitas com as canções que os compositores também profissionais lhes forneciam — às vezes, feitas a caráter para a voz de uma ou de outra. Era uma eficiente correia de transmissão: os compositores compunham, as cantoras cantavam e, como regra, a ninguém ocorria perturbar esse arranjo — a ideia de ouvir Ary Barroso, e não Linda Baptista, cantando "Risque" era tão sem sentido quanto imaginar que Emilinha Borba tinha composto "Se queres saber", de Peterpan. As únicas exceções entre os compositores eram Dorival Caymmi, Ataulpho Alves e Luiz Gonzaga, que eram também cantores.

A própria Dolores Duran, durante os seus primeiros anos de carreira, foi exclusivamente cantora. Empregos não lhe faltavam: contratada da Rádio Nacional, da gravadora Star (depois, Copacabana) e da boate que lhe fizesse a melhor oferta ou em que ela tivesse mais prazer de cantar. Sua participação no *Programa Cesar de Alencar*, nos sábados à tarde, pela Nacional, era fixa e servia para Cesar ser absolvido pelas vulgaridades que apresentava no resto do programa. Ele sabia que Dolores nunca seria popular — sua postura no palco, alerta e elegante, traía a sofisticação das boates —, mas as plateias gostavam dela. E, para aproximá-la um pouco mais do público, chamava a atenção para a boca grande de Dolores, anunciando-a grosseiramente: "E agora, com vocês, a cantora com o sorriso de orelha a orelha!".

Em 1954, Dolores lançara o maior sucesso de sua ainda curta discografia: "Canção da volta", de Ismael Netto e Antonio Maria — "*Nunca mais vou fazer / O que o meu coração pedir / Nunca mais vou ouvir / O que o meu coração mandar...*". No ano seguinte, Ismael Netto e Antonio Maria deram-lhe outra maravilha, "Carioca 1954" — "*Sou da noite do Rio / Da noite macia do Rio / Eu sou deste bar que me chama / Em nome de alguém que me ama...*". Outro clássico instantâneo de Ismael e Maria, e da mesma época, foi "Valsa de uma cidade" — "*Rio de Janeiro, gosto de você / Gosto de quem gosta / Deste céu, deste mar, desta gente feliz...*". Ismael ofereceu-a a Heleninha Costa, sua mulher. Mas Heleninha assistira ao parto da canção e já se cansara de ouvi-la em casa — recusou-a. O destino natural de "Valsa de uma cidade" seria Dolores, mas, antes que chegasse a ela, caiu nas mãos de Lucio Alves, e foi ele quem a consagrou.

Dolores era uma cantora completa, não apenas uma intérprete. Tanto podia cantar em tom de confidência, sem vibrato, como Doris ou Nora, quanto, se quisesse, pôr o microfone de lado e encher o salão com sua voz, como Helena de Lima. A partir de 1955, a Copacabana deu-lhe para gravar uma série de LPs com a aparente intenção de provar que ela era capaz de cantar em qualquer estilo, ritmo, andamento, língua ou sotaque. E era mesmo. Cronistas da noite como Antonio Maria, Fernando Lobo e Nestor de Hollanda viviam elegendo-a como a melhor cantora do ano.

Dolores nunca tinha escrito uma canção até o dia, em 1955, em que entregou a Tom Jobim, na Rádio Nacional, uma letra para que ele a musicasse — e que resultou em "Se é por falta de adeus", gravada por Doris Monteiro. Mas o sucesso de "Dó-ré-mi", de Fernando Cesar, no outro lado do disco de Doris, sufocou a carreira de "Se é por falta de adeus". Dois anos iriam se passar até que Dolores e Tom voltassem a se encontrar musicalmente — por acaso, na mesma Rádio Nacional —, de que saiu "Por causa de você", cuja criação já nasceu envolta numa espécie de lenda. A história é a de que, ao ouvir a melodia ao piano por Tom, e sendo informada de que Vinicius de Moraes já estava trabalhando na letra, Dolores teria tirado da bolsa um lenço de papel e escrito, ali mesmo, de pé, no tampo do piano e com um lápis de sobrancelha, a letra de "Por causa de você" — *"Ai, você está vendo só/ Do jeito que eu fiquei e que tudo ficou/ Uma tristeza tão grande/ Nas coisas mais simples que você tocou..."*. E Tom, deslumbrado, teria escolhido imediatamente a sua letra, dispensando a de Vinicius.

A história é boa, mas não procede. Foi inventada por Tom, grande gozador. Experimente escrever uma letra como esta, com as tônicas e átonas mais perfeitas da língua, sobre uma melodia que você acabou de ouvir — sem conhecer música —, num lenço de papel, de pé, no tampo do piano e com um lápis de sobrancelha. Aliás, experimente escrever *qualquer* coisa num lenço de papel com um lápis de sobrancelha. E, pior ainda, na presença intimidadora do compositor — lembrar que, em 1957, Tom deixara de ser o seu tímido parceiro em "Se é por falta de adeus" e passara a ser o favorito dos maestros da Rádio Nacional; autor, com Vinicius, do score de *Orfeu da Conceição*; e seu conceito no mercado disparara. Qual é a verdade, então? Nada de mais. Mesmo sabendo que estaria competindo com Vinicius, Dolores levou a melodia na cabeça para seu apartamento, na rua Gomes Carneiro, e, com toda a calma, escreveu a letra que se tornaria "Por causa de você". Submeteu-a a Tom, que a mostrou a Vinicius, e este, cavalheirescamente, retirou a sua. E assim nasceu mais uma obra-prima do samba-canção.

A partir de 1958, Dolores pareceria atacada por uma inédita urgência de compor, com ou sem parceiros. O resultado, somente naquele ano, seria uma sequência extraordinária de sambas-canção: "Estrada do sol", ainda com Tom, lançada por Agostinho dos Santos — *"É de manhã / Vem o sol, mas os pingos da chuva que ontem caiu / Ainda estão a brilhar / Ainda estão a dançar / Ao vento alegre que me traz esta canção..."*; "Quem sou eu?", com o pianista Ribamar, lançada por Maricene Costa — *"Se mil vezes você me deixar e voltar / Eu aceito / Quem sou eu pra dizer o que é / E o que não é direito..."*; "Castigo", só dela, lançada por Nora Ney — *"A gente briga / Diz tanta coisa que não quer dizer / Briga pensando que não vai sofrer / Que não faz mal se tudo terminar..."*; e "Solidão", também só dela e lançada por ela — *"Ai, a solidão vai acabar comigo / Ai, eu já não sei o que faço ou que digo..."*.

Para Dolores, era o começo de uma torrente de ideias para letras e melodias, e talvez houvesse uma razão para essa urgência. Em março de 1955, obedecendo a um script já definido desde a febre reumática sofrida em criança e que lhe provocara uma lesão cardíaca, Dolores teve um infarto — arritmia completa e oclusão coronariana, segundo os médicos. Levada para o Miguel Couto, corria risco de morte — no auge da crise, sua pressão arterial foi a zero e o pulso ficou impossível de tomar. Os jornais e revistas acompanharam o seu drama e não faltaram alusões à cantora que falava ao coração e agora tinha o seu próprio coração em perigo. Foi transferida para uma clínica especializada no bairro de Fátima, onde passou quinze dias hospitalizada, e liberada sob a condição de moderar o cigarro, o uísque e o trabalho — recomendações que ignorou.

Um infarto aos 24 anos era absurdo mesmo para uma pessoa do peso e altura de Dolores (54 quilos para 1,56 metro), manequim 44, dois a três maços de Hollywood por dia, acentuada preferência pelo que chamava de uísque "ouro" (puro, sem gelo) e uso indiscriminado de Nembutal, tranquilizante capaz de criar dependência e vendido à vontade em farmácias. Mas como convencer alguém dessa idade a reduzir o ritmo de trabalho?

Mal deixou o hospital, Dolores voltou aos programas de Cesar de Alencar, Manuel Barcellos e Paulo Gracindo, na Rádio Nacional; estreou no Baccara, revezando com Doris Monteiro e, depois, com Helena de Lima; juntou-se a uma caravana que passou a cantar semanalmente num circo da Zona Norte; gravou um LP de canções internacionais para a Copacabana (*Dolores viaja*); deu entrevistas e fez sessões de fotografias para *Radiolândia* e todos os veículos que a procuraram; e zarpou para uma turnê de apresentações pelo Norte-Nordeste, de Manaus a Salvador. E, naturalmente, não perdeu um minuto de boemia, com todos os aditivos a que estava habituada. Tudo isso permeado por um bom humor que desarmava quem se chegasse a ela, consternado, para confortá-la pelo infarto.

Sua primeira composição, com Tom Jobim, "Se é por falta de adeus", nasceu no meio desse turbilhão. Poucos meses depois, Dolores provou que estava mesmo disposta a viver: casou-se em julho com o radioator Macedo Neto, das rádios Mundial e Mayrink Veiga, que conhecera pouco antes. Não tão pouco, afinal — entre o dia em que se viram pela primeira vez, apresentados por Ismael Netto, e o do casamento civil (num cartório em Copacabana) e religioso (no terreiro de umbanda de Herivelto Martins, em Realengo), Dolores teve uma gravidez tubária, que a obrigou a nova intervenção, esta sem as fanfarras que cercaram o infarto. Mas, em poucos dias, já estava novamente de pé. Ninguém à sua volta sabia explicar de onde vinha tanta força.

Ao mesmo tempo que se preparava para se estabelecer como compositora, autora do conjunto mais delicado e harmonioso de sambas-canção na história do gênero, Dolores continuou como cantora, com um repertório que ia de "Hymne à l'amour", de Edith Piaf e Marguerite Monnot, e "Nature boy", de Eden Ahbez, a "Não se avexe, não", de Luiz Vieira, e "A fia de Chico Brito", de Chico Anysio.

Sem falar em sua versão de "Café-society", de Miguel Gustavo, que, para o público do Baccara, era melhor ainda que a de Jorge Veiga. E por que não seria? Em algum momento do passado, Dolores Duran pode ter andado com Jacinto, que era também de Thormes, e tomado um uísque com Didu. Afinal, respiravam a mesma noite. O que se sabe é que, em certa noite daquela época, no Sacha's, Dolores recebeu o abraço de uma mulher que ela considerava "iluminada" e que, como acabara de descobrir, também era sua fã: Lourdes Catão.

Jacinto de Thormes, agora também em *O Cruzeiro*, mudou sua lista anual de "As dez mulheres mais bem vestidas" para "As dez mais elegantes do Brasil". Com isso, ampliou o conceito de sua seleção. Já não se tratava da preferência da grã-fina por este ou aquele costureiro e dos generosos bolsos de seu marido, mas de toda a personalidade da mulher — a elegância envolveria outras coisas. Muito bem. Mas, em sua primeira lista sob a nova bandeira, referente às mais elegantes de 1954, Jacinto cometeu a suprema heresia: deixou de fora Dolores Guinle, a mulher mais vistosa da sociedade brasileira.

Como a beleza de Dolores e sua escolha de roupas e adereços não estavam em discussão, imaginou-se que Jacinto estaria levando em conta algum quesito que, a seu ver, comprometia a elegância da mulher de Jorginho Guinle — como, quem sabe, sua atitude diante de alguns visitantes estrangeiros, mais sôfrega do que seria conveniente. Pelo menos, os que tinham visto Dolores dançando muitas noites com o príncipe Ali Khan, no Vogue, achavam isso. O fato de ela passar a noite mordiscando-lhe a orelha era apenas um detalhe. Ou pelos rumores de que Dolores tivera um caso com Ibrahim Sued, quando Ibrahim ainda não completara a transformação que o tornaria mais potável para a sociedade.

A decisão de Jacinto caiu como uma bomba entre as damas do society. Se Dolores Guinle podia ficar de fora de uma lista das mais elegantes, ninguém estava a salvo. A única a dar saltos mortais de alegria ao ler a revista fora sua inimiga Irene Guinle, mulher de Carlinhos.

Ibrahim, colunista da *Manchete*, não hesitou. Apropriou-se da ideia de Jacinto, criou também a sua lista de mais elegantes e deu o primeiro lugar a Dolores, com direito à capa da revista. Até aí, nada de mais. Em fins de 1954, Jacinto continuava maior que Ibrahim, e *Manchete* ainda não era páreo para *O Cruzeiro*, que, em sua edição de 6 de novembro, chegara ao recorde histórico de 720 mil exemplares de tiragem — marca excepcional num país de 50 milhões de habitantes e com 50% de analfabetos. O problema era o que viria pela mala internacional.

Para desgraça de Jacinto, Dolores Sherwood Guinle — nome completo de Dolores nos círculos chiques de Nova York — entrou na lista de Cholly Knickerbocker, lida por 20 milhões de leitores nos Estados Unidos, entre as dez mais elegantes *do mundo* em 1954. Uma lista de que faziam parte a duquesa de Windsor, uma ou outra rainha europeia e várias Vanderbilt, Morgan e Rothschild.

Cholly Knickerbocker era o pseudônimo que, desde o século XIX, assinava a coluna social publicada na cadeia de jornais do magnata William Randolph Hearst. Seu titular desde 1945 era o conde russo, naturalizado americano, Igor Cassini — Gigi, para os amigos. Era um *homme à femmes*, caçador de herdeiras, e, dali a poucos anos, criaria a expressão "jet set", que viria a substituir o café-society. Apesar de Dolores ser americana, fora uma ousadia de Gigi escalar em sua lista alguém de fora do circuito Londres-Nova York-Paris. O irmão mais velho de Gigi, o estilista Oleg Cassini, mantinha um caso estável com Grace Kelly, sem prejuízo dos namoricos da estrela com os atores com quem trabalhava, e era o costureiro de nove entre dez moradoras dos Hamptons. Os Cassini conheciam todo mundo que importava nos Estados Unidos e na Europa — o que fazia com que a opinião de Gigi sobre Dolores tivesse um peso consideravelmente maior que a de Jacinto.

Um ano depois, ao preparar a lista das mais elegantes de 1955, Jacinto reviu sua opinião. Trouxe Dolores de volta à sua lista das dez mais e, com isso, parecia não restar dúvida sobre a elegância da sra. Jorginho Guinle. Em meados de dezembro, como sempre fazia, Dolores embarcou com seu filho, também Jorge, de sete anos, para as festas de fim de ano em Nova York. Jorginho seguiu alguns dias depois. Os dois costumavam se hospedar nas torres do Waldorf Astoria, na rua 50 Leste, onde eram vizinhos de Cole Porter. Mas, passados alguns dias, Jorginho voltou sozinho para o Rio. Era outra bomba na sociedade carioca: Dolores estava se separando dele e cuidando dos papéis para o divórcio em Reno, no estado de Nevada. Ninguém entendeu.

Seis meses antes disso, em julho, o aniversário de Dolores, sempre um grande acontecimento social, fora comemorado em escala nunca vista no Meia-Noite. Dizia-se que, naquela noite, metade do produto interno bruto (PIB) brasileiro estava ali para celebrá-la, ao som do piano de Jacques Klein — que compôs e tocou para a aniversariante a canção "Dolores". Talvez nenhuma estrangeira tivesse sido tão bem recebida pela sociedade brasileira.

De repente, sem avisar, Dolores dava as costas ao marido e à sociedade que a adorava. Nunca se explicou direito o porquê da separação, mas amigas de Dolores suspeitavam que havia outro homem em sua vida e que havia dois anos ela planejava esse desfecho. Para conseguir o divórcio e conservar seu filho, Dolores precisaria de um flagrante de adultério de Jorginho. A oportunidade surgiu logo depois do aniversário, quando Jorginho lhe comunicou que iria a Los Angeles por alguns dias. Dolores contratou detetives para segui-lo e instalou microfones ocultos em seu apartamento no Beverly Hills Hotel. Por via das dúvidas, mandou grampear também o apartamento de Ibrahim Sued, que acompanhava Jorginho naquela viagem. Isso era ser elegante? Nada se apurou contra Jorginho, mas o pessoal da escuta se divertiu ao captar o que acontecia na cama entre Ibrahim e a estrela Elaine Stewart. Mesmo sem o flagrante, Dolores exigiu a guarda do filho, e Jorginho, humano como poucos, fez-lhe a vontade. Com isso, Dolores podia botar fogo nas pontes que a ligavam ao Rio — nem sequer se despediu dos amigos.

Naquele fim de ano, enquanto Jorginho, por telefone, ainda tentava dissuadir Dolores de separar-se dele, outro Guinle — Carlinhos — travava uma batalha muito mais dura: pela própria vida. Seus problemas renais, que o perseguiam desde criança, tinham se agravado e ele resolvera se tratar em Roma. Irene fora com ele. Ao fim de um mês de internação, Carlinhos não resistiu. Morreu no dia 27 de dezembro, aos 36 anos.

Irene trouxe o corpo para o Rio e Carlinhos foi velado na igreja de Santa Terezinha, à saída do Túnel Novo, com a presença de cantores, músicos, compositores, iatistas, corredores de automóvel, grandes boêmios e outras categorias com quem dividira generosamente sua vida. Seu parceiro Dorival Caymmi ficou arrasado. Meses depois, preparando-se para deixar o Rio e voltar para a Europa, Irene devolveu o apartamento do Flamengo para seu sogro, Carlos, e vendeu o que ela e Carlinhos tinham em comum — o iate, carros, livros, quadros e uma coleção de discos de jazz que só ficava a dever à de Jorginho. Caymmi, para ter de volta um quadro com que presenteara Carlinhos anos antes, teve de comprá-lo — decepcionou-se porque Irene poderia tê-lo apenas devolvido a ele. Mas Irene não tinha tempo para esses detalhes. Com tudo liquidado, foi embora para Paris e, depois, para sempre, Roma.

Para Dolores Sherwood, ex-Guinle, sua presença na coluna de Cholly Knickerbocker poderia ser a gazua para seu ingresso triunfal na sociedade de Nova York. Mas Dolores não queria, nem precisava disso. Em Nova York ela teria sempre contra si o fato de ser uma suburbana de Astoria, Queens — finalmente se sabia ao certo sua origem —, que se

CAPAS RARAS

Para Nora Ney, Nelson Gonçalves, Dolores Duran e Maysa, uma capa na *Revista do Rádio* era a glória. Noventa por cento delas saíam com Cauby, Angela ou Emilinha

CANTORAS DE BOATE

Sylvinha Telles, Marisa, Alayde Costa e Dolores Duran (a partir da esq.) eram a modernidade do samba-canção em fins dos anos 50, em matéria de interpretação e repertório

AO SOM DO SOLOVOX

A partir da esq., Ed Lincoln, Miltinho, Waltel Branco, Araken e Djalma Ferreira. Foi a melhor formação dos Milionários do Ritmo, o conjunto com que Djalma consagrou sua boate Drink e lançou "Lamento", "Recado", "Devaneio"

VAMOS OUVIR MILTINHO?

Miltinho foi crooner de grupos vocais, grandes orquestras e conjuntos de boate antes de cantar por conta própria e se tornar um fenômeno de popularidade no começo dos anos 60

SAMBA NO DRINK

Djalma Ferreira criou o selo Drink para gravar os discos de seu conjunto. O desenho da capa reproduzia a porta de sua boate

PARA TODAS AS ESTAÇÕES

Antes de se tornar compositora, Dolores Duran foi uma das maiores cantoras dos anos 50 — em vários ritmos, línguas e estilos, e sempre destacando seu humor e alegria

BOATES INACESSÍVEIS

As leitoras da *Revista do Rádio* sonhavam com as boates, mas não tinham dinheiro para frequentá-las. Com isso, a revista satisfazia suas fantasias, mas fazia média criticando o dinheiro que se gastava para entrar em uma

PROVADO: POBRE NÃO PODE FAZER VIDA NOTURNA...

ÊSTES SÃO "OS DONOS DA NOITE"

PREÇO POR PESSOA:

BOATE FRED'S	Cr$ 1 000,00
NIGHT AND DAY	Cr$ 1 000,00
AU BON GOURMET	Cr$ 1 000,00
COPACABANA	Cr$ 1 000,00

OS PREÇOS DAS BOATES SÃO

AS BOATES VÃO FECHAR!

...OU TERÃO QUE SE MUDAR PARA BRASÍLIA..

SONHO DE TODO CROONER

Se as boates do Rio tivessem de se "mudar para Brasília" por causa da transferência da capital, pelo menos uma continuaria onde estava: o Meia-Noite. Afinal, ficava dentro do Copacabana Palace

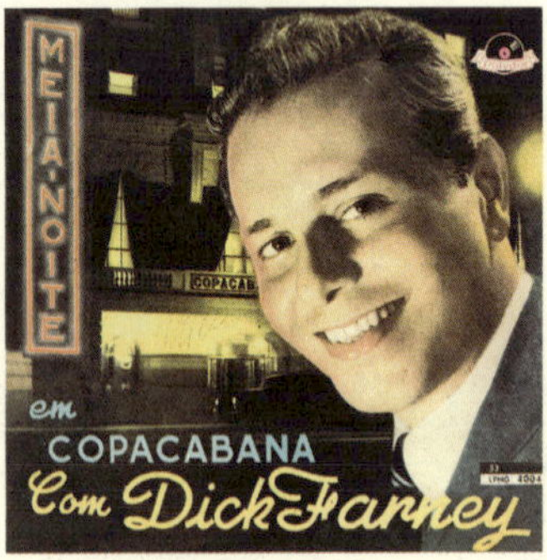

DAS SETE ÀS SETE

O samba-canção era a cultura da noite, e dois de seus cultores foram Dick Farney e Lucio Alves. Com Sacha ao piano, Murilinho cantava o "samba-canção" americano: as canções de Cole Porter

BONS AMIGOS

Angela Maria e Cauby Peixoto eram os campeões brasileiros de capas de revista. Muitas reportagens insistiam em que eles iam se casar. Na verdade, só eram mesmo bons amigos

CANÇÕES DA MANHÃ FELIZ

Tito Madi, Luiz Antonio, Tom Jobim, Carlinhos Guinle e Ismael Netto eram revelações do samba-canção como compositores. Um novo repertório se formava, de janelas abertas e vista para o mar

TODOS OS ESTILOS

Elizeth Cardoso e Doris Monteiro eram diferentes — Elizeth, exuberante; Doris, mais contida. E Miltinho era craque em quebrar a divisão das frases e brincar com o ritmo

NA MADRUGADA

Marisa, Helena de Lima, Maysa e Elizeth Cardoso eram completas cantoras da noite

RAINHAS DE DIREITO

Nunca ocorreria a Sylvinha Telles (abaixo) tentar ser "Rainha do Rádio", título que pertenceu a Linda Baptista por muitos anos e a Vera Lucia (na capa de *Radiolândia* com Luiz Bonfá) por um ano

Copacabana
A NOITE DO MEU BEM
FIM DE CASO
SOLIDÃO
NÃO ME CULPE
DOLORES DURAN
ESTRADA
DA SAUDADE
DOLORES
DURAN
Copacabana
ALTA FIDELIDADE
COLUMBIA
LPCB 35030
Lp
Zezé
Gonzaga
quando os PEIXOTOS
se encontram
UM NOVO ASTRO
Sideral
MILTINHO
com o
SEXTETO SIDERAL
RCA VICTOR
MÚSICA POPULAR
ouvindo
CAUBY
RCA VICTOR
DRINK
RIO
a noite
SYLVIO VIANNA
e seu conjunto
LONG-PLAY
SINTER
Meia
NOITE
CONJUNTO de BOITE
SINTER
Izaura Garcia
ODEON
A PERSONALÍSSIMA
luiz
bonfá
Continental
long-playing
ED
LINCOLN
BOITE
RCA VICTOR
samba a quatro mãos
JOÃO ROBERTO KELLY
E
LUIZ REIS

BOA NOITE, RIO

Em vez de cantar para milhões que ela não conhecia (pelo rádio), Helena de Lima preferia ver os rostos familiares e amigos nas boates de Copacabana. O público, em troca, iria aonde ela fosse

AMENDOIM TORRADINHO

Sylvinha Telles estreou com um LP, *Carícia*, com oito clássicos modernos do samba-canção. E logo se especializou num dos maiores compositores do gênero: Tom Jobim

VOZ SEM ÉPOCA

De todos os cantores da velha guarda, nenhum se adaptou melhor ao intimismo das boates que Silvio Caldas. Sua voz parecia feita para os pequenos espaços

A SENHORA DA CENA

Quando uma boate se sentia a perigo, já sabia: contratava Elizeth Cardoso. Seu domínio sobre a música, a letra e a plateia nunca foi igualado

REVELAÇÕES TARDIAS

Jamelão (à esq.) apareceu para tornar seus os sambas-canção de Lupicinio Rodrigues. E poucos cantaram Cartola tão bem quanto o próprio Cartola

RAPAZ DE BEM

Ao surgir, em 1952, Johnny Alf não foi uma rajada de ar fresco no samba-canção. Foi uma ventania. Seu jeito de compor e de cantar influenciou uma geração

NÃO DIGA NÃO

Os fãs de Tito Madi nunca se decidiram entre o compositor de "Cansei de ilusões" e o cantor de obras-primas alheias, como "Menina-moça", de Luiz Antonio. Na dúvida, ficaram com o compositor e o cantor

PONTE DE IDA E VOLTA

Todas as vertentes modernas confluíram para Tom Jobim (ao piano e na página ao lado), que, com Vinicius de Moraes, criou uma ponte de ida e volta entre o samba-canção e a Bossa Nova

DA
CONCEIÇÃO
VINICIUS DE MORAES
LEO JUSI
OSCAR NIEMEYER
ANTONIO CARLOS JOBIM
LILA DE MORAES
LINA DE LUCA
MUNICIPAL
SETEMBRO DE

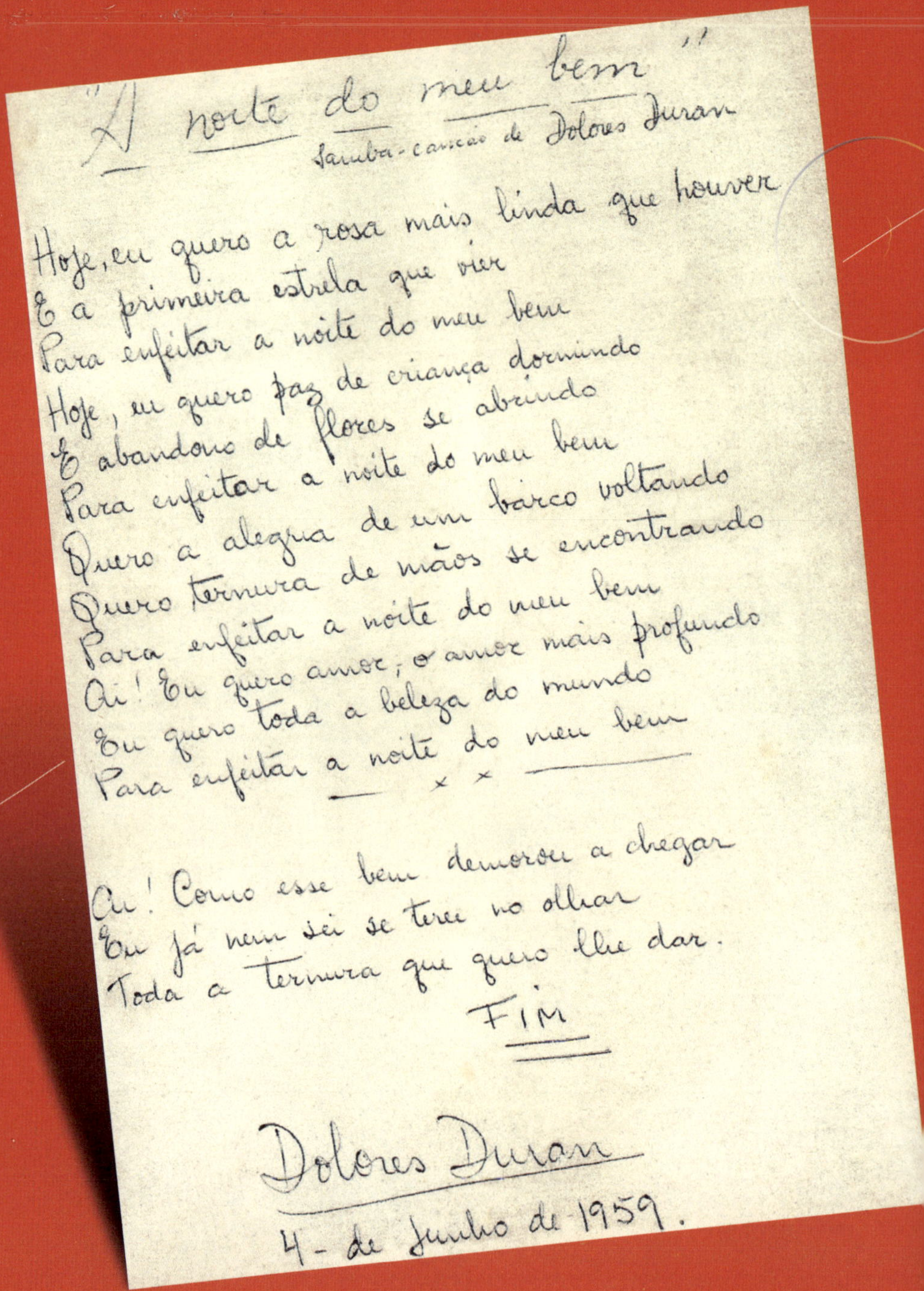

"A noite do meu bem"

Samba-canção de Dolores Duran

Hoje, eu quero a rosa mais linda que houver
E a primeira estrela que vier
Para enfeitar a noite do meu bem
Hoje, eu quero paz de criança dormindo
E abandono de flores se abrindo
Para enfeitar a noite do meu bem
Quero a alegria de um barco voltando
Quero ternura de mãos se encontrando
Para enfeitar a noite do meu bem
Ai! Eu quero amor, o amor mais profundo
Eu quero toda a beleza do mundo
Para enfeitar a noite do meu bem

× ×

Ai! Como esse bem demorou a chegar
Eu já nem sei se terei no olhar
Toda a ternura que quero lhe dar.

FIM

Dolores Duran

4 - de Junho de 1959.

LETRA DE DOLORES

A letra original de "A noite do meu bem", passada a limpo por Dolores Duran, quatro meses antes de sua morte — um hino à vida, cheio de imagens luminosas e positivas casara com um latino-americano rico, mas baixinho, cabeçudo e cor de azeitona. Sua meta era Paris, para onde marchou nos primeiros meses de 1956, já de braço com um milionário americano, o industrial George Littman. O objetivo de Dolores era tornar-se a sra. Littman, o que aconteceu numa "cerimônia íntima" na exclusiva Avenue Foch. Mas não seria por muito tempo. Nos anos 60, ela se casaria com o príncipe Mario Russoli, de uma família italiana de mais de mil anos, e, nos anos 70, com o banqueiro suíço Peter Bosshard, diretor do Credit Suisse. Todos miliardários.

Com a partida de Irene e Dolores, chegava ao fim o domínio das Guinle sobre a sociedade carioca. Pena, porque, sob o governo que se preparava para entrar — o de Juscelino Kubitschek —, elas reinariam num clima de cinquenta anos de festa e euforia em cinco.

Na noite de 31 de janeiro de 1956, dois velhos conhecidos distinguiam-se entre os convidados especiais na recepção dada pelo presidente Juscelino Kubitschek, no Palácio do Itamaraty, em homenagem aos governantes e embaixadores que tinham vindo para a sua posse: o veterano Fery Wünsch, maître dos maîtres do Copacabana Palace, e Luiz, ex-Vogue, agora Sacha's. Estavam ambos de casaca, solenes e eretos, sendo servidos de champanhe por garçons que podiam ter sido recrutados nas suas próprias boates para completar os quadros do Itamaraty. Haviam sido convidados espontaneamente pelo cerimonial. Nunca o poder oficial passara um recibo tão nítido ao poder paralelo que eles representavam em seus domínios.

No único ambiente — o diplomático — onde as aparências não podem enganar, a naturalidade dentro da roupa é um fator importante. Ali se constatou que JK era o único presidente brasileiro que ficava bem de casaca — os rotundos Dutra, Getulio e Café Filho tinham sido lamentáveis nesse item. Juscelino era naturalmente elegante, educado, discreto de gestos, mas seguro de si, sorridente, passava confiança. A única nota de desaprovação à sua aparência veio de Ibrahim, e referia-se ao comprimento das calças presidenciais — segundo ele, alguns centímetros mais curtas do que mandava o regulamento. Muitos se surpreenderam com a facilidade com que JK se dirigiu em francês à maioria dos convidados estrangeiros.

Pelas semanas seguintes, detalhes a respeito de sua intimidade começaram a vazar do palácio, deixando satisfeitos os que não o conheciam direito. Ele era um presidente diferente. Aos 54 anos, já com os primeiros fios grisalhos despontando, tingia o cabelo no barbeiro do Palácio Laranjeiras — um presidente vaidoso era bom sinal. Usava sapatos sem cadarço, o que lhe permitia tirá-los por baixo da mesa e coçar um pé com o outro sem ninguém perceber. Era também um *charmeur* — dançava bem e tinha consciência do seu poder de seduzir (em compensação, a primeira-dama, dona Sarah, parecia uma mulher seca, esnobe e hostil).

Mais informações. JK gostava de viajar, vivia dentro de aviões, não tinha o menor medo de voar. Desde o primeiro dia, decidira que o Catete seria apenas o local de trabalho, não de moradia — a morte de Getulio fizera do palácio "um sarcófago". Dormiria no Laranjeiras e, mesmo assim, não estava com pressa de se mudar de seu apartamento na esquina da rua Sá Ferreira com a avenida Nossa Senhora de Copacabana, onde criara as filhas Márcia e Maristela. E, quebrando uma tradição já longa no Catete, seu alfaiate não seria De Cicco, mas o concorrente Otelo — uma identificação a menos com Getulio. Mas nada superava a informação de que, para ganhar tempo, Juscelino às vezes despachava com seus auxiliares na banheira, tomando banho — imagine se Dutra, Getulio e Café fariam uma coisa dessas!

O baile no Itamaraty, no dia da posse, entrou pela madrugada de 1º de fevereiro e, no fim, a fila de cumprimentos e despedidas estendeu-se até quase de manhã. Juscelino foi para casa, em Copacabana, e, às sete em ponto, já estava a postos no Catete para sua primeira reunião com o ministério. Era um aviso. Seu governo tinha um Plano de Metas a executar — as reuniões seriam diárias e àquela hora da matina.

No começo, o movimento das boates se ressentiu. Não pelos ministros, que, em sua maioria, eram homens que dormiam cedo, e sim pelo pessoal de segundo e terceiro escalões, que precisava chegar até antes das sete para assessorar seus chefes com informações. Mas eles não demoraram a aprender com os antigos auxiliares de Dutra, outro madrugador — passaram a ir diretamente do Sacha's, do Drink ou do Arpège para o palácio, tomando apenas o cuidado de não beber muito durante a noite e, antes de sair, fazer a barba onde estivessem. Oswaldo Penido, chefe da Casa Civil, era exemplar: todas as noites, comandava uma das mesas mais concorridas do Sacha's — e, uma ou duas horas depois, coordenava com firmeza a pauta dos ministros durante a reunião com Juscelino.

Sob Getulio, a noite carioca fora tomada pelos gaúchos. Agora, com JK, era a vez dos mineiros. Juscelino lhes confiou boa parte dos ministérios, estatais e institutos, o que significava entregar-lhes uma infinidade de cargos de confiança, entre secretários, assessores e técnicos. Os aviões não paravam de levantar voo na Pampulha. Traziam até escritores, categoria que Juscelino gostava de ter sempre ao seu lado. Vieram Cyro dos Anjos, Autran Dourado, Affonso Avila, Alphonsus de Guimaraens Filho, Geraldo Carneiro, Cristiano Martins, Nilo Aparecida Pinto, Marco Aurélio Mattos e outros, alguns ainda inéditos — Aristides, barman do Sacha's, classificou aquela época como a do "uísque com Caxambu". A própria prefeitura do Distrito Federal foi entregue por Juscelino a um mineiro, seu velho amigo Negrão de Lima, famoso pelo chapéu gelot, os jaquetões imaculados e a infalível presença entre os mais elegantes — e nem tanto por seu interesse por favelas, esgotos e buracos de rua, que era nenhum.

A intimidade quase inocente que Juscelino dava a seus subordinados podia provocar involuntários forrobodós. Um comentário de passagem com um auxiliar, como "Estou achando, Fulano, que o dólar vai subir...", chegava ao Sacha's naquela mesma noite e levava a uma corrida aos bancos na manhã seguinte, para a retirada de cruzeiros e a compra de dólares no câmbio negro. O mesmo quanto à substituição de um ministro, ao cálculo da inflação ou às novas restrições à importação de bens supérfluos, que fariam centenas de carros começarem a enferrujar no cais do porto — todos esses tópicos eram motivo de discussão entre os clientes do Sacha's muito antes de chegarem aos jornais. Assim como o Vogue fora Getulio — esperto, calculista e letal —, o Sacha's era indiscutivelmente Juscelino: ágil, sedutor, leviano.

Sob Juscelino, as recepções no Catete e no Laranjeiras ficaram bem servidas de música. O violonista Dilermando Reis, especialista em valsas e serestas como "Abismo de rosas" e "Tardes de Lindoia", e o pianista Bené Nunes, mais moderno e internacional, eram os animadores fixos dos saraus e jantares. Ao contrário do que se pensa, Dilermando e Bené podiam tocar o que quisessem, menos a toada "Peixe vivo" — porque Juscelino já era obrigado a escutá-la em toda cidade que visitava, atacada pela banda de música local assim que ele descia do avião. Dilermando era um homem modesto, mas o exuberante Bené aproveitou a verba de representação para ampliar seu já alentado guarda-roupa, acrescentando-lhe quatro ou cinco casacas (de cores diferentes), dez smokings e mais ternos do que uma filial das Casas José Silva.

Os eventos em palácio nunca começavam antes das nove da noite e não tinham hora para terminar. Juscelino esbanjava disposição e assunto para varar a madrugada falando, ouvindo ou dançando. Despachado o último convidado, ia para o berço e, com três ou quatro horas de sono, levantava-se bem-disposto e ia para o Catete. As pessoas se impressionavam com sua energia — o que poucos sabiam é que, todas as tardes, depois de almoçar no Laranjeiras, vestia o pijama e tirava uma soneca secreta de vinte minutos.

No passado, mesmo como governador de Minas Gerais, Juscelino fora algumas vezes ao Vogue e ao próprio Sacha's. Agora, na condição de presidente, isso estava fora de cogitação. O protocolo não lhe permitiria dançar, o que reduzia à metade seu apreço pelas boates. Já as festas em casas particulares lhe davam toda a liberdade, inclusive para cortejar as moças. Numa dessas, em 1958, no apartamento do deputado José Pedroso (PSD-MG), no edifício Golden Gate (o "edifício dos mineiros"), na avenida Atlântica, Juscelino conheceria a atraente mulher do anfitrião, Maria Lucia, 25 anos, vinte a menos do que o marido e 31 a menos do que ele. Juscelino a tirou para dançar — e pronto. Para ambos, começou ali uma história de amor que, de certa forma, nunca teria fim.

Foi um romance que sobreviveu ao ciúme que cada um tinha em relação ao cônjuge do outro; ao sigilo que precisavam manter e ao risco de serem descobertos; à complicada logística exigida para se encontrarem; à impossibilidade de fazerem coisas corriqueiras para dois amantes, como tomar um sorvete na rua, passear de mãos dadas ou dançar numa boate; e sobreviveu, principalmente, à única rival com que Lucia Pedroso era obrigada a dividir o coração de Juscelino: Brasília — para onde ele ia duas ou três vezes por semana, a bordo de seu Viscount presidencial, a fim de fiscalizar as obras.

Não adiantaria a Lucia separar-se de José Pedroso, porque Juscelino nunca poderia se separar de dona Sarah. Em fins dos anos 50, um presidente da República não se separava da própria mulher, e muito menos para se casar com outra que ele acabara de tomar do marido. Se fizesse isto, Juscelino podia considerar encerrada sua carreira política. *Maquis*, um tabloide moralista, de inspiração udenista, feito pelo pessoal da *Tribuna da Imprensa*, trataria do caso com os detalhes mais sórdidos. Como consolo, talvez só restassem a Juscelino os votos da urna do Sacha's.

Se a composição de uma chapa política ideal exigisse um vice-presidente que fosse o exato oposto do titular, ninguém mais perfeito para vice de Juscelino do que João Goulart. No Rio desde 1951, Jango nunca resolvera seu dilacerante enigma pessoal: a luta entre o playboy que ele queria ser contra o caubói que ele efetivamente era. O lado playboy se manifestava na sua fixação obsessiva pelas mulheres; o caubói, na sua desconcertante timidez em relação a elas.

Os amigos o definiam como um homem de formação rural, fronteiriça, estancieira. Seu ambiente natural eram as noites no campo, ao redor do fogo, entre marmanjos de bombacha, cada qual com uma faca para cortar a carne, e os puteiros das cidades próximas, onde era só chegar, avaliar o gado e escolher. Já numa ocasião mais formal, em algum salão do Rio, se se visse sozinho ao lado de senhoras que não conhecia, Jango olhava para o teto ou para o chão e não lhes dirigia a palavra. Era ameno, rico e poderoso, mas inseguro, rústico, desconfiado — achava que só podia conquistar uma mulher pelo dinheiro ou pela força de seu cargo. Para isso, usava intermediários, alguém que ia dizer à beldade que ele estava interessado nela e o que poderia oferecer-lhe — sempre uma compra de favores.

Jango ia a boates como o extinto Vogue ou o Sacha's porque eram os lugares para as pessoas na sua posição, mas detestava os grã-finos a quem era apresentado. As supremas sacerdotisas desses lugares — Tereza Souza Campos, Lourdes Catão, Josefina Jordan — o apavoravam. Preferia os bares, cabarés e bordéis baratos, onde podia esticar a perna, tomar um uísque, ir lá dentro com uma profissional e voltar para conversar com os amigos — homens primários que, segundo Samuel Wainer, nem ele, Jango, respeitava. E andava sempre armado. Levava o revólver, não no cós da calça, como era mais comum, mas num coldre ao quadril, como um pistoleiro do faroeste — às vezes um movimento do braço levantava seu paletó e expunha o trabuco.

Pouco antes das eleições, Jango se casara em São Borja com a belíssima Maria Thereza Fontella, sobrinha emprestada de Espártaco Vargas, irmão de Getulio. Ele, com 35 anos; ela, com inacreditáveis quinze — talvez a única maneira de Jango exercer a supremacia sobre uma mulher. Mas deixara-a em São Borja, não a trouxera imediatamente para o Rio. Por isso, Jango continuara sua carreira nas boates dominadas por Carlos Machado, que, agora, além do Sacha's, incluía também o Night and Day, na Cinelândia.

De volta aos domínios da família Serrador, Machado formou no Night and Day, em 1955, o mais espetacular time de vedetes já reunido na noite carioca. À frente do elenco, a violônica La Veronica, com suas pernas "longas como um suspiro" (copyright Stanislaw Ponte Preta) — Carmen Veronica — e um escrete de novas atrações, como a uruguaia Irma Alvarez, as argentinas Edith Morel e Marina Marcel, e a grande revelação: Norma Bengell. Poucos anos antes, ela era a menina que morava com os pais em cima da boate Acapulco, na praça do Lido, onde todos a conheciam pela beleza e pelo desembaraço — Antonio Maria já a chamava de "Norminha, meu Bengell". Depois, aos dezessete anos em 1953, alguém a descobrira ao desfilar para a Casa Canadá. Passados dois anos, Norma acabara de ser eleita a "girl do ano", por sua participação nos musicais *Fantasia & fantasias*, no Golden Room; *Esse Rio moleque*, no Casablanca; e *Banzo-auê*, no Night and Day. Sua presença no palco, dançando, cantando e mostrando as pernas, era o misto de malícia e inocência que, por causa de Marilyn Monroe, todas as mulheres agora buscavam — e Norma tinha de sobra.

Mas, para Jango, a grande sensação do Night and Day sob Carlos Machado chamava-se Angelita Martinez. Começara como crooner no Meia-Noite, em 1950, aos dezenove anos, cantando, de vestido longo e à meia-luz, revezando com Doris Monteiro; depois, arriscara-se no teatro. Mas o que Angelita precisava, como Machado parece ter sido o primeiro a descobrir, era justamente de mais luz e menos roupa, para valorizar sua plástica: 1,63 metro de altura (um palmo a menos que Bengell e Verônica — e daí?), 86 centímetros de busto, 58 de cintura, 94 de quadris, 54 de coxa (as mais grossas do Rio) e 58 quilos — para entender o que isso significava, ponha-se no papel de um homem de 1955. Jango despachou um intermediário, talvez Eugenio Caillard, ao camarim de Angelita, e ela respondeu que, claro, teria muito prazer em conhecer o vice-presidente da República.

Angelita era filha de Barthô, ex-zagueiro do extinto São Paulo da Floresta, campeão paulista de 1931. Daí, talvez, sua queda por jogadores de futebol, principalmente se eles fossem altos, fortes e tivessem o número 3 às costas. Começou pelo zagueiro Pavão, do Flamengo, e continuou pelo também zagueiro Bellini, do Vasco. Foi quando Jango entrou na história. Por causa dele, Angelita interrompeu sua carreira esportiva, e isso pode ter-lhe rendido, de saída, o apartamento na rua Rodolfo Dantas, que ganhou de papel passado. Angelita era uma mulher carinhosa. Quando Jango a visitava, ela o recebia com um banquinho para que, ao se sentar, ele esticasse a perna.

Alguns meses depois da posse, Jango trouxe Maria Thereza para o Rio e foram morar no edifício de luxo que o industrial Spitzman Jordan finalmente concluíra. Ele começara a construí-lo em 1952, sobre uma pedreira ao lado do Copacabana Palace. A pedreira tinha de ser destruída e, para que as explosões não perturbassem os hóspedes do hotel, Spitzman Jordan mandara demoli-la à mão. O edifício, chamado Chopin, era formado por três blocos: o Prelúdio, o Balada e o Barcarola — o que fez com que o jornalista Franklin de Oliveira, então popularíssimo em *O Cruzeiro*, o chamasse de "música em concreto". Os apartamentos menores, como o de Jango, tinham 350 metros quadrados, com vista para o Leme, e a cobertura — quase um quarteirão de frente para o mar — era algo das mil e uma noites. Mas o importante é que todos os apartamentos davam para a piscina do vizinho, o qual acontecia de ser o Copa. Para Jango, que comprara seu apartamento ainda na planta, quando ministro de Getulio, bastava tomar um elevador e atravessar a pérgula para estar no Golden Room ou no Meia-Noite.

Onde Fery Wünsch, o maître, dera instruções estritas aos garçons das duas boates: o primeiro a ver Jango entrar já deveria correr com o banquinho de esticar a perna e colocá-lo debaixo da mesa a que ele se sentasse.

15

DE CORPO E ALMA

De repente, a noite ficou mais jovem. O Sacha's marcou a chegada de uma nova geração que não tinha idade para frequentar o Vogue e, quando a atingiu, já não havia mais Vogue para ir. Mas, para ela, não fez diferença — o Vogue era "adulto" demais, com habitués tão envelhecidos em carvalho quanto os uísques que tomavam. Era como se, nos curtos oito anos de existência do Vogue, várias idades geológicas estivessem se passando, fortunas mudando de mãos, o diretório social sendo reescrito — sem que nada abalasse a rainha das boates. Para afetá-la, e de uma vez por todas, só o fogo.

O Sacha's trouxe certo relaxamento dos costumes, mais compatível com os novos tempos e com a leveza dos móveis, agora de pés palito. As moças começaram a frequentá-lo em turma, com um rapaz que se "responsabilizava" por elas — geralmente o irmão de alguma ou o mais "sério" entre seus amigos (pelo menos, era a ele que as mães entregavam as filhas). Havia grande comunicação entre as mesas. Todo mundo se conhecia, e era frequente que, poucas horas antes, já tivessem se encontrado num jantar dançante na Hípica, no Country ou no Lagoinha, um clube de Santa Teresa.

A virgindade ainda era a regra, mas a libido fervia e, para as moças, havia uma etiqueta da dança. Se seu par fosse o namorado ou um amigo mais chegado, uma ereção por parte do rapaz era até esperada — se não, bastava à moça empinar ligeiramente a bunda, o que a fazia afastar-se um pouco. Mas, se um desconhecido a tirasse para dançar e, no primeiro instante, já apresentasse as armas, interrompia-se imediatamente a dança, com a desculpa de "Estou cansada, quero voltar para a mesa". Não se podia ficar "falada". Algumas mães obrigavam as filhas a usar armações de barbatana ou uma cascata de anáguas sob a saia, formando um anteparo contra os membros mais viris.

Brigas entre os rapazes eram frequentes, e o motivo, invariável: alguém olhou para a namorada de alguém, que não gostou. Quando os empurrões começavam, o maître e o leão de chácara eram chamados a intervir e separar os litigantes. Às vezes, não conseguiam — alguns dos brigões remavam no Flamengo ou faziam jiu-jítsu na academia de Helio Gracie, na avenida Rio Branco, e eram muito fortes; outros traziam um soco-inglês no bolso do paletó, e o quebra-quebra, nem que fosse de dentes, era inevitável. Muitos desses valentes eram rapazes finos, que davam o braço à avó, abriam a porta para as meninas e se levantavam quando uma senhora chegava ou se retirava da mesa. Os reincidentes, para não ser banidos das boates, subornavam o maître ou o leão.

A juvenilização do society era um fato. Em 1956, Jacinto de Thormes deixou o *Diário Carioca* e foi substituído por Jean Pouchard, de 21 anos, filho do editor e livreiro Zelio Valverde, especialista em poetas românticos, filólogos e dramaturgos. Pouchard era voluntarioso, gabava-se de namorar as misses e tornou-se o jornalista mais detestado no Sacha's — por não respeitar certos códigos do ramo, como o de que nem tudo é para ser contado. O Sacha's marcou também o começo do fim do uísque como a bebida obrigatória da noite. Os rapazes continuaram fiéis a ele, mas as moças já pediam gim-tônica, *screw drive* (vodca com laranjada) ou cuba-libre (rum com Coca-Cola, a princípio com Ron Merino; só mais tarde chegou o rum Montilla). Não se tomava cerveja — as boates nem a compravam. O problema era que, quando as pessoas bebiam e dançavam, esses drinques entravam em ebulição, subiam rapidamente à cabeça e vinha a vontade de vomitar. A garota Marilene Dabus, por exemplo, vomitou no sapato do cantor Monsueto no Jirau.

Algumas moças eram levadas aos eventos diurnos promovidos nas boates por suas mães, as senhoras do society, a fim de arrecadar fundos para instituições filantrópicas como a Pro Matre, a Casa do Pequeno Jornaleiro, o Patronato da Gávea, a ABBR e um centro de formação de artesãos, chamado O Sol. Até o incêndio, a maioria desses eventos, como rifas e tômbolas, quase sempre com a participação de dom Helder Câmara, se dava no Vogue. Com o fim do Vogue, eles se passaram para o

Sacha's. Eram atividades que aplacavam as consciências e lustravam a imagem da sociedade, mas, efetivamente, alguma filantropia era feita.

Mariozinho de Oliveira, ex-líder dos Cafajestes, dava-se bem com as novas gerações. Pegava as meninas Ira Etz, Tarucha Magalhães e Ana Saraiva, que conhecia desde que elas usavam camisa de pagão (era amigo de seus pais), e as levava a passear pela cidade em seu conversível. A exigência era a de que, quando vissem um guarda na esquina, ficassem de pé no carro e dessem bananas para ele. À noite, escoltava-as a lugares como o bar do Plaza, para ouvir Johnny Alf ou Luizinho Eça, os pianistas mais quentes da cidade. Por estarem com Mariozinho, o maître Pedrinho as deixava entrar, embora não tivessem mais do que quinze anos. Pedrinho, belga de nascimento — chamava-se Pierre van Capelli —, não era um maître qualquer. Falava francês, inglês, alemão, holandês e português, e sabia quando podia abrir uma exceção. Já Walther, o porteiro alemão do Sacha's, era de um rigor prussiano quanto a menores. Por ele não passava nenhum. Mas os garotos Horacinho (filho de Horacio e Lily) de Carvalho e Julinho Rego eram amigos do cantor Murilinho de Almeida, que lhes abria a porta dos fundos e os botava para dentro do mesmo jeito. Os dois bebiam metade do estoque da boate e saíam sem pagar — Horacinho assinava a nota em nome de seu pai, cliente de todas as noites.

Na esteira do Sacha's, muitas casas abriram no Rio. Um mezanino na rua Rodolfo Dantas, em frente ao Club 36, foi alugado pela poeta e radialista Silvia Autuori, que hesitava em instalar ali uma boate convencional, movida a Old Parr, ou uma loja de doces. Qualquer que fosse a decisão, o nome já estava escolhido: Jirau. Silvia pensou melhor e resolveu fundir as duas propostas: uma boate em que, se quisesse, o cliente teria também cocadas e ambrosias para degustar. E, acredite ou não, deu certo. A programação musical, dirigida por seu marido, o violinista e maestro Leônidas Autuori, detentor de todos os prêmios de música que disputou na Europa, era excepcional — e toda voltada para a música brasileira. Durante dois anos, até 1957, o Jirau teve Aracy de Almeida, Silvio Caldas, Helena de Lima, o violonista Nanai, o pianista Ribamar e um cantor e compositor que, recém-chegado de São Paulo, logo conquistaria o Rio: Tito Madi. Sozinho, ele era capaz de lotar, noite após noite, as vinte mesas do Jirau, atrair princesas e plebeus, e fazer com que os clientes se esquecessem da vida.

Um desses clientes esqueceu algo pior: a dentadura. Certa manhã, quando o pessoal da limpeza trabalhava no salão, uma dentadura (inferior) foi encontrada numa mesa. Por sorte, não a jogaram fora. O cronista da noite e assíduo do Jirau, Eusthorgio de Carvalho, mais conhecido como Mister Eco, ficou sabendo e deu a notícia em sua coluna no *Diário Carioca*. Uma semana depois, Eco recebeu carta de um leitor de Conselheiro Lafayete (MG) dizendo-se titular da dentadura — notara sua falta no dia seguinte, mas não se lembrava de onde a tinha deixado e voltara desfalcado para sua cidade. E dava o número de uma caixa postal em Conselheiro Lafayette, com frete pago pelo destinatário, caso lhe pudessem enviá-la. A dentadura lhe foi remetida, sem que se exigisse uma identificação mais precisa do objeto — apenas acreditaram na sua palavra.

Tempos depois, o próprio Mister Eco não teve a mesma sorte ao perder sua carteira de documentos no Ciro's, a boate que se instalara no espaço onde existira a Cantina do César. Ao dar por falta da carteira, Eco voltou ao Ciro's no dia seguinte e perguntou a um funcionário se a tinham encontrado. O homem respondeu que, de fato, haviam achado uma carteira, mas ele não poderia entregá-la ao primeiro que aparecesse sem lhe fazer algumas perguntas. Eco achou justo. "Nome?", perguntou o funcionário. "Eusthorgio", disse Eco, e, com isso, julgou liquidada a questão — quem mais poderia se chamar Eusthorgio? Mas o sujeito, olhando desconfiado para ele e para sua foto na identidade, insistiu: "Eusthorgio de quê?".

Crise de identidade foi algo que, obviamente, nunca atingiu os veteranos do Vogue. Assim que o barão Stuckart anunciou que não iria reconstruí-lo, suas estrelas foram imediatamente absorvidas pelas outras boates. O saxofonista Moacyr Silva não ficou um minuto desempregado — foi chamado para o Meia-Noite. O pianista Fats Elpidio e o cantor Louis Cole, assim como quase todo o staff — o maître Costa, o chef Gregor, o porteiro Adolfo —, foram para o recém-inaugurado Fiesta, na rua Rodolfo Dantas, a poucos metros do Jirau. Os cozinheiros e leões de chácara se espalharam pela noite. O único de colocação difícil era o próprio Stuckart. Ao perder o Vogue e se ver ameaçado de processos pela morte de cinco pessoas, sentiu-se atarantado e sem destino — nenhuma boate tinha cacife para contratá-lo como empregado, e suas economias não eram suficientes para que ele abrisse uma nova casa.

Mas, então, a solução caiu literalmente do céu. A Varig lançou sua linha Rio-Nova York, e Rubem Berta, proprietário da companhia — para concorrer com a poderosa Panair —, convidou Stuckart para sofisticar a cozinha e o serviço de bordo. Num voo de 24 horas de duração, com escala em Belém e Santo Domingo, na República Dominicana, nos Constellations que comportavam no máximo sessenta pessoas, o luxo e o conforto eram obrigatórios. E Stuckart exorbitou. Não chegou a instalar um piano de cauda a bordo, como gostaria (espaço havia), mas instaurou um serviço a que nem a Panair se atreveria: champanhe Dom Pérignon 1947 de boas-vindas, caviar Molossol e patê trufado de Estrasburgo de entrada, carnes e peixes em francês, e uma abundância de queijos, vinhos e licores — servidos não por esforçadas aeromoças, mas por seus antigos garçons do Vogue, mais afeiçoados aos talheres de prata, toalhas de linho e copos de cristal. Um desses garçons, José Fernandes, tornou-se seu novo chef, e a comida era preparada na cozinha do Hotel Plaza. Para executá-la, roubou um cozinheiro do Le Pavillion, de Paris.

A rota passou a atrair viajantes regulares, como os empresários Alberto Lee, Alberto Pittigliani, Dreyfus Catan e suas mulheres, que iam a Nova York apenas para assistir a shows e comprar discos — voltavam vergados de LPs de doze polegadas, que ainda não existiam por aqui, com as últimas novidades de cantoras como Chris Connor, Julie London ou Carmen McRae. O próprio Stuckart vivia no ar para supervisionar tudo — logo ele que, ao ter seu avião abatido na Primeira Guerra, jurara nunca mais voar.

Em 1957, sem abandonar a Varig, Stuckart comprou o Fiesta e o transformou no Au Bon Gourmet. Era mais um restaurante de luxo do que uma boate, mas a música que apresentava estava à altura da comida: Zé Maria ao piano, Neco na guitarra, Egídio ao contrabaixo, Dom Um à bateria e, ao microfone, Marisa, que Stuckart tirou do Meia-Noite e promoveu de crooner a atração.

Um restaurante diferente surgira pouco antes: Le Rond Point, na rua Fernando Mendes. Não tinha música ao vivo, mas um desinformado que ali entrasse por volta das seis da tarde ou seis da manhã pensaria que estava para começar o maior espetáculo da noite carioca — pela quantidade de músicos, cantores e jornalistas no recinto. Mas o motivo era outro. O Rond Point era onde os artistas iam fazer hora antes do trabalho e se aquecer com um primeiro uísque — ou o fim de noite para os que tinham completado seus turnos nas boates e só queriam se restaurar com uma sopa de cebola e um último drinque. Estava para o pessoal da música como o Fiorentina para o do teatro, e assim se manteria por muitos anos. E, como o nome Rond Point indica, tudo nele era meio redondo — os sofás, as mesas, as banquetas e, principalmente, seu cliente mais fiel: Antonio Maria.

Outra instituição das madrugadas de Copacabana era o grito "Joga a chave, meu amor!", ouvido dezenas de vezes em algumas ruas — como a Carvalho de Mendonça, uma travessa da rua Duvivier e paralela ao Beco das Garrafas. Era também quase um beco, com alta incidência de quitinetes e pequenas boates. Em 1956, em sua coluna na *Manchete*, Stanislaw Ponte Preta batizou a rua Carvalho de Mendonça de Beco do Joga a Chave, Meu Amor — na intimidade, o Joga a Chave —, e o nome ficou para sempre. Naquele ano, o Joga a Chave tinha o Club 36 (na esquina com a rua Rodolfo Dantas), o Manhattan, o Le Carrousel e o Dominó. As três últimas eram boates modestas, que podiam ter Newton Mendonça como pianista mas onde se servia pipoca de tira-gosto, temperava-se a comida com Aji-No-Moto e faziam-se daiquiris com rum Dubar. Já o Club 36, mesmo com a morte de seu principal investidor, Carlinhos Guinle, continuava apresentando grandes nomes, como Caymmi, Elizeth e Silvio Caldas, e sendo um ponto de canjas — Tom Jobim, Vadico e Moacyr Peixoto eram apenas alguns dos pianistas que gostavam de ir lá para tocar de graça. O estilo cave da boate os fazia pensar que estavam em Paris.

Assim como a ONU, a Otan, a Cruz Vermelha, as Olimpíadas e a Fifa, a noite carioca também tinha como língua oficial o francês. De 1946 até pelo menos 1957, seus bares, boates e restaurantes se chamavam Vogue, Monte Carlo, Chez Aimée, Chez Penny, Pigalle, Rose Marie, Flair, Étoile, Petit Club, Chez Ruffin, L'Escale, Béguin, Chez Colbert, Club de Paris, Baccara, Ma Griffe, Arpège, La Ronde, Le Carrousel, Michel, Maxim's, La Crémaillère, Le Rond Point, Au Bon Gourmet e o mais novo de todos, o La Bohème, no comecinho da avenida Nossa Senhora de Copacabana. Seus proprietários eram espanhóis, italianos e portugueses (raramente brasileiros), mas todos com a alma em Pigalle ou Montmartre. Na verdade, o *parlevu* era ouvido pela cidade inteira. O carioca mais velho chamava restaurante de restaurant — muito à propos, já que neles era atendido pelos garçons, maîtres e sommeliers, e comia canards, lapins e escargots. Era uma tradição que vinha do teatro e do século XIX, onde a sala de espera era o foyer; o diretor, o metteur en scène; o mestre de cerimônias, o compère; e palavras como première, matinée e soirée já haviam se incorporado à língua. As boates em inglês — Embassy, Scotch Bar, Drink, Little Club, Manhattan — eram raras, e as escrachadamente brasileiras, inexistentes.

Mas, a partir da música e da cozinha, um certo nativismo começou a aparecer. Em 1954, o cantor pernambucano Manezinho Araújo, autor da embolada "Cuma é o nome dele?" e lançador do samba "Dezessete e setecentos", de Luiz Gonzaga e Miguel Lima, cansado de viajar de ônibus e tocar em auditórios, cogitou pendurar a sanfona. Para mudar de ramo, abriu o Cabeça Chata, um restaurante-boate nordestino, na praça Demetrio Ribeiro, à saída do túnel do Leme. Foi a primeira casa regional no Rio a ser considerada chique. Os vatapás, efós, buchadas, moquecas, sarapatéis e pratos à base de coco, o farto sortimento de farinhas e os doces de jambo, cupuaçu e seriguela eram uma revelação para os turistas e até para o carioca. Os antúrios e samambaias na decoração combinavam com os móveis de ferro. A música incluía vários ritmos do Nordeste e também sambas-canção, estes cantados pelo próprio Manezinho — mas só de madrugada e sem microfone, quando a turba se retirava e a clientela se reduzia aos mais chegados, como Antonio Maria, Fernando Lobo, Theophilo de Vasconcellos. Nessas horas, ele lhes servia, a pedidos, banana frita com goiabada. Naturalmente que, para os amigos, não se aplicava a frase definitiva de Manezinho: "No Brasil, existe o uísque nacional, o uísque estrangeiro e o uísque de boate".

Esse nativismo começou a se espalhar por outros endereços. O italiano Mario Pautasso, também sócio do Little Club, abriu em 1956 o Cangaceiro, na rua Fernando Mendes, perto do Rond Point. O nome tinha a ver com o artista que ele convidara a inaugurar sua boate — Luiz Gonzaga. Mario fantasiou os porteiros como cangaceiros, instalou dois grandes vasos de cacto na calçada, para adornar a porta, e cobriu as paredes com painéis de Aldemir Martins. O milho foi acrescentado ao picadinho. As atrações musicais seguintes — Tito Madi e Ribamar, Dolores Duran, a novata e sensacional Maysa e a cantora que se tornaria sinônimo da casa, Helena de Lima — não tinham nada a ver com esse cenário. Mas o nome permaneceu, e o Cangaceiro se revelaria uma das boates mais longevas da noite no Rio.

Manezinho Araújo trocou de vez a sanfona pela culinária. Mas, antes dele, em 1947, o violinista Fafá Lemos, outro virtuose em seu instrumento, tomara uma atitude ainda mais radical. Pedira demissão da OSB (Orquestra Sinfônica Brasileira), de que era contratado, e fora tocar música profana em antros enfumaçados e com mulheres seminuas, como o Monte Carlo, o Casablanca e o Stud do Theo — e nunca se arrependeu. Trocou Vivaldi por Noel Rosa, aperfeiçoou-se na ciência e arte de assobiar e começou a usar sua voz pequena, mas afinada, para cantar. Quem gostava dessa combinação e ia ouvi-lo sempre que possível era o principiante Tom Jobim. Em 1952, Fafá foi um dos integrantes do Trio Surdina — Garoto, ao violão, Chiquinho do Acordeom e ele —, criado por Paulo Tapajós para o programa *Música em Surdina*, na Rádio Nacional. O ex-cantor Nilo Sergio contratou-os para fazer um disco em sua gravadora Musidisc. O LP, *Trio Surdina*, resultou excepcional, e um de seus pontos altos, destacado pelos críticos, era a participação de Fafá ao violino, canto e assobio em "Duas contas", de Garoto. Em 1954, ele realizou um sonho: abriu sua própria boate, o Fafá's, na rua Rodolfo Dantas, ao lado do Jirau, e tinha tudo para dar certo.

Ou não. Fafá, tão lírico e delicado em seu instrumento, era acusado de ter um gênio de amargar. Com ou sem motivo, as brigas estalavam à sua frente, e ele não recusava serviço. Mas pagava caro por isso: os murros que desferia nos desafetos o obrigavam a ficar dias com as mãos de molho, sem poder tocar. Em 1955, passou adiante o ponto — que seu novo ocupante rebatizou como La Ronde — e aceitou o convite de Carmen Miranda para ir trabalhar com ela nos Estados Unidos. E foi, mas Carmen morreu poucos meses depois. Fafá ficou por algum tempo num vaivém Rio-Los Angeles, indeciso sobre onde se radicar. E continuou a sonhar com sua boate.

Em 1956, Juscelino tomou posse na Presidência, e foi como se as boates do Rio fizessem parte do seu Plano de Metas. Elas não paravam de abrir. Em 1957, o empresário Frederico C. Mello arrendou um terreno baldio na esquina das avenidas Atlântica e Princesa Isabel, de propriedade da viúva Martinelli, e instalou nele mais um posto de gasolina — era dono de vários pela cidade, de bandeira Esso. Atrás do posto, levantou um predinho de dois andares, para oficina e escritório. Mas, picado por alguma mosca, resolveu transformar o segundo andar do prédio numa boate, a que chamou de Fred's.

De alguma maneira, Mello conseguiu enfiar tudo naquele segundo andar: palco, grill, camarins, cozinha e sala de som. O que não sobrou muito foi espaço para o público — 150 lugares —, pequeno para sustentar o nível das atrações internacionais que ele começou a trazer: Sarah Vaughan, Billy Eckstine, Johnny Ray, os Lecuona Cuban Boys, Brenda Lee, Roy Hamilton. A casa vivia cheia, mas os custos eram absurdos e em dólar, o que obrigou Mello a descobrir os artistas nacionais e intercalá-los com os americanos: Maysa, Ary Barroso, Ernani Filho, Blecaute, Carminha Mascarenhas e até Ilka Soares, que fez uma simpática dupla com Bill Farr, cantando sambas-canção de Luiz Antonio e Tito Madi. Stanislaw Ponte Preta dizia que o Fred's era a única boate do mundo onde se podia encher o tanque embaixo e a cara em cima.

Ary Barroso tornou-se uma espécie de atração fixa do Fred's. Ia para lá todas as noites, mesmo que os shows não tivessem a ver com ele. Billy Eckstine, na noite de sua estreia, e ao saber que Ary Barroso estava na plateia, disse ao microfone: "É uma honra cantar para o sr. Barroso. Ele não tem ideia de seu prestígio na América". E Ary não tinha mesmo. Meses depois, o show em que Ernani Filho interpretava suas canções, com bailarinos, grande orquestra e o próprio Ary ao piano, foi um dos maiores da história do Fred's. E, durante meses, a rotina se repetiu: o espetáculo acabava, os músicos e bailarinos se despediam, e Ary e Ernani também deixavam o palco. Mas, pouco depois, subiam de volta e começavam tudo de novo, só os dois — piano e voz —, com um repertório diferente a cada noite. Ernani conhecia mais a obra de Ary do que o próprio Ary.

Para o venenoso Jean Pouchard, Frederico C. Mello só inventara o Fred's para ingressar no café-society. O próprio nome do prato de maior destaque em seu menu era uma prova desse arrivismo: picadinho de frango à Príncipe da Noite — um reles franguinho ensopado com champignons, aspargos e farinha torrada. Mas Mello já vivia nas franjas do society. Tinha uma ilha perto de Jurujuba, para a qual, numa lancha da Marinha, levou uma trupe de estrelas de Hollywood que Jorginho Guinle havia trazido ao Rio para o Carnaval de 1957: Lana Turner, Yul Brynner, a chiquérrima Alexis Smith (e seu marido Craig Stevens, a um ano de se celebrizar como o Peter Gunn da série de TV), Ann Miller, Anita Ekberg (três anos antes de *A doce vida*) e o diretor Anatole Litvak. Bancou um banquete na ilha para essa turma, servido por um exército de garçons de luvas brancas, e certificou-se de que estavam tendo um dia magnífico. Tarde da noite, trouxe-os de volta para o Rio e eles nem lhe agradeceram. Mello continuou tentando subir na escala, mas não havia gasolina ou uísque que chegasse para financiar seu alpinismo social. Três anos depois, teve de vender o Fred's.

O comprador foi Renato Monteiro, que começara a vida como caminhoneiro e se tornara dono de um polo industrial em Resende (RJ), incluindo uma fábrica da Coca-Cola. Como Monteiro não conhecia ninguém, sentava-se perto da porta na companhia de alguém mais experiente, um deles o ex-Cafajeste Mario Saladini. Ao ver entrar um séquito que lhe parecesse importante, perguntava: "Quem são?". Se a resposta de Saladini fosse "É o deputado xis" ou "O governador ípsilon, do estado tal", Monteiro ficava de olho. Horas depois, quando o cidadão pedia a conta, ele ia à mesa e se declarava: "Excelência, sua conta é da casa. Foi uma honra tê-lo conosco". Com o que ganhava o cliente e quem sabe isso lhe rendesse dividendos no futuro.

Como, quem sabe, ingressar no café-society.

As boates cariocas impressionavam os de fora, não tanto pelo luxo ou pela decoração, mas pelas mulheres que eles viam entrar pelo braço de homens imponentes, sisudos e embigodados — a aura de perfume e sensualidade que elas desprendiam ao passar era inédita em suas cidades. O rico industrial baiano Jorge Cravo, herdeiro do Café Cravo e residente em Salvador, vinha com certa regularidade ao Rio, mas nunca deixava de se encantar com essa sensação. Amigo de Lucio Alves e do ainda quase desconhecido João Gilberto, eles o levavam ao Sacha's ou ao Drink, e Cravinho não sabia para que lado olhar— se para os músicos e cantoras que admirava, ou se para o desfile de decotes ao seu redor. Quando João Gilberto era seu cicerone, ele tinha de ficar atento — assim que começava a se empolgar com o ambiente, virava-se para comentar alguma coisa e descobria que o amigo fora embora e o deixara falando sozinho.

Nos jornais e revistas do Rio, de circulação nacional, lia-se tanto a respeito das boates de Copacabana que, em visita à cidade, conhecer pelo menos uma era tão indispensável quanto ir ao Pão de Açúcar ou ao Jardim Botânico. Mulheres solitárias e de certa idade, recém-chegadas, desejosas de visitar as boates e não podendo entrar desacompanhadas, "convidavam" rapazes que haviam conhecido na praia a sair com elas naquela noite. Não raro, o convite passava primeiro por uma prestação de serviços, por parte deles, no hotel onde elas se hospedavam. Nada se dava por acaso. Desde o meio-dia, os rapazes, típicos garotões de praia, se postavam na areia em frente a certos hotéis de Copacabana, distinguiam as mulheres que vinham para um banho de mar e jogavam uma conversa. Alguns eram profissionais dessa especialidade.

As boates faziam parte também da fantasia de milhares de cariocas casados cujas famílias conservavam o hábito — ainda comum nos anos 50 — de sair da cidade no verão, zarpando em massa para Petrópolis, Itaipava, Araruama, Cabo Frio ou Saquarema. Docemente constrangidos, esses maridos se deixavam ficar no Rio, porque tinham de trabalhar, e, extenuados, iam reunir-se a elas nos fins de semana. Eram os cigarras, que, mal suas mulheres se despediam com um beijo, já telefonavam para convidar uma gentil senhorita a uma boate. Em princípio, esse arranjo era um sonho.

Mas Antonio Maria pensava diferente. Em reportagem na *Manchete*, ele definiu o cigarra como "antes de tudo, um marido". E contou como a maior parte das aventuras dos maridos deixados à deriva no Rio acabava de forma melancólica. Exemplo: o homem, já maduro, chegava à boate com o broto. Pedia um uísque e piscava para o garçom: "Você não me viu aqui, O.K.?". Virava-se para a garota e perguntava: "Quer também um uísque, meu bem?". E ela: "Não, senhor".

Pronto. Estava arruinada a noite. A diferença de idade caía sobre o homem com o peso de um Buick, e a sensação de conquista se esboroava em duas palavras. O jeito era pegar o carro e subir para Petrópolis também.

Em janeiro de 1956, algumas boates de Copacabana foram sacudidas pela presença no Rio do Honved, o time-base da seleção húngara, vice-campeã mundial de futebol em 1954. Dias antes, os tanques soviéticos haviam esmagado a tentativa dos democratas da Hungria de se libertarem do jugo da URSS — havia milhares de pessoas presas e mortas em Budapeste. O Honved estava fora do país quando isso aconteceu, e resolveu não voltar. O Flamengo o convidou a vir ao Rio para disputar alguns amistosos e, depois de uma dura briga com a Fifa — que ameaçava desfiliar os países que o abrigassem —, o Honved desembarcou na cidade.

Durante as três semanas que passaram aqui, hospedados no Hotel Glória, os húngaros disputaram cinco partidas contra o Flamengo, o Botafogo (o único clube que não teve medo de apoiar o coirmão) e um combinado Flamengo-Botafogo. Venceu três e perdeu duas — os placares eram uma festa: 6 a 4 (duas vezes), 6 a 2, 4 a 2, 3 a 2 —, e o carioca se perguntava de quanto seriam os jogos se Puskas, Bozsik, Kócsis, Czibor e os outros cobras não passassem as noites nos inferninhos da avenida Prado Junior, confraternizando com as moças e com quem lhes pagasse uma Praianinha, e quase que saindo direto para o Maracanã.

As boates pagavam o preço de ser famosas. Muitos turistas aproveitavam o escurinho para levar cinzeiros e talheres, com o logotipo gravado, como suvenir. Alguns jornalistas dos veículos menores, geralmente de outros estados, se aproveitavam — um deles se debruçou para apanhar o guardanapo no chão e deixou cair do paletó a prataria que acabara de afanar. E havia clientes que eram o contrário disso. Um caso clássico era o de um português radicado no Rio, Horacio Barroso, que foi ao Golden Room *todas* as noites desde sua inauguração, em 1938. Chegava sozinho, pedia uma água mineral e assistia ao show. Dava um pulo ao Meia-Noite, tomava outra água mineral e escutava a cantora. Pagava o couvert e a consumação em ambos, despedia-se dos músicos e garçons com um até amanhã e ia embora. Na noite seguinte, a mesma coisa. Horacio vivia da renda de suas quintas perto de Lisboa. Em 1955, foi a Portugal visitar suas propriedades e nunca mais voltou, nem se soube dele — só pode ter morrido por lá.

Em São Paulo, o governador Jânio Quadros, empossado em janeiro de 1956, deu um involuntário impulso à noite carioca ao decretar toque de recolher nas boates paulistanas. Num de seus lances de histrionismo moralista, a que as pessoas ainda não estavam acostumadas, proibiu que elas continuassem funcionando depois das quatro da manhã. Como esse era o horário dos verdadeiros boêmios, boates como o Jequiti, Oásis, Meninão, Michel, Stardust, Chicote e Cave viram sua sobrevivência em perigo. Para se certificar de que toda música precisava silenciar, Jânio baixou ordem determinando que os "comandos" fiscalizassem cada boate ou inferninho. "Toda madrugada, às quatro horas, entram dois policiais fardados e um delegado, e mandam fechar", disse Meninão, apelido do empresário da noite Álvaro Luiz Assunção.

Meninão foi um dos principais atingidos. Sua boate era de grandes shows, e um deles, *Desafio do samba,* tinha no palco Aracy de Almeida, Lupicinio Rodrigues, Dorival Caymmi, Jorge Veiga e Carmelia Alves — todos ao mesmo tempo. Esses astros, mais Silvio Caldas, Cyro Monteiro, Elizeth Cardoso, Dolores Duran e outros artistas do Rio, estavam conquistando os palcos de São Paulo, para onde iam semanalmente de trem — que Aracy e Cyro chamavam de "o avião dos covardes". Com a estrambótica medida de Jânio Quadros, as boates não podiam mais bancá-los. Segundo Ibrahim Sued, que protestou contra a medida, até festas particulares estavam sendo invadidas. Por causa disso, paulistanos premiados, como os milionários Jean-Louis de Lacerda Soares, Dirceu Fontoura, Carlão Mesquita e seus amigos e mulheres passaram a ir em caravana para o Rio.

Naturalmente que, depois de estabelecer o pânico, Jânio revogou a medida, para que o considerassem magnânimo. A noite de São Paulo voltou ao normal, e o Oásis e o Meninão retomaram a disputa que divertia os bebuns da praça — decidir qual dos dois fabricava o melhor uísque escocês da América do Sul.

Ao ouvir Tito Madi cantar "Chove lá fora" — *"A noite está tão fria/ Chove lá fora/ E essa saudade enjoada/ Não vai embora// Queria compreender por que partiste/ Queria que soubesses que estou triste..."* —, e sabendo que ele era de São Paulo, a plateia do Jirau imaginava-o numa gelada e chuvosa noite paulistana, olhando pela janela de um trigésimo andar, à espera de uma mulher que não viria. Essa plateia ficaria surpresa se soubesse que a música ocorrera a Tito numa tarde de verão e sob sol escaldante, enquanto ele passeava de bote pelo lago de uma fazenda, perto de Pirajuí (SP), sua cidade natal.

Do Jirau, onde "Chove lá fora" foi ouvido pela primeira vez, em fins de 1956, e de sua gravação por Tito na Continental algumas semanas depois, a canção foi para a TV Tupi, onde ele tinha de apresentá-la toda semana. Julgando-se originalíssimo, o diretor do programa sempre punha Tito para cantar num cenário em que ele olhava para uma janela enquanto, fora da câmera, um contrarregra, do alto de uma escada, despejava um regador para simular chuva. E, bem na hora em que Tito cantava, "... *E a chuva continua/ Mais forte ainda/ Só Deus pode entender/ Como é infinda/ A dor de não saber/ Saber lá fora/ Onde estás, como estás/ Com quem estás agora*", a água do regador acabava e a chuva, "mais forte ainda", parava.

Aos primeiros acordes, "Chove lá fora" já despertava uma sinfonia de suspiros no Jirau, mesmo entre as moças que o tinham ouvido somente uma vez. O próprio Tito também despertaria sonoros suspiros se as moças que o viam não estivessem acompanhadas. Ele chegara ao Rio havia pouco mais de um ano, no segundo semestre de 1955, logo depois do incêndio do Vogue. Ao desembarcar na velha estação rodoviária, na praça Mauá, não conhecia ninguém na cidade e nem sequer trazia um violão. Tinha 26 anos e sua carreira em São Paulo, apesar de contratado por uma rádio e de já ter até gravado um disco, não saía do lugar. No

Rio, Tito arranjou emprego no Scotch Bar e, já ali, começou a formar uma pequena legião de seguidores.

O Scotch Bar era uma boate minúscula, mas de grande charme. As paredes eram cobertas com um papel xadrez, padrão escocês. Os cantores não usavam microfone, o que os aproximava da plateia e exigia que esta apurasse os ouvidos. Seu criador, o francês Pierre von Ryswick, morrera no incêndio do Vogue. Sua viúva, Gianetti, também francesa, o assumira e pode ter sido pioneira no Brasil de uma espécie de "happy hour". Das cinco da tarde às sete da noite, a casa permitia a entrada de menores. Não se vendiam bebidas alcoólicas, mas a plateia tinha direito a amostras dos shows noturnos, inclusive o de Tito Madi. Para as garotas, era um frisson ouvir Tito quase ao pé do ouvido, cantando "Não diga não" — *"Não diga não/ Não me deixe sozinho/ Sofro demais/ Longe do seu carinho// Não diga não/ Me faz sofrer/ Chegue-se a mim/ Assim, assim..."*. Alguns adultos também compareciam ao Jirau naquele horário, mas para levar a secretária ou encontrar alguém, não se metiam com as meninas. Às sete, os jovens se retiravam, quase que em coluna por um, e dali a pouco começavam a chegar os titulares.

Ribamar, pianista do Jirau, ouviu Tito no Scotch Bar. Gostou e o levou a Silvia e Leônidas Autuori, seus patrões. Helena de Lima estava de saída, Tito foi contratado para o seu lugar e a plateia não demorou a se dar conta da novidade que ele representava: era um grande cantor — e também um grande compositor. Em meados dos anos 50, essa não era uma dobradinha comum.

Como cantor, Tito era romântico, com a suavidade de Carlos Galhardo, mas moderno, ao estilo Dick Farney, e com um repertório de sambas-canção alheios ("Nem eu", "Duas contas", "Molambo"), lançados por outros cantores. Os músicos que o acompanhavam — Ribamar, ao piano, Carlos Castilho ao violão, Ed Lincoln ao contrabaixo e Papão à bateria — compunham talvez a melhor formação instrumental das boates do Rio.

Como compositor, antes até de "Chove lá fora", Tito já emocionara com "Não diga não", sua composição com o francês Georges Henri. Logo depois, faria o sublime "Cansei de ilusões" — *"Mentira, foi tudo mentira/ Você não me amou/ Mentira, foi tudo mentira/ Que você contou...*" —, "Olhe-me, diga-me", "Fracassos de amor" (com Milton Silva), "Quero-te assim", "Canção dos olhos tristes". Não era um compositor que cantava, como havia muitos — mas um cantor que compunha. Pela natureza do samba-canção, com seu caráter confessional e na primeira pessoa, o cantor-compositor transcendia o simples intérprete. Era como se ele estivesse se abrindo para o ouvinte, partilhando suas intimidades. E era fácil acreditar no que Tito cantava porque, em pessoa, mesmo sob a luz do palco, ele se parecia com o personagem de suas letras — um homem que carregava toda a tristeza do mundo.

Mas só se parecia. Com pouco tempo de Rio, Tito tornou-se a quintessência do cantor da noite. Morava na rua Domingos Ferreira, em cima da boate Tudo Azul, atrás do cinema Rian. Ia a pé e com calma para o Jirau — nove ou dez quarteirões em meio à efervescência cosmopolita de Copacabana —, já de terno, vestido para o trabalho, e chegava por volta das nove e meia. Não havia camarim. Enquanto não era a sua hora, ficava por ali mesmo, numa mesa ao fundo, com os músicos, ou no balcão, conversando com algum cliente. Por volta da meia-noite, acendia-se um spot. Ele saía da sombra e começava: "*Mentira, foi tudo mentira...*". Era sua primeira entrada. À uma e meia haveria outra e, depois, mais uma — ou sempre que chegasse uma mesa nova e numerosa.

O jogo de sedução estabelecido pelo cantor, por intermédio da canção ou da maneira de cantar, sublinhando um verso ou palavra, tinha o seu correspondente na plateia. Ele sabia quando estava agradando, e a quem — percebia quando esta ou aquela moça o alvejava com os olhos. Mas era preciso ser discreto e paciente. Alguns cantores mais açodados retribuíam de maneira ostensiva os olhares de clientes acompanhadas de seus namorados — e estes tinham todos os motivos para querer quebrar a cara do cantor, como seu colega, o jovem Pery Ribeiro, descobriria alguns anos depois. Para Tito, bastava esperar. Na noite seguinte, a moça voltava, mas ao lado de um amigo, e, uma vez lá dentro, ficava livre — era só saírem juntos. Estabelecida uma relação, tudo se tornava mais fácil. Se ela voltasse à boate com o namorado, este a acompanharia na saída e a deixaria na porta de seu prédio. Ela entraria, ele iria embora e ela sairia de novo, para se encontrar com Tito numa esquina previamente combinada. Supõe-se que morasse em Copacabana — mas quem não morava em Copacabana?

Nem todas as moças que o cantor levava para seu apartamento chegavam às últimas consequências. Podiam ser sedutoras e irresistíveis, mas a meta da maioria continuava a ser o casamento. E, à falta de um sólido funcionário do Banco do Brasil ou de um cadete da Academia Militar das Agulhas Negras como noivo, um cantor de boate podia ser uma alternativa fascinante. Para as que iam até o fim — *all the way* —, gravidez, nem pensar. A camisinha era obrigatória, e só umas poucas, mais informadas, já usavam o diafragma. Em caso de acidente, rumava-se para certas clínicas clandestinas na rua Álvaro Alvim, na Cinelândia, ou na rua São Clemente, em Botafogo, ao lado da Sears.

Exceto pelos contratos de longa duração, como os do Copacabana Palace, cantores e boates viviam em permanente rodízio. As boates menores não pagavam salários ou cachês, não havia carteira assinada e ninguém descontava para o imposto de renda. O cantor cantava pelo couvert, e o dono da boate prestava-lhe contas diária ou semanalmente — sempre em dinheiro, nada de cheques ou depósitos. Se gostasse do cantor, algum egresso do café-society podia convidá-lo a abrilhantar uma de suas festas — o que rendia ao cantor o equivalente a três noites na boate e sem prejudicar o seu trabalho, porque as festas começavam e terminavam mais cedo.

Em geral, quem levava um cantor de uma boate a se transferir para outra era um músico, quase sempre o pianista. Os donos das boates não se incomodavam, porque era importante para eles revezar de vez em quando as atrações. E nenhum cantor deixava uma boate para sempre — um dia, voltaria a ela. Tito saiu do Jirau para o Little Club, no Beco das Garrafas, onde continuou sob o regime de, a cada noite, entrar e sair do microfone como se fosse uma travessa de filé-aperitivo que tivesse deixado espontaneamente a cozinha e se depositado na mesa do cliente. O pianista dava o tom, e Tito entrava, sem nenhuma apresentação. Mas, então, aconteceu "Chove lá fora", que começou a vender discos sem parar — cerca de 100 mil no primeiro ano —, e o Cangaceiro o chamou.

Tito aceitou mudar-se do Little Club para o Cangaceiro, mas só se fosse como estrela. Concordaram correndo. Já na primeira noite, um locutor com voz grave e solene anunciou: "O Cangaceiro tem o prazer de apresentar o melhor compositor de 1956. Com vocês, Tito Madi".

E continuou assim, só variando o ano em que Tito era agraciado com algum prêmio, o que, por muito tempo, ano após ano, nunca deixou de acontecer. Ele era a nova voz masculina do samba-canção — casado com o gênero e incapaz de traí-lo.

O primeiro convite para ouvir Maysa partiu de seu próprio pai, Monja — Alcebíades Guaraná Monjardim, no registro civil —, e foi dirigido a um velho amigo, o violonista Zé Carioca, ex-Bando da Lua, radicado na Califórnia e em visita a São Paulo. Com ele, estava o produtor da gravadora Columbia, Roberto Corte Real. A ideia de ouvir a filhinha de um amigo cantando e tocando suas próprias composições era quase intolerável, mas eles não puderam se esquivar. Lá chegando, no entanto, tiveram o maior choque da vida deles. A sinistra menina que temiam encontrar era uma mulher arrasadora: linda, de fulgurantes olhos verdes, uma personalidade e voz como nunca tinham visto — e enormemente grávida (seus braços mal conseguiam alcançar os trastes do violão para acompanhar-se).

O resto é história e bastante conhecida. O ano era 1956, Maysa tinha vinte anos e estava casada desde os dezoito com o industrial André Matarazzo, dezoito anos mais velho e sobrinho do conde Francisco, o Matarazzo-mor, ex-financiador de Samuel Wainer. Os Matarazzo de então não se rebaixavam ao mundo dos espetáculos, exceto para ouvir Verdi e Caruso nos 78 da Victor, selo vermelho. Mas Maysa, que escrevia poesia desde criança e tocava um pouco de violão, levara a vida compondo — legítimos sambas-canção, letra e música de sua autoria, que, a depender de seu marido, nunca seriam escutados fora de seus palácios da avenida Paulista.

Por algum motivo, Monja violara essa cláusula ao convidar um produtor de discos a ir escutar Maysa. E, assim que ela teve seu filho, Jayminho, acabou gravando um LP de dez polegadas — *Convite para ouvir Maysa* —, não pela Columbia, mas pela nanica RGE e sob os protestos do marido. André só consentiu se observadas algumas condições: a capa não teria a foto de Maysa; o nome Matarazzo não seria explorado; a íntegra da renda do disco seria dirigida à caridade; sua esposa não poderia de maneira alguma ser confundida com uma cantora profissional; e ele a acompanharia em tudo que se fizesse em termos de promoção.

No primeiro disco, essas condições foram respeitadas. Em vez do rosto de Maysa, a capa mostrava a foto de um buquê de flores e um cartão. Mas, rapidamente, tudo virou ao contrário. Houve um segundo disco e um terceiro. Maysa não apenas se profissionalizou como se tornou a maior atração da música brasileira; sua impressionante imagem ficou onipresente nas capas das revistas e dos LPs, nos programas de televisão e nas primeiras páginas dos jornais — nem sempre em condições primorosas; e André Matarazzo, humilhado e ofendido pela fulminante notoriedade da esposa, sairia de sua vida. Uma única entre suas exigências prevaleceu: o nome Matarazzo foi evaporado do material sobre a cantora. Maysa não precisava dele. A autora de "Ouça", "Meu mundo caiu" e "Felicidade infeliz", a criadora de "Franqueza", "Bronzes e cristais" e "Suas mãos", a intérprete de "Se todos fossem iguais a você", "Demais" e "Eu não existo sem você" era maior do que qualquer sobrenome. Isso como se, ela própria, não fosse bisneta de um barão do Império, pelo lado da família Guaraná, de seu pai.

O impacto de Maysa ao surgir na cena musical, em fins de 1956, ainda está para ser mensurado. A princípio, pensou-se que ela fosse mais uma compositora que cantava — afinal, o primeiro LP se compunha exclusivamente de suas canções, aquelas que escrevia quase às escondidas de André Matarazzo e nunca deveriam ter visto a luz do dia. Mas já se podia observar, desde a primeira faixa do primeiro disco — não por acaso, intitulada "Marcada" —, que, aos vinte anos, Maysa era uma cantora completa.

Isso se confirmou no segundo LP, intitulado apenas *Maysa*, de 1957. Embora tivesse como carro-chefe o seu "Ouça" — "*Ouça/ Vá viver a sua vida com outro bem/ Hoje/ Eu já cansei de pra você não ser ninguém...*" —, trazia cinco canções de outros compositores e em que Maysa aparecia apenas como intérprete. Três delas se destacavam: a melhor versão até então de "Se todos fossem iguais a você", de Tom Jobim e Vinicius de Moraes; a francesa "Un jour tu verras", de George van Parys e Mouloudji; e a difícil "Segredo", de Fernando Cesar. Mas todas empalideciam diante de sua interpretação de "Franqueza", de Oswaldo Guilherme e Denis Brean: "*Você passa por mim e não olha/ Como coisa que eu fosse ninguém/ Com certeza você já esqueceu/ Que nos meus braços já chorou também...*", com a definitiva estrofe final: "*... Se eu quisesse podia dizer/ Tudo, tudo que houve entre nós/ Mas pra que destruir seu orgulho/ Se eu até já esqueci sua voz?*". O grande cantor é aquele que toma uma canção alheia e a faz sua. Era como se "Franqueza" tivesse sido feita por Maysa — ou, no mínimo, para ela, sabendo-se que Denis Brean era velho amigo de seu pai e devia conhecê-la bem.

Monja foi uma figura central na construção de Maysa. Tinha mesa cativa em todas as boates de São Paulo, onde morava, e em muitas do Rio, a que vinha sempre. Era íntimo de maîtres, compadre de porteiros e confidente dos proprietários dessas boates. Sua simpatia e empolgante capacidade de beber ("Guaraná, só no nome", dizia) abriam-lhe as portas da noite — as quais ele transpunha trazendo no braço, desde tenra idade, sua filha Maysa. Monja a levou, como sabemos, ao exclusivo Clube da Chave, onde, aos dezoito anos, em 1954, pouco antes de casar-se, ela cantou sem impressionar muito. Levou-a também à boate Dominó, no Beco do Joga a Chave, onde Maysa conheceu o pianista Sergio Ricardo e ouviu pela primeira vez o seu ainda inédito "Buquê de Izabel". E sabe-se lá a quantas outras Monja não a terá levado — certamente antevendo para ela uma carreira artística.

De que ele tinha esses planos parece não haver dúvida. Maysa começou a estudar piano aos três anos. Aos seis, ia dar seu primeiro concerto, mas teve sarampo. Aos sete, nova oportunidade e nova contingência infantil — catapora. Parou com o piano por ali, mas, por sorte, tinha outros interesses: assim que aprendeu a escrever, passou a encher cadernos com seus poemas. Monja contava vários artistas entre seus amigos — cantores como Silvio Caldas, Elizeth Cardoso, Lucio Alves —, e eles frequentavam sua casa em São Paulo. Maysa era menina quando Silvio lhe ensinou as primeiras posições no violão. Para ela, foi uma revelação: permitia-lhe combinar as palavras em função da música. Ainda de uniforme de colégio, compôs suas primeiras canções — um dia, a Maysa adulta gravaria uma canção da Maysa adolescente, "Adeus", e ninguém seria capaz de distingui-la das outras que falavam de uma mulher tão tensa e intensa. Mas esse dia levaria algum tempo porque, talvez contrariando os planos de Monja, Maysa se viu apaixonada pelo homem com quem se casaria e cujo sobrenome representava a renúncia total a qualquer fantasia artística: André Matarazzo.

Mas esse casamento não resistiria à gravação do primeiro LP. Na primeira vinda ao Rio para um périplo pelas estações de rádio, em companhia do então divulgador Walter Silva, Matarazzo veio junto. Em cada uma, Maysa dava uma entrevista e deixava um disco. Um dos contemplados foi o jornalista e compositor Ricardo Galeno, cardeal do rádio e das colunas de discos. Galeno escreveu sobre Maysa no *Diário Carioca* e, ao descrever o que sentia ao ouvi-la, disse que ela era "emoção, lirismo, ternura", e comparou seus olhos verdes a um vento que "o tomava por dentro, puxava a manga do seu paletó e lhe acariciava os cabelos". A ideia de ver sua mulher acariciando os cabelos ou puxando a manga do paletó de um sujeito qualquer era insuportável para Matarazzo, que olhava para todos os jornalistas como se quisesse reduzi-los a nhoque.

Sucederam-se artigos consagradores em jornais e revistas e inúmeras aparições em programas de rádio e TV em São Paulo e no Rio. A cada close da câmera nos olhos, boca ou decote de Maysa, Matarazzo perdia o controle. As brigas entre eles começaram a ficar públicas — uma delas se deu na boate Oásis, em São Paulo, onde Monja se sentia como num segundo lar, e seus amigos ficaram ao lado de Maysa. Com toda essa exposição inesperada, a RGE não parava de prensar o LP e lançar suas faixas em discos 78.

André Matarazzo tinha razão de se queixar. Todo mundo dava em cima de Maysa na sua frente, como se ele não existisse. Antonio Maria fez isso em seu programa semanal, *Encontro com Antonio Maria*, na TV Rio. Jogou sobre ela todo o seu charme, mas este vinha de mistura com o suor que lhe escorria aos litros da testa no estúdio do Posto 6, cheio de luzes fortes e sem ar condicionado. Quem ganharia a parada, tempos depois, seria o homem que, por trás das câmeras, flertava discretamente com Maysa: o produtor Carlos Alberto Lofler.

Matarazzo tinha também razão em relação a Ricardo Galeno. Ele cantava Maysa por todos os veículos e maneiras: jornal, rádio, televisão, no texto que escreveu para a contracapa do *Convite para ouvir Maysa nº 2* e até em letra de música — no samba-canção em parceria com Paulo Tito "Quero você", gravado por Cauby Peixoto. As referências a Maysa eram explícitas: "*Quero você/ Com o seu jeito displicente/ Quero você/ Com o seu quê de indiferente*" e "*Quero você/ Com o seu cabelo em desalinho/ Quero você/ Que é tão falta de carinho*". Se houvesse alguma dúvida, o detalhe do cabelo era definitivo. Quando todas as cantoras usavam perucas e apliques e iam diariamente ao cabeleireiro, Maysa desafiava esse requisito pétreo dos anos 50 penteando seu cabelo com os dedos, ignorando a existência do salão de Renault e pouco se importando com o que pensassem. Às vezes, em outro lance de audácia, também podia ser vista descalça, na rua, no estúdio e até na televisão. E era rara uma foto sua sem um cigarro na mão — fumava Kingston, o primeiro cigarro com filtro no Brasil, fabricado pela empresa Lopes Sá. A batalha de Ricardo Galeno compensou — um dia, ele também namoraria Maysa, nem que fosse "pelo espaço de uma unha", como disse em "Quero você".

As colunas de fofocas informavam que o "homem do chapéu gelot", sem dizer-lhe o nome, não dava sossego a Maysa. Cumulava-a de flores, bombons, telefonemas e até de carros à sua disposição. Não era preciso dizer o nome — todos no Rio sabiam que se tratava do prefeito Negrão de Lima. O que não há é registro de que Negrão tenha conseguido alguma coisa. Ao contrário do industrial e boêmio Cesar Thedim, que também se enrabichou por Maysa naquela época e foi bem-sucedido. E quando a *Revista do Rádio* tentou inventar um namoro de Maysa com Cauby Peixoto, como fazia com todas as cantoras que surgiam, ela apenas riu. Perguntaram-lhe: "Você não namoraria o Cauby?". E Maysa, sincera: "O que eu ia fazer com ele?".

Em setembro de 1957, Maysa e André Matarazzo, já separados para todos os efeitos, desquitaram-se oficialmente. Maysa radicou-se de vez no Rio. Tinha 21 anos, mas parecia uma — ainda — belíssima mulher de 30 e já começando a trajetória acidentada que, a partir daí, os jornais acompanhariam dia a dia: pileques, supostas tentativas de suicídio (temia-se que se jogasse de seu apartamento no edifício Ouro Preto, na rua Miguel Lemos), possíveis abortos ("Maysa emagreceu dois quilos depois de determinada intervenção cirúrgica", escreveu alguém) e mais romances do que a moral dos anos 50 conseguia aceitar.

Para o público, suas músicas se identificavam cada vez mais com sua vida —"Ouça", por exemplo, parecia um recado para o ex-marido. E, mesmo quando não havia nenhuma relação, as pessoas viam em seu repertório uma espécie de espelho de seus dramas pessoais — o que já não era possível com as outras cantoras. No terreno noturno e enfumaçado do samba-canção, nem as que tinham vivido episódios sombrios no passado poderiam competir com Maysa.

Quem se lembrava da guerra entre Dalva de Oliveira e Herivelto Martins? Era como se não tivesse existido — e o novo repertório de Dalva, agora à base de tangos e boleros, não fazia menção alguma ao que acontecera. Dalva se tornara tão inatingível que seu problema com a bebida, já grave em 1957, omitido pela *Radiolândia* e pela *Revista do Rádio*, ainda não chegara ao grande público. Nora Ney, com o episódio do marido que tentara matá-la já definitivamente superado, tornara-se uma figura hierática, quase uma estátua grega — em contraposição à figura romana, com suas simpáticas bochechas momescas, de Jorge Goulart. E, para Elizeth Cardoso, o suicídio de seu namorado Evaldo Ruy também ficara para trás — tornar-se-ia, com toda a justiça, a Divina, a dama da canção, sempre senhora de si. E Dolores Duran? Para todo mundo, continuava a ser uma cantora eclética e bonachona, que alternava sambas-canção com novidades americanas e ritmos do Nordeste — mal começara a compor as canções com as quais seria identificada no futuro. Já a revelação Sylvinha Telles, embora dois anos mais velha que Maysa, podia passar por sua irmã caçula — mesmo ao cantar coisas sérias, emanava juventude e frescor.

Nenhuma parecia tão vivida e machucada como Maysa — imagem acentuada por sua relação com a bebida e que, ao contrário do que acontecia com Dalva de Oliveira, não era desconhecida por ninguém. Relação essa que, de repente, fez a imprensa voltar-se contra ela e com que repórteres e fotógrafos passassem a segui-la na expectativa de uma manchete escandalosa.

Nos anos 50, beber era um problema que podia dar cadeia, mas não merecia discussão — Maysa bebia, e pronto. Ninguém sequer especulava sobre o que a levara a desenvolver alcoolismo — não havia essa preocupação. Muitos anos depois, em típico psicologuês, alguns arriscariam que seu casamento na família Matarazzo seria uma causa de tensão e conflito, que ela resolvera através do álcool.

Tolice — ninguém desenvolve alcoolismo por se casar com um Matarazzo. E o de Maysa já tinha um antecedente em seu pai, Monja, conhecido por tomar três carraspanas por dia. Além do componente genético, havia o social: a filha de um alcoólatra provavelmente crescerá num ambiente de copos e garrafas. Monja era um festeiro militante — conhecia todo mundo, gostava de se cercar de gente e era rara a noite em sua casa sem uma reunião até altas horas, envolvendo música e bebida. Depois que os convidados se retiravam, já de madrugada, as luzes eram apagadas e Monja se jogava na cama, uma menina de camisola descia à sala e bebia o resto dos copos. Era Maysa. Não é preciso mais do que isso para testar a tolerância de um organismo.

Mas, pelo menos, em sua carreira, houve ocasiões em que o álcool ajudou Maysa a lutar por seus direitos. Ao se apresentar numa boate, ela não admitia barulho na plateia — até o gelo nos copos a incomodava. Exigia silêncio, ameaçava parar de cantar e, certa ocasião, atirou um sapato num casal que conversava — o casal levou o sapato de lembrança. Em 1957, Maysa inaugurou a boate La Bohème, para um público que a ouvia como numa igreja — exceto por uma mesa onde dois homens discutiam negócios em voz alta. Maysa, sem parar de cantar, aproximou-se da mesa, pegou a garrafa de vinho no balde de gelo e despejou-a sobre a cabeça de um deles.

O homem poupado do banho caiu na gargalhada. O contemplado com o vinho, passado o susto, levantou-se e beijou as mãos de Maysa. Depois compraram o estoque de Pedro das Flores e puseram os buquês aos seus pés.

Assim como Tito Madi era a nova voz masculina do samba-canção, Maysa emprestou à música seu corpo e sua alma, e nunca se preocupou em pedi-los de volta.

16

CAVERNAS E PRECIPÍCIOS

Na segunda metade dos anos 50, tudo que envolvia os astros do samba-canção e da música popular era notícia. O Cangaceiro tomou Tito Madi do Little Club, e isso foi manchetinha de jornal. A Columbia tomou Doris Monteiro da Continental e promoveu um grande coquetel para a imprensa na sede da ABI, com direito a esticada no Club 36. E Francisco Carlos tomou de João Goulart sua favorita entre as vedetes do Sacha's, Aída Campos, codinome Joãozinho Boa Pinta, assim conhecida em virtude do corte à navalha que celebrizou. O cantor podia lhe oferecer algo que o vice-presidente, com todo o seu poder, não tinha como igualar: o casamento — claro que, nesse caso, só a notícia do casamento saiu no jornal.

Os artistas deviam sentir-se nus ao sair às ruas. Doris Monteiro operou o nariz com o jovem cirurgião Ivo Pitanguy. A sempre original Dora Lopes tingiu seu rabo de cavalo de vermelho. Dolores Duran quebrou o pé. Um famoso terreiro da cidade promoveu uma macumba contra Elizeth Cardoso para que lhe nascesse um calo nas cordas vocais — por sorte, Elizeth tinha o santo forte. Sergio Porto, num surto de depressão, dizia-se "exilado em si mesmo, para evitar despesas de viagem". Na rua, Arthurzinho, marido de Emilinha Borba, caminhava sempre dois passos atrás dela, para observar se alguém a despia com os olhos — e, caso positivo, tirar a coisa a limpo com o atrevido. O compositor Hervé Cordovil, autor de "Uma loura", anunciou ter "psicografado" duas letras de samba que Noel Rosa, morto e enterrado desde 1937, lhe ditara do além — o exame das letras provou mais uma vez que a morte faz muito mal ao talento. E as pessoas queriam saber como Ary Barroso se sentia ao ser beijado no rosto por Vinicius sempre que os dois se encontravam — não era comum homens se beijarem em público. Mas Ary gostava: "Um poeta como Vinicius pode me beijar à vontade. Tomara que me pegue poesia".

A atriz e cantora Odete Lara namorou Burt Bacharach, pianista de Marlene Dietrich, que se apresentou no Golden Room. Marisa namorou Domenico Modugno, famoso por "Volare (Nei blu di pinto di blu)", que se apresentou no Meia-Noite. E Elizeth Cardoso namorou o barítono Roy Hamilton, cantor de "Unchained melody" e "Ebb tide", que veio cantar no Fred's. Um telefonema anônimo para o Fiorentina avisou que um ex-namorado de Maysa, Paulinho Pouca Roupa, e um amigo se dirigiam para lá a fim de agredir a cantora, que jantava na cantina. Zelia Hoffman, proprietária do Fiorentina, ligou para o comissário Rui Dourado, da 2ª DP de Copacabana, que mandou alguns homens ficarem à espera dos encrenqueiros. Na chegada, os meganhas abotoaram Pouca Roupa — que não se conformava com o fim do namoro, decidido por Maysa — e o amigo. Ficou também famosa a noite no Casablanca em que, em meio a uma conversa sobre gente feia, Aracy de Almeida disse: "Não seja por isso" — levantou a blusa para seus companheiros de mesa, Antonio Maria e Millôr Fernandes. Não usava sutiã e, diante deles, surgiu o mais perfeito par de seios que já tinham visto. "Estamos conversados", decretou Aracy, cobrindo-se. Tudo podia acontecer nas boates, e tudo saía nos jornais, mesmo que em código. Os próprios artistas se encarregavam de passar as histórias para o jornalista Max Gold, que escrevia na *Revista do Rádio* os "Mexericos da Candinha".

O produtor Flavio Ramos morava numa vila em Botafogo e recebia uma média de quinze amigos em casa, todas as noites, até de madrugada, para dançar ao som dos discos de Sinatra, Doris Day, Mel Tormé e outros de sua coleção de LPs de doze polegadas trazidos de Nova York. Os vizinhos, se pudessem, o matariam a tiros — chamavam a polícia, mas Flavio era tão sedutor que os guardas aderiam à festa. Em 1957, Flavio e seu irmão Joãozinho souberam que Silvia e Leônidas Autuori queriam vender o Jirau — a noite fora demais para eles. Flavio e Joãozinho compraram o ponto e mantiveram o nome, mas o adaptaram para um hi-fi, como se chamavam lá fora as novas boates à base de discos, sem música ao vivo. Com isso, as festas domésticas e diárias de Flavio se transferiram para a boate. Ele próprio resolveu se mudar da vila, para uma casa na rua Iposeira, em São Conrado. Assim que o Gato Preto completou a mudança, seus ex-vizinhos mandaram rezar uma missa, dando graças por poderem voltar a dormir. E o Jirau inaugurou uma nova tendência, que iria transformar a noite carioca.

Mas nem tudo era concórdia no universo do samba-canção. Nora Ney não gostou de um comentário de Emilinha Borba sobre Angela Maria e, ao passar por ela num corredor da Rádio Nacional, tomou-lhe satisfações e a chamou de "Gorda!" — mas quem não era gorda em comparação com a magérrima Nora? Braguinha, diretor da Continental e sabendo que uma das paixões musicais de Tito Madi era Dick Farney, propôs a Tito fazer um LP com os sucessos de Dick — um songbook, palavra ainda desconhecida no Brasil. Tito aceitou correndo e gravou, amorosamente, como tudo que fazia, oito obras-primas associadas a Dick. O título era *A saudade mata a gente*. Mas, para decepção de Tito e Braguinha, Dick reagiu mal à homenagem. Acusou Tito de tentar roubar seu repertório. Brigou com Braguinha e deixou a Continental, da qual era também contratado, e foi para a Odeon. E nunca mais falou com Tito.

O barão Stuckart, que ainda não se conformara com a perda do Vogue, cansou-se do Au Bon Gourmet e o vendeu para seu ex-cozinheiro e chef José Fernandes. Já durante a nova administração, o porteiro Roupa Nova, por algum motivo, barrou a entrada na boate do elegantíssimo Pedro das Flores, vendedor ambulante de rosas e figura tradicional da noite carioca. Stanislaw Ponte Preta achou aquilo uma cretinice e comandou um boicote dos colunistas: só voltariam a falar do Au Bon Gourmet se José Fernandes se retratasse e Pedro das Flores voltasse a circular pelo restaurante. Demorou, mas aconteceu, e Stanislaw, para diminuí-lo, passou a chamá-lo de Ao Comilão.

Danuza e Samuel Wainer jantaram com amigos no Au Bon Gourmet e resolveram esticar no Sacha's. Foram em carros separados — Samuel com a atriz Rosita Thomaz Lopes, e Danuza, com os outros amigos. Danuza chegou em dois minutos ao Sacha's — o tempo que levava para cobrir de carro os quatro quarteirões de distância. Samuel levou quarenta minutos e nunca conseguiu se explicar com Danuza. Dolores Duran, separada de seu marido, Macedo Neto, começou a namorar o cantor Ted Moreno, com quem alternava no Little Club. Mas Ted deve ter lhe aprontado alguma porque Dolores, sem aviso prévio, invadiu seu apartamento no edifício da rua Barata Ribeiro, 200 — o Richard, maior balança mas não cai do Rio, com 507 apartamentos em doze andares, mais de quarenta por andar! —, jogou a roupa dele pela janela e, por último, o violão. Para quem estava passando lá embaixo, que bom que Ted não tocasse piano.

Em 1957, os arranca-rabos entre Antonio Maria e Fernando Lobo (que vinham desde o tempo em que ainda tomavam o refrigerante Mocotolina no Recife) ficaram diários e em letra de fôrma. Os dois se atacavam por suas colunas — Lobo, na *Tribuna da Imprensa*, e Maria, em *O Globo*. Numa dessas, Lobo comparou Maria a um elefante: "Quando pequenino, é muito engraçadinho. Mas cresce e continua fazendo as mesmas coisas. Perde a graça". Maria reagiu dizendo que estava cansado de ver "Ninguém me ama" atribuído a ele e Fernando Lobo — como no selo dos discos —, quando, na verdade, a música e a letra eram só dele, e apenas dera parceria ao amigo, agora ex. Lobo ainda quis contemporizar, dizendo-se o autor das vírgulas na letra, mas Maria foi implacável. Escreveu que Lobo nunca poderia ter nada a ver com a música porque, nos versos "De fracasso em fracasso", a palavra "fracasso" estava escrita corretamente, com dois esses. E fulminou: "Caso fosse uma colaboração sua, eu lhe respeitaria as cedilhas habituais". Nestor de Holanda, também pernambucano e amigo de ambos, confirmou que Lobo, de fato, derrapava diante dos ss e cês-cedilha.

O apresentador de TV Flavio Cavalcanti, louco por uma polêmica, meteu-se na história sem ser chamado, reiterando que Fernando Lobo não tinha escrito "nem as vírgulas" de "Ninguém me ama". E arrematava, enfático, de óculos na mão e olhando para a câmera: "Eu tenho os documentos!". E só então punha de novo os óculos. Lobo admitiu: "De fato, 'Ninguém me ama' não é meu. Mas isso só fica bonito dito por mim". Antonio Maria, que não gostava de Flavio Cavalcanti e, um dia, iria chamá-lo de "Boca Junior", não precisava que Flavio o defendesse. Seu amigo Mister Eco aproveitou a brecha e resolveu dar uma cotovelada em Flavio. Em sua coluna no *Diário Carioca*, citou uma conversa com um certo Zé do Violão, em que este se queixou de que o fabuloso samba-canção "Manias", assinado por Flavio Cavalcanti e Celso Cavalcanti, lançado por Dolores Duran em 1955, só tinha lhe rendido "120 mangos". Com isso, insinuava que "Manias" era de Zé do Violão, não dos irmãos Cavalcanti. Tudo bem — mas por que ninguém conhecia Zé do Violão e ele nunca mais fizera algo tão belo quanto "*Dentre as manias que eu tenho/ Uma é gostar de você/ Mania é coisa que a gente/ Tem mas não sabe por quê...*"?

Celso Cavalcanti, autor da melodia de "Manias", era diplomata de carreira servindo em Washington e tocava violão. Flavio fazia a letra. Em 1954, os dois tinham produzido "O amor acontece", também gravado por Dolores. Para compor, comunicavam-se por um rolinho de gravador de fio (ainda não havia o gravador de fita no Brasil), que ia e vinha pelo malote do Itamaraty. Com meia dúzia de idas e vindas, "Manias" ficou pronto e foi entregue a Dolores. Os dois irmãos trabalharam assim em mais três ou quatro sambas-canção, até que, em 1958, Celso morreu de uma parada cardíaca, com menos de quarenta anos, e Flavio nunca mais quis letrar nada.

Já a genealogia da produção de Fernando Lobo sempre foi difícil de estabelecer. Aceitava coassinar coisas dos outros e fazia acordos com colegas para que os dois sempre assinassem juntos, mesmo que só um deles fizesse tudo. O pior é que não precisava — afinal, era o autor (sozinho) de "Chuvas de verão" e "Bom é querer bem" e reconhecidamente coautor de "Saudade", com Caymmi; "Zum-zum" e "Quanto tempo faz", com Paulo Soledade; "Nega maluca", com Evaldo Ruy; e outras. Mas aqueles eram tempos de promiscuidade autoral e, para entender isso, é preciso voltar ao espírito da época.

Os compositores não tinham consciência de que estavam construindo uma "obra". Ninguém diria então que esta ou aquela de suas músicas seria ouvida dali a cinquenta anos. Para muitos — e até pela irregularidade no pagamento dos direitos autorais —, um novo samba ou samba-canção era garantia de, no máximo, uma boa ida à feira nas próximas semanas. Além disso, achavam fácil fazer o que faziam. Uma letra podia ser escrita no verso de um maço de Mistura Fina, encostado ao poste, enquanto se esperava o bonde — e a melodia vinha junto. Exceto pelos mais ciosos de sua reputação musical, como Ary Barroso e Dorival Caymmi, ou por novatos como Tom Jobim e Luiz Bonfá, que não faziam esse tipo de concessão, uma parceria poderia ser fruto de um cafezinho no balcão do Café Nice ou até de um telefonema, e apenas para arrematar o acordo — a música já estava feita por um ou por outro, e o "parceiro" só iria ouvi-la gravada.

Em 1956, a cantora Neuza Maria lançou "Siga", parceria de Fernando Lobo com Helio Guimarães: "*Siga/ Vá seguindo o seu caminho/ Vá/ Escolha o rumo que quiser/ Quem sabe do mundo sou eu/ Vagabundo/ Das estradas e do tempo eu sei...*". Sim, tinha tudo a ver com Fernando Lobo. Mas quem seria Helio Guimarães? Não há registro de sua passagem pelo planeta em nenhuma fonte disponível, exceto por esse samba-canção — embora ele já fosse suficiente para justificar toda uma existência. Helio Guimarães tanto podia ser um radialista pernambucano, dos muitos que formavam uma confraria no Rio, quanto um dentista a quem Fernando Lobo devia um tratamento de canal. Ou um dos novos e grandes nomes que estavam surgindo a todo instante na cena musical antes que o rosto deles ficasse conhecido mesmo entre os profissionais.

A cantora Claudia Moreno estava para gravar um disco na Odeon e só tinha música para um dos lados. Disseram-lhe para procurar um músico ligado ao estúdio, o maestro Antonio Carlos Jobim, e pedir-lhe algo inédito. Seguindo as instruções, Claudia bateu à porta do apartamento da rua Nascimento Silva, 107, em Ipanema, e um garoto, de cabelo na testa, abriu-lhe a porta. Claudia apresentou-se e pediu-lhe que chamasse seu pai, o maestro. O garoto achou graça — o maestro era ele. E Claudia saiu dali com "Só saudade", de Tom e Newton Mendonça, que foi a primeira a gravar.

Uma cantora, Sylvia Telles, ex-namorada de João Gilberto, acabara de se revelar com sua tórrida e, ao mesmo tempo, quase doce versão de "Amendoim torradinho", de Henrique Beltrão. E dera sequência com um disco que tinha, de um lado, "Menina", do estreante Carlos Lyra, e, do outro, "Foi à noite", mais um Jobim e Mendonça, mas, este, sensacional — "*Foi à noite/ Foi o mar, eu sei/ Foi a lua que me fez pensar/ Que você me queria outra vez/ E gostava um pouquinho de mim...*". A melodia era de uma modernidade evidente e a letra, mais evocativa do que descritiva, trazia um novo ângulo para o problema do abandono e do desencanto no samba-canção — dessa vez, o protagonista estava à beira-mar, não envolto e asfixiado por si mesmo.

Um ano depois, em 1957, Sylvia lançou pela Odeon um LP de dez polegadas, *Carícia*, que era a suma do samba-canção contemporâneo. Além de "Foi a noite" e mais três Jobins ("Por causa de você", em parceria com Dolores Duran; "Sucedeu assim", com Marino Pinto; e "Se todos fossem iguais a você", com Vinicius de Moraes), continha "Canção da volta", de Ismael Netto e Antonio Maria; "Chove lá fora", de Tito Madi; "Duas contas", de Garoto; e "Tu e eu", de Altamiro Carrilho e Armando Nunes — este, inédito, em que a voz masculina, sem crédito no LP e informalmente atribuída a Lucio Alves, era, na verdade, do marido de Sylvia, o violonista Candinho. Sylvia estudava balé com Madeleine Rosay, e a capa — a primeira na vida do designer Cesar Villela, sobre foto de Otto Stupakoff, ambos também sem crédito — a mostrava de tutu e sapatilhas.

Sylvia era concisa e precisa como Doris Monteiro e Nora Ney, sem vibrato e sem ornamentos vocais, mas não tão "adulta", como Doris, nem fatalista, como Nora. Transmitia uma leveza quase colegial, ideal para os novos rumos que a música estava tomando. E esses novos rumos mal começavam a ser percebidos: saíam as traições escabrosas, o desespero sem redenção e a ânsia de vingança que caracterizavam as letras de até bem pouco, e ficava uma dor amena, mais apta a ser cantada do que verdadeiramente sofrida. Continuava-se a fazer samba-canção, mas Tom Jobim não era Herivelto Martins, e Sylvia Telles, sem a menor dúvida, não era Dalva de Oliveira. Era só comparar a versão de Sylvia de "Neste mesmo lugar", de Klecius Caldas e Armando Cavalcanti, com a de Dalva, gravada apenas dois anos antes, na mesma Odeon. Ao ouvir Dalva, não sabíamos se a cantora estava realmente sofrendo com o que a letra dizia ou apenas gargarejando com Astringosol — o inevitável virtuosismo, sempre antes da expressão.

A versão de Sylvia, que consta de seu segundo LP, *Silvia*, de 1958, já em doze polegadas, era um pequeno quadro dramático sobre a mulher que entra num bar e vê o passado assombrá-la. Quando a ouvimos, entramos no bar junto com ela e presenciamos a cena. Mas esse era o tom de todo o LP, de cujas doze faixas dez eram sambas-canção, metade por Jobim com diversos parceiros e os demais, já gravados por outros cantores e portadores de invejável pedigree — "Amargura", de Radamés Gnattali e Alberto Ribeiro, lançado originalmente por Lucio Alves; "Segredo", de Fernando Cesar, e "Suas mãos", de Pernambuco e Antonio Maria, por Maysa; "Quero-te assim", de Tito Madi, por Luiz Claudio; e "Bom dia, tristeza", de Vinicius de Moraes e Adoniran Barbosa, por Aracy de Almeida. A todos, Sylvia deu uma interpretação única.

"Bom dia, tristeza", por sinal, era um exemplo de como as parcerias podiam se formar até independentemente dos parceiros. Vinicius encontrara-se com Aracy no Hotel Comodoro, em São Paulo, e a presenteara com um samba-canção, música e letra, intitulado "Bom dia, tristeza". Aracy gostou da letra, mas não da música. Sem dizer nada a Vinicius, passou-a a seu amigo Adoniran para que este desse um toque na melodia. Adoniran fez isso. Aracy gravou-a e nasceu a inusitada parceria entre o compositor popular e o poeta sofisticado — o mesmo que, com outro parceiro e a quatrocentos quilômetros de distância, estava reinventando a música com *"Se todos fossem iguais a você / Que maravilha viver..."*.

"Se todos fossem iguais a você" era o ponto culminante de *Orfeu da Conceição*, a tragédia de Orfeu e Eurídice transposta por Tom e Vinicius para o morro da Babilônia, no Leme, e estreada em 1956 no Theatro Municipal. É curioso como, se acontecesse na vida real, essa tragédia estaria se dando a duzentos metros do epicentro da noite — a Babilônia ficava exatamente em cima do Sacha's, do Drink, do Arpège, do Texas Bar e do La Bohème, e seus moradores, vivendo em barracos de madeira e zinco, quase podiam ver lá de cima o vaivém de cantores, compositores, músicos, maîtres, garçons, chefs, políticos, boêmios, homens de ternos bem passados e mulheres com as costas de fora. Eram dois mundos estanques em um mesmo espaço. Mas, enquanto existisse *Orfeu*, haveria uma coisa em comum entre eles: a música de Antonio Carlos Jobim e Vinicius de Moraes.

Novas imagens e harmonias podiam se insinuar no horizonte e ser até visíveis para quem estava perto do mar, mas, nos precipícios e cavernas do samba-canção, homens e mulheres continuavam a experimentar em letra e música as situações que os afligiam na vida real. Poucos gêneros musicais extraíram tanto de um veio tão limitado: um homem e uma mulher se conhecem e se apaixonam; um deles trai, ou se desapaixona, e vai embora; o outro não se conforma e se consome no desejo da retomada ou da vingança. Entre uma e outra dessas etapas, todo um mundo se desenrola.

A ideia dos amantes que se cruzam na rua depois de extinto o amor e o que se passa na cabeça de cada um foi explorada pelo veterano Denis Brean, em parceria com Oswaldo Guilherme, e resultou em dois títulos incisivos: "Conselho", de 1957, que coube à novata Morgana Cintra lançar, antes de Maysa tomá-lo para si — *"Se você me encontrar pela rua/ Não precisa mudar de calçada/ Pense logo que somos estranhos/ E que nunca entre nós houve nada// Não precisa baixar a cabeça/ Pra não ver os meus olhos nos seus/ Passarei por você sem rancor/ Sem lembrar que entre nós houve um adeus//* [...] *// Entre nós não há culpa, nem mágoa/ O destino que assim escreveu/ Poderemos achar noutros braços/ Esse amor que entre nós não viveu"* —, e "Franqueza", de 1958, imortalizado pela própria Maysa, mas que teve uma versão à altura por Odette Lara no filme *Cacareco vem aí*, em que ela usa um vestido dourado de franjas, da Agacê Modas, inspirado no de Doris Day ao cantar "Ten cents a dance" em *Ama-me ou esquece-me*, de 1955.

Outro veterano, Alcyr Pires Vermelho, um dos supremos melodistas brasileiros em qualquer gênero, deu à eclética Lana Bittencourt uma oportunidade que ela não desperdiçou: "Se alguém telefonar" (com Jair Amorim) — *"... Esta noite eu não quero ninguém/ Não escuto mentiras de amor/ Das promessas que vão me fazer/ A melhor, sei de cor// Se alguém, um certo alguém/ De novo perguntar como estou/ Diga então que quem saiu/ Recados não pediu nem deixou// Vá dizer se quiser que sumi/ Devo andar a vagar por aí/ Por favor, posso chorar/ Atenda em meu lugar"*. Mas a verdadeira contribuição de Alcyr ao samba-canção foi "Laura", com a letra de Braguinha, revolucionária no gênero porque construída à base de imagens diretas, telegráficas, sem derramamento — *"O vale em flor/ A ponte/ O rio cantando/ O sol/ Banhando a estrada/ Frases de amor/ / Laura, um sorriso de criança/* [...] */ / Depois, um adeus/ Um lenço/ A estrada à distância/ O asfalto, a noite, o ar/ As taças de dor...*", emoldurando a melodia e configurando a história do casal que se aproxima e se afasta. Foi o maior sucesso romântico de Jorge Goulart, um cantor até fisicamente mais afeito aos grandes espaços abertos do que ao território de um suspiro ou de uma lágrima.

Essa secura, no entanto, era uma exceção. Para o gosto popular, a regra, a partir de 1957, seriam as comportas abertas de Adelino Moreira — uma torrente de emoções e exageros, que encontrariam seu veículo possível na voz de Nelson Gonçalves. Adelino era de uma família afluente, não precisava da música para viver. Seu pai, um imigrante português, de Leixões, enriquecera com uma ourivesaria de fundo de quintal em Campo Grande, na Zona Oeste, que Adelino, como seu administrador, ajudara a transformar numa empresa com centenas de funcionários. Acontece que, para ele, a música era mais importante do que os cordões dourados, nem sempre do melhor gosto, que saíam de sua fábrica.

Adelino já fornecia canções a Nelson desde 1952, mas o cantor ainda não se convencera do que o letrista era capaz. Como seu material não conseguia superar o que Herivelto Martins e David Nasser tinham para oferecer a Nelson, Adelino passou a trabalhar por fora. Quando Nelson gravava uma de suas canções, mesmo que no lado B do 78, Adelino ia ao Rei da Voz ou à Casa Neno e comprava trezentos discos com a música. Essas vendas se refletiam no rádio, que passava a tocar a música, o que, por tabela, se refletia de novo nas vendas. Nelson ficou sabendo e se impressionou. Para cativá-lo, Adelino se tornou também seu agente, produtor, publicista, arregimentador, assistente de estúdio e até segurança. Mas, enquanto o critério de Nelson fosse estritamente musical, nenhuma dessas funções pesaria na sua apreciação.

Até que, em 1957, Adelino lhe apareceu com "A volta do boêmio" — "*Boemia/ Aqui me tens de regresso/ E suplicante lhe peço/ A minha nova inscrição/ / Voltei pra rever os amigos que um dia/ Eu deixei a chorar de alegria/ Me acompanha o meu violão...*" —, a história do boêmio cuja mulher lhe dá a carta de alforria ao se convencer de que, para ele, as serenatas eram mais importantes do que o amor dela. A letra realizava as fantasias de muitos homens e idealizava uma noite de prazeres sem fim — a boemia. Mas, afinal, era boemia ou boêmia? Na gravação original, Nelson parece ainda indeciso entre pronunciar "boêmia", que era o correto pela norma culta, e "boemia", como já corrente no uso popular. O problema se resolveu sozinho — ao assimilar a música e cantá-la para si, o povo elegeu "boemia". Nelson prestou atenção e, nos milhares de vezes em que cantaria "A volta do boêmio", nunca mais vacilou. A forma alterada, consagrada por ele, foi incorporada à língua.

A partir dali, Adelino tomou conta de Nelson. Em 1958, ele lhe deu "Escultura", a história de um homem que se propôs a esculpir a mulher perfeita: "*... Comecei a esculturar/ No meu sonho singular/ Essa mulher-fantasia// Dei-lhe a voz de Dulcineia/ A malícia de Frineia/ E a pureza de Maria/ Em Gioconda fui buscar/ O sorriso e o olhar/ Em Du Barry o glamour/ E para maior beleza/ Dei-lhe o porte de nobreza/ De madame Pompadour...*" — apenas para descobrir que o resultado final era a mulher que ele já tinha. Há um humor involuntário na ênfase com que Nelson enfileira as pomposas citações pseudoeruditas — tão pomposas que os ouvintes não estranhavam o que uma mulher com a "pureza de Maria" estaria fazendo entre cortesãs tão cabeludas quanto a Du Barry e a Pompadour. Mas, enfim, todo humor em Nelson era involuntário.

Em 1960, Adelino premiou Nelson com uma obra-prima: "Negue". Mais uma vez, os graves másculos e enfáticos de Nelson foram essenciais para tornar implacável o discurso do homem diante da mulher que tenta apagá-lo de seu passado: "*... Diga que já não me quer/ Negue que me pertenceu/ Que eu mostro a boca molhada/ E ainda marcada/ Pelo beijo seu*" — a estrofe, em si, uma pedra de toque, digna de antologia. Mas só era crível vindo de alguém com uma personalidade meio subterrânea, como a de Nelson Gonçalves. Mais uma vez, não se consegue imaginar "Negue" na voz de Dick Farney, Lucio Alves ou Tito Madi.

Fenômeno raro na carreira de Adelino, em "Negue" ele divide a autoria com Enzo de Almeida Passos. Quem era e o que fez na música? Nada. Era um divulgador do braço paulista da RCA Victor, gravadora de Nelson. E por que Adelino, tão cioso da exclusividade em tudo que fazia, lhe fez essa concessão? Tinham sugerido a Adelino dar parceria a Enzo em alguma coisa — qualquer coisa —, para que ele lutasse com mais entusiasmo pela colocação de seu material nas rádios e TVs de São Paulo. Adelino enfiou a mão na gaveta, puxou uma partitura sem olhar direito e a mandou. Era a de "Negue". Como saber qual música está fadada ao sucesso? E como ele poderia adivinhar que estava dando a Enzo, de graça, boa parte do seu ingresso para a posteridade?

Sim, seria difícil imaginar "Negue" com qualquer cantor que não fosse Nelson Gonçalves — exceto se esse cantor fosse Cauby Peixoto. Mais até do que Nelson, Cauby era capaz de conferir autoridade ao ridículo e passar incólume por ele. Em 1958, sua interpretação do incrível "Nono mandamento", de René Bittencourt e Raul Sampaio, era mais uma prova disso: "*Senhor, aqui estou eu de joelhos / Trazendo os olhos vermelhos / De chorar porque pequei / Senhor, por um erro de momento / Não cumpri um mandamento / O nono da Vossa lei // Senhor, eu gostava tanto dela / Mas não sabia que ela / A um outro pertencia / Perdão, por esse amor que foi cego / Por esta cruz que carrego / Dia e noite, noite e dia...*". Quem mais sobreviveria a esse dilema?

Notar que, em 1958, o mundo já passara ou estava passando por Charlie Parker, Frank Sinatra, Eartha Kitt, Elvis Presley, Marlon Brando, Marilyn Monroe, Shell Scott, *Playboy*, Brigitte Bardot, C. Wright Mills, o papa João XXIII, *Lolita*, o Real Madrid, Nelson Rodrigues, Pelé, Garrincha, Brasília, a revista *Senhor*, a poesia concreta, a Guerra Fria, o Sputnik, o transístor, o plástico, o biquíni e, já penetrando pelas mucosas e membranas, uma nova moral — uma moral amoral, civilizada e neopagã, como a definiria o ensaísta José Lino Grünewald. Diante disso, como não rir de alguém que sofre porque desejou (apenas desejou) a mulher de um próximo (que nem estava tão próximo, já que não foi percebido imediatamente) e, com isso, violou o nono mandamento? Se esse alguém fosse o sincero Cauby Peixoto, era possível não rir.

A grande novidade em matéria de voz, no entanto, foi a de um cantor de mais de quarenta anos, atuante nos dancings e gafieiras e nos terreiros ainda quase secretos da Mangueira, mas sempre à espera de um material que valorizasse a combinação de sentimento com a força de sua voz. Uma força capaz de disputar em volume e alcance com os trompetes e trombones e ganhar (aliás, fizera isto durante anos como crooner da Orquestra Tabajara) — o carioca Jamelão. Como tantos que levaram uma vida inteira para fazer sucesso da noite para o dia, Jamelão só precisou de uma canção para se lançar nacionalmente: "Folha morta", de Ary Barroso, em 1956 — "*Sei que falam de mim/ Sei que zombam de mim/ Oh, Deus, como eu sou infeliz/ Vivo à margem da vida/ Sem amparo ou guarida/ Oh, Deus, como eu sou infeliz...*".

Três anos depois, uma música nova de Lupicinio Rodrigues, "Ela disse-me assim", caiu-lhe no colo — "*Ela disse-me assim/ Tenha pena de mim/ Vai embora/ Vais me prejudicar/ Ele pode chegar/ Está na hora/ E eu não tinha motivo nenhum para me recusar/ Mas, aos beijos, caí em seus braços/ E pedi pra ficar// Sabe o que se passou?/ Ele nos encontrou, e agora/ Ela sofre somente porque/ Foi fazer o que eu quis...*". Foi como se, subitamente, toda a obra de Lupicinio ganhasse um novo significado ao encontrar o seu intérprete ideal. Aos poucos, Jamelão regravou todos os clássicos de Lupicinio, produzindo as interpretações definitivas — a tal ponto que, ao gravar material de outros compositores inspirados em Lupicinio, o fato de ser ele o intérprete levava a que se atribuísse ao gaúcho a autoria desse material.

Foi o que aconteceu com "Matriz e filial", do boêmio paulistano Lucio Cardim, que Jamelão gravou em 1964 — "*Quem sou eu/ Para ter direitos exclusivos sobre ela/ Se eu não posso sustentar os sonhos dela/ Se nada tenho e cada um vale o que tem...*". Para muitos, era um Lupicinio tardio, uma preciosidade que alguém resgatara de um baú. Mas enganam-se os que pensam que Cardim sofria com essa confusão. Ao contrário — ele até saiu ganhando com isso. Ao ver gente de fora nos botequins que frequentava, botava para tocar o disco de "Matriz ou filial" com Jamelão. Pouco depois, ouvia a invariável frase: "Ué, eu não conhecia esta do Lupicinio...". Apresentava-se como o autor da música. O outro não acreditava, e Cardim propunha uma aposta. A aposta era aceita porque o cantor era Jamelão, e ele era o cantor de Lupicinio. O selo do disco dava a palavra final, e Lucio Cardim não perdoava.

Cobrava a aposta e recolhia o dinheiro para, de alguma maneira, se compensar pelo fato de não ser a única pessoa que ele gostaria de ser: Lupicinio Rodrigues.

Já era por volta da uma da manhã, madrugada de sábado, 24 de outubro de 1959. Dolores Duran encerrou mais cedo sua noite no Little Club e foi com os amigos Marisa, o cantor Toni Vestani e o professor de inglês Roni Zaremba a um baile no Clube da Aeronáutica, na praça Marechal Ancora, adjacente à praça Quinze. Era um baile de gala em homenagem ao Dia do Aviador, com longos e smokings no salão e duas formações se revezando no palco: a espetacular Orquestra Pan American, de Severino Filho, com dezesseis músicos e coral de oito vozes, e o conjunto de Chiquinho do Acordeon, tendo como crooner Venilton Santos.

O Clube da Aeronáutica abrigara um ninho de conspirações políticas no governo constitucional de Getulio, e foi de seu salão de baile que saíra o caixão do major Rubens Vaz, em 1954, o que precipitou o suicídio do presidente. Lá também se tramara, em fevereiro de 1956, a revolta de Jacareacanga, em que alguns aviadores ensaiaram uma insurreição contra Juscelino nos primeiros dias de seu governo — mas foram logo desbaratados, presos e anistiados por JK. Desde então, as coisas pareceram sossegar e os cadetes se dedicaram mais a dançar do que a tentar desestabilizar o regime. O clube passara a abrigar bailes semanais, estrelados pelos grandes nomes da música, entre os quais, e muitas vezes, Dolores. Naquela noite, ela encontrou e abraçou uma quantidade de amigos no palco e na plateia.

Alguns deles foram os membros da orquestra e do vocal da Pan American, este constituído pelo próprio Severino Filho e suas irmãs Hortensia, Jurema e Gloria, além de Badeco, Quartera, Waldir e Odaléa. A Pan American era uma espécie de Os Cariocas ampliados e com saxes e metais explosivos. Acabara de gravar para a Musidisc dois irresistíveis LPs, *Sucessos internacionais* e *Star dust*, com standards americanos, como "Blue moon" e "Over the rainbow", em ritmo de samba, alternando com sucessos do momento, como "Apito no samba" e "Chega de saudade". O som dos novos LPs brasileiros de doze polegadas, em alta-fidelidade, era cintilante em comparação com os de dez polegadas, e os da Musidisc soavam melhor ainda, porque eram gravados em quatro canais — o jornalista e grã-fino José Alberto (Zezinho) Gueiros chamou-os de "os Cadillacs da alta-fidelidade". Um baile ao som da Orquestra Pan American, ao vivo, no palco, era coisa para só terminar com os galos cantando.

Dolores passou a noite dançando e se divertindo. Conversou com os diretores do clube e com um grupo de admiradores. Falou com o velho amigo Venilton Santos e ouviu de Eneida, irmã de João Donato, que seu ex-namorado embarcaria no dia seguinte para os Estados Unidos, a convite do violonista Nanai, para tentar a sorte por lá. Perto das cinco da manhã, Dolores, Marisa e Toni saíram do clube e foram encerrar a noitada no Kilt Club, um bar-restaurante do Beco do Joga a Chave. Ficaram até as sete, quando pegaram uma carona para o Posto 6. Dolores ainda os convidou a ir para seu apartamento, onde ela propunha salvar-lhes a vida com uma macarronada ou o que preferissem, mas eles estavam cansados, queriam ir dormir. Toni ficou pelo caminho, Marisa desceu na rua Souza Lima, onde morava, e Dolores seguiu até a Gomes Carneiro. Chegou em casa, brincou com a filhinha adotiva Maria Fernanda, de um ano e meio, e tomaram banho juntas. Dolores vestiu a criança, entregou-a para a empregada Rita e disse a frase que ficaria célebre: "Vou para a cama e não quero ser incomodada. Se alguém telefonar, não me chame. Quero dormir até morrer".

Rita seguiu as ordens. O dia se passou e já eram dez da noite quando ela estranhou o sono da patroa. Dolores já deveria estar se preparando para sair. Entrou no quarto e encontrou-a deitada sobre o lado esquerdo, com os braços apertados contra o peito. Rita a chamou e estranhou que não reagisse — assustou-se, achou que ela poderia estar dopada por comprimidos. Telefonou para Dirce Belmonte, amiga de Dolores, que morava na avenida Rainha Elizabeth, ao lado. Esta foi até lá e, ao ver o rosto de Dolores roxo de um lado, percebeu tudo. Dolores estava morta. Chamou a polícia.

Em 1959, as comunicações ainda se davam à velocidade do batimento cardíaco. Mesmo com o telefone, o rádio e as pessoas que falavam de uma janela para outra, as notícias custavam a se espalhar. Com a demora da chegada da polícia e da autópsia que revelaria o infarto do miocárdio, os amigos de Dolores só saberiam de sua morte por volta da meia-noite, quando se preparavam para entrar em cena nas boates em que trabalhavam. Como a má nova lhes chegou?

Tito Madi estava no Cangaceiro com Ribamar, e quase pronto para começar. Carminha Mascarenhas saiu da plateia e lhe disse: "Tito querido, estive fora do Rio. Acabo de chegar. Vim aqui ouvir você e, depois, vou ao Beco ouvir a Dolores". Ribamar veio do bar em direção a eles. Chamou Tito de lado e falou, baixinho: "Acabei de ouvir que a Dolores morreu. Não é possível. Vou procurar saber". Minutos depois, voltou, já de olhos vermelhos, com a confirmação. Tito e Ribamar fizeram a noite em torno do repertório de Dolores. Naquele momento, Ribamar ainda não imaginava que, em breve, seu nome se tornaria uma extensão do nome de Dolores Duran — como seu principal parceiro póstumo.

Maysa estava cantando no Au Bon Gourmet. Pediu a alguém que telefonasse para o Little Club e dissesse a Dolores que a esperasse — como o trabalho no restaurante terminava mais cedo, iria ver seu show e levaria alguns amigos. Só então soube que Dolores tinha morrido. Largou tudo e saiu correndo para a rua Gomes Carneiro, a pé, de salto alto. Ellen de Lima estava se apresentando na sede náutica do Vasco da Gama, na Lagoa. Num dos intervalos, deram-lhe a notícia. Terminou às pressas e também tomou um táxi para a Gomes Carneiro. Ao chegar, encontrou Maysa na porta do prédio e se abraçaram chorando. De repente, ouviram um grito, quase um uivo, saído de um carro que parava na porta — era dona Josepha, mãe de Dolores, que vinha do Leblon, onde morava com sua outra filha, Lela.

Shows foram interrompidos, outros nem começaram. No Little Club, Dora Lopes, que iria revezar com Dolores a partir daquela noite, acabara de cantar "A noite do meu bem" quando o telefone tocou com a informação. Marisa, no Baccara, ficou em estado de choque. Lucio Alves, no La Bohème, Miltinho e Djalma Ferreira, no Drink, Murilinho de Almeida, no Sacha's, e até o saxofonista Booker Pittman, no Plaza, continuaram em seus postos, mas dedicaram a noite a Dolores.

Flavio Cavalcanti estava com mulher e filhos em sua casa em Petrópolis. Ao receber a notícia por telefone, soltou um grito e esmurrou uma janela de vidro. O sangue salpicou a parede. Dolores era amiga íntima do casal. Às vezes, saía do trabalho, às seis da manhã, e ia acordar Flavio e Belinha, em seu apartamento na esquina da rua Xavier da Silveira com avenida Nossa Senhora de Copacabana. Chegava, jogava longe os sapatos — para aliviar os pés inchados — e pedia a Belinha que lhe fizesse uma sopa. Sentava-se ao piano e tocava alguma coisa que acabara de aprender, ou pegava papel e lápis e começava ou completava uma letra de música. Uma que, meses antes, acabara de fazer, passara a limpo e deixara com Flavio fora a de "A noite do meu bem".

Assim que o rádio começou a dar a notícia da morte de Dolores, a romaria em direção à rua Gomes Carneiro, 194, foi geral — Marisa, Ary Barroso, Carmelia Alves, Marlene, Bill Farr, Bené Nunes, os cronistas, os jornalistas, os apenas amigos. Nem todos puderam subir — o corpo de Dolores ainda estava no apartamento. A ambulância na porta atraía os curiosos. Quando a maca deixou o prédio e foi colocada no rabecão, já era madrugada de domingo. Naquela manhã, todo o país saberia que a perdera — sua música ocupava quase o dial inteiro.

O fato de Dolores ser da Rádio Nacional e ter apenas 29 anos contribuiu para a comoção. Mas, como aos poucos se descobriu, só por milagre a música não a perdera ainda mais cedo. O parecer do legista estabeleceu que Dolores tivera o infarto por volta das nove da manhã, pouco depois de deitar-se, e talvez não fosse o seu segundo. Podia ter sido o terceiro — havia indícios de outra ocorrência cardíaca em algum momento depois de 1955, quando tivera o primeiro. Dolores estava condenada e sabia disso. Era seu hábito, por exemplo, tomar diariamente uma injeção para o coração (e outra para problemas hepáticos) numa farmácia na própria rua Gomes Carneiro. O farmacêutico confirmou que, na manhã de sua morte, assim que descera do carro e antes de ir para casa, ela fizera isso.

Vindas de amigos e colegas, outras revelações foram surgindo. Como se fosse uma superstição, Dolores sempre tomava três doses de uísque puro antes de entrar em cena (multiplique pelo número de entradas em uma noite) — explicando o fato de que, descontados os uísques que tomara na boate durante a semana, seu salário no Little Club se reduzia a zero. Contrariando todas as recomendações médicas, Dolores fumava três maços por dia. Achava divertido cheirar lança-perfume no Carnaval e, se algum fornecedor lhe oferecesse uma ampola em outra época do ano, não se fazia de rogada. E não passava sem seus comprimidos para dormir. Mas sua principal droga era seu ritmo de vida. Um apanhado de tudo que fizera apenas em seu último ano — a partir do segundo semestre de 1958 — seria absurdo até para uma pessoa saudável.

Em meados daquele ano, partira para uma turnê de apresentações na União Soviética, comandada por Jorge Goulart e Nora Ney. Os dois eram militantes do Partido Comunista, ainda clandestino, mas funcionando com relativa liberdade sob JK. A trupe (selecionada por eles entre os artistas que consideravam simpáticos à causa) era formada por Dolores, pela cantora Maria Helena Raposo, especialista em folclore, pelo Conjunto Farroupilha e por um conjunto musical dirigido pelo saxofonista Paulo Moura, com arranjos preparados para incluir músicos locais. Dolores participou dos primeiros shows pelas cidades soviéticas, mas sua inclinação pelo socialismo começou a murchar — a sufocante pregação vinda das autoridades que não os largavam não correspondia à realidade que ela observava. Era mais fácil, por exemplo, submeter-se a uma lavagem cerebral do que — por falta de sabonete — lavar o cabelo.

Ao saber que a excursão ameaçava estender-se à China, decidiu abandoná-la. Fugiu para Paris, que "conhecia" tão bem, sem nunca ter ido lá. Não foi a única a desertar — Paulo Moura, com quem tivera um affaire em Moscou, e outro músico também pediram o boné. Jorge e Nora ficaram furiosos — para eles, aquela viagem era uma tarefa política. Na volta ao Rio, Dolores não poupou comentários negativos sobre a URSS e teve de enfrentar as críticas de Goulart, que, sem poder falar em "traição à causa", vergastou sua falta de profissionalismo.

Ao embarcar para Moscou, Dolores ainda estava casada com Macedo Neto. Mas, ao descer de volta no Galeão, já se sentia solteira, o que a autorizou a namorar o cantor Ted Moreno, o industrial Cesar Thedim e, principalmente, o garotão de praia e estudante de direito Raimundo Nonato Pinheiro, 18 anos — ela, 28 —, que conhecera no Little Club.

Este foi um caso que durou um ano e envolveu paixão, entrega, encantamento — e, para Dolores, uma certa iminência de perigo, porque ela podia se apaixonar e o caso acabar a qualquer momento. Visto à distância, ficou nítido que Nonato era mais importante para Dolores do que ela para ele. Nonato tinha uma namorada, também estudante, da sua idade, "para casar" e, por coincidência, chamada Maysa — de cuja existência Dolores estava a par e com quem sabia que não poderia competir. Com atraso, Maysa também ficou sabendo de Dolores, mas, quando a história começou a incomodá-la, Dolores deixou de existir.

Pode ter sido pensando em Nonato que Dolores compôs "Ideias erradas", lançado quase simultaneamente por Carlos Galhardo e por seus amigos do Trio Irakitan: *"Não faça ideias erradas de mim/ Só porque eu quero você tanto assim/ Eu gosto de você, mas não esqueço/ De tudo quanto valho e mereço...".*

Nonato era carinhoso, mas irreverente para com Dolores. Chamava-a de "meu Buda barrigudinho", sem se dar conta de que tocava num ponto delicado. Dolores não se achava bonita e isso a incomodava. Sem contar a Nonato, submeteu-se a uma plástica abdominal na Clínica São Sebastião, na rua Bento Lisboa, no Catete. O cirurgião, dr. Urbano Fabrini, era seu fã e espectador quase diário no Little Club. Dolores insistiu em voltar para casa antes do período recomendado — como se não houvesse tempo a perder —, e Fabrini, por conhecê-la bem, permitiu. O que não teria maiores consequências, exceto pelo fato de que, por uma fatalidade, Dolores caiu da cama e os pontos se abriram. Teve de voltar à clínica para refazer o serviço.

A compositora que, em 1957, ainda nem sonhava em competir com a cantora foi descoberta pelos colegas, que passaram a se atropelar para gravá-la. "Por causa de você", lançado por Sylvia Telles no LP *Carícia*, teve 28 versões somente em 1958, por Agostinho dos Santos, Helena de Lima, Maysa, Elizeth Cardoso, Roberto Luna, Vera Lucia, Angela Maria, Leny Eversong, Waldyr Calmon, Bené Nunes, o maestro Leo Peracchi e outros cantores, corais, grandes orquestras, pequenos conjuntos e solistas. Dolores não esperava por isso. "Estrada do sol", lançado em 1958 por Agostinho dos Santos, foi imediatamente gravado por Maria Helena Raposo, Agnaldo Rayol, Sylvia Telles e Lucio Alves. "Castigo", também lançado em 1958 por Nora Ney (antes da viagem à URSS), foi logo adotado por Roberto Luna, Marisa, Vera Lucia, Catulo de Paula, Sylvia Telles, Maysa, Lucio Alves e Waldyr Calmon, apenas entre os que chegaram primeiro.

Dolores compôs "A noite do meu bem" no primeiro semestre de 1959 — segundo Nonato, dedicado a ele e depois de uma linda noite de amor — e o deu em primeira mão ao amigo Toni Vestani para gravar. O disco de Toni, lançado no meio do ano pela minúscula Musidisc, não chegou às rádios nem às vitrolas. Mas chegou aos ouvidos dos grandes nomes do mercado — Ellen de Lima, Elza Laranjeira, Carlos José, Marisa, Agostinho dos Santos —, que se apaixonaram em massa por "A noite do meu bem" e o gravaram, um depois do outro. Em algum momento do segundo semestre, todos esses 78 estiveram ao mesmo tempo nas lojas, para deleite de Dolores. Ou seja, nem que fosse por alguns dias, ela teve tempo de conhecer o triunfo de sua maior criação.

Sua própria gravação de "A noite do meu bem", pela Copacabana, é que só seria lançado em dezembro, dois meses depois de sua morte, e soaria como um epitáfio, um testamento musical, um legado que ela deixava para milhões: "*Hoje eu quero a rosa mais linda que houver/ E a primeira estrela que vier/ Para enfeitar a noite do meu bem// Hoje eu quero paz de criança dormindo/ E abandono de flores se abrindo/ Para enfeitar a noite do meu bem// Quero a alegria de um barco voltando/ Quero ternura de mãos se encontrando/ Para enfeitar a noite do meu bem...*".

"Fim de caso", no outro lado do 78 — "*Eu desconfio/ Que o nosso caso está na hora de acabar/ Há um adeus/ Em cada gesto, em cada olhar/ Mas nós não temos é coragem de falar...*" —, reforçaria essa sensação de últimas palavras e fixaria o conceito de que as letras de Dolores, marcadas por uma doce melancolia, refletiriam sua vida de mulher triste e solitária. Mas quem disse que ela era assim?

Por coincidência, em seu LP *Dolores Duran canta para você dançar...*, de novembro de 1957, ela regravara um sucesso de Aracy de Almeida em 1947, "Quem foi?", de Jorge Tavares e Nestor de Holanda: "*Quem foi?/ Quem foi que andou dizendo/ Que eu vivo sempre sofrendo/ Que eu vivo sempre chorando?// [...] // O pranto para mim não existe/ Não choro quando estou triste/ Sorrio sempre na dor/ Não dou valor ao coração/ Não ligo a uma ingratidão/ Não choro por um amor*". Parecia um recado aos que postumamente a confundiriam com suas músicas, rotulando-a como uma mulher amargurada — quando todos os seus contemporâneos sabiam que era moleca, vivaz, alegre e se orgulhava de suas fossas só durarem três dias.

Dolores era popular, requisitada e... desejada. Em todas as boates onde entrasse para visitar os colegas, era obrigada a dar uma canja — no Sacha's, era recebida pelo próprio com "My funny Valentine". Roberto Luna dizia que, em 1953, nas noites em que se sentavam na praia do Russell, nos intervalos dos shows do Béguin, João Gilberto dava em cima de Dolores abertamente — e ela só não aceitava porque Donato estava presente. Um dos apaixonados por ela era seu próprio patrão no Little Club, o italiano Alberico Campana. Mas Alberico era muito tímido para se declarar e Dolores, que gostava dele e não queria magoá-lo, fingia não perceber — mesmo porque já tinha namorado. E quem, com uma vida profissional tão movimentada, teria tempo ou espaço para melancolias?

Dolores foi atração fixa no Little Club durante todo o ano de 1959. Seu pianista, Raul Mascarenhas, às vezes se excedia nos copos e tinha apagões ao teclado, criando espaços que não constavam da música. Mas a plateia estava tão entregue a Dolores que via os intervalos como pausas — e Raul, ao despertar segundos depois, retomava a frase musical com absoluta lógica e precisão.

Mesmo sem o Little Club, a agenda fixa de Dolores seria desumana. Além da Rádio Nacional (onde cantou em cerca de trinta programas diferentes durante os seus dez anos de contrato), fazia uma participação regular no programa *Noite de Gala*, na TV Rio, cuja orquestra era regida por Tom Jobim. Por alguns meses, teve seu próprio programa na mesma emissora, *Visitando Dolores*, às sextas-feiras, às 18h30. Em maio, gravou um LP inteiro de canções nordestinas, *Esse Norte é minha sorte*. Gravava também jingles para o rádio, de produtos e de casas comerciais como Toddy, Café Caboclo e Casas da Banha. O cinema nacional a deixara momentaneamente de lado, depois de suas aparições nas chanchadas *Quem sabe, sabe*, 1956, e *Rico ri à toa*, 1957, mas, com seu sucesso como compositora, os produtores já voltavam a acenar-lhe. Que horas lhe sobravam para ser triste?

Continuava costurando seus próprios vestidos e, agora, os de Marisa e de sua irmã Lela, que começava a ensaiar uma carreira musical. Dolores também pintava — ou tentava —, e seu parceiro de telas e cavaletes era Mario Telles, irmão de Sylvia. Além disso, tinha a filha Maria Fernanda, a quem procurava dar o máximo de atenção. Aos sábados, era de lei sua ida aos saraus do compositor Fernando Cesar, no Alto da Boa Vista — uma espécie de conferência de cúpula do samba-canção, com a presença de todas as intérpretes do compositor, tendo Doris Monteiro à frente. E, se Alberico a avisasse de que, em tal noite, o Little Club iria receber este ou aquele grupo de estrangeiros, Dolores se preparava — se fossem alemães, cantaria algumas canções em alemão ("*Du, du, du/ Lass mein kleines Herz in Ruh*..."); se italianos, franceses ou americanos, a mesma coisa. Os visitantes se impressionavam com sua naturalidade em línguas que conheciam bem — chamavam-na à mesa para conversar e se surpreendiam porque Dolores só conseguia se defender em inglês.

Uma estrangeira que se encantou com Dolores foi Marlene Dietrich — não no Little Club, mas na boate Michel, de São Paulo, onde Dolores cumpriu curta temporada em julho e Marlene foi levada para ouvi-la. Dietrich se espantou de ver uma cantora brasileira dominando um repertório internacional como ela, que cantava em alemão, inglês e francês. Espantou-se mais ainda ao saber que, além dessas, Dolores cantava também em espanhol, italiano e até esperanto. E não apenas os estrangeiros queriam saber dela, aprender com ela.

Em 1959, o Baccara, vizinho do Little Club no Beco das Garrafas, apresentava uma pianista e cantora de dezesseis anos chamada Leny Andrade. Seus pais tiveram de emancipá-la para que ela pudesse se apresentar, e o acordo com a autoridade era o de que chegasse, tocasse e fosse embora — não podia ficar zanzando por ali. Mas, certa noite daquele ano, Leny pediu a seu pai que a levasse ao Little Club. Queria ouvir a cantora. O show já começara e não havia mesas ou cadeiras vazias. Os dois ficaram de pé num canto, admirando cada proeza vocal da artista. E, de repente, Dolores cantou "How high the moon", com um scat cheio de swing. Foi o primeiro que Leny ouviu na vida — não sabia que se podia fazer aquilo com as letras — e, ali, aprendeu de saída que, se um dia tentasse algo parecido, era preciso ser exigente — os scats tinham de ser coerentes e lógicos, não podiam ser dabadabadus vazios.

Os fãs de Dolores estavam em todas as categorias, inclusive a dos grosseiros. É conhecida a história do cliente (jamais identificado) que ia todas as noites ao Little Club, mandava vir uma garrafa e dizia a Alberico: "Diga à negrinha para cantar 'Menino grande'" — ou "Nunca", de Lupicinio, ou qualquer outro, mas sempre se referindo à "negrinha". Dolores fazia um muxoxo: "Não canto nada. Não fala comigo, não olha pra mim e me chama de 'negrinha'. Ainda se fosse 'neguinha'...". Alberico ficava de mãos postas: "Dolores, não discute. O homem só toma 'alpiste' de 25 anos...". E ela, branca, de traços mulatos, o atendia. Dolores se queixou a Billy Blanco e este fez um samba a respeito, "A banca do distinto": "*Não fala com pobre, não dá mão a preto/ Não carrega embrulho/ Pra que tanta pose, doutor?/ Pra que tanto orgulho?// A bruxa que é cega esbarra na gente/ E a vida estanca/ O enfarte lhe pega, doutor/ E acaba essa banca...*". Dolores aprendeu-o e passou a cantá-lo todas as noites, assim que o cliente entrava. Mas o homem nunca se tocou que era para ele. E acabou não sendo Dolores, mas Isaurinha Garcia, a primeira a gravar o samba de Billy.

Muitos relatos de 1959 falam de uma Dolores que, onde quer que estivesse, em qualquer situação ou hora, desatava a fazer versos, que deixava em mãos do amigo ou compositor mais próximo, como Billy Blanco, Fernando Cesar, Marisa, Lucio Alves, o publicitário e companheiro de copo Edson Borges, o pianista Ribamar — versos esses que, ia-se ver depois, imploravam por ser musicados. Quase todos o foram e, graças a eles, tivemos, entre tantos, "*... Sim, eu não te amo porque quero/ Ai, se eu pudesse esqueceria/ Vivo e vivo só porque te espero/ Ai, esta amargura, esta agonia*" — "Ternura antiga", que Ribamar musicou em 1960 e deu a Luciene Franco, que a gravou e ficou com algo para levar pelo resto da vida.

O longo alcance da poesia de Dolores ficaria provado quando uma de suas letras, escrita possivelmente em 1959 e só encontrada por Marisa entre seus guardados 22 anos depois, em 1981, chegou a Carlos Lyra por intermédio de Hermínio Bello de Carvalho. Lyra a musicou e ele fez dela o clássico "O negócio é amar" — "*... Tem apaixonado que faz serenata/ Tem amor de raça e amor vira-lata/ Amor com champanhe, amor com cachaça/ Amor nos iates, nos bancos de praça// Tem homem que briga pela bem-amada/ Tem mulher maluca que atura pancada/ Tem quem ama tanto que até enlouquece/ Tem quem dê a vida por quem não merece...*". Na transição de Hermínio para Lyra, a palavra "pancada" se transformou em "porrada" — uma contribuição de Hermínio à letra, na suposição de que, tantos anos depois, esta era a palavra que Dolores usaria. O "porrada" incorporou-se à letra, e a única cantora que se recusaria a dizê-lo seria Nara Leão.

O alcance de Dolores talvez fosse ainda maior do que se pensava — maior do que a vida e a morte. Em dezembro de 1962, Nonato Pinheiro se casou com a namorada Maysa. Os dois foram morar no Flamengo e precisavam de uma empregada. Ana Maria, cunhada de Maysa, falou-lhe de uma moça criada na fazenda de seu pai, em Cantagalo, no estado do Rio, e já havia alguns anos no Rio. Maysa recebeu a moça, gostou dela e a contratou. Ela os acompanharia para sempre, ajudaria a criar seus filhos e netos, e tornar-se-ia parte da família até sua morte, quarenta anos depois, em 2002.

Naquela noite, ao voltar do trabalho, Nonato foi apresentado à moça. E ficou maravilhado com a coincidência.

Era Rita, ex-empregada de Dolores.

17

MADRUGADA, TRÊS E CINCO

Às vésperas do dia 21 de abril de 1960, milhares de brasileiros tiveram a sensação de estar pousando em Marte. Foram os que chegaram de avião a Brasília para a festa de inauguração da nova capital. Vista de cima, Brasília era um planeta virgem e vermelho, salpicado por prédios saídos das capas dos livrinhos de ficção científica, daqueles em papel-jornal, que se vendiam nas bancas, e cortado por carrinhos que zanzavam levantando poeira igualmente vermelha. Um close no material humano lá embaixo também não seria uma visão das mais inspiradoras.

O traje oficial para as cerimônias envolvendo chefes de Estado, dignitários estrangeiros e bacanas em geral é a casaca. Mas as casacas existentes no Brasil, compradas, alugadas ou emprestadas, não eram suficientes para vestir os milhares de convidados à recepção oficial no Palácio do Planalto. A falta de tempo e de opções — era pegar ou largar — impediu que os que conseguiram a sua lhe fizessem certos ajustes de última hora, obrigando-os a comparecer do jeito que ela lhes caía. Em alguns, as mangas estavam muito compridas, como as de Dunga em *Branca de Neve e os sete anões*; em outros, a calça é que era muito curta, deixando ver as meias imperdoavelmente brancas; e ainda outros se esqueceram de alugar os suspensórios e, como em casacas não é permitido o uso de cinto (nem há passadeiras para isso), os convidados tinham de fingir casualidade ao segurar as calças com as mãos à altura do umbigo. Muitos sem-casaca tentaram quebrar o galho com um smoking, achando que não faria diferença. Mas faz: a casaca exige gravata branca; o smoking, preta — como bem sabiam os colunistas sociais, entre eles Ibrahim Sued, que ficavam de lápis e caderninho anotando as gafes.

Ibrahim criticou também o exagero dos homens e mulheres vergados ao peso das condecorações e bijuterias e deplorou que, depois de todos os foras possíveis cometidos ao jantar, este fosse encerrado com uma sinfonia de ruídos com a boca e um palitar coletivo de dentes.

Apesar de todos os profissionais de copa e cozinha mandados a Brasília pelo cerimonial do Itamaraty no Rio, faltaram os de outras importantes categorias — o que era normal, porque o Brasil ainda não chegara à nova capital. Um botão a ser pregado a duas horas do jantar era um problema insolúvel — onde encontrar agulha e linha? Não se dispunha de um único engraxate profissional na cidade. E houve um surto de disenteria provocado pelo excesso de cloro na água. Brasília praticamente não tinha farmácias, barbeiros, manicures, lavanderias, armazéns, mercadinhos. Faltavam luz, gás e transportes. A cidade recebeu novecentos jornalistas credenciados — e os telefones ainda não tinham começado a funcionar.

Esqueceram-se também de providenciar acomodações suficientes para os convidados. Quando se achava um lugar para dormir, não havia lençóis, fronhas, travesseiros, toalhas. Cabides eram artigo de tal luxo na Novacap que um convidado mandou seu avião particular buscá-los no Rio. Aliás, Novacap, sigla da empresa encarregada de coordenar a construção da cidade, ameaçou tornar-se sinônimo de Brasília. Para que o Rio não virasse a Velhacap, Ibrahim propôs chamá-lo de Belacap. Deu certo. Enquanto se falou em Novacap, falou-se também na Belacap.

Para embalar o baile inaugural do Palácio do Planalto, Bené Nunes levou do Rio uma orquestra com trinta figuras. Meia hora antes da chegada do casal presidencial para o baile, marcada para as 22h30 — os músicos já aqueciam os beiços para atacar o "Peixe vivo" com toda a força dos metais —, uma equipe de candangos ainda lavava e ensaboava a rampa que dava acesso ao palácio. Por ela iriam subir dona Sarah e as demais senhoras, com seus saltos altos. Os candangos eram os operários de Brasília. À tarde, o ponto alto de uma das cerimônias ao ar livre fora o discurso de um candango-símbolo, representando os humildes heróis que tinham posto a cidade de pé em menos de quatro anos. Só que o discurso não foi escrito pelo candango, como se anunciou, mas pelo poeta Augusto Frederico Schmidt, um dos ghost-writers de Juscelino. E o candango também não era candango, mas barbeiro do próprio Schmidt, no Rio. Schmidt era um escritor sério, não iria correr riscos em matéria de estilo.

Oswaldo Penido, chefe da Casa Civil, convidou Carlos Machado a montar um show para os candangos num palco aberto no Eixo Rodoviário. Como as acomodações ainda eram precárias em Brasília, um avião sairia do Rio levando a trupe, as roupas e os cenários pela manhã; esperaria por eles, que deveriam se apresentar à noitinha, e os traria de volta ao Rio, ainda a tempo, talvez, de assistir à queima de fogos na lagoa Rodrigo de Freitas pelo nascimento do estado da Guanabara. Machado montou um espetáculo à base de trechos de suas últimas produções no Night and Day, como *Mister Samba*, em homenagem a Ary Barroso (e para a qual Ary fez "É luxo só"), e *Million dollar baby*.

O avião com a turma de Machado — cerca de sessenta pessoas, entre vedetes, cômicos e pessoal da técnica — pousou em Brasília ao meio-dia. O material de cena foi descarregado ao lado do palco onde também se apresentariam, antes deles, os artistas das rádios Nacional, Globo e Tupi. No fim da tarde, quando o pessoal da primeira rádio, a Nacional, entrou no palco, Machado mandou suas bailarinas se trocarem nos camarins improvisados atrás do palco e já se prepararem para quando chegasse a sua vez. Os camarins não eram indevassáveis e, segundo Machado, muitos candangos devem ter passado mal à visão daquele festival de seios, coxas e umbigos a poucos metros deles. Horas transcorreram. Os artistas de rádio eram nacionalmente conhecidos, o público não parava de aplaudir, e o show da Nacional não dava sinais de terminar. Ao saber que depois viria o da Globo e podia demorar a mesma coisa, Machado deu ordem às moças para que tirassem as fantasias e relaxassem — o que resultou em mais um espetáculo inesquecível para os candangos pendurados nos postes e estruturas, de onde podiam espiar o que se passava nos camarins.

No meio do show da Rádio Globo, Machado mandou que elas se vestissem de novo, e a malta teve direito a mais momentos de êxtase e alucinação. Ninguém ali jamais vira uma mulher remotamente parecida com aquelas. Mas até supermulheres como elas sentiam fome e cansaço — a organização esquecera-se de providenciar nem que fossem sanduíches, e elas não tinham onde sentar. Às quatro da manhã, quando Machado foi informado de que era a vez da Tupi e eles só teriam de esperar mais algumas horas, desistiu. Mandou tocar recolher e anunciou que iam voltar para o Rio. Pela quarta vez, as moças foram se trocar, algumas já nem se preocupando em fazer isso no camarim. Às seis horas, o avião levantou voo para o Rio, trazendo lindas mulheres despenteadas, de pernas inchadas e olheiras azuis. Horas mais tarde, já em casa, Machado saberia pelos jornais e rádios que seu show em Brasília fora "um sucesso". Que show?

A pompa e a circunstância na festa de inauguração de Brasília eram mais um jogo de cena do que a representação da verdade. Os Dragões da Independência, por exemplo, podiam ter-se poupado de montar guarda na praça dos Três Poderes — porque, até então, só um dos poderes se mudara, e parcialmente, para Brasília: o Executivo, leia-se Juscelino. E assim seria nos primeiros tempos.

Tudo o mais permanecera no Rio: os ministérios, as embaixadas, os tribunais, as instituições financeiras — bancos, corretoras, a Bolsa de Valores —, os institutos, as estatais, as autarquias. Havia um frenesi de rasgar papel, encaixotar material e despachar para Brasília, mas nada fora desativado para valer. Juntamente com o Palácio da Alvorada, o Laranjeiras continuou a ser a residência oficial do presidente. O Senado, a Câmara e a sede nacional dos partidos políticos também não arredaram pé de onde estavam. Cerca de 100 mil funcionários públicos federais foram instruídos a permanecer no Rio até que o governo decidisse o que fazer com eles. E o que eles queriam que acontecesse já fora resumido por Billy Blanco no samba que Juscelino proibiu de tocar na Rádio Nacional, mas não pôde impedir que tocasse nas outras: "*Eu não sou índio nem nada / Não tenho orelha furada / Nem uso argola / Pendurada no nariz / Não uso tanga de pena / A minha pele é morena / Do sol da praia onde nasci / E me criei feliz / / Não, não vou pra Brasília / Nem eu nem minha família / Mesmo que seja / Pra ficar cheio da grana / A vida não se compara / Mesmo difícil, tão cara / Quero ser pobre / Sem deixar Copacabana*".

O Rio se tornara o estado da Guanabara, a cidade-estado, a orgulhosa capital de si mesma, mas não deixara de ser, para todos os efeitos, a capital da República. Políticos que, por algum motivo, fossem obrigados a trabalhar em Brasília tinham de disputar um lugar nos hotéis ou em casas de amigos, porque os apartamentos funcionais na nova capital não estavam prontos. E todos ganhavam passagens aéreas, pagas por Juscelino, para voltar ao Rio e passar o fim de semana com suas famílias. Aliás, tanto os políticos como os funcionários públicos temiam a mesma coisa: se tivessem de morar em Brasília, onde matriculariam seus filhos, já que a nova capital ainda não tinha escolas suficientes?

No dia 20, véspera da festa em Brasília, Juscelino fizera um périplo de despedida pelo Centro do Rio. Fora à Câmara dos Deputados, ao Senado, ao Supremo Tribunal Federal, ao Itamaraty e à Academia Brasileira de Letras, em visitas de despedida — como se estivesse indo para o estrangeiro e deixando o país para trás. Dera até uma volta a pé pela rua do Ouvidor. Por onde passara, fora aplaudido e cumprimentado — o carioca habituara-se a gostar dele. Na manhã do dia 21, bem cedo, descera a escadaria do Catete pela última vez, seguido por amigos, políticos e funcionários do palácio. Fechara o pesado portão de ferro e entregara as chaves ao escritor Josué Montello, seu amigo, para que ele fizesse do palácio o Museu da República. E só então fora para o aeroporto Santos Dumont, com dona Sarah e as filhas, e tomara o avião para Brasília. Simbolicamente, era o fim de um ciclo e o começo de outro.

Mas os diplomatas, ministros, juízes, deputados e senadores enraizados na ex-capital não tinham a menor intenção de transpor pela última vez, nem mesmo simbolicamente, as portas do Sacha's, do Meia-Noite, do Golden Room, do Drink, do Arpège, do Fred's, do Night and Day, do Little Club, do Baccara, do Au Bon Gourmet ou qualquer outro, e entregar as chaves a alguém, muito menos a Josué Montello.

Inclusive porque não havia boates em Brasília.

Os que, anos depois, se perguntaram como o Rio "deixou" que a capital fosse levada daqui talvez se surpreendam com a informação de que, para 54% dos cariocas, segundo o Ibope, ela já ia tarde (27% eram contra e 19% não sabiam ou não tinham opinião). Depois de 197 anos como capital da Colônia, do Vice-Reinado, do Reino Unido, do Império e da República, o Rio enfim se livrava de um hóspede folgado, grosseiro e ingrato — o Poder —, que o impedia até de decidir sobre seu próprio destino. Entre outras coisas, os cariocas passavam finalmente a ter o direito de eleger o seu prefeito; antes, este era nomeado pelo presidente da República entre os seus homens de confiança — e era sempre um de seus conterrâneos, mesmo que sem nenhuma ligação com a cidade. Daí a euforia de um vereador que, à zero hora do dia 21 de abril de 1960, declarou que o Rio deixava de ser uma "cidade sitiada" e se tornava uma "cidade libertada". Por decreto, ali nasciam, ao mesmo tempo, Brasília e o estado da Guanabara.

"Eles se foram", escreveu Henrique Pongetti em sua coluna "O show da cidade", no *Globo* daquele dia. "Ficamos só nós, os citadinos, os verdadeiros donos da casa. Como falava alto o governo federal e como ocupava lugar! Abriu-se um silêncio largo no nosso coro cotidiano e ficou um vazio vistoso no nosso espaço doméstico. Podemos agora conversar em família. Vida nova, estamos entendidos? O Rio foi até hoje de todo mundo, menos dos cariocas de nascimento ou de coração. Com duas cornucópias a distribuir favores, cornucópias que eram o fruto do nosso trabalho e do nosso martírio — a municipal e a federal —, ninguém recebeu tão pouco [quanto o Rio] pelo muito que fez e sofreu."

David Nasser, no *Cruzeiro* daquela semana, pensava parecido: "Nesta manhã chuvosa, quase fria, neste dia cinzento, o Rio deixa de ser capital do Brasil, mas não se sente infeliz por isso. Que imaginam vocês da responsabilidade, da utilidade ou da necessidade de uma beleza como esta, plantada na orla marítima, inundada de sol, feliz com os seus defeitos, qual a vantagem de ser capital política e administrativa? De qualquer forma, obrigado, Juscelino, por fazer [do Rio] uma cidade. Nós, os ingratos, nem de longe poderíamos imaginar como é bom viver longe dos políticos, das confusões, de todo esse aglomerado humano que faz da Corte uma cidade hostil, atravancada, sem nenhum atrativo. Ninguém podia imaginar que, de repente, voltássemos, sem sair daqui, a uma ilha de paz, de sol e de perdão". E, sabendo que, no fundo, Juscelino nunca perdoara o carioca por, em sua maioria, ter votado em Juarez Távora nas eleições de 1955, Nasser foi irônico: "Obrigado, Juscelino, por haveres trocado esta cidade por uma paixão recente. O Rio te agradece por Brasília, a noiva que preferiste a um velho amor".

Os poetas levaram dias cantando o Rio pela imprensa, nenhum deles melhor do que Carlos Drummond de Andrade: "Rio antigo, Rio eterno/ Rio-oceano, Rio amigo/ O governo vai-se? Vá-se!/ Tu ficarás e eu contigo". A manchete do *Globo* — BRASÍLIA E GUANABARA EMOCIONAM O PAÍS; REPICAM OS SINOS DA GUANABARA — não era uma metáfora: à meia-noite do dia 20, os sinos de todas as igrejas do Rio repicaram mesmo. Dois mil guardas-noturnos sopraram seus apitos, os carros fizeram buzinaços e as pessoas dançavam pelas ruas cantando "Cidade maravilhosa", a marchinha de André Filho, lançada por Aurora Miranda em 1935 e tornada hino oficial do estado da Guanabara por projeto do vereador Salles Netto. Horas antes, Ary Barroso produzira um desfile da Mangueira, com quatrocentos componentes, em frente à sede do Flamengo, no Morro da Viúva. E Juscelino sancionara uma lei que acrescentava uma estrela à bandeira brasileira, representando a Guanabara. Só que as estrelas da bandeira não estavam ali para representar os estados, como a bandeira americana, e sim o céu astronômico do Rio na noite da proclamação da República, em 15 de novembro de 1889. A estrela ficou.

O novo estado foi recebido com festa, mas alguns já aconselhavam precaução diante da eventualidade de um esvaziamento econômico. Um dos possíveis riscos com a perda de status estaria no turismo, fundamental para a receita do Rio — temia-se que ele também fosse para Brasília. Jacinto de Thormes e a *Última Hora* lançaram um movimento para tentar incrementá-lo, reunindo para um coquetel no Copacabana Palace diplomatas, hoteleiros, jornalistas, joalheiros, gente de teatro e televisão, empresários da noite e produtores de espetáculos. *O Globo* e o *Correio da Manhã* fizeram o mesmo. Mas no que deu esse esforço? Em nada de muito objetivo. O Rio não tinha consciência regional. Por ser, em tese, sinônimo do poder como capital da República, habituara-se a espalhar generosamente entre pessoas e instituições de outros estados benesses — verbas, financiamentos, indústrias, isenções, incentivos — que, pelo menos em parte, poderiam ter ficado pela cidade mesmo e agora lhe seriam essenciais. Até por isso, o Rio deveria receber vastas compensações do governo federal — por tê-lo abrigado durante séculos e se submetido às suas conveniências. Mas e se essas compensações tardassem ou falhassem?

O fato de nada ter se alterado substancialmente com a mudança da capital podia dar a impressão de que, para a vida social e noturna carioca, 1960 seria apenas uma continuação de 1959. Mas os sinais de mudança já vinham de longe e eram palpáveis em outros setores.

O rádio, que, de tão poderoso e inquestionável, se tornara quase um poder da República, começava a sentir os efeitos da televisão. Dos noticiários às novelas e dos programas de humor à transmissão do futebol, quase todos os seus principais cartazes trabalhavam agora nos dois veículos — com a diferença de que carreavam para a televisão o prestígio, a audiência e os patrocinadores do rádio sem que este nada ganhasse em troca. Um sinal dessa onda avassaladora surgiu no logotipo das revistas especializadas: a *Revista do Rádio* passou a se chamar *Revista do Rádio e TV*, e o título da *Radiolândia* ganhou um apêndice: *Tevelândia*.

Uma única empresa, de matriz americana, dominava o mercado brasileiro de radioteatro: a Sidney Ross. Em seu nome, a Nacional punha diariamente seis novelas no ar, cada qual patrocinada por um ou mais de seus produtos: o comprimido Melhoral, o sal de frutas Sonrisal, o leite de magnésia de Philips, a pasta dental Kolynos, o fixador Glostora, o talco Ross, as "pílulas de vida" do Dr. Ross e vários outros. Alfredo Dias Gomes, autor da maioria dessas novelas, era contratado não da Rádio Nacional, mas da própria Sidney Ross. Pela cartilha do Partido Comunista, ao qual Dias Gomes pertencia, a Sidney Ross, assim como a Esso e a Coca-Cola, era um dos tentáculos do sanguinário imperialismo norte-americano, mas ninguém parecia se importar. Em 1957, o autor foi liberado pela multinacional e se tornou funcionário da Nacional. Era um sintoma de que os grandes patrocinadores já se preparavam para desembarcar do veículo rádio.

Por ser do governo, a Rádio Nacional sofria com os deputados e senadores que davam palpite nas contratações e lhe impunham suas "descobertas", quase sempre femininas. Tito Madi, que não tinha padrinho, nunca foi contratado da Nacional — às vezes cantava em seus programas, mas como convidado, sem receber cachê. Já os protegidos dos políticos ganhavam bons salários e podiam dizer-se "da Nacional", embora fossem chamados pelos programadores de "cantores Everest" — porque nunca eram escalados. Passavam meses em casa, recebendo sem trabalhar, e, como havia um limite para contratações, uma vaga tomada por um cantor ocioso, e não por um Tito Madi, teria de se refletir na qualidade da Nacional.

E olhe que, desde 1959, Tito Madi era um dos maiores nomes do mercado. Como cantor, lançara "Menina-moça", de Luiz Antonio — *"Você, botão de rosa / Amanhã, na flor, mulher / Joia preciosa, cada um deseja e quer / De manhã, banhada ao sol / Vem o mar beijar / Lua enciumada, noite alta vai olhar // Você, menina-moça / Mais menina que mulher / Confissões não ouça / Abra os olhos, se puder..."* —, uma celebração da beleza e da inocência, na linha de "Poor little rich girl", de Noël Coward, em 1920. A música fora feita para o filme *Matemática, zero, amor, dez*, de Carlos Hugo Christensen, e, por causa dela, Tito, que a cantava na tela, era convidado a fazer isso nos colégios do Rio — na hora do recreio, apenas ele e o violão. Pode-se imaginar o frisson das colegiais diante do seu artista favorito, quase ao alcance da mão, cantando um samba-canção que, para elas, lhes dizia respeito. Bem, se Tito Madi não existia para a Rádio Nacional e as boates estavam fora do alcance dessas moças, elas não se apertavam — podiam vê-lo e ouvi-lo, de smoking, na televisão.

Não só o rádio claudicava. Por fadiga de seus produtores ou esgotamento da fórmula, o quase secular teatro de revista da praça Tiradentes também vinha decaindo desde a segunda metade dos anos 50. Seguindo uma curva mundial, o público dos cinemas igualmente começara a decair. E o Carnaval de rua já não se comparava ao de dez anos antes, suplantado pelos bailes nos clubes.

Não havia uma norma nessas flutuações. Se o teatro de revista ia mal, os espetáculos de Carlos Machado, que eram a sua versão sofisticada e mais cara, iam bem — o Monte Carlo e o Casablanca já não existiam, mas Machado dominava agora o Night and Day, o Fred's e o Béguin. O cinema perdia público, mas as companhias de teatro, como a Tonia-Celi-Autran (de Tonia Carrero, Adolfo Celi e Paulo Autran), o Teatro dos Sete (de Fernanda Montenegro, Fernando Tôrres, Sergio Brito, Italo Rossi), a de Bibi Ferreira, a de Eva Todor e muitas outras lotavam casas o ano inteiro.

Quanto às boates, o valor do produto interno bruto que passava por suas mesas mostraria um declínio constante, noite após noite. Por causa disso, abriam-se menos caixas de uísque, já não se serviam tantos coquetéis de camarão, e a soma em gorjetas passadas à mão dos maîtres em troca de boas mesas caía de maneira alarmante. Onde estavam os ricos, os quase ricos, os poderosos, os influentes e os famosos que faziam das noites do extinto Vogue — e, supunha-se, de seu sucessor, o Sacha's — as mais encantadas do Rio? Não se dizia que essas noites seriam sem fim? Por que já não se viam em suas mesas, com a frequência de antes, o casal Souza Campos, os Gualberto, os Jordan, os Saavedra, os Monteiro de Carvalho?

A resposta podia ser muito simples. Se se tomasse 1946 como o começo dessa noite, já eram quinze anos a mais na biografia de seus principais nomes, homens e mulheres. Nenhum deles ficara mais jovem naquele período. E quinze anos representavam muito numa época em que a expectativa de vida dos brasileiros, mesmo os ricos, não chegava a sessenta anos. Murilinho de Almeida, falando das grandes damas que até bem pouco iluminavam a noite carioca, dizia que, agora, elas "já estavam na idade de arrumar gaveta e dançar com os filhos". A vida real também se intrometera na história. Com a morte de seus mais velhos, muitos daqueles milionários boêmios tinham sido obrigados a assumir a condução dos negócios da família. E, contrapondo-se a essas defecções, ainda não houvera tempo para uma renovação do elenco. A grande, talvez única, novidade era o casal Carmen — née Carmen Therezinha Solbiati, neta de barões, banqueiros e diplomatas paulistas e italianos — e Tony Mayrink Veiga, casados em 1956. Mas a vida social de Carmen e Tony se dava mais nos mil metros quadrados de seu apartamento no Morro da Viúva — com uma iluminação que permitia admirar os Guignards, Dacostas, Volpis e Di Cavalcantis — do que nos escurinhos do Sacha's ou do Meia-Noite.

Ainda não era o fim, claro. Uma minoria de boêmios sólidos e irredutíveis mantinha acesa a chama de certas casas, indo de uma para as outras na mesma noite, numa ciranda repetitiva e sem surpresa. Cansada de ver os rostos de sempre nas várias boates todas as noites, a grã-fina Béki Klabin, ilustre militante dessa minoria, comentou: "Pelo menos, às vezes eles trocam os garçons, não?".

Na verdade, havia uma nova geração à porta das boates, preparando-se para entrar. Mas seus gostos, valores e atitudes eram outros.

"Já estão deixando crioulo entrar em boate?"

Era o playboy Baby Pignatari provocando Antonio Maria à porta do Sacha's e, quase antes de terminar a frase, já partindo para a briga com uma bofetada — a mão aberta e pesada abatendo-se sobre o rosto e o pescoço de Maria. Corria o mês de dezembro de 1959. Quatro anos antes, no Vogue, Pignatari dera um murro na boca da cantora Julie Joy, porque ela não aprovava o namoro de Ivone, sua irmã, com o milionário, e tentava convencê-la a ir para casa. Baby não gostava de ser contrariado: "Comigo é assim. Mulher minha só vai embora quando eu mandar". Julie perdeu um dente, e Pignatari perdeu uma possível amiga: Dolores Duran, para quem Julie era uma irmã. Na época, Antonio Maria falara dessa agressão em sua coluna no *Globo*. Pignatari tampouco tolerava ser criticado. Esperou para se vingar a caráter. Ao saber que Maria iria ao Sacha's naquela noite, convocou dois amigos — na verdade, assalariados —, o ex-Cafajeste Carlos "Boboca" Peixoto e outro, chamado Ludovico, e armou a emboscada.

A agressão foi na calçada do Sacha's. Ninguém se meteu, nem os leões de chácara — devem ter achado que era uma briga limpa. Antonio Maria era forte, mas os outros também eram, e estavam em três. Maria apanhou muito, mas bateu também. Foi considerada a noite mais sangrenta na história das boates cariocas. É dessa briga sua famosa frase em resposta à ordem de Pignatari para que os outros lhe quebrassem as mãos — para que nunca mais escrevesse. "Vocês acham que eu escrevo com as mãos?", teria dito Maria, entre socos.

Era por isso que os Cafajestes, desde o tempo de Edu, não gostavam de Baby Pignatari. Não aprovavam sua empáfia e grosseria, nem se impressionavam com as proezas aparentemente suicidas das quais vivia se gabando — saltos de trapézio sem rede, malabarismos em motocicletas, rasantes em aviões e, principalmente, derrubar postes com Cadillacs. Pignatari calculava ter destruído 25 carros, mas "nenhum poste ficou de pé". Julgava-se um centauro que, em vez de metade cavalo, fosse metade carro, moto ou avião. Julgava-se também um *tombeur de femmes*, apto a superar Jorginho Guinle na conquista de estrelas de cinema. E parecia ter todas as vantagens sobre este – quarentão, como Jorginho, mas muito mais bonito, têmporas grisalhas à Stewart Granger, 1,91 metro de altura, brasileiro nascido em Nápoles, gastador, extravagante, dono de um Electra com salão, suíte e bar, que ele mesmo pilotava, e, enquanto foi moda, ao volante de um Porsche Spider, o carro em que James Dean se esborrachara.

Mas suas conquistas internacionais nunca o promoveram acima de um milionário médio. Afinal, quem eram suas conquistas? A húngara Zsa Zsa Gabor, por cuja cama já passara metade da Europa; a estupenda francesa Martine Carol, mas com a carreira já na descendente por excesso de champanhe e Dexamil; a bela italiana Rosanna Schiaffino, mas ainda muito jovem, antes de sua curta temporada nas marquises; e Linda Christian, bonita atriz mexicana, de carreira apagada em Hollywood, cujo principal crédito fora um curto "casamento" de conveniência com Tyrone Power, promovido pela Fox, para amenizar suspeitas sobre Tyrone. Já o currículo de Jorginho, nessa época, incluía Veronica Lake, Maria Montez, Hedy Lamarr, a jovem Marilyn Monroe (como profissional), Lily St. Cyr ("a bomba anatômica") e Anita Ekberg (também como profissional). E, no futuro próximo, incluiria Susan Hayward, Kim Novak, Martha Hyer, Rita Hayworth, Janet Leigh e Romy Schneider.

Em fins de 1957, Baby e Linda tiveram um caso na Europa e falaram de casamento. Linda empolgou-se com a ideia e passou a anunciá-la em entrevistas. Baby se irritou — não abria mão de dirigir sua própria publicidade — e brigou com ela. As primeiras semanas de 1958 foram marcadas por reconciliações e novas brigas. Em março, a convite de Baby, Linda veio ao Rio e se hospedaram no Copacabana Palace. Pode ter sido uma trama armada por ele para humilhá-la e despachá-la de vez. Por intermédio de Carlos Peixoto, Baby tentou convencer os ex-Cafajestes a desfilar em frente ao Copa com cartazes dizendo "Linda go home!", para dar a entender que o "povo brasileiro" não aprovava aquele romance. Ao ver que os Cafajestes não se prestariam ao papel, convocaram-se meninos de rua e vadios. A passeata aconteceu na pista da praia. Linda viu tudo pela janela e, chorando, tomou o primeiro avião. Quem não gostou foi Octavio Guinle, que ordenou a Baby deixar o hotel e não voltar mais lá. (Como alguém podia se atrever a expulsar um hóspede de seu hotel?) A proibição só foi revogada dois anos depois, quando Pignatari pediu desculpas pessoalmente a Octavio.

Magnata do aço, do zinco e do cobre, herdados de seu pai, e fabricante de aviões e metralhadoras para as Forças Armadas, Baby Pignatari era rico. Mas, para Jorginho Guinle, rico mesmo era quem não precisava ir ao escritório — como ele, que nunca ia. Por esse critério, Baby só seria rico em meio expediente, porque passava seis meses por ano em São Paulo, trabalhando e multiplicando sua fortuna, e os seis restantes brincando de playboy no Rio, na Europa e nos Estados Unidos. Seu casamento com a princesa Ira von Fürstenberg, em janeiro de 1961, confirmou que Jorginho tinha razão.

Quando os dois se conheceram, Ira, filha de um príncipe alemão e de uma herdeira da Fiat, com laços de família nas casas reais inglesa, húngara e monegasca, tinha dezenove anos e era casada com um príncipe espanhol, Alfonso Hohenlohe-Laugenburg, com quem tinha dois filhos. O romance com Baby começou e este a convenceu a se divorciar para se casarem no México. Ira, apaixonada, aceitou — só não queria perder os filhos. O príncipe dava-lhe o divórcio, mas não tolerava a ideia de ver sua prole aos cuidados do casca-grossa sul-americano que lhe tomara a mulher. Acusou Baby e Ira de adultério, ganhou a guarda dos filhos e conseguiu que Pignatari experimentasse por alguns dias as agruras de uma cadeia mexicana. Assolado na prisão pela "maldição de Montezuma" (tradicional diarreia provocada pelos tacos e empanadas) e sugado pelos percevejos, Baby foi fleumático: "Os mexicanos podiam caprichar mais".

Baby e Ira se casaram, mas então as coisas mudaram: o sedutor irresistível e irresponsável que a conquistara tornou-se um homem de negócios que, onde quer que estivesse, nu ou de casaca, a sós com ela na Floresta Negra ou em meio a cinquenta cabeças coroadas em Chamonix, nos Alpes, vivia ao telefone internacional — instruindo seus auxiliares brasileiros a comprar ou vender matéria-prima e tomar tais ou quais providências quanto ao câmbio ou ao mercado de ações. Jorginho

Guinle estava certo: se o sujeito tinha de trabalhar, não era rico. Baby não era também o playboy que aparentava ser e, talvez, nem o amante que ele via em suas fantasias. A separação foi rápida, em menos de um ano; o divórcio, envolvendo as questiúnculas financeiras inevitáveis nas altas rodas, é que custou até 1964 para sair.

Ira foi o último troféu de Baby Pignatari. A partir daí, ele se fixou em São Paulo, sossegou e, até sua morte, em 1977, só se falou dele a respeito de trabalho. Ao fazer uma declaração de bens, que incluía sua casa de 100 mil metros quadrados no Morumbi, Baby achou necessário acrescentar: "Casa própria".

"Guarda a rosa que eu te dei/ Esquece os males que eu te fiz/ A rosa vale mais que a tua dor...". A letra de Antonio Maria em "O amor e a rosa" parece se referir a um amor mal resolvido e cuja dor um dos amantes tenta aplacar com uma flor. Foi mais ou menos isso — só que com o sinal trocado. Disseram a Sergio Porto que sua namorada, a vedete Rose Rondelli, estrela de Carlos Machado, estaria naquele momento nos braços de Antonio Maria em determinado endereço de Copacabana. Sergio foi para lá, com os olhos em brasa, e flagrou-os na rua, nas proximidades do Hotel Plaza, onde Maria tinha um apartamento para quando não quisesse dormir em casa. O confronto dispensava palavras — os três, frente a frente, ao se olharem, já diziam tudo. Sergio Porto também era grande, e tudo levava a crer que haveria pancadaria. Mas, a um primeiro gesto de Sergio, Maria tirou uma rosa do cesto de Pedro das Flores, que passava por ali, e a ofereceu a ele. Isso o desarmou. Depois de alguns momentos de hesitação, Sergio tomou Rose pelo braço e foram embora.

Pouco depois, de volta ao Plaza, Maria fez a letra no bar; o pianista Pernambuco ouviu-a e se ofereceu para musicá-la; o resultado final, "O amor e a rosa", foi gravado por Elizeth Cardoso. Maria dedicou-a a Sergio Porto e a paz voltou a Copacabana.

Antonio Maria só brigava se não houvesse alternativa. Em 1956, Bené Nunes e Dulce Bressane, finalmente casados depois de anos de namoro e noivado, estavam a uma mesa no Sacha's com Maria, quando este, casualmente, pronunciou a palavra "merda". Eram tempos de recato quanto a certas palavras. Nenhum dos três ali — Bené, Dulce, Maria — era inocente, mas, para Bené, o casamento mudara o status de Dulce. Ela era agora a sra. Dulce Nunes e ele exigia respeito. Maria pediu desculpas, mas Bené não aceitou. Queria briga. Dulce tentou acalmar Bené, em vão. Os dois tiraram o paletó e foram brigar lá fora; Dulce quis segui-los, mas não deixaram. Teve de ficar dentro da boate, martirizando-se à ideia de que dois homens podiam estar se matando na rua por uma bobagem — e por sua causa.

Dez minutos depois, não aguentou mais e conseguiu forçar a porta. Saiu à calçada e, à luz do dia que começava a nascer, encontrou Bené e Maria, de mangas arregaçadas, sentados no meio-fio às gargalhadas e comendo pão doce, que tinham acabado de comprar de um vendedor no triciclo. Nem um soco fora trocado. Dulce pensou em mandá-los à merda, mas segurou-se — era agora uma senhora. No dia seguinte, nem era necessário, mas Maria lhes mandou flores.

Em outros casos, houve socos, mas não partiram dele. Em 1958, Paulo Francis, crítico de teatro do *Diário Carioca*, arrasou a peça *Calúnia*, de Lillian Hellman, dirigida por Adolfo Celi, em que Tonia Carrero e Margarida Max faziam duas professorinhas lésbicas. Tonia disse a amigos que o crítico não gostara da peça por ser, ele próprio, "sexy" — então, um eufemismo para homossexual. O comentário caiu nos ouvidos de Francis, que, no próprio *Diário Carioca*, replicou com indescritível violência. Escreveu um artigo que começava com a frase "Não me lembro se já dormi ou não com a sra. Tonia Carrero" — e por aí continuava.

A reação dos partidários de Tonia contra Francis foi instantânea. Celi, então casado com ela, cercou-o no Teatro do Leme, onde Francis dirigia uma peça, e o esmurrou (segundo Francis, esmurraram-se). Paulo Autran, no restaurante Gôndola, na rua Sá Ferreira, ponto de encontro do pessoal do teatro, cuspiu-lhe no rosto diante de toda a comunidade — Francis limitou-se a se limpar com o lenço. E Antonio Maria, na *Última Hora*, reportou tudo isso em sua coluna e descreveu Francis como tentando correr de seus agressores.

Curiosamente, de tudo que sofreu, este último ponto foi o único que pareceu ter ofendido Francis — porque, também pelo jornal, ele chamou Maria para a briga. Era corajoso de sua parte porque, num mano a mano contra Maria, Francis não ficaria de pé trinta segundos. Sabendo disso e, como contaria depois, preparou um estoque de golpes baixos para compensar a superioridade física do adversário. Mas, quando os dois se encontraram, Maria não quis saber de briga. Abraçaram-se e, para surpresa geral — talvez por artes do amigo comum Ivan Lessa —, tornaram-se o melhor amigo um do outro. Os três terminariam muitas de suas noites, às seis da manhã, comendo galinha frita num restaurante da rua Barata Ribeiro, o Acrópole, que eles chamavam de Grego e onde havia uma garçonete, Miss Grego, pela qual eram platonicamente apaixonados.

Antonio Maria não sabia, mas havia uma paixão de verdade à sua espera — enorme, assoladora, incapaz de caber em qualquer letra do samba-canção.

Em fins de 1960, um comandante da Panair denunciou o fornecimento de comida estragada para a tripulação e foi demitido. Funcionários da companhia aérea promoveram uma greve contra a medida, e a Panair, em vez de contornar a situação, ameaçou também os grevistas. Pela primeira vez, a imprensa se pôs contra ela. A companhia, surpreendida, convidou um grupo de jornalistas para um passeio em Paris, não para que a defendessem ou lhe fossem simpáticos — exceto, claro, se quisessem. Antonio Maria, então na *Última Hora*, não estava particularmente interessado no assunto, mas não faria a desfeita de recusar uma viagem de graça a Paris. Bastou isso para que Carlos Lacerda, governador eleito da Guanabara e a favor da greve, o desancasse pela *Tribuna da Imprensa*. Maria, de sobretudo, boina e uma baguete debaixo do braço no Quartier Latin, ficou sabendo que Lacerda o estava atacando. Na volta, acusou Lacerda de fazer média junto às suas "mal-amadas" — as mulheres sem namorado ou marido ou infelizes no casamento, que transferiam para ele "o vazio de suas paixões". Como quase tudo que se referia a Lacerda, o apelido de "mal-amadas" para suas seguidoras pegou. Tempos depois, ao entrevistar Sandra Cavalcanti, secretária de Assistência Social de Lacerda, em seu programa na TV Rio, Maria lhe perguntou se ela era "mal-amada". Não contava com a resposta de Sandra: "Posso até ser. Mas não fui eu que compus 'Ninguém me ama'".

Era o conceito se voltando contra o seu criador. E era um conceito amplo, que atingia até quem menos se esperava. Naquela mesma época, Danuza Leão continuava casada com Samuel Wainer, mas este parecia cada vez mais casado com a *Última Hora*. O jornal era a prioridade máxima de Samuel, e com razão. Jânio Quadros acabara de derrotar o agora marechal Lott na disputa à Presidência. A *Última Hora* apoiara Lott e, assim que Jânio tomasse posse, em janeiro de 1961, o jornal — transformado num império, com edições em São Paulo, Minas Gerais, Pernambuco e Rio Grande do Sul — sofreria uma redução da gorda publicidade oficial a que se habituara sob Getulio e JK. Precisaria buscar receita em outras fontes e, enquanto estas não se apresentassem, o jeito era investir na qualidade. O que o obrigava a ficar na Redação até tarde da noite, embora isso tivesse um preço — Danuza.

Aos 27 anos, sete de casamento e três filhos, Danuza ainda não se sentia pronta para se converter à vida doméstica. Gostava de ver gente, ir aos lugares, discutir os assuntos — afinal, fazia isso desde que aprendera a falar. Passou a sair quase todas as noites. Ia ao Black Horse, a nova boate hi-fi do conde Hubert de Castejà, na avenida Nossa Senhora de Copacabana, para dançar o chá-chá-chá, ou ao Sacha's, onde reinava seu velho amigo Murilinho de Almeida. Samuel ia ao seu encontro mais tarde num desses lugares. Durante anos, o acompanhante oficial de Danuza na ausência de Samuel fora Murilinho. Mas, de repente, Murilinho ficou famoso na noite como cantor, graças às suas interpretações de Cole Porter, e já não podia deixar o palco e sair pela noite com Danuza.

Em 1959, Antonio Maria trocara *O Globo* pela *Última Hora*, para onde levara sua coluna, agora com o título de "Mesa de pista". Ele também saía todas as noites, sozinho, e o Sacha's era um destino obrigatório. Maria e Danuza já se conheciam e se estimavam — anos antes, em tempos mais amenos, ele fizera parte de um grupo que ia jogar pôquer na casa de seu pai, formado por Millôr Fernandes, Paulo Francis, Ivan Lessa, Leon Eliachar e outros. A aproximação no Sacha's foi natural, com Maria fazendo companhia a Danuza enquanto Samuel não chegava. Como simples cronista, ele não precisava ir ao jornal e tinha horas muito mais livres — aliás, não precisava nem ir à sua própria casa, no Jardim Botânico, porque, e por cortesia do proprietário Marcos Grimpson, vivia mais no Plaza, onde dormia e escrevia sua coluna.

Danuza se surpreendeu ao descobrir em Maria um homem inteiramente diferente dos sambas-canção que compunha. Aos quarenta anos, era popular, querido, alegre, extrovertido e extravagante — para ele, o samba-canção era um gênero de música, não uma filosofia de vida. E, apesar de solicitado pelos amigos e leitores, estava sempre pronto a escutar Danuza na mesa da boate. Parecia sinceramente interessado em seus problemas com os filhos, a cozinheira, a governanta. Em pouco tempo, a presença de Maria cresceu à apreciação de Danuza — não era mais um confidente ocasional, mas um amigo à disposição e sinceramente interessado na sua felicidade. Nos raros dias em que Maria não aparecia, Danuza passou a sentir a sua ausência. Ele, por sua vez, começou a dedicar-lhe poemas de amor e pelo menos uma música: "Vem hoje" — "*... Faz falta em meu olhar o teu olhar / A doce paz do teu olhar / Faz falta em minha vida / O imenso bem do teu amor / / Vem sem medo, meu amor / Meu caminho é fácil de encontrar / Vem hoje, há luar no céu / Vem hoje, há canções no mar / Vem hoje, eu te beijarei / Vem hoje*" —, com música de Moacyr Silva e gravada por Elizeth Cardoso naquele mesmo ano em seu LP *Sax Voz nº 2*.

Quando Maria lhe disse que morreria se não pudesse mais vê-la e confessou que, ao descobri-la na praia com as crianças, estacionava o carro e passava horas observando-a de longe, sem que ela percebesse, a equação começou a ficar clara para Danuza. A prioridade de Samuel era a *Última Hora*; a prioridade de Antonio Maria era ela. Quando se deu conta, também estava apaixonada.

Um caso extraconjugal não estava nos planos de Danuza — nunca esteve. Mas a paixão aconteceu e Samuel teve de ser comunicado. Embora a renúncia de Jânio Quadros à Presidência e a luta pela posse do amigo João Goulart concentrassem sua atenção, Samuel não pareceu inteiramente surpreso. E, como homem inteligente que era, percebeu logo que não podia subestimar seu adversário. Aparentemente, ninguém mais anti-Danuza do que Antonio Maria — feio, gordo, deselegante, ia à praia de tamanco, usava botina de abotoar, não sabia dançar, tomava cerveja pelo gargalo e era pantagruélico ao comer —, mas tinha muita coisa que poderia conquistá-la: a inteligência, a delicadeza e certo ar de desamparo. Exatamente as qualidades que Danuza vira nele, Samuel, ao visitá-lo na prisão com Sergio Figueiredo, em 1953.

Bem a seu estilo, Samuel concluiu que sua única chance de não perder a mulher era ganhar tempo — e dali partiu para uma série de medidas protelatórias que afastassem Danuza de Maria. Primeiro, ofereceu-lhe uma viagem de alguns meses à Europa com os filhos Pinky, sete anos, e Samuca, seis. (Bruno, ainda bebê, ficaria no Rio.) Danuza aceitou. Ao voltar, ouviu de Samuel o pedido para que continuasse com ele por mais seis meses, quando se daria o aniversário de onze anos da *Última Hora*. E, mais uma vez, para desespero de Maria, Danuza concordou. Em junho de 1962, estava finalmente separada de Samuel, mas não foi viver com Maria. Samuel saiu de casa e Danuza continuou onde estava, com os filhos, no apartamento do Parque Guinle. Maria ia buscá-la todas as noites; Danuza descia, encontravam-se no hall e saíam para jantar. Maria nunca subiu ao apartamento.

Em setembro, Maria foi demitido da *Última Hora* — uma decisão que, talvez na esperança de recuperar Danuza, Samuel demorou quase três meses para tomar. Por interferência de João Calmon, cardeal dos Associados, Maria levou sua coluna, agora chamada "O jornal de Antonio Maria", para o agonizante *Diário da Noite*. Em fevereiro de 1963, com a morte do *Diário da Noite*, Maria passou-se para *O Jornal* — por coincidência, o mesmo em que começara como colunista, em 1951. Já então sua coluna era mais uma crônica do que uma cobertura da noite porque, por causa de Danuza, deixara de ir às boates. Na verdade, os dois abandonaram a noite e os lugares da moda, e as circunstâncias os condenaram um ao outro. Por causa de Samuel, os amigos de Danuza se afastaram dela; e Maria, por sua vez, não levou seus amigos para a relação. Os dois iam sozinhos a restaurantes discretos, um deles o Al Buon Gustaio, perto da casa dos pais de Danuza, no Posto 4. Quando sentiam saudade da comida do Sacha's, entravam pelos fundos e comiam na cozinha.

Como Maria não admitia que a pele da mulher amada tocasse lençóis alheios, seus encontros com Danuza nunca se deram em garçonnières e muito menos no Plaza. Assim que oficializaram a relação, Maria deixou o Plaza e se mudou para um apartamento num charmoso prédio de dois andares, em forma de casa, na rua Vitor Maúrtua, na Fonte da Saudade. Ali os dois puderam exercitar um ciúme lindamente doente e recíproco. O passado era tabu — para ambos —, mas o ciúme retrospectivo de Maria extrapolava. Paris, por exemplo, não podia ser mencionada, porque era a cidade em que Danuza morara, namorara e pintara o sete com o ator Daniel Gélin dez anos antes. Certas músicas estavam banidas porque se referiam a algum momento de sua vida com Samuel. E qualquer contato de Danuza com Samuel por causa dos filhos era um suplício para Maria.

Em julho de 1963, Maria sentiu-se mal. Um dos motivos pode ter sido um gesto de Samuel contado a ele por Danuza, ao tirar-lhe casualmente do colo o filhinho de ambos, Bruno, numa festa junina a que compareceram como pais. A ideia de as mãos de Samuel terem roçado por acidente no braço de Danuza era insuportável para Maria. Depois de meses de consultas a médicos pouco indicados, somente no fim do ano um cardiologista detectou o que ele tivera: um infarto. Como Maria não melhorasse, e as crianças fossem passar as férias com o pai, Danuza trouxe Maria para seu apartamento. Alugou-lhe uma cama de hospital, cuidou para que largasse os três maços de Continental que fumava por dia e trocou os pratos gordurosos que ele adorava por franguinhos desidratados e legumes no vapor. Solidária, Danuza aderiu à dieta e, com o permanente esforço de abaixar e levantar a cama de Maria, fazer-lhe a barba, dar-lhe banho, vestir-lhe o pijama e trocar os discos na vitrola, perdeu dez quilos em dois meses.

Mesmo assim, não era a situação ideal para Maria. Ele precisava voltar para sua casa — mas não sozinho. Em março de 1964, desafiando Samuel, que não reagiu, Danuza e as crianças foram morar com Maria na rua Vitor Maúrtua. Pela primeira vez, estabeleciam-se como família. E, quando tudo parecia finalmente se consolidar, a coabitação pôs para fora a cabeça do monstro — o ciúme doentio. Maria, apesar de combalido, passou a controlar Danuza como nunca.

Ela estava proibida de levar as crianças à praia porque Maria, aconselhado a não tomar sol, não poderia ir junto. Maria não aceitava que Danuza passasse de camisola em frente à televisão ligada — amigos como Heron Domingues ou Luiz Jatobá podiam estar lendo o noticiário no vídeo e iriam vê-la. E, certo dia, Maria fez uma cena porque viu Danuza abraçada a um homem na sala — o homem era ele, e a cena se passava no espelho. A vida ficara impossível para Danuza. Ao olhar para trás, descobriu que as antigas manifestações de amor já eram cenas de ciúme — como a de vigiá-la na praia durante horas, à distância, ou o próprio fato de ter afastado deles todos os seus amigos. E, para Maria, a simples existência de Samuel era um fantasma permanente sobre sua alma. Danuza ameaçou ir embora, mas Maria dizia que não resistiria se ela cumprisse essa ameaça. Morreria.

No dia 1º de abril, o golpe militar que depôs o presidente João Goulart tornou tudo isso secundário. Antes mesmo de seu jornal ser invadido e os carros de reportagem serem incendiados, Samuel pediu asilo no consulado do Chile, na rua Senador Vergueiro. Danuza foi avisada e tomou uma decisão difícil. Às escondidas de Maria, foi até Samuel no consulado e ofereceu-lhe os filhos, caso ele quisesse levá-los, para tornar menos doloroso seu exílio no Chile. Samuel ficou de pensar. Na volta para casa, Danuza contou a Maria. Ele não aceitou. Disse que, se ela cedesse os filhos a Samuel, iria querer visitá-los no Natal ou em algum aniversário, o que a faria estar com Samuel, e isso ele não consentiria. Brigaram, e Maria saiu para a rua. Parecia o fim. Sem saber se ele voltaria, Danuza também resolveu ir embora dali. Pegou os filhos e foi para a casa de seus pais. Nunca mais viu Antonio Maria.

Maria passou os três meses seguintes deprimido, sem conseguir escrever. Deixou o apartamento da rua Vitor Maúrtua, mas não voltou para o Plaza nem para sua família. Alugou um apartamento mobiliado na rua Fernando Mendes, ao lado do restaurante que abandonara por Danuza e para o qual agora voltava como se fosse seu verdadeiro lar — o Rond Point. Sergio Porto também ia com frequência ao Rond Point, com sua namorada Vera Vianna, estrelinha do cinema nacional — os dois viam Maria, mas sentiam que ele não estava para conversa. Preocupado, o ex-deputado mineiro José Aparecido de Oliveira, recém-cassado pelos militares e exilado em São Paulo, convidou Maria a passar alguns dias com ele. Maria zarpou para a Pauliceia e se hospedou com Aparecido.

A viagem parecia estar lhe fazendo bem. Iam quase todas as noites ao La Licorne, um inferninho de luxo então na praça Roosevelt. As moças logo se encantaram com Maria e o recebiam aos beijos. José Aparecido, mais conservador, recusava os beijos que lhe sobravam. Maria, de volta à sua coluna em *O Jornal*, escreveu: "Meu Deus, estamos perdidos. Já há homem que recusa beijo na boca!". Aparecido dormia cedo e Maria passou a ir sozinho ao La Licorne. Quando voltava ao apartamento pela manhã, Aparecido já havia saído. Certo dia, Maria deixou-lhe um bilhete: "José Aparecido, tenho o dormir muito tranquilo, fruto de serenidade interior. Se você me encontrar dormindo, deixe. Morto, acorde-me. a) Antonio Maria".

Mas o humor e a serenidade interior eram só para efeito externo. Maria estava sofrendo pavorosamente. Num telefonema e numa carta a Danuza, fez-lhe acusações duríssimas, que ela sabia injustas e nunca respondeu. Maria voltou a beber, a fumar e a comer de tudo, como se nada mais lhe importasse. Pretextos não lhe faltavam. Samuel passara pouco tempo no Chile e se mudara para Paris. Chamou Danuza para ir também para lá — nenhuma insinuação quanto a uma volta entre eles — e levar as crianças. Danuza aceitou e, em julho de 1964, desembarcaram em Paris.

Na noite de 15 de outubro, Maria, de volta ao Rio, jantou com sua amiga Vera Nascimento Silva, deixou-a em casa e foi para o Rond Point. Precisava trocar um cheque. Enquanto esperava o dinheiro, ficou conversando com o garçom Obed Fernandes, seu amigo, na porta do restaurante. Teve outro infarto e caiu na calçada.

Várias pessoas que estavam no Cangaceiro, a boate em frente, notaram um movimento estranho à porta do Rond Point e acorreram. Duas delas eram o pianista Raul Mascarenhas e o cantor, violonista e gaitista Rildo Hora, acompanhantes da estrela Helena de Lima e que aproveitavam o intervalo do show para fazer hora do lado de fora. Rildo chegou a debruçar-se sobre Maria e tomar-lhe o pulso. Outro foi o delegado Nilo Raposo, que tentou socorrê-lo com respiração boca a boca. Raposo ainda pôs Maria em seu carro e o levou ao hospital Rocha Maia, em

Botafogo. Mas não havia nada a fazer. Eram perto das três e cinco da madrugada, como Maria cantara em seu samba-canção com esse título. Ele tinha 43 anos.

Ao morrer, Maria estava de calça jeans, camisa social aberta ao peito e sandálias. Pelo menos, foi assim que os amigos Murilinho de Almeida, Roniquito Chevalier e Sergio Pettezoni o encontraram quando souberam da notícia e correram ao hospital. Murilinho propôs que o enterrassem como estava. Maria talvez gostasse da ideia. Mas outros amigos pensavam diferente, e providenciaram-lhe um terno azul, gravata e sapatos. Foi difícil vesti-lo — Maria parecia se recusar a entrar na fatiota. Como as mangas não ficavam bem, desabotoadas, Roniquito tirou suas abotoaduras e as pôs em Maria.

Ao saber da morte de Maria, Danuza estava em Paris. Deixou os filhos com Samuel, tomou um porre e enfiou-se em seu apartamento no hotel, onde ficou vinte dias sem sair. Bem que Maria lhe avisou que, sem ela, morreria. Mas, ainda no Rio, um médico lhe dissera que Maria era candidato certo a um infarto: vinha de uma família de hipertensos, era gordo, sedentário e levara décadas fumando, bebendo e comendo gordura. Não podia sentir-se culpada por tê-lo abandonado — afinal, também abandonara Samuel e ele não morrera. Na vida, nem tudo é um samba-canção. Às vezes, é apenas um diagnóstico médico.

Mas, quando se tratava de Antonio Maria, mesmo num momento dramático, sempre haveria espaço para o humor. Uma história que circulou pelo velório de Maria numa capela do cemitério São João Batista contou que, de volta ao Rio, vindo de São Paulo, Maria encontrou por acaso Carlos Heitor Cony. Este era então o jornalista mais discutido do país, por desafiar abertamente os militares recém-instalados no poder, em sua coluna no *Correio da Manhã*. Ao vê-lo, Maria foi logo dizendo:

"Cony, estive passando uns dias em São Paulo. Uma paulista me viu, pensou que eu fosse você e me levou para a casa dela. Fomos para a cama."

"É mesmo? Como foi?", perguntou Cony.

"Você brochou!"

18

JANELAS ABERTAS

Helena de Lima entrava no palco do Cangaceiro, sua voz tomava os espaços — *"Mais uma vez, boa noite, Rio/ Boa noite, Rio/ Meu velho camarada/ Agora vamos por aí/ Até chegar a madrugada..."* — e a plateia se sentia em casa. Essa casa era a boate, a cidade, a noite. Se Helena saísse e descesse cantando pela rua Fernando Mendes em direção à praia, as pessoas a seguiriam, de copo na mão, pela areia e para onde ela fosse.

Havia um caso de amor entre Helena de Lima e seu público. Um caso que começou muito cedo, quando ela decidiu que, em vez de lutar pelo estrelato no rádio e cantar para milhões que nunca saberia quem eram, seu território seriam as boates às horas mortas, com suas plateias de rostos amigos e familiares. Helena esteve esporadicamente no rádio, inclusive em São Paulo, mas nunca cedeu ao visgo do veículo. Ao mesmo tempo, não ia à luta por músicas inéditas e exclusivas, como a maioria dos cantores — se gostasse de um samba ou canção já lançado por um colega, incorporava-o ao seu repertório e cantava-o do seu jeito. Ela era mais ela. Os compositores é que iam vê-la — Ary Barroso, Dorival Caymmi, Luiz Antonio, Fernando Cesar — e, às vezes, lhe levavam uma preciosidade. Como Paulo Soledade, de quem ganhou em 1962 a marcha-rancho "Estão voltando as flores", que se tornou o seu cartão de visitas. Ou, às vezes, a preciosidade podia vir do fundo do próprio palco, como o samba-canção que seu pianista Raul Mascarenhas lhe entregou, com letra da tapeceira e poeta Concessa Lacerda, "Verdade da vida" — *"Choro a verdade da vida/ Sabendo que me enganei/ Ilusão/ Em tudo eu te encontrei// Hoje a certeza do amor/ Dando lugar à saudade/ Solidão/ Só tu és realidade..."*.

Durante muitos anos, a partir de 1960, o Cangaceiro seria o seu palco, às vezes dividido com a única cantora que o público admitia ver no seu lugar: Elizeth Cardoso. As duas enchiam todas as noites os 150 lugares. A diferença é que Elizeth fazia isso às quintas, sextas e sábados — e Helena, às segundas, terças e quartas, o que obrigava os políticos, diplomatas e grã-finos que a admiravam a adequar suas agendas. O samba "Boa noite, Rio", com que ela recebia os amigos no Cangaceiro, era o cartão de visitas de uma nova parceria, Haroldo Barbosa e Luiz Reis, que iria produzir, pelos três anos seguintes, músicas de enorme apelo popular e que já nasciam com o selo de clássicos.

Assim como a parceria de Tom Jobim e Vinicius de Moraes, em 1956, a de Haroldo Barbosa e Luiz Reis, em 1959, também foi sacramentada no Villarino e brindada com uma dose de White Horse medida pelo seu famoso "gabarito fosfórico" — a altura de uma caixa de fósforos Beija-Flor, de pé, ao lado do copo. Haroldo e Luiz, loucos por cavalos, já se conheciam das tardes no Jockey — Luiz fora até interino de Haroldo na coluna "Pangaré", que este escrevia no *Globo* — e das noites no antigo Stud do Theo. Os dois tinham completa afinidade musical, mas, talvez por estarem mais preocupados em discutir pules e barbadas, nunca lhes ocorrera fazer música juntos. Quando isso aconteceu, eles produziram de saída uma série de sambas ágeis e dançantes, como "Devagar com a louça", "Cara de pau", "Fiz o bobão", "Só vou de mulher", os graves "Notícia de jornal" e "Moeda quebrada", e o mordaz "Palhaçada" — "*Cara de palhaço / Pinta de palhaço / Roupa de palhaço / Foi este o meu amargo fim...*", quase todos lançados por Elizeth Cardoso ou pela nova sensação da noite: Miltinho, ex-crooner do conjunto de Djalma Ferreira no Drink.

Mas havia momentos em que Haroldo e Luiz se debruçavam contritos sobre o piano e o lápis. Disso resultou uma sequência de sambas-canção fora dos parâmetros temáticos que até então marcavam o gênero: "*Foi assim / A lâmpada apagou / A vista escureceu / Um beijo então se deu / E veio a ânsia louca / Incontida do amor...*" ("Meu nome é ninguém", 1960); "*Momentos são / Iguais àqueles em que eu te amei / Palavras são / Iguais àquelas que eu te dediquei / / Eu escrevi na fria areia / Um nome para amar / O mar chegou, tudo apagou / Palavras leva o mar...*" ("Nossos momentos", 1961); "*Magnífica é aquela tragada puxada depois do café / Magnífica é a escola de bola de um homem chamado Pelé/ Magnífico é o papo da tarde na mesa de amigos no bar/ Magnífico é o barco voltando depois dos castigos do mar...*" ("Tudo é magnífico", 1961); "*Luminosa manhã/ Por que tanta luz?/ Dá-me um pouco de céu/ Mas não tanto azul/ Dá-me um pouco de festa, não esta/ Que é demais pro meu anseio/ Ela veio, manhã, você sabe/ Ela veio...*" ("Canção da manhã feliz", 1962); "*Nenhuma lágrima, nenhuma/ Se por acaso viste alguma/ É mentira, é mentira/ Eu não chorei, e a minha mágoa/ Não cessará nos fios d'água/ É mentira, é mentira...*" ("Só eu sei de mim", 1963).

A lançadora de quase tudo isso foi também Elizeth Cardoso. Às vésperas dos quarenta anos, em 1960, Elizeth se tornara, quisesse ou não, a grande dama da música brasileira. Poetas e cronistas começavam a terçar palavras tentando defini-la: para Vinicius, ela era a Divina; para Mister Eco, a Magnífica; para Hermínio Bello de Carvalho, a Enluarada. Em 1958, Elizeth foi reportagem de capa de *O Cruzeiro* — um triunfo para ela, sabendo-se que a revista evitava adornar suas capas com belezas negras ou mulatas. Outra foto sua, essa em um jornal, recheando um maiô de duas-peças na praia de Copacabana, surpreendeu muita gente ao revelar seu corpo rijo e cheio de curvas. E mais ainda porque, na mesma época, Elizeth tornara-se publicamente avó — uma condição que, mesmo na era do Sputnik, trazia à mente um xale, óculos bifocais, agulhas de tricô e uma cadeira de balanço, não uma morena deitada numa esteira de palha, sob uma barraca de gomos e cheia de admiradores em volta. E admiradores eram o que não faltava a Elizeth.

Um deles era Vinicius de Moraes. Fazia anos que ele se insinuava de modo a não deixar dúvidas sobre sua intenção de namorá-la. Mas Vinicius, que Elizeth tanto admirava como poeta e estimava como amigo, estava longe de ser o seu ideal masculino — todos os seus namorados eram homens altos, atléticos e morenos. Vinicius, por mais encantador, era baixinho, roliço e deliciosamente rosado, e a situação estava se tornando constrangedora para ela. Alguém mais experiente (ou mais experiente em Vinicius) sugeriu a Elizeth que, na próxima vez em que ele investisse, ela deveria aceitar, com a condição de que fosse de bate-pronto — naquele momento ou nunca. E essa investida aconteceu no Vogue, onde o barão Stuckart franqueava aos amigos alguns apartamentos para os devidos fins. Vinicius ligou o charme para cima de Elizeth e, quando ela o aceitou de chofre — "Está bem, Vinicius, vamos subir!" —, o poeta refugou. "Mas não é bem assim, Elizethinha. Vamos tomar um uísque e...", ele tentou dizer. Mas Elizeth fulminou-o: "Sem uísque. É pegar ou largar". E, como previsto, o romântico Vinicius preferiu deixar para outro dia — que nunca aconteceu.

Mas ele não lhe guardou rancor, nem poderia. Anos depois, em princípios de 1958, Vinicius foi o encarregado de ir ao Club 36, onde Elizeth estava se apresentando, e convidá-la para gravar, pelo selo Festa, o LP *Canção do amor demais*, com as canções que ele e Antonio Carlos Jobim estavam compondo desde que seu musical *Orfeu da Conceição* saíra de cena.

Elizeth não aceitou de saída. Tinha dúvidas. Não por saber que a cantora que Tom e o produtor Irineu Garcia preferiam para a tarefa, Dolores Duran, recusara o convite — Elizeth não sabia. Mas por não ver sentido em gravar um LP com treze canções desconhecidas e de uma parceria que, por mais respeitável, não tinha penetração popular. Mas concordou em ir ao apartamento de Tom para ouvir as músicas — e, no que fez isso, ficou mais assustada ainda. As letras eram de um nível poético a que o público não estava habituado, e a música parecia mais afeita ao Theatro Municipal do que aos dancings em que trabalhara e que ficavam quase defronte ao teatro, ali mesmo na Cinelândia. Por sorte, Elizeth namorava o boêmio e homem de negócios Cesar Thedim, amigo de Tom desde os tempos de mergulho e capoeira no Arpoador. Foi Thedim quem fez Elizeth aceitar, convencendo-a de que, com *Canção do amor demais*, seu ganho artístico seria superior a qualquer quantidade de discos vendidos.

Como se previa, o LP foi um fracasso de vendas. A minúscula Festa mal tinha como colocá-lo nas lojas do próprio Rio e dependia da compra de um reparte pelo Itamaraty. Mas logo ficaria lendário pela faixa "Chega de saudade", em que se ouvia, pela primeira vez, sob Elizeth, uma certa batida de violão pelo acompanhante João Gilberto (sem crédito no texto original de contracapa por Vinicius), inaugurando um ritmo que, meses depois, ganharia um nome: Bossa Nova.

E esta era a questão. Por mais importante aquele "Chega de saudade" seminal, *Canção do amor demais* não podia ser resumido à participação de João Gilberto em uma faixa. Afinal, era um disco de Elizeth

Cardoso, pela primeira vez servida por um repertório perfeito, sem concessões comerciais ou injunções de produtores — e um dos primeiros discos de "autor" (no caso, "autores") feitos no país. Não era também um simples disco romântico, mas um resumo do fecundo universo rítmico brasileiro desde a Belle Époque — um universo a que Vinicius e Tom, apesar dos quinze anos de diferença de idade que os separavam, tinham sido expostos na infância por seus tios poetas e pianistas, e, conscientemente ou não, reproduziam agora como compositores.

O disco continha canções, modinhas, acalantos, valsas, toadas, sambas — velhos ritmos a que Jobim, como autor e arranjador, conferiu uma inesperada modernidade — e pelo menos quatro faixas que poderiam ser classificadas como sambas-canção: "Eu não existo sem você" ("*Eu sei e você sabe já que a vida quis assim/ Que nada neste mundo levará você de mim/ Eu sei e você sabe que a distância não existe/ Que todo grande amor só é bem grande se for triste...*"), "Janelas abertas" ("*Sim, eu poderia fugir, meu amor/ Eu poderia partir/ Sem dizer pra onde vou/ Nem se devo voltar...*"), "Medo de amar", este só de Vinicius ("*Vire esta folha do livro e se esqueça de mim/ Finja que o amor acabou e se esqueça de mim/ Você não compreendeu que o ciúme é um mal de raiz/ E que ter medo de amar não faz ninguém feliz...*") e "As praias desertas", só de Jobim ("*As praias desertas continuam/ Esperando por nós dois/ A este encontro eu não devo faltar/ O mar que brinca na areia/ Está sempre a chamar/ Agora eu sei que não posso faltar...*"). Iam-se os desencontros, os desamores e as lágrimas, e ficava o ritmo — terno, sensual, voluptuoso.

Os próprios títulos já insinuavam essa modernidade. Eram sambas-canção de janelas abertas e com vista para o mar — como se a temática do gênero, até então sufocada entre quatro paredes, estivesse ganhando um escape. E, para o observador de visão armada, esse escape não se limitava à produção de Tom e Vinicius. Logo seria perceptível também nos sambas-canção que estavam sendo produzidos por Djalma Ferreira e Luiz Antonio, Haroldo Barbosa e Luiz Reis, Evaldo Gouveia e Jair Amorim, Raul Sampaio e Benil Santos, Fernando Cesar, Luiz Bonfá, Newton Mendonça, Billy Blanco, Tito Madi, e por novatos como João Roberto Kelly, Sylvio Cezar, Sergio Ricardo, Maysa e a própria Dolores Duran. Pelos anos seguintes, eles dariam ao samba-canção um fôlego que lhe permitiria resistir à chegada da Bossa Nova, cuja proposta mais solar e menos intimista seduziria boa parte do público.

Para todos os efeitos, no entanto, a base artística e comercial da música popular brasileira em fins dos anos 50 continuava a ser uma só: o samba-canção. Teve-se uma prova disso quando, pouco depois do LP de Elizeth, a Odeon lançou o verdadeiro disco inaugural da Bossa Nova: o 78 rpm de "Chega de saudade", gravado pelo próprio João Gilberto. Como ainda era de praxe, o selo do disco trazia impressa a indicação do ritmo em seguida ao título da música. E a que ritmo a Odeon atribuiu o "Chega de saudade" de João Gilberto?

Samba-canção.

Em 1959, era a voz de Elizeth Cardoso que saía da boca da atriz americana Marpessa Dawn como Eurídice, no filme *Orfeu do Carnaval* (em inglês, *Black Orpheus*), cantando "Manhã de Carnaval", de Luiz Bonfá e Antonio Maria — "*Manhã, tão bonita manhã/ Na vida, uma nova canção/ Em cada flor, o amor/ Em cada amor, o bem/ O bem do amor faz bem/ Ao coração...*". Por distração ou má-fé do produtor francês Sacha Gordine, Elizeth não constava da produção: seu nome, assim como o de Agostinho dos Santos, que dublava Breno Mello como Orfeu, não aparecia nos créditos do filme nem era mencionado no LP da Columbia americana com a trilha sonora. O filme ganhou a Palma de Ouro no Festival de Cannes daquele ano (derrotando absurdamente *Hiroshima, meu amor*, de Resnais; *Nazarin*, de Buñuel; e *Os incompreendidos*, de Truffaut) e, em 1960, o Oscar de melhor filme estrangeiro. Com isso, o disco teve enorme circulação na Europa e nos Estados Unidos. E ninguém estranhou que a suave Marpessa, 24 anos, nascida em Pittsburgh, na Pensilvânia, cantasse tão bem em português. A Elizeth coube um troco de 10 mil cruzeiros pelo trabalho — 67 dólares, ao câmbio do ano.

Não se tratava apenas do dinheiro, mas da possibilidade de um reconhecimento internacional. O Brasil estava cheio de grandes cantores que ninguém conhecia lá fora. Elaine Stewart, estrela de Hollywood trazida ao Rio no Carnaval de 1955, fazia seu namorado Ibrahim Sued levá-la todas as noites ao Vogue, para ouvir Elizeth: "É da classe de

Lena Horne e Edith Piaf", dizia. Billy Eckstine, que cantou no Fred's em 1959, considerava Dorival Caymmi um dos melhores cantores — cantores, não compositores — que já ouvira na vida. Nat "King" Cole, também no Rio naquele ano para gravar faixas de seu LP *A meus amigos*, cantando em português, teve Nora Ney para lhe ensinar "Ninguém me ama" — e não poupou elogios à professora. Marlene Dietrich, trazida por Oscar Ornstein para uma temporada no Golden Room, ouviu Maysa no La Bohème e também se impressionou — sem contar que Maysa fez o show todo para ela, com seu reluzente francês do colégio Des Oiseaux, de São Paulo.

E um homem em grande evidência internacional, por ter acabado de tomar o poder em seu país, esteve no Rio em maio daquele ano, hospedou-se no Excelsior e convidou uma determinada cantora a ir até lá para lhe cantar sua versão de algo que ele conhecia bem. O homem era Fidel Castro; a cantora, Angela Maria; e a música, de Margarita Lecuona, o afro-cubano "Babalu". Mas, para que não se diga que os brasileiros eram maciçamente anônimos no exterior, Jorginho Guinle, Walther Moreira Salles, Aloysio Salles e Lolô Bernardes, nenhum deles cantor, eram tão conhecidos no El Morocco, em Nova York, quanto no Sacha's.

É de se perguntar o que um estrangeiro acharia de Miltinho, o crooner de Djalma Ferreira na boate deste, o Drink. Como todo crooner, Miltinho tinha de cantar também em inglês, e era com precisão, reverência e boa pronúncia que ele se entregava aos sucessos americanos do momento, como "Love is a many-splendored thing" ou "I could have danced all night". Mas, quando se tratava de sambas e sambas-canção, Miltinho quebrava as frases, retorcia as harmonias e tomava liberdades com o ritmo, como um Picasso ou Braque da música — inspirado talvez pelas síncopes do pandeiro, sua especialidade como percussionista —, e, no final, as notas e as palavras caíam magicamente em seus lugares. Não sem razão, os homens podiam apreciá-lo como um cantor de bossa, mas, para as mulheres, ele era um cantor romântico.

Miltinho vinha de uma grande escola, a dos conjuntos vocais, pelos quais passaram Bing Crosby, Frank Sinatra, Mel Tormé, Lucio Alves e João Gilberto. No seu caso, a partir de fim dos anos 40, esses conjuntos foram os Cancioneiros do Luar, os Namorados da Lua (em que trabalhou por algum tempo com Lucio) e, principalmente, os Anjos do Inferno — não a formação que incluía seu ídolo, o também pandeirista e vocalista Russinho, que foi trabalhar com Carmen Miranda, mas a que Leo Vilar, fundador do conjunto, reorganizou em 1949, com Nanai, Paciência e Chicão. Foi com essa versão dos Anjos do Inferno que Miltinho passou anos viajando pela América do Sul e pelo México. Ao se fixar de vez no Rio, em 1956, trocou-os por uma curta temporada com o Quatro Ases e Um Coringa e outra com a Orquestra Tabajara, de Severino Araújo, até ser arrebatado por Djalma Ferreira, já então instalado na sua própria boate, o Drink.

Tudo no Drink convidava à lenda. A começar pelo porteiro Waldir, que, ao caminhar para receber o cliente e lhe abrir a porta, fazia ressoar nas pedras portuguesas, sob a calça da farda, o som de sua perna de pau. Se fosse uma noite de fog no Leme, o cliente poderia se imaginar entrando na estalagem Almirante Benbow, de *A ilha do tesouro*. Mas, quando Waldir abria a porta, o que o cliente enxergava quase instantaneamente? Os Milionários do Ritmo, o conjunto que Djalma Ferreira construíra havia vinte anos e que, em fins dos anos 50, chegara à sua formação ideal: o próprio Djalma ao piano, órgão e solovox; Ed Lincoln, ao piano e contrabaixo; Waltel Branco, ao contrabaixo e guitarra; Araken Peixoto, ao trompete aberto e com surdina; e Miltinho, ao pandeiro e vocais. Com os músicos se revezando em tantos instrumentos, era o melhor conjunto de boate da cidade, seguido talvez pelo do Sacha's, com este ao piano, Cipó ao sax-tenor, Szighetti ao contrabaixo, Dom Um à bateria e Murilinho de Almeida aos vocais. Sacha era um grande pianista, mas de coquetel — em matéria de balanço, não se comparava a Djalma.

Quase sempre, o Drink tinha a pista cheia das dez da noite às dez da manhã. A essa hora, não era incomum que seus clientes franceses e italianos, saindo à rua sob sol quente e ainda ao embalo dos muitos uísques, tirassem uma parte da roupa e se jogassem de calças arregaçadas e sem camisa ao mar do Leme. Na areia, as senhoras do bairro, com seus filhos e babás, nem lhes davam atenção — o Leme, pelo seu histórico boêmio, era um enclave liberal até para os padrões de Copacabana.

Nas segundas ou terças-feiras, dias em que o movimento na boate terminava mais cedo, por volta das seis da manhã, um homem deixava sua mesa, sentava-se com Djalma ao banquinho do piano, e os dois se dedicavam a trocar ideias — ideias musicais. O homem se chamava Luiz Antonio. Quando isso acontecia, podia-se garantir que, em breve, o povo teria o que cantar.

Luiz Antonio estreara com "Somos dois", em parceria com seus camaradas do Exército, Armando Cavalcanti e Klecius Caldas, gravado por Dick Farney em 1948. Depois fora autor (com vários parceiros) de sambas com conteúdo social, como "Lata d'água", "Sapato de pobre", "Zé Marmita", "Barracão" e "Apito no samba". Em 1952, numa das poucas vezes em que se aventurou numa marchinha de Carnaval, fizera (com Jota Junior, também militar, e Oldemar Magalhães) "Sassaricando", que se tornaria a eterna marca de Virginia Lane. E ele ainda não sabia, mas seu maior samba estava prestes a surgir: "Quero morrer no Carnaval", em parceria com Eurico Campos, que Linda Baptista lançaria em 1960 — *"Quero morrer no Carnaval / Na avenida Central / Sambando / O povo na rua cantando / O derradeiro samba / Que eu fizer chorando // Quero morrer fantasiado de palhaço / Que sempre fui sem ter vestido a fantasia / Eu que vivi ouvindo risos de fracasso / Quero morrer ouvindo risos de alegria"*. Um samba de frases longas, bem ao seu estilo, sugerindo passistas de cartola e casaca dançando a passos largos no asfalto.

Luiz Antonio não conhecia música, nem precisava. Era um letrista privilegiado — as palavras já lhe saíam envoltas em canção. Quando se sentava com Djalma Ferreira no Drink, bastava-lhe cantarolar o começo de uma linha melódica ou arriscar uma palavra. Djalma pegava esse naco de música ou letra e lhe dava sequência, ao órgão ou ao piano. Luiz Antonio retomava a ideia de onde o parceiro a deixara e a levava adiante. Em uma hora, tinham pronto um novo samba ou samba-canção — ou as duas coisas, porque aptas por igual a um andamento mais lento ou acelerado, como o cantor preferisse.

Entre 1958 e 1960, Djalma e Luiz Antonio produziram uma quantidade dessas canções, lançadas por Miltinho, com ou sem os Milionários do Ritmo: "Lamento" (*"Ai, só você não vê / Na minha vida falta você /* [Bis] *// No meu peito está faltando a luz do seu olhar / No meu peito está mo-*

rando uma saudade em seu lugar..."), "Murmúrio" ("*Vai, nessa canção/ Meu último adeus/ Coração, sonha em vão/ Com os beijos teus// Foi essa canção/ Que eu murmurei/ Tu também, longe além/ Murmuraste, eu sei...*"), "Recado" ("*Você errou quando olhou pra mim/ Uma esperança fez nascer em mim/ Depois levou para tão longe de nós/ Seu olhar no meu, a sua voz...*"), "Cheiro de saudade" ("*É aquele cheiro de saudade/ Que me traz você a cada instante/ Folhas de saudade, mortas pelo chão/ É o outono enfim no coração...*"), "Devaneio" ("*Era a saudade do passado/ Era o olhar em meu caminho/ Agora a sombra do passado/ É uma sombra de lado/ Eu não vivo sozinho...*").

Aos que tentassem creditar a Djalma Ferreira toda a música dessas parcerias, como explicar as canções que Luiz Antonio assinou sozinho, como "Menina-moça", que acabou de consagrar Tito Madi, e o samba "Mulher de trinta", trampolim de Miltinho para sua espetacular carreira solo? Sem falar nos dois "poemas" que a interpretação de Miltinho tornou onipresentes nas rádios e lojas de discos: "Poema do adeus" ("*Então eu fiz um bem/ Dos males que passei/ Fiz do amor uma saudade de você/ E nunca mais amei/ Deixei nos olhos seus/ Meu último olhar/ E ao bem do amor eu disse adeus...*") e "Poema das mãos" ("*... As tuas mãos estão mais frias/ Estão vazias dos meus beijos/ As minhas mãos, talvez não sintas/ Estão famintas de desejo// Nas minhas mãos, a despedida/ Nas tuas mãos, a minha vida*").

Quem era esse homem apaixonado, obcecado pelas mãos e pelos olhos das mulheres e com a fatal certeza de que, um dia, eles se converteriam em saudade? Era um homem que só existia quando se chamava Luiz Antonio. Nessa identidade, ele se confundia com a noite, conhecia todos os códigos da boemia e era movido a escocês. Quando o sol raiava, voltava a se chamar prosaicamente Antonio de Padua Vieira da Costa e revertia à sua identidade natural: cerca de quarenta anos, casado, pai de duas filhas, abstêmio no âmbito doméstico e dedicado oficial do Exército.

Como ele conciliava duas carreiras tão excludentes, a de militar e a de boêmio? Nos tempos de caserna, o tenente Padua habituou-se a emendar os turnos, saindo da boate para o quartel, apenas trocando de roupa no caminho. Transferido para o Ministério da Guerra, na avenida Presidente Vargas, onde ficou muitos anos, beneficiou-se dos horários mais flexíveis da burocracia. Por fim, convocado para o gabinete militar da Presidência durante o governo João Goulart, podia estar no Palácio Laranjeiras, no edifício Chopin ou em qualquer lugar em que Jango despachasse, inclusive no Jockey — a agenda presidencial era meio caótica —, sem que isso fosse um problema. Padua é que não admitia confusão entre as duas identidades, daí o pseudônimo — e desde a primeira música. A sugestão de mudar de nome e assinar-se Luiz Antonio partiu de sua esposa, Yvelone.

Isso não impedia que, no prédio onde morava, no Leme, cheio de militares, alguns o olhassem atravessado. Eles sabiam que o tenente-coronel Antonio de Padua era o Luiz Antonio que, muitos Carnavais antes, fizera "*Lata d'água na cabeça/ Lá vai Maria, lá vai Maria/ Sobe o morro e não se cansa/ Pela mão leva criança/ Lá vai Maria// Maria lava a roupa lá no alto/ Lutando pelo pão de cada dia/ Sonhando com a vida do asfalto/ Que acaba onde o morro principia*". Com essa temática suspeita, que falava de favelas e lavadeiras, ele só podia ser da linha nacionalista do Exército — diziam entre dentes. Quando veio o golpe, em abril de 1964, Padua não foi imediatamente atingido, mas teve a certeza de que não gostavam dele, porque quiseram transferi-lo para Manaus. Para ele, carioca praticante, isso era inadmissível — fizera toda a sua carreira no Rio, driblando as transferências, e não seria agora que iria para longe. Pediu reforma e, aos 43 anos, passou à reserva como coronel.

Sem o Exército para lhe impor horários, a vida boêmia de Luiz Antonio poderia deslanchar. Mas, em meados dos anos 60, as coisas estavam mudando, no país, na noite e na música popular, não exatamente ao seu gosto. Para Luiz Antonio, a farda e o terno deram lugar ao pijama. Continuou a fazer música até morrer, em 1995, mas, como ela não era gravada e ele não sabia escrevê-la, tudo que criou se perdeu.

Quando criou o Drink, na avenida Princesa Isabel, em 1954, Djalma Ferreira já tinha quase vinte anos de estrada. Mas foi como se só então sua carreira tivesse começado para valer. O Drink lhe deu reconhecimento, fama, dinheiro, apartamentos, fazenda, iate e, mesmo assim, Djalma achava que podia mais. Para proteger sua produção, criou uma editora musical; para divulgar sua música, um selo discográfico — ambos também chamados Drink e cujo logotipo reproduzia a porta da boate.

O selo Drink não era uma gravadora — só existia para gravar o seu conjunto. Não se comparava aos outros selos nacionais, como a Copacabana, que tinha sob contrato Angela Maria, Dolores Duran, Elizeth Cardoso, Marisa, o pianista Waldyr Calmon (que naquela época, chegava a gravar seis LPs por ano) e o saxofonista Moacyr Silva; ou a RGE, que tinha Maysa, Agostinho dos Santos, Dick Farney, Elza Laranjeira e, brevemente, iria ter Miltinho. Não se comparava nem mesmo à Musidisc, de Nilo Sergio, que, em vez de disputar os cartazes com as outras gravadoras, inventava pseudônimos estrangeiros sob os quais eles podiam gravar à vontade. Bob Fleming era Moacyr Silva (depois, Zito Righi); os Românticos de Cuba eram a Orquestra Tabajara, de Severino Araújo; a Pan American era, como se sabe, a orquestra e o coro do maestro Severino Filho; Pierre Kolmann, o pianista Britinho; e até o rumbeiro El Cubanito, com todo o seu merengue, era o formidável Álvaro Francisco de Paula, carioca de Madureira, ex-quebrador de pedra e ex-crooner de Waldyr Calmon. Todos esses artistas e conjuntos fantasmas produziram discos excelentes, que frequentaram o hit parade em fins dos anos 50.

Mas Nilo Sergio estava atento também aos jovens talentos. Quatro dos principais nomes que lançou pela Musidisc surgiram bem debaixo dos bigodes de Djalma Ferreira: Ed Lincoln, ex-pianista dos Milionários do Ritmo e recém-convertido ao órgão, e três jovens crooners ligados a ele: o romântico Sylvio Cezar, o sambista Pedrinho Rodrigues e o rei do balanço Orlandivo. Se Djalma Ferreira, que os tinha sob contrato em sua boate, nunca se interessou em prestigiá-los pelo selo Drink, todos teriam discos lançados pela Musidisc em 1961.

Miltinho deixara Djalma e o Drink para trabalhar por conta própria, e só isso já seria um golpe considerável nas finanças da boate. Mas não apenas Miltinho deixou o Drink em 1960. O próprio Djalma Ferreira se afastou para abrir em São Paulo um equivalente da sua casa carioca: o Djalma's, na praça Roosevelt, num ponto onde, até então, funcionara o Farney's, a simpática aventura paulista de Dick Farney. Para sua boate, Djalma se cercou de Luiz Mello ao piano, Heraldo do Monte à guitarra, Luiz Chaves ao contrabaixo e, como cantora, Lela, irmã de Dolores Duran — que, após a morte de Dolores, resolvera se profissionalizar e, já com o nome de Denise Duran, gravara o LP *Canções e saudades de Dolores*, com Marisa. No Rio, o Drink foi deixado por Djalma a cargo de Ed Lincoln, com ele ao órgão, Durval Ferreira à guitarra, Wilson das Neves à bateria, Rubens Bassini à percussão e os três supercrooners, Sylvio Cezar, Paulinho Rodrigues e Orlandivo.

Mas a concorrência nas imediações da avenida Princesa Isabel, agora do lado de Copacabana, começou a ameaçar o Drink. Em 1960, Flavio Ramos, ex-Jirau, comprou de José Fernandes o Au Bon Gourmet. Extirpou-lhe o "Au" do nome e arejou o ambiente: pôs abaixo a decoração de veludos vermelhos e castiçais rococós, remanescente do barão, cobriu as mesas com toalhas em *pied-de-poule* e contratou Helinho, um porteiro faixa preta — ninguém criaria confusão no novo Bon Gourmet. Seu réveillon de 1961 foi o maior da cidade: black tie, chefs franceses na cozinha e, como atração musical, o conjunto de Ed Lincoln, que ele roubou ao Drink para aquela noite e acoplou a uma cantora recém-descoberta, a já disputada Elza Soares. Em 1961, Paulo Soledade abriu o Zum-Zum, na pouco explorada rua Barata Ribeiro, mas sempre nas imediações da praça do Lido. O Zum-Zum trazia a novidade de alternar música ao vivo e música gravada. Para alguns, isso era um sacrilégio. Para outros, um sinal de que, com exceções, a noite já não comportava quatro ou cinco músicos tocando até de manhã para clientes mais interessados em contemplar a garrafa com olhos vazios do que em ouvir sons que, para eles, eram como se viessem das esferas.

No Lido propriamente dito, o advogado, recém-convertido à noite, Walter Fonseca abriu o Top Club, chamou Stuckart para dirigi-lo e a casa conquistou rapidamente a reputação de melhor cozinha do Rio. A volta do barão à noite sempre seria notícia, mas Ibrahim Sued parecia exagerar: começou a promover pesadamente o Top Club em sua coluna no *Globo* — só depois se soube que ele era um *silent partner* no negócio. Graças a Ibrahim, os poderosos elegeram o Top Club como o seu ponto para jantares envolvendo negócios. E, em termos de música, lá estava a fórmula que ameaçava tornar-se dominante: até a meia-noite, música de hi-fi; a partir dali, alternando-se, o conjunto de Moacyr Silva com o do organista Walter Wanderley; e, mais tarde, um garoto que já se impunha como uma revelação: Wilson Simonal.

No Beco das Garrafas, em 1961, Alberico Campana comprou o Escondidinho, o restaurante no fundo do beco, e o transformou numa boate para fazer companhia ao Little Club, ao Baccara e ao trêfego Ma Griffe: o Bottles Bar. Para inaugurá-lo, contratou três jovens músicos que, outro dia mesmo, ele podia ter de graça: Luizinho Eça, Bebeto e Helcio Milito — o Tamba Trio. Sob Alberico, a orientação musical do Bottles e, agora, do Little Club passou a privilegiar a já vitoriosa Bossa Nova. Não a bossa cool de João Gilberto e Tom Jobim, mas a mais pesada, jazzística, ao estilo Johnny Alf — este, aliás, a maior atração do Bottles em 1962. A provar a coerência de Alberico, os três grandes nomes do Bottles por aqueles anos, Leny Andrade, Simonal e Elis Regina, ajoelhavam-se muito mais no altar de Johnny Alf que no de João Gilberto.

Para completar o cerco ao Drink, Carlos Machado adaptara o Fred's ao seu estilo: espetáculos com estrelas, como Grande Otelo e Elza Soares, vedetes com tentadores maiôs cavados nas virilhas, plumas, cores, luzes. E Machado soubera reciclar-se em matéria de auxiliares. Seus cenários eram agora de Fernando Pamplona; os figurinos, de Arlindo Rodrigues; as coreografias, de Lennie Dale; os arranjos, de Eumir Deodato; os textos, de Sergio Porto e Chico Anysio. E quem passaria por seus palcos naqueles anos? Betty Faria, Esmeralda Barros, Irene Ravache, Rosana Ghessa, Aizita Nascimento, Marina Montini, Lady Hilda, Rogéria. Grandes elencos, grandes orquestras, grandes cenários — voltávamos à grandiloquência dos cassinos. Tudo parecia conspirar contra as boates à meia-luz, com música suave e casais se sussurrando coisinhas ao ouvido.

De volta ao Rio em 1962, frustrado com o Djalma's paulista e já francamente cansado do Drink, Djalma Ferreira foi aconselhado por um disc jockey americano, Paul Beacham — que o conhecia das grandes noites do Drink nos anos 50 —, a observar a cena musical nos Estados Unidos. A Bossa Nova era uma realidade por lá, e logo haveria uma invasão de músicos brasileiros. E Djalma, cujo balanço ao piano seria facilmente assimilado pelo público, tinha tudo para agradar em Las Vegas. Na verdade, o Sahara Hotel, situado no quilométrico bulevar chamado Strip, já o conhecia pelos discos (que ele, Beacham, fornecera) e o esperava para conversarem. Djalma ponderou a situação: enfrentar os Estados Unidos aos 38 anos não o assustava. Mas o que fazer com o Drink?

À primeira oferta, em 1963, Djalma vendeu o Drink para um consórcio formado por Renato Monteiro, presidente da Coca-Cola no Brasil, o advogado e político Marcelo Alencar e outros dois sócios. O trompetista Araken Peixoto, irmão de Cauby, foi contratado como diretor musical. A situação política do Brasil estava explosiva, com o presidente João Goulart sofrendo pressões à direita e à esquerda, mas nem a presença de Marcelo (que, dali a vinte anos, seria prefeito e governador do Rio) foi suficiente para fazer do Drink um novo Vogue — uma antecâmara dos gabinetes decisórios. Um ano depois, em 1964, já com o golpe militar instaurado, incompetentes no ramo e assustados com o prejuízo, os membros do consórcio venderam o Drink a Araken Peixoto — na verdade, repassaram-lhe a casa quase de graça. Araken agradeceu — aliás, já morava num apartamento no prédio da boate — e chamou seus irmãos Moacyr, Andyara e Cauby. Com essa família em cena, o Drink não tinha escolha. Só podia reviver.

A fórmula era simples: todo dia, à meia-noite, Cauby fazia uma entrada — não apenas por seus irmãos, para ajudá-los, mas porque isso agradava ao seu lado musical. Ao contrário dos grandes auditórios, onde tinha de cantar o que lhe impunham, ali podia cantar o que quisesse: canções americanas de Cole Porter, Rodgers & Hart, Duke Ellington, o repertório de Dick Farney e Lucio Alves, sambas-canção de Custodio Mesquita e Evaldo Ruy. E se, ao final, lhe pedissem "Conceição", cantava-a também. Mas Cauby só se fazia de isca para a verdadeira atração da noite, que podia ser Angela Maria, Helena de Lima, Dalva de Oliveira, Ivon Curi, Leny Eversong, Claudette Soares ou o ainda verde, mas já admirado, Simonal. Como a atração só entrava às três da manhã, isso garantia uma presença mínima de cinco horas por cliente na boate. Em menos de um ano da administração Peixoto, todos aqueles grandes nomes já tinham se apresentado no Drink.

Deixando o Brasil entregue a seus problemas, Djalma Ferreira mudou-se para Las Vegas em 1963 e nunca mais olhou para trás. Instalou-se sob os dois camelos de neon do Sahara e, durante anos, a golpes de

"Recado", "Lamento", "Murmúrio", "Devaneio", embalou os clientes desse e de outros hotéis e cassinos da Strip. Foi contratado pela Dot Records — a gravadora de Billy Vaughn, Pat Boone e Lawrence Welk, mas também de Keely Smith, Bob Crosby e os Mills Brothers —, gravou discos americanos assinando-se apenas "Djalma" e compôs em parceria com o historiador do jazz e letrista Leonard Feather. Voltou ao Rio várias vezes, mas sempre a passeio, e morreu em Los Angeles, em 2004. Em 2011, os espectadores brasileiros do filme de Woody Allen *Meia-noite em Paris* julgaram reconhecer um tema da trilha sonora tocado por um conjuntinho de jazz. Apuraram os ouvidos e se encantaram.

Era "Recado", de Djalma Ferreira e Luiz Antonio.

Jânio Quadros, empossado na Presidência em 1961, não se sentia à vontade no Rio. Uma de suas raras vindas à Guanabara, em sete meses de governo, foi para condecorar o astronauta russo Yuri Gagárin. Já seu vice-presidente, João Goulart, se pudesse, nunca iria a Brasília. Exceto pelas fazendas em São Borja e no Uruguai, que visitava semanalmente, o Rio era o seu território. Das janelas de seu apartamento no Prelúdio, um dos três blocos que compõem o edifício Chopin, Jango podia espiar o movimento noturno na pérgula do Copacabana Palace e ver se havia algo — ou alguém — que justificasse uma descida ao Golden Room ou ao Meia-Noite.

Na qualidade de vice-presidente da República, Jango era também presidente do Senado, o que significava, em tese, alguns dias por semana em Brasília. Mas o Senado ainda não consumara sua mudança definitiva para a nova capital. E, como Jânio não o requisitava nem lhe dava atenção, Jango podia deixar-se ficar no Rio, onde tinha assuntos importantes a tratar. Um deles eram os agrados a políticos do PTB de certos estados, na forma de "festas íntimas" em que podiam confraternizar com as vedetes mais dadivosas de seu amigo Carlos Machado. As festas se davam na boate Fred's, fechada para esse fim. Machado só lhe pedia que elas se dessem à tarde e terminassem cedo, para não prejudicar seu espetáculo. E onde mais os próceres petebistas teriam essa oportunidade? Em Brasília, não havia boates. A única a ostentar esse título, a Candango, inaugurada naquele ano, era muito mais um restaurante do que uma boate. Não por acaso, seu proprietário era José Fernandes, ex-Bon Gourmet, formado nas cozinhas do barão Stuckart.

A Vice-Presidência era confortável para Jango. Com sua encantadora falta de ambição, ela lhe dava o poder que ele considerava suficiente, sem as responsabilidades que o aborreciam. Só não podia imaginar que, apenas sete meses depois de empossado, Jânio renunciaria à Presidência e ele se veria diante de um dilema que, de repente, envolvia toda a nação: lutar por seu mandato, contra a hostilidade dos militares que, desde Getulio, nunca o aceitaram, ou submeter-se a um artifício, a emenda parlamentarista, que lhe permitiria reinar sem governar. Jango aceitou a segunda hipótese — mas, por mais que tenha sido instruído a respeito, nunca conseguiu entender direito como o parlamentarismo funcionava. Não se conformava, entre outras coisas, por não poder escolher seu ministério.

Como presidente, fosse qual fosse o sistema de governo, ele estaria limitado também pelo protocolo e pela segurança. Ser-lhe-ia mais difícil pegar o carro e sair para suas escapadas noturnas, sem seguranças, como gostava de fazer — ele próprio ao volante, rodando pelas ruas sem destino certo e sendo reconhecido pelos pedestres, que só faltavam entrar pela janela para cumprimentá-lo. Ou manter sua agenda de encontros amorosos sem a ajuda de auxiliares.

O jornalista e compositor Ronaldo Bôscoli e sua namorada Maysa assistiam a um show de Sylvinha Telles no Texas Bar quando um homem-armário, de terno, aproximou-se da mesa e disse: "Boa noite. Com licença, dona Maysa. Vamos embora?". Maysa apenas jogou o maço e o isqueiro dentro da bolsa, levantou-se e obedeceu. Jango devia estar esperando-a no carro estacionado em frente à boate. Ronaldo já suspeitava que ela estivesse se encontrando com Jango e não se importou — seu namoro com Maysa não era sério. Só não gostou de vê-la sendo levada de graça. Pediu ao homem uma garrafa de uísque, como "pedágio". O homem não falou nada, levou Maysa ao carro, voltou e disse ao maître para pôr uma garrafa de uísque "na conta do dr. Jango".

Mas nem sempre Jango ganhava. Caíram no vazio, por exemplo, os seus recados para Neyde Aparecida, estrela da TV Tupi, e para Doris

Monteiro, com promessas de emprego público. As duas tinham namorado. O de Neyde era Cyl Farney, galã do cinema nacional; o de Doris, Zezinho, jogador de basquete do Tijuca Tênis Clube.

Os que se preocupavam com a possibilidade de Jango deixar escapar segredos de Estado, para mulheres que poderiam repassá-los a alguém capaz de fazer uso deles, podiam ficar descansados. Para os que o conheciam de longa data — e o estimavam —, como seu ministro Renato Archer, Jango era de um quase comovente provincianismo: só se interessava pelos assuntos do Rio Grande do Sul, ouvia muito mais do que falava e quase não lia jornais. Uma das salas mais bonitas de seu apartamento no Chopin era a biblioteca, com estantes repletas de coleções encadernadas — livros de que Jango não sabia nem os títulos. Era difícil imaginar que um homem tão suave socialmente e querido pelas mulheres fosse o mesmo que logo iria aterrorizar a classe média brasileira com um programa de reformas — agrária, bancária, fiscal, administrativa, urbana e universitária —, provavelmente necessárias, mas defendidas de maneira a afastar até os que as viam com simpatia.

Em setembro de 1963, com o plebiscito que restaurou o presidencialismo, Jango fixou-se no Laranjeiras, e o Rio voltou a ser a capital de fato. Em seus primeiros quatro meses de governo com plenos poderes, Jango passou somente dezenove dias em Brasília, e mesmo assim para visitar Maria Tereza e as crianças na Granja do Torto. Chegou a falar com Darcy Ribeiro sobre a conveniência de fixar o Executivo de volta no Rio, por Brasília "não ter condições" para funcionar direito. Afinal — observou —, ele próprio, a administração, os políticos, banqueiros, industriais e colunistas já estavam todos no Rio. Mas, com a escalada da crise e os acontecimentos de 1º de abril de 1964, a questão se tornou acadêmica.

Naquele 1º de abril, Jango como sempre estava no Rio. E era sobre o Rio que as tropas de outros estados marchavam para derrubá-lo. No começo da tarde, convenceu-se de que estava tudo perdido e, contrariando os auxiliares à sua volta, tomou o avião para Brasília. Para os que ficavam, este seu gesto era a derrota, a desmobilização, a despedida.

Segundo Millôr Fernandes, Jango foi o único presidente que, ao ser deposto, fugiu para a capital.

* * *

Por vários motivos, que nada tinham a ver com a carreira, alguns artistas pareciam chegar ao fim da corda. Em 1962, Nelson Gonçalves estava entre o caos e o abismo. Sua vida passara a ser regulada por maconha, cocaína (tinha em casa, para uso pessoal, nunca menos de cem gramas) e remédios (o descongestionante nasal Pertiran, que derramava pela narina quase o vidro inteiro, e o depressor Vagotomil, também tomado em doses proibitivas). Os traficantes o visitavam em oito ou nove de cada vez. Sua rotina, descrita pelo biógrafo Marco Aurélio Barroso, era alucinante: mudanças contínuas de casa, de bairro e de cidade, trocas de sopapos em bares com desconhecidos, um rodízio de mulheres (a quem, entre espancamentos, ameaças de morte e inquéritos por agressão, presenteava com apartamentos e com quem adotava filhos), quebra-quebras de aposentos inteiros, atrasos no pagamento de contas, prestações e pensões alimentícias, a manutenção de cavalos no Jockey (chegou a ter onze de uma vez, todos perdedores), faltas a compromissos, suspensões na Rádio Nacional, advertências da RCA Victor, longos sumiços e brigas até com seu maior amigo, Adelino Moreira — que, em represália, começava a compor para Angela Maria ou para quem lhe solicitasse. Com todo esse desvario, Nelson ainda conseguia manter uma agenda minimamente ativa de shows e gravações — fadada a terminar em breve, se não mudasse de vida. E Nelson queria mudar.

Uma prisão em São Paulo, por absurda suspeita de tráfico, em que foi esbofeteado e humilhado pela polícia, fez com que aceitasse ajuda: a do dr. Felipe Aché, dono de uma casa de saúde na Liberdade. Nelson passou um mês internado e submetido a uma desintoxicação progressiva, que continuou em casa, ajudado por Maria Luiza, sua mulher desde 1962 e a quem, nos seus surtos de abstinência, ele agredia com socos nos seios e ameaçava atirar pela janela. Maria Luiza tudo suportou, até que Nelson parecesse pacificado — o que levou alguns meses, mas aconteceu e, quem diria, para sempre. Nelson retomou a carreira e, embora se diga que nunca cortou completamente a droga, deve tê-la sentido sob controle porque viveu para se tornar o cantor mais longevo do Brasil.

O simples fato de ter sobrevivido fisicamente já era notável. Mas Nelson gravou até os oitenta anos, em 1999, como se o cantor, mais até do que o homem, fosse invencível. O que, de várias maneiras, ele era.

Ao mesmo tempo que Nelson chegava ao fundo do poço, Dalva de Oliveira também se debatia com seu inferno particular. Ia toda semana ao Drink, agora dos Peixoto, para beber, encontrar os amigos e, às vezes, dar canja. A convite de Cauby, fizera uma temporada lá em 1964. Certa noite, durante a temporada, reparou melhor em Nuno, o garçom que a atendia, e descobriu que estava apaixonada por ele. Ninguém entendeu. O garoto se chamava Manuel Nuno e era mesmo um garoto — tinha dezenove anos e ainda usava o cabelo reco do serviço militar, recém-prestado na Aeronáutica. Dalva tinha 47 e estava saindo de um relacionamento de quatorze anos com o músico, dançarino e coreógrafo argentino Tito Clemente. Um dos motivos da separação foi que, depois de anos de luta, Tito já não conseguia lidar com o alcoolismo de Dalva. O conhaque começava agora pela manhã; tudo que Dalva fazia era em função da bebida, e esta já começara a interferir em seu trabalho — perdia-se nas letras, embolava tudo e, de repente, parava de cantar, como se não estivesse mais ali. Essa confusão mental estava se alastrando para o seu comportamento em geral.

Os 28 anos de diferença de idade não impediram que Dalva e Nuno começassem um romance. Ela o fez abandonar o emprego no Drink, levou-o para sua casa em Jacarepaguá e, para que ele não ficasse ocioso, tornou-o seu faz-tudo e motorista. Não era suficiente para que o inseguro Nuno se sentisse à altura da estrela, com toda a história de amores e desamores que ela vivera, contada nos álbuns de recortes, coleções de fotos e revistas antigas que passavam pelos seus olhos — e poucas mulheres tiveram uma vida amorosa tão em letra de fôrma quanto Dalva.

No dia 19 de agosto de 1965, Dalva foi ao Drink com Walter, seu secretário, e Nuno. Casualmente, lá encontrou Djalma Ferreira, de férias no Rio depois de dois anos triunfais em Las Vegas e de visita à boate que já fora dele. Dalva também já fora de Djalma — como Nuno bem sabia. É possível que o reencontro tenha sido efusivo demais: Dalva e Djalma atiraram-se aos braços um do outro e se olharam como se Nuno não existisse — ela se esqueceu de apresentá-lo ou preferiu não fazê-lo.

Não há homem que não se sinta inferiorizado diante de um ex-namorado mais velho de sua mulher.

Assim que Djalma se afastou, Nuno arrastou Dalva para fora da boate e a fez entrar no Oldsmobile (Walter cochilava no banco de trás). Nuno assumiu o volante e saiu em velocidade pela avenida Princesa Isabel, rumo ao Túnel Novo. O bate-boca começou: Dalva protestava aos berros, Nuno respondia no mesmo tom e, à saída do túnel, ela lhe deu uma bofetada. Ele perdeu o controle do volante, o carro subiu na calçada, atropelou quatro pessoas e só parou ao bater num poste, em frente à igreja de Santa Terezinha. Tudo se deu em menos de um minuto.

Nuno recobrou-se, viu Dalva desmaiada, numa poça de sangue, e pensou que estava morta. Temendo ser responsabilizado, tomou uma decisão infeliz: tentou simular que era Dalva quem estava dirigindo. Tirou-a do carro, jogou-a no meio-fio, e, quando a polícia chegou, disse que era ela a motorista. O que não parecia absurdo: os dois tinham saído da boate discutindo e todos sabiam que Dalva se descontrolava ao beber. Ali o ser humano mostrou, mais uma vez, a sua pequenez: se Dalva estivesse morta, tudo estaria certo.

Mas Dalva não estava morta. No choque, fraturara a bacia e a mandíbula, tivera afundamento do malar e um corte profundo no lado esquerdo do rosto e ficara inconsciente. Das quatro pessoas atropeladas, uma delas — uma jovem loura — morrera no ato. Outros dois faleceram no hospital. O secretário Walter também se machucou. Nuno, com apenas algumas escoriações, foi quem menos sofreu.

Contra a versão de Nuno havia o testemunho de Lila, irmã de Dalva, e do porteiro Waldir, que viram quando ele jogou Dalva dentro do carro e sentou-se ao volante — o secretário Walter não viu nem ouviu nada, pois estava dormindo e só acordou com o choque. Mas a tarefa do advogado de Dalva não era fácil: o carro era dela, e ela estava presente no desastre. Foi contra Dalva que se dirigiram os processos dos parentes das vítimas.

Dalva ficou seis meses sem poder trabalhar. As muitas plásticas não lhe devolveram o antigo rosto, e as despesas de hospital, as indenizações e os custos dos processos drenaram-lhe as reservas. Ao pedir ajuda à Odeon, a que fora fiel durante toda a sua carreira de solista, a gravadora propôs comprar-lhe, de uma vez, os royalties futuros referentes aos seus discos. Dalva teve de concordar. Isso significa que, ao cabo de quase vinte anos de contrato, e por um valor inevitavelmente mesquinho, Dalva de Oliveira abriu mão de seus direitos sobre "Ave-Maria no morro", "Errei, sim", "Estrela do mar", "Kalu", "Neste mesmo lugar", "Olhos verdes", "Palhaço", "Que será?", "Rio de Janeiro", "Segredo", "Tudo acabado", "Zum-zum" — sobre toda a sua vida de artista.

Mas não abriu mão do conhaque, o que a condenou a muitas manhãs trêmulas, tardes cambaleantes e noites de terror diante da perspectiva de esvaziar a última garrafa e não haver uma quitanda aberta àquela hora em Jacarepaguá. Nuno, perdoado, iria acompanhá-la até o fim, em 1972.

Mas o fim ainda demoraria a chegar. Contrariando a expectativa de seus fãs, filhos e amigos, Dalva, em seus momentos de lucidez, ainda teve uma espantosa sobrevida. Com três marchas-rancho que lhe deram para gravar, voltou a comandar o Carnaval com "Rancho da praça Onze", de João Roberto Kelly e Chico Anysio, em 1965; "Máscara negra", de Zé Kéti e Pereira Matos, em 1967; e "Bandeira branca", de Max Nunes e Laércio Alves, em 1970. Três monstruosos sucessos. E só então se dignou a morrer.

Para artistas como Nelson Gonçalves e Dalva de Oliveira, o fim da corda estava sempre além do que a vista permitia alcançar.

EPÍLOGO

O DIA AMANHECE — MAS A MÚSICA CONTINUA

Não foi problema na pista, chuva ou colisão, mas algo a ver com a roda, o freio ou a barra de direção. O Fusca do barão Stuckart desgovernou-se na estrada de Teresópolis e bateu no paredão de pedra. O volante entrou-lhe pelo tórax, as costelas flecharam seus órgãos internos e Stuckart teve morte instantânea. Era dezembro de 1965, a poucos dias do Natal. Todos falaram do fim de uma época.

Para Stuckart, essa época já havia terminado. Meses antes, desentendera-se com Walter Fonseca e deixara o Top Club. Com sua saída, a casa se esvaziara. Mas isso não lhe servia de consolo, porque não tinha nada em perspectiva. Desde o incêndio do Vogue, dez anos antes, tudo que empreendera — a cozinha da Varig, o Au Bon Gourmet, o próprio Top Club — dera certo por algum tempo, mas ou Stuckart brigara com o sócio ou se desencantara com o negócio. Àquela altura, contando seu tempo de Copacabana Palace, eram 25 anos de luta contra cozinheiros lambões, garçons incompetentes, maîtres desonestos, bateristas barulhentos e clientes que, dizendo-se oriundos da aristocracia, se julgavam no direito de consumir sem pagar. Na sua idade, que continuava um mistério, Stuckart não se sentia com gás para começar mais nada na noite.

Naquele fim de ano, só os mais íntimos sabiam que Stuckart estava com um câncer no intestino e já com cirurgia marcada. Ao vê-lo deprimido e muito envelhecido, Jorginho Guinle convidara-o a se hospedar numa casa que mantinha na serra, perto do Dedo de Deus. Stuckart aceitou. Na véspera do dia fatal, emprestou o Fusca a um grupo de rapazes que acabara de conhecer. Estes, em meio à farra, bateram com o carro e o abandonaram de madrugada na estrada. Alertado por telefone, bem cedo, no dia seguinte, Stuckart foi sozinho recolhê-lo e levá-lo ao conserto. Mas, antes disso, o carro o traiu. Stuckart foi levado para o Rio e enterrado no cemitério do Catumbi. E só ao vasculhar seus documentos para o sepultamento é que se soube ao certo sua idade: 66 anos.

Naquele mesmo ano, seu ex-parceiro e desafeto Sacha também sentia fugir-lhe o tempo e o chão. Já iam longe os tempos em que o milionário Dirceu Fontoura saía do Sacha's às sete da manhã, levando com ele o pianista e metade da boate. Seguiam em vários carros para a marina do Iate Club e embarcavam no *Atrevida* — era como se o próprio Sacha's se fizesse ao mar. Isso deixara de acontecer — a noite agora acabava mais cedo. Contribuindo para o esvaziamento, Murilinho Araújo também já deixara o Sacha's desde o começo dos anos 60. Em seu apogeu — quando, às vezes, se anunciava como Murilinho Bardot —, ele só aceitava cantar de segunda a sexta: "Quem vai à boate em fim de semana é pobre, e quem gosta de pobre é a Santa Casa", dizia. Em 1965, ninguém mais poderia se dar a esse luxo. Para substituir Murilinho, Sacha contratara Paulo Marquez, muito mais cantor — mas quem superava Murilinho naquele seu tricô de mesa em mesa, promovendo ou desfazendo romances ao gosto do freguês?

O problema de Sacha era Carlos Machado, seu sócio majoritário — na verdade, patrão. Machado assistia preocupado ao esvaziamento da boate. Os clientes mais velhos começavam a sair menos de casa, e os mais jovens não estavam interessados em dançar ao som do hit parade de 1935 — "Cheek to cheek", "Summertime", "I get a kick out of you". Machado tentou convencer Sacha a aceitar que o expediente começasse com música de fita, tocando ritmos modernos — rock, twist, chá-chá-chá, *hully gully, la bostella* —, e que ele, Sacha, só abrisse o piano-bar à uma da manhã. Sacha não quis nem conversa. Outra ideia de Machado era a de abolir a gravata. Até dois ou três anos antes, um smoking ou *summer jacket* era obrigatório no guarda-roupa de todo rapaz sério — mas, com a quantidade de casas noturnas que começavam a aceitar até traje esporte, não fazia sentido exigir passeio completo no Sacha's. Também essa mudança Sacha não aceitava. Machado deu-lhe mais alguns meses. Como ele continuasse inflexível, Machado fechou o Sacha's em 1966.

Sacha juntou os pedaços de seu ego e, poucos meses depois, deu nova chance a si mesmo no Balaio, boate que abriu no térreo do Leme Palace, exigindo de si próprio e do público a etiqueta que julgava indispensável — terno e gravata, mulheres bonitas, canções classudas. Mas os tempos pareciam realmente mudados, e o Balaio também não resistiu. Quando Sacha morreu, em 1982, aos setenta anos, os amigos tentaram calcular o volume de aditivos que o tinham ajudado a dar prazer a tanta gente — o número de cigarros e uísques que consumira em trinta anos de trabalho na noite. Não era um cálculo difícil. Se fossem trezentas noites por ano (e certamente eram mais), seriam 9 mil noites. Tocando das sete às sete, ele tomaria doze uísques por noite, num total de 108 mil doses — ou, à média de 24 doses por garrafa, o lindo número de 4500 garrafas. E fumaria três maços — sessenta cigarros — em cada noite, donde 27 mil maços ou 540 mil cigarros.

Em função desses números, pode-se dizer que Sacha saiu no lucro. Em 1979, aos 67 anos, morando em Nogueira, na serra de Petrópolis, parecia muito bem de saúde até sofrer um AVC — do qual se recuperou, exceto por uma pequena sequela na mão esquerda (justamente a de seus lindos graves ao piano). Três anos depois, teve um infarto ao piano do Le Moulin, restaurante perto de Itaipava, onde tocava uma vez por semana; e então começaram as complicações que, dali a seis meses, o levaram ao hospital do Fundão, no Rio, de onde não saiu. Sua mulher, Patrícia, esteve ao seu lado até o fim.

Os primeiros anos 60 também não estavam sendo brilhantes para Ary Barroso. O Rio passou uma lei proibindo fumar em coletivos. As opiniões se dividiram. Stanislaw Ponte Preta se pôs contra a lei e exortou o carioca a exercer a desobediência civil, continuando a fumar nos ônibus, trens e bondes. Ary Barroso foi a favor da proibição. Stanislaw argumentou que Ary tinha carro, havia anos não tomava um bonde ou ônibus e, por isso, perdera "excelente ocasião de ficar calado". Ary não estava habituado à insolência alheia, só à própria, e sentiu o golpe.

Quando ele começava a se recuperar do ataque de Stanislaw, Flavio Cavalcanti, em seu programa *Um Instante, Maestro*, na TV Tupi, criticou o verso de "Aquarela do Brasil" que falava no "coqueiro que dá coco" — e na sua presença. "O que mais um coqueiro pode dar, Ary?", perguntou o apresentador, tirando os óculos. Os jurados de Flavio tentaram defender Ary, explicando que era só uma expressão, uma liberdade poética. Flavio pôs de novo os óculos e admitiu que podia aceitar o "coqueiro que dá coco", mas não ia com o "mulato inzoneiro" — de onde ele, Ary, tirara aquela palavra inexistente? Ary, já quase tendo uma apoplexia e sem entender que era apenas uma das típicas provocações de Flavio para movimentar seu programa, respondeu que "inzoneiro" existia, sim — estava no dicionário, significava "sonso, manhoso, mexeriqueiro" —, e chamou Flavio de ignorante. Este retrucou, pondo e tirando os óculos em sequência, e os dois bateram boca no ar. Ficaram de mal — mas, tempos depois, se reconciliariam. Já com Adelino Moreira, compositor de Nelson Gonçalves e Angela Maria, Ary não teve contemplação. Ao ser definido por Adelino como "compositor superado", disse apenas: "Não tomo conhecimento de Adelino Moreira". Que tempos eram aqueles, em que até alguém como Ary Barroso era tratado com a casca e tudo?

Foi por aquela época que, numa apresentação fora do Rio, o cantor Ernani Filho percebeu que Ary já não conseguia passar mais de uma hora sem beber e que, por algum motivo, o branco de seus olhos tinha ficado amarelo. Era a crise hepática a caminho, que terminaria por matá-lo. Mas o humor não o abandonou. No começo de 1964, Ary telefonou para David Nasser: "É para me despedir, David. Sei que vou morrer". Nasser, como todo mundo, acompanhava a gravidade do estado de Ary, mas tentou contemporizar. "Como você sabe, Ary?", perguntou. E ele respondeu: "Porque o rádio está tocando as minhas músicas". Ary morreu poucas semanas depois — e, por um capricho do destino, no domingo de Carnaval, poucas horas antes de o Império Serrano entrar na avenida cantando seu samba-enredo daquele ano: "Aquarela brasileira", de Silas de Oliveira, feito justamente em sua homenagem.

Newton Mendonça, que dedicara sua vida à estiva noturna, já tinha morrido em 1960. Por coincidência, as boates do Beco do Joga a Chave, das quais ele chegara a ser quase sinônimo como pianista, foram fechando uma a uma: o Carrousel (seu derradeiro banquinho), o Dominó, o Club 36, o Manhattan. Em 1963, a última casa dos velhos tempos no Joga a Chave era o Kilt Club. E, no fim daquele ano, Flavio Ramos também fechou o Bon Gourmet — uma surpresa, sabendo-se que, em meados de 1962, ele tivera quarenta dias de casa cheia com o histórico show de Bossa Nova *O encontro*, reunindo João Gilberto, Tom Jobim, Vinicius de Moraes e Os Cariocas — a primeira e única vez em que esses homens se apresentaram juntos. Mas a grande afluência de público nem sempre se refletia em faturamento. Durante a temporada de *O encontro*, somente os convidados de Vinicius — lotando várias mesas por noite, bebendo de graça e todos com uma capacidade cúbica equivalente à dele — já eram suficientes para mandar as contas para o vermelho.

Cauby Peixoto e seus irmãos ainda levaram o Drink pelo tempo que puderam. Mas a obrigação de Cauby estar presente à boate todas as noites, impedindo-o de se apresentar em outras praças, tornava o empreendimento antieconômico. Em 1968, Cauby, Moacyr e Araken fecharam a casa e, um de cada vez, se mudaram para São Paulo.

Uma pena, porque o Drink não merecia fechar — a localização era excepcional e sua marca era conhecida em todo o país. Pensou-se que ele cairia nas mãos de seu antigo crooner Miltinho, já então um fenômeno de venda de discos. Mas Miltinho não se interessou. Desligara-se por completo, não apenas do Drink, mas de todo o circuito das boates. Ao se desgarrar de Djalma Ferreira, em 1960, e com o estouro de seus discos, descobriu que sua situação era tranquila: tornara-se funcionário concursado do Ministério da Fazenda e, também cansado da noite, queria se apresentar em horários mais salubres. Daí, acompanhado pelo violonista Mão de Vaca ou pelo trio do pianista Anselmo Malzone, mudou-se para os clubes sociais, como o Fluminense, o Tijuca, o América, os das associações de classe, os dos serviços sociais do comércio e da indústria, e muitos mais. Eles eram a prova de que o samba-canção já não precisava de boates à meia-luz para florescer. Os salões onde Miltinho cantava agora talvez fossem até um pouco iluminados demais. Ele achava ótimo — isso lhe permitia observar melhor os objetos de sua paixão, saindo das pernas cruzadas sob as toalhas das mesas: os pés das senhoras e senhoritas da plateia.

Outro nome profundamente vinculado ao Drink, Ed Lincoln, fez a mesma opção. Estabeleceu um circuito tão intenso de apresentações em clubes que, se sua agenda fosse feita só de quintas, sextas e sábados, ele teria de trabalhar em todas as noites do ano. Alguns desses clubes eram o Monte Líbano, o Caiçaras e o Paissandu, na Lagoa; o Botafogo e o Sírio-Libanês, em Botafogo; o Vitória, no Méier; o Guanabara, na avenida Pasteur; o da Aeronáutica, no Centro; e, principalmente, as noites de gala do Hotel Glória, com seus quatro salões, cada qual — acredite ou não — com uma atração: o conjunto de Lincoln e o de Steve Bernard, e a orquestra de Oswaldo Borba e a de Waldyr Calmon.

Sempre de olho no Drink, e nunca querendo ficar atrás dele, Waldyr Calmon esperou que seu concorrente fechasse, em 1968, para fazer o mesmo com o Arpège. Era mais um grande endereço que se ia. No começo da década, o Arpège ainda realizara façanhas memoráveis, como ter Lucio Alves, Doris Monteiro e até mesmo João Gilberto como contratados. A maior proeza, no entanto, fora convencer Tom Jobim a, depois de quase dez anos, trocar temporariamente seu piano doméstico pelo da madrugada, em 1961. Foi no Arpège, durante a temporada de Tom, que dois de seus amigos se conheceram, descobriram que tinham nascido um para o outro e começaram uma das maiores parcerias da música brasileira: Baden Powell e Vinicius de Moraes.

Quando tudo indicava que ninguém seguraria Ed Lincoln em sua missão de botar o Rio para dançar, o acaso resolveu interferir. Num fim de tarde em que ele levava o cantor Sylvio Cezar e uma namorada para Copacabana, seu carro — não por acaso, um Lincoln — se descontrolou. Voou sobre o canteiro central da avenida Atlântica, capotou e atingiu um poste. Sylvio e a moça não sofreram nada, mas Lincoln foi cuspido do carro. Fraturou três vértebras, rompeu a bexiga e teve outros ferimentos graves. Ficou fora de combate por quase um ano. Quanto voltou à maratona profissional, parecia o Ed Lincoln de sempre e nunca deixou o público perceber que, para manter seu ritmo irresistível, tinha de superar dores excruciantes.

Era o apogeu da música dançante jovem, romântica ou não, baseada no órgão e no piano, tendo como expoentes, além de Lincoln e Waldyr, Steve Bernard, Celso Murilo, Walter Wanderley, André Penazzi, Célio Balona, Helio Mendes, Norberto Baudalf. Seus bailes eram prestigiados pelos estudantes, alguns levando no bolso apenas o dinheiro do ingresso. Os que não podiam frequentá-los compravam os discos desses conjuntos, afastavam os móveis e, no apartamento de seus pais, davam suas próprias festinhas ao embalo de cuba-libre, pizza de *aliche* e beijos roubados na cozinha. O excitante mercado que um dia se abrira com as boates de verdade — gerando riqueza com música, bebida, comida, serviços, transportes, segurança, glamour, intermediação de negócios e troca de informações — estava desaparecendo.

Para se manter, uma boate de maior porte teria de atrair pelo menos cem pessoas por noite. Daí ter sido histórico o fracasso de Tony Bennett no Golden Room em 1963. Na sua noite de estreia, havia apenas duas mesas ocupadas, uma delas, por seu empresário brasileiro; a outra, por Flavio Ramos, ex-Bon Gourmet. Tony afrouxou a gravata, sentou-se num degrau do palco e deu o show completo, com orquestra e tudo. Era famoso no Brasil, mas talvez nem tanto. E o sucesso de "I left my heart in San Francisco", que ele gravara em 1962 e cantou naquela noite, ainda não tinha chegado até aqui.

Outro sintoma de que o clima estava mesmo mudando deu-se em 1962, durante um show de Ellen de Lima no Top Club. Ellen acabara de interpretar o tocante "Leva-me contigo", última composição de Dolores Duran em vida — *"Ai.../ Leva-me contigo/ Perde a minha vida quando te perderes/ Deixa que eu te dê meus olhos/ Para que tu chores sempre que sofreres..."* —, quando uma jovem se levantou em sua mesa e pediu licença para fazer um convite à plateia. Ellen consentiu. A jovem era Gardenia Garcia, aspirante a atriz, e o convite se referia à peça *Aconteceu em Yrkutsk*, do dramaturgo soviético Aleksei Arbuzov, em cartaz no Teatro Jovem, em Botafogo. Gardenia deu rapidamente o enredo: uma mulher, casada com o capataz de uma obra de escavação na Sibéria, perde o marido num acidente de trabalho. Mas supera-se bravamente ao redirecionar seu amor — e o de quatorze operários — para a escavadeira da obra! O já falecido Andrei Alexandrovich Zhdánov, formulador da política cultural de Stálin, teria adorado saber dessa história.

O panorama político a partir de 1962, no Brasil de Jango, começava a se inclinar para a esquerda, mas isso não seria necessariamente um fator a turvar as relações entre as boates e o poder. Na época, o programa dominante da esquerda brasileira pregava a associação entre as forças populares e a facção industrial da burguesia, com o objetivo de expulsar o capital estrangeiro, promover a industrialização do país e criar um capitalismo nacional. Até aí, os últimos remanescentes da burguesia que ainda iam ao Sacha's não tinham nada a opor. Mas uma segunda etapa do programa previa a expropriação dos anéis de brilhante de Tereza Souza Campos e Lourdes Catão para financiar o sapateiro Chicão, ativista das ocupações de terra em Minas Gerais, a ditadura do proletariado e a destruição da dita burguesia — itens dos quais até o socialista Jorginho Guinle tinha de discordar. Em 1964, com as boates já bastante despovoadas, era raro que por uma delas circulasse certo tipo de informação — como a que correu um mês depois do golpe militar, de que valia a pena comprar ações da Light. O conselho era de alguém que o ouvira de alguém que o ouvira do ministro do Planejamento, Roberto Campos. O fato é que, no dia 2 de abril, uma ação da Light valia dois dólares. Não muito depois, estava valendo vinte, graças a uma manobra do governo. Mas, com os militares no poder, o cordão umbilical entre este e a noite se rompera. Os novos governantes estavam muito ocupados disputando cargos públicos e perseguindo paisanos, e não tinham tempo para libações.

As casas mais antigas passaram a tentar de tudo para continuar à tona. Em 1964, a boate Plaza já estava apelando para concursos de Miss Biquíni — distantes os tempos em que suas atrações eram Johnny Alf, Luiz Eça ou Lucio Alves. A nova boate de Fafá Lemos, exatamente onde ela tivera a primeira, comportava discretos stripteases ao som do seu violino. Entre os inferninhos nas regiões nobres, vigentes naquele ano, estavam o Étoile, o Ma Griffe, o Farolito, o Pigalle e o Moulin Rouge — alguns deles, ex-boates. E, em outras boates, o proprietário estimulava as cantoras a se sentarem à mesa com os clientes — uma a quem pediram isso, e ela recusou, preferindo ser demitida, foi Waleska, das últimas (e melhores) crooners do Arpège.

Não foi a única. Norma Bengell, depois de se apresentar em shows de Bossa Nova nas faculdades do Rio e gravar seu ótimo LP *Ooooooh Norma!*, na Odeon, recusou proposta de Carlos Machado para estrelar um show no Fred's. "A partir de agora, só canto vestida", disse Norma. "Vestida, prefiro a Maysa", retrucou Machado. E, com isso, a noite perdeu de vez a sua mais gloriosa beleza. Por coincidência, o documentário italiano *América de noite* (1961), de Giuseppe Maria Scotese, com um longo segmento passado no Rio, previa um número com Ellen de Lima, de baiana, filmado no Golden Room. Mas Ellen achou a calcinha da fantasia muito cavada. Só aceitou filmar quando a deixaram costurar uma rendinha por cima.

A partir de 1964, começaram a surgir muitos outros ambientes que não boates, onde se podia ouvir música popular. Alguns deles foram o restaurante Zicartola, na rua da Carioca, que reunia a cada noite, para conversar fiado ou cantar, toda a gama que ia de Nelson Cavaquinho a Tom Jobim; o show *Opinião*, no shopping da rua Siqueira Campos, com Nara Leão, Zé Kéti e João do Vale — que ficou meses em cartaz, até Nara ser substituída pela novata Maria Bethânia e o espetáculo ganhar nova vida; o show *Rosa de ouro*, de Hermínio Bello de Carvalho no Teatro Jovem, que trouxe de volta Aracy Cortes, descobriu Clementina de Jesus e revelou Paulinho da Viola, Elton Medeiros e Nelson Sargento. Sem falar nos musicais de televisão, como *O Fino da Bossa*, com Elis Regina e Jair Rodrigues, os primeiros e já selvagens festivais da canção e, em 1967, a esmagadora chegada do Canecão — uma cervejaria em Botafogo com espaço para milhares de pessoas sentadas ou que quisessem dançar. Com ingresso quase de graça, o Canecão recebia mais gente em uma só noite do que *todas* as boates do Leme, das avenidas Princesa Isabel e Prado Junior e dos becos das Garrafas e do Joga a Chave juntas. Não era um território propício ao samba-canção.

Assim como não o eram as boates com música de disco — as discotecas — que sucederam ao Black Horse, fechado pela polícia em 1964. Sergio Cavalcanti, ex-relações-públicas da Varig, abriu na rua Fernando Mendes o New Jirau, cujo leão de chácara era o futuro bandido Mariel Mariscot. Hubert de Castejà esperou a novidade do New Jirau arrefecer para lançar o Le Bateau, na praça Serzedelo Correa. O Havaí já existia, na avenida Atlântica. E surgiu Ricardo Amaral, com a Sucata, na Lagoa. Discotecários como Ademir Lemos, Big Boy e Monsieur Limá ficaram mais famosos do que muitos músicos e cantores. Aos sábados e domingos, algumas dessas boates abriam às 16 horas — os clientes dessas matinês eram rapazes de calça Lee gelo e camisa da Marinha e lindas meninas de perna dourada, pasta d'água no nariz e já com as primeiras minissaias. E começava também ali a supremacia da música internacional.

Sem as boates tradicionais e seus cantinhos mornos e aconchegantes, a música brasileira adulta e responsável só tinha agora um conduto por onde respirar: a indústria fonográfica. Selos importantes nos anos 50, como a Sinter, a Todamérica e a Rádio, tinham deixado de existir. Em compensação, o Brasil de 1965 podia se orgulhar da sua profusão de marcas: RCA Victor, Odeon, Philips, Polydor, Columbia, Continental, Copacabana, RGE, Fermata, Musidisc, Mocambo, Chantecler, Festa, Forma, Elenco, Audio Fidelity, Pawal, Masterplay, Hi-Fi, Imperial, Padrão, Farroupilha — só os Estados Unidos teriam um mercado com tantas gravadoras. Sem contar as gravadorinhas regionais, cujos LPs ficavam nas suas regiões de origem e não chegavam às prateleiras da Master Ranger, a loja da rua Rodolfo Dantas onde Brigitte Bardot, Jean-Paul Belmondo e a primeira-dama Maria Tereza Goulart iam comprar discos na mão de Pedro Passos, futuro dono da Modern Sound.

Com tantas opções, nenhum grande cantor ou cantora ficava sem gravar — Lucio Alves, Elizeth Cardoso, Maysa, Doris Monteiro, Sylvio Cezar, Dick Farney, Dorival Caymmi, Tito Madi, Marisa (agora Gata Mansa), Ellen de Lima, Agostinho dos Santos, Sylvia Telles, Márcia, Rosana Toledo, Nora Ney, Lana Bittencourt, Nelson Gonçalves, Angela Maria, Isaurinha Garcia, Helena de Lima, Cauby Peixoto, Jamelão, Miltinho — todos adeptos do samba-canção. Em mais alguns anos, surgiriam Nana Caymmi, Clara Nunes, Alcione, Beth Carvalho, Simone, Emilio Santiago. Tornou-se possível viver da venda de discos.

Passado o apogeu das boates e com a produção restrita praticamente aos discos, grandes sambas-canção continuaram a ser feitos — apenas não eram mais chamados por esse nome. Aliás, nenhum gênero continuou a ser chamado pelo nome. Mas, ainda em 1966, um único LP, *Muito Elizeth*, de Elizeth Cardoso, na Copacabana, trazia três novos sambas-canção dignos de qualquer antologia: "Sem mais adeus", de Francis Hime e Vinicius de Moraes; "Apelo", de Baden Powell e também Vinicius; e "Meiga presença", este de Paulo Valdez, filho de Elizeth, e Otavio de Moraes, ex-namorado dela — "*... Vem de outro tempo bem longe/ Que esqueci/ A ternura que nunca mereci/ Quem foste tu, presença e pranto/ Eu nunca fui amada tanto// Estás aqui/ Momento antigo/ Estás comigo// Se não te importa ser lembrado/ Se não te importa ser amado/ Amor amigo/ Fica ao meu lado/ Sempre*".

Em meados da década, a música brasileira parecia um palco de guerra, com os compositores se batendo contra a ditadura, com as canções engajadas, e contra si mesmos, nos sangrentos festivais da canção. Apesar disso, alguns deles, velhos ou novos, sempre achavam tempo para se deixarem invadir pela beleza.

Como Fernando Cesar e Silvio Silva, com "Chorar em colorido", em 1966: "*... Prometo e acredito/ Chorar bonito/ Bem a rigor/ Se for a seu pedido/ Eu choro colorido/ Você escolhe a cor*"; Johnny Alf, com "Eu e a brisa", também em 1966: "*Ah, se a juventude/ Que essa brisa canta/ Ficasse aqui comigo mais um pouco/ Eu poderia esquecer a dor/ De ser tão só/ Pra ser um sonho...*"; Sylvio Cezar, com "Pra você", em 1972: "*Pra você eu guardei/ Um amor infinito/ Pra você procurei/ O lugar mais bonito/ Pra você eu sonhei/ O meu sonho de paz/ Pra você me guardei/ Demais, demais...*"; Baden Powell e Paulo Cesar Pinheiro, com "Última forma", em 1974: "*É/ Como eu falei/ Não ia durar/ Eu bem que avisei/ Pois é/ Vai desmoronar/ Hoje ou amanhã/ Um vai se curvar/ E graças a Deus/ Não vai ser eu quem vai mudar/ Você perdeu...*"; o fabuloso Cartola, com um punhado deles, entre os quais "As rosas não falam", em 1976: "*Bate outra vez/ Com esperanças o meu coração/ Pois já vai terminando o verão/ Enfim// Volto ao jardim/ Com a certeza que devo chorar/ Pois bem sei que não queres voltar/ Pra mim...*"; Cristovão Bastos e Aldir Blanc, com "Resposta ao tempo", em 1998: "*Batidas na porta da frente/ É o tempo/ Eu bebo um pouquinho/ Pra ter argumento// Mas fico sem jeito/ Calado, ele ri/ Ele zomba/ Do quanto eu chorei/ Porque sabe passar/ E eu não sei*", e muitos, muitos mais — até hoje.

O samba-canção nunca morreu. Transformou-se, abriu-se, libertou-se de velhas rimas e soluções. Ganhou uma liberdade com que Ary, Herivelto e Custodio nunca sonharam. Rejuvenesceu com Tom Jobim, cooptou Francis Hime, Ivan Lins, Dori Caymmi. Mas, à sua maneira, discreto, longe das luzes, continuou a ser a grande reserva emocional da música brasileira. É a música a que duas pessoas apaixonadas sempre poderão recorrer quando sentirem o seu amor em perigo.

O samba-canção é uma emergência, uma cirurgia, uma UTI. Sua especialidade é o coração. A diferença é que chega a este pelo ouvido.

Night and Day
RIO NOTURNO
Arpège
APRESENTA
DÓRIS MONTEIRO
e ainda: WALDIR CALMON
ANTES DE VOLTAR PARA O MICROFONE DA
NATIONAL BROADCASTING CORP, NOVA YORK
DICK FARNEY
DESPEDE SE DO RIO CANTANDO
Hoje, Amanhã e Sexta-feira na Boite do
HOTEL VOGUE
LITTLE CLUB
NA PRÓXIMA SEXTA-FEIRA
DOLORES DURAN
bar CANGACEIRO
MARISA
CLUB 36
SILVIO
CALDAS
VOGUE
ANUNCIA
PARA AMANHÃ — 2ª FEIRA
ELIZETE CARDOSO
Avenida Princesa Isabel, 23
APRESENTA
ARY
BARROSO
e ERNANI FILHO
MAYSA
HOJE E TODAS AS NOITES
CURTA TEMPORADA NA
BOITE "LA BOHEME"
PLAZA BAR
Apresenta tôdas as noites
JOHNNY ALF TRIO
(cantando e ao piano)
AV. PRINCESA ISABEL, 63 — Copacabana

CANÇÃOGRAFIA

Esta cançãografia do samba-canção não se propõe completa — absolutamente. Foi preparada enquanto se fazia o livro e certamente conterá omissões graves, algumas até ridículas. Mas é a primeira do gênero. O autor terá prazer em receber sugestões para inclusão em futuras reimpressões.

Compõe-se de três listas.

A primeira, abrangendo de 1928 a 1945, é apenas demonstrativa de como já se produziam grandes sambas-canção mesmo antes que se estabelecesse o ambiente ideal para o seu desenvolvimento — as boates. Por não ser também o gênero mais popular e comercial da música brasileira, não havia ainda um reconhecimento pleno de sua existência — nesse período, muitos sambas-canção eram classificados nos selos dos discos apenas como sambas.

A segunda lista é uma amostra mais ambiciosa do que se produziu no período em que as boates com cantores e músicos ao vivo conheceram o seu apogeu, de 1946 a 1965. Foi quando surgiram os maiores clássicos do gênero e se revelaram os seus principais intérpretes e compositores. Apesar de muito mais abrangente, ela conterá lacunas de títulos e de compositores, pelas quais me penitencio.

E a terceira tenta mostrar como, mesmo depois que os discos abandonaram o hábito de classificar as canções pelo gênero, continuou-se a produzir autênticos sambas-canção — que apenas não eram mais chamados por esse nome ou por nome nenhum. Por causa dessa omissão, cristalizou-se a ideia de que o samba-canção morrera — esmagado, inclusive, pela Bossa Nova. Mas não só não morreu, como foi praticado pelos grandes compositores contemporâneos e sobreviveu à própria Bossa Nova.

Embora os sambas-canção produzidos a partir de 1965 estejam fora do escopo deste livro, o autor achou importante levantar alguns títulos para demonstrar a força dessa música. Veja-se essa lista como um bônus, não como um apanhado definitivo.

Nas três listas, o intérprete cujo nome se segue ao título da canção e ao(s) compositor(es) é, salvo erro, o lançador original da música — mesmo que, logo depois, tenha sido com outro que ela conheceu o verdadeiro sucesso. Exemplos: Deo lançou "Nervos de aço" e o Trio de Ouro lançou "Vingança", mas esses sambas-canção de Lupicinio Rodrigues só estourariam respectivamente com Francisco Alves e Linda Baptista. "Conceição", que se tornou a assinatura de Cauby Peixoto, foi lançado por Dircinha Baptista. O correto é creditar ao cantor original — porque mesmo o responsável por seu sucesso poderá ser (e, muitas vezes, é) superado por uma gravação posterior.

Mais uma vez: 90% dessas gravações podem ser ouvidas na internet.

1. PIONEIROS [1928-45]

1928

Ai, ioiô (Linda flor) [Henrique Vogeler-Luiz Peixoto-Marques Porto] — Aracy Cortes

1929

Amizade [Ary Barroso] — Francisco Alves

1931

No rancho fundo [Ary Barroso-Lamartine Babo] — Elisa Coelho

1932

Maria [Ary Barroso-Luiz Peixoto] — Silvio Caldas

1933

Feitio de oração [Noel Rosa-Vadico] — Francisco Alves e Castro Barbosa
Meu barracão [Noel Rosa] — Mario Reis

1934

Caco velho [Ary Barroso] — Elisa Coelho
Feitiço da Vila [Noel Rosa-Vadico] — João Petra de Barros
Na batucada da vida [Ary Barroso-Luiz Peixoto] — Carmen Miranda
Não tem tradução [Noel Rosa] — Francisco Alves
Tu [Ary Barroso] — Silvio Caldas

1935

Inquietação [Ary Barroso] — Silvio Caldas
Pela décima vez [Noel Rosa] — Aracy de Almeida
Silêncio de um minuto [Noel Rosa] — Aracy de Almeida

1936

Amigo leal [Benedito Lacerda-Aldo Cabral] — Orlando Silva

O X do problema [Noel Rosa] — Aracy de Almeida

1937

Menos eu [Roberto Martins-Jorge Faraj] — Silvio Caldas

Pra que mentir? [Noel Rosa-Vadico] — Silvio Caldas

Serra da Boa Esperança [Lamartine Babo] — Francisco Alves

Último desejo [Noel Rosa] — Aracy de Almeida

1938

Coqueiro velho [Fernando Martinez Filho-José Mercilio] — Orlando Silva

História de amor [J. Cascata-Humberto Porto] — Orlando Silva

Meu romance [J. Cascata] — Orlando Silva

1942

Ave-Maria no morro [Herivelto Martins] — Trio de Ouro [com Dalva de Oliveira]

Bom dia [Herivelto Martins-Aldo Cabral] — Trio de Ouro [com Dalva de Oliveira]

1943

Aperto de mão [Augusto Mesquita-Jaime Florence-Horondino Silva] — Isaura Garcia

Pra machucar meu coração [Ary Barroso] — Deo

1944

Aquela mulher [Cicero Nunes] — Nelson Gonçalves

Como os rios que correm para o mar [Custodio Mesquita-Evaldo Ruy] — Silvio Caldas

Noturno em tempo de samba [Custodio Mesquita-Evaldo Ruy] — Silvio Caldas

1945

Brasa [Lupicinio Rodrigues-Felisberto Martins] — Orlando Silva

Doce veneno [Valzinho-Carlos Lentine-Espiridião Goulart] — Marion

Dora [Dorival Caymmi] — Dorival Caymmi

2. A ERA DE OURO [1946-65]

1946

Barqueiro do São Francisco [Alcyr Pires Vermelho-Alberto Ribeiro] — Dick Farney
Copacabana [João de Barro-Alberto Ribeiro] — Dick Farney
Edredom vermelho [Herivelto Martins] — Isaura Garcia
Ela foi embora [Oscar Bellandi-Djalma Ferreira] — Dick Farney
Fracasso [Mario Lago] — Francisco Alves
Mensagem [Aldo Cabral-Cicero Nunes] — Isaura Garcia
Rugas [Nelson Cavaquinho-Augusto Garcez-Ari Monteiro] — Cyro Monteiro
Saia do caminho [Custodio Mesquita-Evaldo Ruy] — Aracy de Almeida

1947

Caminhemos [Herivelto Martins] — Francisco Alves
Cinco letras que choram (Adeus) [Silvino Neto] — Francisco Alves
Exemplo [Ataulpho Alves] — Ataulpho Alves
Fim de semana em Paquetá [João de Barro-Alberto Ribeiro] — Nuno Roland
Foi e não voltou [Oscar Bellandi-Chuca-Chuca] — Dick Farney
Infidelidade [Ataulpho Alves-Americo Seixas] — Ataulpho Alves e Suas Pastoras
Marina [Dorival Caymmi] — Francisco Alves
Nervos de aço [Lupicinio Rodrigues] — Deo
Quem foi? [Jorge Tavares-Nestor de Hollanda] — Aracy de Almeida
Saudade [Dorival Caymmi-Fernando Lobo] — Orlando Silva
Segredo [Herivelto-Marino Pinto] — Dalva de Oliveira
Se queres saber [Peterpan] — Emilinha Borba

1948

Adeus [Dorival Caymmi] — Ivon Curi
Um cantinho e você [José Maria de Abreu-Jair Amorim] — Dick Farney
Esquece [Gilberto Milfont] — Dick Farney
Esses moços (Pobres moços) [Lupicinio Rodrigues] — Francisco Alves
Jornal de ontem [Romeu Gentil-Elisário Teixeira] — Orlando Silva
Meu Rio de Janeiro [Oscar Bellandi-Nelson Trigueiro] — Dick Farney
Nova ilusão [Zé Menezes-Luiz Bittencourt] — Os Cariocas
Pergunte a ela [Fernando Martins-Geraldo Pereira] — Alcides Gerardi
Quem há de dizer [Lupicinio Rodrigues-Alcides Gonçalves] — Francisco Alves

A saudade mata a gente [João de Barro-Antonio Almeida] — Dick Farney
Ser ou não ser [José Maria de Abreu-Alberto Ribeiro] — Dick Farney
Somos dois [Klecius Caldas-Armando Cavalcanti-Luiz Antonio] — Dick Farney

1949

Até o amargo fim [Newton Teixeira-David Nasser] — Aracy de Almeida
Cabelos brancos [Herivelto Martins-Marino Pinto] — Quatro Ases e Um Coringa
Cadeira vazia [Lupicinio Rodrigues-Alcides Gonçalves] — Francisco Alves
Chuvas de verão [Fernando Lobo] — Francisco Alves
Fantoche [Wilson Baptista-Americo Seixas] — Jorge Goulart
Não me pergunte [José Maria de Abreu-Jair Amorim] — Silvio Caldas
Nunca mais [Dorival Caymmi] — Lucio Alves
Pausa para meditação [Wilson Baptista-Americo Seixas] — Deo
Ponto final [José Maria de Abreu-Jair Amorim] — Dick Farney
Sempre teu [José Maria de Abreu-Jair Amorim] — Dick Farney
Velhas cartas de amor [Klecius Caldas-Francisco Alves] — Francisco Alves
Violão [Vitor Jr.-Wilson Ferreira] — Onéssimo Gomes

1950

Amargura [Radamés Gnattali-Alberto Ribeiro] — Lucio Alves
Canção de amor [Chocolate-Elano de Paula] — Elizeth Cardoso
Degraus da vida [Nelson Cavaquinho-Antonio Braga-Cesar Brasil] — Roberto Silva
Errei, sim [Ataulpho Alves] — Dalva de Oliveira
Lembrança do passado [Dorival Caymmi-Alberto Lee-Carlos Guinle] — Dick Farney
Marca na parede [Ismael Neto-Mario Faccini] — Os Cariocas
Maria Rosa [Lupicinio Rodrigues-Alcides Gonçalves] — Francisco Alves
Mentira de amor [Lourival Faissal-Gustavo de Carvalho] — Dalva de Oliveira
Migalhas [Lupicinio Rodrigues-Felisberto Martins] — Linda Baptista
Não tem solução [Dorival Caymmi-Carlos Guinle] — Dick Farney
Reverso [Marino Pinto-Gilberto Milfont] — Lucio Alves
Se o tempo entendesse [Marino Pinto-Mario Rossi] — Lucio Alves
Terminemos agora [Gilberto Milfont] — Lucio Alves
Tudo acabado [J. Piedade-Oswaldo Martins] — Dalva de Oliveira

Você não sabe amar [Dorival Caymmi-Carlos Guinle-Hugo Lima] — Francisco Carlos

1951

Ave-Maria [Vicente Paiva-Jaime Redondo] — Dalva de Oliveira
Calúnia [Marino Pinto-Paulo Soledade] — Dalva de Oliveira
Dá-me tuas mãos [Erasmo Silva-Jorge de Castro] — Elizeth Cardoso
Dona divergência [Lupicinio Rodrigues-Felisberto Martins] — Linda Baptista
Estranho amor [Garoto-David Nasser] — Dircinha Baptista
Fecho meus olhos... vejo você [José Maria de Abreu] — Doris Monteiro
Fim de comédia [Ataulpho Alves] — Dalva de Oliveira
Uma loura [Hervé Cordovil] — Dick Farney
Meu sonho é você [Altamiro Carrilho-Atila Nunes] — Orlando Correa
Nick Bar [Garoto-José Vasconcellos] — Dick Farney
Penso em você [Paulo Soledade-Fernando Lobo] — Mary Gonçalves
Sábado em Copacabana [Dorival Caymmi-Carlos Guinle] — Lucio Alves
Se você se importasse [Peterpan] — Doris Monteiro
Terminamos [Paulo Soledade-Fernando Lobo] — Lucio Alves
Três apitos [Noel Rosa] — Aracy de Almeida [composto em 1933]
Vingança [Lupicinio Rodrigues] — Trio de Ouro [com Lourdinha Bittencourt]

1952

Agulha no palheiro [Cesar Cruz-Vargas Junior] — Doris Monteiro
Alguém como tu [José Maria de Abreu-Jair Amorim] — Dick Farney
Um amor assim [Dora Lopes] — Dolores Duran
As aparências enganam [Lupicinio Rodrigues] — Gilberto Milfont
Busto calado [Rubens Silva-Cipó] — Carmen Costa
Eu não sou de reclamar [Lupicinio Rodrigues] — Lupicinio Rodrigues
Felicidade [Luiz Antonio-Jota Junior] — Heleninha Costa
Foi assim [Lupicinio Rodrigues] — Linda Baptista
Lama [Paulo Marquez-Alice Chaves] — Linda Rodrigues
Meia-luz [Hianto de Almeida-João Luiz] — João Gilberto
Menino grande [Antonio Maria] — Nora Ney
Nem eu [Dorival Caymmi] — Dorival Caymmi
Ninguém me ama [Antonio Maria-Fernando Lobo] — Nora Ney
Nova ilusão [Claudionor Cruz-Pedro Caetano] — Lucio Alves
Nunca [Lupicinio Rodrigues] — Dircinha Baptista
Outono [Billy Blanco] — Dolores Duran

Palhaço [N. Cavaquinho-Oswaldo Martins-Washington Fernandes] — Orlando Correa
Poeira do chão [Klecius Caldas-Armando Cavalcanti] — Dalva de Oliveira
Preconceito [Fernando Lobo-Antonio Maria] — Nora Ney
Quando ela sai [Alberto de Jesus-Roberto Penteado] — João Gilberto
Quanto tempo faz [Paulo Soledade-Fernando Lobo] — Nora Ney
Redoma de vidro [Herivelto Martins-Nelson Gonçalves] — Nelson Gonçalves
Risque [Ary Barroso] — Aurora Miranda
Sem esse céu [Luiz Bonfá] — Dick Farney

1953
Baralho da vida [Ulisses de Oliveira] — Dora Lopes
Bar da noite [Bidu Reis-Haroldo Barbosa] — Nora Ney
A camisola do dia [Herivelto Martins-David Nasser] — Nelson Gonçalves
Caso perdido [Antonio Maria] — Renata Fronzi
Castigo [Lupicinio Rodrigues-Alcides Gonçalves] — Gilberto Milfont
De cigarro em cigarro [Luiz Bonfá] — Nora Ney
Duas contas [Garoto] — Trio Surdina
O esbarro [Cesar Brasil-Americo Seixas] — Alcides Gerardi
Escuta [Johnny Alf] — Mary Gonçalves
Eu sou a outra [Ricardo Galeno] — Carmen Costa
Faz uma semana [Tom Jobim-Juca Stockler] — Ernani Filho
Flor do lodo [Ary Mesquita] — Aracy Cortes
Fósforo queimado [Paulo Menezes-Milton Legey-Roberto Lamego] — Angela Maria
Incerteza [Tom Jobim-Newton Mendonça] — Mauricy Moura
Inquietação [Ary Barroso] — Orlando Silva
Insulto [Chocolate-Mario Lago] — Renata Fronzi
João Valentão [Dorival Caymmi] — Dorival Caymmi
Memórias [Hianto de Almeida-Evaldo Ruy] — Lucio Alves
Minha prece [Haroldo Eiras-Ciro Vieira da Cunha] — Francisco Carlos
Molambo [Jaime Florence-Augusto Mesquita] — Julinha Silva
Negro telefone [H. Martins-D. Nasser] — Trio de Ouro [com Lourdinha Bittencourt]
Onde anda você? [Antonio Maria-Reynaldo Dias Leme] — Nora Ney
Orgulho [Waldir Rocha-Nelson Wanderkind] — Angela Maria
Pensando em você [Tom Jobim] — Ernani Filho
Perdido de amor [Luiz Bonfá] — Dick Farney

Podem falar [Ismael Netto-Antonio Maria] — Os Cariocas
Quando tu passas por mim [Antonio Maria-Vinicius de Moraes] — Aracy de Almeida
O que é amar [Johnny Alf] — Mary Gonçalves
Ronda [Paulo Vanzolini] — Inezita Barroso
Rua sem sol [Mario Lago-Henrique Gandelman] — Angela Maria
Se eu morresse amanhã de manhã [Pernambuco-Antonio Maria] — Dircinha Baptista
Tão só [Dorival Caymmi-Carlos Guinle] — Dorival Caymmi
Trapo de gente [Ary Barroso] — Linda Baptista
Vida de bailarina [Chocolate-Américo Seixas] — Angela Maria
Você esteve com meu bem? [João Gilberto-Russo do Pandeiro] — Marisa
Você morreu pra mim [Newton Mendonça-Fernando Lobo] — Dora Lopes

1954
O amor acontece [Flavio Cavalcanti-Celso Cavalcanti] — Dolores Duran
Amor de boate [Dora Lopes-Donato] — Linda Baptista
Ao deus-dará [Bidu Reis-Haroldo Barbosa] — Elizeth Cardoso
Aves daninhas [Lupicinio Rodrigues] — Nora Ney
Bom é querer bem [Fernando Lobo] — Dolores Duran
Canção da volta [Ismael Netto-Antonio Maria] — Dolores Duran
Dentro da noite [Oscar Bellandi-Luiz de França] — Mary Gonçalves
Dizem por aí [Haroldo Eiras-Victor Berbara] — Johnny Alf
Francisco Alves [Herivelto Martins-David Nasser] — Nelson Gonçalves
Minha história [Lupicinio Rodrigues-Rubens Santos] — Carlos Galhardo
Não diga não [Tito Madi-Georges Henri] — Tito Madi
Nesta rua tão deserta [D. Caymmi-C. Guinle-J. Klein-Hugo Lima] — Jacques Klein
Notícia [Nelson Cavaquinho-Alcides Caminha-Norival Bahia] — Roberto Silva
Ocultei [Ary Barroso] — Elizeth Cardoso
Outra vez [Tom Jobim] — Dick Farney
Poema dos olhos da amada [Paulo Soledade-Vinicius de Moraes] — Silvio Caldas
Quase [Mirabeau-Jorge Gonçalves] — Carmen Costa
Solidão [Tom Jobim-Alcides Fernandes] — Nora Ney
Tereza da praia [Billy Blanco-Tom Jobim] — Dick Farney e Lucio Alves
Tradição [Ismael Silva] — Dolores Duran
Valerá a pena? [Dorival Caymmi-Carlos Guinle-Hugo Lima] — Vera Lucia

Vento vadio [Hianto de Almeida-Evaldo Ruy] — Isaura Garcia
Verdade cruel [Luiz Chacon] — Isaura Garcia
Vida vazia [Chocolate-Mario Lago] — Elizeth Cardoso

1955
Abandono [Nazareno de Brito-Prescylla de Barros] — Angela Maria
Amendoim torradinho [Henrique Beltrão] — Vera Lucia
Calendário de amor [Carneiro Filho-Americo Seixas] — Carlos Galhardo
Caminhos diversos [Haroldo Barbosa-Nazareno de Brito) — Angela Maria
Carioca 1954 [Ismael Netto-Antonio Maria] — Dolores Duran
A carne [Hianto de Almeida] — Carmen Dea
Desejo [Garoto-José Vasconcellos-Luiz Claudio] — Sylvia Telles
Dois tristonhos [Lupicinio Rodrigues] — Nora Ney
Dó-ré-mi [Fernando Cesar] — Doris Monteiro
Escuta [Ivon Curi] — Angela Maria
Esperança perdida [Billy Blanco-Tom Jobim] — Lucio Alves
Estranho amor [Garoto-David Nasser] — Dircinha Baptista
Eu e o meu coração [Inaldo Vilarim-Antonio Botelho] — Doris Monteiro
Madrugada três e cinco [Antonio Maria-Ismael Netto-Reynaldo D. Leme] — Nora Ney
Manias [Flavio Cavalcanti-Celso Cavalcanti] — Dolores Duran
O morro (Sinfonia do Rio de Janeiro) [Billy Blanco-Tom Jobim] — Nora Ney
Óculos escuros [Valzinho-Orestes Barbosa] — Zezé Gonzaga
Por que razão? [José Maria de Abreu-Luiz Peixoto] — Doris Monteiro
Portão antigo [Antonio Maria] — Leny Eversong
Praça Mauá [Billy Blanco] — Dolores Duran
Pra que falar de mim? [Ismael Netto-Macedo Neto] — Dolores Duran
Prece [Vadico-Marino Pinto] — Helena de Lima
O que vai ser de mim? [Tom Jobim] — Nora Ney
Se é por falta de adeus [Tom Jobim-Dolores Duran] — Doris Monteiro
Teu castigo [Newton Mendonça-Tom Jobim] — Dalva de Oliveira
Toda só [Hianto de Almeida] — Dora Lopes
Valerá a pena? [Dorival Caymmi-Carlos Guinle-Hugo Lima] — Vera Lucia
Vamos falar de saudade [Chocolate-Mario Lago] — Nora Ney

1956
Chove lá fora [Tito Madi] — Tito Madi
Conceição [Dunga-Jair Amorim] — Dircinha Baptista
Engano [Tom Jobim-Luiz Bonfá] — Doris Monteiro

Foi a noite [Tom Jobim-Newton Mendonça] — Sylvia Telles
Folha morta [Ary Barroso] — Jamelão
Gosto da vida [Hianto de Almeida-Francisco Anysio] — Doris Monteiro
Joga a rede no mar [Nazareno de Brito-Fernando Cesar] — Doris Monteiro
Menina [Carlos Lyra] — Sylvia Telles
Neste mesmo lugar [Klecius Caldas-Armando Cavalcanti] — Dalva de Oliveira
Um nome de mulher [Tom Jobim-Vinicius de Moraes] — Roberto Paiva
Se todos fossem iguais a você [Tom Jobim-Vinicius de Moraes] — Roberto Paiva
Siga [Fernando Lobo-Helio Guimarães] — Trio Irakitan
Só louco [Dorival Caymmi] — Dorival Caymmi
Só saudade [Tom Jobim-Newton Mendonça] — Claudia Moreno
Teu castigo [Tom Jobim-Newton Mendonça] — Dalva de Oliveira
Vem viver ao meu lado [Tom Jobim-Alcides Fernandes] — Gilda de Barros

1957

Adeus [Maysa] — Maysa [composta em 1948]
Cansei de ilusões [Tito Madi] — Tito Madi
Conselho [Denis Brean-Olympio Guilherme] — Morgana Cintra
Contrassenso [Antonio Bruno] — Isaura Garcia
Desde ontem [Dorival Caymmi-Fernando Lobo] — Heleninha Costa
Dizem por aí [Manuel da Conceição-Alberto Paz] — Lucio Alves
A flor e o espinho [N. Cavaquinho-G. de Brito-Alcides Caminha] — Raul Moreno
Gauchinha bem-querer [Tito Madi] — Tito Madi
Graças a Deus [Fernando Cesar] — Doris Monteiro
Laura [Alcyr Pires Vermelho-João de Barro] — Jorge Goulart
Maria dos meus pecados [Dunga-Jair Amorim] — Agostinho dos Santos
Ninguém na rua [Billy Blanco] — Dick Farney
Ouça [Maysa] — Maysa
Pensando em ti [Herivelto Martins-David Nasser] — Nelson Gonçalves
Por causa de você [Tom Jobim-Dolores Duran] — Sylvia Telles
Pranto de poeta [Nelson Cavaquinho-Guilherme de Brito] — Lucy Rosana
Prece de amor [René Bittencourt] — Cauby Peixoto
Prelúdio [Hervé Cordovil-Vicente Leporace] — Silvio Caldas
Pretexto [Horondino da Silva-Augusto Mesquita] — Angela Maria
O que [Maysa] — Maysa
Quero-te assim [Tito Madi] — Luiz Claudio
Resposta [Maysa] — Maysa

Se alguém telefonar [Alcyr Pires Vermelho-Jair Amorim] — Lana Bittencourt
Segredo [Fernando Cesar] — Maysa
Sucedeu assim [Tom Jobim-Marino Pinto] — Vanja Orico
Tarde triste [Maysa] — Maysa
Volta [Lupicinio Rodrigues] — Linda Baptista
A volta do boêmio [Adelino Moreira] — Nelson Gonçalves

1958

Atiraste uma pedra [Herivelto Martins-David Nasser] — Nelson Gonçalves
Balada triste [Dalton Vogeler-Esdras Silva] — Angela Maria
Buquê de Isabel [Sergio Ricardo] — Maysa
Caminhos cruzados [Tom Jobim-Newton Mendonça] — Sylvia Telles
Canta, canta mais [Tom Jobim-Vinicius de Moraes] — Lenita Bruno
Castigo [Dolores Duran] — Marisa
Confissão [Djalma Ferreira-Luiz Bandeira] — Luiz Bandeira
Deus me perdoe [Manuel da Conceição-Augusto Mesquita] — Angela Maria
Escultura [Adelino Moreira] — Nelson Gonçalves
Estrada do sol [Tom Jobim-Dolores Duran] — Agostinho dos Santos
Eu não existo sem você [Tom Jobim-Vinicius de Moraes] — Elizeth Cardoso
Fala baixo [Maysa-Henrique Simonetti] — Maysa
Felicidade infeliz [Maysa] — Maysa
Franqueza [Denis Brean-Oswaldo Guilherme] — Maysa
Janelas abertas [Tom Jobim-Vinicius de Moraes] — Elizeth Cardoso
Medo de amar [Vinicius de Moraes] — Elizeth Cardoso
Meu mundo caiu [Maysa] — Maysa
Não devo insistir [Dora Lopes-Pery Ribeiro] — Dalva de Oliveira
Não me culpe [Dolores Duran] — Dolores Duran
Nono mandamento [Renê Bittencourt-Raul Sampaio] — Cauby Peixoto
Olhe-me, diga-me [Tito Madi] — Tito Madi
Onde estará meu amor? [Lina Pesce] — Dolores Duran
As praias desertas [Tom Jobim] — Elizeth Cardoso
Quem foi? [Nestor de Hollanda-Jorge Tavares] — Dolores Duran
Quem sou eu? [Ribamar-Dolores Duran] — Maricene Costa
Solidão [Dolores Duran] — Dolores Duran
Suas mãos [Pernambuco-Antonio Maria] — Maysa
Tudo ou nada [Fernando Cesar] — Agostinho dos Santos
Velhos tempos [Carlos Lyra-Marino Pinto] — Dalva de Oliveira
Vitrine [Adelino Moreira] — Carlos Augusto

1959

O amor e a rosa [Pernambuco-Antonio Maria] — Elizeth Cardoso
Cala meu amor [Tom Jobim-Vinicius de Moraes] — Sylvia Telles
Demais [Tom Jobim-Aloysio de Oliveira] — Sylvia Telles
De você eu gosto [Tom Jobim] — Sylvia Telles
Dindi [Tom Jobim-Aloysio de Oliveira] — Sylvia Telles
Ela disse-me assim [Lupicinio Rodrigues] — Jamelão
É preciso dizer adeus [Tom Jobim-Vinicius de Moraes] — Sylvia Telles
Esquecendo você [Tom Jobim-Vinicius de Moraes] — Sylvia Telles
Eu sei que vou te amar [Tom Jobim-Vinicius de Moraes] — Lenita Bruno
Eu sou de ser de você [Fernando Cesar] — Agostinho dos Santos
Fim de caso [Dolores Duran] — Dolores Duran
Fotografia [Tom Jobim] — Sylvia Telles
Ideias erradas [Ribamar-Dolores Duran] — Carlos Galhardo
Lamento [Djalma Ferreira-Luiz Antonio] — Miltinho
Leva-me contigo [Dolores Duran] — Francisco Egydio
Mágoas [Tom Jobim-Marino Pinto] — Sylvia Telles
Manhã de Carnaval [Luiz Bonfá-Antonio Maria] — Agostinho dos Santos
Meditação [Tom Jobim-Newton Mendonça] — Isaura Garcia
Não gosto mais de mim [Sergio Ricardo] — Sergio Ricardo
A noite do meu bem [Dolores Duran] — Toni Vestani
O nosso olhar [Sergio Ricardo] — Sergio Ricardo
Pela rua [Ribamar-Dolores Duran] — Alayde Costa
Perdido nos teus olhos [Tom Jobim-Newton Mendonça] — Dick Farney
Poema azul [Sergio Ricardo] — Heleninha Costa
Por toda a minha vida (Exaltação ao amor) [Tom Jobim-Vinicius de Moraes] — Maysa
O que tinha de ser [Tom Jobim-Vinicius de Moraes] — Sylvia Telles
Se eu tiver [Ribamar-Durando (Dolores Duran)] — Marisa
Sem você [Tom Jobim-Vinicius de Moraes] — Lenita Bruno
Sente [Chico Feitosa-Ronaldo Bôscoli] — Norma Bengell
Só em teus braços [Tom Jobim] — Sylvia Telles
Volte num dia de chuva [Fernando Cesar-Durando (Dolores Duran)] — Toni Vestani

1960

Além do mais [Sergio Ricardo] — Sergio Ricardo
O amor em paz [Tom Jobim-Vinicius de Moraes] — Marisa

Até quando? [Vadico-Marino Pinto] — Elizeth Cardoso
Canção da tristeza [Edson Borges-Dolores Duran] — Lucio Alves
A canção dos seus olhos [Pernambuco-Antonio Maria] — Elizeth Cardoso
Céu particular [Billy Blanco-Dolores Duran] — Denise Duran
Corcovado [Tom Jobim] — João Gilberto
Esse amor que Deus nos deu [J. Roberto Kelly-Antonio Maria] — João Roberto Kelly
Exemplo [Lupicinio Rodrigues] — Jamelão
Fim de noite [Chico Feitosa-Ronaldo Bôscoli] — Alayde Costa
Madrugada [Candinho-Marino Pinto] — Alayde Costa
Mais que minha vida [Pernambuco-Antonio Maria] — Agostinho dos Santos
Menina-moça [Luiz Antonio] — Tito Madi
Meu nome é ninguém [Haroldo Barbosa-Luiz Reis] — Miltinho
Negue [Adelino Moreira-Enzo de Almeida Passos] — Nelson Gonçalves
Poema das mãos [Luiz Antonio] — Miltinho
Poema do adeus [Luiz Antonio] — Miltinho
Quando chegares [Carlos Lyra] — Carlos Lyra
Quem foi? [Ribamar-Durando (Dolores Duran)] — Denise Duran
Samba triste [Billy Blanco-Baden Powell] — Rosana Toledo
Se é tarde me perdoa [Carlos Lyra-Ronaldo Bôscoli] — Luely Figueiró
Seu amor, você [Newton Mendonça] — Lenita Bruno
Solidão [Antonio Bruno] — Maysa
O tempo não desfaz [Newton Mendonça] — Geny Martins
Tetê [Roberto Menescal-Ronaldo Bôscoli] — Sylvia Telles
Vou chorar [Lucio Alves-Dolores Duran] — Lucio Alves

1961

Boato [João Roberto Kelly] — Elza Soares
Canção do azul [Newton Mendonça] — Marisa
Canção que nasceu do amor [Rildo Hora-Clovis Mello] — Cauby Peixoto
Degraus da vida [Nelson Cavaquinho-Antonio Braga-Cesar Brasil] — Roberto Silva
Domingo azul do mar [Tom Jobim-Newton Mendonça] — Geny Martins
Dor de cotovelo [João Roberto Kelly] — Elis Regina
Enquanto a noite não vem [João Roberto Kelly] — Carminha Mascarenhas
Ilusão à toa [Johnny Alf] — Johnny Alf
Insensatez [Tom Jobim-Vinicius de Moraes] — João Gilberto
Mais do que amor [João Roberto Kelly] — Jamelão

Murmúrio [Djalma Ferreira-Luiz Antonio] — Miltinho
Na madrugada [Nilo Sergio-Sylvio Cezar] — Sylvio Cezar
Nossos momentos [Haroldo Barbosa-Luiz Reis] — Elizeth Cardoso
Nuvem [Newton Mendonça] — Sandra [crooner do Drink]
Paciência [Lupicinio Rodrigues] — Elza Laranjeira
O que é que eu faço? [Ribamar-Durando (Dolores Duran)] — Isaura Garcia
Ternura antiga [Ribamar-Dolores Duran] — Luciene Franco
Tristeza de nós dois [Durval Ferreira-Bebeto-Mauricio Einhorn] — Rosana Toledo
Tudo é magnífico [Haroldo Barbosa-Luiz Reis] — Elizeth Cardoso
Você e eu (Carlos Lyra-Vinicius de Moraes] — Sylvia Telles

1962

Andam dizendo [Tom Jobim-Vinicius de Moraes] — Elza Laranjeira
Canção da manhã feliz [Haroldo Barbosa-Luiz Reis] — Miltinho
Confidência [Raul Sampaio-Benil Santos] — Miltinho
Lembranças [Raul Sampaio-Benil Santos] — Miltinho
Mais do que amor [João Roberto Kelly] — Jamelão
A mesma rosa amarela [Capiba-Carlos Pena Filho] — Maysa
Meu nome é ninguém [Haroldo Barbosa-Luiz Reis] — Miltinho
Moeda quebrada [Haroldo Barbosa-Luiz Reis] — Elizeth Cardoso
Ninguém sabe de nós [Moacyr Silva-Antonio Maria] — Elizeth Cardoso
Poema do olhar [Evaldo Gouveia-Jair Amorim] — Miltinho

1963

Ave-Maria dos namorados [Evaldo Gouveia-Jair Amorim] — Cauby Peixoto
Chuva [Durval Ferreira-Pedro Camargo] — Hebe Camargo
Enigma [Adelino Moreira] — Nelson Gonçalves
Foi assim [Lupicinio Rodrigues] — Jamelão
Minha namorada [Carlos Lyra-Vinicius de Moraes] — Os Cariocas
Poeira do caminho [João Roberto Kelly-David Nasser] — Angela Maria
Samba em prelúdio [B. Powell-Vinicius de Moraes] — Geraldo Vandré e Ana Lucia
Sem mais adeus [Francis Hime-Vinicius de Moraes] — Wanda Sá
Só eu sei de mim [Haroldo Barbosa-Luiz Reis] — Elizeth Cardoso
Triste de quem [Moacir Santos-Vinicius de Moraes] — Elizeth Cardoso
Tudo de mim [Evaldo Gouveia-Jair Amorim] — Altemar Dutra
Verdade da vida [Raul Mascarenhas-Concessa Lacerda] — Helena de Lima

1964

Matriz ou filial [Lucio Cardim] — Jamelão
Moça-flor [Durval Ferreira-Lula Freire] — Tamba Trio
Passa por mim (Marcos Valle-Paulo Sergio Valle] — Luiza
Primavera [Carlos Lyra-Vinicius de Moraes] — Flora Purim
Sabe você [Carlos Lyra-Vinicius de Moraes] — Dulce Nunes
Só por amor [Baden Powell-Vinicius de Moraes] — Elizeth Cardoso
Suas amigas [João Roberto Kelly] — Jamelão

1965

Minha [Francis Hime-Ruy Guerra] — Luiz Eça
Poema do fim [Eduardo Damas-Manuel Paixão] — Miltinho
Preciso aprender a ser só [Marcos Valle-Paulo Sergio Valle] — Elis Regina
O teu fracasso [Herivelto Martins] — Jamelão
Último canto [Francis Hime-Ruy Guerra] — Agostinho dos Santos

3. A ETERNIDADE DO SAMBA-CANÇÃO [A PARTIR DE 1966]

1966

Apelo [Baden Powell-Vinicius de Moraes] — Claudette Soares
Brigas [Evaldo Gouveia-Jair Amorim] — Altemar Dutra
Chorar em colorido [Fernando Cesar-Silvio Silva] — Miltinho
Meiga presença [Paulo Valdez-Otavio de Moraes] — Elizeth Cardoso
Obrigada, meu bem [Sylvia Telles-Aloysio de Oliveira] — Sylvia Telles
Pra dizer adeus [Edu Lobo-Torquato Neto] — Elis Regina
Razão de viver [Eumir Deodato-Paulo Sergio Valle] — Claudette Soares
Tristeza de amar [Geraldo Vandré-Luiz Roberto] — Geraldo Vandré

1967

Eu e a brisa [Johnny Alf] — Márcia
Triste [Tom Jobim] — Tom Jobim

1968

Retrato em branco e preto [Tom Jobim-Chico Buarque] — Tom Jobim e Quarteto 004

1971

Depois da vida [N. Cavaquinho-Paulo Gesta-Guilherme de Brito] — Paulinho da Viola
Eta, dor de cotovelo [Lucio Cardim-Luiz Filipe] — Jamelão

1972

Acontece [Cartola] — Cartola
Atrás da porta [Francis Hime-Chico Buarque] — Elis Regina
Pra você [Sylvio Cezar] — Sylvio Cezar

1973

Ana Luiza [Tom Jobim] — Tom Jobim
Até quem sabe? [João Donato-Lysias Enio] — João Donato
Esse cara [Caetano Veloso] — Maria Bethânia
Folhas secas [Nelson Cavaquinho-Guilherme de Brito] — Beth Carvalho
Mentiras [João Donato-Lysias Enio] — Nana Caymmi
Quando eu me chamar saudade [N. Cavaquinho-G. de Brito] — Elizeth Cardoso
Tatuagem [Chico Buarque-Ruy Guerra] — Elis Regina

1974

Ligia [Tom Jobim] — João Gilberto
Melancolia [João Roberto Kelly] — João Roberto Kelly
Mentiras [João Donato-Lysias Enio] — João Donato
Mormaço [João Roberto Kelly] — João Roberto Kelly
Noite de paz (Dá-me, Senhor) [Durando (Dolores Duran)] — Clara Nunes
Nós [Johnny Alf] — Johnny Alf
Última forma [Baden Powell-Paulo Cesar Pinheiro] — Alcione
Vim [Eduardo Souto Neto-Sergio Bittencourt] — Waleska

1975

Beijo partido [Toninho Horta] — Nana Caymmi
Bodas de prata [João Bosco-Aldir Blanc] — João Bosco
Mistura [João Roberto Kelly] — Emilio Santiago
Obra-prima [Lucio Cardim] — Lucio Cardim
Se pelo menos você fosse minha [Roberto Menescal-Paulinho Tapajós] — Pery Ribeiro

1976

Ângela [Tom Jobim] — Tom Jobim
As rosas não falam [Cartola] — Beth Carvalho
Olhos nos olhos [Chico Buarque] — Chico Buarque
Vida noturna [João Bosco-Aldir Blanc] — João Bosco

1977
Eu sou a noite [João Roberto Kelly] — Waleska
Falso brilhante [João Bosco-Aldir Blanc] — João Bosco
Nem marido, nem amante [Sergio Bittencourt] — Waleska

1979
Altos e baixos [Sueli Costa-Aldir Blanc] — Elis Regina
O mundo é um moinho [Cartola] — Beth Carvalho
Não há cabeça [Angela Ro-Ro] — Angela Ro-Ro
Tola foi você [Angela Ro-Ro] — Angela Ro-Ro

1980
Bastidores [Chico Buarque] — Cauby Peixoto
Sem companhia [Ivor Lancelotti-Paulo César Pinheiro] — Clara Nunes

1981
Os amantes [Luiz Airão] — Waleska
O negócio é amar [Carlos Lyra-Dolores Duran] — Marisa Gata Mansa

1982
Bilhete [Ivan Lins-Victor Martins] — Fafá de Belém
Siameses [João Bosco-Aldir Blanc] — João Bosco e Nana Caymmi
Simples carinho [João Donato-Abel Silva] — Angela Ro-Ro
Surpresa [João Donato-Caetano Veloso] — Caetano Veloso

1983
E agora? (O que eu faço pra esquecer?) [Sylvio Cezar] — Sylvio Cezar
Cantor da noite [Ivan Lins-Victor Martins] — Leny Andrade
Mil perdões [Chico Buarque] — Gal Costa
Velho piano [Dori Caymmi-Paulo Cesar Pinheiro] — Nana Caymmi

1987
Palco [Efson-Nei Lopes] — Mestre Marçal

1995
Anjo de mim [Ivan Lins-Victor Martins] — Ivan Lins

1996
50 anos [Cristovão Bastos-Aldir Blanc] — Paulinho da Viola
Retrato cantado [Marcio Proença-Aldir Blanc] — Aldir Blanc

1998
Resposta ao tempo [Cristovão Bastos-Aldir Blanc] — Nana Caymmi

1999
Suave veneno [Cristovão Bastos-Aldir Blanc] — Nana Caymmi

2005
Dois bombons e uma rosa [Aldir Blanc] — Aldir Blanc

2011
Sem poupar coração [Dori Caymmi-Paulo Cesar Pinheiro] — Nana Caymmi

A NOITE — POR ORDEM DE ENTRADA EM CENA

1938
Golden Room (Av. Nossa Senhora de Copacabana, 259 — Copacabana Palace)

1944
Meia-Noite (Av. Nossa Senhora de Copacabana, 259 — Copacabana Palace)

1945
Wonder Bar (Av. Atlântica, 358)

1946
Big Rio (Rua Treze de Maio, 26, subsolo — Cinelândia)
Casablanca (Praça General Tibúrcio — Praia Vermelha)
Night and Day (Praça Mahatma Gandhi, 14 — Cinelândia)

1947
Vogue (Av. Princesa Isabel, 23)

1948
Chez Aimée (Av. Atlântica, 24)
Chez Penny (Rua Carvalho de Mendonça, 24-C — Beco do Joga a Chave)
Monte Carlo (Rua Marquês de São Vicente, 200 — Gávea)
Pigalle (Rua Belfort Roxo, 158)
Rose Marie (Av. Atlântica, 4264 — antigo Cassino Atlântico)

1949
Acapulco (Rua Belfort Roxo, 146)
Atlântida (Av. Atlântica, 1080)
Embassy (antigo Rose Marie)
Mei-ling (antigo Chez Penny)
Tasca (Av. Princesa Isabel, 20-A)

1950

Le Bec Fin (Av. Nossa Senhora de Copacabana, 178)
Club 36 (Rua Rodolfo Dantas, 36)
Excelsior (Av. Atlântica, 1800 — Hotel Excelsior)
Flair (antigo Chez Aimée)
Juca's Bar (Rua Senador Dantas, 25 — Hotel Ambassador, Cinelândia)
Maxim's (Av. Atlântica, 1850-A)
Ranchinho do Alvarenga (Rua Joaquim Nabuco, 11)
Tudo Azul (Rua Domingos Ferreira, 197)

1951

Bambu (Av. Atlântica, 1974)
Cantina do Cesar (Rua Duvivier, 49-C)
Cantina Sorrento (antigos Chez Aimée e Flair)
Chez Ruffin (Av. Princesa Isabel, 26-B)
La Conga (Av. Prado Junior)
Mocambo (Av. Prado Junior, 16-B)
Posto 5 (Av. Atlântica, 3288-A)
Sirocco (Av. Prado Junior)

1952

Béguin (Rua do Russell, 632 — Hotel Glória, Glória)
L'Escale (Av. Atlântica, 3056)
French Can-Can (Av. Atlântica)

1953

Le Bistrot (Rua Fernando Mendes, 7)
Caixotinho (Rua Carvalho de Mendonça, 12 — Beco do Joga a Chave)
Chez Colbert (Rua Duvivier, 37 — Beco das Garrafas)
Club de Paris (Rua Duvivier, 37 — Beco das Garrafas)
Clube da Chave (antigo Embassy)
Mandarim (Rua Gustavo Sampaio, 840-A)
Michel (Rua Fernando Mendes)
Plaza Boate (Av. Prado Junior, 258)
Plaza Hi-Fi Bar (Av. Princesa Isabel, 63)
Scotch Bar (Rua Fernando Mendes, 21)
Stud do Theo (antigo Ranchinho do Alvarenga)

1954

Baccara (Rua Duvivier, 37 — Beco das Garrafas)
Cabeça Chata (Praça Demétrio Ribeiro, 17)
Ciro's (antigo Cantina do Cesar)
Drink (antigo Tasca)
Fafá's (Rua Rodolfo Dantas, 91-B)
Farolito (antigo L'Escale)
La Fiorentina (Av. Atlântica, 458-A)
Ranchinho do Posto 6 (antigos Stud do Theo e Ranchinho do Alvarenga)
Rose Garden (antigo Mandarim)
Sacha's (Rua Padre Antonio Vieira, 6-A)
Villarino (Av. Calógeras, 6-B — Castelo)

1955

Arpège (antigos Mandarim e Rose Garden)
Le Carrousel (Rua Carvalho de Mendonça, 12-A — Beco do Joga a Chave)
La Crémaillère (Av. Atlântica, 2964-A)
Dominó (Rua Carvalho de Mendonça, 12-B — Beco do Joga a Chave)
Fiesta (Av. Nossa Senhora de Copacabana, 202)
Jirau (Rua Rodolfo Dantas, 91)
Little Club (antigo Chez Colbert)
La Ronde (antigo Fafá's)

1956

Au Bon Gourmet (antigo Fiesta)
Cangaceiro (Rua Fernando Mendes, 25)
Key Bar (antigo La Ronde)
Ma Griffe (antigo Club de Paris)
Le Rond Point (Rua Fernando Mendes, 28-D)

1957

La Bohème (Av. Nossa Senhora de Copacabana, 14)
Fred's (Av. Atlântica, 1020)
Havaí (Av. Atlântica, 974-B)
Texas Bar (Av. Atlântica, 974-A)

1958

Manhattan (antigo Caixotinho)
Perroquet (Av. Nossa Senhora de Copacabana, 1241)

1959

Black Horse (Av. Nossa Senhora de Copacabana, 308-A)
Hi-Fi (Av. Prado Junior, 263)
Kilt Club (Rua Carvalho de Mendonça, 35 — Beco do Joga a Chave)
Moulin Rouge (antigo La Crémaillère)

1960

Bottles Bar (Rua Duvivier, 37 — Beco das Garrafas)

1961

Zum-Zum (Rua Barata Ribeiro, 90-A)

1962

Top Club (Rua Ronald de Carvalho, 55)

1965

New Jirau (Rua Siqueira Campos, 12)

DISCOGRAFIA

Os títulos citados nesta discografia foram lançados originariamente em LP ou CD. É desnecessário discriminar o formato de cada um, já que a tendência é que, em breve, desapareçam como objetos. Enquanto isso não acontece, o leitor gostará de saber que esses discos existiram e que, com sorte, ainda é possível encontrá-los em sebos físicos ou virtuais.

Mais uma vez, esta não é uma discografia completa, nem esgota os títulos gravados por cada intérprete. Limita-se aos seus discos que dedicaram mais espaço, embora não exclusivamente, ao samba-canção. Há também discos que reproduzem o espírito das boates dos anos 50. Evitei listar compilações. Elas são muitas e repetitivas.

Todos os artistas aqui citados, mesmo que menos contemplados no corpo do livro, foram importantes na história do samba-canção.

ALF, Johnny. *Eu e a brisa*. Gold, 1968. *Nós*. EMI, 1974. *O que é amar*. BMG-Ariola, 1989. *Olhos negros*. RCA, 1990. *Noel Rosa, letra e música* (com Leandro Braga). Lumiar, 1997.

ALMEIDA, Aracy de. *Aracy interpreta Noel Rosa*. Continental, 1952. *As lágrimas podem secar* (matrizes dos anos 30 e 40). Revivendo, 1989.

ALMEIDA, Murilinho de. *Seven to seven no Sacha's — Músicas de Cole Porter*. Sinter, 1959.

ALVES, Lucio. *As melhores de Lucio Alves*. Musicolor, s/d (matrizes dos anos 40 e 50). *Sua voz íntima, sua "bossa nova", interpretando sambas em 3-D*. Odeon, 1958. *A noite do meu bem*. Odeon, 1960. *Cantando depois do sol*. Companhia Brasileira de Discos, 1960. *Tio Samba*. Philips, 1961. *Romântico*. Inverno & Verão, 1986.

ANA LUCIA. *Ana Lúcia*. Chantecler, 1961.

ANDRADE, Leny. *A sensação*. RCA Victor, 1961. *Nós* (com Cesar Camargo Mariano). Velas, 1994. *Luz negra — Nelson Cavaquinho por Leny Andrade*. Velas,

1995. *Iluminados — Leny Andrade canta Ivan Lins & Vitor Martins*. Porto das Canoas, 2013.

ANGELA MARIA. *Sucessos de Angela Maria*. Copacabana, 1955. *Angela Maria apresenta...* Copacabana, 1956. *Para você ouvir e dançar*. Copacabana, 1958. *Angela Maria canta sucessos de David Nasser*. Copacabana, 1959. *Angela Maria apresenta Fernando Cesar e seus amigos*. Copacabana, 1960.

ANGELA MARIA; LYRA, Carlos; PEIXOTO, Cauby e outros. *Duas noites para Dolores Duran*. Coqueiro Verde, 2015.

BANDEIRA, Luiz. *Samba no Drink*. Remon, 1962.

BAPTISTA, Linda e Dircinha. *Linda e Dircinha Batista* (matrizes dos anos 40 e 50). RCA Camden, 1973. *Linda e Dircinha Batista* (idem). RCA Victor, 1986.

BENGELL, Norma. *Ooooooh Norma!* Odeon, 1959.

BITTENCOURT, Lana. *Sambas do Rio — de Luiz Antonio e Antonio Carlos Jobim*. Columbia, 1961.

BLANC, Aldir. *Vida noturna*. Lua, 2005.

BONFÁ, Luiz. *Luiz Bonfá*. Continental, 1955. *Luiz Bonfá e as raízes da Bossa* (matrizes da Continental dos anos 50). Warner, 2000.

BUENO, Delora. *Kodak revela a música*. RCA Victor, 1962.

CALMON, Waldyr. *Uma noite no Arpège*. Rádio, 1956. *Música de Herivelto Martins*. Rádio, 1956.

CARDOSO, Elizeth. *Noturno*. Copacabana, 1957. *Canção do amor demais*. Festa, 1958. *Retrato da noite*. Copacabana, 1958. *Magnífica* (canções de Marino Pinto). Copacabana, 1959. *A meiga Elizeth*. Copacabana, 1960. *Sax voz* (com Moacyr Silva). Copacabana, 1960. *A meiga Elizeth nº 2*. Copacabana, 1961. *Sax voz nº 2* (com Moacyr Silva). Copacabana, 1961. *Momento de amor*. Copacabana, 1968. *Elizeth Cardoso* (matrizes originais da Todamérica). RGE, 1997.

CARDOSO, Elizeth; ANGELA MARIA; MARISA; e outros. *"Molambo" e outras coisas... Com músicas de Augusto Mesquita e seus parceiros*. Som, 1962.

OS CARIOCAS. *Os Cariocas a Ismael Netto*. Columbia, 1958.

OS CARIOCAS; ALVES, Lucio; Trio SURDINA; ALF, Johnny; e outros. *Les precurseurs de la Bossa Nova 1948-1957*. Frémeaux & Associés, 2008.

CARLOS JOSÉ. *Revelação*. Polydor, 1958. *Canta para você*. Continental, 1961.

CARTOLA. *Cartola*. Discos Marcus Pereira, 1976. *Verde que te quero rosa*. RCA, 1977.

CARVALHO, Beth. *Beth Carvalho canta Cartola*. BMG, 2000. *Nome sagrado — Beth Carvalho canta Nelson Cavaquinho*. Jam Music, 2001.

CARVALHO, Beth; NUNES, Clara; SILVA, Roberto; e outros. *Nelson Cavaquinho — Degraus da vida*. EMI, 2011.

CAVAQUINHO, Nelson. *Nelson Cavaquinho*. RCA, 1972. *Nelson Cavaquinho*. Odeon, 1973.

CAYMMI, Dorival. *Sambas*. Odeon, 1955. *Caymmi e o mar*. Odeon, 1957. *Ary Caymmi, Dorival Barroso* (com Ary Barroso). Odeon, 1958. *Caymmi e seu violão*. Odeon, 1959.

CAYMMI, Nana. *Nana*. Elenco, 1965. *Nana Caymmi*. Trova, 1973. *Nana Caymmi*. CID, 1975. *Voz e suor* (com Cesar Camargo Mariano). EMI, 1983. *Só louco* (com Wagner Tiso). EMI, 1989. *A noite do meu bem — As canções de Dolores Duran*. Som Livre, 1994.

COLE, Louis, e seu Sexteto. *Uma noite no Vogue*. Rádio, 1954.

COLE, Nat "King". *A meus amigos*. Capitol, 1959.

CÓPIA e seu Conjunto. *Dançando no Copacabana Palace*. Odeon, 1956.

COSTA, Alayde. *Gosto de você*. RCA Victor, 1959. *Canta suavemente*. RCA Victor, 1960.

COSTA, Telma da. *Tempo bom*. TC, 2001.

CURI, Ivon. *Meus melhores momentos*. RCA Victor, 1960.

DELANNO, Cris. *Cris Dellano canta Newton Mendonça*. Nikita, 2002.

DURAN, Dolores. *Dolores canta para você dançar*. Copacabana, 1957. *Dolores canta para você dançar, 2*. Copacabana, 1958. *Estrada da saudade*. Copacabana, 1960. *Entre amigos*. Biscoito Fino, 2009. *O negócio é amar*. EMI, 2010. *A noite de Dolores Duran*. EMI, 2010.

EÇA, Luiz. *Uma noite no Plaza*. Rádio, 1955.

ELPIDIO, Fats. *O pianista da boîte Vogue do Rio*. Rádio, 1953.

ERNANI FILHO. *Dois amigos — As músicas de Ary Barroso na voz de Ernani Filho*. Odeon, 1960.

ERNANI FILHO; MARISA; MASCARENHAS, Carminha. *Em cada estrela uma canção* (músicas de Newton Mendonça). Copacabana, 1961.

FARNEY, Dick. *Meia-noite em Copacabana*. Polydor, 1956. *Atendendo a pedidos*. Odeon, 1959. *Dick Farney em canções para a noite do meu bem*. Odeon, 1960. *O começo* (matrizes dos anos 40). Phonodisc, 1988. *Tudo isso é amor* (com Claudette Soares). EMI, 1976. *Tudo isso é amor, 2* (com Claudette Soares). EMI, 1979.

FARNEY, Dick; ALVES, Lucio. *Dick Farney & Lucio Alves* (matrizes dos anos 40 e 50). Continental, 1975.

FERREIRA, Djalma, e seus Milionários do Ritmo. *Dançando no Drink*. Continental, 1957. *Drink*. Drink, 1958. *Drink no Rio de Janeiro*. Drink, 1959.

FRANCISCO CARLOS. *Adorável como um sonho*. RCA Victor, 1958.

FRANCO, Luciene. *Lucienne, a notável*. Copacabana, 1960. *Lucienne é amor*. Copacabana, 1961.

FRANCO, Lucienne; CARLOS JOSÉ; RAYOL, Agnaldo; e outros. *Festival do Rio — As 10 mais lindas canções de amor*. Copacabana, 1960.

FRONZI, Renata. *Canções de amor*. Musidisc, 1953.

GABRIELA, Marília. *Perdida de amor*. Universal, 2002.

GARCIA, Isaurinha. *A personalíssima*. Odeon, 1957. *Sempre personalíssima*. Odeon, 1959.

GERARDI, Alcides. *Amor sem ter amor*. CBS, 1960.

GODOY, Amilton; BARROS, Raul de; EDU da Gaita; e outros. *Vadico*. Estúdio Eldorado, 1978.

GONÇALVES, Mary. *Convite ao romance*. Sinter, 1953.

GONÇALVES, Nelson. *Caminhemos*. RCA Victor, 1957. *Pensando em ti*. RCA Victor, 1957. *Buquê de melodias* (matrizes dos anos 40 e 50). RCA Camden, 1958. *Escultura*. RCA Victor, 1958. *Na voz de Nelson Gonçalves*. RCA Victor, 1962.

GONÇALVES, Nelson; ANGELA MARIA; PEIXOTO, Cauby; e outros. *Encontro com Adelino Moreira*. RCA Camden, 1967.

GONÇALVES, Nelson; BAPTISTA, Linda; MILFONT, Gilberto; e outros. *Encontro com Lupicinio Rodrigues*. RCA Camden, 1967.

GONZAGA, Zezé. *Zezé Gonzaga*. Columbia, 1957. *Valzinho em "Doce veneno"*. Copacabana, 1979. *Sou apenas uma senhora que ainda canta*. Mistura Fina, 2002.

GRANDE OTELO; e outros. *A grande revista — Gravado diretamente da boite Night and Day*. Mocambo, 1955.

HIME, Olivia e Francis. *Almamúsica ao vivo*. Biscoito Fino, 2012.

JAMELÃO. *Ela disse-me assim*. Continental, 1964. *Jamelão canta para enamorados*. Continental, 1965.

JOÃO GILBERTO. *João Gilberto*. Odeon, 1960. *João Gilberto*. Philips, 1970. *João*. Philips, 1991.

JOBIM, Antonio Carlos. *Meus primeiros passos e compassos* (matrizes dos anos 50 com ERNANI FILHO; MOURA, Mauricy; NEY, Nora; FARNEY, Dick; LOPES, Dora; MONTEIRO, Doris; e outros). Revivendo, 1997. *Raros compassos* (matrizes dos anos 60 com NORMA SUELY; MARTINS, Nely; REIS, Mario; MARLENE; FIGUEIRÓ, Luely; e outros). Revivendo, 2004.

KELLY, João Roberto; REIS, Luiz. *Samba a quatro mãos*. RCA Victor, 1964.

KOORAX, Ithamara. *Almost in love — Ithamara Koorax sings Luiz Bonfá*. Imagem, 1996.

LARANJEIRA, Elza. *A noite do meu bem*. RGE, 1960. *Canta sucessos*. RGE, 1961. *Interpreta Tom Jobim e Vinicius de Moraes*. RGE, 1962.

LIMA, Ellen de. *Ellen*. Columbia, 1955.

LIMA, Helena de. *Dentro da noite*. Continental, 1956. *Vale a pena ouvir Helena*. Continental, 1958. *O céu que vem de você*. RGE, 1962. *Quando a saudade chegar*. RGE, 1963. *Uma noite no Cangaceiro*. RGE, 1964. *Outra noite no Cangaceiro*, 1967. *Uma noite no Drink*. RCA, 1969.

LOPES, Dora. *Minhas músicas e eu*. Copacabana, 1963.

LUCIA HELENA. *Foi a noite*. Independente, 2001.

LUIZ CLAUDIO. *Luiz Claudio*. RCA Victor, 1962.

LUNA, Roberto. *Os grandes sucessos de Roberto Luna*. RGE, 1964.

LYRA, Carlos; GAROTOS da Lua; ALF, Johnny; e outros. *Princípios da Bossa* (matrizes Sinter, Capitol, Polydor e Philips dos anos 50 e 60). Universal, 2006.

MADI, Tito. *Chove lá fora*. Continental, 1957. *A saudade mata a gente*. Continental, 1958. *Carinho e amor*. Columbia, 1960. *Canção dos olhos tristes*. Columbia, 1961. *A fossa*. London-Odeon, 1971. *Brasil samba-canção* (com Doris Monteiro). Sony, 1982. *Tempo de amar*. EMI, 1988.

MÁRCIA. *Márcia, vol. 3*. Elenco, 1970.

MARIA BETHÂNIA. *Recital na boite Barroco*. Odeon, 1968.

MARISA (Gata Mansa). *Marisa simplesmente*. Copacabana, 1958. *Convite à música*. Copacabana, 1958. *Convite à música nº 2*. Copacabana, 1959. *A suave Marisa*. Copacabana, 1959. *Marisa no Little Club*. Copacabana, 1960.

MARTINS, Aurea. *O amor em paz*. RCA, 1972. *Até sangrar*. Biscoito Fino, 2010.

MARTINS, Herivelto. *Faça de conta que o tempo passou*. EMI, 2012.

MASCARENHAS, Carminha. *A noite é de Carminha*. Copacabana, 1961.

MAYSA. *Convite para ouvir Maysa*. RGE, 1956. *Maysa*. RGE, 1957. *Convite para ouvir Maysa nº 2*. RGE, 1958. *Convite para ouvir Maysa nº 3*. RGE, 1958. *Maysa canta sucessos*. RGE, 1960. *Barquinho*. Columbia, 1961. *Canecão apresenta Maysa (ao vivo)*. Copacabana, 1969.

MEDEIROS, Elton; MÁRCIA. *Cartola 90 anos*. Sesc-SP, 1999.

MILTINHO. *Um novo astro*. Sideral, 1960. *Miltinho*. RCA Victor, 1961. *Poema do adeus*. RGE, 1961. *Miltinho é samba*. RGE, 1962. *Poema do olhar*. RGE, 1962.

MILTINHO; MAYSA; SANTOS, Agostinho dos; e outros. *Grandes compositores: Luiz Antonio*. RGE, 1968.

MILTINHO; SANTOS, Agostinho dos; LIMA, Helena de; e outros. *Grandes compositores: Haroldo Barbosa e Luiz Reis*. RGE, 1968.

MILTINHO; MAYSA; LUNA, Roberto; e outros. *Grandes compositores: Raul Sampaio e Benil Santos*. RGE, 1968.

MONTEIRO, Doris. *Confidências de Doris Monteiro com música de Fernando Cesar*. Continental, 1961. *Vento soprando*. Continental, 1960. *Doris Monteiro 60* (matrizes de 1951 a 1957). Discobertas, 2011.

MONTEIRO, Doris; QUATRO ASES e Um Coringa; LIMA, Helena de; e outros. *Fantasia e fantasias — Show do Golden Room do Copacabana Palace*. Sinter, 1955.

MORENO, Ted. *A revelação Ted Moreno*. Todamérica, 1958.

MOTTA, Zezé. *Divina saudade*. Albatroz, 2000.

NEUZA MARIA. *Canta para os que amam...* Sinter, 1956. *A melhor cantora de 1956*. Sinter, 1957.

NEY, Nora. *Canta Nora Ney*. Continental, 1955. *Nora Ney*. RCA Victor, 1958. *Ninguém me ama*. RCA Victor, 1960. *Tire seu sorriso do caminho que eu quero passar com a minha dor*. Som Livre, 1972. *Amor, meu grande amor* (com Jorge Goulart) (matrizes dos anos 50). Revivendo, 2000.

NEY, Nora; TORRES, Dalva; BANDEIRA, Luiz; e outros. *Antonio Maria — A noite é grande*. Funarte, 1989.

NUNES, Clara; GRACINDO, Paulo. *Brasileiro, profissão esperança*. Odeon, 1974.
OLIVEIRA, Dalva de. *A voz sentimental do Brasil*. Odeon, 1952. *Dalva*. Odeon, 1960.
PAIVA, Roberto. *Orfeu da Conceição*. Odeon, 1956.
PASSOS, Rosa. *É luxo só*. Biscoito Fino, 2011.
PEIXOTO, Cauby. *Você, a música e Cauby*. Columbia, 1956. *Ouvindo Cauby*. RCA Victor, 1957. *Música e romance*. RCA Victor, 1957. *Seu amigo Cauby canta para você*. Columbia, 1959. *O sucesso na voz de Cauby Peixoto*. RCA Victor, 1960.
PEIXOTO, Cauby, Moacyr, Araken e Andyara. *Quando os Peixotos se encontram*. RGE, 1957.
QUARTETO NOSTALGIA [Chaim Lewark, piano]. *Quarteto Nostalgia*. Som, 1977.
RIBAMAR. *Ribamar ao piano*. Columbia, 1957. *Interpreta Dolores Duran*. RCA Camden, 1969. *Noites cariocas*. London, 1975.
RIBEIRO, Almir. *Uma noite no Cave*. Copacabana, 1957.
RIBEIRO, Pery. *Pery e seu mundo de canções* (com Luiz Bonfá). Odeon, 1962.
RO RO, Angela. *Angela Ro Ro*. Polygram, 1979.
SACHA. *Sacha no Sacha's*. Continental, 1958. *Seven to seven with Sacha*. RCA Victor, 1960. *Sacha's — Rio's smartest night spot, 1954-1964*. Continental, 1964.
SANTIAGO, Emilio. *Feito para ouvir*. Philips, 1977.
SANTOS, Agostinho dos. *Antonio Carlos Jobim e Fernando Cesar na voz de Agostinho dos Santos*. Polydor, 1958. *Inimitável*. RGE, 1959. *Agostinho canta sucessos*. RGE, 1961.
SENISE, Mauro. *Lua cheia — Mauro Senise toca Dolores Duran e Sueli Costa*. Biscoito Fino, 2009.
SERGIO RICARDO. *Não gosto mais de mim*. Odeon, 1959. *Depois do amor*. Odeon, 1961.
SILVINHA. *Hianto revivido*. Universidade Federal do Rio Grande do Norte, 1983.
SOARES, Claudette. *Eu sei que vou te amar — A música de Vinicius de Moraes*. EMI, 1990. *Foi a noite — Canções de Tom Jobim*. Lua, 2007. V, Dick Farney.
SOUZA CAMPOS, Tereza; CAYMMI, Dorival; TELLES, Sylvia; e outros. *Recordando Carlinhos Guinle*. Companhia Brasileira de Discos, 1962.
SYLVIO CEZAR. *Amor demais*. Musidisc, 1962.
TELLES, Sylvia. *Carícia*. Odeon, 1956. *Silvia*. Odeon, 1958. *Amor de gente moça*. Odeon, 1959.
TOLEDO, Rosana. *... E a vida continua*. RGE, 1963. *A voz do amor*. RGE, 1963.
TRIO SURDINA. *Trio surdina*. Musidisc, 1953. *Trio surdina interpreta Noel Rosa e Dorival Caymmi*. Musidisc, 1954.
VERA LUCIA. *Leva-me contigo*. Philips, 1961.
WALESKA. *A fossa*. Som, 1974. *Waleska*. Som, 1977.
ZACCARIAS. *Uma noite no Country Club*. RCA Victor, 1960.
ZÉ BODEGA. *Um sax no samba*. Continental, 1962.

FILMOGRAFIA

Com poucas exceções, os filmes listados aqui, contendo preciosas interpretações de sambas-canção, já não existem fisicamente. Mas — não me pergunte como — vários de seus números musicais sobreviveram e podem ser acessados pela internet. Esta lista obedece à ordem de produção.

Berlim na batucada. Cinédia, 1943. Dir. de Luiz de Barros. O Trio de Ouro (com Dalva de Oliveira) canta "Ave-Maria no morro", de Herivelto Martins.

Estrela da manhã. Pró-Arte, 1950. Dir. de Jonald (Oswaldo Marques de Oliveira). Dorival Caymmi canta "Nunca mais", dele próprio.

Somos dois. Cine-Aliança, 1950. Dir. de Milton Rodrigues. Dick Farney canta "Somos dois", de Armando Cavalcanti, Klecius Caldas e Luiz Antonio; "O amor chegou", de Klecius Caldas e Cida Ribeiro; "Vai, meu amor", de Klecius Caldas e Dick Farney; "Misterioso interesse", "Canção de ninar" e "Luzes da cidade", todas de Klecius Caldas e Armando Cavalcanti; e "Viver sem você", de Klecius Caldas, Armando Cavalcanti e Luiz Peixoto.

Aviso aos navegantes. Atlântida, 1951. Dir. de Watson Macedo. Ivon Curi canta "C'est si bon", de André Hornez e Henri Betti.

Coração materno. UCB, 1951. Dir. de Gilda de Abreu. Elizeth Cardoso canta "Canção de amor", de Chocolate e Elano de Paula.

Carnaval Atlântida. Atlântida, 1952. Dir. de José Carlos Burle. Nora Ney canta "Ninguém me ama", de Antonio Maria e Fernando Lobo; Dick Farney canta "Alguém como tu", de José Maria de Abreu e Jair Amorim.

Tudo azul. Flama, 1953. Dir. de Moacyr Fenelon. Dalva de Oliveira canta "Estrela do mar", de Paulo Soledade.

Agulha no palheiro. Flama, 1953. Dir. de Alex Viany. Doris Monteiro canta "Perdão", de Cesar Cruz, e "Agulha no palheiro", de Cesar Cruz e Arthur Vargas Jr.

Rua sem sol. Brasil Vita Filmes, 1954. Dir. de Alex Viany. Angela Maria canta "Vida de bailarina", de Américo Seixas e Chocolate, e "Rua sem sol", de Henrique Gandelman e Mario Lago.

O rei do movimento. Cinelândia Filmes, 1955. Dir. de Victor Lima. Angela Maria canta "Escuta", de Ivon Curi. Lucio Alves canta "Valsa de uma cidade", de Ismael Netto e Antonio Maria.

Com água na boca. Herbert Richers, 1956. Dir. de J. B. Tanko. Zezé Gonzaga canta "Linda flor (Ai, ioiô)", de Henrique Vogeler, Marques Porto e Luiz Peixoto. Cauby Peixoto canta "Conceição", de Dunga e Jair Amorim.

De vento em popa. Atlântida, 1957. Dir. de Carlos Manga. Doris Monteiro canta "Dó-ré-mi", de Fernando Cesar.

Chico Fumaça. Pam Filmes, 1957. Dir. de Victor Lima. Neuza Maria canta "Nova ilusão", de Luiz Bittencourt e José Menezes.

Rio Zona Norte. NPS Produções Cinematográficas, 1957. Dir. de Nelson Pereira dos Santos. Angela Maria canta "Pretexto", de Horondino da Silva e Augusto Mesquita.

Pista de grama. Cineclan Filmes, 1958. Dir. de Haroldo Costa. Elizeth Cardoso canta (com João Gilberto ao violão) "Eu não existo sem você", de Tom Jobim e Vinicius de Moraes.

O camelô da rua larga. Cinedistri, 1958. Dir. de Eurides Ramos. Maysa canta "Ouça", dela própria.

Cala a boca, Etelvina. Cinedistri, 1959. Dir. de Eurides Ramos. Nelson Gonçalves canta "Atiraste uma pedra", de Herivelto Martins e David Nasser.

Matemática zero, amor dez. Emecê Filmes, 1958. Dir. de Carlos Hugo Christensen. Tito Madi canta "Menina-moça", de Luiz Antonio; Luiz Claudio canta "Recado", de Djalma Ferreira e Luiz Antonio.

O homem do Sputnik. Atlântida, 1959. Dir. de Carlos Manga. Norma Bengell canta "Mademoiselle BB", de Bruno Marnet.

Orfeu do Carnaval. Sacha Gordine, 1959. Dir. de Marcel Camus. Agostinho dos Santos e Elizeth Cardoso cantam (por Brenno Mello e Marpessa Dawn) "Manhã de Carnaval", de Luiz Bonfá e Antonio Maria, e "A felicidade", de Tom Jobim e Vinicius de Moraes.

Marido de mulher boa. Herbert Richers, 1960. Dir. de J. B. Tanko. Sylvia Telles canta "Se é tarde me perdoa", de Carlos Lyra e Ronaldo Bôscoli; Lucio Alves canta "A vizinha do lado", de Dorival Caymmi.

Duas histórias (*Cacareco vem aí*). Atlântida, 1960. Dir. de Carlos Manga. Odete Lara canta "Franqueza", de Denis Brean e Oswaldo Guilherme.

O vendedor de linguiça. Pam Filmes, 1962. Dir. de Glauco Mirko Laurelli. Miltinho canta "Poema do adeus", de Luiz Antonio.

Samba. Condor Filmes, 1965. Dir. de Rafael Gil. Sarita Montiel canta "A noite do meu bem", de Dolores Duran; "Ninguém me ama", de Antonio Maria e Fernando Lobo; "Sábado em Copacabana", de Ismael Netto e Antonio Maria; e "Caminhemos", de Herivelto Martins.

A rainha diaba. R. F. Farias, 1974. Dir. de Antonio Carlos Fontoura. Odette Lara canta "Molambo", de Augusto Mesquita e Jaime Florence.

No tempo de Miltinho. Napressão, 2008. Dir. de André Weller. Documentário (17'28") sobre Miltinho.

Meia-noite em Paris (*Midnight in Paris*). Pontchartrain Productions, 2011. Dir. de Woody Allen. Em off, a Original Paris Swing toca "Recado", de Djalma Ferreira e Luiz Antonio.

BIBLIOGRAFIA

AGUIAR, Ronaldo Conde. *Almanaque da Rádio Nacional*. Rio: Casa da Palavra, 2007.

ALVES, Evânio. *As divas no Brasil*. Rio: Evânio Alves, 2010.

ANDRADE, Moacyr. "O samba-canção que não envelhece". Rio: site No Mínimo, 20/11/2005.

______. "Angela Maria, a estrela da canção" (texto para encarte da caixa de CDs *Angela Maria*, BMG, s.d).

ANTONIO MARIA. *Jornal de Antonio Maria*. Organização de Ivan Lessa. Rio: Saga, 1968.

______. *Pernoite*. Organização de Leonardo Castilho e Sonia Mota. Rio: Martins Fontes/Funarte, 1989.

______. *Com vocês, Antonio Maria*. Organização de Alexandra Bertola. São Paulo: Paz e Terra, 1994.

______. *O diário de Antonio Maria*. Rio: Civilização Brasileira, 2002.

______. *As crônicas de Antonio Maria*. Organização de Joaquim Ferreira dos Santos. Rio: Civilização Brasileira, 2002.

ARESTIZABAL, Irma (Coord. de pesquisa). *1950 — Almanaque*. Rio: João Fortes Engenharia/Índex, 1985.

ASSIS, Wagner de. *Ilka Soares — A bela da tela*. São Paulo: Imprensa Oficial, 2005.

AUGUSTO, Sérgio. *Este mundo é um pandeiro — A chanchada de Getúlio a JK*. São Paulo: Companhia das Letras, 1989.

BACIU, Stefan. *Lavradio, 98 — A "Tribuna da Imprensa" ao tempo de Carlos Lacerda*. Rio: Nova Fronteira, 1982.

BARBOSA, Maria Ignez Corrêa da Costa. *Gentíssima*. Rio: Ateliê, 2007.

BARRETO, José Geraldo. *Apressado para nada*. Rio: Garamond, 2001.

BARROSO, Marco Aurélio. *A revolta do boêmio — A vida de Nelson Gonçalves*. Rio: Edição do autor, 2001.

BELOCH, Israel; ABREU, Alzira Alves de (Orgs.). *Dicionário histórico-geográfico brasileiro 1930-1983*. Rio: FGV-CPDOC-Forense, 1984.

BENGELL, Norma. *Norma Bengell*. São Paulo: nVersos, 2014.

BIVAR, Antonio. *Yolanda*. São Paulo: A Girafa, 2004.

BLASS, Suzana (Coord.); BERTOL, Rachel. *Memória de repórter — Lembranças, casos e outras histórias de jornalistas brasileiros*. Rio: Verso Brasil, 2010.

BOECHAT, Ricardo. *Copacabana Palace — Um hotel e sua história*. São Paulo: DBA/ Melhoramentos, 1998.

BOJUNGA, Claudio. *JK — O artista do impossível*. Rio: Objetiva, 2001.

BOTEZELLI, J. C. (Pelão); PEREIRA, Arley. *A música popular brasileira por seus autores e intérpretes*. Oito v. São Paulo: Sesc, 2001.

BULCÃO, Clovis. *Os Guinle — A história de uma dinastia*. Rio: Intrínseca, 2015.

CABRAL, Sérgio. *Antonio Carlos Jobim — Uma biografia*. Rio: Lumiar, 1997.

______. *No tempo de Ari Barroso*. Rio: Lumiar, s/d.

______. *Elizete Cardoso — Uma vida*. Rio: Lumiar, s/d.

______. *Ataulfo Alves — Vida e obra*. São Paulo: Lazuli, 2009.

CALDAS, Klecius. *Pelas esquinas do Rio — Tempos idos... e jamais esquecidos*. Rio: Civilização Brasileira, 1994.

CÂMARA, Marcelo; MELLO, Jorge; GUIMARÃES, Rogério. *Caminhos cruzados — A vida e a música de Newton Mendonça*. Rio: Mauad, 2001.

CAMPOS, Marcello. *Minha seresta — Vida e obra de Alcides Gonçalves*. Porto Alegre: Letra & Vida, 2011.

______. *Almanaque do Lupi*. Porto Alegre: Letra & Vida, 2015.

CAMPOS, Paulo Mendes. *O mais estranho dos países — Contos e crônicas*. São Paulo: Companhia das Letras, 2014.

CARDOSO, Sylvio Tullio. *Dicionário biográfico de música popular*. Rio: Edição do autor, 1965.

CARDOSO JUNIOR, Abel. *Francisco Alves — As mil canções do Rei da Voz*. Curitiba: Revivendo, 1998.

CARTOLA. *O melhor de Cartola*. São Paulo: Irmãos Vitale, 1998.

CARVALHO, Hermínio Bello de. *Mudando de conversa*. São Paulo: Martins Fontes, 1986.

______. *Sessão passatempo*. Rio: Relume Dumará, 1995

______. *Umas & outros — Baú de prosa*. Rio: ZMM Promoções e Serviços, 1995.

______. *Taberna da Glória e outras glórias*. Organização de Ruy Castro. Rio: Edições de Janeiro, 2015.

CARVALHO, Luiz Maklouf. *Cobras criadas — David Nasser e "O Cruzeiro"*. São Paulo: Senac, 2001.

CARVALHO, Marco Antonio de. *Rubem Braga — Um cigano fazendeiro do ar*. São Paulo: Editora Globo, 2007.

CARVALHO, Tania. *Victor Berbara — O homem das mil faces*. São Paulo: Imprensa Oficial, 2008.

CASTRO, Moacir Werneck de. *Mario de Andrade — Exílio no Rio*. Rio: Rocco, 1989.

CASTRO, Ruy. *Chega de saudade — A história e as histórias da Bossa Nova*. São Paulo: Companhia das Letras, 1990.

______. *A onda que se ergueu no mar — Novos mergulhos na Bossa Nova*. São Paulo: Companhia das Letras, 2001.

______. *Tempestade de ritmos — Jazz e música popular no século XX*. São Paulo: Companhia das Letras, 2007.

______. *Rio Bossa Nova*. Rio: Casa da Palavra, 2013.

______. *Letra e música — A canção eterna*. São Paulo: Cosac Naify, 2013.

CERQUEIRA, Marcello. *Beco das Garrafas — Uma lembrança*. Rio: Revan, 1994.

CEZIMBRA, Márcia; CALLADO, Tessy; SOUZA, Tárik de. *Tons sobre Tom*. Rio: Revan, 1995.

CLARK, Walter; PRIOLLI, Gabriel. *O campeão de audiência — Uma autobiografia*. Rio: Best-Seller, 1991.

CRAVO, Jorge. *Mais lembranças*. Salvador: Aminthas Jorge Cravo, 2006.

CRAVO ALBIN, Ricardo. *Dicionário Houaiss ilustrado — Música popular brasileira* (criação e supervisão geral). Rio: Paracatu, 2006.

______ et al. *Cancioneiro Humberto Teixeira*. Rio: Jobim Music/Good Ju-Ju, 2006.

DALTRO, Fredy. *Por que sou um "gângster" de imprensa — Eu vi demais...* Rio: Editora Revista Escândalo, 1959.

DANIEL FILHO; BARBOSA, Maria Carmen. *Antes que me esqueçam*. Rio: Guanabara, 1988.

DIDIER, Aluisio. *Radamés Gnattali*. Rio: Brasiliana Produções, 1996.

DINIZ, Julio; FARIA, Heloisa Weinschenck de (Orgs.). *Dorival Caymmi — Acontece que ele é baiano*. Rio: 19 Design e Editora, 2013.

DOLABELA, Carlos Eduardo. *Meus queridos fantasmas*. Rio: Casa Maria, 1990.

DUARTE, Paulo Sergio; NEVES, Santuza Cambraia. *Do samba-canção à Tropicália*. Rio: Faperj/Relume Dumará, 2003.

DULLES, John W. F. *Carlos Lacerda — A vida de um lutador (1914-1960)*. Rio: Nova Fronteira, 1992.

ENEIDA (de Moraes); BERGER, Paulo. *História dos subúrbios — Copacabana*. Rio: Departamento de História e Documentação da Prefeitura do Distrito Federal, 1959.

EPAMINONDAS, Antonio. *Brasil brasileirinho*. Rio: Cátedra, 1982.

FAOUR, Rodrigo. *Bastidores — Cauby Peixoto, 50 anos da voz e do mito*. Rio: Record, 2001.

______. *Revista do Rádio — Cultura, fuxicos e moral nos anos dourados*. Rio: Relume Dumará, 2002.

______. *História sexual da MPB — A evolução do amor e do sexo na canção brasileira*. Rio: Record, 2006.

FAOUR, Rodrigo. *A bossa sexy e romântica de Claudette Soares*. São Paulo: Imprensa Oficial, 2010.

______. *Dolores Duran — A noite e as canções de uma mulher fascinante*. Rio: Record, 2012.

______. *Angela Maria — A eterna cantora do Brasil*. Rio: Record, 2015.

FARIA, Heloisa; BERNARDES, Maria Isabel (Coord. geral). *Vinicius de Moraes — Um poeta dentro da vida*. Rio: Repsol Sinopec/19 Design, 2011.

FEIJÓ, Leo; WAGNER, Marcus. *Rio cultura da noite — Uma história da noite carioca*. Rio: Casa da Palavra, 2014.

FERREIRA, Ângela Cristina; ARMEL, Paulo. *Emilinha Borda — Eternamente rainha*. Rio: Triângulo, 2006.

FERREIRA, Jorge. *João Goulart — Uma biografia*. Rio: Civilização Brasileira, 2011.

FONSECA, João Elísio. *A estrela Dalva*. Rio: Espaço e Tempo, 1987.

FONSECA, Rubem. *Agosto*. São Paulo: Companhia das Letras, 1990.

FRAGATA, Claudio. *Carmen Verônica — O riso com glamour*. São Paulo: Imprensa Oficial, 2010 (Coleção Aplauso).

FRANCIS, Paulo. *O afeto que se encerra — Memórias*. Rio: Civilização Brasileira, 1980.

FREIRE, Américo (Coord.). *Conversando sobre política — José Talarico*. Rio: Editora Fundação Getulio Vargas, 1998.

FUNDAÇÃO ALEXANDRE DE GUSMÃO. *Vinicius de Moraes, Embaixador do Brasil*. Brasília: 2010.

GARRIDO, Atílio. *Maracanazo — A história secreta*. Rio: Livros Ilimitados, 2014.

GOMES, Ângela de Castro; PANDOLFI, Dulce Chaves; ALBERTI, Verena (Orgs.). *A República no Brasil*. Rio: Nova Fronteira/FGV-CPDOC, 2002.

GOMES, Bruno Ferreira. *Custodio Mesquita — Prazer em conhecê-lo*. Rio: Funarte, 1986.

GONÇALO JR. *Quem samba tem alegria — A vida e o tempo de Assis Valente*. Rio: Civilização Brasileira, 2014.

GOUTHIER, Hugo. *Presença*. Rio: Record, 1982.

GREEN, James N. *Além do Carnaval — A homossexualidade no Brasil do século XX*. São Paulo: Unesp, 1999.

GRYNBERG, Alina. *Paulo Moura — Um solo brasileiro*. Rio: Casa da Palavra, 2011.

GUIA Rex 1960. Rio: Guia Rex de Ruas, 1960.

GUINLE, Jorge; SILVA, Mylton Severiano da. *Um século de boa vida*. São Paulo: Globo, 1997.

______. *Jazz panorama*. Rio: José Olympio Editora, 2002.

GUTA (Carlos Gustavo Nunes Pereira). *Copacabana — Um passeio no tempo (1893--2007)*. Rio: Prefeitura da Cidade do Rio de Janeiro, 2007.

HOLANDA, Nestor de. *Memórias do Café Nice — Subterrâneos da música popular e da vida boêmia do Rio de Janeiro*. Rio: Conquista, 1970.

HOMEM DE MELLO, Zuza. *Música nas veias — Memórias e ensaios*. São Paulo: Editora 34, 2007.

______. *Eis aqui os bossa-nova*. São Paulo: Martins Fontes, 2008.

HUPFER, Maria Luisa Rinaldi. *As rainhas do rádio — Símbolos da nascente indústria cultural brasileira*. São Paulo: Senac, 2009.

ÍDOLOS do rádio e da TV — Álbum para colecionar figurinhas. Rio: Vecchi, 1960.

JACOBS, Dick. *Who wrote that song?*. Whitehall, Virginia: Betterway, 1998.

JOBIM, Ana Lontra; JOBIM, Elizabeth; JOBIM, Paulo (Coord. geral). *Cancioneiro Jobim — Obras escolhidas*. Rio: Jobim Music/Casa da Palavra, 2000.

JOBIM, Helena. *Antonio Carlos Jobim — Um homem iluminado*. Rio: Nova Fronteira, 1997.

JORDAN, André. *O Rio que passou na minha vida*. Rio: Léo Christiano, 2006.

JOSÉ MAURO. *Café-society confidencial*. Rio: Civilização Brasileira, 1956.

KELLY, João Roberto. *A obra de João Roberto Kelly — Melodias cifradas para violão, guitarra e teclados*. São Paulo: Irmãos Vitale, 2008.

KHOURY, Simon. *Bastidores — Série Teatro Brasileiro*. Rio: Letras & Expressões, 2001.

______. *Bastidores*, vol. 13. Rio: Italiamiga, 2012.

LACERDA, Carlos. *Depoimento*. Rio: Nova Fronteira, 1977.

LACERDA, Claudio. *Uma crise de agosto: O atentado da rua Toneleros*. Rio: Nova Fronteira, 1994.

LANDAU, Iosif. *Memória tumultuada*. Rio: Papel Virtual, 2002.

LARA, Odete. *Eu nua*. Rio: Rosa dos Tempos, 2002.

LEÃO, Danuza. *Quase tudo — Memórias*. São Paulo: Companhia das Letras, 2005.

LENHARO, Alcir. *Cantores do rádio — A trajetória de Nora Ney e Jorge Goulart e o meio artístico de seu tempo*. Campinas: Editora da Unicamp, 1995.

LHERMINIER, Pierre. *Signoret/Montand — Deux vies dans le siècle*. Paris: Ramsay, 2005.

LIMA, Evelyn Furquim Werneck. *Arquitetura do espetáculo — Teatros e cinemas na formação da praça Tiradentes e da Cinelândia*. Rio: UFRJ, 2000.

LIMA e SILVA, Luís Sérgio. *TV Tupi do Rio de Janeiro — Uma viagem afetiva*. São Paulo: Imprensa Oficial, 2010.

LINDERBERG FILHO, Carlos Fernando. In: *Vitória de todos os ritmos*. Vitória (ES): Prefeitura Municipal, 2000.

LINS e SILVA, Evandro. *O salão dos passos perdidos*. Rio: CPDOC/Nova Fronteira, 1997.

LIRA NETO. *Maysa — Só numa multidão de amores*. São Paulo: Globo, 2007.

LIRA NETO. *Getulio — 1945-1954: Da volta pela consagração popular ao suicídio*. São Paulo: Companhia das Letras, 2014.

LISBOA, Luiz Carlos (Org.). *Billy Blanco*. Rio: Editora Rio-Estácio de Sá, 2003.

______. *Haroldo Costa*. Rio: Editora Rio/Estácio de Sá, 2003.

LISTA de assinantes — Abril de 1949. Rio: Companhia Telefônica Brasileira, 1949.

LOBO, Fernando. *À mesa do Vilariño* (sic). Rio: Record, 1991.

LOGULLO, Eduardo. *Aracy de Almeida — Não tem tradução*. São Paulo: Veneta, 2014.

LORÊDO, João. *Era uma vez... a televisão*. São Paulo: Alegro, 2000.

LOUZADA, Silvana. *Prata da casa — Fotógrafos e fotografia no Rio de Janeiro 1950--1960*. Niterói: UFF/Faperj, 2013.

LOUZEIRO, José. *Assim marcha a família*. Rio: Civilização Brasileira, 1965.

______. *O anjo da fidelidade — A história sincera de Gregorio Fortunato*. Rio: Francisco Alves, 2001.

LUCIANA, Dalila. *Ary Barrozo... Um turbilhão*. Rio: Freitas Bastos, s.d., 3 v.

LYRA, Carlos. *Eu e a bossa — Uma história da Bossa Nova*. Rio: Casa da Palavra, 2008.

MACHADO, Carlos. *Memórias sem maquiagem*. Organização de Paulo Pinho. São Paulo: Cultura, 1978.

MACIEL, Luiz Carlos; OCAMPO, Maria Luiza (Orgs.). *Em busca da luz — Memórias de Dorinha Duval*. Rio: Record, 2002.

MARCONDES, Marcos Antônio. *Enciclopédia da música brasileira: erudita, folclórica e popular*, 2 v. São Paulo: Art Editora, 1977.

MARINHO, Flávio. *Oscarito — O riso e o siso*. Rio: Record, 2007.

MARTINS, Franklin. *Quem foi que inventou o Brasil? — A música popular conta a história da República — Volume 1, de 1902 a 1964*. Rio: Nova Fronteira, 2015.

MARTINS, Herivelto. *O melhor de Herivelto Martins*. São Paulo: Irmãos Vitale, 2000.

MARTINS, Yaçanã; HYGINO, Cacau. *Herivelto como conheci — A verdadeira história de amor*. Rio: Espassum, 2010.

MATARAZZO CANTERO, Thais. *Artistas negros da música popular e do rádio*. São Paulo: Expressão e Arte, 2014.

______. *Vozes do Brasil — Trajetória de grandes artistas e comunicadores*. Jundiaí: In House, 2014.

MÁXIMO, João. *Cinelândia — Breve história de um sonho*. Rio: Salamandra, 1997.

______. *Sinfonia do Rio de Janeiro — 60 anos de história musical da cidade*. Rio: Papel e Tinta, 2015.

MÁXIMO, João; DIDIER, Carlos. *Noel Rosa — Uma biografia*. Brasília: Linha Gráfica/UnB, 1990.

MEC-FUNARTE. *Depoimentos III*. Rio: Serviço Nacional de Teatro, 1977.
MELLO, Jorge. *Gente humilde — Vida e música de Garoto*. São Paulo: Sesc, 2012.
MESQUITA, Cláudia. *De Copacabana à Boca do Mato — O Rio de Janeiro de Sergio Porto e Stanislaw Ponte Preta*. Rio: Casa de Rui Barbosa, 2008.
MESQUITA, Custodio. *O melhor de Custodio Mesquita*. São Paulo: Irmãos Vitale, 2001.
MONJARDIM, Jayme. *Maysa*. São Paulo: Globo, 2008.
MONTAND, Yves. *Montand raconte Montand*. Paris: Éditions du Seuil, 2001.
MORAES NETO, Geneton. *Dossiê 50*. Rio: Maquinaria, 2013.
MORAES, Mario de. *Recordações de Ary Barroso — Último depoimento*. Rio: Funarte, 2003.
MORAES, Vinicius de. *Livro de letras*. São Paulo: Companhia das Letras, 1991.
______. *Samba falado — Crônicas musicais*. Rio: Beco do Azougue, 2008.
MORAIS, Fernando. *Chatô — O rei do Brasil*. São Paulo: Companhia das Letras, 1994.
MOREIRA, Regina da Luz; SOARES, Leda (Orgs.). *Renato Archer — Diálogo com o tempo*. Rio: CPDOC/FGV, 2007.
MOURA, Roberto M. (Coord.). *A poesia de Aldir Blanc*. São Paulo: Irmãos Vitale, 2001.
MURCE, Renato. *Bastidores do rádio*. Rio: Imago, 1976.
NASSER, David. *O velho capitão e outras histórias reais*. Rio: O Cruzeiro, 1961.
NEPOMUCENO, Eric. *Edu Lobo — São bonitas as canções*. Rio: Edições de Janeiro, 2014.
NEVES, Marcos Eduardo. *Nunca houve um homem como Heleno*. Rio: Zahar, 2012.
NORONHA, Luiz. *Carlos Machado*. Rio: Relume Dumará, 1998.
O'DONNEL, Julia. *A invenção de Copacabana — Culturas urbanas e estilo de vida no Rio de Janeiro (1890-1940)*. Rio: Zahar, 2013.
PACHECO, Jacy. *Noël Rosa e sua época*. Rio: G. A. Penna, 1955.
PAVAN, Alexandre. *Timoneiro — Perfil biográfico de Hermínio Bello de Carvalho*. Rio: Casa da Palavra, 2006.
PENA, Felipe. *Seu Adolpho*. Rio: Vermelho Marinho/Usina de Letras, 2010.
PENTEADO, Léa. *Um instante, maestro!*. Rio: Record, 1993.
PERDIGÃO, João; CORRADI, Euler. *O rei da roleta — A incrível vida de Joaquim Rolla*. Rio: Casa da Palavra, 2012.
PETTEZZONI, Sergio. *Rio, pra não chorar*. Rio: Editora Catau, 1995.
PINHEIRO NETO, João. *Jango — Um depoimento pessoal*. Rio: Record, 1992.
PINHO, Paulo. *Boêmios & bebidas*. Rio: Casa da Palavra, 2000.
POERNER, Arthur. *Leme — Viagem no tempo ao fundo da noite*. Rio: Booklink, 2009.
PORTO, Sergio. *A revista do Lalau*. Organização de Luís Pimentel. Rio: Agir, 2008.

QUINDERÉ, Fernanda. *Bodas da solidão — Um olhar azul para Luiz Eça*. Fortaleza: Livro Técnico, 2007.

RAINHO, Maria do Carmo Teixeira. *Moda e revolução nos anos 1960*. Rio: Contracapa, 2014.

RANGEL, Lucio. *Samba, jazz & outras notas*. Org., apresentação e notas de Sérgio Augusto. Rio: Agir, 2007.

RANGEL, Lucio; MORAES, Persio de. *Revista da Música Popular — Coleção completa em fac-símile*. Rio: Bem-Te-Vi/Funarte, 2006.

RIBAS, Regina. *Leny Andrade — Alma mia*. São Paulo: Imprensa Oficial, 2012.

RIBEIRO, Ana Paula Goulart. *Imprensa e história no Rio de Janeiro dos anos 1950*. Rio: E-papers, 2007.

RIBEIRO, Pery; DUARTE, Ana. *Minhas duas estrelas — Uma vida com meus pais, Dalva de Oliveira e Herivelto Martins*. São Paulo: Globo, 2006.

ROCHA, Amara. *Nas ondas da modernização — O rádio e a TV no Brasil de 1950 a 1970*. Rio: Aeroplano/Faperj, 2007.

ROCHA, Martha; PESSÔA, Isa. *Martha Rocha — Uma biografia*. Rio: Objetiva, 1993.

ROCHA, Munhoz da. *Radiografia de novembro*. Rio: Civilização Brasileira, 1961.

RODRIGUES, Antonio. *O Rio no cinema*. Rio: Nova Fronteira, 2008.

RODRIGUES, João Carlos. *Johnny Alf — Duas ou três coisas que você não sabe*. São Paulo: Imprensa Oficial, 2013.

RODRIGUES, Marly. *A década de 50: Populismo e metas desenvolvimentistas no Brasil*. São Paulo: Ática, 1994.

SALADINI, Mario; IGREJAS, Yonne; TROTTA, Fredimio B. *"Cafajeste", com muita honra*. Rio: Editora Trotta, 2003.

SALES, Fernando. *MPB em pauta*. Rio: José Olympio, 1984.

SALVADOR, Roberto. *A era do radioteatro — O registro da história de um gênero que emocionou o Brasil*. Rio: Gramma, 2010.

SAMPAIO, Silveira. *Trilogia do herói grotesco*. Rio: Civilização Brasileira, 1961.

SANDER, Roberto. *O crime que abalou a República — Violência, conspiração e impunidade no crepúsculo da Era Vargas*. Rio: Maquinária, 2010.

______. *1964 — O verão do golpe*. Rio: Maquinária, 2013.

SANT'ANNA, Mara Rúbia. *Elegância, beleza e poder na sociedade de moda dos anos 50 e 60*. São Paulo: Estação das Letras e Cores, 2014.

SANTHIAGO, Ricardo. *Alaíde Costa — Faria tudo de novo*. São Paulo: Imprensa Oficial, 2013.

SANTOS, Alcino et al. *Discografia brasileira 78 rpm 1902-1964*. Rio: Funarte, 1982, 5 v.

SANTOS, Joaquim Ferreira dos. *Feliz 1958 — O ano que não devia terminar*. Rio: Record, 1998.

______. *Um homem chamado Maria*. Rio: Objetiva, 2005.

SAVIGNEAU, Josyanne (présentation). *Juliette Gréco*. Paris: Actes Sud/Leméac, 1998.

SCHWARCZ, Lilia M.; STARLING, Heloisa M. *Brasil: uma biografia*. São Paulo: Companhia das Letras, 2015.

SEVERIANO, Jairo. *Uma história da música popular brasileira — Das origens à modernidade*. São Paulo: Editora 34, 2008.

SEVERIANO, Jairo; HOMEM DE MELLO, Zuza. *A canção no tempo — 85 anos de músicas brasileiras. Vol. 1: 1901-1957*. São Paulo: Editora 34, 1997.

______. *A canção no tempo — 85 anos de músicas brasileiras. Vol. 2: 1958-1985*. São Paulo: Editora 34, 1998.

SILVA, Augusto Francisco da. *Zica — O barão do cais*. Rio: Nova Razão Cultural, 2008.

SILVA, Walter (Pica-Pau). *Vou te contar — Histórias da música popular brasileira*. São Paulo: Códex, 2002.

SOUZA, Rivadavia de. *Botando os pingos nos is — As inverdades nas memórias de Samuel Wainer*. Rio: Record, 1989.

SOUZA, Tárik de (Org.). *O som do "Pasquim" — Grandes entrevistas com os astros da música popular brasileira*. Rio: Codecri, 1976.

SUED, Ibrahim. *20 anos de caviar*. Rio: Bloch Editores, 1972.

______. *30 anos de reportagem*. Rio: Nova Fronteira/Confraria dos Amigos do Livro, 1983.

______. *Em sociedade tudo se sabe*. Organização de Bebel Sued. Rio: Rocco, 2001.

TÁVOLA, Artur da. *Vozes do Rio — O sentir brasileiro na cultura carioca*. Rio: Câmara dos Deputados, Centro de Documentação e Informação, 1991.

THOMAS, Jeff. *Soçaite boia-fria*. Rio: Imago, 1992.

TORMÉ, Mel. *It wasn't all velvet*. Nova York: Viking, 1988.

VENEZIANO, Neyde. *As grandes vedetes do Brasil*. São Paulo: Imprensa Oficial, 2010.

VIANNA, Luiz Fernando. *Aldir Blanc — Resposta ao tempo*. Rio: Casa da Palavra, 2013.

VIDAL, Laurent. *As lágrimas do Rio — O último dia de uma capital, 20 de abril de 1960*. São Paulo: Martins Fontes, 2012.

VIEIRA, Jonas. *Cesar de Alencar — A voz que abalou o rádio*. Rio: Valda, 1993.

______. *Francisco Carlos — O maior ídolo dos anos dourados*. São Paulo: Imprensa Oficial, 2013.

VIEIRA, Jonas; NORBERTO, Natalício. *Herivelto Martins — Uma escola de samba*. Rio: Ensaio, 1992.

WAINER, Samuel; NUNES, Augusto. *Minha razão de viver — Memórias de um repórter*. Rio: Record, 1987.

WALESKA. *Foi à noite...* São Paulo: Brasiliense, 2009.

WHITE, Francesca. *Cheers! A spirited guide to liquors and liqueurs*. Nova York: Paddington, 1977.

WORMS, Luciana Salles; COSTA, Wellington Borges (Wella). *Brasil século XX — Ao pé da letra da canção popular*. Curitiba: Nova Didática, 2002.

JORNAIS E REVISTAS

Carioca, A Cena Muda, Cinelândia, Comício, Confidencial, Correio da Manhã, O Cruzeiro, Diário Carioca, Diário da Noite, Diário de Notícias, Escândalo, Flan, Fon-Fon, O Globo, O Jornal, Jornal do Brasil, Jornal do Cinema, Manchete, Maquis, O Mundo Ilustrado, Música e Letra, A Noite, Pasquim, Radiolândia, Revista do Rádio, Revista da Semana, Selecta, Singra, Tribuna da Imprensa, Última Hora, Visão

AGRADECIMENTOS

Várias pessoas com quem falei longamente durante os quase três anos que me tomou o trabalho de investigação para *A noite do meu bem* não terão o livro nas mãos. Deixaram-nos mais cedo do que deveriam. Mas, pela primeira vez numa lista de agradecimentos, decidi não apor o "falecido" antes do nome de cada um — estavam bem vivos e com a memória intacta todas as vezes em que me receberam e nunca deixaram de ser pacientes quando o autor os consultava por telefone, e-mail e até cartas, em hora hábil ou fora de hora. Além disso, foram suas informações cheias de detalhes que deram vida a este livro. A eles, a minha gratidão. Aos outros, os muitos que ficaram, posso agradecer pessoalmente, e é o que faço quando me encontro ou falo com eles. Mas fica registrado aqui minha dívida para com todos:

Alberico Campana; Alberto Dines; Alberto Shatovsky; André Jordan; Badeco (de Os Cariocas); Bebeto Castilho; Bernardo Cabral; Carlos Alberto Reis; Carlos Alberto Vizeu; Carlos Heitor Cony; Carlos Lyra; Carlos Manga; Cesar Sepúlveda; Claudette Soares; Claudia Telles; Claudio Leal; Cyva (do Quarteto em Cy); Danuza Leão; Doris Monteiro; Dulce Bressane; Durval Azevedo; Elano de Paula; Ellen de Lima; Ely Azeredo; Ester Costa; Estevam Herrmann; Fernanda Gurjan; Flavio Cavalcanti Junior; Flavio Ramos; Gardenia Garcia; Gerdal José de Paula; Germana de Lamare; Glorinha Paranaguá; Hans Henningsen; Haroldo Costa; Helio Fernandes; Hermínio Bello de Carvalho; Ilka Soares; Ira Etz; Isadora Moniz Vianna; Jairo Severiano; Janio de Freitas; João Carlos Eboli; João Donato; João Luiz de Albuquerque; João Máximo; João Roberto Kelly; Jorge Cravo (Cravinho); Julio Barbero; Julio Rêgo; Léa Penteado; Leny Andrade; Leo Batista; Leonardo Meira; Lourdes Catão; Luciene Franco; Luiz Macedo; Lygia Marina; Marcelo Ramos; Maria Carmen Barbosa; Maria Claudia Bonfim; Maria Della Costa; Marilene Dabus; Mario Adnet; Mariozinho de Oliveira; Martha Rocha; Mary Marinho; Miele; Nilo Dante; Nonato Pinheiro; Norma Bengell; Orlandivo; Orlando de Barros; Paulo Garcez; Paulo Moura; Paulo Pinho; Pedro do Coutto; Pedro Passos; Pery Ribeiro; Ricardo Boechat; Rildo Hora; Rodrigo

Alzuguir; Rodrigo Faour; Ronaldo Brasil; Ronaldo Youle; Russinho (José F. Soares, de Os Namorados da Lua); Sérgio Augusto; Sergio Figueiredo; Severino Filho; Sonia Maria de Lamare; Telmo Martino; Thiago Marcondes; Tito Madi; Valentim Pereira de Almeida; Vera Lucia Maia; Vera Vianna; Victor Berbara; Wadi Gebara Netto; Waleska; Walter Fontoura; Wilson Figueiredo.

Sei que isso está fora das regras, mas preciso mencionar uma quantidade de amigos do passado com quem conversei muitas vezes sem imaginar que, um dia, escreveria um livro sobre o samba-canção e o universo da noite carioca entre 1946 e 1965. Acontece que esse era o universo deles — vários são até personagens do livro — e seria inevitável que muito do que me contaram me fosse útil um dia. Tenho orgulho em lembrá-los: Albino Pinheiro; Araken Peixoto; Armando Nogueira; Billy Blanco; Caetano Rodrigues; Caio Mourão; Cesar Thedim; Everardo Magalhães Castro; Fernando Sabino; Irineu Garcia; Johnny Alf; Jonas Silva (de Os Garotos da Lua); Jorge Guinle; José Lino Grünewald; Juarez Araújo; Lucio Alves; Luiz Bonfá; Mario Telles; Marisa Gata Mansa; Marlene (era a maior); Millôr Fernandes; Paulo Francis; Quartera (de Os Cariocas); Ronaldo Bôscoli; Tom Jobim. E, mais que todos, Ivan Lessa, o grande inspirador de *A noite do meu bem* e a quem este é dedicado.

Existem várias maneiras de ajudar o autor de um livro de reconstituição histórica. Uma delas é localizar uma fonte, intermediar uma aproximação, chamar a atenção para um aspecto que estava sendo negligenciado ou mesmo, às vezes, contribuir com uma simples palavra — a palavra certa em dado momento. Por isso, meu carinho a Adriana Monteiro; Alberico Cilento; Alberto Youle; Amanda Bravo; Analice Gigliotti; Ana Lucia Torre; Arnaldo Niskier; Beatriz Horta; Betina Vianny; Carlos Alberto Afonso; Cesar Ferreira de Carvalho; Daisy Cabral Nogueira; Denílson Monteiro; Evânio Alves; Fernanda Alt; Guida Vianna; Lívia Viana; Luiz Fernando Vianna; Mario Gabbay; Mario Magalhães; Nei Duclòs; Norma Couri; Omar Jubran; Paschoal Ambrosio Filho; Rosa Araújo; Sérgio Ximenes; Telma da Costa; Thereza Kahl; Vera Lemgruber; Waldir Siqueira.

Amigos saíram de seus cuidados para, espontaneamente, contribuir com levantamentos que, de outro modo, teriam sido muito difíceis de fazer. Os queridos Ana e Leonel Brayner capturaram e transcreveram para mim todas as letras de samba-canção que conseguiram encontrar — centenas delas. José Mario Pereira me levou a um informante precioso e me abasteceu com incontáveis recortes de uma coleção da *Manchete* que lhe caiu às mãos. O jornalista e pesquisador Renato Fernandes supriu-me com inestimável material e informações cobrindo os ricos e chiques dos anos 50 e 60 — assunto sobre o qual deveria produzir um livro.

Silvia Regina de Souza, de quem dependo desde *O anjo pornográfico* para levantar informações impossíveis, encarregou-se desta vez de desencavar uma monstruosa coleção de "tijolinhos" de boates — que, além de adornar as páginas de guarda do livro, me orientaram quanto à localização e ao surgimento e fim dessas boates, o que ajudou a balizar todo o trabalho de pesquisa.

E como se pode escrever sobre música — de qualquer gênero — sem mergulhar nas centenas, talvez milhares, de LPs do passado relançados em extensas coleções de CDs por homens como Marcelo Fróes, Tárik de Souza e Charles Gavin?

Por fim, minha gratidão a Otavio Frias Filho e Sérgio Dávila, respectivamente diretor de redação e editor-executivo da *Folha de S.Paulo*, pelo ano semissabático que concederam ao colunista do jornal para trabalhar em *A noite do meu bem*.

CRÉDITOS DAS IMAGENS

Todos os esforços foram feitos para determinar a origem das imagens publicadas neste livro, porém isso nem sempre foi possível. Teremos prazer em creditar as fontes, caso se manifestem.

CAPAS DE DISCOS

Acervo pessoal do autor/ Reprodução de Chico Cerchiario.

CAPAS DE REVISTAS

Revista do Rádio: Fundação Biblioteca Nacional.

O Cruzeiro: Diários Associados/ Acervo pessoal do autor/ Reprodução de Chico Cerchiario.

Manchete: DR/Manchete.

Canta Moçada e Música & Letra: Acervo pessoal do autor/ Reprodução de Chico Cerchiario.

Radiolândia: Editora Globo/ Acervo pessoal do autor/ Reprodução de Chico Cerchiario.

PÁGINAS INICIAIS

p. 2: Cortesia de Bárbara Muller/ Acervo Jacinto de Thormes.

pp. 4-5: Acervo Dorival Caymmi/ Instituto Antonio Carlos Jobim.

pp. 6-7: Acervo pessoal do autor.

pp. 8-9: Arquivo Público do Estado de São Paulo.

CADERNO 1 [entre as pp. 160-1]

p. 1: Carlos Moskovics/ Acervo Instituto Moreira Salles.

p. 2: Fundação Biblioteca Nacional.

pp. 3 (acima), 5 (abaixo à direita), 10 e 11 (abaixo): Fotógrafo desconhecido/ Coleção José Ramos Tinhorão/ Acervo Instituto Moreira Salles.

p. 3 (abaixo): Acervo pessoal do autor/ Reprodução de Chico Cerchiario.

p. 4 (acima): Foto de Carlos/ Herdeiras de Sérgio Pôrto.
p. 4 (centro à direita): José Medeiros/ Acervo Instituto Moreira Salles.
p. 4 (centro à esquerda): Acervo Jean Manzon — Cepar Cultural.
p. 4 (abaixo): Foto de Kurt Klagsbrunn/ Acervo Victor Klagsbrunn.
pp. 5 (acima), 13 (acima) e 13 (abaixo): Acervo pessoal do autor.
p. 5 (abaixo à esquerda): Folhapress.
p. 11 (acima): DR.
p. 12 (acima): Editora Abril/ Coleção José Ramos Tinhorão/ Acervo Instituto Moreira Salles, Rio de Janeiro.
p. 12 (ao centro): Cortesia de Bárbara Muller/ Acervo Jacinto de Thormes.
pp. 12 (abaixo) e 13 (ao centro): Arquivo Público do Estado de São Paulo.

CADERNO 2 [entre as pp. 320-1]
pp. 2-3: Acervo pessoal do autor.
pp. 4 (abaixo), 6 (acima), 12 (acima), 13 (abaixo) e 14 (acima): Fotógrafo desconhecido/ Coleção José Ramos Tinhorão/ Acervo Instituto Moreira Salles.
pp. 6 (abaixo) e 7 (abaixo): Fundação Biblioteca Nacional.
p. 7 (acima): Hamilton/CPDOC JB.
pp. 12 (abaixo) e 14 (ao centro): Acervo Iconographia.
p. 13 (acima): Folhapress.
pp. 14 (abaixo) e 15: José Medeiros/ Acervo Instituto Moreira Salles.
p. 16: Cortesia de Flávio Cavalcante Jr.

ÍNDICE REMISSIVO

"À la belle étoile", 137
A meus amigos (LP), 405
"Abandono", 206, 281
Abelim *ver* Angela Maria
"Abismo de rosas", 323
Aboab, Renée, 237
Abreu, José Maria de, 71, 78-80, 198, 215, 229, 247, 263
Abreu, Manuel da Silva *ver* Zica
Abreu, Zequinha de, 71, 215
Academia Brasileira de Letras, 178, 301, 380
Acapulco, 54-5, 104, 119, 161, 168, 171, 176, 264, 326
Accioly Neto, 99, 208, 242, 279
Aché, Felipe, 417
Acontece que eu sou baiano (musical), 203, 240, 268
Aconteceu em Yrkutsk (peça), 427
Adamson, Harold, 214, 229
Adelina *ver* Monteiro, Doris
"Adeus, América", 183
"Adeus", 70, 347
Adler, Richard, 280
Adolf (porteiro do Vogue), 46, 65, 331
"Adorável como um sonho", 119
Affonso Avila, 323
Aga Khan (líder ismaelita), 273
"Água, não!...", 205
Agulha no palheiro (filme), 294
Ahbez, Eden, 317
"Ai, ioiô", 72, 311
"Ai, que saudades da Amélia", 82
Aimée, 50-1, 131
"Ain't misbehavin", 30
Al Buon Gustaio, 394
Albib, Don, 111
Albuerne, Fernando, 54
Alcione, 430
Alencar, Cesar de, 169-71, 282, 309, 314, 316
Alencar, Marcelo, 413
Alex (gerente do Mei-ling), 52
Alex, Leone, 240
"Algodão", 69
"Alguém como tu", 247
Ali Khan, príncipe, 272-4, 278, 318
"All the things you are", 84, 145
Allégret, Yves, 121
Allen, Woody, 414
Almeida, Antonio, 78, 243
Almeida, Aracy de, 50, 62-9, 72, 80, 87, 89, 92, 106, 118-9, 149, 151-2, 210, 311, 313, 330, 340, 353, 359, 371, 429
Almeida, Climerio Euribes de, 250-1
Almeida, Henrique de, 63
Almeida, Hianto de, 196, 243, 261
Almeida, Janet de, 183
Almeida, Laurindo de, 19, 78, 84
Almeida, Manuel Antonio de, 161
Almeida, Murilinho de, 276, 330, 367, 385, 392, 398, 406
Almirante, 63, 65, 144-5, 307
Alô, Doçura (programa de TV), 221

"Alone", 165
Alvarenga e Ranchinho, 111, 181
Alvarez, Irma, 326
Alvear, 61, 156
Alves, Ataulpho, 36, 82, 97, 101, 110, 185, 198, 204-5, 240-1, 243, 307, 314
Alves, Carmelia, 29-30, 119, 122, 149-50, 172, 212-4, 263, 310, 312, 340, 368
Alves, Francisco, 53, 63, 70-1, 73, 75, 79, 81, 90, 101, 107, 197-8, 215, 434
Alves, Gilberto Siqueira, 238
Alves, Lucio, 62, 73, 82-7, 122-3, 141, 143, 149, 159, 171, 182-3, 194, 196, 200, 212, 214, 225, 260, 264, 266, 309-10, 314, 338, 347, 358-9, 362, 367, 370, 374, 405, 413, 426, 428, 430
Amadio, José, 99, 209, 217
Amado, Jorge, 64, 115
Ama-me ou esquece-me (filme), 204, 360
"Amapola", 41
Amaral, Arnaldo, 309
Amaral, Barrozo do ("Boy"), 273-4
Amaral, Nestor, 78
Amaral, Ricardo, 429
Amaral, Zózimo Barrozo do, 273
"Amargura", 86, 141, 359
"Amendoim torradinho", 282, 357
América de noite (documentário italiano), 428
"Amor acontece, O", 356
"Amor assim, Um", 168
"Amor de boate", 196-7
"Amor e a rosa, O", 389
"Amor é sempre o amor, O", 283
Amorim, Jair, 79, 247, 283, 286, 360, 403
Ana Maria (mãe adotiva de Doris Monteiro), 143-4, 146-7, 295-6, 299
Andrada, Fabio Bonifácio de, 49, 60
Andrade, Carlos Drummond de, 168, 382
Andrade, Eusébio de, 191
Andrade, Heloisa Paes de, 162
Andrade, Lauro Paes de, 162-3
Andrade, Leny, 373, 412
Andrade, Mario de, 13
Andrade, Oswald de, 21
André (proprietário do Scotch Bar), 111
André Filho, 382
Andyara, 48, 50, 413
Angela Maria, 144, 202-3, 205-7, 212, 240, 249, 260, 268, 280, 282, 285, 299-301, 303, 310, 313, 354, 370, 405, 410, 413, 417, 424, 430
"Angelitos negros", 254
Anjos do Inferno, Os, 82-4, 194, 406
Anjos, Augusto dos, 64
Anjos, Cyro dos, 323
Antonio Bento (o "Homem da mala"), 298
Antonio Maria, 62, 64, 88, 110, 137, 150-2, 165, 167, 173, 177, 180, 195, 197, 210, 216, 220, 226, 229, 237, 242-3, 246, 255-6, 261, 276, 311, 314, 326, 333-4, 339, 348, 353, 355, 358-9, 386, 389-98, 404
Anysio, Chico, 141, 203, 243, 317, 412, 420
"Ao ouvir esta canção hás de pensar em mim", 78
"Apelo", 430
"Apito no samba", 365, 407
"Aquarela brasileira", 424
"Aquarela do Brasil", 84, 108-9, 423
Aquino, Flavio de, 87
Aranha, Oswaldo, 217, 254
Araújo, Beatriz Silva *ver* Julie Joy
Araújo, Luiz Eduardo da Silva, 164
Araújo, Manezinho, 306, 334-5
Araújo, Murilinho, 422
Araújo, Severino, 246, 406, 410
Arbib, Benjo, 112
Arbib, Irene *ver* Guinle, Irene
Arbuzov, Aleksei, 427
Archer, Renato, 416
Aristides (barman do Sacha's), 323
Arlete (mulher de Fernando Cesar), 298

Armstrong, Louis, 222
Arpège, 264, 296, 306, 322, 334, 359, 380, 426, 428
"As time goes by", 165, 185, 283
"Asa branca", 213
"Assum preto", 213
Assumpção, Roberto, 267
Astor (trombonista), 246
Atalaia, Duarte, conde, 45-6, 220
"Atire a primeira pedra", 82
Au Bon Gourmet, 332, 334, 354, 367, 380, 411, 421
"Aula de música", 66
Austin, Claude, 40, 51, 65, 138, 263
Auto, José, 87
Autran, Paulo, 384, 390
Autuori, Leônidas, 330, 342, 353
Autuori, Silvia, 162, 330, 342, 353
"Ave-Maria no morro", 72, 94, 96, 420
"Ave-Maria" (samba-canção), 54
Avenida (dancing), 202
Aventuras de Rin-Tin-Tin, As (programa de TV), 305
Aventuras de Robin Hood, As (filme), 160
Aviso aos navegantes (filme), 119, 150
"Avril en Portugal", 118
Azevedo, Helenita, 162
Azevedo, Leonel, 71, 201
Azevedo, Raul, 162
Azevedo, Waldir, 214
Aznavour, Charles, 34

Babá (jogador), 281
"Babalu", 405
Babo, Lamartine, 71-2
Baccara, 161, 224-5, 295-6, 316-7, 334, 367, 373, 380, 412
Bach, Johann Sebastian, 53
Bacharach, Burt, 353
Badeco, 365
Badin, Ted, 292
baião, 29, 101, 132, 171, 173, 181, 212-5, 243, 283, 313
"Baião da Penha", 214
"Baião de Copacabana", 214
"Baião de dois", 213
"Baião", 213-4
Bailey, Mildred, 75
Baker, Josephine, 13, 20, 118
Balachova, Tania, 136
Balaio, 423
Balança Mas Não Cai (programa de rádio), 149, 283
Ballastieri, Leovigildo, 295
Balona, Célio, 426
Bambu, 169, 264, 306
"Banca do distinto, A", 374
Bandeira, Alberto Jorge Franco, 193-4, 299
Bandeira, Luiz, 29
Bandeira, Manuel, 21, 178
Bando da Lua, 78, 86, 345
Banzo-auê (musical), 326
Baptista, Dircinha, 66, 68-9, 109, 122, 206, 226, 286, 300, 311, 313
Baptista, Linda, 50-1, 62-3, 65-8, 80, 82, 92-3, 95, 106, 109, 119, 122, 143, 150, 179, 185, 195-7, 201, 212, 214, 260, 300, 313, 407
Baptista, Nelson, 278
Baptista, Wilson, 63, 70, 150, 204-5
"Bar da noite", 153, 183
"Baralho da vida", 201
Barbosa Neto, Ruy, 110-1
Barbosa, Abelardo *ver* Chacrinha
Barbosa, Adoniran, 359
Barbosa, Florinda, 175, 295
Barbosa, Haroldo, 63, 66, 73, 87, 142, 150, 153, 170, 182-3, 214, 242-3, 260-1, 265, 271, 281, 400, 403
Barbosa, Julio, 246
Barbosa, Orestes, 71
Barcellos, Manuel, 132, 208-9, 282, 300-1, 316
Bardot, Brigitte, 363, 430
"Barnabé", 243

"Barqueiro de São Francisco", 74, 84
"Barracão", 407
Barrault, Jean-Louis, 121, 167
Barreto, Fernando, 111
Barreto, Lima (cineasta), 214
Barrios, Gregorio, 41
Barriquinha (trompetista), 19, 196, 219
Barros, Adhemar de, 112, 143, 262
Barros, Esmeralda, 412
Barros, Fernando de, 29
Barros, Olavo de, 162
Barros, Prescyla de, 206
Barroso, Ary, 62, 66-7, 72, 82, 87, 107-9, 151, 158, 162, 166, 191, 196, 206, 211--2, 215, 238, 240, 243, 267, 271, 285, 306-7, 309-10, 313, 336, 352, 357, 364, 368, 378, 382, 399, 423-4, 431
Barroso, Flavio Rubens, 238
Barroso, Horacio, 339-40
Barroso, Inezita, 201, 306
Barroso, Marco Aurélio, 417
Barthô (jogador), 327
Bassini, Rubens, 411
Bastos, Cristovão, 431
Bateau, Le, 429
Batista Junior, 66
Batista, Guiomar, 167
Batista, Leo, 256
Batista, Nelsinho, 32
Baudalf, Norberto, 426
Baudelaire, Charles, 167
Baum, Vicki, 102
Beacham, Paul, 412-3
Beale, Betty, 272
Béart, Guy, 49
Beauvoir, Simone de, 136-7
Bebeto (músico), 412
be-bop, 223
Bec Fin, 165, 232
Bécaud, Gilbert, 34
Bechet, Sidney, 222
Bechi, Gino, 118, 121
Beco das Garrafas, 225-6, 295, 313, 333, 344, 373, 412
Beco do Joga a Chave, 333, 347, 366, 424
Beethoven, Ludwig van, 53, 64, 139
Béguin, 161, 236, 244-5, 247, 272, 291, 334, 372, 384
Beiderbeck, Bix, 222
Bellandi, Oscar, 74, 78, 172-3
Bellini (jogador), 327
Belmondo, Jean-Paul, 430
Belmonte, Dirce, 366
Beltrão, Heitor, 282
Beltrão, Henrique, 357
Beneke, Tex, 85
Bengell, Norma, 326, 428
Bennett, Tony, 34, 284, 427
Berbara, Victor, 227
Berezanski, Gregor, 47, 107, 135
Bergerac, Jacques, 230
Bergman, Ingrid, 185, 220
Berle, Adolph, 179
Berle, Milton, 75-6
Berlin, Irving, 40, 72
Bernard, Steve, 263, 426
Bernardes, Lolô, 405
Bernardez, Negra, 125
Betinho (guitarrista), 19
Bianchi, Alberto Quatrini, 18, 208
"Bicharada", 181
Bide (flautista), 247
Bife de Ouro (restaurante), 31-2, 232, 287
Big Boy, 429
Big Rio, 36
Bigard, Barney, 246
Bijou (saxofonista), 245-6
Bill (contrabaixista), 246
Bill Farr, 119, 172, 245, 268, 336, 368
Billboard (revista), 76
Billy Blanco, 149, 162, 168, 173, 245, 264, 266-7, 374, 379, 403
Bittencourt, Edmundo, 14, 16, 21
Bittencourt, Lana, 360, 430

Bittencourt, Lourdinha, 94, 199
Bittencourt, Luiz, 52, 97, 182
Bittencourt, Paulo, 21, 190, 270, 307
Bittencourt, René, 363
Black Horse, 392, 429
Black Orpheus ver *Orfeu do Carnaval* (filme)
Blanc, Aldir, 431
Blecaute (cantor), 183, 336
Blériot (avião), 16
Bloch, Adolpho, 189
Bloch, família, 189
Blue Angel (Nova York), 84
"Blue gardenia", 242
"Blue moon", 145, 365
"Boa noite, amor", 79, 198
"Boa noite, Rio", 400
Boate do Chacrinha, A (programa de rádio), 176
Boate Piraquê (programa de rádio), 227
Bobcats, 39
Bocaiúva, "Baby", 187
Bocaiúva, Quintino, 187
Bocayuva Cunha, família, 125
Boeuf sur le Toit, Le, 135
Bogart, Humphrey, 185
Bohème, La, 334, 351, 359, 367, 405
Bojunga, família, 125
Bola Sete (violonista), 163, 225, 244, 246
bolero, 41, 49, 72-3, 96, 129, 134, 163, 215, 224, 281, 298, 312, 350
"Boléro", 144
"Bom dia, tristeza", 359
"Bom dia", 66
"Bom é querer bem", 356
Bombonatti, Waldemar, 60, 66
Bonfá, Luiz, 153, 196, 210, 215, 247, 264, 356-7, 403-4
Bonfim, Otavio, 248
"Boogie-woogie na favela", 84
Boone, Pat, 414
Bopp, Raul, 160
Borba, Emilinha, 19, 63, 82, 122, 136, 150, 153, 174, 206, 213-4, 243, 260, 266, 300-1, 313, 352, 354
Borba, Oswaldo, 426
Borges, Edson, 374
Borghi, Hugo, 172
Bôscoli, Angela Luiza ("Biu"), 166, 219
Bôscoli, Geysa, 69
Bôscoli, Lila, 166, 209
Bôscoli, Ronaldo, 166, 415
Bossa Nova, 402, 404, 412, 425, 428
Botelho, Wellington, 54, 297
Boto, Penna, 307
Bottles Bar, 412
Boyer, Lucienne, 20, 28
Bozsik (jogador húngaro), 339
Braga, Rubem, 54, 87, 111, 134, 137, 147, 166-7, 177, 235, 241, 255-6, 307
Braguinha, 63, 65, 73-5, 78, 83, 136, 266, 354, 360
Branco, Waltel, 406
Brandão, Paulinho, 272
Brando, Marlon, 136, 363
Braque, Georges, 405
"Brasa", 72
"Brasil pandeiro", 194
Brasil, Cesar, 204
Brassens, Georges, 49
Brean, Denis, 347, 360
Brésil (navio), 12
Bressane, Dulce, 86, 258, 389-90
Britinho (pianista), 263, 410
Brito, Nazareno de, 205-6, 281, 303
Brito, Sergio, 384
Broncho Billy, 16
"Bronzes e cristais", 346
Bruzzi, Iris, 240
Bryant, James McKinley, 126
Bryant, Joyce, 34, 311
Brynner, Yul, 337
Buñuel, Luis, 404
"Buquê de Izabel", 347
Burlamaqui, Marina, 51-2
Burle-Marx, Roberto, 57, 179

Bushkin, Joe, 30
Buti, Carlo, 41, 118

"C'est magnifique", 276
"C'est si bon", 150
Cabeça Chata, 306, 334
"Cabelos brancos", 97
Cabral, Aguinaldo, 38-9, 54
Cabral, Aldo, 66, 70
Cabral, Sadi, 69
Cacareco vem aí (filme), 360
"Caco velho", 72
"Cadeira vazia", 81
Cadícamo, Enrique, 118
Caetano, Pedro, 182
Café Bellevue, 16
Café concerto (show), 54, 168
Café Cravo, 338
Café Filho, 219, 254, 256, 260, 304-5, 308, 321
Café Nice, 241, 256, 357
Cafe society register (Bryant), 126
"Café-society", 126, 271, 317
Caixotinho, 201
Caldas, Klecius, 79, 97-8, 162, 171, 173, 205, 268, 358, 407
Caldas, Silvio, 65, 69, 71, 87, 89, 143, 173-4, 197, 212, 240, 242, 252, 272, 277, 286, 330, 333, 340, 347
Calloway, Cab, 84
Calmon, João, 301-2, 394
Calmon, Waldyr, 40, 263, 296, 370, 410, 426
Calouros em Desfile (programa de rádio), 309-10
Calúnia (peça), 390
"Calúnia", 97
Câmara, Helder, d., 233, 329
Camargo, Joracy, 51
"Caminhemos", 80, 96, 143
"Caminho certo", 96-7
Camões, Luís de, 102
Campana, Alberico, 226, 372-3, 412
Campos, Aída *ver* Celeste Scarlet
Campos, Carlos Eduardo de Souza ("Didu"), 120, 127-8, 132, 179, 271, 273, 317
Campos, Eurico, 407
Campos, Nestor, 246
Campos, Paulo Mendes, 87, 111, 137, 158, 210-11, 267
Campos, Roberto, 428
Campos, Tereza Souza, 120, 127, 179, 273, 325, 428
Canadá de Luxe, 127, 129
"Canção da manhã feliz", 401
"Canção da volta", 246, 314, 358
"Canção de amor", 110, 141-2, 165, 203
Canção do amor demaisi (LP), 402
"Canção dos olhos tristes", 342
Canção inesquecível, A (filme), 38
Canção Romântica, A (programa de rádio), 73
Cancioneiros do Luar, 406
Canções e saudades de Dolores (LP), 411
Candango, 415
Candinho (violonista), 264, 358
Cangaceiro, 335, 344-5, 352, 366, 397, 399-400
Cangaceiro, O (filme), 214
Canhoto, 285
"Cansei de ilusões", 342
Cantina do Cesar, 169-70, 264, 331
Cantina Sorrento, 169, 306
Cantinho dos Novos (programa de rádio), 309
"Cantinho e você, Um", 79, 215
Capelli, Pierre van *ver* Pedrinho (maître)
Capiba, 199
Capitão Blood (filme), 160
"Cara de pau", 400
Cardim, Elmano, 254
Cardim, Lucio, 364
Cardoso, Elizeth, 36, 65, 110, 117, 141-3, 145, 165, 176, 179, 196, 203, 212, 240,

249, 252, 260-2, 266, 269, 272, 277, 285, 292, 313, 333, 340, 347, 350, 352-3, 370, 389, 393, 400-4, 410, 430
Cardoso, Paulo Roberto, 260
Cardoso, Sylvio Tullio, 146, 215, 272
Carequinha (baterista), 37
Carícia (LP), 358, 370
Carioca (maestro), 302
Carioca (revista), 33, 88, 189
"Carioca 1954", 314
Cariocas, Os, 52, 119, 132, 170, 182, 214, 264, 266, 310, 365, 425
Carlinhos (pianista), 219, 263, 277
Carlos José, 370
Carmen Jones (filme), 311
Carmen Verônica, 240, 326-7
Carnaval Atlântida (filme), 154
Carnaval no fogo (filme), 150
Carné, Marcel, 120
Carneiro, Geraldo, 323
Carneiro, Nelson, 209, 211
Carol, Martine, 387
Carol, rei da Romênia, 62
Carrero, Tonia, 130, 384, 390
Carrilho, Altamiro, 358
Carrousel, Le, 333-4, 424
Cartola, 224, 431
Caruso, Enrico, 345
Carvalho, Beth, 430
Carvalho, Eusthorgio de *ver* Mister Eco
Carvalho, Flavio de, 167
Carvalho, Hermínio Bello de, 195, 374, 401, 429
Carvalho, Horacinho de, 330
Carvalho, Horacio de, 57, 186, 190, 270, 330
Carvalho, Joubert de, 71
Carvalho, Lily de, 330
Carvalho, Rui, 60
Casa Grande, 277
Casablanca, 36-8, 55, 118, 131, 161, 168, 183-5, 189, 191, 203, 206, 221, 240, 268-9, 272, 283, 307-8, 326, 335, 353
Cascata, J., 71, 201, 247, 307
Cassiano Ricardo, 178
Cassini, Igor ("Gigi"), 319; *ver também* Cholly Knickerbocker
Cassini, Oleg, 319
Cassino Atlântico, 18, 20, 54, 157, 208
Cassino da Urca, 18-20, 30, 33-4, 39, 66, 105, 240
Castanheira, Renault, 130, 228, 304, 349
Castejà, Hubert de, 392, 429
Castella, Auguste, 15
Castella, Bob, 120
Castello Branco, Carlos, 190
"Castigo", 316, 370
Castilho, Carlos, 309, 342
Castro, Everardo Magalhães, 272
Castro, Fidel, 405
Castro, Moacir Werneck de, 115
Catan, Dreyfus, 332
Catão, Álvaro, 179
Catão, família, 125
Catão, Lourdes, 125, 130, 179, 271, 275, 317, 325, 428
Catrambi, Mario, 60
Cattan, Dreifus, 209
Catti, João, 289
Cavalcanti, Armando, 79, 97-8, 162, 170-1, 173, 268, 358, 407
Cavalcanti, Celso, 355-6
Cavalcanti, Flavio, 355, 367, 423
Cavalcanti, Noemi, 95
Cavalcanti, Sandra, 391
Cavalcanti, Sergio, 429
Cavalcanti, Tenorio, 190
Caymmi, Dorival, 55, 62, 72, 74-5, 83, 86, 88-9, 112-4, 119, 128, 158-9, 165, 167, 170, 203, 206, 208-10, 215, 224-5, 240, 242-3, 258, 267-8, 271, 275, 282, 314, 320, 333, 340, 357, 399, 405, 430-1
Caymmi, Nana, 430
Caymmi, Stella Maris, 62, 113

Celeste Scarlet, 183-4, 240, 352
Celeste, Hilda, 111
Celi, Adolfo, 384, 390
Celso Murilo, 263, 426
"120 mangos", 356
Cerquinho, família, 125
"Céu e mar", 171
"Céu sem luar", 297
Cézane, Paul, 167
Cezar, Sylvio, 403, 410-1, 426, 430-1
Chabas, Madame Louise, 14-6
Chacrinha, 88, 176, 295, 298
Chagas, Nilo, 94
Chaney, Lon, 37
"Chanson aphrodisiaque", 49
Chansons de charme (LP), 237
Charisse, Cyd, 231, 272
Chateaubriand, Assis, 21, 32, 99, 133, 151, 185, 188, 190, 219, 227, 236, 270, 277, 299-303
Chateaubriand, Fernando, 208
Chaves, Alice, 200
Chaves, Luiz, 411
"Cheek to cheek", 422
"Chega de saudade", 365, 402, 404
"Cheiro de saudade", 408
Chevalier, Maurice, 25
Chevalier, Roniquito, 398
Chez Aimée, 50-1, 55, 110, 169, 334
Chez Colbert, 224-6, 334
Chez Penny, 51, 53, 334
Chez Ruffin, 169, 306, 334
Chiang Kai-shek, 52
Chicão (cantor), 406
Chicão (sapateiro), 428
Chicote, 278, 340
Chiozzo, Adelaide, 172, 214
Chiquinho (maestro), 92
Chiquinho do Acordeon, 111, 210, 246, 335, 365
"Chiquita Bacana", 82, 136
Chocolate (compositor), 110, 140-2, 203-5
Cholly Knickerbocker, 318, 320; *ver também* Cassini, Igor ("Gigi")
"Chorar em colorido", 431
choro, 71, 211, 223, 247
"Chove lá fora", 341-2, 344, 358
Christensen, Carlos Hugo, 384
Christian, Linda, 387
Chuca-Chuca (vibrafonista), 37, 224-5, 263
"Chuvas de verão", 90, 139, 356
Cidade e as serras, A (Eça de Queiroz), 125
"Cidade maravilhosa", 382
"Cinco letras que choram", 80
Cinelândia, 36-8, 41, 87, 124, 312, 326, 344, 402
Cintra, Morgana, 360
Cipó (saxofonista), 210, 246, 276, 302, 406
Clarins em fá (espetáculo), 185
Clemente, Tito, 202, 418
Clementina de Jesus, 429
Clift, Montgomery, 272
Clooney, Rosemary, 77, 280, 284
Club 36, 112-3, 119, 167, 197, 265, 330, 333, 352, 402, 424
Clube da Chave, 208-12, 263-5, 311, 347
Clube de Paris, 224-5, 264
Clube do Guri (programa de rádio), 309
Clube do Samba (programa de rádio), 36
Clube dos Cafajestes, 61-2, 64-6, 106, 121, 156-7, 250-1, 307, 330, 386-7
Cobra Norato (Bopp), 160
Coelho, Danton, 250, 259
"Coimbra", 118
Colbert, Eunice, 224-5
Colé, 183, 208
Cole, Louis, 40, 51, 179, 246
Cole, Nat "King", 34, 84, 242, 405
"Come in out of the rain", 85
"Como os rios que correm para o mar", 70, 261
"Conceição", 286, 413

Condé, João, 87
Condé, Rosa, 105
Connor, Chris, 332
"Conselho", 360
Constellation (avião da Panair), 156
"Conversa de botequim", 65
Conversa em Família (programa de rádio), 256
Convite ao romance (LP), 172
Convite para ouvir Maysa (LP), 345
Convite para ouvir Maysa nº 2 (LP), 348
Cony, Carlos Heitor, 165, 398
Copacabana Palace, 14, 18, 20, 25, 27-8, 33-4, 40, 59, 61, 91-2, 110, 113, 115, 118-9, 121, 124, 126, 130, 145-7, 150, 154-5, 169, 213, 230, 244, 246, 287, 296, 311-2, 321, 327, 344, 382, 387, 414, 421
"Copacabana", 73-4, 77-8, 82
Copinha (flautista), 30, 149
Corção, Gustavo, 233
Cordeiro, Gerson, 101
Cordovil, Hervé, 214, 247, 352
Corrêa, Otavio, 17
Corrêa, Villas-Bôas, 132
Correio da Manhã, 14, 21, 54, 147, 162, 185, 190, 257, 307, 382, 398
Correio Mercantil, 161
Costa, Alayde, 173, 309-13
Costa, Antonio de Padua Vieira da *ver* Luiz Antonio
Costa, Arthurzinho de Souza, 173
Costa, Canrobert Pereira da, 254
Costa, Carmen, 200
Costa, Haroldo, 14
Costa, Heleninha, 152, 283, 313-4
Costa, Maricene, 316
Costa, Marina Andrade, 192
Costa, Victor, 104, 132, 150, 208, 253, 260, 269
Costa, Zenobio da, 255
Costallat, Benjamim, 292-3
Cotten, Joseph, 209
Country Club, 23, 28, 177-8, 187, 197, 328
Coward, Noël, 384
Cozzo, Humberto, 122
Cravo, Jorge, 85, 338
Crémaillère, La, 306, 334
Crespo, Paulino, 60
Crítica (jornal), 13
Crolla, Henri, 120
Crosby, Bing, 20, 39, 74, 107, 109, 185, 198, 284, 405
Crosby, Bob, 39, 414
Cruz, Claudionor, 182
Cruz, Darcy Froes da, 60
Cruzeiro, O, 33, 63, 96, 98-9, 133, 178, 189, 217, 239, 258, 279-80, 317-8, 327, 381, 401
"Cuma é o nome dele?", 334
Cunha, Cyro Vieira da, 119
Cunha, Euclides da, 178
Cunha, Paulo, 247
Curi, Ivon, 29, 56, 119, 145, 150, 206, 208, 212, 214, 281, 308, 310, 413
Curi, Jorge, 309
Czibor (jogador húngaro), 339

D'Avila, Walter, 54
D'Rone, Frank, 291
Da necessidade de ser polígamo (peça), 131
Dahl, Arlene, 160
Dale, Lennie, 412
Daltro, Freddy, 99, 174
Dandridge, Dorothy, 34, 311
Daniel Filho, 118
Daniel, Juan, 118
Daniel, Mary, 118
Dantas, João, 255, 291
Dantas, João Ribeiro ("Dantinhas"), 255-6, 288-91
Dantas, Luiz Martins de Souza, 33
Dantas, Orlando, 21, 190, 255

Dantas, Paulo Souza, 138
Dantas, Zé, 214
"Danúbio azul", 43
Darin, Bobby, 291
Dauberson, Dany, 49, 277
Davis Jr., Sammy, 34
Davis, Miles, 136
Dawn, Marpessa, 404
De Cicco, 103, 129, 259, 322
"De cigarro em cigarro", 153, 196, 264
"De conversa em conversa", 183
"De fracasso em fracasso", 355
De vento em popa (filme), 303
Dean, James, 387
Degas, Edgar, 219
Delamare, família, 125
"Delicado", 214
Della Costa, Maria, 29
Delyle, Lucienne, 34, 144
"Demais", 346
Deneau, Louis, 16
Denise Duran, 411
Dennis, Clark, 76-7
"Dentro da noite", 172
Deodato, Eumir, 412
Depois da meia-noite (Costallat), 293
Desafio do samba (show), 340
Desnos, Robert, 136
"Deus me perdoe", 212, 285
"Deusa da minha rua", 173
"Devagar com a louça", 400
"Devaneio", 408, 414
"Dezessete e setecentos", 334
Di Cavalcanti, 87, 111, 167, 307
Di Veras, 283-4, 286
Dia, O (jornal), 154
Diário Carioca, 21, 49, 57, 120, 125, 127, 185-7, 190, 221-2, 248-9, 268, 274, 308, 329, 331, 348, 356, 390
Diário da Noite, 63, 99-100, 104, 205, 227, 289, 292, 394
Diário de Notícias, 21, 54-5, 185, 190, 255, 257, 291
Diários Associados, 21, 99-100, 133, 146, 188, 219, 301, 394
Didu *ver* Campos, Carlos Eduardo de Souza
Dietrich, Marlene, 34, 130, 136, 353, 373, 405
Diógenes, 233
Dior, Christian, 49, 91, 229, 270
Direito de nascer, O (radionovela), 87
"Direito de te amar, O", 85
"Disseram que voltei americanizada", 19
Dixon, Mort, 29
"Doce veneno", 72, 93, 174
Doce vida, A (filme), 337
Dodds, Johnny, 222
Dolabela, família, 125
Dolabela, Vadinho, 278
Dolores Duran, 87, 93, 104, 157, 161-4, 168, 171, 212, 214, 243-4, 246, 249, 264, 296-7, 310, 313-7, 335, 340, 350, 352, 355, 358, 365, 367-75, 386, 402-3, 410-1, 427
Dolores Duran canta para você dançar (LP), 371
Dolores viaja (LP), 316
Dom Um (baterista), 289, 332, 406
Domingos, Anselmo, 209, 301
Domingues, Heron, 257, 260, 395
Dominguin, Luis Miguel, 118
Dominó, 333, 347, 424
"Dona Divergência", 67
Donato, João, 43, 111, 149, 168, 196-7, 209, 245-6, 263-4, 366, 372
Donga, 108, 247, 307
"Dora", 72, 84
"Dó-ré-mi", 297-8, 303-4, 315
Doria, Gustavo, 125
Doria, Jorge, 208
Doris Day, 164, 204, 284, 313, 353, 360
Dorsey, Jimmy, 109
Dorsey, Tommy, 223

"Dos meus braços tu não sairás", 199
Dourado, Autran, 323
Dourado, Rui, 353
Drink, 236-9, 264, 280, 306, 322, 334, 338, 359, 367, 380, 400, 405-7, 409-13, 418, 425-6
Duarte, Anselmo, 208, 289
"Duas contas", 259, 335, 342, 358
Dulce (noiva de Bené Nunes), 280
Dunham, Katherine, 118, 121, 167
Duras, Marguerite, 136
Dutra, Carmela, 21, 23
Dutra, Eurico Gaspar, 17-8, 20-2, 34, 37, 46, 102-3, 115, 124, 132-4, 138, 167, 177, 216, 305, 321-2
Dutra, Farnesio *ver* Farney, Dick
Duval, Dorinha, 43, 158, 240
Duvivier, família, 125

É rei, sim (revista musical), 100
"E tome polca", 78
"Ebb tide", 353
Eça, Luizinho, 210, 263-4, 309, 313, 330, 412
Eckstine, Billy, 336, 405
Ed Lincoln, 263, 342, 406, 410-1, 425-6
Edifício Chopin, 327, 409, 414, 416
Edifício Estoril, 62
Edifício Serrador, 37, 38
"Edredom vermelho", 70
Edu da Gaita, 119, 180, 182, 210, 276
Edward, duque de Windsor, 125
Eggerth, Martha, 20
Egídio (contrabaixista), 332
Eiras, Haroldo, 119
Ekberg, Anita, 337, 387
El Morocco, 405
"Ela disse-me assim", 364
"Ela foi embora", 78
Eliachar, Leon, 392
Elias, Oswaldo, 149
Elis Regina, 412, 429
Elizabeth, princesa, 202
Ellington, Duke, 222, 413
Elza (mulher de Evaldo Ruy), 260
Em busca da beleza (revista musical), 28-9
Embassy, 54, 100, 104, 111, 118-9, 181, 197, 208, 334
Encontro com Antonio Maria (programa de TV), 348
Encontro, O (show), 425
Eneida (cronista), 87
Eneida (irmã de João Donato), 365
"Enfants qui s'aiment, Les", 120
"Enquanto houver saudade", 69
Entre quatro paredes (peça), 136
Ernani Filho, 212, 266, 336, 424
"Errei, sim", 97, 101, 110, 420
"Esbarro, O", 204
Escândalo (revista), 99, 174
"Escandalosa", 63
Escola de sereias (filme), 41
Escondidinho, 224, 412
Escravas do amor (filme), 121
"Escultura", 362
"Escuta", 173, 206, 281
"Esquece", 74
Esse Norte é minha sorte (LP), 372
Esse Rio moleque (musical), 326
"Esses moços", 81
Esta vida é um Carnaval (musical), 240-1
Estado de S. Paulo, O, 185
"Estamos sós", 173
"Estrada do sol", 315, 370
Estrela da manhã (filme), 86, 258
Etting, Ruth, 204
Etz, Ira, 330
"Eu e a brisa", 431
"Eu e o meu coração", 297
"Eu não existo sem você", 346, 403
"Eu quero um samba", 183
"Eu sou a outra", 200
Eversong, Leny, 276, 370, 413
"Exemplo", 82

Fabrini, Urbano, dr., 370
fado, 49, 212
Fairbanks, Douglas, 37
Faith, Percy, 84, 214
Falcão, Armando, 252
Falkenburg, Bob, 230
"Falso amigo", 97
Fantasia & fantasias (musical), 326
Fantasma (gibi), 190
"Fantoche", 204
Fantômas, 16
Faraj, Jorge, 173
Faria, Betty, 412
"Farinhada", 214
Farney, Cyl, 208, 246, 303-4, 416
Farney, Dick, 19, 73-80, 82-7, 114, 118, 143, 148-9, 170, 200, 208, 246, 266-7, 282-3, 296, 306, 313, 342, 354, 362, 407, 410, 413, 430
Farney's, 410
Farolito, 264, 306, 428
Farouk, rei do Egito, 113, 161
Fats Elpidio, 30, 48, 56, 64, 66, 138, 179, 246, 254, 263, 272, 277, 331
"Faz uma semana", 212, 266
Feather, Leonard, 414
"Feitiçaria", 69
Feitiço da Vila (musical), 65, 240, 241
"Feitiço da Vila", 65
"Feitio de oração", 65
Feld, Fred, 138
"Felicidade infeliz", 346
"Femme du roulier, La", 15
Fénomenologie de la perception, La (Merleau-Ponty), 137
Fernandes, Helio, 189, 217, 227
Fernandes, José, 82, 145, 332, 354, 411, 415
Fernandes, Luiz, 303
Fernandes, Millôr, 62, 158, 167, 353, 392, 416
Fernandes, Washington, 98
Fernando Cesar, 297-8, 302-3, 312, 315, 346, 359, 372, 374, 399, 403, 431
Ferraz, José Candido, 133
Ferré, Léo, 49
Ferreira, Abel, 37
Ferreira, Bibi, 281, 384
Ferreira, Djalma, 54, 73, 100, 181, 197, 236-8, 263-4, 367, 400, 403, 405-10, 412-4, 418, 425
Ferreira, Durval, 411
Ferreira, Iracema de Souza *ver* Nora Ney
Ferreira, Procópio, 100
"Feuilles mortes, Les", 120
Feydeau, Georges, 131
"Fia de Chico Brito, A", 317
Fiala, Mena, 93, 127, 160
Fiesta, 331-2
Figueiredo, Neiva de, 60
Figueiredo, Sergio, 217, 234, 394
"Filles de la Rochelle, Les", 15
"Fim de caso", 371
Fino da Bossa, O (programa de TV), 429
Fiorentina, 306, 333, 353
Fitzgerald, Ella, 34
"Fiz o bobão", 400
Flair, 110-1, 169, 334
Flan (revista), 188-9, 206
Fleming, Bob, 410
"Flor do lodo", 311
Florence, Jaime ("Meira"), 285
Flynn, Errol, 160, 241
"Foggy day [in London town], A", 137
"Foi à noite", 357
"Folha morta", 363
Folies Bergère, 35, 240
Fon-Fon (revista), 33, 88
Fonseca, Ademilde, 93, 299-300, 310
Fonseca, Walter, 411, 421
Fonseca, Zezé, 93
Fontella, Maria Thereza *ver* Goulart, Maria Thereza
Fontes, Ernesto, 18
Fontoura, Dirceu, 129, 340, 422

Fontoura, Olavo, 129
Forte de Copacabana, 16-7, 111, 306
Fortunato, Gregorio, 135, 180, 195, 250, 253, 259-60
"Fósforo queimado", 203
"Fourmi, La", 136
Fournier, Pierre, 121
foxes, 49, 69, 71-3, 79, 119, 199, 213, 283, 298
"Fracasso", 70
"Fracassos de amor", 342
Francis, Paulo, 390-2
Francisco Carlos, 41, 114, 119, 208, 215, 283-4, 308, 352
Francisco, Antonio Medeiros *ver* Bill Farr
Franco, Caio Mello, 26
Franco, Luciene, 374
Franco, Yolanda Mello, 26-7
François, Jacqueline, 34, 237
"Franqueza", 346-7, 360
Fred's, 336-7, 353, 380, 384, 405, 412, 414, 428
Freddy (proprietário do Maxim's), 111
Freeman, Bud, 30
Freire Junior, 71
Freire, Victor, 171
Freitas, Heleno de, 61, 106-7, 132
French Can-Can, 165, 264-5
Frias, Carlos, 51
Froman, Jane, 83
Fronzi, Renata, 54, 168

Gabor, Zsa Zsa, 387
Gagárin, Yuri, 414
Galdeano, família, 125
Galeno, Ricardo, 200, 348-9
Galhardo, Carlos, 197, 342, 370
Galliez, família, 125
Galliez, Leda, 130, 179, 270
Galliez, Vicente, 179
Gallotti, família, 125
Garbo, Greta, 37, 130
Garcez, Enio, 255
Garcia, Gardenia, 427
Garcia, Irineu, 87, 402
Garcia, Isaurinha, 70, 94, 261, 281, 374, 430
Garçonnière de meu marido, A (peça), 131
Gardel, Carlos, 198
Garoto (violonista), 50, 162, 167, 210, 246-7, 258, 335, 358
Garotos da Lua, 146, 171, 241, 297
Garrincha, 363
Garza, Eva, 54
Gatica, Lucho, 34
Gaya, Lindolpho, 162
Gélin, Daniel, 395
"General da banda", 66
Genet, Jean, 136
Geraldo Jacques, 183
Gerardi, Alcides, 40, 144, 204-5
Gershwin, irmãos, 30
Ghessa, Rosana, 412
Gianette (proprietário do Scotch Bar), 111
Gibi Mensal, 133
Gigi (acordeonista), 224-5, 246
Gil, Alfredo, 41
Gilbert, John, 37
Gillespie, Dizzy, 223
Giraud, Yvette, 118, 121
Giuseppe (arrendatário do Chez Colbert), 226
Globo no Ar, O (noticiário de rádio), 256-7
Globo, O, 21, 146, 183, 227, 232, 257, 280, 307, 355, 381-2, 386, 392, 400, 411
Gloria (irmã de Severino Filho), 365
Gluzman, Candida, 127
Gnattali, Radamés, 73-4, 79, 86, 92, 146, 162, 267, 359
Golden Room, 18, 25, 27-31, 33-4, 48, 92, 118-21, 136, 145, 150, 153, 174, 202, 287, 296, 311, 326-7, 340, 353, 380, 405, 414, 427, 429

Gomes, Alfredo Dias, 383
Gomes, Diamantina, 40
Gomes, Eduardo, 18, 51, 103, 133, 254
Gonçalves, Alcides, 53, 81
Gonçalves, Mary, 54, 172-3, 245, 300, 313
Gonçalves, Nelson, 36, 75, 198, 199-200, 225, 361-3, 417, 420, 424, 430
Gonçalves, Walter, 225, 263
Gonzaga, Chiquinha, 71, 166
Gonzaga, Luiz, 119, 212-5, 310, 313, 334--5
Goodman, Benny, 30, 167, 223, 246
Gordine, Sacha, 404
Gordon, Mack, 229
Goulart, Espiridião, 72
Goulart, João, 14, 180-5, 217, 252-4, 305, 325-7, 352, 393, 396, 409, 413-6, 427
Goulart, Jorge, 29, 119, 122, 147, 150, 154, 173-4, 204, 211, 266, 361, 368-9
Goulart, Maria Thereza, 326-7, 416, 430
Gounod, Charles, 165
Gouthier, Hugo, 231
Gouveia, Evaldo, 403
"Graças a Deus", 303
Gracie, Helio, 329
"Granada", 41
Grande Otelo, 36, 43, 65, 240-1, 281, 311, 412
Grande Ponto (bar), 87
Grant, Cary, 21, 38
Gréco, Juliette, 135-7, 177
Gregor (cozinheiro do Vogue) *ver* Berezanski, Gregor
Gross, Walter, 75-7
Grünewald, José Lino, 204, 363
Gualberto de Oliveira, família, 125
Gualberto, Otacílio, 232
Guaraná, família, 346
Gueiros, José Alberto ("Zezinho"), 365
Guevara, Andrés, 187
Guimaraens Filho, Alphonsus de, 323
Guimarães, Antonio, 263
Guimarães, Helio, 357
Guimarães, Meira, 307
Guimarães, Mimi de Alencastro, 193
Guimarães, Napoleão de Alencastro, 103-4, 162, 193, 220-1
Guinle, Carlinhos, 25, 30, 112-5, 128, 159-60, 209-10, 275, 282, 318, 320, 333
Guinle, Dolores *ver* Sherwood, Dolores
Guinle, família, 125
Guinle, Irene, 113, 160, 275, 318, 320-1
Guinle, Jorginho, 112-3, 159-60, 229-30, 246, 270, 318-20, 337, 386, 388, 405, 421, 428
Guinle, Octavio, 18, 25, 27, 30, 32, 34, 61, 311, 387
Guise, Chiquinho, 60
Guitry, Sacha, 131
Guizar, Tito, 20

Hamilton, Roy, 336, 353
Harmonicats, The, 76
Haroldo (sobrinho de Francisco Alves), 198
Hart, Lorenz, 40, 139, 204, 413
Hayes, Warren, 289-91, 293
Hayward, Susan, 387
Hayworth, Rita, 273, 387
Hearst, William Randolph, 318-9
Heck, Silvio, 307
Hegel, Georg Wilhelm Friedrich, 159
Heidegger, Martin, 159
Helinho (porteiro), 411
Hélio (filho de Nora Ney), 154
Hellman, Lillian, 390
Henri, Georges, 342
Hepburn, Audrey, 210
Hermanm, Woody, 167
Hernanny, Drault, 52, 122
"Hey there", 280
High-Life Club, 11-4
Hime, família, 125
Hime, Francis, 430-1

"Hindustan", 165
"Hino dos Cafajestes", 62
"Hipócrita", 41
Hiroshima, meu amor (filme), 404
Hitchcock, Alfred, 220
Hitler, Adolf, 269
Hoffman, Silvio, 306
Hoffman, Zélia, 306, 353
Hohenlohe-Laugenburg, Alfonso, príncipe, 388
Holanda, Nestor de, 169, 228, 355, 371
Hollanda, Nestor de, 104, 314
Hope, Bob, 185
Hora do Guri (radioteatro), 162
Hora do Pato, A (programa de rádio), 309
Hora, Rildo, 397
Horne, Lena, 34, 405
Hortensia (irmã de Severino Filho), 365
Hot Five, 222
Hotel Excelsior, 110, 188, 405
Hotel Glória, 236, 244, 246-7, 260, 339, 426
"How high the moon", 245, 373
Hyer, Martha, 387
"Hymne à l'amour", 317

"I could have danced all night", 405
"I get a kick out of you", 422
"I left my heart in San Francisco", 427
"I love Paris", 276
"I'm looking over a four-leaf clover", 29
"Iaiá", 71
"Ideias erradas", 369
Ileli, Jorge, 208
Imprensa Popular, 101, 252
Inah (ex-noiva de Lupicinio Rodrigues), 81
"Incerteza", 212, 266
Incompreendidos, Os (filme), 404
Inconveniência de ser esposa, A (peça), 131
"Infidelidade", 82, 204-5
Inglez, Roberto, 202
"Inquietação", 72
Interlúdio (filme), 220
Ira von Fürstenberg, princesa, 388, 389
Isabel, princesa, 69
Ismael Netto, 52, 119, 132, 246, 267, 314, 317, 358
It wasn't all velvet (Tormé), 76
Ivan, o Terrível, czar da Rússia, 47
Yvone (irmã de Julie Joy), 386

"J'ai deux amours", 13
"J'attendrait", 56
Jacinto de Thormes, 49, 57, 62, 120-1, 125, 127-8, 158, 179, 187, 191, 206, 224-5, 232, 272, 274, 317, 329, 382; *ver também* Müller, Manuel Antonio Bernardez ("Maneco")
Jafet, Ricardo, 186, 234
Jamelão, 276, 363-4, 430
James, Harry, 76, 85, 223
"Janelas abertas", 403
Jango *ver* Goulart, João
Jardel Filho, 166, 208
Jatobá, Luiz, 62, 87, 158-9, 395
jazz, 37, 59, 64, 113, 159, 167, 169, 221-4, 246, 258, 260, 272, 320, 414
Jequiti, 340
Jimmy (barman do Baccara), 224
Jirau, 280, 330-1, 335, 341-4, 353, 411
João da Baiana, 247, 307
João de Barro *ver* Braguinha
João Gilberto, 146, 171, 241, 264, 297, 312, 338, 357, 372, 402, 404-5, 412, 425-6
João XXIII, papa, 363
Joãozinho Boa Pinta *ver* Celeste Scarlet
"Joãozinho Boa Pinta", 183
Jobim, Danton, 57
Jobim, Tom, 14, 35, 53, 111, 171, 209, 212, 263-6, 297, 315, 317, 333, 335, 346, 357-9, 372, 400, 402-3, 412, 425-6, 429, 431
Jockey Club (Rio de Janeiro), 23, 28, 42, 59, 107, 124, 181, 253, 273, 400, 409, 417

Joe Louis, 172
"Joga a rede no mar", 303
Johnny Alf, 149, 170, 172-3, 182, 210, 224-5, 246, 263-4, 267, 330, 412, 428, 431
Johnson, Bunk, 223
Jordan, André, 208, 210, 278
Jordan, Josefina, 325
Jordan, Spitzman, 270, 327
Jorginho (saxofonista), 246
Jornal do Brasil, 21, 257, 292
Jornal do Commercio, 254
Jornal, O, 89, 125, 133, 151-2, 220, 257, 394, 397
José Augusto (genro da dona do Plaza), 264
Josepha, dona (mãe de Dolores Duran), 367
Jota Junior, 407
"Jour tu verras, Un", 346
"Juazeiro", 213
Juca's Bar, 87, 261
Julie Joy, 119, 164, 212, 386
Junqueira, Doris, 273
"Juramento falso", 201
Jurema (irmã de Severino Filho), 365
Jurema, dona (vizinha de Doris Monteiro), 143

"Kalu", 101, 214, 420
Kant, Immanuel, 159
Karàs, Anton, 209
Katucha (Costallat), 293
Kawal, Paul, 276
Keffel, Ed, 280
Kelly, Gene, 231
Kelly, Grace, 319
Kelly, João Roberto, 263, 403, 420
Kenton, Stan, 84, 223, 284
Kiepura, Jan, 20
Kilt Club, 366, 424
King Oliver, 159, 222
Kiritchenko, André, 36
Kitt, Eartha, 214, 363
Klabin, Beki, 271, 385
Klabin, família, 125
Kócsis (jogador húngaro), 339
Kolmann, Pierre, 410
Kosma, Joseph, 120, 136
Krupa, Gene, 113
Kubitschek, Juscelino, 135, 301, 305, 308, 321-5, 336, 365, 369, 378-82, 392
Kubitschek, Márcia, 322
Kubitschek, Maristela, 322
Kubitschek, Sarah, 322, 324, 377, 380
K-Ximbinho (saxofonista), 50, 246

L'Escale, 165, 334
La Conga, 166, 306
Labiche, Eugène, 131
Lacerda, Benedito, 81, 97, 199, 285, 307
Lacerda, Carlos, 108, 115, 172, 190, 216, 232-3, 235-9, 247-8, 250, 252, 256, 259, 279, 295, 305, 391
Lacerda, Concessa, 399
Lacerda, Sergio, 248
Ladeira, Cesar, 54, 168, 242, 265
Lady Hilda, 412
Lafitte (veleiro), 113-4
Lage, família, 125
Lago, Mario, 69, 70, 82, 152
Laine, Frankie, 76, 118
Lake, Veronica, 387
"Lama", 200
Lamarr, Hedy, 124, 130, 387
Lamego, Roberto, 203
"Lamento", 407, 414
Lamour, Dorothy, 185
Lamy, Renée, 163
Lan (caricaturista), 239, 307
Lane, Virginia, 281, 407
Lansbury, Angela, 275
Lanthos, Mauricio, 38-40, 54, 56, 296
Lara, Agustín, 20, 72, 215
Laranjeira, Elza, 370, 410
LaRosa, Julius, 291

"Lata d'água", 407
Laura (filme), 273
"Laura", 360
Lawrence, Bill, 76
Lawrence, Jack, 75
Lázaro (pai adotivo de Doris Monteiro), 143-4, 146
Leão, Danuza, 57, 111, 166, 210, 219, 234-6, 289, 354-5, 392-8
Leão, Jairo, 235
Leão, Nara, 374, 429
Lecuona Cuban Boys, 336
Lecuona, Ernesto, 72
Lecuona, Margarita, 405
Lee, Alberto, 332
Lee, Brenda, 336
Legey, Milton, 203
Leibniz, Gottfried Wilhelm, 159
Leigh, Janet, 387
Leite, Vera Barreto, 130
Lela (irmã de Dolores Duran), 367, 372, 411
"Lembrança do passado", 114
Leme Palace, 423
Leme, Reynaldo Dias, 73, 153, 221
Lemos, Ademir, 429
Lemos, Afranio Arsenio de, 192, 299
Lemos, Fafá, 19, 43, 111, 182, 246, 264, 335, 428
Lenda dos beijos perdidos, A (filme), 231
Lenk, Maria, 32
Lentine, Carlos, 72
Leo Peteca, 60
Leone, Anilza, 240
Leoni, Anilza, 168
Leskova, Tatiana, 29
Lessa, Ivan, 391-2
Lester, Jimmy, 30, 208
Levak, Chaim, 263
"Leva-me contigo", 427
Levertimentos (programa de rádio), 221
Lewgoy, José, 208
Liberal, Henrique, 32
Lichnowsky, Michel, conde, 27
Lifar, Serge, 121
Lila (irmã de Dalva de Oliveira), 419
Lily St. Cyr, 387
Lima, Alceu Amoroso, 233
Lima, Ellen de, 300, 303, 310, 312, 367, 371, 427, 429-30
Lima, Helena de, 29, 53, 119, 212, 225, 238-9 249, 264, 296, 303, 310, 313, 316, 330, 335, 342, 370, 397, 399, 413, 430
Lima, Hugo, 114, 210, 282
Lima, José Caetano de, 36-7, 184
Lima, Miguel, 334
Lima, Negrão de, 323, 349
Lima, Pedro Motta, 252
Lima, Silveira, 309
"Limehouse blues", 30
"Linda flor", 71
"Linda judia", 69
Lins, Ivan, 431
Lira Neto, 133
Little Club, 161, 226, 334-5, 344, 352, 365, 367-70, 372-3, 380, 412
Littman, George, 321
Litvak, Anatole, 337
Lobato, Monteiro, 167
Lobo, Fernando, 54, 62, 66, 87-90, 142, 152, 157-8, 166, 173, 176, 180-1, 185, 197, 208, 242-3, 245, 261-2, 265-6, 268-9, 274, 314, 334, 355-7
Lobo, Haroldo, 63, 81, 134, 150
Lodi, Euvaldo, 186, 234-5, 250, 253, 259, 273
Lofler, Carlos Alberto, 348
Lollobrigida, Gina, 172
London, Julie, 332
Lopes, Assis, 60
Lopes, Dora, 50, 54, 168, 171, 173, 197, 201, 225, 264-5, 268, 352, 367
Lott, Henrique Batista Duffles Teixeira, 304-5, 308, 392
"Louco (Ela é seu mundo)", 63
"Louise", 25

"Loura, Uma", 247, 352
Lourival, Uriel, 71
"Love is a many-splendored thing", 405
Luiz (maître do Vogue), 47-8, 60, 106, 109, 190, 236, 270, 274, 276-7, 279, 321
Luiz Americano, 224
Luiz Antonio, 79, 336, 384, 399, 403, 407-9, 414
Luiz Claudio, 303, 359
"Luna lunera", 41
Luna, Roberto, 245, 285, 370-1
Lunceford, Jimmie, 167
Luque, Virginia, 118
Luta Democrática, A (jornal), 155, 190
Luz, Carlos, 22, 305, 307-8
Lyra, Carlos, 264, 357, 374

Ma Griffe, 225, 334, 412, 428
MacDonald, Jeanette, 25
Macedo Neto, 317, 354, 369
Macedo, Luiz, 184
Macedo, Watson, 208
Machado, Carlos, 19-20, 37, 39, 41, 56, 65, 104-5, 132, 158, 168, 180, 182-5, 203, 221-2, 236, 240-1, 259, 268-9, 274-5, 279, 283, 307, 326, 378, 384, 389, 412, 414, 422, 428
Machado, Cristiano, 133
Maciel, Edmundo, 246
Maciel, Edson, 246
Madalena de Paula, 297
Madame Chiang Kai-Shek *ver* Soong Mei-ling
Mademoiselle Cinéma (Costallat), 293
Magalhães, Oldemar, 407
Magalhães, Raimundo, 60
Magalhães, Tarucha, 330
Magno, Paschoal Carlos, 53, 241
Maia, Cleido Queiroz, 148-50, 154-5
Maia, Déo, 204, 240
Maia, Deodato, 248
Maia, Lauro, 212-3
Malta, Otavio, 115
"Mamãe, eu quero", 19
Manchete (revista), 154, 189, 206-7, 211, 215, 217, 220-1, 227, 256, 291, 295, 318, 333, 339
Mandarim, 264-5, 296
Mandrake (gibi), 190
Manga, Carlos, 210, 303-4
"Mangaratiba", 213
"Manhã de Carnaval", 404
Manhattan (boate carioca), 139, 275, 333-4, 424
"Manhattan", 139, 275
"Manias", 355-6
Manzon, Jean, 98, 137, 219
Marca do Zorro, A (filme), 69
"Marca na parede", 119
"Marcada", 346
Marcel, Marina, 326
"Marcha do lulu, A", 301
marchas-rancho, 71, 150, 399, 420
marchinhas, 63, 78-9, 82, 101, 119, 134, 136, 150, 157, 205, 212, 215, 223, 241, 243, 382, 407
Márcia (cantora), 430
Marcondes, família, 125
Maria Alice (modista), 91
"Maria Betânia", 199
Maria Bethânia, 429
Maria Fernanda (filha adotiva de Dolores Duran), 366, 372
Maria Luiza (mulher Nelson Gonçalves), 417
"Maria Rosa", 81
"Maria", 72
Mariinha (esposa de Antonio Maria), 151, 220
Marimbás, 271, 306
"Marina", 74-5, 77, 79, 114
Marinho, Ricardo, 307
Marinho, Roberto, 21, 190, 227-8, 232, 236, 307
Marinho, Rogério, 307

Mario (arrendatário do Chez Colbert), 226
Marisa Gata Mansa, 29, 264, 285, 296, 310, 312-3, 332, 353, 365, 366-7, 370, 372, 374, 410-1, 430
Marlene, 19, 29, 37, 78, 91, 93, 119, 122, 126, 150, 153, 164, 170, 206, 213-4, 263, 300, 312-3, 368
Marques Jr., Arlindo, 204
Marquez, Paulo, 85, 200, 203, 422
Martinelli, viúva, 336
Martinez, Angelita, 240, 326-7
Martins, Aldemir, 335
Martins, Barbara, 301
Martins, Bily, 93, 100
Martins, Cristiano, 323
Martins, Felisberto, 67, 72
Martins, Herivelto, 36, 66, 70, 72, 80-1, 93-101, 134, 143, 150, 154, 199-200, 202, 215-6, 317, 350, 358, 361, 431
Martins, João, 279-80
Martins, Oswaldo, 95, 98
Martins, Raul, 289-91
Martins, Ribeiro, 56
Martins, Roberto, 71, 199
Mary Angélica (modista), 91
"Máscara negra", 420
Mascarenhas, Carminha, 276, 285, 336, 366
Mascarenhas, Raul, 149, 372, 397, 399
Masp (Museu de Arte de São Paulo), 219
Matarazzo Sobrinho, Francisco, 188
Matarazzo, André, 345-6, 348-9
Matarazzo, Ermelino, 128
Matarazzo, família, 350
Matarazzo, Francisco, 234, 345
Matemática, zero, amor, dez (filme), 384
Mathis, Johnny, 34
"Matinatta", 41
Matos, Pereira, 420
"Matriz e filial", 364
Mattos, Delio Jardim de, 251
Mattos, Marco Aurélio, 323
Mattoso, Francisco, 78-9, 198
Mature, Victor, 275
Maurois, André, 121
Max, Margarida, 390
Maxim's, 111, 165, 210, 235, 270, 334
maxixe, 71, 198
Mayrink Veiga, família, 125
Maysa, 211, 297, 303, 335-6, 345-51, 353, 359-60, 367, 369-70, 375, 403, 405, 410, 415, 428, 430
Maysa (LP), 346
McCormack, sr., 56
McRae, Carmen, 332
"Me faz carinhos", 71
Medeiros, Anacleto de, 71
Medeiros, Elton, 429
Medeiros, José, 211
Meia-Noite, 18, 30-1, 51, 56, 58, 92, 105, 118-9, 130-1, 145, 149-50, 153-4, 161, 174-5, 215, 225, 232, 244, 272, 280, 282, 287, 296, 311-2, 319, 326-7, 331-2, 340, 353, 380, 385, 414
Meia-noite em Paris (filme), 414
"Meiga presença", 430
Mei-ling (boate carioca), 51-3, 55, 138
Mei-ling, Soong *ver* Soong Mei-ling
Meira *ver* Florence, Jaime
Mello Neto, João Cabral de, 88
Mello, Breno, 404
Mello, Djalma Monte de, 38-40
Mello, Frederico C., 336-7
Mello, João Bulcão de, 60
Mello, Luiz, 410
Mello, Thiago de, 137, 211
Memórias de um sargento de milícias (Almeida), 161
"Memórias", 196
Ménard, Yvonne, 240
Mendes, Helio, 426
Mendonça, Newton, 53, 210, 212, 263-7, 333, 357, 403, 424
Menescal, Roberto, 264

Menezes, Ademir, 106, 233
Menezes, Carlos Rui, 294
Menezes, Paulo, 203
Menezes, Zé, 37, 52, 182
"Menina", 357
"Menina-moça", 384, 408
Meninão (boate), 340, 341
"Menino grande", 151-2, 195, 373
"Mensagem", 70
"Mer, La", 277
Mercer, Johnny, 76
Mère Louise, 14, 16-7, 54
Merleau-Ponty, Maurice, 136-7
Mesquita, Ary, 311
Mesquita, Augusto, 285
Mesquita, barão de, 69
Mesquita, Carlão, 340
Mesquita, Custodio, 69, 142, 162, 260, 310, 413, 431
Mesquita, Haydée, 91
"Meu brotinho", 119, 215
"Meu mundo caiu", 346
"Meu nome é ninguém", 400
"Meu Rio de Janeiro", 78
Michel (boate), 161, 264, 334, 340, 373
Miguel Gustavo, 271, 317
Milfont, Gilberto, 74, 86, 170, 266
Milionários do Ritmo, 73-4, 406-7, 410
Milito, Helcio, 412
Miller, Ann, 337
Miller, Glenn, 85
Miller, Mitch, 284
Million dollar baby (espetáculo), 378
Mills Brothers, 414
Mills, C. Wright, 363
Miltinho (crooner), 264, 280, 310, 367, 400, 405-8, 410, 425, 430
"Minha prece", 119
Miranda, Aurora, 67, 78, 382
Miranda, Bibi, 246
Miranda, Carmen, 20, 66, 78, 85, 89, 94, 118, 142, 194, 224, 281, 284, 293, 310, 335-6, 406
Miss Campeonato (programa de rádio), 221
Mister Eco, 331, 355, 401
Mister Samba (espetáculo), 378
Mistérios do Rio, Os (Costallat), 293
Mistinguett, 20, 40
Mocambo, 166, 198, 264-5, 278, 306, 430
Modigliani, Amedeo, 168
Modugno, Domenico, 353
"Moeda quebrada", 400
Mojica, José, 20
"Molambo", 284-6, 301, 342
"Mon idéal", 25
"Mona Lisa", 254
Mônica (cafetina), 184
Monjardim, Alcebíades Guaraná ("Monja"), 210, 345, 347-8, 351
Monjardim, Jayme, 345
Monnot, Marguerite, 317
Monroe, Marilyn, 326, 363, 387
Monsieur Limá, 429
Monsueto, 112, 266, 329
Montalban, Chucho, 85
Montalban, Ricardo, 85
Montand, Yves, 34, 119-22, 136, 167
Monte Carlo, 42-4, 55, 104, 118-9, 134, 147, 158, 161, 168, 180, 182, 184-5, 191, 198, 264-5, 334-5
Monte, Heraldo do, 410
Monteiro de Carvalho, família, 125
Monteiro, Cyro, 48, 171, 212, 340
Monteiro, Doris, 29, 143-6, 172-3, 175, 194, 247, 258, 266, 268, 294-300, 302-4, 310, 312-6, 326, 352, 358, 372, 415-6, 426, 430
Monteiro, Renato, 337, 413
Montello, Josué, 380
Montenegro, Fernanda, 384
Montez, Maria, 387
Montiel, Sarita, 34
Montini, Marina, 412
Moore, sr., 56
"Mora na filosofia", 266

Moraes, Ângelo Mendes de, 37, 122, 250, 259
Moraes, Guio de, 214
Moraes, neto, Prudente de, 125
Moraes, Otavio de, 430
Moraes, Tati de, 166
Moraes, Vinicius de, 14, 165-6, 209-11, 219, 223, 267, 315, 346, 352, 358-9, 400-3, 425-6, 430
Moreira Salles, família, 125
Moreira, Adelino, 361, 417, 424
Moreira, Nestor, 237, 239
Moreira, Zezé, 249
Morel, Diana, 291
Morel, Edith, 326
Moreno, Claudia, 268, 357
Moreno, Rita, 85
Moreno, Ted, 355, 369
Morgan, família, 318
Morineau, Madame Henriette, 287
Morton, Jelly Roll, 159, 222-3
Moscoso, Aniceto, 191
"Moto perpétuo" (Paganini), 276
Moulin Rouge, 35, 428
Mouloudji, 346
Moura, Mauricy, 212, 266
Moura, Paulo, 149, 246, 369
Mourão, José, 11-2
Muito Elizeth (LP), 430
"Mujer, Una", 41
"Mulé rendeira", 214-5
"Mulher de trinta", 408
"Mulher", 69
Müller, Lauro, 125
Müller, Manuel Antonio Bernardez ("Maneco"), 125-7, 232; *ver também* Jacinto de Thormes
Mulligan, Gerry, 223
Murce, Renato, 144, 161, 309, 313
"Murmúrio", 408, 414
Murphy, Rose, 75
Música em Surdina (programa de rádio), 335
"My funny Valentine", 93, 371
"My ideal", 275

"Na Baixa do Sapateiro", 84, 109
"Na batucada da vida", 72
Nabuco, José, 232
"Nada além", 69
Namorados da Lua, Os, 73, 82-3, 406
"Naná", 69
Nanai (violonista), 210, 330, 366, 406
"Não diga não", 342
"Não pequei", 194
"Não se avexe, não", 317
"Não tem solução", 114, 128, 275
"Não tem tradução", 65
"Não vou pra Brasília", 379
Nascimento, Aizita, 412
Nascimento, Alcino João do, 250
Nássara, 150, 208
Nasser, David, 63, 69, 81, 96-8, 108, 150, 199-200, 214-5, 239, 243, 261-2, 361, 381, 424
"Nature boy", 317
Navarro, Chucho, 41
Nazareth, Ernesto, 71
Nazarin (filme), 404
Necessidade de ser esposa, A (peça), 50
Neco (guitarrista), 332
Neder, Glorinha *ver* Schiller, Glorinha
"Nega maluca", 142, 356
"Negócio é amar, O", 374
"Negue", 362-3
Nelsinho (trombonista), 246
Nelson Cavaquinho, 97-8, 429
Nelson Sargento, 429
"Nem é bom falar", 71
"Nem eu", 203, 342
Neném, dona (mãe das irmãs Baptista), 68
Neruda, Pablo, 167
"Nervos de aço", 81, 434
Nery, Amélia Brandão *ver* Tia Amélia
Nery, Murilo, 56

"Nesta rua tão deserta", 114, 210
"Neste mesmo lugar", 268, 358, 420
Neuza Maria, 357
Neves, Antonio José Pereira das, 42
Neves, Candido das, 71
Neves, Tancredo, 217, 254
Neves, Wilson das, 411
New Jirau, 429
Neyde Aparecida, 415
Nicholas Brothers, 20
"Nick Bar", 247
Niemeyer, Carlinhos, 60, 158, 250-1, 270
Niemeyer, Oscar, 208, 307
Nietzsche, Friedrich, 178
Night and Day, 37-42, 54-5, 58, 104, 118, 123, 131, 147, 168, 174, 186, 191, 264, 286, 296, 326, 378, 380, 384
"Night and day", 38
"Night in Tunisia", 223
Nilo Sergio, 29, 50, 335, 410
"Ninguém me ama", 152-5, 355, 391, 405
No país dos Cadillacs (musical), 245
Nobre, Nelson, 242
"Noche de ronda", 215
Nogueira, Armando, 248
Noite de Gala (programa de TV), 372
"Noite do meu bem, A", 367, 370-1
"Noite é grande, A", 152, 220
Noite, A (jornal), 89, 155, 237, 239
Nonô (pianista), 48
"Nono mandamento", 363
Nora Ney, 29, 147-50, 152-5, 169, 172-3, 175, 183, 195-6, 211, 214, 221, 243, 251, 258, 266, 268, 280, 300, 312-4, 316, 350, 354, 358, 368, 370, 405, 430
Norato (trombonista), 246
"Normalista", 199
Norwood, Harry, 75
"Nossos momentos", 400
"Nostalgias", 118
"Notícia de jornal", 400
Notícia, A, 133
"Noturno em tempo de samba", 70, 261, 310
"Nova ilusão", 52, 182
Novak, Kim, 387
Número (revista), 303
"Nunca mais", 86, 123, 141, 258
"Nunca", 373
Nunes, Armando, 358
Nunes, Bené, 37, 53, 179, 208-9, 229, 242, 258, 263-4, 280, 323, 368, 370, 377, 389-90
Nunes, Cícero, 70
Nunes, Clara, 430
Nunes, Max, 243, 420
Nuno, Manuel, 418-9
Nutels, Noel, 167

"O que é amar", 171-2
"O que é que a baiana tem", 118
Oásis, 340-1, 348
"Ocultei", 196
Odaléa, 365
Odete Lara, 353, 360
"Olhe-me, diga-me", 343
"Olhos verdes", 96, 144, 420
Oliveira, Aloysio de, 85, 267
Oliveira, Dalva de, 36, 54, 62, 67, 93-101, 110, 119, 144-5, 150, 153-4, 157, 170, 173, 201-3, 206-7, 214, 249, 268, 280, 300, 313, 350, 358, 413, 418-9, 420
Oliveira, Eduardo Henrique Martins de, 60, 156-7
Oliveira, José Aparecido de, 396
Oliveira, José Carlos, 207
Oliveira, Mariozinho de, 59-60, 62, 64, 107, 132, 151, 157-8, 251, 271, 275, 330
Oliveira, Milton de, 63, 86
Oliveira, Silas de, 424
Oliveira, Ulisses de, 201
Olivier, Laurence, 272
Olympia, 35
"Onde anda você?", 153, 221

Ooooooh Norma! (LP), 428
Opinião (show), 429
Orfeu da Conceição (musical), 14, 315, 359, 402
Orfeu do Carnaval (filme), 404
"Orgulho", 203
Orico, Oswaldo, 216
Orico, Vanja, 214-5
Orlandivo, 410, 411
Orleans e Bragança, d. João de, príncipe, 57
Orleans e Bragança, d. Pedro de, príncipe, 179
Ornstein, Oscar, 33-4, 405
Orquestra Pan American, 365
Orquestra Tabajara, 363, 406, 410
Ortiz Tirado, Alfonso, 20
Oscarito, 208, 210
Oswaldo Guilherme, 347, 350
"Ouça", 346, 350
"Outono", 168
"Outra vez", 266
"Over the rainbow", 365
Ozório, Affonso, 78
Ozório, Stenio, 78

Pacheco, Jacy, 65
Paciência (cantor), 406
Padilha, Deraldo, 42, 88, 180
Paganini, Niccolò, 276
Paiva, Ataulfo de, 178
Paiva, Roberto, 149
Paiva, Salvyano Cavalcanti de, 294
Paiva, Vicente, 19, 54, 96
Palermo, Rafael, 191
"Palhaçada", 400
"Palhaço", 98, 420
Palitos (cômico espanhol), 118
Palmer, Lilli, 130
Pamplona, Fernando, 412
Panicalli, Lyrio, 92, 267
Papel Carbono (programa de rádio), 144, 309, 313
"Paraíba", 213
"Paris, je t'aime d'amour", 25
Paris-Match (revista), 137
Parker, Charlie, 223, 363
"Parlez-moi d'amour", 28
Parque Recreio (bar), 123
partido-altos, 247
Parys, George van, 346
Passos, Enzo de Almeida, 362
Patachou, Lady, 49
Paula, Álvaro Francisco de, 410
Paula, Catulo de, 212, 370
Paula, Elano de, 110, 140-1, 203, 243
Paula, José Fernandes de *ver* Peterpan (compositor)
Paulinho (pianista), 137, 263
Paulinho da Viola, 429
Paulinho Pouca Roupa, 353
Paulo da Portela, 224
Paulo Tito, 349
Pause that Refreshes, The (programa de rádio), 83
Pavão (jogador), 327
"Pavio da verdade", 204
Peck, Gregory, 210
Pedreira, Brutus, 211
Pedrinho (maître), 330
Pedro das Flores, 351, 354, 389
Pedroca (trompetista), 246
Pedroso, José, 324
Pedroso, Maria Lucia, 324
"Peixe vivo", 323, 377
Peixoto, Alzira Vargas do Amaral, 104, 133, 179, 254, 259
Peixoto, Araken, 48, 50, 406, 413, 425
Peixoto, Atila de Sá, 154
Peixoto, Carlos ("Boboca"), 60, 386
Peixoto, Cauby, 50, 242, 280, 282-6, 301, 303, 349, 363, 413, 418, 425, 430
Peixoto, Ernani do Amaral, 133-4, 179
Peixoto, Luiz, 71-2, 78
Peixoto, Moacyr, 48, 50, 246, 333, 413, 425

Peixoto, Paulo Ribeiro, 238
"Pela décima vez", 65
Pelé, 363, 401
"Pelo telefone", 307
Penazzi, André, 426
Penido, Oswaldo, 322, 378
Penitenciária Lemos de Brito, 298
"Pensando em você", 212, 266
Penteado, Yolanda, 26
Pequena história do jazz (Porto), 221
Peracchi, Leo, 92, 267, 370
"Perdido de amor", 247
"Perdoar", 97
Pereira, Geraldo, 70
Pernambuco (pianista), 263
Pernambuco (trompetista), 64, 311, 359
Pescando Estrelas (programa de rádio), 309
Pessoa, Epitácio, 17
Peterpan (compositor), 82, 145, 173, 243, 313
Pettezoni, Sergio, 398
Piaf, Edith, 34, 72, 120, 317, 405
"Pião, O", 69
Picasso, Pablo, 26, 405
Piedade, J., 95
Pigalle, 53, 334, 428
"Pigalle", 56
Pignatari, Francisco ("Baby"), 156-7, 386-9
Pimenta, Arlindo, 191
Pina, João Batista Soares de, 101-2, 115
Pinheiro, Paulo Cesar, 431
Pinheiro, Raimundo Nonato, 369-70, 374-5
Pino, Francisco, 17
Pinto, Barreto, 98-9, 178
Pinto, Dario de Mello, 116
Pinto, Luiz de Freitas *ver* Luiz (maître do Vogue)
Pinto, Marino, 86, 93, 96-7, 134, 267, 358
Pinto, Nilo Aparecida, 323
Pinto, Sobral, 233
Pinto, Walter, 100, 222
Pitanguy, Ivo, 352
Pittigliani, Alberto, 278, 332
Pittman, Booker, 40, 51, 367
Pixinguinha, 71, 223, 247, 307
Playboy (revista), 363
Plaza, 196, 264, 306, 313, 330, 332, 367, 389, 393-4, 396, 428
"Podem falar", 173
"Poeira do chão", 98
"Poema do adeus", 408
Pollice, Margaret, 265
Polo, Heitor, 60
Pongetti, Henrique, 189, 227, 232, 294, 381
"Pontchartrain blues", 223
"Ponto final", 79, 215
"Poor little rich girl", 384
"Por causa de você", 315, 358, 370
Portas da noite (filme), 120
Porter, Cole, 38, 40, 72, 215, 276, 319, 392, 413
Portinari, Candido, 167, 281
Porto, Flavio ("Fifuca"), 61, 158
Porto, Marques, 71
Porto, Sergio, 35, 61, 87, 111, 114, 209, 221-4, 243, 247, 307, 352, 389, 396, 412; *ver também* Stanislaw Ponte Preta
Posto 5, 165, 264-5, 306
Pouchard, Jean, 329, 337
Powell, Baden, 285, 309, 311, 426, 430-1
Power, Tyrone, 69, 387
"Pra machucar meu coração", 72
"Pra que discutir com madame?", 183
"Pra que mentir", 65
"Pra que negar", 85
"Pra você", 431
Prado, família, 125
Prado, Newton, 17
Prado, Ruth Almeida, 130
"Praias desertas, As", 403
"Preconceito", 152-3

Preminger, Otto, 311
Presley, Elvis, 363
"Pretexto", 285
Prévert, Jacques, 120-1, 136
Princesa e o plebeu, A (filme), 210
Programa Cesar de Alencar (programa de rádio), 169, 314
Programa Manuel Barcellos (programa de rádio), 91
"Promessa", 69
Puerto Rico (boate de Nova York), 85
Puskas (jogador húngaro), 339

Qu'est-ce que tu penses? (espetáculo), 265
Quadros, Jânio, 252, 340, 392-3, 414
Quadros, Walter, 32, 57, 228
Quando os Maestros se Encontram (programa de rádio), 267
"Quando tu passas por mim", 210
Quartera, 365
Quatro Ases e Um Coringa, 169, 212-3, 406
"Que murmuren", 93
"Que rei sou eu?", 101
"Que reste-t-il de nos amours?", 145
"Que será?", 96, 420
Queiroz, Eça de, 125
"Quem foi?", 371
"Quem há de dizer", 53, 81
Quem sabe, sabe (filme), 372
"Quem será", 69
"Quem sou eu?", 316
Queneau, Raymond, 136
Quental, Georgia, 130
"Quero morrer no Carnaval", 407
"Quero você", 349
"Quero-te assim", 343, 359
"Qui nem jiló", 213
Quincas (saxofonista), 246

Rádio CBS, 83-4
Rádio Clube do Brasil, 104, 162, 172, 188, 309, 311
Rádio Globo, 226-7, 236, 256, 378
Rádio Guanabara, 36, 110, 140-1
Rádio Mayrink Veiga, 54, 182, 220-1, 256, 317
Rádio Mundial, 317
Rádio Nacional, 49, 51, 54, 56, 67, 73, 91, 100, 104, 132, 144, 149-50, 154, 162-3, 169-70, 197-8, 201-3, 208, 220, 244, 253, 256-7, 259-60, 267, 282-3, 300-1, 303, 309, 313-6, 335, 354, 368, 372, 378-9, 383-4, 417
Rádio NBC, 75-7
Rádio Tamoio, 176, 313
Rádio Tupi, 63, 65, 100, 109, 144-6, 149-51, 162, 166-7, 194, 256, 298-9, 301, 303, 309, 378-9
Radiolândia (revista), 252, 295, 316, 350, 383
ragtime, 139
Raia Miúda, A (programa de rádio), 309
Ramalhete, Clovis, 101
Ramirez, Carlos, 41, 118
Ramos, Flavio, 353, 411, 424, 427
Ramos, Graciliano, 168
Ramos, José Andrade *ver* Lester, Jimmy
Ramos, Marcelo, 55
Ramos, Nereu, 254, 308
Ranchinho do Posto 6, 184, 306
"Rancho da praça Onze", 420
"Rancho fundo", 72
Randal Juliano, 297
Rangel, Lucio, 65, 87, 112, 198, 219, 222-4, 267, 269, 307
"Rapaz de bem", 171
Raposo, Maria Helena, 369-70
Raposo, Nilo, 397
Ratinho (saxofonista), 224
Ravache, Irene, 412
Ray, Johnny, 336
Rayol, Agnaldo, 370
Real, Roberto Corte, 345
"Recado", 408, 414

"Recenseamento", 194
Redondo, Jayme, 54
Reed, Carol, 209
Rego, José Lins do, 168
Rego, Julinho, 330
Reidy, Afonso Eduardo, 186
Reis, Bidu, 153, 183
Reis, Dilermando, 323
Reis, Luiz ("Cabeleira"), 111, 162, 182, 263, 309, 400, 403
Reis, Mario, 178, 197, 224
Rella, Rita, 240
Remarque, Erich Maria, 102
Renauld, Madeleine, 121
Renault (cabeleireiro) *ver* Castanheira, Renault
"Renúncia", 199
Repórter Esso (programa de rádio), 257
Resnais, Alain, 404
"Respeita Januário", 213
"Resposta ao tempo", 431
Ressurreição, Waldemar, 101
"Reverso", 86, 141
Revista da Semana, 189
Revista do Rádio, 14, 82, 206, 282, 300-1, 349-50, 353
Revista do Rádio e TV, 383
Rey, Ruy, 158
Ribamar, José, 169-70, 179, 246, 263, 316, 330, 335, 342, 366-7, 374
Ribeiro, Alberto, 73-4, 79, 86, 136, 229, 359
Ribeiro, Darcy, 416
Ribeiro, Pery, 93, 100, 343
Ribeiro, Zilco, 307-8
Rico ri à toa (filme), 372
Righi, Zito, 410
Rijswir, André van, 289-91
Rimsky-Korsakov, Nikolai, 101
Rio-Magazine (revista), 228, 270
Risoleida, dona (mãe de Alberto Bandeira), 299
"Risque", 67, 166, 191, 215, 313
Rita (empregada de Dolores Duran), 366, 375
Ritmos da Panair (programa de rádio), 56
Rivera, Diego, 219
Roberti, Roberto, 199, 205
Robin, Leo, 275
Rocha Miranda, família, 244
Rocha, Adilea Silva da *ver* Dolores Duran
Rocha, Carybé da, 34, 91, 145, 296, 311-2
Rocha, Martha, 230, 279, 282
Rocha, Waldir, 203
Rochard, 91
Rockefeller, Nelson, 121, 219
Rodgers, Richard, 139, 204, 413
Rodgers, Shorty, 223
Rodrigues, Amália, 34
Rodrigues, Arlindo, 412
Rodrigues, Augusto, 87-8
Rodrigues, Linda, 200
Rodrigues, Lupicinio, 53, 67, 72, 80, 195, 215, 285, 340, 364
Rodrigues, Mario, 13
Rodrigues, Milton, 286
Rodrigues, Nelson, 13, 188, 204, 287, 363
Rodrigues, Paulinho, 411
Rodrigues, Pedrinho, 410
Rodrigues, Roberto, 13
Rodriguez, Julio, 41
Rogéria, 412
Rogers, Ginger, 230
Rolla, Joaquim, 17, 18, 20, 22, 30, 33, 134
Românticos de Cuba, 410
Rond Point, Le, 333-5, 396-7
"Ronda", 201
Ronde, La, 334-5
Rondelli, Rose, 240, 389
Rondon, Candido, 22
"Rosa de maio", 69
Rosa de ouro (show), 429

Rosa, Guimarães, 232
Rosa, Noel, 63-4, 69, 72, 118, 142, 149, 170, 214-5, 224, 240, 271, 285, 335, 352
"Rosas não falam, As", 431
Rosay, Madeleine, 358
Rose Garden, 296
Rose Marie, 54, 334
Rose Rouge, 135
Ross, Jerry, 280
Rossi, Italo, 384
Rossi, Mario, 86, 96, 199
Rothschild, família, 318
Roupa Nova (porteiro), 354
Rua sem sol (filme), 294
"Ruas do Japão", 66
Rubin, Oswaldo, 140
Rubin, Patricia, 138, 275
Rubin, Salomon, 52
Rubin, Salomon *ver* Sacha
"Rue des Blancs-Manteaux, La", 136
Ruffin, Paul, 169
rumba, 49, 53, 63, 158, 170
Russinho (pandeirista e cantor), 82-4, 406
Russo do Pandeiro, 19, 312
Russo, Othon, 203
Ruy, Evaldo, 69-70, 87, 142-3, 167, 196, 243, 260-2, 310, 350, 356, 413
Ruyzinho (filho de Evaldo Ruy), 260
Ryswick, Gianette von, 342
Ryswick, Pierre von, 342

Sá, Luiz, 182
Sá, Saddock de, 287, 291
Saavedra, barão de, 247, 270
Saavedra, família, 125, 385
"Sábado em Copacabana", 159, 254
"Sabiá na gaiola", 214
Sabino, Fernando, 48, 87, 111, 137, 209, 223
Sablon, Jean, 34, 56, 150, 167
Saboya, Carlos, 288, 290
Sacha (pianista), 52, 102, 137-9, 179, 190, 192, 236, 263, 269-70, 274-6, 279-80, 406, 422-3
Sacha's, 263, 274-80, 292, 294, 306, 317, 321-6, 328-30, 338, 352, 354, 359, 367, 371, 380, 385-6, 389, 392, 394, 405-6, 422, 428
"Saia do caminho", 69-70, 142, 261
Saladini, Mario, 60, 337
Salgado, Plínio, 21
Salles Netto, 382
Salles, Aloysio, 32, 278, 405
Salles, Elisinha Moreira, 130
Salles, Walther Moreira, 186, 234, 405
Salvador, Henri, 20
Salve o Baião (programa de rádio), 313
Samba nasce no coração, O (show), 307-8
Sampaio, família, 125
Sampaio, Raul, 97, 199, 363, 403
Sampaio, Silveira, 50, 131, 242, 245
"Sanfona do Mané, A", 63
Sansão e Dalila (filme), 275
Santa Rosa (pintor), 87
Santana, Edson, 205
Santiago, Emilio, 430
Santinha, dona *ver* Dutra, Carmela
Santos, Agostinho dos, 303, 316, 370, 404, 410, 430
Santos, Benil, 403
Santos, Maurilio, 30, 48, 246
Santos, Nilton, 272
Santos, Silvio, 309
Santos, Venilton, 365
Sanz, José, 223
"Sapato de pobre", 407
Saraiva, Ana, 330
Sarmanho, Gilda, 130
Sartre, Jean-Paul, 136-7
"Sassaricando", 407
Satã dirige o espetáculo (musical), 240
Saudade mata a gente, A (LP), 354

"Saudade mata a gente, A", 78
"Saudade", 356
Schiaffino, Rosanna, 387
Schiaparelli, Elsa, 137
Schiller, Glorinha, 289, 291, 293
Schiller, Lucio, 269
Schiller, Waldemar, 53, 244, 289, 291, 293
Schmidt, Augusto Frederico, 377
Schneider, Romy, 387
Schnitzler, Arthur, 124
Scotch Bar, 111, 289, 334, 341-2
Scotese, Giuseppe Maria, 428
Scott, Shell, 363
"Se alguém telefonar", 360
"Se é por falta de adeus", 297, 315, 317
"Se eu morresse amanhã", 226
"Se o tempo entendesse", 86, 141
"Se queres saber", 82, 313
"Se todos fossem iguais a você", 14, 346, 358-9
"Se você jurar", 71, 307
"Se você se importasse", 145-6
Seabra, Roberto, 276
Sebes, Guzstaf, 249
"Segredo", 93-4, 97, 134, 347, 359, 420
Segreto, Affonso, 12-3
Segreto, Domingos, 13
Segreto, Gaetano, 12-3
Segreto, Paschoal, 12-3
Segreto, Paschoal (sobrinho), 13
Seixas, Americo, 82, 203-5, 243
Seljan, Zora, 236
"Sem esse céu", 247, 264
"Sem mais adeus", 430
Senhor (revista), 363
"Señor", 214
"Ser ou não ser", 79, 215, 229
"Sereia de Copacabana", 150
serestas, 71, 323
Sergio Ricardo, 263, 265, 347, 403
Sermet, Özen, 304
"Serpentina", 150
Serrador, Francisco, 37-8
Serrador, Manuel Francisco ("Chico"), 38-41
Settimo Giorno (revista italiana), 177
Severino Filho, 365, 410
Shakespeare, William, 272
Shatovsky, Alberto, 289
Shaw, Artie, 246
Sherwood, Dolores, 130, 159-61, 229-30, 318-20
"Si tu t'imagines", 137
"Siga", 357
Signoret, Simone, 121-2, 167
"Silêncio de um minuto", 65
Silva, Dorival *ver* Chocolate (compositor)
Silva, Erasmo, 141, 202-5
Silva, Ismael, 71, 198, 224, 307
Silva, Julinha, 285, 301
Silva, Milton, 343
Silva, Moacyr, 30, 48, 63, 210, 246, 277, 331, 393, 410-1
Silva, Orlando, 69, 74, 93, 143, 197, 208
Silva, Romeu, 138
Silva, Silvio, 431
Silva, Vera Nascimento, 397
Silva, Walter, 348
Silveira Filho, Guilherme da ("Silveirinha"), 116-7
Silveira, Guilherme da, 116
Silveira, Joel, 87, 177
Silvia (LP), 358
Silvino Neto, 81
Simões Filho, 187
Simonal, Wilson, 412-3
Simone (cantora), 430
Simonetti, Henrique, 297
Sinatra, Frank, 84, 118, 284, 313, 353, 363, 405
Sinfonia do Rio de Janeiro (LP), 266-8
Singéry, Roberto, 179
Sinhô, 197
Siqueiros, David Alfaro, 219

Sirocco, 166-7, 306
Smith, Alexis, 337
Smith, Keely, 414
"Só eu sei de mim", 401
"So in love", 276
"Só saudade", 357
"Só vou de mulher", 400
Soares, Claudette, 214, 300, 310, 313, 413
Soares, Elza, 411-2
Soares, Ilka, 43, 130, 289, 336
Soares, Jean-Louis de Lacerda, 340
Soares, José Antonio, 250
Soares, José Eduardo de Macedo, 21, 186, 190
Socorro, Maria do, 158
"Sodade, meu bem, sodade", 216
"Solamente una vez", 215
Solbiati, Carmen Therezinha *ver* Veiga, Carmen Mayrink
Soledade, Paulo, 60, 62, 64, 87, 97, 101, 152, 157, 173, 242-3, 251, 267, 356, 399, 411
"Solidão", 316
Sombra (revista), 32, 57, 221, 224, 228, 270
"Somos dois", 205, 407
Soong Mei-ling, 51-2, 122
Souto, Eduardo, 71
Souza Neto, 193
Souza, Nelson Raimundo de, 250
Souza, Pompeu de, 57, 248-9
Stálin, Ióssif, 101, 427
Stanislaw Ponte Preta, 35, 206, 216, 222, 226, 241-2, 291, 326, 333, 336, 354, 423; *ver também* Porto, Sergio
Star dust (LP), 365
Stevens, Craig, 337
Stewart, Elaine, 230, 320, 404
Stockler, Juca, 212, 266, 277
"Stormy weather", 149
"Strada del bosco, La", 118
Stromsa, Serge, 112
Stuckart, Clarice, 32
Stuckart, Maximilian ("Max"), 25-34, 45-7, 50-1, 56, 58, 63-4, 67-8, 80, 92, 102, 104, 106, 121, 127, 132, 135, 138-9, 165, 177, 191, 220, 224, 269-72, 274, 276-8, 288-9, 291-4, 331-2, 354, 401, 411, 415, 421-2
Stud do Theo, 181-2, 184, 264, 306, 335, 400
Studium, 110
Stupakoff, Otto, 358
"Suas mãos", 64, 346, 359
"Sucedeu assim", 358
Sucessos internacionais (LP), 365
Sued, Alberto, 61
Sued, Ibrahim, 59, 61, 157, 216, 226-8, 230-2, 272, 278, 280, 291, 293, 318, 340, 376, 404, 411
Sumac, Yma, 20
"Summertime", 149, 422
Sut (baterista), 246
"Sweet Georgia Brown", 30
Szighetti (contrabaixista), 406

Tabou, 135
Tamandaré (navio), 306
Tamar, Norma, 240
Tamba Trio, 412
Tamm, Henrique, 137
"Tangerine", 84, 192
tango, 15, 41, 49, 71, 118, 212, 281, 350
"Tão só", 209
Tapajós, Eduardo, 244, 246
Tapajós, Paulo, 208-9, 282, 335
"Tardes de Lindóia", 323
Tasca, 53, 55, 109, 119, 207, 237, 264-5
Tatum, Art, 84
Tavares, Jorge, 371
Távora, Juarez, 254, 381
Teatrinho Íntimo, 50-1, 131
Teatro Copacabana, 287
Teixeira, Alcino, 288, 290
Teixeira, Humberto, 97, 101, 119, 132, 208-9, 211-5, 263, 265, 311
Teixeira, Newton, 173

Teixeira, Norival Carlos *ver* Valzinho
Teixeirinha (garçom do Parque Recreio), 123
Telles, Jayme da Silva, 26
Telles, Mario, 264, 372
Telles, Sylvia, 264, 268, 285, 300, 350, 357-8, 370, 372, 415, 430
"Ten cents a dance", 204, 360
"Tenderly", 76-7, 242, 282, 284
Tentação de Zanzibar, A (filme), 185
Terceiro homem, O (filme), 209
"Teresa da praia", 266-7
"Terminemos agora", 86, 141
"Ternura antiga", 374
"Teu castigo", 268
Texas Bar, 169, 359, 415
"That's my desire", 118
"The man I love", 30
Theatro Municipal (Rio de Janeiro), 14, 29, 36, 124, 178, 359, 402
Thedim, Cesar, 276, 349, 369, 402
Thomé, Alfredo, 228
Thomé, família, 125
Tia Amélia (pianista), 211
Tierney, Gene, 273
"Tiger rag", 139
"Time on my hands", 229
"Tim-tim por tim-tim", 183
Tito Madi, 280, 330, 335-6, 341-2, 344, 351-2, 354, 358-9, 362, 366, 383-4, 403, 408, 430
Todor, Eva, 384
Toledo, Rosana, 430
Toninho (compositor), 297
"Too marvelous for words", 76-7, 85
Top Club, 411, 421, 427
Torelly, Aparicio, 94
Torelly, Lourdes, 94-5, 199
Tormé, Mel, 76, 353, 405
"Tornerai", 41
Tôrres, Fernando, 384
"Trapo de gente", 67, 196
"Trem de ferro", 212
Trenet, Charles, 72, 277
"Três apitos", 64
Tribuna da Imprensa, 190, 232-3, 250, 252, 257, 305, 325, 355, 391
Trigueiro, Nelson, 78
Trio de Ouro, 36, 67, 94-8, 100, 199, 202
Trio Irakitan, 306, 370
Trio Los Panchos, 41
Trio Surdina, 335
Trio Surdina (LP), 335
Trompowsky, Gilberto, 125-6
"Tu e eu", 358
"Tu", 72
"Tudo acabado", 95-6, 420
"Tudo acabou", 86
Tudo Azul, 111, 166, 209, 234-5, 264, 306, 312, 343
"Tudo é magnífico", 401
Turma da Velha Guarda, 247
Turner, Lana, 337
TV Rio, 285, 348, 372
TV Tupi, 146, 221, 236, 302, 341, 415, 423

"Última forma", 431
Última Hora, 57, 186-90, 195, 209, 224, 233-4, 236, 238-9, 248, 252, 257, 382, 390-4
"Último desejo", 65, 149-50
Um Instante, Maestro (programa de TV), 423
"Unchained melody", 353
"Uva de caminhão", 194

Vadico, 65, 78, 118, 307, 333
Vahlis, Santos, 129
Valdez, Paulo, 430
Vale, João do, 429
Valente, Assis, 70, 194
Valentino, Rodolfo, 37, 106
"Valerá a pena", 282
valsa, 26, 49, 69, 71, 75, 77-8, 173, 198, 211, 298, 323, 403

"Valsa de uma cidade", 314
"Valsa do meu subúrbio", 69
Valverde, Zelio, 329
Valzinho, 72, 93, 173-4, 210, 215
Vanderbilt, família, 318
Vanguarda, A (jornal), 157, 227
Vanzolini, Paulo, 201
Varela, Obdúlio, 123
Vareto, Ercole, 92
Vargas, Alzira *ver* Peixoto, Alzira Vargas do Amaral
Vargas, Benjamin ("Bejo"), 33, 104-6, 134, 177-8, 180, 186, 188, 192, 250, 259
Vargas, Darcy, 179, 235
Vargas, família, 177, 192
Vargas, Getulio, 18, 21, 33, 51, 66, 103-4, 106, 112, 132-7, 172-3, 177-80, 184-8, 190, 192, 195-6, 203, 217, 219, 233, 235-6, 238-9, 244, 249-50, 252-60, 279, 281, 301, 321-3, 326-7, 365, 392, 415
Vargas, Luthero, 33, 104-5, 178, 180, 188
Vargas, Manuel ("Maneco"), 106, 184, 253, 257
Vargas, Pedro, 20
Vasconcellos, José, 247
Vasconcellos, Theophilo de, 88, 181-2, 242, 334
Vassourinha (cantor), 142
Vaughan, Sarah, 336
Vaughn, Billy, 414
Vaz, Ligia, 249
Vaz, Rubens Florentino, 248-50, 365
Veiga, Antenor Mayrink, 18
Veiga, Carmen Mayrink, 385
Veiga, Jorge, 271, 317, 340
Veiga, Tony Mayrink, 385
"Velho realejo", 69
"Vem hoje", 393
"Vento soprando", 303
"Vento vadio", 261
Ventura, Ray, 20
Vênus no Rio (revista musical), 15
Vera Lucia (cantora), 230, 282, 285, 300, 370
Vera Lúcia (filha de Nora Ney), 148, 154-5
Veras, Edson Collaço *ver* Di Veras
"Verdade da vida", 399
Verdi, Giuseppe, 345
Vermelhinho (bar), 87, 261
Vermelho, Alcyr Pires, 74, 360
Vestani, Toni, 365, 370
Vian, Boris, 136
Vianna, Vera, 396
Viany, Alex, 294
Vicente, Gil, 102
"Vício", 312
"Vida de bailarina", 203, 205
Vidal (contrabaixista), 37
Vieira, André Batista, 169
Vieira, Antonio de Padua *ver* Luiz Antonio
Vieira, Luiz, 212, 317
Vieira, Mario, 214
Vilar, Leo, 83, 406
Vilarim, Inaldo, 297
Villarino, 262, 267, 400
Villa-Lobos, Heitor, 108, 162
Villela, Cesar, 358
"Vingança", 67, 82, 93, 195-6
Visitando Dolores (programa de TV), 372
Vital, João Carlos, 194
Vital, Luiz Carlos ("Bisão"), 193
Viúva alegre, A (ópera), 94
Vivaldi, Antonio, 335
Vizeu (taxista), 237
"Você esteve com meu bem?", 312
"Você já foi à Bahia?", 84
"Você morreu pra mim", 265
"Você não sabe amar", 114
Vogeler, Dalton, 246, 277
Vogeler, Henrique, 71
Vogue, 34, 44-51, 53-4, 56-69, 72, 80, 83, 92, 95, 99, 102-4, 106-9, 111, 115-6,

118-9, 121-2, 124-6, 128, 131, 133-9, 150, 156-7, 161-5, 168, 174-5, 177, 179-80, 186-93, 195-7, 203, 207, 217-20, 225-7, 231-4, 236-7, 240, 244, 247, 251-2, 254-7, 259, 262, 264, 269-79, 281, 287-9, 291-4, 318, 321, 323-5, 328-9, 331-4, 341-2, 354, 385-6, 401, 404, 413, 421
Voguinho, 219-20, 272
"Volare (Nel blu di pinto di blu)", 353
"Volta da asa branca, A", 214
"Volta do boêmio, A", 361-2
"Volta", 69
"Voo do besouro, O" (Rimsky-Korsakov), 101
"Vous êtes mon nouveau bonheur", 25
"Vous qui passez sans me voir", 145

Wainer Filho, Samuel ("Samuca"), 394
Wainer, Bluma, 235-6
Wainer, Bruno, 394-5
Wainer, Pinky, 394
Wainer, Samuel, 57, 115, 133-4, 172, 185-9, 206, 216, 232-5, 237, 289, 325, 345, 354, 392-8
Waldemar (cavaquinista), 247
Waldir (vocal da Pan American), 365
Waleska (crooner), 428
Waller, Fats, 30
Walter (secretário de Dalva de Oliveira), 418-9
Walther (porteiro do Sacha's), 330
Wanderkind, Nelson, 203
Wanderley, Walter, 412, 426
Washington Luiz, 17
Washington Star, 272
Welk, Lawrence, 414
Welles, Orson, 58, 66, 113, 209
"What's new", 84
"When the saints go marchin' in", 223
Whiting, Margaret, 77, 275
Whiting, Richard, 76-7, 275
Willemsens, família, 125
Williams, Esther, 41
Wilson, Teddy, 84
Winans, Robert, 179
Windsor, duquesa de, 130, 318
"With a song in my heart", 84
Woods, Harry, 29
Wright, Chico, 175
Wright, família, 125, 175
Wünsch, Fery, 30, 321, 327
Wyler, William, 210

"X do problema, O", 65
"Xote das meninas, O", 214

Youmans, Vincent, 229
Yvelone (esposa de Luiz Antonio), 409

Zaccarias, Aristides, 29-30, 56, 246, 277
Zaremba, Roni, 365
Zé Bodega, 79, 141, 210, 246
Zé Carioca (violonista), 78, 345
Zé do Norte, 214-6
Zé do Violão, 356
Zé Kéti, 420, 429
Zé Maria (pianista), 263, 277, 332
"Zé Marmita", 407
Zezinho (jogador de basquete), 416
Zezinho (saxofonista), 246
Zhdánov, Andrei Alexandrovich, 427
Zica (contrabandista), 58-9, 237-8, 253
Zicartola, 429
Zizinho (jogador), 116-7
Zola, Émile, 178
Zum-Zum (boate), 411
"Zum-zum", 101, 157, 356, 420

ESTA OBRA FOI COMPOSTA POR ACOMTE
EM PALATINO E IMPRESSA PELA GEOGRÁFICA EM OFSETE
SOBRE PAPEL PÓLEN SOFT DA SUZANO PAPEL E CELULOSE
PARA A EDITORA SCHWARCZ EM NOVEMBRO DE 2015

FSC
www.fsc.org
MISTO
Papel produzido a partir de fontes responsáveis
FSC® C019498

A marca FSC® é a garantia de que a madeira utilizada na fabricação do papel deste livro provém de florestas que foram gerenciadas de maneira ambientalmente correta, socialmente justa e economicamente viável, além de outras fontes de origem controlada.